U0119492

易經研究 6

周易探究

（上經）

王春元 著

蘭臺出版社

源起與導讀

　　庚子年疫情席捲全球，六十年前的庚子年一個娃兒誕生在軍人家庭中，已經有了五個孩子的父親想的是甚麼家父未曾提過，但家母辭世之前提及我還有位未及成形的弟弟還是妹妹，苦字在我身上未曾感覺到，記憶中都是快樂，過年尤其是，母親是山東富家大小姐，凡事具體而微地照著那一個大門有三百口的大家庭過年的方式，口中也講的是她的回憶。銘記在心，心也嚮往。老么的我備受兄姊的照顧，小時大哥印象模糊，但記得溪中蝦子他是活生生的剝了殼就丟進嘴裡，二哥騎著單車帶著我去夜市吃冰，跟著三哥在大屯山邊認識花草蟲鳥，老姊的同學常來家中，她會唱歌，又會畫畫，多才藝，書也讀得好，腦海裡個子不高的她從眷村的大馬路揹著沉重的黑色書包，穿著黃色的景美女中制服，一步步走回家，家父說，就著麼一個女兒，讀吧！她考上離家最近的淡江大學，老爸甚是高興。我是五哥的尾巴，他去哪我就跟，去關渡看他同學在火車上被查票，躲在廁所中不敢出來，也不覺得怕，有哥哥嘛！有一位眷村李伯伯曾說你看看你爸媽多辛苦，養你們六個，這是我第一次感覺到爸媽是苦的，歐！原來我們過的是苦日子！我很快樂！苦甚麼？不知道。李伯伯的兒子後來是民航局副局長！

　　出版社要我寫簡介，一個不會讀書，不敢考聯考的小子，有啥好寫的！陽明山上，第一公墓對面的最高學府，惇敘高工改變了我一生，各科老師年歲大不了我們多少，數學老師讓我第一次考及格，英文老師教我們唱英文歌以便日後追女朋友，國文老師講故事的時間居多，在實習工廠塑料棚下打橋牌被記小過，晚上偷偷跑去洗溫泉，被教官抓到罰跑操場，在十大建設之一的台中港實習，第一次領到工資，七八人跑到木麻黃林中的小店吃著滷菜，喝著台灣高粱，樂著呢！至今這群傢伙每年要聚會好幾次！還有一位幹上了將軍！

　　基隆協和發電廠工程是我第一個工作，後來又去了八斗子漁港工程。一日數人鬼祟探頭探腦地進來工寮查看，原來經國先生路過，後來沒進來。服役是在總統出巡時我們是隨扈的憲兵，又在慈湖像是看遊客的標兵。休假回台北在天橋上買了第一本與易經相關的書，看了、讀了、抄了、寫了三十多年沒停，第一次買電腦就是因為要將讀過的書永久地記錄下來，九二一大地震雖然在五月就占出還是在驚嚇中逃出大樓，右手頭下腳上的抱著女兒，左手拎著電腦。

　　拜這疫情之賜，二十多年前的老友相聚研究易經，承蒙他們的鼎力協助我出了這本名為《周易探究》的書。為何？數千年前的占卜紀錄可以預測出將要發生的事！略舉一二，白曉燕案陳進興被捕之前四天就在被捕地點隔壁巷子，我們就預測出此案將迅速解決，還是一位十二歲的姑娘占出的純陽無陰的「乾」卦。九二一大地震當年五月就占出了，是「萃」卦，〈彖傳〉〈序傳〉〈雜傳〉都解釋為「聚」，是啊！全世界還有哪一個地方比集集鎮更「聚」呢！2010年十月份來了一個號稱規模只有在教課書上見過的史上超級完美秋颱梅姬，直撲菲律賓，根本沒登陸台灣，同事Jerry說占一卦看對台灣的影響，隨手就占到「旅」上九：「鳥焚其巢，旅人先笑後號咷，喪牛于易，凶。」〈象傳〉曰：「以旅在上，其義焚也。喪牛于易，終莫之聞也。」結果是梅姬的外圍環流與東北季風相互作用的共伴效應，卻造成宜蘭超大破表降雨蘇澳時雨量達182毫米，一樓沒頂，半個宜蘭泡在水中。蘇花公路大坍崩是興建七十多年以來最大損害，四百餘名大陸旅客受困，大陸創意旅行團21人連車帶人，摧枯拉朽般衝進太平洋，滅頂異鄉。不能免俗，這次新冠肺炎在2019年5月9日占得「坤」初六：「履霜，堅冰至。」〈象傳〉曰：「履霜堅冰，陰始凝也。馴致其道，至堅冰也。」簡單，霜是秋季之物，堅冰是寒冬之象；霜的個性慘毒，能殺萬物。《類篇》：「霜，殺物也。」《釋名》：「霜，喪也；其氣慘毒，物皆喪也。」這爻粗看就知道是一隻秋天發作，寒冬堅冰未融化之前有一隻大的，要殺人的黑天鵝。想細讀，就請買了書回去細看。就在校稿這時美國大選轟動世界，川普得到「姤」初六：「繫於金柅，貞吉。有攸往，見凶。羸豕孚蹢躅。」〈象傳〉

曰：「繫於金柅，柔道牽也。」拜登得到「升」六五：「貞吉，升階」〈象傳〉曰：「貞吉升階，大得志也。」一看就知，川普總統失去了根基，拜登一步一步的終於更上一層階梯得到天子大位，大大的得志！

我是駑馬十駕，其功不捨的易經癡迷之人，用文字記錄《易經》！

這本書是我自己讀《易經》的筆記，有些心得也在網站上發表過，竟然也有網路上的朋友認為我說得有些道理，還跑來找我請教。也勸我集結成冊或許將來可以出版。欣喜之餘，就慢慢的在電腦中存檔，有了心得就加一點，看到先輩先賢的著作中有道理的也就加入筆記中，這一點一點的加，就成了今日這般模樣。

這前後也有三十多年的功夫，現在退休了，時間多了，整理之後可以出版了，心裡是高興也是害羞的。畢竟《易經》是萬經之首，真不知我這樣的解釋是否是對了，當然擔心誤己誤人。

但是，《易經》畢竟是經過時間歷練的，我想我是整不了他的。或許我可以提供另一個方向讓大家來認識《易經》。這書取名《周易探究》，至少我是探了很久，陷了很深，是不是探得夠深？我也不知，《易經》博大精深又焉能不深探之。每天爬梳在古籍與網路上，探個究竟好像偵探一般。

我忘了那本書，一開始就勸說要讀《易經》是件苦差事，最好不要學。但我是被一個字給吸引了，開始我深探《易經》的過程。哪個字？第五卦「需」，《說文解字》解釋說：「需，也。遇雨不進，止也。雨而聲。《易》曰：『雲上於天，需。』」「需」字上半部是「雨」，下半部是「而」；「雨」在上部是「雲雨」這可以理解，但「而」在下部就摸不著頭腦了。宋代的徐鉉、徐鍇注釋說：「臣鉉等案：李陽冰據《易》『雲上於天』云：『當天』」這就豁然開朗，原來不是「而」不是「而」，是「天」。小篆作 ，漢隸寫作 ，天上之雨為需，這與「需」卦上坎下乾的卦象是完全相符的，乾為天，坎為水，所以「需」卦也稱水天需。莫非這是祖先造字過程中的巧妙！還是因為到了秦朝李斯等人已經對《易經》的認識而多運用於生活之中的表現？對文字的認識絕對可以幫助你對《易

經》的了解，換句話說透過對文字的理解也是進入《易經》的一個法門。

先秦以前的職業多是世襲的，尤其是掌握知識技術實作的士，這一階層在西周亡後，平王東遷國力大衰，很多士跑到諸侯各國任職，晉國的士氏，祖先是周宣王的大夫杜伯，杜伯被宣王所殺，其子隰（ㄒㄧ）叔逃到晉國當上「士師」，就是法官，他的後人就以「士」為氏，在晉國的歷史上大放異彩。我相信在春秋之後戰國諸侯劇烈的兼併小國，一定也發生這類的事情，進而增加了知識的傳遞，光看那些口若懸河的策士就可證實。當然秦滅六國，六國的貴族和知識份子也都成了秦的奴隸，擁有知識的這群人雖然身為奴隸，卻能輔佐朝官理事，當政事繁瑣需要增加效率將李斯的小篆而簡化成隸書時這批人一定發揮了積極的作用。這時《易經》已經深入這些知識份子了。

既然可以用文字的創造過程來了解《易經》，那隨處可買到的《說文解字》《康熙字典》就是我最好的老師與工具。傅斯年曾經講過一句話：「上窮碧落下黃泉，動手動腳找東西」。我也就動手深探找資料了。這一找三十餘年，當了《易經》的偵探。

我的筆記做了三十多年，當然許多同好看過，有人說像是在讀字典。是的，很多字的古義今日已經不用，我們勢必要找回來認識一下古代的意思是甚麼，再以今人常用的話語說解出來，這樣就容易瞭解了。例如「夬」卦，音讀怪。上卦是兌，下卦是乾。卦象是 ䷪ 陽爻五根相連在下，上面頂著一根陰爻，是五陽聯合要除去掉那壓在頭上的陰，陽爻們是堅決的，但要五陽一體才能果決的去掉那陰爻。夬，就是決，決斷。因為五陽聯合力量大要去掉僅存的一陰，必快。這卦也好像一個完整的圓缺了一口。朱熹先生發明記住八卦卦象的口訣就說「兌上缺」。「乾」卦六陽爻是一個完整的圓，是一個玉璧、玉環（〈說卦傳〉說：乾為天，為圓，為玉），「夬」卦兌上缺就是玦了。這只要上網查一下就知道了。可見以「夬」為字根可以孳生出許多意思相近的字。處決前的遺言為訣（兌為口舌，為言），去之而後快（兌為悅）。兌上缺，玉石的缺口必尖銳，石器時代的武器製作就是敲出尖銳的缺口。占到這卦是高興不起來的，可不能問天氣，洪水決堤之象。問官司，處

決之象。問合約生意，更是分道揚鑣。還要當心小人（陽是君子，陰是小人，小人沒有三兩三是不敢站在頭頂上的。）

為了閱讀方便我把解釋《易經》的〈彖傳〉〈象傳〉〈序傳〉〈雜傳〉〈繫辭〉都集中在一起，除了方便，在解卦時也可以多方參考。人說《易經》包羅萬象，但若是占卦問卜總共六十四卦，三百八十四爻，換句話說不論你問啥千變萬化的問題，答案就是六十四卦、三百八十四爻。雖然《焦氏易林》擴充到四千零九十六條林辭，但萬變不離宗。這也是本書的特色之一。

其實《易經》是一本實用的書，也可把它當作是一位客觀理性的老師，或是參謀總長。你有問題時，占一卦問問，《易經》給你甚麼答案，有時會嚇死你。有一人剛從洗衣店拿回的衣服第二天要穿卻遍尋不得，急著占了一卦問衣服哪去了？得到「謙」，要知，謙字晚出。而甲骨文有兼字，相傳《歸藏》易此卦就名《兼》，本意是一手併執兩禾，《說文解字》：「兼，也。手禾。兼持二禾也。徐曰：「會意。秉持一禾，兼持二禾。可兼持者，莫若禾也。」我答她說，再找找，會不會一個衣套裡架者兩件衣服？果然。店家為了節省一個塑膠套套了兩件衣服。可見從認識卦名的造字由來，也是進入《易經》的一個途徑。

一位搞建設公司的朋友，蓋了大樓多時沒有成交，臨出門前問了一下當日的運勢，得「妄」初九：「妄，往吉。」「妄」是一個極凶之卦，卦辭直接就說「不利有攸往」〈彖傳〉也說「天命不佑。」〈雜傳〉更說「妄災也。」基本上是一個不得天時的大凶卦。《孟子》說：「雖有智能，不如乘勢；雖有鎡基（一種農具），不如待時。」可見天時的重要。一看此卦就涼了大半截，我答說，《史記・春申君列傳》中說到此卦，有妄之災，也有妄之福。而初爻是無望之中而能得福，是不得天時無有希望之時的一絲陽光，是絕望中的意外之福。當日突然進來一客，訂了一房，真是喜出望外，意外之福。

八十八年五月在家中和一群《易經》同好，占問下半年台灣的運勢，占到「萃」卦䷬，心中一震，卦象主要是九五天子和九四宰相、重臣，兩根陽爻相互的爭鬥，這很容易理解，因為同性相斥嘛！但國君與大臣的爭鬥非國家之福，震盪必劇。又上四爻（萃卦的重心）可以互成一個「大過」卦，過，禍也、動也。大過，大禍、大大的動。就是大地震。地震就是大大的過動而產生大禍。上卦兌為秋，翻開《焦氏易林》，「萃」卦應在「白露」，正是九月二十三日秋分前的白露（每十五天一個節氣）。而「萃」卦上兌下坤，兌為秋分。綜合而觀，宋楚瑜和李登輝鬧翻，應了天子與大臣的內鬥，且白露會發生猝然而碎的大地震。但發生在哪裡？大家一時也無有答案，做了紀錄就散去。九二一地震發生，翻開紀錄心中大驚，〈彖傳〉云：「萃，聚也。」〈序傳〉云：「萃者聚也。」〈雜傳〉云：「萃聚而升不來也。」還有哪個地方比集集更符合「聚」呢？應證了〈雜傳〉云：「大過顛也。」「大過」卦是釀災造禍，翻天覆地的大地震，「震」卦是猝然而來的驚嚇。而「妄災也」說的天時錯亂的異變，「大過」卦才是颱風、水災、地震的災變。

　　很多卦一開始讀不懂，也是「需」卦發生了作用，相錯的「晉」卦，激活了我。〈雜傳〉說：「需不進也」〈彖傳〉說：「晉，進也」一進，一不進；相錯原是相反。錯也稱「旁行」，直直衝撞遇險不能進，旁行換個方式就能進，豈不妙哉！而「屯」卦是開天闢地之後的第一卦，是「剛柔始交」是「物之始生」，「始」就是「胎」。相綜的「蒙」則是幼稚，〈序傳〉：「蒙，物之稚也」。相綜也是相續。反覆綜錯，可以更加理解卦義。但要小心錯綜複雜，更讓人糊塗。

　　因為是筆記，所以我儘量將我運用的書籍都記錄下來，為了方便考證，但也有許多沒記下來。小學的時候記得老師說學問知識都在字典裡，所以也耙梳了不少字典，這年頭網路發達，比起以前一本書，一個字的找是方便多了，但資料浩瀚如百科全書，要想得到珍貴的就如淘寶一般，當然我也淘了許多，有垃圾，有珍寶，至少古籍、工具書有許多值得好好運用。有幾個網站是我常用的，《漢典》、《萌典》《中國哲學書電子計畫》、《漢語多功

能字庫》、《搜韻～詩詞門戶網站》《中華大字典》、《說文解字》、《國學大師》（尤其是收錄甲骨文、金文、古文、籀文、隸書等各代文字）、《教育部異體字字典》、《中國古籍全錄》等，真的是讀書人的福氣。

這些年來許多同好送我一句話，沒讀過《易經》的，看了你的筆記，翻不到第二頁，好艱澀；讀過《易經》的，一看原來如此，真有奇妙、奧妙。這也讓我得意一笑。我說因為我笨，笨人只能用笨方法，我都清楚了大家自然也就清楚了。或許這就是野狐禪吧！

為了出版，編者要我試著將以往看的書而有記在筆記中的列出一表，希望讀者也可以參考之，陋室狹小，書進書出，記不全了，若有遺漏尚請見諒。

漢代許慎《說文解字》

清代段玉裁《說文解字注》

湯可敬先生撰《說文解字今釋》

《康熙字典》

楊伯峻先生編的《春秋左傳注》

清代高士奇的《左傳記事本末》

錢鍾書先生的《管錐編》書林出版有限公司

張文江先生的《管錐編讀解》上海古籍出版社

聞一多先生的《古典新義》

《聞一多全集》里仁書局

清代俞正燮的《癸巳類稿》世界書局

《故宮文物月刊》前100冊 國立故宮博物院

鈕先鍾先生的《中國古代戰略思想新論》

漢代焦延壽的《易林》（中華書局據士禮居校宋本校刊）

《焦氏易林》新文豐出版公司

《白話焦氏易林》岳麓書社出版

高敏先生的《睡虎地秦簡初探》

趙建偉先生的《出土簡帛〈周易〉疏證》

李學勤先生的《周易溯源》

流沙河先生的《白魚解字》

何新先生的《易經新解》

陳九金先生的《帛書及古典天文史料注析與研究》萬卷樓讀書有限公司

陳九金先生的《星象解碼》群言出版社

漢代司馬遷《史記三家注》新象書局

民初尚秉和《周易尚氏學》老古文化事業公司

民初尚秉和《周易古筮考》廣文書局

民初尚秉和《歷代社會風俗事務考》台灣商務印書館

夏曾佑先生《中國古代史》台灣商務印書館

于省吾先生的《易經新證》

連劭名先生的《帛書周易疏證》

李登橋先生的《明清俗語辭書集成·方言詞語補證》

柯茲能先生的《〈乾卦〉爻辭中星宿信息鉤沉》

《國語》《詩經》《說苑》《晏子春秋》上海古籍出版社

《爾雅義疏》文字據郝懿行民國24年商務印書館本

《周禮注疏》

《儀禮注疏》

陳子展《詩經直解》

翻經沙門慧琳撰《一切經音義》《漢文大藏經》網站

《中國土木建築史料彙編》台灣商務印書館

《韓詩外傳》維基文庫

《詩經·毛詩注疏》《搜》詩詞門戶網站

《古本山海經圖說》山東畫報出版社

《二南堂法帖》二南堂工作室

《李明仲營造法式》線裝書

楊寬先生的《西周史》台灣商務印書館

楊寬先生的《戰國史》台灣商務印書館1997增訂版

李鐵《漢畫文學故事集》商鼎文化出版社

《美國近代四位名將之研究》黎明文化事業公司

許進雄先生的《中國古代社會～文字與人類學的透視（修訂本）》台灣
　　商務印書館

楊樹達在《積微居小學述林》

徐中舒《甲骨文字典》四川辭書出版社

施耐庵《水滸傳》齊魯書社

魯實先、王永誠《文字析義注》台灣商務印書館

陳子展《詩經真解》復旦大學出版社

李靜池《周易著作全集》中華書局

清代阮元《揅經室集》中華書局

朱駿聲《說文通訓定聲》中華書局

周易探究

上經

第1籤 ䷀ 乾卦 乾爲天

乾　：元亨利貞。

象曰：大哉乾元，萬物資始，乃統天。雲行雨施，品物流形。大明終
　　　始，六位時成，時乘六龍，以御天。乾道變化，各正性命，保合
　　　太和，乃利貞。首出庶物，萬國咸寧。

象曰：天行健，君子以自強不息。

序傳：有天地然後萬物生焉。盈天地之間者唯萬物，故受之以屯。屯者
　　　盈也。

雜傳：乾剛坤柔。

文言曰：元者善之長也，亨者嘉之會也，利者義之和也，貞者事之幹
　　　　也。君子體仁足以長人，嘉會足以合禮，利物足以合義，貞
　　　　固足以幹事，君子行此四德者，故曰乾元亨利貞。

　　「乾」卦之「乾」字本意是雄性動物的陽具勃起之狀，易經的作者
用它來作為這卦的卦名，有點不得已。「乾」字是一個複雜的字，甲骨文
中沒有乾字，乾字晚出，是後起字。先看東漢的許慎在《說文解字》中怎
麼解釋「乾」字，其云：「乾，上出也。從乙。乙，物之達也。倝聲，
乾，籀文乾。〖注〗漧、**乾**，古文。」許慎認為「乾」字「從乙」
「倝聲」意思是將「乾」字分解為「倝」「乙」兩部分。但也保留了西周
時期的籀文 **乾** 和古文 **乾**。

　　我們先認識「乙」字，「乙」的意思是春天剛發芽的小草穿出堅硬
的地面還是彎曲的樣子。《說文解字》云：「乙，象春艸木冤曲而出，陰
氣尚彊，其出乙乙也。」柔嫩的幼苗可以穿透堅硬的土地而向上生長，都
是因為陽氣剛健之故，而陽氣是剛強而無堅不摧的，一如「乾」〈大象〉
所說：「天行健，君子以自強不息。」〈雜傳〉說：「乾剛」是也。這也
說得過去。但也有說「乾」字從「乞」，乞本是气之省筆。气，雲氣也。
《說文解字》說云：「气，雲气也。象形。」段注：「气氣古今字。」
《鄭樵・通志》：「气，氣也。因聲借爲與人之乞，音氣。因與人之義，
借爲求人之乞，此因借而借也。」其實气就是乾卦三畫陽爻。《說文解字

注》說：「乾，上出也。此乾字之本義也。自有文字以後。乃用爲卦名。而孔子釋之曰。健也。健之義生於上出。上出爲乾。下注則爲溼。故乾與溼相對。俗別其音。古無是也。」因為乾陽往上與水濕往下之意相反，故後來也用作乾濕之乾。這翻解釋並未能盡解「乾」字之義。

「乾」字本身盡是陽氣與雄性動物的陽具，金文作 籀文字作 李陽冰先生寫作 。其字從市，從早，從入，從丨。先說從「早」，即「卓」旁的下部，甲骨文有 字，是「易」字的初文。乾、幹、斡、倝的「卓」旁，下半部從「日」，從「丁」本意是陰陽的「陽」。 這也是甲骨文「陽」字，左旁加上了「𨸏（阜）」旁。 金文也是。 這是古幣上的「易」字，清楚的加上了作為光芒的「彡」為意符；《說文解字注》：「易，開也。此陰陽正字也。陰陽行而会易廢矣。闢戶謂之乾。故曰開也。從日一勿。」段玉裁錯將「彡」當作「勿」；籀文 小篆 都將「𨸏（阜）」旁加了上去，隸變之後的 字用至今日，是經過數千年的演化。各位「闢戶謂之乾」說的就是陽具要進入雌性動物陰戶的情狀。

甲骨文及早期金文「易」字 從「日」從「丁」，「丁」象樹枝，是「柯」字的初文。金文從「彡」，像太陽的光芒。「易」字象是太陽昇到樹枝頭上，陽光從樹枝中照射下來，光芒四照。「易」字是「陽」、「暘」的初文，本義就是陽光。《說文解字約注》：「上有日照臨之，下象艸木之根。」籀文、小篆加「阜」旁而造了「陽」字，「阜」是山丘，《釋名》：「土山曰阜，言高厚也。」籀文另有 「陽」字，從「阜」從「土」從「易」；華北大陸山脈皆由西向東橫亙，河流亦是由西向東流入大海，山丘的南面迎照陽光，所以山的南面稱為「陽」。造字即像陽光照射在山丘南面上，《周禮・秋官・柞氏》：「令刊陽木而火之。」賈公彥疏引《爾雅》：「山南曰陽。」《周禮・考工記・輪人》賈

公彥疏：「記識其向日為陽，背日為陰之處。」《說文解字注》：「此陰陽正字也，陰陽行而会易廢矣。」如此，「卓」旁下部從「日」從「丁」其實就是陰陽的「陽」。

再論「卓」上部的「十」，這就要從籀文「乾」字來探尋，原來被簡化的「十」是「市」音唸福。流沙河先生以為即雄性生殖器勃起的意思，甚是。先說「市」，注意不是市場的「市」。《說文解字》：「市，韠也。上古衣，蔽前而已，市以象之。」段注：「鄭注禮曰。古者佃漁而食之。衣其皮。先知蔽前。後知蔽後。王易之以布帛。而獨存其蔽前者。不忘本也。」「不忘本」之「本」就是男性生殖器。「衣其皮。先知蔽前。」所以「市」的形狀有如蘭嶼原住民和日本相撲選手所穿的下衣。其義亦為生殖器勃起之狀。「市」字用的少，本義亡失，而在「沛」字中保留了下來，《前漢・五行志》：「沛然自大」勃起故大。又「孛」字小篆作，「勃」字小篆其上部與「乾」字籀文相同，到了小篆簡化成 唐代李陽冰的鐵線篆還可以看出其義。

再回頭看右邊的「乞」本來是從「入」從「丨」，就不難理解「入」作動詞，即今日之「肏」；「丨」是象形，即生殖器勃起之狀。先民造「乾」字是直觀的，從市，從易省，從入，從丨。說的都是陽具。秦統一文字作小篆時就很難辨識其原意了。

相似的「毲」字古文作，《說文解字》：「毲，日始出，光毲毲也。」饒炯《說文部首訂》：「毲毲，日光皃。謂其炳灼，如旌旗游之放蹇，因以放名之。而後注旦為專字，其意蓋取旦明日出，光常毲毲也。」《說文解字約注》：「毲毲，乃狀日始出時大赤之色。」指的是太陽出生光芒四射的意思。至此說的都是「乾為陽」之義。

再來看古文字（乾），聞一多先生說這是北斗七星的專屬字。三個圓中間各有一點是這字的特徵。「乾」卦所言為天象，〈說卦傳〉：「乾為天，為圜，為君」，指的就是北斗七星。北斗七星又大又亮，一年四季都高掛天際，周轉天際一圈剛剛好是一整年。成為了一個指標。要認

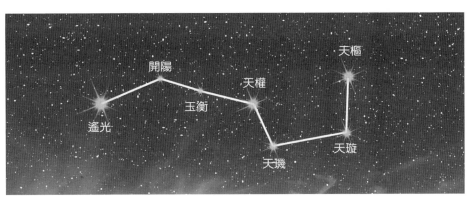

北斗七星

識星星天文，自古北斗七星就是第一個指標。找到了北斗七星，順著第一顆天樞星，第二顆天璇星就可以找到北極點，離北極點最近的星就是北極星。確立這個標準方位，要觀察尋找紀錄其他的星宿就容易了。

　《甘石星經》：「北斗星謂之七政，天之諸侯，亦為帝車。」蓋北斗七星在天際旋轉一周天剛剛好是一整年，有如天帝之巡視天域一年巡遍一周天。北斗七星之斗又像古代車輿之車廂，斗杓像馬拉車的車轅，為天帝的坐駕故為北斗七星也被古人稱為「帝車」。天帝坐在帝車上，遍巡天域。這完全符合〈說卦傳〉：「乾以君之」「乾為天，為圜，為君。」

東方蒼龍之象

　　古人觀察天文，用來劃定季節，制定曆法，讓天下庶民作息有所依據，這是一個君主的責任。當然中原大地上各地民族所觀察的星宿也有不同，星宿的升降運行就是一本活曆法，不但設有專屬官吏觀察，更有崇拜祭祀星宿的習俗，進而有專屬的文字以便於紀錄。尤其是進入農耕時代，關乎生產。

　　《左傳》昭公元年紀載了古人觀察崇拜星宿的故事：「昔高辛氏有二子，伯曰閼伯，季曰實沈，居於曠林，不相能也。日尋干戈，以相征討。後帝不臧，遷閼伯於商丘，主辰。商人是因，故辰為商星。遷實沈於大夏，主參。唐人是因，以服事夏、商。其季世曰唐叔虞。當武王邑姜，方震大叔，夢帝謂已：『余命而子曰虞，將與之唐，屬諸參，而蕃育其子孫』及生，有文在其手曰『虞』，遂以命之。及成王滅唐而封大叔焉，故參為晉星。」這是說高辛氏的兩個兒子不能和睦相處，於是高辛氏將老大閼伯遷居於東方的商丘，主要觀察祭祀大火星（也稱火），即東方蒼龍星座的心宿二。這是蒼龍星座的主要星宿，象徵乾陽之氣降臨大地，氣候溫暖，適合從事農耕，後來殷商之人遷居於此，也因循這個習俗祭祀東方蒼龍座的大火星即心宿二，並稱之為「商星」。籀文有字作「䵼」金文作。也是大火的專屬字。又遷居弟弟實沈於大夏之地，在今山西省，是遠古夏人的生活區域，主要觀察祭祀參星，就是以參星的運行升降來判斷季節，訂定曆法。這參星就是今日獵戶星座腰帶上的三顆星。籀文字作「曑」小篆作，後來唐人居於此地，因循了這個習慣。周成王滅了唐國，將其弟弟虞叔封到此地，虞叔也繼續因循這個習俗，虞叔也稱唐叔，他兒子變改國號為晉，晉人也因襲此習俗，所以參宿也稱為「晉星」。今日參宿除了中間要帶緊密相連的三顆明亮之星外，其上多增了兩顆稱之為「肩」其下增了兩顆稱之為「足」，共有星七顆。從秋季到次年的初夏，參宿都是夜空中最大，最醒目的一個星座。

　　北斗七星、商星（心宿二、大火）、參宿也都稱「大辰」，因為觀其運行可以判定季節，制定曆法，都受人們的崇拜，所以也都各有專屬的字。商星象徵陽氣大盛的春夏二季，參宿象徵陰氣大盛的秋冬二季。這兩星座不會同時出現於天際，一降一升。像閼伯、實沈兩兄弟一東一西，永

不見面。

　　這三「大辰」其中以北斗七星最為重要，《論語‧為政》：「子曰：為政以德，譬如北辰，居其所而眾星共之。」天上的星星都是繞著北極星為軸心而旋轉，而北斗七星為帝車基本上是天帝的化身。北斗七星之柄稱為「杓」，也稱「標」。《說文解字》：「標，木杪末也。」標有標誌、表記的意思。因為杓柄所指的方向可以表明季節、月份。《鶡冠子‧環流》：「斗杓東指，天下皆春；斗杓南指，天下皆夏；斗杓西指，天下皆秋；斗杓北指，天下皆冬。」這種用斗柄的指向來建立季節、月份的方式稱之為「斗建」，用北斗杓的指向來建立季節、月份。蒼龍座的心宿二，（大火、火）。白虎座的參宿。這三「大辰」。另外還有西方白虎星座的斗宿與其比鄰在其北方的建星，也有同樣功能。這是周人觀天象，建立曆法的參考星座，也合稱「斗建」。而建星則是周人崇拜的星宿。另文再論。

　　《說文解字》中乾字的籀文 「𩇲」字，即是北斗七星的專屬

北斗七星周轉表現出天是圓的

字。左邊是由三個「日」組成作「晶」即 疊」的省筆，是「星」字的初文。這個「晶」字在小篆 字與金文 字都可以看見。「晶」字本意是天上的星星，即今日的星字。後來借去當亮晶晶的晶字，才又造了「疊」字，從「晶」從「生」。再簡化為「星」字。古人觀星的時間多在黎明拂曉與黃昏之時，天色暗而地平線隱約可見，為的是以地平線為準，黃昏之時眾星宿緩緩由東方地平升起，好像星宿是由大地之母吐生而出，故「疊」字從「晶」字，從「生」。

　　小篆 「斡」與「乾」、「軌」都從「軌」，系出同門。《說文解字》：「蠡柄也。從斗軌聲。揚雄、杜林說：皆以為軺車輪斡。」許慎留了一個線索「軌聲」，這與「乾」字牽扯上關係。還說跟車輪有關，「斡」字本有旋轉的意思，《玉篇》：「斡，轉也，柄也。」《增韻》：「斡，旋也，運也。」「從斗」的「斗」指的是天上的北斗七星。〈繫辭上〉：「仰以觀於天文，俯以察於地理。」乾卦既為天，觀象於天文勢不可避免，取象於天文也是必然，故「斡」字從「斗」指的是在天際上周轉運行的北斗七星。天體運轉以北極為中極樞紐，而最能體現天體周轉的莫過於北斗七星。

　　〈說卦傳〉云：「乾為天，為圜，為君」，北斗七星的特性是環繞天體一周天剛好是一年。《鶡冠子・環流》云：「斗柄東指，天下皆春；斗柄南指，天下皆夏；斗柄西指，天下皆秋；斗柄北指，天下皆冬。」《鶡冠子・世兵》云：「斡流遷徙，固無休息，終則有始，孰知其極。」先民「仰觀於天」為的是制訂曆法，最早觀察到的是「兩至」夏至與冬至，一如「兩儀」；再來是春分、秋分則為「四象」。這就是因為北斗星一年繞天體周轉一圈，所以先民就用北斗星的斗柄指向來建立四季十二月，稱為「建月」。《史記・天官書》：「分陰陽，建四時，均五行，移節度，定諸紀，皆系於斗。」「建」既是建立的建，「建四時」是北斗七星的功能，我懷疑，或是北斗七星的古名也稱之為「建」。因為古代曆法是由北斗星柄杓的指向建立了曆法。出土帛書「乾」卦作「鍵」，〈大象〉云：「天行健，君子以自強不息。」建，健，鍵，同音通假，字義也相近。都是說北斗七星繞行天體，剛健不息。既象徵天體的終始運轉循環，也象

徵天體循環不停息。所以，「建」也是北斗星的古名。與《史記・天官書》：「南斗為廟，其北建星。建星者，旗也。」之「建星」不同。

乾，靲，幹，，都是「乾」卦，一字不能盡顯其義，古人依照乾陽的德性，造了這些字各表其義之一，後人最終用了「乾」字概括乾陽之德。可見「乾」字既是指的北斗七星，也是雄性動物勃起的陽具將要交合的生動化身。

與「乾」字相對的是「坤」字，坤字不見於甲骨文。也是晚起的字，我們從坤字的字音可以知道坤者，空也。空字從「穴」為義符，從「工」為聲符。穴就是女性生殖器，今之「尻」字。

卦辭「元、亨、利、貞」：就是春、夏、秋、冬，是事物發展的四個階段，也是循環周行剛健不停之意。也是舉行大祭祀，利於出征之意。這解釋了《周易》的「周」有周而復始的意思。因為《周易》既然以「乾」卦為首卦，乾為天，為圜，為環，《淮南子・原道訓》：「鈞旋轂轉，周而復匝，始也。」此言天體之運轉，周而復旋如車輪。但也可說是周族，周人寫的易經，這要另文探究。

「元」，是春，是大，是開始，事物的發端，元氣初生，一元復始，萬物萌發，是元創。《說文解字》云：「元，始也。」《說文解字注》說：「見《爾雅・釋詁》，《九家易》曰『元者，氣之始也』。」始、胎兩字都有發軔開端的意思。一如春天萬物勃發、交尾、繁殖。

「亨」，是夏，是亨通，是萬物茂生，發展成長，是通路。

古文亨、享不分，所以「亨」也是「享」，祭享也，獻物祭祀與神溝通也。一如夏天日光充足萬物成長亨通。「元亨」，大祭享、大祭祀、大亨通。《左傳・正義》襄公九年：「《周禮》，祭人鬼曰享。故享為祀也。」

「利」是秋，是萬物成熟，是獲利，是斬獲，是階段完成，發展至此告一段落。一如秋收積糧既是收穫得利也是準備面臨嚴冬的到來。

「貞」是冬，是萬物內斂，是固，是正，是初步發展告一段落後的整理，是收藏靜養維護以走更遠的路。像是冬天的靜藏，要熬過嚴冬才能在春天的來到再次出發。貞字金文象鼎，有堅固不移的意思。

「元亨利貞」是四季，北斗斗柄的指向也是古人觀察星象制定節候的重要依據，《鶡冠子》記載：「斗柄東指，天下皆春；斗柄南指，天下皆夏；斗柄西指，天下皆秋；斗柄北指，天下皆冬。」故〈說卦傳〉：「乾為天，為圜。」因為北斗周行天際剛好一年，故乾為天，為圜，為周行循環。

「貞」，是正、征，古文通用。「利貞」，利於出行、出征。

「元亨利貞」之後還要能「貞下啟元」，就是從「貞」再回到「元」，如冬之後又回春，如此春夏秋冬周而復始，循環不絕，就是「健行」。所謂「春耕、夏耘、秋收、冬藏」循環不已（乾為圜，為循環）。四季循環有如天的運行，沒有分秒的停止，所以〈大象〉曰：「天行健，君子以自強不息。」天（其實就是北斗七星）的運行剛健不息，沒有任何東西可以抵擋阻止。故「健」有「疾」的意思，「乾」卦陽氣旺盛動起來強健疾速。《廣韻》曰：「健，伉也。易曰天行健。」《增韻》曰：「伉，強有力也。」

「元」也是「大」，元亨，就是「大亨通」。

「亨」也是「享」，是祭獻，「大亨」即「大享」大祭祀貢獻牲品的歡宴。所以「亨者，嘉之會也。」

「利」本義是秋收時以刀割已成熟的禾穗。這裡作「利於」。

「貞」這也可讀作「征」，謂利於行動出征。「乾」卦陽氣旺盛利於行動、出征。

「貞」字從卜，意思是「占卜」。

「元亨利貞」是大亨通，有利的占卜。

〈文言〉解釋說：「元者善之長也，亨者嘉之會也，利者義之和也，貞者事之干也。君子體仁足以長人，嘉會足以合禮，利物足以合義，貞固足以幹事，君子行此四德者，故曰乾元亨利貞。」創造發明之後需要通路渠道才能銷售，銷售之後可以獲利，再來要維持、維護獲利不斷才能起開下次的循環而生生不息週而復始。

再說〈彖傳〉：

大哉乾元，萬物資始，乃統天。

這說的是「乾」的偉大，「乾」是一切的「元」，是萬物生成的原始。這每一字說的都是「乾」的德性；「乾」為「大」，「乾」為「元」，「乾」為「始」，「乾」為元首，為「統」，「乾」為「天」。天帝統御北斗七星，並劃定季節，供人們制定曆法。

「資始」，資助，取用「乾」的陽氣源源供應萬物而各得始生。如陽具般與陰戶結合著生萬物。看資料有說六千年前的北斗眾星形狀與今日不同，更像一隻大大的雄性陽具。

雲行雨施，品物流行。

「雲行雨施，品物流行」，為「乾」廣施恩澤。「乾」為雲氣，「坤」為品物，就是眾物。「品」，《說文解字》：「品，眾庶也。」「流」，品類。意思是繁育萬物，各成品類。

大明終始，六位時成，時乘六龍，以御天。

「大明終始」，「大明」即日，乾卦純陽故為日，為大明，「終始」即「元亨利貞」有始有終，周行不斷。

「六位時成，時乘六龍」，一卦六爻，代表著六個不同階段時機，初潛、二見、三惕、四躍、五飛、六亢。

「以御天」，以統領控御天體、大自然。

乾道變化，各正性命，保合太和，乃利貞。

這句是解釋「利貞」，「乾道」就是天道，大自然運行的道理；天道的變化使得萬物各正性命，如此四季有四季適合的動植物生存討命的德性，各有稟性；如此萬物和諧故曰「太和」；我們可以理解大自然就是萬物各有德性與和諧的生態，如此和諧各安性命就是「利貞」。《中論·治學》：「出則元亨，處則利貞」這句話解釋的很好。

首出庶物，萬國咸寧。

「首」，乾為首，元首，為君主。首就是元。

「首出」，就是「先」。「乾」之性好為先。「乾」在第一卦。「坤」之性為後，「坤」不能先，先就迷，所以「坤」說「先迷後得主」，所以「坤」在第二卦緊跟著「乾」。先開天後闢地。

「庶物」，就是萬物眾生，黎民百姓。就是「坤」，「坤」為萬物，為庶民。

「首出庶物」，是「乾」天之出生在「坤」地萬物之前，先萬物眾生而生，是領袖從眾生之中產生，如此才會「萬國咸寧」天下誠心順服。有了「乾」就有了主心骨了，所以天下萬國諸侯服順於「乾」卦天子。

「萬國咸寧」是「坤」，「坤」為眾多，為地方，故為「萬國」。「坤」順於「乾」故為「咸寧」。

《說文解字》：「國，邦也」「萬國」，即萬邦，即萬方之義。「咸」，皆、全。「甯」，安寧。萬邦有乾天子為領袖，故皆服順安寧。「萬國」一直用到現在還有「萬國博覽會」。上古有諸侯「萬國」，《左傳·哀公七年》：「禹合諸侯於塗山，執玉帛者萬國，今其存者，無數十焉。」又《揚子法言》：「堯親九族，協和萬國。」

〈彖傳〉所言是為卦辭「乾，元、亨、利、貞」作的解釋。

〈象傳〉是以一卦的卦象來推衍解釋卦義。

〈象傳〉曰：「天行健，君子以自強不息。」

這也都是以「乾」之德性來解釋。「乾」為天，「乾」動則健，「乾」為君子「坤」為小人、庶民，「乾」為剛健，「乾」為自強，「乾」為周轉不息。乾陽之性，有如天上的北斗星，其運行剛強精勁，既能建立陰陽、四季、月份、曆法都因北斗星而建立且不可改變，如此互古千萬歲月而健行不息。

〈序卦傳〉則是以六十四卦的順序來解釋卦義。

〈序卦傳〉曰：「有天地然後萬物生焉」：謂先有天，再有地，開天之後的一忽間就跟著闢地，然後萬物生於天地之間。「乾」為天，「坤」為地，為萬物，為生。所以「乾」為男，「坤」為女；數千年前的伏羲可能直接說「乾」為陽具，「坤」為陰戶。這是原始的生殖崇拜。

〈雜卦傳〉以一個字解釋卦義，晉朝韓康伯注：「雜卦者雜揉眾卦，錯綜其義，或以同相類，或以異相明也。」是易讀、易記、義長又精要的見解。

〈雜卦傳〉曰：「乾剛坤柔。」

「乾」為剛，也為罡。剛為金剛不壞之身，無堅不摧。六爻全陽，陽為剛，為百毒不侵金剛不壞之體。但「乾」卦純陽無陰，陰陽無法相濟，孤陽不生，過剛易折；又「乾」為本元，有歸本入元之象，萬流歸宗，是死象。罡，是天罡，是北斗的斗柄，《夢溪筆談》：「天罡者，斗剛之所建也。斗杓謂之剛。」天罡兇，觸之不死也傷；斗柄所指之處不可冒犯，犯之必凶。《三國演義》：「彭羕曰：『罡星在西方，太白臨於此地，當有不吉之事，切宜慎之』。」《焦氏易林‧渙之比》：「行觸天罡，馬死車傷。身無聊賴，困窮乏糧」，〈家人之豐〉：「魁杓為禍」。〈睽之漸〉曰：「魁罡所當，初為敗殃。」這也是「乾」為北斗七星之旁證。

戰國時期的吳起所著《吳子》這本兵書中對「剛」有所闡述：「禁暴救亂曰義，恃眾以發曰彊，因怒興師曰剛，棄禮貪利曰暴，國亂人疲舉事動眾曰逆。」亦可參觀。

綜而觀之「乾」是主體，不是旁枝，是領銜主演的第一男主角。是主導，不是幫襯。是主，是君，不是臣。「乾」為大，為大政方針。「坤」是細，是小，是事多如麻，為行政庶務。所以「乾」是賢君，「坤」是能臣。賢君居位，能臣任職。賢君用人，能臣為人所用。

「乾」卦問病，初病占之，有如金剛不壞，百毒不侵。但久病占之，則孤陽無陰，無以為濟。故曰：「近病不藥而愈，久病妙藥難調。」

「乾」純陽為正大光明，無一絲陰氣，君子道長，小人道消；是君子大行其道的時候，小人無處遁藏。六爻純陽，是陽為君子，陰為小人，「乾」卦無陰，無有小人，只有君子，亂臣賊子被誅之象。

「乾」卦純陽有過度之象，當心剛愎自用。

「乾」卦「元亨」為大亨通，營運無礙。陰為小人，為阻礙，六爻皆陽，暢行無阻，通天達地，通神通鬼，無所不通。

「乾」六爻皆陽無陰極不和諧，故純剛易折。「坤」純陰則容易糜爛。

「乾」六爻皆陽，是從初陽的「復」，二陽的「臨」，三陽的「泰」，四陽的「大壯」，五陽的「夬」，至「乾」皆陽，是事物發展成熟，無往不利。六爻純陽，事態發展成熟，至善至美，功成名就之時。

「乾」、「坤」兩卦，一天一地，分居第一、第二卦，是開天闢地，

是萬物之源，是宇宙萬事完物的根原，是大父母。「震」、「巽」為小父母。

「乾」為天，是周旋，是天樞，是中樞，是關鍵，是權柄，是本尊，是一切事物的根源。

「乾」為天樞，是北斗七星，是眾星拱辰。天體運行繞著北極星轉。北斗七星一年剛好周行天際一周天。《鶡冠子》所云：「斗柄東指，天下皆春；斗柄南指，天下皆夏；斗柄西指，天下皆秋；斗柄北指，天下皆冬。」就是古代先民以北斗星象來制定曆法時節的證驗。所以〈說卦傳〉云：「乾為天，為圜。」圜，既是象徵乾天的圓，也是天體運行四季循環不已。《說文解字》云：「圜，天體也。从囗睘聲。」段玉裁注：「許言天體、亦謂其體一氣循環。無終無始。非謂其形渾圜也。」《莊子·齊物論》云：「始卒若環，莫得其倫，是謂天鈞。」「始卒若環」即是「終始若環」，成玄英《疏》：「物之遷貿，譬彼循環，死去生來，終而復始。物之遷流由始至終，由終返始，宛若不可分割之環。」嚴復注云：「天均猶天鈞。鈞，陶輪也。似道之物，皆無始卒。無始卒者，惟環可言，而由是往復周流之事起。」一如除夕是年尾，初一是年頭，頭尾相連，即「始卒若環」也。

「乾」純陽無陰，人緣不好，又尊貴居高位，崖岸很高，曲高寡和，尊貴不可逼視。

「乾」為獨，為孤，孤家寡人，君王稱孤道寡；「坤」為多，為眾，庶民黔首，黎民百姓。

「乾」為圓滿。六爻皆陽，陽為實，又乾為圓，故為圓滿，為環，為璧。古人祭天用「璧」就是圓形。四季周轉就是圓。上兌下乾「夬」為缺，上爻陰斷就差一點，為缺憾，為玦。詳「夬」卦。

「乾」為金，為玉，為大富大貴，金玉滿堂，貴不可言。

「乾」是營運順利，生生不息，一本萬利。

〈說卦傳〉：「戰乎乾」，「乾」為好強，好鬥，好色。乾內外皆乾陽，直腸子，好大喜功。

「乾」為戰栗肅殺，六爻皆陽無陰，陰陽無法調和，故為嚴峻。又「乾」為金玉皆堅，為西北，為深秋，秋為肅殺。又乾為堅冰，萬物不

生。

「乾」為龍。《韓非子・說難》中說龍之凶猛：「夫龍之為虫也，柔可狎而騎也。然其喉下有逆鱗徑尺，若人有嬰之者，則必殺人。人主亦有逆鱗，說者能無嬰人主之逆鱗，則幾矣。」

「乾」龍肅殺，只能順乘不能違逆，所以與「乾」相匹配的為「坤」，「坤」為至柔順者。

〈大象〉曰：「天行健，君子以自強不息。」「乾」是向前行，奮力向前什麼攏不驚。「乾」為天，天無所不包，故無事不利，大行其道。

「乾」是健行不息，元亨利貞、春夏秋冬；運轉不停，乾運興隆，天威大盛，有人思防阻而不得，是大吉大利，無往不利。

「自強」是自信滿滿，是躊躇滿志，意氣風發。

「自強不息」是努力不歇。

總而言之，乾、幹、斡、戟都是指的天上的北極星、北斗星。而繞著北極星轉的是北斗星，尤其是斗柄所指的方向正符合節氣，「斗」象車廂，「杓」象拉車的轅，北斗星又為「帝車」。帝車北斗載著天帝一年周行天際一周，如天子出巡天下。古人常將北斗與北極星連稱為「斗極」，《白虎通德論・爵》：「故《援神契》曰：『天覆地載謂之天子，上法斗極』。」《爾雅・釋地》：「北戴斗極為空桐。」邢昺《疏》：「斗，北斗也。極者，中宮天極星。」漢桓譚《新論》：「天以轉周匝，斗極常在，知為天之中也。」《晉書・天文志上》：「斗為人君之象，號令人主也。」又：「北極，北辰最尊者也，其紐星，天之樞也。」後來就以「斗極」比喻為天子帝王。以天之象比喻人之事。

「健、建、鍵」音義相同；出土帛書「乾」卦作「鍵」，「鍵」的本義是鑰匙，《廣韻》：「鍵，管鑰。」《韻會》：「籥牡也」。《禮・月令》：「修鍵閉」。《註》：「鍵牡閉牝也」。《疏》：「凡鏁（鎖）器，入者謂之牡，受者謂之牝，俗云鎖須閉者，鎖筒也。」《周禮・地官・司門》：「司門掌受鍵，以啟閉國門。」《疏》：「謂用管鑰以啟門，用鍵牡以閉門。」《急就篇》注：「鍵以鐵，有所豎關，若門牡之屬也。」再早一點指的是扛鼎的槓，稱為「鉉」，插入鼎上兩耳中間的洞，用來扛鼎。《說文解字》：「鍵，鉉也。」車輪軸也稱為鍵，《說文解

字》：「鍵，鉉也。一曰車轄也。」其實就是雄性的陽具。北斗七星既是載著「天帝」巡視天際的「帝車」也，建立季節氣候是君王布政的象徵，基本上北斗就是天帝的化身，故《晉書・天文志上》云：「斗為人君之象，號令人主也。」「天行健，君子以自強不息。」意謂天體的運行如北斗（建）一年一周期循環不已，君子效仿北斗的運行勉勵自強不息。

既然「乾」是「鍵」是雄性陽具，「坤」就是雌性的陰戶。〈繫辭上〉：「是故闔戶謂之坤，闢戶謂之乾，一闔一闢為之變。」鍵，為闢戶之工具，故「乾」即鍵、健。「乾」、「坤」是《易》道發生的門戶，〈繫辭上〉：「一陰一陽之謂道」。一闔一闢產生的無窮變化。

古人認為日為陽氣之精，日是陽精之氣所聚集而成的。所以日氣、雲氣就是龍，虹霓也是日氣、雲氣的一種，跟龍是同一回事。

金文中的「氣」字就像是乾的卦象 ䷀。《說文》：「气，雲氣也。」〈文言〉九五曰：「雲從龍，風從虎。」風起雲湧，神龍見首不見尾，因為龍藏於雲雨之中，所以雲氣就是龍。三國有趙雲其字子龍，就是本於此。

「乾」為龍，有雲則龍現，龍現則雷雨至，雷雨至則陰陽調和，所以《史記・孔子世家》：「刳胎殺夭則麒麟不至郊，竭澤涸漁則蛟龍不合陰陽。」《索隱》：「有角曰蛟龍。龍能興雲致雨，調和陰陽之氣。」故「雨」為陰陽相合之象。〈象傳〉曰：「雲行雨施，品物流形。」陰陽相交調和，才能生成各種萬物。

「乾」既是靈氣，精氣神，相綜又相錯的「坤」是則形體，臭皮囊。

「乾」如天，其性至剛，其德至健，其體至圓，其內至實，其運行強進無有一忽地間斷，古人用龍來表徵這一切。

「乾」字本義是「陽」，用雄性動物勃起的陽具正準備的與陰戶交合來造字，象徵萬物之「資始」。籀文 「𤮺」字本義是「北斗七星」的專屬字，是上天的「帝車」，是「天罡」，是畫分陰陽，制定四時，建立十二月份「斗建」曆法的標準。「自強不息」的運行周轉循環於天際，象徵至高無上的一切。古人必定有崇拜北斗七星的祭祀，並象徵陽氣充滿天地，處於農耕游獵的先民，於此之時適合於從事工作，活躍於天地之

間。故爻辭的作者以「春分」到「秋分」這段時間，象徵溫暖氣候的東方蒼龍星座作為爻辭主角。《說文解字》：「龍，鱗蟲之長，能幽能明，能細能巨，能短能長，春分而登天，秋分而潛淵。」許慎先生將這段時間身上長滿鱗片，最明顯喜歡溫暖氣候的爬蟲類為主的動物來象徵「龍」，沒錯「春分而登天，秋分而潛淵。」正是東方蒼龍星座於大地溫暖氣候之時在天際上升降運行的情況。

「蟲」或作「虫」，說的是古人對動物的分類，有毛的老虎、豹子、狼、狗、豬稱為「毛蟲」，有堅硬外殼的龜、鱉、蝦、蟹、蛤稱為「介蟲」，飛鳥長滿羽毛稱為「羽蟲」，長滿鱗片的魚、蛇、爬蟲稱為「鱗蟲」，人身上光溜溜的稱為「裸蟲」。「鱗蟲之長」或許就是最大的爬蟲吧！

數千年之後的今日龍不復見於世，卻活在我們的文化中。

29

初九：潛龍勿用。

象曰：潛龍勿用。陽在下也。

〈文言〉初九曰：潛龍勿用，何謂也？子曰：龍德而隱者也。不易乎世，不成乎名，遯世無悶，不見是而無悶，樂則行之，憂則違之，確乎其不可拔，潛龍也。……潛龍勿用，下也。……潛之為言也，隱而未見，行而未成，是以君子弗用也。……潛龍勿用，陽氣潛藏。

初九，爻位在最下故稱「初」，就是第一爻，是陽爻故稱「九」。「九」是最大的陽數。所以在《易經》中陽爻稱「九」，陰爻稱「六」。「初」與「上」相對，下稱初，上就是末。上爻稱上，則初爻就是下。

潛，深隱也；《爾雅·釋言》：「潛，深也。」《說文解字》：「潛，藏也。」《尚書·洪範》：「沉潛剛克」。馬融注：「潛，伏也。」初九潛龍伏藏於深淵。初爻與四爻是相應之位，所以九四曰「淵」。陽爻稱潛，陰爻稱伏。

《易經》「乾」卦初、二、五、上爻都以「龍」作比喻，因為龍是純陽之物，又有陰之性，故龍善變。物莫神於龍，故藉「龍」以喻天之陽氣。

又天、地、人為「三才」。初、二兩爻居下為「地」，三、四兩爻為「人」，五、上兩爻為「天」。天、地是大自然天生萬物的父母故以龍做

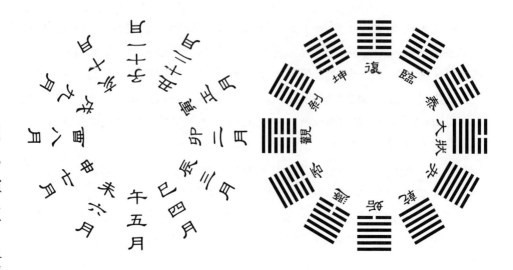

比喻；三、四為人所以爻辭都無有龍字。

初九在地之下，故有潛藏、蟄伏之象，故曰「潛龍」、「陽在下也」。

「潛龍」是說陽在初九陽氣未大，能力不足，實力不夠，根基不厚，不適合有任何行動，故曰「勿用」。

「用」，《說文解字》：「用，可施行也。」這裡作踴，躍也，踴躍而動也。龍不動則已，動則躍而踴躍。

「勿用」，即不宜躍動，不可躁動，要韜光待時，宜靜不宜動。好像社會的新鮮人，才資優秀，天賦異稟的新生，但要培養實力，隱器藏麟，不宜躁動。但陽爻是健行好動的，能忍受蟄伏潛藏而「勿用」的，只有具備「乾」龍之德性才可以做到，故〈文言〉說初九是「遯世無悶，不見是而無悶，樂則行之，憂則違之，確乎其不可拔。」拔者，拔擢也。

「不見是而遯世無悶」一如《論語》：「人不知而不慍。」有道是「有道則仕，無道則隱。」故初九蟄伏靜守，休養生息，待時而動。

初爻在一卦的最下所以曰「潛龍」表示是說初爻為深淵。「恆」卦初六〈象〉曰：「始求深也。」初爻既是初始，也是深淵。「乾」有「淵」的德性。這在〈說卦傳〉中沒有提出。

「乾」卦爻辭以「龍」為喻，龍藏於深淵，初爻在下故為深淵，《說文解字》：「龍，鱗蟲之長，能幽能明，能細能巨，能短能長，春分而登

天，秋分而潛淵。」龍升天則「雲行雨施，品物流形。」龍潛隱則於深淵，皆與水有關。故龍飛於天則有雲雨，萬物潤澤而滋長繁茂，故龍是生機之象。名為「龍潭」、「龍泉」者不可勝數，所謂「水不在深，有龍則靈。」龍與雲雨淵水為一體。乾三連與「气」 ![符號] 本為一字。雲氣為一物。降雨則為淵，在天則為雲氣。夏季的午後對流形成的積雨雲，雨洩磅礡是最好的雲氣之象。

初爻與四爻相應，四爻是「或躍在淵」四爻的「躍」與初爻的「淵」相應。《易經》初與四相應，二與五相應，三與上相應；這是位置的關係，而且必須是一陰一陽，例如初九與六四；但「乾」、「坤」兩卦則無此限制。相應為「友」，不應為「敵」，這很重要。《易經》初爻與四爻用詞常相類，如「鼎」初六：「鼎顛趾」，九四：「鼎折足」。

「用」，作為也；

「勿用」，不可作為；根基不穩，實力不厚，要休養生息，培養實力，多看多學少出主意，不可輕取妄動，妄動恐傷了薄弱的陽氣，只能潛沉靜養，不能燥動，要待機而動，要學習，要沉潛。

既是龍但不能飛天大施展，而蟄隱於深淵之中，這不是一般人所能作到的，要有「龍德」才能作到，所以能「不易乎世，不成乎名，遯世無悶，不見是而無悶，樂則行之，憂則違之，確乎其不可拔，潛龍也。」

「下」，初爻在一卦之最下，也有屈居之義。

![卦象]「復」卦是子月，是陰曆十一月，正是隆冬之時，萬物潛藏之候。也是冬至之日，夜最長日最短之時。

古人以此為一年之始，故為地支之「子」。《說文》：「十一月陽氣動，萬物滋入，以爲稱。」徐鍇曰：「十一月夜半，陽氣所起。人承陽，故以爲稱。」子時也是一天之始。《菜根譚》曰：「伏久者飛必高，開先者謝獨早，知此，可以免蹭蹬之憂，可以消躁急之念。」可以參觀。

《說文解字》云：「龍，鱗蟲之長，能幽能明，能細能巨，能短能長，春分而登天，秋分而潛淵。」這段話中的「龍」指的是天體中的東方蒼龍星座，共有七宿，分別為角、亢、氐、房、心、尾、箕。「潛龍勿用」說的是蒼龍星座還在地平線之下，這時大地是陰寒的陰氣主導，象徵

溫熱的陽氣還未臨於大地，故曰「潛龍」。一陽生於下，陽氣正在潛藏的「復」卦，時節為農曆十一月，是冬至之時，十一月正是冬至所處的月份，因為陰氣尚強，大氣寒冷這時蒼龍星座尚潛伏在地平線下。蓋初、二爻為地，初爻是地之下，二爻是地之上。

「乾」卦本義是北斗七星，說的是天，而爻辭之龍，指的是東方蒼龍星座，說的是陽氣。《後漢書‧張衡傳》：「夫玄（蒼）龍，迎夏則陵雲而奮鱗，樂時也；涉冬則淈泥而潛蟠，避害也。」潛龍待時而藏以休息避害。《孟子‧公孫丑上》：「雖有智慧，不如乘勢；雖有鎡基，不如待時。」春陽未臨大地，象徵陽氣的東方蒼龍星座尚潛藏於地平線之下。

此爻蒼龍星座尚在地平線下，象徵陽氣潛藏，雖已復出但是未盛，農曆十一月、十二月、一月之象。「大過」〈大象〉曰：「遯世無悶」與此爻同為潛龍也。

九二：見龍在田，利見大人。
象曰：見龍在田，德施普也。
〈文言〉九二曰：見龍在田，利見大人。何謂也？龍德而正中者也。庸言之信，庸行之謹，閑邪存其誠，善世而不伐，德博而化。易曰見龍在田，利見大人。君德也。……見龍在田，時舍也。……君子學以聚之，問以辯之，寬以居之，仁以行之。易曰：見龍在田，利見大人，君德也。……見龍在田，天下文明。

甲骨文 籀文 見 小篆

「見」讀作「現」。古文字先有見，後有現。「見」甲骨文、金文從目，從人，像人睜大眼睛，表示看見，所以「見」的本義是看見。「見」者，顯示，由潛伏而明顯也。「見」，也是感。《淮南子‧冥覽訊》：「昔雍門子以哭見於孟嘗君」。高誘注：「見猶感也」。〈繫辭上〉：「易無思也，無為也，寂然不動，感而遂通天下之故。」好像蟲類蟄伏感受春暖陽氣的驚蟄而出。

「見龍」就是「現龍」。初九「潛」，九二「見」。九二出潛離隱，可以施展身手了。宜動不宜靜。

初九「勿用」，九二「施」就是用。《增韻》：「施，用也。」踴現也。

陽爻息長至二，基礎已厚，實力已經可以有所作用，可由蟄伏潛藏而出頭，故曰「見龍」。

「田」，田野，有廣大的意思。二爻是地之上，故曰「見」、「田」。

「田」，畋也 ，本義田獵的圍場，古人狩獵四面圍獸而獵之，引申為田獵，有組織、作戰的意思。《詩・鄭風・田于叔》：「叔于田」《傳》：「田，取禽也。」《正義》：「田者，獵之別名，以取禽于田，因名曰田，故云『田，取禽也』。」也是行軍作戰，古人以田獵教練戰鬥。蔡邕《月令章句》：「寄戎事之教於田獵，武事空設，必有以誠，故寄教於田獵。」田字後來才又兼差當作田疇的田，這是後話。

陽爻在二，這是失位，但已顯現出積極的性格，因為居中不至於過分彰顯，且「二多譽」所以「利見大人」，九二自己還不是「大人」。「大人」於古時是有身分地位的貴族，至少也是個「大夫」。

「田」，是蒼龍星座，第一宿角宿兩顆星中角宿二旁近的天田二星。角宿雖只有兩顆星，但在角宿附近，隨著角宿一起升降運行的還有其他星辰，有時說角宿，其含義也包含著這些與之一起運行升降的星辰。反之亦然。角宿於春分的黃昏一起出現於東方地平線上，天田必然也出現於東方地平線上。象徵陽氣降臨大地，氣候由寒冷漸漸轉為溫暖，這是農業社會春耕前的徵兆。古人是要大大祭祀，並準備妥當以備春耕。《史記・封禪》：「張晏曰：『龍星左角曰天田，則農祥也，晨見而祭。』」《正義》：「漢舊儀云：『五年，脩復周家舊祠，祀后稷於東南，為民祈農報厥功。夏則龍星見而始雩。龍星左角為天田，右角為天庭。天田為司馬，教人種百穀為稷。』」《漢書・郊祀志》張晏注：「龍星左角曰天田，則農祥也。」古諺有「二月二，龍抬頭。」說的就是此天象。《國語・周語》中：「夫辰角見而雨畢，天根見而水涸。」角宿主雨水。這時春雨將降為春耕降下祥瑞，故又說「春雨貴如油」。

「田」，也是天地人三才的「地」，初、二為地。初九不說地下而說「潛」因為龍隱於下必藏在淵中。

「舍」，發也。金文通假作「予」，表示給予、賜予；《善夫克鼎》：「王令善夫克舍令（命）于成周遹正八自（師）之年」，「舍令」

即發號施令。《詩‧小雅‧車攻》：「四黃既駕，兩驂不猗。不失其馳，舍矢如破。」《箋》云：「御者之良，得舒疾之中。射者之工，矢發則中，如椎破物也。」即以舍為發。

「時舍」，時發也。「潛龍」沉潛，「見龍」自然是發展，大伸拳腳之時。

「乾」九二有很大的積極戰鬥意識，可以大顯身手。

「大人」，古時候的貴族、君長、尊者，尊貴而有地位之人。

甲骨文、金文的「大」字作一個人正面的形象　，在甲骨文與金文中一般尊貴者才正面形象表述，如羊　、牛　也是，而「人」也是側面　，象卑躬低頭雙手在前拱手作揖狀，膝部微彎，謙卑之義，可見地位不高。而「大」正面則是上古統治者，後來從斧鉞演變而來的「王」成為統治者的稱名，「大人」才成為王者貴族的通稱，一如後世「皇帝」成為帝王的專稱，而王則成為次一級的爵稱和帝王的通稱一樣。然王之嫡子曰「太（大）子」仍可見其來自「大人」。故《老子》二十五章謂：「天大，地大，王亦大。」

這裡是指與二相應的九五：「飛龍在天，大人造也。」「乾」、「坤」而卦相應不需要一陰一陽。《左傳》中多次提及「大人」、「小人」，「大人」指的是卿大夫等貴族、官吏；「小人」則指平民、庶眾。《左傳》襄公三十年：「大人之忠儉者，從而與之。」楊伯峻《春秋左傳注》：「大人謂卿大夫。」又晉悼公夫人慰勞築杞城的役卒，其中有一年長者，「無子，而往與於食。有與疑年，使之年。曰：「臣小人也，不知紀年。臣生之歲，正月甲子朔，四百有四十五甲子矣，其季於今三之一也。」師曠算出該老人七十三歲，執政的趙武子為此還自責徵用孤老民伕。又襄公十三年「君子尚能而讓其下，小人農力以事其上」可證。

「利見大人」，利於去見大人，九二的表現受人賞識。積蓄的實力、能力都足以施展，受貴人提拔。二爻龍角已出現在地平線之上，表示農事將作，這是可以去拜見大人，以領命行事。

二爻是地方的意見領袖、仕紳，是基層的管理領導。〈象〉曰：「德

施普也」是恩澤普施，廣大的基楚民眾受到雨露，貢獻卓著。這時乾陽的生機，已充滿在地面，昭示於天下了。

「利見大人」是二與五相應，是受九五的提攜與照顧，事業發展更加順利。是受知遇於人，靠山硬，受到照應，是「朝中有人好作官。」「睽」九二：「遇主於巷」也是九二與六五相應，所以「相應」有「相遇」的意思。

九二不可小覷，因為可以通天。〈繫辭〉：「二與四同功而異位，其善不同。二多譽，四多懼，近也。」二爻多譽因為與天子五爻保持距離，四爻近於五爻天子所以多懼；真是伴君如虎。

九二之位在地之上，已出潛離隱，是施展能力大用的時後。掙脫了壓抑的處境，開始步入社會，創造建立功業的條件。是年富力強，積極任事，有擔當又有實力，可以大有作為。如《老子》五四章：「修之於天下，其德乃普」，大環境陽氣用事，有實力的可以施展作為。

二爻下卦之中，為陰位，九二本當為失位，但〈文言〉說：「龍德而正中者」可見「乾」居中就是正。二爻是基層的領導，五爻是高層天下的領導，所以〈文言〉說：「君德也」，君德為何？信、謹、誠、不伐，故能「德博而化」。初九為潛龍而隱，九二德施而不伐。「不伐」者，不自誇耀也。〈繫辭上〉：「勞而不伐，有功而不德，厚之至也。」又《史記・遊俠列傳》：「今遊俠，其行雖不軌於正義，然其言必信，其行必果，已諾必誠，不愛其軀，赴士之厄困，既已存亡死生矣，而不矜其能，羞伐其德，蓋亦有足多者焉。且緩急，人之所時有也。」故〈文言〉說：「時舍也」，「舍」是館舍之舍，是息止的意思；「時舍」者，隨時間得遷移變化當止則止。居中不過分張揚，或行或止有所取捨。「舍」是發，又是止息，一字多義本是古文常態，不可拘泥。

☷ 陽氣至二是上坤下兌「臨」卦。是丑月，農曆十二月。冬季將終，春天將臨。《說文解字》：「丑，紐也。十二月，萬物動，用事。」《說文解字注》：「十二月陰氣之固結已漸解。故曰紐也。十二月萬物動用事。」

☷ 又九二如上坤下坎「師」卦是勞師動眾，也是行軍作戰。合於「田」之田獵。

此爻象徵陽氣的東方蒼龍星座之第一宿，角宿與天田二星於黃昏出現在地平線上，象徵陽氣已盛，可以準備從事農耕。大約是在春分前後。為農曆二月時。即「二月二，龍抬頭」的天象。

九三：君子終日乾乾夕惕若，厲無咎。

象曰：終日乾乾，反復道也。

〈文言〉九三曰：君子終日乾乾，夕惕若，無咎。何謂也？子曰：君子進德修業。忠信所以進德也，修辭立其誠，所以居業也。知至至之，可與言幾也。知終終之，可與存義也。是故居上位而不驕，在下位而不憂。故乾乾因其時而惕，雖危無咎矣。終日乾乾，行事也。……九三重剛而不中，上不在天，下不在田，故乾乾因其時而惕，雖危無咎矣。……終日乾乾，與時偕行。（文言的斷句各家有異。）

九三在下卦之終，將要進入上卦。是將要進入另一階段，要更上一層樓。處於上下交際之位，凡是於交際之處皆有危險，如馬路交會的路口。

下卦是地方，上卦則是中央。初爻是庶民百姓，二爻是地方仕紳、角頭、民意代表、意見領袖；三爻位如地方的長官，如省長、縣長、市長。

陽氣至三爻下卦乾卦已成，剛健之德性畢露，幹勁十足。

三爻準備進入中央，高不成低不就。往上相應的上九是退休老人，提攜無力，無人拉拔，並沒有幫助，下面的九二可不是省油的燈，九三只能兢兢業業，既擔心下面的往上競爭，朝中又無由奧援，上不上，下不下，卡在那裏，憂心不已。

九三是天、地、人之人位，故曰「君子」不曰「龍」。乾為君子。

九三、九四不稱「龍」，因為九三、九四為人位，人不能與天、地自然相比敵，只能順天，只能努力不懈先自助在求天助。

「終日」，是整日。三在下卦之終，乾為日；故曰「終日」、曰「夕」。震為日出，坎為日中，艮為日終。又三為艮位，艮為西北，為終。乾為日。

「乾乾」，是「鍵鍵」、「幹幹」、「健健」，是戰戰兢兢，競競業業，心懷憂思，積極努力不懈。

「惕」，是敬慎憂懼，隨時警覺。《說文解字》：「惕，敬也。」敬，警也。古人以持有敬懼之心為禮儀。干寶云：「君子憂深思遠，朝夕

匿懈。」《儀禮·士虞禮》：「夙與夜處，小心畏忌。」

「終日乾乾，夕惕若」，是夙夜匪解，從早到晚都誡慎恐懼，戰戰兢兢，毫不懈怠的自立自強的幹。三爻居下卦之終，是始、壯、究的「究」故曰「終」。

「若」，然也，有也。《經傳釋辭》：「若，猶『然』也。」

「厲」，本義是厲鬼、疾病、災害；《史記·范睢列傳》：「漆身為厲。」《索隱》：「音賴，癩病也。言漆塗身，生瘡如病癩。」厲，既是黑鬼，是古代的黎民；也是疾病癩瘡，就是災害之意。

「厲」，也是嚴厲、危厲，咬緊牙關。「厲」字本意是磨刀石，《詩·大雅·公劉》：「取厲取鍛。」《毛詩注疏》：「厲，本又作『礪』。鍛，本又作『碫』。」《說文解字》云：「碫，厲石。」《荀子·性惡篇》：「鈍金必將待礱厲然後利」。〈文言〉曰：「雖危無咎矣」是以危險釋「厲」也。《玉篇》：「厲，危也。」《廣雅·釋詁》：「厲，危也。」

「若厲」，有若疾病的災害，身處危險之中。

〈繫辭下〉說：「三多凶、四多懼。」三之位本是吃力不討好的，九三上下得敵又無應，處於多凶嚴厲之境，只得整日積極努力，從早到晚鞭策自己不休息。

九三處境猶如身處磨刀石上接受磨難。

「咎」，是過失、小災禍、畏懼。《說文解字》：「咎，災也。從人從各。各者，相違也。」《爾雅·釋詁》：「咎，病也。」《呂氏春秋·侈樂篇》：「棄寶者必離其咎。」高注：「咎，殃也。」《廣韻》：「咎，愆也，惡也，過也，災也，從人各，各者相違也。」《雲夢睡虎地秦簡·日書》有「詰咎，鬼害。民罔行，為民不祥。」《書經·大禹謨》：「民棄不保，天降之咎。」《尚書·洪範》：「曰咎徵，曰狂，恆雨若；曰僭，恆暘若；曰豫，恆燠若；曰急，恆寒若；曰蒙，恆風若。」這是說久雨，久旱，久熱，久寒，久風皆為天災而為「咎」之徵兆。可知「咎」，也是「災」。但在《易經》凶、咎、悔者，「悔」是較輕的困厄，「凶」是巨大災禍，「咎」是較輕的災禍。〈繫辭〉說：「無咎者，善補過也。」

「厲無咎」，是經過終日乾乾的戒慎努力幾經磨練危難終能無事。〈文言〉說：「故乾乾因其時而惕，雖危無咎矣」就是解釋此句。

「反復其道」是往來奔馳，席不暇暖，反復省視，精益求精，反覆練習。

「終」，久也。《莊子・大宗師》：「終古不忒。」《釋文》引崔注：「終古，久也。」

「終日乾乾」，長長久久，反復其道，努力不懈。《周義集解》：「干寶曰：『故君子以之憂深思遠朝夕匪懈』」。

「終日乾乾，行事也。」九三埋頭苦幹，修練自己。

九三要「終日乾乾，夕惕若厲。」才得個「無咎」，要不便會有咎。一如有個當官的貴族，處境嚴峻，整天戰戰兢兢，愈晚愈危厲，但因為謹慎，警慎警惕，終能平安無事。

《易經》貴將來，知險而避，知危而懼，故能免災咎。就是及早知道而能「趨吉而避凶」也。

〈文言〉的幾句話都是在解釋九三的德性，「知至至之」，是說知道事可為，就盡力為之，即知即行也，有積極的行動力；「可與言幾也」是具有洞悉機微之人。「幾」是機，機會、跡象，所謂「幾者，動之微，吉凶之先見者也。」；「知終終之，可與存義也。」則謂知事不可為，不可不止，則毫不猶疑及時而止，可謂處理得宜。因此「居上位而不驕，在下位而不憂。」故九三兢兢業業雖危而無咎災。

九三不逞強，能見事之幾微，可為則盡力，不可為則知止則止，所以能無咎。

▤ 陽至九三，是正月之時，為「泰」。陽氣出於地面而臨於人間。是寅月，農曆正月。冬季已終，春天將臨。《說文解字》：「寅……徐曰：『正月陽氣上銳』。」《說文解字注》：「律書曰。寅言萬物始生螾然也。天文訓曰。斗指寅則萬物螾。高注。螾、動生兒。……正月陽氣欲上出。如水泉欲上行也。」《釋名・釋天》：「寅，演也，演生物也。」《黃帝內經》：「歧伯曰：『寅者，正月之生陽也』。」

▤ 九三如上坤下艮「謙」卦「有而不居」，身兼數職，勞心勞力，有勞無功。

　　九三陽氣已臨人間，天上的蒼龍星座七宿都昇上天際，全龍畢現。此爻「乾乾」亦讀為「建建」，第一個「建」為北斗七星斗柄的指向，本意是北斗柄杓的指向即季節的建立，即是「天罡」之指向，是凶兆。第二個「建」是指「建星」，在北方玄武星座七宿中斗宿北邊之「建星」（斗宿非北斗。與天田星在角宿星旁一樣，在同一個天域）是姬姓周人的祖星。《國語・周語下》：「昔武王伐殷，歲在鶉火，月在天駟，日在析木之津，辰在斗柄，星在天黿。星與日辰之位，皆在北維。顓頊之所建也，帝嚳受之。我姬氏出自天黿，及析木者，有建星及牽牛焉，則我皇妣大姜之侄伯陵之後，逄公之所憑神也。」周人以子月（十一月）為一年的開始，因為子月是「冬至」日所在的月份，冬至夜最長日最短，即冬至一陽生，陽氣漸漸復盛。殷商則以丑月（十二月）為一年的開始，因為最冷的「大寒」在這個月，在過了之後就天氣漸漸暖和了。夏朝人以寅月（一月）為一年的開始，因為「立春」、「雨水」在這一個月；《月令七十二候集解》：「正月中，天一生水。春始屬木，然生木者雨水必水也，故立春後繼之雨水。且東風既解凍，則散而為雨矣。」春已臨大地，在先民農耕社會這是多重要的指標。周人既已冬至為一年之始，可以在冬至拂曉黎明時見到玄武星座「斗宿」與鄰近北面的「建星」一起升起，而黃道就貫穿這兩星宿中間。《史記・天官書・正義》：「建六星在斗北，臨黃道，天之都關也。斗建之間，七曜之道，亦主旗幡。」黃道穿過「南斗」、「建星」之間，日、月、五行星這七曜都從這裡路過，每年太陽運行到天球的最南端（即冬至點）時，就會位於這裡，而冬至又是新紀年的開始，所以周人對「斗宿」與「建星」非常重視。

　　「建建」者，北斗天罡指向周人的「建星」，這是凶兆。

　　「夕」，月也。小篆作斜月狀 𖤘 《說文解字》：「夕，莫也。从月半見。」小篆月作 𖤘 。將「月」訛寫為「夕」。

　　「惕」，當為「陽」字之訛。

　　「夕惕」，月陽也；「月陽」是古代以十天干紀月的別稱。古代曾有一年十月的曆法。

　　「厲」，戊也。是「月陽」十干支中「戊」稱為「厲」。《爾雅・

釋天》：「月陽：月在甲曰畢，在乙曰橘，在丙曰修，在丁曰圉，在戊曰厲，在己曰則，在庚曰窒，在辛曰塞，在壬曰終，在癸曰極。月名：正月為陬，二月為如，三月為寎，四月為餘，五月為皋，六月為且，七月為相，八月為壯，九月為玄，十月為陽，十一月為辜，十二月為塗。」六十甲子中戊出現六次在「月陽」中稱為「厲皋（戊午）、厲寎（戊辰）、厲陬（戊寅）、厲辜（戊子）、厲玄（戊戌）、厲相（戊申）。」戊日是周人的吉日，相傳周武王誓師出兵伐紂是在戊子日，渡過孟津是戊午日，牧野之戰在甲子日。

「月陽若厲，無咎」，是若是逢戊日則無災害。

此爻之意是北斗柄杓，即天罡指向姬姓周人的祖星--建星，是凶兆，但是遇到戊日則無有災害。但於今日世界對古人的天象思想已經亡失，這種建星凶象的說法有點不合時宜。「乾」卦既是以北斗星為主的天象，九三「乾乾」主要的意思是提醒君王、君子夙夜匪懈，謹慎防凶，晝夜警惕。

九四：或躍在淵，無咎。

象曰：或躍在淵，進無咎也。

〈文言〉九四曰：或躍在淵，無咎。何謂也？子曰：上下無常，非為邪也。進退無恆，非離群也。君子進德修業，欲及時也。故無咎。或躍在淵，自試也。……九四重剛而不中，上不在天，下不在田，中不在人，故或之。或之者，疑之也，故無咎。……或躍在淵，乾道乃革。

九四爻已進入上層中央，比近於天子九五之下，可以說是一人之下萬人之上。再上就要與九五天子短兵相接，圖窮匕見。〈繫辭〉說：「三多凶、四多懼。」九三多凶故「厲」，九四多懼故「或」。

「或」，是疑惑，今語「好像是」。《朱子本義》說：「或，疑而未定之詞。」

「躍」，是跳升欲飛，是飛升上天之前的奮力一躍，是躍躍欲試。《說文解字》：「躍，迅也。」《博雅》：「躍，上也，進也。」《六書故》：「大為躍，小為踊；躍去其所，踊不離其所。」

四在人位之上，欲飛上五爻的天，故曰「躍」，雖然跳起來了但還沒飛上天際。《詩・大雅・旱麓》：「鳶飛戾天，魚躍於淵。」「躍」，

跳躍。《玉篇》：「跳躍也」。「躍」也有喜悅的意思，《毛詩注疏》：「淵者，魚之所處；跳躍，是得性之事，故以喻民喜樂得其所。」

「在」，是坐也，落坐也。《爾雅・釋訓》：「在，居也。」《說文解字》：「在，存也，從土才聲。」此與「坐」同義。

「淵」，是深淵，是天漢銀河。「乾」為天，天之「淵」即銀河也。「淵」是深潭，深淵，大水，與初爻的「潛」相對應。《詩・衛風・定之方中》：「秉心塞淵」。《毛詩注疏》：「淵，深也。」《莊子・應帝王》記壺子云：「鯢桓之沈為淵，止水之沈為淵，流水之沈為淵。」《孔叢子・廣詁》：「淵、懿、邃、賾，深也。」《鶡冠子・能天》：「切譬于淵，其深不測，淩淩乎泳澹波而不竭。」孔子有弟子顏回，字子淵。《說文解字》：「淵，回水也。從水，象形。左右，岸也。中象水皃。」淵就是潭，水流遇到寬廣的河面，流速放緩，形成漩渦，故水面寬，河床深。如新店溪之碧潭。乾為江河，故亦為淵。深淵才可藏龍。四與初應，初為「潛」，故四曰「淵」。初爻與四爻常相近，如「鼎」初六：「鼎顛趾」。九四：「鼎折足」。

要知河流發源於山脈深處，水流的流向受兩岸山壁約束，一但出山進入平原或寬廣之處則水流緩慢而迴旋，所以淵為迴水之處，並產生漩渦，河床亦被水流挖深，故水淵之處必寬必深，而為龍潛藏之處也；於天體即指銀河寬廣之處。

「或躍在淵」，句謂龍奮力上躍欲飛上天。

九四在上卦之下，進入中央；四為宰輔，為近臣，為一人之下，萬人之上的權臣。九四往下據民，往上逼君，九五受到威脅。九四不是功高震主，就是想取而代之。故躍躍欲試窺探大位，成則「飛龍在天」，敗則墜入深淵，返回初爻。九四欲進還退，在定與未定之間，這個「或」字用的極為精妙。

「咎」，小災禍也。

「革」，急也。《經典釋文》：「革又作亟，亟集古通。」「乾道乃革」即「乾道乃急」，謂九四不宜滯待於深淵而當奮力向前。

〈繫辭下〉：「二與四，同功而異位，其善不同。二多譽，四多懼。」二與五相應，有君主為靠山。四在五下，伴君如伴虎，故「或」

九四雖有如臨深淵之懼，但乾陽剛健積故鼓勵其「進」。故〈小象〉曰：「進無咎也」。九三「厲無咎」，九四「無咎」，〈繫辭〉說：「無咎者，善補過也。」九四比九三好一點。〈文言〉也說：「自試也」，九四終於有躍飛的機會怎可輕言放棄。

九四以陽爻居陰位，不正又不得位，又多懼，本該有咎，飛身上天自然無咎，要不墜入深淵回到初九之位反而得位為潛龍，故僅「無咎」。九四進可攻上天，退可守深淵，故「無咎」。可見《易經》是鼓勵九四要試試看可否飛躍。《三秦記》：「龍門山，在河東界。禹鑿山斷門一里餘。黃河自中流下，兩岸不通車馬。每歲季春，有黃鯉魚，自海及諸川，爭來赴之。一歲中，登龍門者，不過七十二。初登龍門，即有雲雨隨之，天火自後燒其尾，乃化為龍矣。」九四可由「人上人」躍升入「天」，既為天子，亦為天神，也可成仙。九四如魚躍龍門，頭身已過而尾尚在水中擺弄。

▤ 陽至九四，是二月之時，為「大壯」。陽氣充沛於人間。是卯月，陰曆二月。春季正盛。《說文解字》：「卯，冒也。二月，萬物冒地而出，象開門之形，故二月爲天門。徐曰：「：『二月，陰不能制，陽冒而出也。天門，萬物畢出也』。」《說文解字注》：「卯，冒也。二月萬物冒地而出。律書曰。卯之爲言茂也。言萬物茂也。……載冒土而出也。蓋陽氣至是始出地。象開門之形。故二月爲天門。卯爲春門。萬物已出。」《六書正譌》：「夘，闢戶也。從二戶，象門兩闢形。因聲借爲寅卯字，爲日出物生之象。」「乾」九四為天門，天門開鯉魚才能躍龍門。

夘 小篆卯　月日 籀文門　🔒 籀文奮

九四如上震下坤「豫」卦，〈大象〉曰：「雷出地奮，豫。」奮力一搏，地盤、地位是要自己爭取。又「豫」為舒暢和樂之義「先王以作樂崇德」。九四為侯，尚未為帝。

▤ 九四如上震下坤「豫」卦「雷出地奮」，盡力向上奮鬥，爭取自己的天地。

「淵」，即指天上的銀河。九四將登於天的最高位，蒼龍星座上升，龍體上揚但是龍尾的尾宿、箕宿尚在銀河寬廣之中（淵），好像魚躍魚出淵而魚尾尚在水中擺弄。陽氣更旺為四、五月。

新竹鄭用錫宅邸的鰲魚

九五：飛龍在天，利見大人。

象曰：飛龍在天，大人造也。

〈文言〉九五曰：飛龍在天，利見大人。何謂也？子曰：同聲相應，同氣相求；水流濕，火就燥；雲從龍，風從虎；聖人作而萬物睹。本乎天者親上，本乎地者親下，則各從其類也。……飛龍在天，上治也。……夫大人者，與天地合其德，與日月合其明，與四時合其序，與鬼神合其吉凶。先天而天弗違，後天而奉天時。天且弗違，而況於人乎？況於鬼神乎？……飛龍在天，乃位乎天德。

「飛」，是飛揚在天，比九四的「躍」更上一層。從潛而見，從躍到飛，這是到了最高峰了。九五以陽爻居上卦之中，是中正天子，是大權在握，大顯神威之時。《周易集解》引東漢荀爽曰：「飛者，喻無所拘。」甚是。

九五在天之位故曰「飛龍」。九四僅「躍」出水面，九五已「飛」身在天。

帛本作「非」，就是蜚、翡；非、飛古音相同，與「飛」字相通。《史記・周本紀》：「蜚鴻滿野」。《正義》：「蜚，古飛字。」

「利見大人」，是九五得九二之助，上下一條心，同舟共濟。此大人者，聖人也。九二、九五皆言「利見大人」兩爻相應之故。這時大人已得

天下，該拜去見大人天子，以臣服，以為從龍之臣。此「利」即可施行見大人之事。

《史記・伯夷列傳》：「賈子曰：『貪夫徇財，烈士徇名，誇者死權，眾庶馮生』『同明相照，同類相求』。『雲從龍，風從虎，聖人作而萬物睹』。」《集解》王肅曰：「龍舉而景雲屬，虎嘯而谷風興。」張璠曰：「猶言龍從雲，虎從風也。」乾為君，為龍，為虎，坤為雲，為風。故「雲從龍」「虎從風」物以類聚，朋友、陰陽相隨。陰總是隨於陽後，陰陽相隨才是朋友。

有九五飛龍在天，就會有雲湧聚集在龍的四周，山中老虎出現前就會有陣陣風號嘯嘯，因為同類相聚，有如高水往低濕之處流聚，烈火往乾燥的地方燒；故「同聲相應，同氣相求；水流濕，火就燥；雲從龍，風從火；聖人作而萬物睹。本乎天者親上，本乎地者親下，則各從其類也。」尚秉和先生《周易尚氏學》：「荀爽謂坤濕乾燥者是也。坤原居北方。北方涸陰冱寒。故曰濕。乃乾自南往交坤成坎。故曰流濕。乾原居南方。南方炎熇焦灼。故曰燥。乃坤自北往交乾成離。故曰就燥。此於先天南北之乾坤。變為後天之離坎。」甚是。先天八卦坤北乾南，後天八卦坎北離南，先天衍進於後天，如此，相交而萬物變化。

九五天子居中得位，飛揚得意，睥睨群雄，大權在握，大顯神威之時。又得九二相助，上下一心，同舟共濟，江山穩固。

「造」是創造，是老天爺作的主，非人力所能為。是龍就自然會有雲，是虎就自然會有風。真龍出現自然就會有輔佐能臣雲聚相從。《史記・晉世家》：「龍欲上天，五蛇為輔。」《索隱》：「龍喻重耳（晉文公），五蛇即五臣：狐偃、趙衰、魏武子、司空季子及子推也。」此隨公子重耳流亡的五位賢臣。

「造」是創造，是無中生有，是經營，是主動，是掌握全局。

「大人造」是九五才大能幹，經營管理，努力作為，積極開創。〈文言〉說：「上治也」居天在上而治天下。

〈繫辭下〉：「三多凶，五多功。」五為君，權柄在握，容易建立功業。三在下卦之極，是地方長官，競爭激烈，承上啟下，如「頂著石臼作戲」，吃力不討好，不易成功。又「二多譽，四多懼」二在下卦之中，

初出茁壯，包袱又少，極易討好。與五之間保持距離，又受五的照應，故「多譽」。四與上比鄰於至尊天子，伴君如伴虎，不易討好，如齒舌相近，易生支吾，勢必衝突故「多懼」。

☰☰ 陽至九五，是三月之時，為「夬」。陽氣上衝於天際。是辰月，農曆三月。春陽大盛。《說文解字》：「辰，震也。三月陽氣動，雷電振，民農時也。」《說文解字注》引《釋名》曰：「辰、伸也。物皆伸舒而出也。季春之月。生氣方盛。陽氣發泄。句者畢出。萌者盡達。二月靁發聲。始電至。三月而大振動。」又十二地支辰為龍。九五是貨真價實的真龍天子。至此陽氣可以算是達到最高點了，再來就過了頭而有悔。「夬」是決、是快，陽氣沖天既將潰決，觸之無物不決，兇猛難當。《史記·老子韓非列傳》：「夫龍之為蟲也，可擾狎而騎也。然其喉下有逆鱗徑尺，人有嬰之，則必殺人。人主亦有逆鱗，說之者能無嬰人主之逆鱗，則幾矣。」

☰☰ 九五如「比」，九五一陽眾陰為輔，故樂而有輔，上下一心，眾星拱月。

九五陽氣已滿蒼龍座已經橫亙於天穹，五、六月之天象。

上九：亢龍有悔。
象曰：亢龍有悔，盈不可久也。
〈文言〉上九曰：亢龍有悔。何謂也？子曰：貴而無位，高而無民，賢人在下位而無輔，是以動而有悔也。……亢龍有悔，窮之災也。……亢之為言也，知進而不知退，知存而不知亡，知得而不知喪。其唯聖人乎！知進退存亡而不失其正者，其唯聖人乎！……亢龍有悔，與時偕極。

「亢」是過，是慫，是極，是強，是直而不屈。《說文解字》：「亢，人頸也，從大省，象頸脈形。」王先謙《詩三家義集疏》云：「《說文》：『頡下云，直項也，從頁，吉聲。亢下云，人頸也，從大省，象頸脈形』頡之、亢之者，鳥大飛向前，則項直而頸下脈見，此狀其于飛之貌。」

「亢」同伉，《漢書·宣帝紀》顏師古注：「強也」。又《說文解字詁林》：「亢，高昂也。」聞一多讀「亢」為「直」；《史記·天官書》：「東宮蒼龍……不欲直，直剛天王失計。」就是龍曲則吉，龍直則

凶。故曰「亢龍有悔」。又帛書《易之義》作「炕龍有悔，高而爭也。」
《釋文》：「窮高曰亢」。上九位居天之極，窮高之位，物極必反。故
「盈不可久」。

上九亢奮的頸脈畢現，強梁驕伉之象。上九居「乾」卦之極，陽氣
滿盈，大而強盛，剛愎自用之象。〈文言〉說得很清楚：「亢之為言也，
知進而不知退，知存而不知亡，知得而不知喪。」在天之上這麼高的位
子，要持盈保泰不容易。所以又說：「其唯聖人乎，知進退存亡，而不失
其正者，其唯聖人乎！」只有聖人可以知進退。又說：「亢龍有悔，窮之
災也。」在上爻故曰「窮」一卦到五爻就算功德圓滿，再上就是窮，就是
極，是上無所上，所謂「窮則變」，不知變通而抗拒情勢大環境的趨變就
會有災。〈繫辭〉說：「悔吝者，憂虞之象也。」但乾陽之窮其過更大為
災。

「亢」，乾旱也。《康熙字典》：「旱曰亢陽」。夏季將結束而秋季
未至，天氣乾燥水涸乾枯。龍要有水，故初曰潛，四曰淵，至上爻故無水
而旱。

「悔」，晦也，病也，今語尚有「倒霉」、「晦氣」。霉者，病也，
不吉利之謂。窮高在上而無有應，故有「悔」。

晦，也是暗。

「盈」，《說文解字》：「滿器也」。《博雅》：「滿也，充也。」

「盈不可久」上九陽氣滿盈，發展至此告一段落，將轉變為陰了。

九五為天子，上九是退休的太上皇，位尊高而無實權，強弩之末，
氣勢將衰而不自知故必有「悔」。〈文言〉：「貴而無位，高而無民，賢
人在下位而無輔，是以動而有悔也。」可見《易經》重視「位」，雖與下
卦三爻相應但隔著四、五兩爻太遠了所以「高而無民，賢人在下位而無
輔。」俗語說：「蟹雖橫行，無腳不行」，坐在轎子上無有人抬，「動而
有悔」。

「不在其位，不謀其政」，上九不在位而高亢，必有悔過。悔，就是
過。

初九「勿用」是力有不及，上九「亢龍」是用力太過，過猶不及，皆
非善道，無法施展。初從潛伏至上的亢窮，正是從地下上至穹空，是上窮

碧落要入黃泉之下了。

上九地位高而貴。卻無實權，又沒有民眾基礎，雖有能力才幹，有如無腳的螃蟹，施力不開，又礙於九五不敢出山，故動而有悔。五千年歷史除了乾隆與明英宗外無一太上皇有好下場，多半晚景淒涼如唐明皇。

凡是上爻都要注意「窮之災也」居窮極當變之位，要懂權變，不然多災悔。一句話，居亢窮之位要知捨得。

「亢龍有悔」，戒之陽剛過盛已導致患生。〈文言〉：「貴而無位，高而無民，賢人在下位而無輔，是以動而有悔也。」上九下應九三，九三自身難保，如何輔上九？九五飛龍在天怎會分權分利與上九？上九居陰位是無位，九三隔著又遠是無民，九五不理又無輔，所以動而有悔。

☰ 陽至上九，是四月之時，為「乾」。陽氣上衝於天之外。是巳月，陰曆四月。陽氣盛極陰氣將萌。《說文》：「巳，巳也。四月陽氣巳出，陰氣巳藏，萬物皆成文章，故巳爲蛇，象形。」《史記·律書》：「巳者，言陽氣之巳盡也。」又十二地支巳為蛇。九五是貨真價實的真龍天子。至此高而無位的上九只是一條似龍非龍的蛇。

☷ 一陽在上如「剝」，陽氣無路可上，究窮之位，只得落下。

陽氣盈滿升至最高位，從卦象看要開始晦暗了，「晦」有盡之意，《說文解字》：「晦，月盡也。」《釋名》：「晦，灰也。火死爲灰，月光盡似之也。」這裡指陽氣滿而將衰如月明將盡而暗。蒼龍座七宿角、亢、氐、房、心、尾、箕將隱沒於地平線下，這是七月、八月的星象。

《易經》吉、凶、悔、吝、厲、咎多見。《說文解字》：「悔，悔恨也。从心每聲。」《玉篇》：「改也，恨也。」《詩·大雅·雲漢》：「敬恭明神，宜無悔怒。」《毛傳》：「悔，恨也。」《論語·為政》：「多見闕殆，慎行其餘，則寡悔。」悔亦恨惜之義。故言悔者，如今語困阨恨惜也。〈繫辭下〉：「悔吝者，言乎其小疵也。」可知悔非災僅困厄而已。上九亢窮之地，雖為龍亦困阨恨惜也。

用九：見群龍無首，吉。

象曰：用九，天德不可為首也。

〈文言〉用九：乾元用九，天下治也。……乾元用九，乃見天則。

「用九」：六十四卦每卦皆六爻，只有「乾」、「坤」兩卦多出一

爻，即「用九」與「用六」。表示這兩卦六爻皆為可變的陽九～老陽，或可變的陰六～老陰，除非有大機運不然是占不得的。如「明夷」上六「先登於天，後入于地」即包含位至上爻須要變通之意。如「升」卦上六「冥升，利不息之貞」，「冥升」是沉迷於生進必有凶險，如「亢龍有悔」。「利于不息之貞」即「坤」用六的「利永貞」。

「用」，帛本作「迵」，通也。形近於「迴」；「迴」音ㄏㄨㄟˊ，有曲折、環繞等意思。至剛而回，六陽爻將要變為陰爻，「坤」「用九」亦同。所以「迵九」就是即「通九」。《莊子・齊物論》：「用也者通也。」六陽爻與六陰爻都變所以曰「用九」與「用六」。

帛書《易之義》云：「九也者，六肴（爻）之大也。為九之狀，浮（俯）首兆（朝）下，蛇身傴曲，元（其）為龍類也。」所謂俯首朝下，蛇身傴曲，如龍形類，正是男子陽具未聳之形。又云：「易又（有）名曰川，雌道也。故曰牝馬之貞。」

故「迵」「迴」通「捲」。

「見群龍無首吉」：「見」同「現」，「群」當作「捲」謂捲龍，即《莊子》所謂：「始卒若環」，即《老子》：「迎之不見其首，隨之不見其後。」首尾相連捲然如周環。《周易》的「周」，除為周人之義外就是此義。陽極回變為陰也。

「無首」，即元首、圓首，回旋其首，乾陽返歸於陰也。《左傳》昭公二十九年：「魏獻子問于蔡墨……對曰：『不然，《周易》有之，……其「坤」曰，『見群龍無首，吉』。」就是此意。亢極知返，所以說吉。「吉」，喜也。《說文解字》：「吉，善也。」《廣韻》：「吉，利也。」嘉，也是喜，是喜上加喜。

〈文言〉潛龍勿用，陽氣潛藏。見龍在田，天下文明。終日乾乾，與時偕行。或躍在淵，乾道乃革。飛龍在天，乃位乎天德。亢龍有悔，與時偕極。乾元用九，乃見天則。

乾元者，始而亨者也。利貞者，性情也。乾始能以美利利天下，不言所利，大以哉。大哉乾乎，剛健中正。純粹，精也。六爻發揮，旁通情也。時乘六龍，以御天也。雲行雨施，天下平也。君子以成德為行，日可見之行也。潛之為言也，隱而未見，行而未成，是以君子弗用也。九三，重剛而不中，上不在天，下不在田，故乾乾因其時而惕，雖危無

咎矣。

九四，重剛而不中，上不在天，下不在田，中不在人，故或之。或之者疑之也，故無咎。

夫大人者，與天地合其德，與日月合其明，與四時合其序，與鬼神合其吉凶，先天而天弗違，後天而奉天時。天且弗違，而況於人乎！況於鬼神乎！

亢之為言也，知進而不知退，知存而不知亡，知得而不知喪。其唯聖人乎，知進退存亡，而不失其正者，其唯聖人乎！

此爻之蒼龍座隱沒於西方地平線下，如捲曲之首尾相連「始卒若環」將周轉於回春之時再現，故吉。就是陽氣周轉將再現。故「無首」而吉。「無首」者，角亢氏都隱沒於地平線下也。《說文解字》：「龍，春分而登天，秋分而潛淵。」此當農曆八月底秋分之時。（西曆九月二十一、二十二日）

「乾」卦基本說的就是天體運行中北斗七星的重要性，而其原始的涵義當是指雄性的陽具，隨著文化的進步，文字的進化，其意象也隨之改變。爻辭則以東方蒼龍座比喻陽氣運行的天象曆法為喻，但是其涵義確無不同。

第2籤 ䷁ 坤卦 坤爲地

> 坤　：元亨，利牝馬之貞。君子有攸往，先迷後得主，利。西南得朋，
> 　　　東北喪朋。安貞吉。
> 彖曰：至哉坤元，萬物資生，乃順承天。坤厚載物，德合無疆。含弘
> 　　　光大，品物咸亨。元者氣也。牝馬地類，行地無疆，柔順利貞，
> 　　　君子攸行。先迷失道，後順得常。西南得朋，乃以類行。東北喪
> 　　　朋，乃終有慶。安貞之吉，應地無疆。
> 象曰：地勢坤，君子以厚德載物。
> 序傳：有天地然後萬物生焉。盈天地之間者唯萬物，故受之以屯。屯者
> 　　　盈也。
> 雜傳：乾剛坤柔。
> 繫辭：黃帝堯舜，垂衣裳而天下治，蓋取諸乾坤。

「坤」這個字晚出，遲到戰國才出現。從「土」從「申」，「申」是「神」字的初文。乍看之下「坤」字就是土地之神。

坤 王羲之寫的楷書已經脫離了「坤」字的原本意思。

小篆「坤」字 $\pm\!\ddagger$ ，並不是從「申」。《說文解字》：「坤，地也，《易》之卦也。從土從申。土位在申。〖注〗巛、臾，古文。」許慎老夫子的解釋全是源於《易・說卦傳》：「坤也者、地也，萬物皆致養焉」而來。並未說到重點。其中宋朝徐氏兄弟加註說：「巛、臾，古文」與「坤」字完全不同。《康熙字典》另收入許多異體字：「（坤）古作巛，象坤畫六斷也。別作㘴、甹、魁、贇。甹字原作臼下介。贇字從臼。贇，古貴字」除此之外尚有「巛、堃、臾、真」等字。可見古人認為「坤」卦的面貌各有不同地解釋。

先看《康熙字典》收錄的古「巛」字就像坤六斷的卦形，故《玉篇》說：「巛，古坤字。」這斷無疑問「巛」是「川」的古字，與「巛」是「坤」的古字兩字不同。

試著分析「巛」字，「〣」字音ㄑㄩㄢˊ，是小流水，《說文解字》

云：「ㄑ，小流水也」今字作「涓」。「ㄍㄍ」ㄎㄨㄞˋ是略大於「ㄑ」的田中大水溝，也稱「澮」，現在稱為「圳」ㄗㄨㄣˋ。《說文解字》：「ㄍㄍ，水流澮澮也。方百里爲ㄍㄍ，廣二尋，深二仞。凡ㄍㄍ之屬皆从ㄍㄍ。」「巛」則是ㄑ、ㄍㄍ等小水會流為大川。《篇海類編》：「巛，川本字，通作川。」《唐韻》：「巛，川本字。」《說文解字》：「巛，貫穿通流水也。《虞書》曰：『濬ㄑㄍㄍ，距巛。』言深ㄑㄍㄍ之水會爲巛也。」《康熙字典》：「《書・舜典》今文ㄑㄍㄍ作畎澮，巛作川。」由此可見「巛」是「坤」的古字，「巛」是「川」的古字，不可混淆。要知坤卦的德性如川水順流而下，〈說卦傳〉說：「坤，順也。」「順」字从「川」，意思就是坤卦如水順流而下，故坤卦亦為大川，河流。可能為此「巛」「巛」後來就相混為一了。

「堃」也是古坤字。《字彙》：「堃，同坤」。這是說坤卦為地，與乾卦為天相對。今日稱「地」，古時稱「土」，「土」字甲骨文、金文作土塊之形。大地吐生萬物所以名之為「土」。是土地為吐生萬物者。川水與土地有相同的德性，《老子》說：「水善利物而不爭。」《黃帝四經・稱》說：「地之德善與不爭。」《管子・地水篇》就是合「地」「水」兩物為一篇可見兩者有相同的德性。其云：「地者，萬物之本原，諸生之根菀也，美惡、賢不官、愚俊之所生也。水者，地之血氣，如筋脈之通流者也。故曰：水，具材也。」《淮南子・原道訓》說：「土處下，不在高；水流下，不爭先。」這與〈彖傳〉所說的：「先迷後得」意思是一樣的，都是坤卦的德性。

「ㄍㄍ」字音唸塊，「凷」也唸做塊，就是土塊。《左傳》僖公二十三年記載晉國公子重耳出亡經過衛國，衛文公不以禮數接待重耳，重耳一行人困頓的「乞食於野人，野人與之凷，公子怒，欲鞭之。子犯曰：『天賜也』。」這段記述說明「凷」就是「塊」就是土地，「野人與之凷」有受封得有土地的徵兆。狐偃，字子犯；是重耳的舅舅，隨重耳出亡，土人以土塊給予重耳，子犯以為這是上天賜予土地的象徵，意謂重耳將回國擁有晉國封地而為國君的徵兆，所以說：「天賜也」由此可知ㄍㄍ、堃、凷、塊都有土地的意思。李白〈春夜宴從弟桃花園序〉文中有：「況陽春召我以煙景，大塊假我以文章」其注即謂「大塊」即「大地」。

再看䰢、巛、𡋯、㘨、𡋬、𢀳、𡉏等字。「䰢」字與「坤」字

都从「申」,「申 」是「神 」字的原型。「魁」「坤」兩字都以坤為土地之神。「巛」字也沒啥疑問,也是坤六斷的衍申。奭、粤、貿、奥、與則好像一個字寫錯了的不同寫法。聞一多先生說《歸藏易》將「坤」卦作為《奭》,為此寫了一篇文章專門探討,其中又引《碧落碑》將「坤」作「奥(奥) 」,《焦氏筆乘》作「與 」。《說文解字》又說「貴」之古文作「奥 史」,「奥,古文貴,象形」(《康熙字典》以貴字和凷字通用),「其字今文作申,或作奥。奥即與之譌。」並認為是「《歸藏易》以下均以奥為坤也。此最得造字之本源。」說的沒錯。「塊」字从「土」,从「鬼」;古時神鬼不分。從「坤」「塊」二字可知。〈說卦傳〉說:「坤為地」。《乾鑿度》曰:「一塊之物曰地」。〈象傳〉說:「地厚載物」。《莊子・大宗師》篇:「大塊載我以形」。〈象傳〉:「地勢坤,君子以厚德載物。」都是說坤卦是厚厚的大地,可以乘載萬物。《說文解字》說:「貴,草器也。奥,古文貴,象形。《論語》曰:『有荷奥而過孔氏之門。』」意思是說「貴」是草編的筐作盛土用的。「奥」、「貴」古文的樣子很像,又引申出「隤」,〈繫辭〉下傳:「夫坤隤然示人簡矣」,以「隤」解釋坤的意思,最後聞一多先生的結論是坤、奥、凷、塊本系一字,皆「奥」之小變。又變成「富貴」的「貴」。古人所謂富貴就是擁有土地的諸侯、大夫。其後再議。

《說文解字》說:「坤,《易》之卦也。从土从申。土位在申。」是望文生義,受到五行學說的影響。

「貴」字小篆作 隸變作 《說文解字》說:「貴,物不賤也。从貝奥聲。奥,古文貴。」所以「坤」字應該是从土,从奥(貴省)才對。我們師法許慎老夫子將 字分解為从 土,从臼 ,从土省 丨 ,「丨」就是「土」字的省筆,簡化了。「从土」為偏旁,這無可質疑「坤」字本就是土。「从臼」像雙手舉物或捧物的樣子。 要 興 舉小篆都有雙手之形。「要」是腰的本字,像一女子雙手叉腰。

「興」字下部還有雙手。「舉」字手更多，有三隻手，真的是共襄盛舉。可證小篆「貴 ![字]」字上部是雙手作拱捧之形。而「![字]」右旁的「![字]」亦作雙手捧物狀。![字] 甲骨文「貴」字本來就是作雙手捧土塊，抓土塊之形。「![字]」字中間的「｜」當是「土 ![字]」的省筆。「土」字在甲骨文常常作成土塊或土堆狀，如「往」甲骨文作 ![字] 從土，從止。土即作土堆狀。「土」字籀文作 ![字] 或 ![字] 小篆訛變為 ![字]。故小篆的「坤 ![字]」從土，從貴省才對，而非「申」，漢以後楷書都訛變作從土，從申。是個錯別字。

再看小篆「![字]」隸書「![字]」作雙手捧土塊、抓土塊狀，就是兩手持著土塊狀。下部從「貝」字，《說文解字》：「象形。古者貨貝而寶龜，周而有泉，至秦廢貝行錢。」貝就是古代的貨幣，這裡表示財富、貴重、富貴的意思。可以看到「貴」字在小篆的時期是從「臾」從「貝」。「臾」是書寫的時候筆畫的異變，其實就是「![字]」，再省筆為「![字]」，甲骨文 ![字] 是其初文。

這樣我們得到的結論是「坤」字本是雙手持有土塊的樣子，引申為擁有土地。古人以擁有土地為富貴之象徵。君王分封土地給諸侯稱之為「國」，諸侯再分土地給大夫稱為「家」，也稱「采邑」。「采」字有持而取之的意思。諸侯稱國，大夫稱家，所以現在合之稱為「國家」。也造就了「有土斯有財」這個觀念，而擁有土地者即「既富且貴之大人」。

《左傳》僖公二十三記載公子重耳流亡途經五鹿，飢餓難耐，當地土著，卻捧著土塊獻與重耳。「過衛，衛文公不禮焉。出於五鹿，乞食於野人，野人與之塊，公子怒，欲鞭之。子犯曰：『天賜也。』稽首，受而載之。」《史記·晉世家》亦云：「去，過五鹿，饑而從野人乞食，野人盛土器中進之。重耳怒。趙衰曰：『土者，有土也，君其拜受之』。」子犯（趙衰）是重耳的舅舅，認為受得土塊是好的徵兆，所以行跪拜之禮接受之。可見得土地的意思。《國語·晉語》也記有此事：「過五鹿，乞食

於野人，野人舉塊以與之，公子怒，將鞭之。子犯曰：『天賜也。民以土服，又何求焉！天事必象，十二年，必獲此土。二三子志之。歲在壽星及鶉尾，其有此土乎！天以命矣，複于壽星，獲于諸侯，天之道也，由是始之。有此，其以戊申乎！所以申土也』再拜稽首，受而載之。」

屮 屮小篆

「坤」字是手捧土，後來使用畚箕、籬筐等工具盛土，雙手就變成了畚箕或是籬筐字作「屮」。音唸ㄎㄨㄞˋ，是「塊」的本字，《說文解字》：「屮，墣也。从土，一屈象形。塊，屮或从鬼。」《說文解字注》：「（屮）墣也。是曰轉注。喪服傳曰。寢苫枕屮。从土凵。」都沒說到重點。屮就是塊，《前漢・律歷志》說道重耳的故事就用的是屮：「野人舉屮而與之」。

故而土、地、坤、屮、塊古時是同字可以通假。《乾鑿度》曰：「一塊之物曰地」。《文選》張茂先〈答何劭詩〉注曰：「大塊謂地也」。《意林・莊子十卷》：「夫大塊載我以形」。《全唐詩》：「吾將囊括大塊」，坤之為地猶如塊之為地也。因此可知〈彖傳〉曰：「坤厚載物」，一如《莊子・大宗師》所言：「大塊載我以形」也。〈坤・大象〉：「地勢坤，君子以厚德載物」，句謂地之勢塊然厚大，所能載萬物也。〈繫辭下傳〉亦云：「夫坤隤然示人簡矣」，就是以「隤」解釋「坤」如此視之坤从申，即从臾（貴）之證。《乾坤鑿度》曰：「太古變乾之後，次鑿坤度，聖人法象，知元氣隤委，固甲作捍捂，孕靈坤。」亦以「隤」釋「坤」。虞翻訓「隤」為「安」，則似仍讀為「塊」。《荀子・君道》篇：「塊然獨坐，而天下從知如一體」，即謂安然獨坐也；《穀梁傳・僖五年》：「塊然受諸侯之尊」。疏引徐邈曰：「塊然，安然也。」字一作「魁」。《莊子・庚桑處》篇「猶之魁然」，《釋文》及《疏》并云：「魁，安也。」要之，坤、臾、屮、塊本係一字，或作臾、真、臾、與，皆臾之小變。又作賢（貴）、作魁則聲近通假。《說文解字》云坤从申酉之申，云「土位在申」將「臾」識為「申」字是錯誤的，其說解亦繆哉。

籀文「坤 ᄴ」字不从「土」也不从「申」，而从「立 ᄎ」。很明顯的就是一個正面直立的大人。甲骨文、金文中的象形文字動物與人都

作豎形，是側面形象，如馬 、豕 、犬 ，正面形象的是因為身分尊貴如專用祭祀犧牲的牛 、羊 ；側面造型的人 其意思也曾經被當過奴隸解釋，但正面的「人」是「大」 ，是部族的酋長首領貴族。是擁有土地的富貴之大人。竊疑周以後的「大夫」一稱就是這麼來的。

　　小篆「貴 」即後來楷書「貴」字，上部「臾」字的書寫也有許多異變：

這些字在漢朝的隸書中都可以看見，所以「臾」字也是「㯥」字的訛變。

這些也都是古代的「坤」字，稱之為訛變。上網一查還真不少！

本象雙手捧土㞷之形，引申用筐盛土，《論語・子罕》云：「譬如為山，未成一簣。」《左傳正義・襄公九年》引《論語》稱「為山用簣」，是「簣」為盛土之器，正是㞷 字之形。「簣」為盛土之器；臾、貴、㞷、㚃等都從雙手捧土之形，如簣之盛土。

這些也是坤的古字，像川字， ，這已經是坤的德性引申之後的意思。

　　長沙馬王堆出土帛書「坤」卦之「坤」都寫作「巛」形。宋人洪適《隸釋》中收集了漢魏碑文百餘種「坤」都寫作「」或「巛」。

《左傳》昭公二十九年：「其坤曰」。《釋文》「坤」作「巛」。漢人的諸種寫法「」是「川」的轉寫，互相混雜無區別難分了。最後

「坤」終於定於一尊了寫成 **坤**（歐陽詢），至今京劇中的女演員還稱為
「坤角」。

「乾」是「大哉乾元」「坤」是「至哉坤元」，一強調「大」廣大，
一強調「至」，「至」是極致，是坤完全配合乾。「含」也是坤的德性，
狹義的「含」是銜在口中，吐不出也嚥不下；廣義則是包容，打破牙齒和
血吞。這在「坤」六三、六四說得很清楚。

「乾」是「萬物之始」「坤」是「萬物之生」，一強調「始」發動，
一強調「生」孕成。

說的都是順乾、順天。因為獨陽不生，孤陰不成，需要兩相配合。

「坤」是「虛靜以待」，全不做主所以掏空而虛，靜待乾主的發動，
待乾主發動後立即完全、無為不至的配合完成。

「乾」、「坤」陰陽皆為萬物生長變化的原始能量，是最基本的，最
堅強不變的。所以既是元初又亨通。「乾」、「坤」同大、同始，為一體
的兩面。

「乾」、「坤」二卦為純陰純陽之卦，此兩卦動力是源源不斷的，是
資源無限的。

「坤」卦為六陰爻，象徵至柔至順，源源不絕的柔順、配合。

《易經》中以陽為君子，陰為小人。純陰純陽都失之於偏，失於調
合，孤陰、孤陽都有敝端。孤陽剛愎，孤陰柔靡。陽的敝端容易看見，陰
的缺失難已分辨，其害處較孤陽沉潛深遠。故《易經》認為坤為惡、為小
人，而以陽為君子、為善。但並不是說陰氣本來就是小人，必是當陰害了
陽才是小人。如果陰氣助長了陽氣也可以為君子。如果陽氣不長反而退
縮，那陰就成了小人。所以陰中有陽，陽中有陰；如果陰太弱是陰中有
陽，反之陽太強是陽中有陰。二者相輔相成，所以全是陽則陽將盡，就可
看成陰之生。全陰則陰將盡，可看成陽之生。

「坤」之意在於厚載、柔順。因土之性厚載廣生，所以能乘載萬物。
大地之體能生養孕育萬物，所以也有培養、蘊藏的個性，象徵君子藏器於
身，待時而動。

「坤」卦六劃陰爻，用以象地。代表純陰柔順之人事物。

「坤」卦六劃陰爻是八個卦中筆劃最多的，所以坤為多、為積、為厚、太多了所以荒亂。六劃陰爻是廣大的虛無空間，是荒野、蠻荒、北大荒、蒼海茫茫，是無限的機會。「坤」是荒，是亂，是迷，是眾，是一盤散沙，是盲從附合，是烏合之眾。「坤」是心慌意亂，無法作主。「坤」是細，是小，是事多如麻，是行政庶務。乾是大，是大政方針。

「坤」是巨細無靡，小心謹慎，謹守分寸。「坤」是承載負擔，是任勞任怨，勝任力行，是全力配合。「乾」如父，出主意作主，「坤」如母，管理完成，全無主意。

「坤」卦「元亨」是說「坤」與「乾」一樣重要，一樣是創造萬物中不可或缺的元素。

「坤」為地，「乾」為天。「坤」〈大象〉說：「地勢坤，君子以厚德載物。」〈說卦傳〉：「坤為地」。

一「乾」一「坤」，開天闢地。一上一下，一主一從；單有主而無從，則不成主，單有從而無主，也不成從。皆一不可缺。

「坤」卦「厚載」為幹鍊之才。「坤」是神，是土地之神，是后土。「乾」是君，是主。「坤」是宰輔，是臣。「乾」是先，「坤」是後，配合不爭，順勢而為。「乾」是君王，是父，是主。「坤」是后，是母，是臣，是臣妾妻女，是百姓庶人。「坤」是慈愛，「乾」是嚴厲。「坤」是寬容鬆緩，「乾」是積極不鬆懈。「乾」是主體，「坤」是旁枝。「乾」是主導，「坤」是幫襯，是輔佐。「乾」是天體常動，「坤」是大地靜止不動。

「坤」：「先迷後得主」就是順，是承。無主之前為慌，為亂。「坤」得主而順承主，所發揮出了力量如「乾」剛。上六居卦之巔是「先」之位，常凶。上兌下乾「夬」上六：「終有凶」，上坎下坤「比」上六：「比之無首，凶。」上坤下乾「泰」上六：「城覆于隍，其命亂也。」

「坤」為迷，因為荒大。要順勢在「乾」之後，在乾之前就迷。《爾雅·釋言》：「迷，惑也。」《韓非子·解老篇》：「凡失所欲之路而妄行之則為迷。」〈象傳〉曰：「先迷失道，後順得常。」即以「失道」釋「迷」。

「主」，天道也，自然之規律。《莊子‧在宥》：「主者，天道也。」《莊子‧天道》：「天道運而無所積，故萬物成。」又連劭名先生以為先秦時代，「主」或言「職」，並引《焦氏易林‧萃之震》：「登上高山，見王自言，信理我冤，得職蒙恩。」則「先迷後得主」為「先迷後得職」，《爾雅‧釋詁》：「職，主也。」《博雅》：「職，事也。」《白虎通‧德論》：「各量其職盡其才也」其說甚是。

「主」之本義為燈座上點著火。「登」與「豆」是古代陶器，注油其中，放入草芯，點燃以照明，就是油燈。篆文主字，依稀猶能見到燈座，注油的盞與頂上的火炷之形。古人愛惜燃料，晚上點燈做事，由鄰居多家聚集共照，如此輪流做主，這就由「燈」引申出「主」的意思。又主、炷為古今字。則「先迷後得主」為「居先則迷茫如身處昏暗之中，居後則得燈照光明而識得方向。」今語「有了主心骨」。也可謂於迷途中寄住於主人家。「主」與「迷」相對文。

乾為天，為鍵，為主，為先。坤為地，為輔，為臣，為後，為迷，為荒，為亂。這兩個要配合，「乾」陽為首發動，「坤」陰配合完成，坤陰跑到乾陽之前就會迷，迷就會失。

所以，《老子》說：「我有三寶，持而保之。一曰慈，二曰儉，三曰不敢為天下先。慈故能勇，儉故能廣，不敢為天下先，故能成器長。」這三寶說的都是「坤」的德性。又說「天下莫柔弱於水，而攻堅強者莫之能勝。」以柔克剛之謂。〈文言〉曰：「坤至柔而動也剛，至靜而德方」亦屬此。

「牝ㄆㄧㄣˋ」，雌性的獸類。坤為母，所以為牝。《說文解字》：「牝，畜母也。」這相對「乾」為牡，為雄性。

「牝馬」是母馬。「乾」為龍，說的是剛健；「坤」為牝馬，說的是柔順，配合無間。

「乾」是龍，「坤」卻不曰鳳，卻曰「牝馬」，牝是母獸，符合坤陰。但為何曰「馬」？蓋「馬」也是龍，《爾雅‧釋畜》說：「馬高八尺為龍」。「乾」陽在天曰龍，「坤」陰在地曰「牝馬」如此才可相配合。在天稱龍，在地可以與龍相配的是馬，馬行快速，所以馬也是龍，例如龍馬精神。「坤」為雌，為母，為女，所以說是「牝馬」。「坤」言馬，不

言龍，是要與乾龍匹配。不論「乾」之龍如何變化，健行的如何快速；「坤」之馬皆能配合的上，而且配合無間，但永不會超過「乾」龍，以乾為主，「坤」自己為輔。

《易經》中很重視相敵與相配。要相互匹敵者才能相配，所以夫妻為敵體。「乾」龍之敵不能是鼠，「坤」馬之配不能是驢。因為「同聲相應，同氣相求；水流濕，火就燥；雲從龍，風從虎。」「各從其類也」類，交也，尚秉和《周易尚氏學》：「陰陽合為類」相交合者必是同類。《焦氏易林‧中孚之坤》：「符左契右。相與合齒。乾坤利貞。乳生六子。」符節契約、齒牙交錯，都是相交合之義，「乾坤利貞」也是相交合，而「乳生六子」。

「利牝馬之貞」，就是如母馬配合公馬一般，緊追在後，柔順以從，永不超前。是為臣之道；為妻之道。是「坤」陰是不可以超過乾陽。且利牝馬與牡馬相交合也。

「貞」，是固，是貞節，是臣道，是妻道。金文「貞」是象形，像一個鼎，有堅固不移，守之不動的意思。但在《易經》出現的眾多「貞」字，可解釋不一。

𣂏 貞 𣂏 鼎

「利牝馬之貞」：或可解釋成利於牝牡（公母）馬交配繁殖。或利於乘騎母馬出征、出行（貞，正也、征也）。

陰承陽，在陽之後，以陽為主，是順，則吉；陰在陽前，據陽，站在陽頭上，是逆，則凶。「坤」上六：「龍在於野，其血玄黃。」就是陰在前、在先想要與陽抗衡所以相戰而受傷。「坤」上六犯了陰不可以在「先」在「前」的大忌。

〈文言〉曰：「後得主而有常，含萬物而化光，坤道其順乎，承天而時行。」「坤」陰在前、在先，就是失常，不光，不順，不承，那就天下大亂了，所以坤為亂。「坤」大欺陽就亂。蓋地道無成而有終，故不可先。先則迷而失道。只有隨陽之後，以陽為主，則無不利也。

〈文言〉曰：「積善之家，必有餘慶。積不善之家，必有餘殃。」「坤」是積少成多，不論好事壞事，都是累積而成的，小富由儉；不像

「乾」是天生大才，大富由天也。「坤」象六斷，就是積少成多，積腋成裘，積沙成塔，漸漸成為大氣候，則坤為勢，形勢、氣勢、時勢。勢成則如乾陽般，無人可擋。《孟子·公孫丑上》：「雖有智慧，不如乘勢。」《淮南子·原道訓》：「得在時，不在爭；治在道，不在聖。土處下，不在高，故安而不危；水下流，不爭先，故疾而不遲。」陰到了五爻勢已成，到了上爻得勢而起就與「乾」抗衡而「戰於野」。中國史上的農民起義多是如此，尤其以李自成積百萬民眾之勢而取北京。想想當你一呼而下有百萬人相應而諾時，會是啥個局面！

「坤」是積少成多，積沙成塔，積腋成裘，是小富由儉。「坤」為文，為理，為順，為勢，是順勢而為，是依理而行，不強求，而能竟其功。「坤」是造勢，形勢比人強，要順勢而為。「坤」是順，是安，是安份守己，是儉約收斂。「槍打出頭鳥」、「出頭的椽子先爛」。「坤」是任重道遠，盡心盡力，努力不懈。故〈說卦傳〉曰：「致役乎坤」。「坤」是虛，為腹，為藏，是虛而能受，虛而能容，是宰相肚子能撐船。是山谷，谷虛能受。「坤」為地，為母，是地方的父母官，不是省長就是縣長，不會是總統。

「坤」為荒，「荒」字從「亡」、從「川」，也是水。坤、坎、兌皆為水。「坤」在《帛本·易經》寫作「巛」，謂水流川地而行。「坤」是大地，也是大川。《說文解字》：「荒，蕪也。」墾荒，〈歸園田居〉：「開荒南野際，守拙歸園田。」通「慌」，驚慌、忙亂。「荒」同「慌」、「巟」。都有「川」。

「坤」是荒，是極其遙遠的化外之地。《荀子·正論篇》云：「封內甸服，封外侯服，侯衛賓服，蠻夷要服，戎狄荒服。」《史記·五帝本紀》：「方五千里，至于荒服。」《論衡·別通》云：「殷、周之地，極五千里，荒服、要服，勤能牧之。漢氏廓土，牧萬里之外，要、荒之地，襃衣博帶。」

「乾」與「坤」相對，所以段玉裁注《說文》：「上出為乾，下注則為濕，故乾與濕相對。」乾濕之乾，是後起的用法；〈說卦傳〉說：「坤為布」，「布」為貨幣，川流而行，水流之性流通遍佈，有如貨幣流通遍及各處。

「坤」卦辭說：「先迷後得」。六三：「含章可貞」六四：「括囊」

皆說的是「坤」的包容含忍，柔退。《老子》曰：「天下莫柔弱於水，而攻堅強者莫之能勝。」〈文言〉曰：「坤至柔而動也剛，至靜而德方」「後得主而有常，含萬物而化光，坤道其順乎，承天而時行」皆是此義。

又「先迷後得主」，謂居先而惑亂迷途失道，之後得主人援手免於失道迷途之危，故安而利。《大戴禮‧曾子制言篇》：「曾子門弟子或將之晉，曰：『吾無知焉』曾子曰：『何必然，往矣，有知焉謂之友，無知焉謂之主』。」《孟子‧萬章篇》：「孔子於衛主顏讎由，微服而過宋，主司城貞子。」又曰：「吾聞觀近臣以其所為主，觀遠臣以其所主。」這是說要觀察看看寄住甚麼樣的主人家。

「攸」，甲骨文作 𣪊，从人从父，像以手持杖打人形，乃「打」之本字，今讀若悠、通遙、遙遠。

「有攸往」，騎著安順的母馬可以遠行。

又「坤」是臣道，柔道，不爭先的後道，也是「厚德載物」的厚道；君子依循「坤」之道，而能「有攸往」。利於外出走動謀事。

「迷」，迷失道路，謂過程曲折。坤為荒，為亂，為未開發的處女地，故先者迷。

「得」，得到，抵達。

「先迷後得」，前先過程曲折迷亂，其後終能抵達。有後發先至的意思。接著「主」字。

「主」，前也，順利也。

「朋」者貝也，古錢幣。貝十枚一串為「朋」。後為朋友之朋。但這裡當是「風」的古字。風、鳳古字相同，𩙑 𩙧 古鳳字，《說文解字》：「鳳，𠤈，古文鳳，象形。鳳飛，羣鳥從以萬數，故以為朋黨字。」朋即風字。朋本神鳳，鳳結群而飛故有朋黨之義。「得朋」就是得風，順風；「失朋」則是逆風，不得風勢。中國大陸氣候受季風影響甚鉅，冬季東北風，夏季西南風，（坤後天八卦在西南）故此卦利西南不利東北。

當然「得朋」也是得群黨相助，與類同行的意思。帛書《二三子》：

「歲之義，始於東北，成於西南。君子見始弗逆，順而保孹。《易》曰：『東北喪朋，西南得朋。吉』。」

「朋」者，輔佐也，《左傳》桓公二年：「故天子建國，諸侯立家，卿置側室，大夫有貳宗，士有子隸弟，庶人、工、商，各有分親，皆有等衰。」襄公十四年：「天子有公，諸侯有卿，卿置側室，大夫有貳宗，士有朋友，庶人、工、商、皂、隸、牧、圉皆有親暱，以相輔佐也。」兩相對照「士有子隸弟」即「士有朋友」，朋友之涵義非今日之朋友而是為輔佐的僕從、同夥。

陰得陽為朋，如上乾下離「同人」九三〈小象〉曰：「伏戎于莽，敵剛也。」是陽遇陽為敵剛。上巽下兌「中孚」六三：「得敵」是陰遇陰為敵。上坤下震「復」卦辭曰：「朋來無咎」，上坎下艮「蹇」九五：「大蹇朋來」，上震下坎「解」九四：「朋至斯孚」皆以陰得陽為朋。

「先迷後得主，利」，謂坤之德性，不若乾之剛健不息，適合開創，而適合居後，得到職守，又利於團夥一同前往，則順利。

陽之性順行，坤陰之性逆行，故在先天八卦中以逆時針來看：坤得艮、坎為朋。

消息卦自西往南逆時針則陽日增，自東往北而陽遞減，增則得朋，減則喪朋。

坤道無成，故安靜貞定則吉。

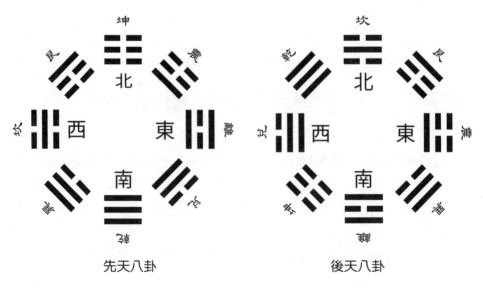

先天八卦　　　　　　　　　後天八卦

「貞」字如「鼎」，鼎，定也。《釋名・釋言》：「貞，定也。」定，止也。中國字一字常有正反兩義，甲骨文、金文作腳趾形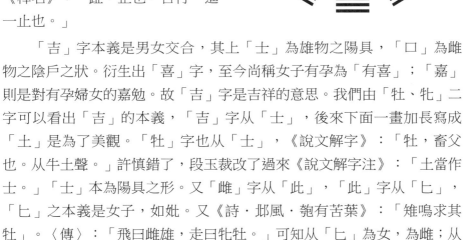，也是步伐的意思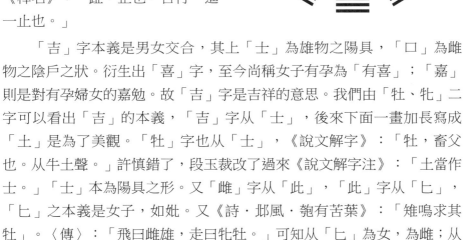，「步」就是兩個一前一後的「止」意謂行走。所以，貞止也有出行之意。《爾雅・釋言》：「趾，足也。」《釋名》：「趾，止也。言行一進一止也。」

「吉」字本義是男女交合，其上「士」為雄物之陽具，「口」為雌物之陰戶之狀。衍生出「喜」字，至今尚稱女子有孕為「有喜」；「嘉」則是對有孕婦女的嘉勉。故「吉」字是吉祥的意思。我們由「牡、牝」二字可以看出「吉」的本義，「吉」字從「士」，後來下面一畫加長寫成「土」是為了美觀。「牡」字也從「士」，《說文解字》：「牡，畜父也。從牛土聲。」許慎錯了，段玉裁改了過來《說文解字注》：「土當作士。」「士」本為陽具之形。又「雌」字從「此」，「此」字從「匕」，「匕」之本義是女子，如妣。又《詩・邶風・匏有苦葉》：「雄鳴求其牡」。〈傳〉：「飛曰雌雄，走曰牝牡。」可知從「匕」為女，為雌；從「士」為牡，為雄，為男也。參見《白魚解字》。

「安」，坤之德性為靜，故曰安。《文子・道原》：「守清道，抱雌節，因循而應變，常後而不先。柔弱以靜，安徐以定。功大靡堅，不能與爭也。」馬王堆帛書《稱》曰：「地（之）德，安徐正靜。柔節先定，善予不爭，此地之度而雌之節也。」

「安貞吉」，是說要安於坤位、臣位，要順勢而為，不要強爭，不要爭先恐後。安於坤地臣輔之位才會吉，若是不安於坤地臣輔之位，必先迷而有凶。爭先恐後必不吉，乾才能先，坤不可以先所以要安，要後，要貞。此卦辭「貞」當讀為止。「安貞吉」，即安止不出，靜守坤道，順勢而為則吉。

〈雜傳〉：「乾剛坤柔」。「柔」字上矛下木，本意是《說文解字》

所言：「木曲直也」。《說文解字注》：「凡木曲者可直，直者可曲，曰柔。」將彎曲不直的木揉之使直可以為矛。用力過大則折斷故泡水或火烤使之軟化以利矯正。《國語・越語下》說得好可以參觀：「後則用陰，先則用陽；近則用柔，遠則用剛」。

又《新語・輔政》：「故懷剛者久而缺，持柔者久而長，躁疾者為厥速，遲重者為常存，尚勇者為悔近，溫厚者行寬舒，懷促急者必有所虧，柔懦者制剛強，小慧者不可以禦大，小辯者不可以說眾，商賈巧為販賣之利，而屈為貞良，邪臣好為詐偽，自媚飾非，而不能為公方，藏其端巧，逃其事功。」《六韜・大禮》：「太公曰：『安徐而靜，柔節先定，善與而不爭』。」《韓詩外傳》：「韓平子問於叔向曰：『剛與柔孰堅？』對曰：『臣年八十矣，齒再墮而舌尚存，老聃有言曰：『天下之至柔，馳騁乎天下之至堅。』又曰：『人之生也柔弱，其死也剛強；萬物草木之生也柔脆，其死也枯槁。因此觀之，柔弱者生之徒也，剛強者死之徒也』夫生者毀而必復，死者破而愈亡；吾是以知柔之堅於剛也。』」《說苑・敬慎》：叔向曰：「柔者紐而不折」可以參觀。

〈繫辭下〉：「黃帝堯舜，垂衣裳而天下治，蓋取諸乾坤。」謂「乾」為上衣，「坤」為下裳。服飾為禮教文明之始。黃帝堯舜建禮教而天下無為而自治。

初六：履霜，堅冰至。
象曰：履霜堅冰，陰始凝也。馴致其道，至堅冰也。

「履霜」，帛本作「禮霜」。

「履」，踐也，踐踩，履踏。

《易經》有《履》卦，不是吉卦，像是踩著老虎的尾巴，是危厲之境況。

「霜」，是陰氣旺盛之初而始凝之物，即陰氣尚微，但是其德性慘毒，能殺萬物。《類篇》：「霜，殺物也。」《釋名》：「霜，喪也；其氣慘毒，物皆喪也。」《大戴禮》：「陽氣勝則散為雨露，陰氣勝則凝為霜雪。」《白虎通・災變》：「霜之為言亡也，陽以散亡。」《說文解字》：「霜，喪也。」《詩・豳風・七月》：「九月肅霜。」傳曰：「肅，縮也；霜降而收縮萬物。」《詩・秦風・蒹葭》：「白露為霜。」

霜

傳：「白露凝戾為霜，然後歲事成。」〈繫辭上〉：「乾知大始，坤作成物。」故坤為霜。《說文解字注》：「按雷、雨、露皆所以生物，雪亦所以生物而非殺物者，故其用在霜殺物之後。……歲功以雪始，以霜終。」《焦氏易林・需之咸》：「早霜晚雪，傷害禾麥。」又鄭玄《月令・章句》：「霜，陰液也。釋為露，結為霜。」《朱子語類》：「蓋露與霜之氣不同，露能滋物，霜能殺物也。」將霜視為陰液，這也是以坤為陰，為水，為積累的思想。

「乾」卦初爻有初春之意，則「坤」卦初爻有初秋之意。蓋《說文解字》：「龍，……春分而登天，秋分而潛淵。」「乾」卦爻辭以象徵陽氣降臨大地的天象東方蒼龍星座為喻，相對的「坤」卦論天象是西方白虎星座，爻辭則當為陰氣用事的秋寒，故初爻曰「霜」以顯示秋寒。「潛龍」者，陽氣未至。「履霜」者，秋寒已臨。「乾」初爻為「潛」，「坤」初爻不客氣地已顯露為「霜」。

又「孀」為寡婦。《正韻》云：「孀，音霜。嫠婦曰孀。」亦非吉象。又砒霜為毒。可見「坤」卦初爻以霜為喻，陰雖微但其慘毒凶猛之甚。

「霜」是陰氣始凝之微物，「冰」是陰氣大盛即變為乾陽之冰。乾

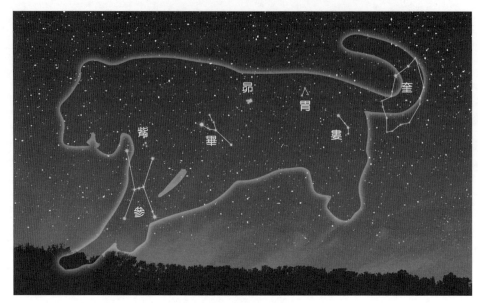

西方白虎之象

為堅，為冰。陰積為陽終於成冰。初六現在還沒成冰，還只是霜。霜為殺物，千萬不可小覷「殺物」二字，《淮南子‧泰族訓》：「其殺物也，莫見其所喪而物亡。」殺之於無形也。是的，你還沒看見他就將你喪亡了。

「履霜」，就是已經降霜，腳踩著霜，說明是秋季，順著下去嚴寒堅冰既將到來。履霜者，秋季之象也。堅冰者，冬日之象也。意思是霜降之後漸漸的寒冷結水為冰，大雪為冰的嚴冬將至。這也是窮則變的意思。積陰至窮極則變為陽。〈說卦傳〉云：「乾為寒，為冰」。「履霜」是秋日之象；「堅冰」是冬日之象。

與「霜」為殺物相反的是「露」，《朱子語類》：「蓋露與霜之氣不同：露能滋物，霜能殺物也。」

䷫姤 ䷡大壯

一陰在下五陽在上為「姤」卦辭曰：「女壯，勿用取女。」又陽氣至四為方為「大壯」。由此可知，一陰就壯，四陽才壯，更見陰氣之凶猛慘毒。

「凝」，凝結。

「履霜」，是腳踏著霜。以霜形容陰微初凝結，初爻微陰初現故曰

「履霜」。陰不凝不成事，開始凝結就會有事。

「馴」，是漸至。《說文解字注》：「馴之本義為馬順。引申為凡順之稱。」順著這個趨勢現在的霜漸漸寒冷的堅冰就會來了，見微知著，勢之必然也。此爻闡明了《易經》是趨勢學。《論衡·譴告》：「履霜以知堅冰必至，天之道也。」《朱子語類》：「又曰：『如坤之初六，須知履霜有堅冰之漸，要人恐懼修省』。」

「馴至其道」是勢所必然。初爻陰小但是陰慢慢積而大。《新唐書·高宗本紀·贊曰》：「高宗溺愛衽席，不戒履霜之漸，而毒流天下，貽禍邦家。」「馴至其道，堅冰至」陰霜積大就成冰。

「馴至其道，堅冰至」是說五月微陰初現，馴至十月而極寒，勢所必然，要有所警悟。初六陰在地之下，寒陰之氣凝為霜，萬物皆喪死，若順勢發展下去結為堅冰，萬物枯死。這是說要防微杜漸，當踩到寒霜時，要預防堅冰的來到。是這以霜比喻陰柔的負面影響，有如人的私欲、壞的習慣，若不及時改正防範，則習以為常，長此以往，必寡廉鮮恥，所謂「勿以惡小而為之」。《淮南子·說山訓》：「以小明大，見一落葉而知歲之將暮；睹瓶中之冰而知天下之寒。」陽氣將消，見微知著也。也可以說災禍之象以萌至寒冬堅冰時災禍擴大而爆發。

〈文言〉：「積善之家，必有餘慶，積不善之家，必有餘殃。臣弒其君，子弒其父，非一朝一夕之故，其所由來者漸矣，由辯之不早辯也。」《易》曰：「履霜堅冰至。蓋言順也」甚是。

這是「坤」性中積小為大勢的意思，初六是積小造勢的第一步。

「乾」陽初九曰「勿用」，「坤」初六為「乾」初九的相反，為「漸用」。

「坤」初六如「姤」卦辭：「女壯，勿用娶女」。「乾」初九：「潛龍勿用」皆言「勿用」。

「堅冰」是「履霜」最後的結果，乾為堅冰，就是說陰氣凝結至最後就是要變陽了，就是陰變陽，「坤」變「乾」。

「姤」卦上乾下巽，一陰在下，時當夏至，為黑夜至短而白晝至

長之時。古人極為重視「二至」，夏至與冬至。時為陰曆五月，西曆六月二十、二十一為夏至，陰陽相交之時。十二地支為「午」，《說文解字》：「午，牾也（逆也）。五月陰氣午逆陽，冒地而出也。」徐曰：「：「午月陽極陰生。仵者，正衝之也。」《史記・律書》：「午者，陰陽交，故曰午。」《韻會》：「一縱一橫曰旁午，猶言交橫也。」謂午為陽氣旺盛陰氣已生，陰陽相交。日中午時也是同義。《說文解字注》：「律書曰。午者、陰陽交。故曰午。天文訓曰。午、仵也。陰氣從下上。與陽相仵逆也……四月純陽。五月一陰屰陽。冒地而出。……古者橫直交互謂之午。義之引申也。」段玉裁說的對，四月陽氣大勝，五月陰氣伏生，與陽氣相逆而生於下，是陽氣被侵蝕。

☷ 坤 ☳ 復

此爻變為「復」卦，「復」是潛龍勿用的靜守待機，休養生息。反之初六居下失位不安，含藏著凶險危機。初六以霜為喻，霜為殺物，又凶又猛「其殺物也，莫見其所喪而萬物亡。」（《淮南子・泰族訓》）是隻又大又凶的黑天鵝。

六二：直方大。不習，無不利。
象曰：六二之動，直以方也。不習，無不利，地道光也。

「直方」，聞一多先生讀作「省方」，就是巡狩四方。將「直」讀為「省」，甚是。《說文解字》：「省，視也。」《說文解字注》：「省，察也。」審視一物直否，常閉一目，張一目，「省」字是少一目，意思相通。

「方」是地方，是方國。坤為地方。元朝將地方稱為「行省」，而沿用至今。卜辭中常有「征方」，意思是巡狩四方封疆之地。今日稱為視察。「觀」〈大象〉云：「先王以省方觀民 設教」。「復」〈大象〉云：「后不省方」，《淮南子・精神訓》云：「禹南省方」都是相同的意思。

「大」，達也，通達之意。陽爻息長至二爻的「臨」卦，〈序卦傳〉云：「臨者，大也。」亦讀大為達。達者，四通八達之意。「達」之甲骨文、小篆 𨔶 字形從大。《說文解字》：「達，行不相遇也。從辵羍聲。……达，達或從大。」乃直達之意。

「乾」九二：「見龍在田」可謂出隱而現，施展手腳，「坤」六二：「直方大」則是出巡封疆通達而利。

當然「直方」也都是坤之德性。《賈子‧道術》云：「方直不曲謂之正」六二以陰爻居陰位又居中，故中正而「直方」也。

「直」，為德，坤厚德載物，包容萬物。《說文解字》：「悳，外得於人，內得於己也。从直从心。惪，古文。」悳、惪即「德」。从直、从心，正心也。

「直」，也作值，當也。

又「大」，天大，地大；天，無所不包是大；地，無所不載也是大。《老子》云：「有物混成，先天地生。寂兮寥兮，獨立而不改，周行而不殆，可以為天下母。吾不知其名，字之曰道，強為之名曰大。」《河上公》注：「大者，高而無上，羅而無外，無不包容，故曰大也。」〈文言〉：「直，其正也；方，其義也。君子敬以直內，義以方外，敬義立而德不孤。直方大，不習无不利，則不疑其所行也。」

「習」，因也；《尚書‧金縢》：「乃卜三龜，一習吉。」孔傳：「習，因也。」又《左傳》襄公十三年：「子囊曰：『先王卜征五年，而歲習其祥。祥習則行，不習，則增修德而改卜。」《正義》曰：「《禮記》云：『卜筮不相襲』。鄭玄云：『襲，因也』。杜預注：「不習，謂卜不吉。」又習、襲古通。

〈文言〉：「直其正也，方其義也，君子敬以直內，義以方外。敬義立而德不孤，直方大，不習無不利，則不疑其所行也。」「不疑其所行」即是通達。

六二中正，沒有私欲，行事合於規矩，符合坤德性，自然順利。六爻中惟六二居中得正，最能彰顯坤之德性。

小篆「利」字是一把刀與一束禾，本義是以快刀收割作物。即收割以獲利的意思。〈文言〉：「利者義之和也」何新認為當可解釋作「利者刈之禾」即秋收得利之意。這是對的。

「直方，大。不習，無不利」，其意謂君子德行公正包容厚德，不用占卜，吉而無不利。一如君王巡狩封疆通達無礙也。

又「方」，道也。《左傳》隱公三年：「臣聞愛子，教之以義方」楊伯峻注：「方，道也」

「直方大。不習，無不利」，其意謂君子行柔順德行之坤道通達，不用占卜，吉而不利。

「直方大。不習，無不利」，于省吾解釋為「言當方國盛大之時，不侵襲之，固無所不利」。「坤」六爻皆陰是陰之勢至盛之時，初爻剛開始就有霜，到了二爻陰已經盛大。一如方國盛大之時四方屏藩穩固，而不可以侵襲之。也是韜光養晦，待時而動的意思。

「地道光」就是坤道光。六二如坤，故曰「地道光」。六二最能闡揚坤之德性，故曰：「地道光」。

 遯

陰至二為「遯」。為陰曆六月。六二「地道光」陰光大，故陽氣遯退。「遯」卦上乾下艮，二陰在下，時為陰曆六月。十二地支為「未」，《說文解字》：「未，味也。六月，百果滋味已具，五行木老於未，象木重枝葉之形。」一如果實成熟有滋味，枝葉末端已經繁盛；《釋名》：「未，昧也。日中則昃，向幽昧也。」謂未時為中過中午向下落，夜晚將臨。《說文解字注》：「律書曰。未者、言萬物皆成。有滋味也。……天文訓曰。木生於亥。壯於卯。死於未。……象木重枝葉也。老則枝葉重。」六月大熱之後，樹木枝葉繁盛，果實成熟有滋味也，是將衰老，陽氣衰落。未為下午一點到三點。

▉▉ 同人

六二如上乾下離「同人」卦，廣大包容，正直光大，人欲與其同也。與五相應，五為天子，居朝堂之上，而二仕紳，居野為地方的意見領袖；一在朝為執政黨，一在地方為在野黨。「同人」是有志一同的各方人馬聚集，二爻為主，「直方大」的德性也是領袖的德性，所以可以異中求同，包容各地英豪，聚集各方好漢。

高亨先生將「直」讀為「值」訓其義為操作。「方」則依照《說文解字》的解釋：「方，併船也」並引《爾雅・釋水》：「大夫方舟」李注：「併兩船曰方舟」《詩・邶風・谷風》：「就其深矣，方之舟之。」

「大」則讀「太」。「習」則解釋為「閑習」《禮記・月令》：「鷹乃學習」也。意思是「併舟以渡，不易傾覆，雖然不習於操舟之術，亦不致於有隕越之虞。謂人據堅固之勢，雖非幹練之才，亦無往不利。」參考之。

䷆ 坤䷆ 師

此爻變為「師」卦，六二中正能守坤之道，但也想圖謀行事。

六三：含章可貞，或從王事，無成有終。

象曰：含章可貞，以時發也；或從王事，知光大也。

「含」，字從今從口。「今」字甲骨文、金文象捕獸鉗形，後來演變為禽獲的禽。含字通吟，即噤。《史記・淮陰侯傳》：「雖有舜禹之智，吟而不言」含在嘴中噤口不語，這非常難過，吐不出也嚥不下，用嘴包合住。《廣韻》：「含，銜也」《釋名・釋飲食》：「含，合也，合口亭之也」《正韻》：「含，包也，容也」《說文解字》：「含，嗛也」又《說文解字》：「嗛，口有所銜也」就是口中有物含在嘴裡。《集韻》：「嗛，音鼸。鳥獸頰貯食」鼠、猴、鳥獸以頰囊儲存食物，含在嘴中不吞食入腹中稱為含、嗛，就是銜著。既不能吐出，也不能吞入，只能含著，忍著，不出聲。〈繫辭上〉：「闔戶謂之坤」故坤為「含」。

「章」這各字有兩種解釋，「章」，文彰也，彰顯也，是件美事。台灣有個彰化，就取彰顯教化之義；坤為文，故曰章。坤為閉，為藏，故曰「含章」。六三以陰居陽位，陽為彰顯，故曰「含章」。《老子》：「和其光，同其塵，是謂玄同」「和光」即「含光」，帛書作「合光」，合光即和光同塵，正用此爻之義也。〈象傳〉曰：「含弘光大」，就是此義。坤為文，故為章。

「含章」，是含在口中不發，收起鋒芒，韜光養晦，與世無爭。此爻有自知之明也；但雖含著卻無法吞忍下肚，極為尷尬難過，為何？因為六三的道行尚淺，雖有自知之明不露鋒芒，但只能含著，忍著，不出聲，就是吞不下去！坤為闔，為藏，故含章。

「貞」，是固，是靜守，是守住本分。

「含章可貞」，雖有美文章卻含而不露，是六三以陰居陽而失位，處於是非憂患之境，易招凶險，須含忍，以避咎災。美章之功當推讓於主、

於上、於長官。

「含章可貞」，是功成不居，是成人之美，含忍不急於表功。安靜自守。

「章」，在金文中同「璋」，「含章」當是「函璋」，于省吾謂「函璋猶言櫝玉，即蘊美不發之義」。「櫝玉」者，藏于匣中之美玉。後世比喻懷才而藏也。

「或」，是如「乾」九四進退兩難的疑惑。

「或」，是審慎之意。

「坤」六三、「乾」九四居上下卦之間皆是「或」。

「從」，是從事，是服從。坤陰為順，為從。

「王事」，就是國之大事，君主之事。《左傳》成公十三年：「國之大事，在祀與戎」就是戰爭、祭祀之事。《詩·唐風·鴇羽》：「肅肅鴇羽，集于苞栩。王事靡盬，不能蓺稷黍。父母何怙。」《詩序》云：「《鴇羽》，刺時也。昭公之後，大亂五世，君子下從征役，不得養其父母，而作是詩也。」可知「王事」是征役戰爭之事。又《禮記·喪大記》：「既葬，與人立。君言王事，不言國事。」孫希旦《集解》：「王事，謂朝聘、會盟、征伐之事。」「訟」六三亦言「或從王事」。

「無成」，是說坤陰必須順乾陽，不敢為主，故「無成」。

「終」，是後果，結果。成功不必在我，但依然將事業完成，雖勞而不居功，這就是坤之道。

「有終」，有善終。三爻為下卦之終。如「乾」九三「終日」。

「無成有終」，是六三不敢邀功，而能善終。

〈文言〉：「陰雖有美，含之以從王事，弗敢成也。地道也，妻道也，臣道也。地道無成，而代有終也。」甚是。

「乾」九三努力不懈，「坤」六三內斂，含忍，謹守分寸，雖無成而能有善終。這是高段的政治智慧，善終是不容易的。

「以時發」，是六三的含忍內斂不是永久的，該發的時候就會發，等待時機到了就會發。

「知光大」，是六三的努力辛勞雖暫時含彰不顯，但該知道的還是知

道，終能光大。

　　大抵陽主進，陰主退，所以三位為進爻，四位為退爻；「乾」卦九三以陽居陽，故曰「乾乾」，是具積極態度之德。「坤」卦六四以陰爻居陰位，是溫順柔靜之退爻，故曰「括囊」，是主退之位。「乾」卦九四以陽爻居陰位，是以積極剛健之性，處於退爻，「坤」卦六三以陰爻居陽位，是以溫順柔靜之性，處於進爻，所以皆曰「或」，因為處於進退未定之際也。所以「乾」卦九四說「或躍在淵」，「坤」卦六三曰「或從王事」。

　　六三以陰爻主退；居陽位，為進爻；是性溫順淡泊但所處之位是不得不進之尷尬之位。因此從政處理國事之時，不敢率先完成，也不敢居功，而有所終。

否

　　陰至三為「否」。為陰曆七月，是鬼月。陰氣與樣氣相當而陰陽不交，在《易經》陰陽不交，則萬物不生，沒有未來，「否」〈象傳〉曰：「天地不交而萬物不通也。」〈象〉曰：「君子儉德避難，不可榮以祿。」「含章」者如何「榮以祿」？

　　「否」為陰曆七月，十二地支為「申」，《說文解字》：「申，神也。七月，陰氣成，體自申束。」《史記・律書》：「七月也。律中夷則，其於十二子為申。申者，言陰用事，申賊萬物。」《說文解字注》：「陰氣成謂三陰成為否卦也。」申為下午三點到五點。

　　「含章」，何新認為此也是北極樞星名。章、軸通，含、旋通，旋軸、旋機（璇璣）也。錄之以為參觀。「含章」者北極星光芒隱晦。

履

　　六三如《履》卦，卦辭：「履虎尾」戰戰兢兢，小心翼翼，守禮知節。爻辭：「眇而視，跛而履。履虎尾。噬人凶。」

謙

　　爻變錯為「謙」卦，「謙」有「嗛」之意。六三失位並不安於其位。

六四：括囊，無咎無譽。
象曰：括囊無咎，慎不害也。

「括」，是包括固結，是關閉，束結。《廣韻》：「括，結也。」《揚子·方言》：「括，閉也。」〈繫辭上〉：「闔戶謂之坤。」

籀文

「囊」，是皮袋子。用時如大肚如氣球，可以裝納，不用時容易收藏，是一有彈性的堅韌用具，即可伸可屈也。《詩·大雅·公劉》：「于橐于囊。」《毛傳》：「小曰橐，大曰囊。」《集韻》：「一曰有底曰囊，無底曰橐。」黃以周《囊橐考》：「囊之兩端無底」，「中實其物，括其兩端內物不出」「橐之兩端皆有底，其口在旁，既實其物，中舉之，物在兩端，可以擔之于肩。」是行旅出外的必備之物，如行囊。《史記·貨殖傳》：「范蠡適齊，為鴟夷子皮，之陶為朱公。」《索隱》：「若盛酒者鴟夷也，用之則多所容納，不用則可捲而懷之，不杵於物也。」《管子·任法》：「皆囊於法以事其主。」尹知章注：「囊者，所以斂藏也。」《老子》：「塞其兌（即洞穴，隧道，管道，通路），閉其門，挫其銳，解其紛。」「括囊」，即塞洞閉門，杜門不出之義。

坤為腹，為藏，故為囊，又坤為閉藏；〈繫辭上〉：「闔戶謂之坤；辟戶謂之乾」故曰「括囊」六四以陰居陰，低調收斂閉藏，將一切往肚子裡吞化。

「坤」六四是已進入中央全力經營階層，是宰輔，是近臣，就在權力中心五爻之旁，進入伴君如伴虎的多懼之境。以「坤」之德性而言比六三「含章」更有歷練，也更成熟，但與「乾」九四的「或躍」張揚外顯是不同的。

「括囊」，是用繩子將囊口繫緊，六三「含」是閉緊嘴巴，含忍。六四更勝一層「吞入腹中」，是吞忍。六三以陰居陽故「含章」，六四以陰居陰，是純陰柔之爻故「括囊」。

「括囊」，是包容，是宰相肚子能撐船。

「括囊」，是隱忍，是往肚子裡吞，是退縮不進。看似一個窩囊廢。

「括囊」，是說無所表現，與世無涉，杜門不出，隱器藏鱗。與「乾」九四「躍於淵」相反。坤陰柔順退包容之性，六三的「含章可貞」，六四的「括囊」都體現出此德性。

六四「括囊」，自我嚴謹，安靜有常，與世無涉，故「無咎無譽」。

六四「括囊」不發，人無從窺其虛實，是謹慎的表現，是藏身妙法，故「無咎無譽」。

「乾」九四有取九五而代之之欲望，故有入深淵之危。「坤」六四深知與五相抗必危，故安靜退斂。四之位一人之下，萬人之上，功高震主之外，所謂「名滿天下，謗亦隨之」。故安靜守常，謹言慎行，毫不張揚。

「咎」，小災也。重於悔，輕於凶，也有畏懼、憂懼之義。

「無咎」，即無災。

「無譽」，閉嘴吞忍化於腹中，杜門不出，不顯山，不露水，隱器藏鱗，不露鋒芒，所以無咎，也無稱譽。外面是看不出來的。

「慎不害」強調「慎」字。「括囊」就是「慎」是「真」、「心」，能慎則不害。「不害」就是無害、無咎。

〈文言〉：「天地變化，草木蕃，天地閉，賢人隱。易曰：括囊，無咎，無譽。蓋言謹也。」六四以陰爻居陰位，得位，非二五，是不中；處上下坤之間，為退爻，所以有重陰閉結之象。

「坤」六四身近君王，如多譽則招謗毀，所幸四爻離多譽的二爻遠。所以不與二爭虛名以免招人家批評。〈繫辭下〉：「吉凶悔咎者，生乎動者也。」六四「括囊」不顯山，不露水故「無咎無譽」又《潛夫論・賢難》：「此智士所以鉗口結舌，括囊共默而已者也。」《漢書・公孫劉田王楊蔡陳鄭傳贊》：「車丞相履伊、呂之列，當思處中，括囊不言，容身而去，彼哉！」《三國志・文帝紀》：「諫曰：『臣聞文王與紂之事，是時天下括囊無咎，凡百君子，莫肯用訊。』」《群書治要・傳》：「比災變互生，未知厥咎，朝廷焦心，載懷恐懼，每訪羣公，庶聞忠言，而各存括囊，莫肯盡心。」可以參觀。《意林・正論五卷》：「見信之臣，括囊守祿。」《鹽鐵論・雜論》：「車丞相即周、呂之列，當軸處中，括囊不言，容身而去，彼哉！」乃「坤」六四之要旨。

觀

陰至四為「觀」卦，靜觀思變。是陰曆八月，天地將閉塞，是秋收之時，是萬物儲物收斂之時。十二地支為「酉」，《說文解字》：「酉，

就也。八月黍成，可爲酎酒。徐曰：「就，成熟也。夘（卯）爲春門，萬物已出。酉爲秋門，萬物已入。一，閉門象也」《史記・律書》：「八月也。律中南呂，其於十二子爲酉。酉者，萬物之老也。」《釋名》：「酉，秀也。秀者，物皆成也。」酉爲下午五點到七點。

☴ 小畜

六四如「小畜」，「密雲不雨」悶聲不響，情勢鬱悶，氣壓低的壓的讓人喘不過氣。

☷ 坤 ☳ 豫

此爻變爲「豫」卦，奮起行師，享樂安逸之卦。六四得位能安守坤道，一切往肚子內吞。

六五：黃裳元吉。

象曰：黃裳元吉，文在中也。

「黃」，是中之色，也是地之色。東方色青，西方色白，北方色玄，南方色赤，中色黃。《說文解字》：「地之色也」《玉篇》：「中央色也」也是坤的顏色，《易經》六十四卦只有「坤」六五「黃裳」、「離」六二「黃離」兩爻，都吉。

黃 籀文

「黃」字籀文作火光狀。《說文解字》：「从田从炗，炗亦聲。炗，古文光。炗古文黃。」六五以陰居至尊天子之位故曰「黃」。「黃」之本義當是「光」，到了君位自然有光彩。但凸顯光彩不符合坤後、藏、下之德性。六三「含章」收斂光芒，六四「括囊」隱器藏鱗，到了六五則光芒四照。但「坤」卦不爭先，雖居五爻尊位，光芒亦在下。到了上六就不一同了。

「裳」是下衣，是裙子。上衣下裳，「衣」是保護上身的部份，「裳」是保護下半身的部份，就是裙子。乾爲上爲衣，坤爲下爲裳。《說文》：「裳，下帬也。」《釋名》：「下曰裳。裳，障也，所以自障蔽也。」〈繫辭下〉：「黃帝堯舜，垂衣裳而天下治，蓋取諸乾坤。」即以乾爲上衣，坤爲下裳。「衣裳」文明彰化階級尊卑之象。「歸妹」六五言

「袂」衣袖也。也不是衣裳的主要部分。

「黃裳」，是裝飾有光彩花紋的衣裳，亦是尊貴之象。也是裝飾著文采的裙子，但「坤」之德性不爭、不顯，所以雖有文彩穿著於下於內而不顯露，比喻著尊貴之人美德在心內胸中。也意謂坤為臣，為卑，雖是尊貴美麗的黃色也只能裝飾於下衣的裙子。五中位，以陰居之故中，故曰「黃裳元吉」〈繫辭下〉：「黃帝堯舜，垂衣裳而天下治，蓋取諸乾坤。」「黃裳」，即垂拱無為而治。即建立文明禮儀文化制度，自己退居而天下大治。〈文言〉：「君子黃中通理，正位居體，美在其中，而暢于四支，發於事業，美之至也。」

〈乾・文言〉：「元者善之長也。」元就是大，六五為極尊，故曰「元」。陰爻居五尊位，在《易經》中是好事，上離下乾「大有」卦辭「元亨」，上離下巽「鼎」卦辭「元吉亨」，都指的是六五。

「元吉」，就是大吉。「坤」卦至此臻至境界，故大吉，有光彩但不爭先。一卦至五爻即已成熟。再往上爻就熟透而爛了，窮極而變了。《焦氏易林・乾之大過》：「被（披）繡夜行，不見文章。安坐于堂，乃無咎殃。」可以參觀。「黃裳」就是「不見文章」見，讀為現。這與六三的「含章」六四的「括囊」一脈相承。

「坤」講的是臣道，臣居下，所以用美麗的裙裳來表示。六五以陰居陽而失位，有以臣代君之象，故曰「裳」就是臣的象徵。如周公攝政。「文王即位之四十二年（年九十歲），甲子日，赤雀銜丹書，止於戶，是為文王受天命始。文王受命稱王，一年斷虞芮之訟，二年伐邘，三年伐密須，四年伐犬戎，五年伐耆，六年伐崇，七年而崩。文王晚年作豐邑，徙都之。文王崩，子發立，是為周武王。即位九年，東觀兵，至於盟。居二年，再伐紂，二月甲子，戰於商郊牧野，紂前徒倒戈，紂兵敗，自焚死，天下歸周。又二年，武王崩，子誦立，是為成王。成王即位，年少，周公旦相成王，攝政當國。二叔流言（管叔、蔡叔皆周公兄）謂公將不利於孺子，與武庚以畔，周公東征，誅武庚管叔，放蔡叔，封微子啟於宋。三年而畢，七年，周公反政成王，北面就群臣之位。作洛邑，為朝會之所，周公於是興禮樂，改制度，封同姓，孔子之前，黃帝之後，於中國有大關係者，周公一人而已。」

「黃裳」，是美盡於下。是重視下層，體恤下屬。是雖處在尊位，能

讓屬下彰顯美德才能。處在尊位，能將自己的美，自己的才，不顯於上，而顯於下。

「黃裳元吉，文在中也」，是重內函輕外表，是腹有詩書氣自華。

「文在中」，即是坤藏不顯之意。坤為文，為黃裳的紋飾。在中即在內，文在中即不顯。

「元者善之長」，元之美善乃天成，自然就是美。

「吉」為得，不僅是物質的獲得，品德的充實，理想的實現，都是得。「吉」字是上士下口，《說文解字》：「吉，善也，從士口」本意是陰陽交合，上士為陽具，下口為陰戶。秦始皇時有大陰人嫪毐，其陽具可以轉動車輪，「毐」字從士，可為旁證。又孳生「喜」字也，至今「喜」然是指女子有身孕；又孳生「嘉」字，是在婦女分娩時旁邊擺上耕作時的耒耜、犁和鑄，這些表現「力」的工具及借用其音「滑」，以祈求順產。

〈繫辭〉：「吉凶者，言乎其失得也」是吉為得，失為凶，兩義相反。

「元吉」，大吉；是自然而享受本身之得，是安想其本身之位，不必外在的爭奪，如成王之下有周公輔政。

六五以陰居中能彰顯他人，不宣賓奪主，含容雅諒，自然得人擁戴。

䷖ 剝

陰至五為「剝」卦，到五爻事成功立，基本上已經成熟，是陰曆九月，秋收完成，萬物剝落凋零之時。十二地支為「戌」，《說文解字》：「戌，滅也。九月陽氣微，萬物畢成，陽下入地也。」《史記‧律書》：「戌者，萬物盡滅。」《釋名》：「戌、恤也。物當收斂矜恤之也。九月於卦爲剝。五陰方盛。一陽將盡。陽下入地。」戌為下午七點到九點。

六五如「大有」居執政大位，大有天下。

「乾」九五不曰「吉」。「坤」六五曰「元吉」。

「坤」六五「黃裳元吉」，「乾」九五「飛龍在天」，「坤」六五言「吉」，「乾」九五不言「吉凶」，可見合理受權，上下共治強過獨裁強權。

「坤」為順，為臣，六五身為君，卻以民為君，故「元吉」。

六三「含章」含忍在口中，說不出，吞不下；六四「括囊」吞入腹內而化之，比六三更高明；六五「黃裳」修成正果而不顯山不露水更能成其功。

《朱子本義啟蒙》：「如南蒯ㄅㄨㄞˇ得『黃裳』之卦，自以為大吉，而不知黃中居下之義，方始會元吉；反之則凶」出自《左傳》昭公十二年：「季平子立，而不禮於南蒯。南蒯謂子仲：『吾出季氏，而歸其室於公，子更其位，我以費為公臣』子仲許之。南蒯……君圖，有人矣哉！南蒯枚筮之，遇「坤」之「比」，曰：『黃裳元吉』以為大吉也。示子服惠伯曰：『即欲有事，何如？』惠伯曰：『吾嘗學此矣，忠信之事則可，不然必敗。外彊內溫，忠也。和以率貞，信也。故曰『黃裳元吉』。黃，中之色也。裳，下之飾也。元，善之長也。中不忠，不得其色。事不善，不得其極。外內倡和為忠，率事以信為共，供養三德為善，非此三者弗當。且夫《易》，不可以占險，將何事也，且可飾乎？中美能黃，上美為元，下美則裳，參成可筮。猶有闕也，筮雖吉，未也。』」可見「黃裳」雖美也必須居下不露才是真「吉」。

䷇ 坤 ䷇ 比

此爻變為「比」，無為不爭，故末能與之爭。主宰天下，親比萬國。

上六：龍戰于野。其血玄黃。
象曰：龍戰于野。其道窮也。

「龍」是「乾」陽之物，「坤」上六居陰極之位，窮究則變，陰變為陽龍。所以〈小象〉曰「其道窮也。」

「戰」，是接、是鬥；《小爾雅・廣言》：「戰，交也。」《孔叢子・廣言》：「校、戰，交也。」如交戰。為陰陽交合的激烈形狀。陰陽相接，接之激烈，故曰「戰」。「坤」上六順極而變逆。《史記・越王句踐世家》：「戰者逆德也。」坤以安順為主，上六極而反，故爭鬥。

「戰」字從單從戈，都是兵器。所以戰字表示戰鬥。《說文解字》：「戰，鬥也。從戈單聲。」這就與「田」之田獵是相同的意思。

「野」，是郊外的荒涼空曠遠闊之地，這與「見龍在田」的「田」當是相同之意。都有狩獵，作戰的意思。古代城內稱為「國」，城外稱為

「郊」，郊再外為「野」。乾為近郊，坤為荒野。

「龍戰于野」，是陰的勢力坐大，與陽爭鋒，一剛一陽相爭鬥。陰以順為主，要「先迷後得主」要「安貞」，今上六勢大與陽爭鋒，是踰越了陰的本分，故與陽戰。乾陽也不會手軟而與其相鬥。

上六坤陰之極，純陰純陽不能獨生，於是，陰陽相交媾，才能生生不息。「戰」就是陰陽交媾。

「血」，是陰陽相戰互有損傷。田獵戰事流血「玄黃」當是不吉之意。聞一多說，「玄」，烏黑色。黃、赤古為同色「玄黃」即褐色。流血過多呈赤褐色。王弼：「凡稱血者，陰陽相傷者也。」陰陽相交，萬物化生，血是生命的象徵。

「血」是恤，是憂。坤陰極之勢如乾陽，不可掉以輕心。

「血」，是陰陽相交的遺物。「玄」是乾天之色。「黃」是坤地之色。《千字文》第一句就是「天玄地黃，宇宙洪荒。」〈文言〉：「陰凝于陽必戰，為其嫌於無陽也，故稱龍焉，猶未離其類也，故稱血焉。夫玄黃者，天地之雜也，天玄而地黃。」

「其血玄黃」，陰陽相交戰後互有損傷之情狀。也是陰陽相交合之後的勞瘁。《詩經·周南·卷耳》：「陟彼高岡，我馬玄黃。」《毛詩注疏》：「玄，馬病則黃。」王引之《經易述聞》：「《爾雅》曰：『虺隤、玄黃，病也』凡物皆得稱之。」《焦氏易林·乾之革》：「玄黃虺隤，行者勞疲。役夫憔悴，踰時不歸。」

聞一多以為「其血玄黃」謂血流多而凝乾之朱黑色，如《左傳》成公二年：「自始合，而矢貫余手及肘，余折以禦，左輪朱殷。」謂血多汙車輪，染成紅黑色。

「坤」卦辭說「西南得朋，東北喪朋。」也是說要順，往西南多陰卦而順風，往東北多陽卦，則逆勢。

「坤」初六是「履霜」教我們防微杜漸。至上六陰勢足以挑戰陽就是「堅冰至」。

〈說卦傳〉曰「乾為天，為君，為父，為玉，為金，為寒，為冰。」陰極為陽，坤極為乾。

坤陰至極為乾，故曰「堅冰至」。

「乾」、「坤」為敵體，相匹敵，陰陽基本上是一樣的。

「坤」發展至上六純陰與純陽相交媾而生生不息，〈說卦傳〉：「震為雷，為龍，為玄黃。」又「坎為血卦」；「其血玄黃」是交媾後產生的就是震與坎，就是長男與中男，就是上坎下震的「屯」卦。

「乾」上九過陽而亢、「坤」上六窮變為陽故戰於陽。

「屯」卦是「乾」、「坤」後的下一卦，是「乾」、「坤」開天闢地後的第一卦。從此，揭開萬物萬事的生生不息。

從十二消息卦來看，「坤」後為「復」，震居其下。

玄為坎，黃為離。「血」是陰陽相交媾。

「其血玄黃」不是「既濟」就是「未濟」。在最卦之初當然是「既濟」，濟，才能孳生六十二卦。

上六陰陽二氣相戰，二氣天性稟賦各有不同，激烈鬥爭，正是不經一番寒澈骨，怎得撲鼻梅花香。要重鑄新局，非經鍛煉不可。一「乾」一「坤」兩卦天地父母是宇宙最原始又最強大的力量，相爭戰必激烈，一如狂風暴雨中的雷霆。

〈文言〉說「乾」卦上九：「亢龍有悔，窮之災也。」「坤」卦〈小象〉曰：「龍戰于野。其道窮也。」明示上爻是窮極將變之位。

䷁陰至上為全陰「坤」卦，到五爻事成功立，到了上爻就要變化，是陰曆十月，純陰無陽死喪之時。十二地支為「亥」，《說文解字》：「荄也。十月，微陽起，接盛陰。」《史記・律書》：「亥者，該也。言陽氣藏於下，故該也。」《正義》：「孟康云：『閡，藏塞也。陰雜陽氣藏塞，為萬物作種也。』」《釋名》：「亥、核也。收藏萬物。核取其好惡真偽也。」亥為下午九點到十一點。《焦氏易林・姤之歸妹》：「將戌繫亥，陽藏不起。君子散亂，太山危殆。」可以參觀。

「龍戰於野」，古有事實記載，《左傳》昭公十九年：「鄭大水，龍鬥於石門之外洧淵。國人請為禜焉，子產弗許。」可見非吉祥徵兆。

「其道窮也」，上六居一卦之上，故曰窮。窮則變，變陽也。

䷁坤䷖剝

此爻變為「剝」，搶先、爭先之結果剝食而落。

用六：利永貞。

象曰：用六永貞，以大終也。

永小篆 派小篆

「永」，長也。甲骨文永字作一人游泳於河中，或是仰泳可以省力而長途游泳，故其義為長。永、派為同一字，意思是一水長流，甲骨文、金文、小篆都象水流很長，並有支流匯入，本義是河水源遠流長。《尚書・堯典》：「日永星火。」注：「永，長也。」《爾雅・釋詁》：「永，長也。」《說文解字》：「永，水長也。」可以解釋為長遠，淵遠流長也。

「貞」，可以解釋為「征」，出行。

「永貞」，同義字連詞，即長征、遠行。

「永貞」，「元亨利貞」即「春夏秋冬」，貞為冬，冬為終，故也可以解釋為「永終」。〈小象〉就解釋為「大終」，但「終」又通「中」即「永中」。「歸妹」〈象〉：「澤上有雷，歸妹。君子以永終知敝。」「永終」即「用中」，坤之德性不爭先，利於守中。《春秋繁露》：「中者，天下之終也。」《禮記・鄉飲酒義》：「冬之為言中也。中者，藏也。」「用中」即「守中」，即守藏，也是「含章」，「括囊」之義；《老子》：「天地之間，其猶橐籥乎？虛而不屈，動而愈出。多言數窮，不如守中。」守中者，即歛藏、不露，隱器藏鱗也。「大終」，無終也、閉藏也。這就是「坤」之德性，長久的閉藏可以守中不過。

〈文言〉曰：「坤至柔而動也剛，至靜而德方，後得主而有常，含萬物而化光，坤道其順乎，承天而時行。積善之家，必有餘慶。積不善之家，必有餘殃。臣弒其君，子弒其父，非一朝一夕之故，其所由來者漸矣，由辯之不早辯也。易曰：履霜堅冰至，蓋言順也。直其正也，方其義也。君子敬以直內，義以方外，敬義立而德不孤。直方大，不習無不利，則不疑其所行也。陰雖有美，含之以從王事，弗敢成也，地道也，妻道也，臣道也。地道無成，而代有終也。天地變化，草木蕃。天地閉，賢人隱。易曰：括囊無咎無譽。蓋言謹也。君子黃中通理，正位居體，美在其中，而暢于四支，發於事業，美之至也。陰凝于陽必戰，為其嫌於無陽也，故稱龍焉，猶未離其類也，故稱血焉。夫玄黃者，天地之雜也，天玄而地黃。」

> 屯　：元亨，利貞。勿用有攸往。利建侯。
>
> 彖曰：剛柔始交而難生。動乎險中，大亨，貞。雷雨之動，滿盈。天造
> 　　　草昧，宜建侯而不寧。
>
> 象曰：雲雷屯，君子以經綸。
>
> 序傳：有天地然後萬物生焉。盈天地之間者唯萬物，故受之以屯。屯者
> 　　　盈也。屯者物之始生也。
>
> 雜傳：屯見而不失其居，蒙雜而著。

𣎴 籀文 **屯** 小篆 **萅** 小篆 **萅** **萅** 隸變 **春** 漢隸 **春** 北魏

「屯」字金文、小篆像一株小草初出地面剛發芽，新生一心兩葉之狀。原本在土壤中之種籽，一殼甲包著兩片仁為「太極」，發芽出地生一心兩葉為「兩儀」。《石經‧春秋經》：「隕霜不殺（凍殺）艸。」「屯」字「象艸木萌芽出土形」，本象「屮」字。

《說文解字》：「屮屮屮￵，艸木初生也。象丨出形，有枝莖也。《徐鉉曰》：『屮，上下通也。象艸木萌芽，通徹地上也』。」甲骨文**⼡**、金文**Ψ**、小篆**Ψ**「屮」象一棵初生的小草。所以「屯」有萌芽的意思。《說文解字》又說：「屯，難也，象草木之初生，屯然而難也。」字義本是初春草木發芽從堅土中頂土而出故難。許慎老夫子用的全是《易‧屯》之義。

「屯」是開天闢地之後第一卦，混沌初開，蠻荒草昧，混亂新生，沒有秩序，阻塞鬱結，不易亨通。《玉篇》云：「屯，萬物始生也。」〈彖傳〉云：「剛柔始交而難生」。草昧初創當然艱難，要在新生的大地上立足也難。☳震是一索得男，是始生；☵上坎為險，初動就遇險，一動就遇險，故「剛柔始交而難生」。坎為北，為冬，震為東，為春；冬未退去而春陽已生，埋藏土地中的種子發芽掙扎著鑽出結凍未竟融的地面，故曰「剛柔始交而難生」；「屯」者，掙扎而求生也。

《易經》前幾卦都有「元亨利貞」：「乾」：「元亨利貞」。

「坤」：「元亨，利牝馬之貞。」「屯」：「元亨，利貞」。但是「屯」的「元亨利貞」可不是「乾」的「元亨利貞」。

「元」，大也，始也；「亨」，祭享通神，為通也。

「元亨」，始亨也，大亨也；新生的處女地，充滿無限的機會，又是春天，可以大顯身手，但也充滿危險。剛剛開始初建草昧，生機勃發怎能不「元亨」。

「利貞」，利於貞守。動於蠻荒草昧之中，艱難異常，要小心謹慎，不能盲動。

「元亨，利貞」，雖然大亨通，但生命如小草，剛剛著地發芽，要先立地穩固，不可躁動傷了生機。

「勿用有攸往」，不利於有所往，就是「利貞」，利守不利攻，先站住腳步，立下根基，不要急於發展。再叮嚀一次，要謹慎。震為動，為出，為前；坎為險陷，為闇；前往遇幽暗之險境，自然不宜，故「勿用有攸往」。

「勿用有攸往」，是初出萌發而弱小不要施用，也不可能有大作為，「屯」時要先建立灘頭堡，站穩腳步，往下紮根，厚植實力，切勿莽撞。「屯」就是難，就是震往前行遇到坎險，故「不利有攸往」。

初爻為陽，「屯」又是初始，如「乾」初九之「潛龍勿用」。初九是卦主。

坎為北，為冬季；震為東，為春季；為冬季將過未過，春季已來而未盛之際，春寒料峭之時。冬糧將盡，新糧未下，青黃不接之際，故說「勿用有攸往」。但是春的氣息以萌發，黑夜將去，黎明在望，希望無窮。故利於守成而「利貞」。

籀文 ![春] 「春」字很清楚的就是「屯」字的衍生，上部的「艸」，中間的「屯」都是表示草木欣欣出生的樣子，一個「日」頭在下，是因為初春的太陽偏南，低低的近於地平線之故。《說文解字》云：「春，推也，從日艸屯，屯亦聲。」《說文解字注》：「（萅）推也。此於雙聲求之。鄉飲酒義曰。東方者春。春之為言蠢也。尚書大傳曰。春、出也。萬物之出也。從日艸屯。日艸屯者、得時艸生也。屯字象艸木之初生。屯亦

聲。」甲骨文之「屯」字均借作「春」字。屯、旾、萅、**萅**、**旾**皆是同源字，都是古文「春」。

「屯」就是「春」，從「屯」聲，春天萬物大出，蠢蠢欲動。「蠢」字造的妙，春字下兩虫，為春天之時萬物蠢動之象。明明坎卦危險在前，但震卦求生的意志堅強，但躁動不知危險，是愚蠢的。

「屯」正是冬將盡春初來，兩相交接之際。正是「立春」之時，為一年的開端。冬為終，是一年的結尾。坎北為冬，震東為春，二三四爻互艮為終，為止，一年之終。

「屯」是春陽之氣以發而未達上天，是時冬雪殘留，春雨初降，滿地泥濘，難行也。

「屯」卦「雲雷屯」，「屯」是早春，所以是雲也是雪雨交雜又有雷擊，天候惡劣。

☳ 「屯」是初生就遇危險，**☷** 「復」是靜養不動，之後前途安順、有廣大洪荒之地可供發展。「屯」卦萬事起頭難，創業惟艱，開疆闢土，以建立灘頭堡為重點。「復」是白手起家，重新來過，也是創業惟艱。

〈象傳〉曰：「剛柔始交而難生」，「剛柔」就是「乾」、「坤」，〈雜傳〉：「乾剛坤柔」說的很清楚。「剛柔始交」，就是「乾」天、「坤」地第一次交合。「屯」是處子，是初夜。下震為「剛柔始交」上坎為險，為難；震為旦，為始，為生，為長子。

「屯」卦是天地、陰陽、剛柔、男女交合婚媾之卦。《左傳》閔公元年：「初，畢萬筮仕于晉，遇「屯」之「比」。辛廖占之，曰：『吉。屯固比入，吉孰大焉？其必蕃昌』。」此正「屯」卦之古義，亦說明「屯」卦與婚媾生育之事有關。「蕃昌」者，亦謂如春生之草，欣欣向榮；如春生之蟲，蠢蠢蕃生。故謂後嗣昌盛，繁衍眾多。《周禮・地官・媒氏》：「仲春之月，令會男女，於是時也，奔者不禁。」「屯」是春，「剛柔始交」即是男女婚會。但不是合於「六禮」的婚禮制度，是不合禮節的「奔淫野合」。於今日之言就是「奉子結婚」。

「屯」卦是草昧的上古時代，婚姻禮制當用上古習俗，所以爻辭所言之婚禮與「漸」、「歸妹」不同。《文獻通考》卷三四一記烏桓婚俗曰：「其嫁娶先私通，掠將女或半歲或百日，然後遣送馬牛羊，以為聘幣。」清人曹樹翹嘉慶《滇南雜誌》：「將嫁女三日前，（女家）執斧人山伐帶葉松，於門外結屋，坐女其中。旁列米淅數十缸，集親族執瓢、杓，列械環衛。婿及親族新衣黑面，乘馬持械，鼓吹至女家，械而鬥。婿直入松屋中挾婦乘馬，疾驅走。父母持械，杓米淅洗婿，大呼親友同逐女，不及，怒而歸。」又陸遊在《老學庵筆記》（卷四）記述靖州蠻的搶婚情形說：「嫁娶先密約，乃伺女於路，劫縛以歸。亦忿爭叫號求救，其實皆偽也。」參觀。

「乾」、「坤」、「屯」、「蒙」四卦都有初始萌發之義。

上坎下震，坎為險，震為動，故曰「動乎險中」，雖然眼前危機險難不斷但「動乎險中」生命機象（震為生機）已經萌生蠢蠢而動，生機滿盈。生命萌生之後要滅亡就不容易。電影侏儸紀公園中說的「生命自己會找尋出路」，甚是。〈雜傳〉說：「屯見而不失其居」。「居」就是立足點，《說文解字》：「尻，處也。從尸，得几而止也。」就是蹲踞的意思。生命已出生，不會失去立足點。

「始」者，是初始，是生命機之象已萌，但未成形，陽氣已經發動。〈象傳〉曰：「大哉乾元，萬物資始」。「乾」、「坤」、「屯」都是始。「乾」、「坤」還沒有生命型態，「屯」則開始有形象，「屯」始就是「胎」。

𦈌「始」就是**𦠆**「胎」，「剛柔始交而難生」雖說是初次但「已

懷胎」。「屯」是種子已經萌芽尚未長成故為「胎」，「屯」是已經有身孕。《說文解字注》：「『釋詁曰。胎、始也。此引伸之義。』」「釋詁」即《爾雅・釋詁》，云：「初、哉、首、基、肇、祖、元、胎、俶、落、權輿，始也。」

「屯」是陽以初生已萌發，就是始，始就是胎，「屯」是已經懷胎，未成未安未泰，所以有難生之虞。

金文身

古「身」字就是做大腹狀，是孕婦懷胎之象，閩南語稱懷孕為「有身」，保有古意。

「交」，是陰陽相交，就是「乾」天父、「坤」地母第一次交合。

「生」，是生機已現，生命已孕。

「始交而難生」，第一次經驗不足故「難」「動乎險中」坎險在前故難，「難」不一定生不下來，但流產危險性很大。千萬小心！

「動乎險中」，是一動就遇險，是創業惟艱的生命力，是探視未知世界先鋒冒險犯難的積極態度。「動乎險中」是險中能安，雖險能安。上坎為險，下震為動。

「雷雨動滿盈」，震為動，為雷；坎為水，為雨。

「盈」，就是滿，混沌初開之時，充滿困難，也充滿機會。《說文解字》：「滿器也。」《博雅》：「滿也，充也」。

「滿盈」，是充滿生機，萬物生命，各種各類，生命的多樣性，是熱鬧滾滾，生機蓬勃，繁衍昌盛。互坤為庶眾，故為滿盈。

「屯」有積蓄之意，盈積太多滿出來，「盈」是不施，不施與，所以滿盈。所以有「屯」為聚，《正韻》、《釋文》：「屯，聚也」。

「屯」是聚，是「十年生聚」，「蒙」是教育，是「十年教訓」。《左傳》哀公元年：「越十年生聚，而十年教訓，二十年之外，吳其為沼乎！」《漢書集注・陳勝傳》：「人所聚曰屯」。其義與「村」同。《廣雅・釋詁》：「邨，國也」。此國即城郭，即防禦工事。《廣韻》：「內城外郭」。《釋名》：「郭，廓也。廓落在城外也。」《白虎通》：「所以必立城郭者，示有固守也。」「屯」卦聚眾，為殖民開墾，故需領袖以

統領，故「利建侯」以安群眾之「不寧」。「盈」多而滿，人眾而群聚，鼓動而不安，有「侯」者領袖已安其民，所以「利建侯」。

「利建侯」，就有了自己的地盤而群眾，打天下才能建立自己的地盤，武裝移民、殖民。

「屯」既是「剛柔始交」為混沌之狀，故〈彖〉曰：「天造草昧」、「不寧」。

「天造」，猶言天運也，是天然肇造，不是人為。《廣雅・釋詁》：「造，始也」。

「雷雨之動，滿盈，天造草昧」，是創世紀的情狀。《春秋元命包》：「陰陽和為雨」。

「天造草昧」，開天闢地之初始，故為蠻荒、洪荒，處女地。震為蕃鮮，故為草；互坤為荒，為闇；坎亦為闇，故為草昧。

「草」是草創，「昧」是冥昧。就是始創而雜亂不明。雷雨交雜，晦暗不明，充塞於天地之間，混亂之象。

「屯」卦一母領三男。二三四互坤母，震，坎，互三四五艮，三男。「屯」是上古知母不知父的母系社會時代。「蒙」卦相同。

「比」卦曰「不寧方來」也是以坤為亂，為「不寧」。

「不寧」者，不安寧也，即不庭也，不朝拜王庭也，不受王教化統治之地，指邊遠之地。《禮記・月令》：「（季秋之月）行冬令，則國多盜賊，邊竟不寧，土地分裂。」《東觀漢記・梁商》：「方今邊郡不寧，盜賊未息，豈宜重為國損。」

「不寧」，是不安順的邊遠地方。

「而」，能也。

「宜建侯而不寧」，意謂於邊遠不受教化之荒遠之地建立諸侯藩國以為屏藩。亦謂之於邊遠之邊境建立塢堡以定安寧。

震為侯，為國君，為領袖，艮為城邑、邦國，坤為土地，為為眾，為庶民，俱備建國封土的條件，所要的是面對蠻荒開墾的領導與組織力，所以〈大象〉曰：「雲雷屯，君子以經綸。」

「雲雷屯」，是積聚不施，雨為施，「雨」為恩澤佈施之象，「雲」

為恩澤不施之象，如「小畜」：「密雲不雨」。

「經」，是經緯，網的大綱，是說要分門別類，分工授權，授官分職。

「綸」是倫，是倫理，是各有職司，統合串聯，是跨部會的協調合作，井井有條不紊亂。

「經綸」，匡濟也；「屯」是雜亂無章的草昧，如無頭無序之雜亂的絲，故要提綱挈領，化繁為簡，有條理的組織與領導，要抓的到重點。「經綸」，本是紡織之意，「君子以經綸」是紛亂中找出頭緒，縱橫交錯、分工合作，緊密佈局，經營管理，匡濟蠻荒混亂。

「利建侯」「經綸」是初期佈署的階段。因為「不寧」所以「建侯」有領袖領導以安民。

「屯」繼「乾」、「坤」之後的第一卦，卦辭一開始就說「元亨利貞」，具體而微，亦是創業維艱，所以，短期不宜有大動作，中長期要規劃，現階段要作好人事的部署和組織的建立。

純金文　純小篆

金文「純」字亦如「屯」。「純」的本義是邊緣的意思。《禮記・深衣》：「具父母、大父母，衣純以繢，具父母，衣純以青；如孤子，衣純以素。純袂，緣。純邊，廣各半寸。」鄭玄注：「純，謂緣之也。」《禮・曲禮》：「冠衣不純素」。註：「純，緣也」。如今日所稱衣服之「滾邊」。又《公羊傳》定公八年：「龜青純」。即龜甲之裙邊。《韓非子・難二》：「賓胥無善削縫，隰朋善純緣，衣成，君舉而服之。」純緣者，衣服裝飾之邊緣。少時筵席必有鱉，家父必以鱉純饗我，乃真美食。

古代封建諸侯以天子京畿為中心，環繞四週，故「屯」有四週邊緣之義，「純」有「包」義，《詩・召南・野有死麕》：「白茅純束」。〈傳〉：「純束，猶包之也。」《箋》：「純讀曰屯」聞一多謂：「凡物之邊緣包圍於外者皆可謂之純」。《淮男子・墜形訓》：「純方千里」謂千里之外的邊緣也。震為藩籬，故為埃，為純。可以參觀。

屯　　比

「屯」卦有「比」象，「比」為「輔」，是組織團隊，以分憂解勞。

「屯」混沌不清，為孕胎。「蒙」是萌，是初生，是幼稚。「屯」萌

而未發，「蒙」是萌發而未明。這兩卦都是蠻荒草昧，文明未化之時。

☶☵屯☶☵蹇

「屯」之生機雖初生而不易滅亡，前又遇險，所以也長不大，故為「好死不如賴活著」。所以〈象〉說「難生」。

坎為上卦多險難，如上坎下乾《需‧象》：「險在前也」、上坎下艮《蹇‧象》：「蹇，難也，險在前也。」

「屯」是陽氣動發而未遂成之象，具高度不穩定性。「蹇」卦是「止於險中」，不可冒犯。進，必險。「屯」是「動於險」，是遇險不避，雖遇險，然能動，可為。所以，萬物已萌而未舒者，世事初而未泰、未安者，都是「屯」象。

「屯」斷了路徑，沒有門路；坎為陷，互艮為徑，震為大道，艮在坎中，震前遇坎，故無路徑。

「屯」卦萬事起頭難，創業惟艱，開疆闢土。最重要的是先立領袖以安滿盈的民眾，故「利建侯」。

「屯」卦的「利建侯」就是在陌生的處女地或是新領地，自立門戶，強調與人合作，建立領導中心。就是武裝殖民，封土建國，佔地盤。

「利建侯」，是強調組織戰。「侯」，諸侯，是君主的藩障，是斥候，是建立組織與搜集資訊，刺探偵察，作為警戒，以整合力量。這些都是初建組織的步驟。

「侯」字《說文解字》說是箭靶：「（侯）從人，從厂，象張布，矢在其下。」但沒說到重點。聞一多認為「侯」當讀作「堠」，意思是瞭望守衛的土堡，《正韻》：「音后。土堡也。」《太平廣記‧高駢》：「亭堠有警」。又《菽園雜記‧第四卷》：「《諸司職掌》：『職方郎中、員外、主事之職，掌天下地圖及城隍鎮戍烽堠之政』。」斥候也稱斥堠，《宋史紀事本末》：「置家寺中，積薪於門，戒守者曰『脫有不利，即焚吾家，無辱敵手也』分命諸將守諸門，明斥堠，募土人為間探。」又《泊宅編‧卷十》：「使吾斥堠既明，屯戍唯謹，士氣振而人心固矣，恃長江為阻可也，雖無長江之阻亦可也。」則「侯」亦「堠」也，「屯」卦既有建城立郭之義，「堠」之義為瞭望警戒的烽火樓堡。此種樓堡設於疆土的

外圍邊界，環繞以為防禦，如長城的烽火台。由來已久，到了漢朝尚有此遺俗，《漢書·百官志》引《漢官儀》：「十里一亭，亭長，亭候，索絕以收執賊。」又《紀效新書·卷十七》：「為軍務事，照得衛所烽堠為邊防第一要務。」《史記·律書》：「今匈奴內侵……願且堅邊設候，結合通使，休寧北陲。」「設候」，即「利建侯」。這也是開拓新地必備的防禦設施以防邊患。

可見「屯」卦很緊張，蓋勒兵而守也叫做屯。「侯」字從「矢」，「建侯」必有武裝的意思。

「利建侯」，建立據點站穩腳步以後才能亨通，建立基業。

屯者，頓也；頓者，難也，困頓也；所以「屯」卦是「初始困頓漸亨通」。

上震下坤「豫」，卦辭曰：「利建侯、行師」。也是以震為藩籬，為侯。與此卦同。

「屯」是天子分封諸侯為藩籬，各擁山頭，自立為君。各自創自己的業，是分家。

「屯」卦「利建侯」就是自立門戶，建立領導中心。「利建侯」是強調組織戰。

「侯」是君主的藩障，也是斥候，是建立組織與搜集資訊，刺探偵察，以整合力量。這些都是初建組織的步驟。是武裝殖民，開墾荒地，開疆闢土。西周武王克殷之後領土擴大中國開始封建制度，錢穆先生認為這時的封建制度不僅事是政治制度也是軍事謀略。周初的封建又分為兩期：初期在武王克殷之後殷商的殘餘力量尚大所以用商紂王的兒子祿父（武庚）封於殷商故舊地作為安撫，又封武王的三位弟弟管叔、蔡叔、霍叔就是「三監」於武庚附近以就地監視。此外又封古代先聖王之後裔及同姓弟子和功臣。前者為了收拾人心，後者為了鞏固政權。

周武王在克殷之後第三年崩殂，周公攝理國政引起三監不滿聯合武庚叛亂，再加上未臣服的東方淮夷、徐戎等整個東方完全失去周王朝的控制。周公再次發兵東征，三年之後弭平了叛亂，從此國威大振無人敢向中央挑戰，於是，進行第二次大規模分封如周公長子伯禽封於魯；康叔封於衛，唐叔封於晉，都是在周王國之新闢疆土，為的就是鞏固領導中心。

《中國戰略思想史》作者鈕鍾先認為「周公是利用其東征的餘威，把周室宗親散佈在當時的整個中國領土之內，新封國是插在原有異族之間，讓他們各自成為一個單位去自求發展。最初是由於王室的支持，始能維持生存；不久之後，就分別成長而為周室的屏藩。」「周公所計畫的封建制度不僅為政區或政權的劃分，更具有武裝移民和軍事擴張的意義。」這都是「屯」卦的涵義。

「屯」既是新闢土地的侯，是開發新疆域的諸侯領導，又一如秦襄公在犬戎之亂時有功於周平王，平王東遷雒邑，將敗毀的關中之地賜予襄公，秦於是始大。《史記・秦本紀》：「周避犬戎難，東徙雒邑，襄公以兵送周平王。王封襄公為侯，賜之岐以西之地。」「乾」、「坤」開天闢地，是皇帝、皇后，「屯」是新闢之地的諸侯。

「屯」是開台聖王鄭成功，開漳聖王陳元光。鄭成功開闢台灣、陳元光於唐朝末年開闢漳州老百姓感恩而稱之為開台聖王與開漳聖王。這都是「立建侯」。

〈象傳〉曰：「雷雨之動滿盈」是萬物欣欣向榮，一派生機之象。但又言「草昧」、「不寧」是機會多風險大。

「屯」是大才，有匡濟天下之能，坎為智，震為帝為侯，〈象〉曰：「君子以經綸」，具領袖特質。

「屯」重開創立業，「蒙」重教育傳承。

「屯」是欲振乏力的苦惱，是初始困頓漸亨通。

坎水在震盂之中～益也，有不得發揮鬱卒之象。

下震是動如雷而逢上水之險，是一發動而前遇險阻，前途多難之象。

雷發而雨未下，則後勢之雨可期待，所以亨通有利，然雨將下不利於行。

「屯」是勞師動眾，開墾荒地。坎為勞，坤為眾，震為耕。「師」卦也是勞師動眾，多事之秋。

「屯」錯「鼎」，「鼎」為「佈新」。「屯」是「天造草昧」創世紀，「鼎」是繼承創新。

「屯」錯「鼎」，「屯」是草創，「鼎」是新創。「屯」是草昧不

明，智慧不開。「鼎」是耳聰目明，機警靈活。「屯」是混亂沒有秩序，強化內部管理。「鼎」是大是已定，新有斬獲，積極作為。「屯」是已有身孕，可能難產。震為娠，為孕，坎為險，故難。「屯」是大雨不止，上坎為雲雨，下震為雷動。〈象〉曰：「雷雨之動，滿盈。」故是大雨。處於「屯」之時要固守基礎，屯積資源，厚植財貨，不可輕舉妄動，要堅固領導中心，強化內部向心力，不宜往外拓展。

「屯」是新到一處陌生地方，要堅守屯聚安分，不宜盲動躁進。

〈雜傳〉：「屯見而不失其居」。「見」者，「現也」，「屯」卦萌芽新出，生機已現，無中生有，故曰「見」。「屯」卦生機初現，風險也隨著而來。

「而」，能也。

「居」者，守也，堅持也，初現生機，混沌不明，天造草昧，機會多，風險大，要守住基礎，建立根本，不可燥進，始終如一，不放棄。更不可喪失立本根基的原則。

「屯」卦是生機初現，動盪不安，以建立基礎為第一要務。

「屯」為「固」，「比」為「入」。《左傳》閔公元年：「初畢萬筮仕遇《屯之比》，辛廖占之曰『屯固比入』。」「不失其居」就是「固」。也可以說「屯」卦要固守根基。

「屯」為渾沌，是坎鬼、震神的神話傳說期，「蒙」是草昧不明也是神話傳說時期。

「屯」為渾沌不明，為長夜，深夜，坎為黑暗，震為日出，震下坎上，日尚未出。

「屯」為「小寒」，震春居下已萌，但坎冬在上未盡退。

處於「屯」時要固守基礎，屯積資源，厚植財貨，不可輕舉妄動，要堅固領導中心，強化內部向心力，不宜往外拓展。

吳承恩《西遊記・第一回靈根育孕源流出・心性修持大道生》可以幫助我們了解「屯」卦。

詩曰：混沌未分天地亂，茫茫渺渺無人見。自從盤古破鴻蒙，開闢從茲清濁辨。覆載群生仰至仁，發明萬物皆成善。欲知造化會元功，須看

西遊釋厄傳。蓋聞天地之數，有十二萬九千六百歲為一元。將一元分為十二會，乃子、丑、寅、卯、辰、巳、午、未、申、酉、戌、亥之十二支也。每會該一萬八百歲。且就一日而論：子時得陽氣，而丑則雞鳴；寅不通光，而卯則日出；辰時食後，而巳則挨排；日午天中，而未則西蹉；申時晡而日落酉；戌黃昏而人定亥。譬於大數，若到戌會之終，則天地昏蒙而萬物否矣。再去五千四百歲，交亥會之初，則當黑暗，而兩間人物俱無矣，故曰混沌。又五千四百歲，亥會將終，貞下起元，近子之會，而復逐漸開明。邵康節曰：「冬至子之半，天心無改移。一陽初動處，萬物未生時。」到此，天始有根。再五千四百歲，正當子會，輕清上騰，有日，有月，有星，有辰。日、月、星、辰，謂之四象。故曰，天開於子。又經五千四百歲，子會將終，近丑之會，而逐漸堅實。易曰：「大哉乾元！至哉坤元！萬物資生，乃順承天。」至此，地始凝結。再五千四百歲，正當丑會，重濁下凝，有水，有火，有山，有石，有土。水、火、山、石、土謂之五形。故曰，地辟於丑。又經五千四百歲，丑會終而寅會之初，發生萬物。曆曰：「天氣下降，地氣上升；天地交合，群物皆生。」至此，天清地爽，陰陽交合。再五千四百歲，正當寅會，生人，生獸，生禽，正謂天地人，三才定位。故曰，人生於寅。

上坎下震「屯」卦在危險中的弱小而堅韌的生機，初始困頓漸亨通，切勿急躁求近功，眼光放遠歷練之後必成大器。

初九：磐桓，利居貞，利建侯。
象曰：雖磐桓，志行正也。以貴下賤，大得民也。

「磐」，是穩固建物基礎的大石，所謂磐石永固。《廣韻》：「磐，大石。」《荀子・富國篇》：「國安于磐石」。

「桓」，是大木，是建物的棟柱。《說文解字》：「桓，亭郵表也。徐曰：『表雙立為桓。漢法，亭表四角建大木，貫以方板，名曰桓表，縣所治兩邊各一』。」即華表。又《禮記・檀弓下》：「公室視豐碑，三家視桓楹。」孔穎達《疏》：「桓，大也。楹，柱也。」「桓楹」同義字連詞。春秋有齊桓公，《逸周書・諡法解》：「闢土服遠曰桓；克敬勤民曰桓」。

「磐桓」，謂根基穩固的大柱。

　　此爻是開天闢地之後的第一爻，所以像建造房廈的基礎大石與棟樑大木，基礎架構堅強穩固才能挺立。「屯」初九是開天闢地，渾沌初開的第一爻，故要深耕基礎，固本培元，厚實基本。故宜固強根本不宜妄動。有謂「磐桓」為「盤桓」雖有不進之義但無立根基之義，誤。

　　初九得位又居震體，爻辭曰「磐桓」是如穩固安定不動的大石般穩重，是國家柱石。

　　「桓」，是大木，是棟樑之材。

　　「磐」，是深入基層，打好基礎。「桓」是建利組織架構與網路。

　　「磐桓」，就是初創之時要以基礎為主。「磐桓」，是基礎，大石，棟柱皆是穩固不動。

　　「桓」可假借為「垣」，圍牆城垣也。《說文解字》：「垣，牆也。」《詩‧大雅‧板》：「大師維垣」。《毛傳》：「垣，墙也。」《韻會》：「卑曰垣，高曰墉牆也。」《釋名》：「垣，援也，人所依阻以為援衛也。」這也符合「屯」卦為「純」周圍邊緣圍繞的意思。震為藩籬也。

　　「磐垣」，以巨大的石頭圍城牆垣。以為防禦固守，也合於「屯」卦初建立身之基地的卦意。

　　初九得位故「貞」，貞就是固守。「貞者，事之幹」。要幹，要努力顧本，打下好基礎。所以不可妄動，要用也無處可用。

　　「利居貞」，是要固守。「利居貞」是停居止住，不宜前進。守住根據地。利於居止不宜躁動。

　　「居」，止也。金文從「广」或「宀」從「立」，象人立於屋宇之下，小篆從「尸」，「古」聲，本義為居住，居留。《說文解字》：「居，蹲也。從尸。古者，居從古。」在《易經》中與「往」之義相反。三四五爻互為艮，艮為止。「不失其居」也。

　　「利居貞」，亦可謂要占卜選出一個建國設城的好地點。古人有選址之後必占卜選址的習俗。《詩經‧鄘風‧定之方中》：「升彼虛矣，以望楚矣。望楚與堂，景山與京。降觀于桑，卜云其吉，終然允臧。」《正

義》曰：「言徙居楚丘，即二章升墟、望楚、卜吉、終臧，是也。」這首詩說的是魯閔公二年衛國為狄人所滅，好養鶴的衛懿公被狄人「殺之，盡食其肉，獨捨其肝。」宋桓公仗義遷「衛之遺民男女七百有三十人，益之以共、滕之民為五千人。」復國於楚丘，並以懿公之堂弟申為戴公，齊桓公也命「公子無虧帥車三百乘，甲士三千人以戍曹。」幫著防衛狄人。戴公一年而卒，再立戴公弟燬為衛文公。魯僖公二年齊桓公遷衛國移民於楚丘，率諸侯復建衛國，衛文公建城以安民，建市以活躍經濟，營造宮室以利國威，勵精圖治，國人吟此詩歌詠衛文公。

初九居震，震為行，前遇重陰，易例陽遇陰、陰遇陽則通。陰遇陰、陽遇陽則窒。可見初九是利往的，但爻辭說「磐桓」，是因為初九無應，又前遇艮止與坎險，故「利居貞」。

初九得位，如「潛龍勿用」實力不足不宜躁進，要休養生息，待時機成熟，故雖居震也不可進，就是要顧根本。

震為長子，為嫡，為繼承人，為主祭者，具剛正賢能之資。

「磐桓」，是站穩腳步為先，堅固深植基礎，不動如山。所以「磐桓」也是盤還不進的意思。

「磐桓，利居貞」，是萬事起頭難，要穩固基礎，要以靜制動，謀定後動，守住根據地，不可燥進。

「利建侯」，是初九有當領袖的材資。要先建立領導中心。與卦辭得「利建侯」同，說的就是此爻。

此「侯」亦可解作「堠」，斥候瞭望的堡樓，這也是利於防禦的設施，不是進攻的設備。與卦義同。《正韻》：「堠，土堡也。」堠也通侯，《史記・律書》：「今匈奴內侵……願且堅邊設候，結合通使，休寧北陲。」設候，即「利建侯」。《三國志・魏志・卷五十・張既傳》：「酒泉……築障塞，置烽堠邸閣以備胡。」章懷注：「亭，堠敵之所也。又稱亭候。」《後漢書・卷八九・匈奴傳》：「大築亭候，修烽火」又稱「警候」。

又「桓」字從「亘」；《說文解字》：「亘，求亘也。從二從囘。囘，古文回，象亘回形。」字形象水流迴環圍繞的樣子，楊樹達認為就是漩渦的形狀。「亘」即回、還、環，「磐桓」即盤旋不進。又引申為團

圓，團結，抱團。

「利居貞，利建侯」，利於團結民眾居住在墩堡之中。

〈小象〉曰：「雖磐桓，志行正也。」志者，心願也。此謂心中想動但不能動。初九潛龍，實力不足，在草創之時要培養實力，聚集財貨，以待時機，深入基曾，打下基礎。初九的徘徊不進，是不冒進，是守本分有所等待，是待機而動，畜勢待動，故能「志行正」。「行正」則不會犯錯，務實，落實。震為春，為動，為耕，為行，為勤，是辛勤經營。

「以貴下賤，大得民也」，是初九要群聚民眾才能拓荒殖民建國。互坤為眾，陰為件賤，為民；陽為貴，在坤陰之下，故「以貴下賤」。

震為春，為動，為耕，為行，為勤，是人更要親自耕，以身作則為公僕。是放下身段，有難同當，有苦同嘗，身體力行，胼手胝足，與民眾生活在一起，親民愛民。

初九在二、三兩陰之下，故曰「以貴下賤」。

初九前遇二陰本當利往，但在「屯」卦草昧初創之時而不往，是進退得宜，故利。

此爻言「利」不言「吉」，蓋「吉」是個人，「利」是大眾。

「屯」初陽變陰，卦成「比」。「比」是「樂」也，一陽居眾陰之中，是與民同樂也。是朋比，是輔助，故「大得民也」。陽為貴，為大，陰為賤；二三四互坤為眾，為庶民。初九在庶民之下，故曰：「以貴下賤，大得民也」。

甲骨文　金文　籀文　小篆　隸書　北魏

「民」，甲骨文、金文作一眼為針刺瞎狀，應該是最早的「盲」字。是擄獲俘虜犯法之奴隸，將眼刺瞎以用其勞力，又使他反抗力降低。故「民」之本義為奴隸。夏曾佑《中國上古史》記載上古黃帝與蚩尤戰，「蚩尤既死，黃帝遷其類之善者，於鄒屠之鄉；其不善者，以木械之，而命之曰民，諸夏已族稱百姓。百姓者天之所生也，故百姓與民有親疏貴賤之別。」郭沫若《甲骨文字研究·釋臣宰》：「臣民字均用目形為之，臣目豎而民目橫。（古訓有『橫目之民』，見《莊子》），臣目明而民目盲，此乃對於俘虜之差別待遇。蓋男囚有柔順而敏給者，有愚戇而暴戾

者。其柔順而敏給者則懷柔之，降服之，用之以供服御而為臣。其愚戇而暴戾者，初則殺戮之，或以之為人牲，繼進則利用其生產價值，盲其一目以服苦役，因而命之曰民。」

初九是初封諸侯其之眾多為被俘奴隸賤民，所以說「以貴下賤，大得民也」。當初周武王打敗商紂王之後，大封兄弟功臣為諸侯以鞏固佔領的新領土，其中周公旦之子伯禽封在魯國並將殷商之遺民六族之人移民魯國以充實魯國國力，《左傳》定公四年：「昔武王克商，成王定之，選建明德，以蕃屏周。故周公相王室，以尹天下，於周為睦。分魯公以大路，大旂，夏后氏之璜，封父之繁弱，殷民六族，條氏、徐氏、蕭氏、索氏、長勺氏、尾勺氏。……因商奄之民，命以伯禽而封於少皞之虛。」康叔分封於衛國也一樣「分康叔以大路、少帛、綪茷、旃旌、大呂，殷民七族，陶氏、施氏、繁氏、錡氏、樊氏、饑氏、終葵氏；封畛土略，自武父以南，及圃田之北竟，取于有閻之土，以共王職。」也獲有殷族七民。殷商之遺族皆稱民！

「以貴下賤，大得民也」，以賤對民，知民為賤民。民是賤民，是戰敗之俘虜。

「以貴下賤，大得民也」，即今語「接地氣」。

初九為主爻，在面對蠻荒草昧加艱難之時，穩定沉著，從容佈署，不輕舉妄動，能得民心的大將風範，又能身屈民間，深知民間疾苦，掌握民意，故能大得民心。而《諡法》：「辟土服遠，克敬勤民，皆曰桓」即此意。

「利居貞」，就是適宜站穩腳步立穩根基，不宜妄動。〈雜傳〉所說的「屯見而不失其居」。

「屯」就是「邨」，《廣雅·釋詁四》：「邨，國也。」初九「聚民」有聚落定居之後必有領袖領導安定其民就是「建侯」。

初九為卦主故爻詞與卦詞幾乎相同。「屯」初九不僅是屯之初也是開天闢地第一爻，要先奠立好基礎。不可好高騖遠，不可大用，想大用也無處可用。初九如建屋要先打好根基。《焦氏易林·屯之比》：「獐鹿逐兔，飽歸其居。反還次舍，無有疾故。」也是「利居貞」之意。

「屯」初爻就是建立開拓新疆域的灘頭堡壘，要先能立足才能立於不

敗之地。也要有群眾，才能拓殖生產，也要建立疆域的防禦措施，以利警戒防衛。這些都是基礎工作，所以不適合再往外發展。

　　《史記》有記此爻，就是韓、趙、魏三家分晉的故事。《史記・晉世家》：「初，畢萬卜仕於晉國，遇《屯之比》。辛廖占之曰：『吉。屯固比入，吉孰大焉。其後必蕃昌』。」《集解》賈逵曰：「震下坎上屯，坤下坎上比。屯初九變之比。」這是古人記爻的方式。《集解》杜預曰：「屯，險難也，所以爲堅固。比，親密，所以得入。」後來畢萬因功封於魏，《左傳・閔公二年》：「卜偃曰：『畢萬之後必大。萬，盈數也；魏，大名也。以是始賞，天開之矣。天子曰兆民，諸侯曰萬民，今命之大，以從盈數，其必有眾』。」《史記・魏世家》：「獻公之十六年，趙夙爲御，畢萬爲右，以伐霍、耿、魏，滅之。以耿封趙夙，以魏封畢萬，爲大夫。卜偃曰：『畢萬之後必大矣，萬，滿數也；魏，大名也。以是始賞，天開之矣，天子曰兆民，諸侯曰萬民。今命之大，以從滿數，其必有眾』初，畢萬卜事晉，遇屯之比。辛廖占之，曰：『吉。屯固比入，吉孰大焉，其必蕃昌』畢萬封十一年，晉獻公卒，四子爭更立，晉亂。而畢萬之世彌大，從其國名爲魏氏。生武子。魏武子以魏諸子事晉公子重耳。晉獻公之二十一年，武子從重耳出亡。十九年反，重耳立爲晉文公，而令魏武子襲魏氏之後封，列爲大夫，治於魏。……魏佸之孫曰魏桓子，與韓康子、趙襄子共伐滅知伯，分其地。……二十二年，魏、趙、韓列爲諸侯。」

　　屯比

　　此爻變為「比」，「比」者九五一陽獨尊，眾陰在下為輔。〈大象〉云：「先王以建萬國，親諸侯。」蓄積能量由地方諸侯一躍為九五至尊。這是騎馬進京城了。

　　或謂「磐桓」為「盤桓」為「其道盤桓旋曲而上」當非，因為開天闢地之初必是要立足根基，而非妄動。即「潛龍勿用」也。

　　六二：屯如，邅如，乘馬班如，匪寇昏媾。女子貞不字，十年乃字。
　　象曰：六二之難，乘剛也。十年乃字，反常也。

　　「屯」，聚也。《廣雅・釋詁》：「屯，聚也。」《六韜・必出》：「敵人屯壘，限我軍前，塞我歸道。」《楚辭・離騷》：「屯余車其千乘

兮，齊玉軑而並馳。」王注：「屯，陳也」。語意謂「屯」為大量聚集而陳列也。

「邅ㄓㄢ」，迴旋不行之貌。《廣雅・釋詁》：「邅，轉也。」轉、邅字通。《楚辭・離騷》：「邅吾道夫崑崙兮」。王注：「邅，轉也。楚人名轉為邅。」

「如」，然也，貌也。

上坎險，下震行，險在前故難行。

《易經》中凡陰爻在陽爻之上稱為「乘剛」，乘剛多凶。如「豫」卦六五象傳「六五，貞疾，乘剛也」。「噬嗑」六二〈象傳〉「噬膚滅鼻，乘剛也。」「震」六二〈象傳〉「震來厲，乘剛也」。乘剛多難也。

六二乘初九之剛，是陽吸引陰。乘剛如騎虎難下一般，如為剛所扣留。

但六二又與九五相正應，是想往上應五，但受初九拖住，前又遇陰，中間又隔著艮山，故「屯如邅如」。

六二想與九五應，九五自己身陷坎險之中，泥菩薩過江自身難保，無法與六二應與，所以六二「屯如邅如」多難也。

「乘」，四也；《康熙字典》：「物四數皆曰乘」。古代一車四馬，因此以乘為四的代稱。《周禮・夏官・司馬》：「圉師：乘一人，徒二人，圉人良馬匹一人，駕馬麗一人。」鄭玄注：「四馬為乘」。

又「乘」，雙也、偶也。《揚子・方言》云：「雙雁曰乘」。又《經典釋文》云：「鄭云馬牝牡曰乘」。「乘馬」，謂春季時公馬母馬相交配繁殖。《周禮・春官・牧師》：「中春通淫」鄭玄注：「中春，陰陽交、萬物生之時，可以合馬之牝牡也。」古之封侯以繁殖馬匹為施政厚植國力之重點。詳「晉」卦。

「班如」是如排隊一般，一個接著一個。得按部就班，在行列中不宜自己冒然前進；盤旋不進。《子夏傳》說：「相牽不進貌」。《博雅》：「班班秩序」。《揚子方言》：「班，徹列也。」是說不止一馬也。又「班如」，不進則退，如「班師」回朝。《左傳》襄公十八年：「有班馬之聲，齊師其遁」。謂馬盤桓不前。

「乘馬班如」，是身陷班列其中受到牽制，不能自主。《經傳釋文》

引《子夏傳》云：「如，辭也。四馬曰乘，蓋言四馬拉車，謂相牽不進也。」「如」，語助詞，然也。

「班」，也有釋為「奔」，「乘馬班如」是縱馬奔馳，由後文看謂縱馬奔馳前往搶婚。此古代之婚姻制度。

乘馬欲速行，六二女子戀家不欲速，故「班如」。

坎有乘馬之義，〈說卦傳〉：「坎，其於馬也為美脊，為薄蹄，為曳。」又「坤」：「利牝馬之貞」；是坎、坤皆為馬。

「屯」卦除六二外，六四、上六也言「乘馬班如」。震為馬，坤、坎皆為馬，馬多故曰「乘馬班如。」皆有縱馬奔馳之義，但「屯」為難而遇阻。不能遂其所願。

《易》例陰遇陰、陽遇陽則窒。初九利往而不往，六二前遇陰受阻不能往。

六二要與九五應與，但九五身陷危險，「乘馬」是箭在弦上不得不發，但不知方向為何。

「匪」，非也。《易經》「匪」字多作非解。

「寇」，群而攻之的盜寇。《尚書・虞書・堯典》：「蠻夷猾夏，寇賊姦宄。」范寧《集解》曰：「寇謂羣行攻剽者也」。《說文解字》：「寇，暴也。徐鍇曰：『當其完聚而欲寇之』。」《一切經音義》：「寇，謂群行攻剽者也。」

「匪寇」，不是盜寇，疑心為盜寇。坎為疑，為隱藏，為寇。

六二與九五正應，九五坎體，〈說卦傳〉：「坎為盜」。九五在坎之中，故曰「寇」。

初九聚民根基穩定後，接下來就是求婚姻以繁衍民眾，故言婚媾。「屯」為草昧，文明未開之時，此爻當指上古搶婚、群婚之俗，故集群而攻之。清趙翼《陔餘叢考》：「村俗有以婚姻議財不諧，而糾眾劫女成婚者，謂之搶親。」是古有搶親之俗。

但初九之陽要牽制六二，因為初九也要與六二婚媾，蓋陰陽相吸引，且近水樓台。

「昏」即「婚」，「媾」是「交媾」。「男女媾精」之「媾」。

《詩‧邶風‧谷風》：「宴爾新昏」。《禮記‧昏義》：「昏禮者，將合姓之好，以事宗廟，而下以繼後世也。」《儀禮‧士昏禮註》：「士娶妻之禮，以昏為期，因而名焉。必以昏者，陽往而陰來，日入三商（商、滴）為昏。」蓋古人婚禮在黃昏之時舉行，故曰婚。

「昏媾」，是婚姻關係，「昏媾」為同義詞，古人常連用。《左傳》隱公十一年：「唯我鄭國之有請謁焉，如舊昏媾。」楊伯峻注：「謂相親若舊通婚之國。」《國語‧晉語四》：「今將婚媾以從秦」。《後漢書‧五行一》：「梁冀二世上將，婚媾王室，大作威福，將危社稷。」聞一多以為「昏媾」即今之「親戚」。《殳季良父壺》銘文：「用亯孝于兄弟、婚顜（媾）、者（諸）老。」

「媾」，也有身孕之意。也有謂「再婚為媾」。《說文解字》：「媾，重昏也。」《左傳》隱公十一年：「惟我鄭國之有請謁焉，如舊昏媾。」《註》：「婦之父曰昏，重昏曰媾。」古代婚姻種類制度繁多，「屯」是混沌初開，草昧之時，所以一女多嫁，亂婚難合而相爭。所以「婚媾」未必是「婚姻」。

「匪寇昏媾」，謂不是強寇來搶婚而是迎親的隊伍。

「屯如，邅如，乘馬班如，匪寇昏媾」，謂湧入大量車乘，聚集陳列於道前，迴旋不進的樣子。初看以為是來劫掠搶親的賊寇，細看原來是親戚組成迎親的隊伍。

《易經》言「匪寇昏媾」者凡三：「屯」二、「賁」四、「睽」上。

「賁」六四：「賁如皤如，白馬翰如，匪寇昏媾。」「賁」六四與初九相應，二三四爻互為坎，坎為盜。

「睽」上九：「先張之弧，後說之壺，匪寇昏媾。」「睽」上九與六三相應，三四五互為坎為盜。取象與「屯」二相同。

六二陰爻故為「女子」。

「貞」，這字雖然今文字形象「鼎」有貞固守正的意思，但此疑釋為「干」，《經典釋文》：「貞，干也。」〈文言〉：「貞者事之干也」。《說文解字》：「干，犯也。」《說文解字注》：「干，犯也。犯、侵也。……從反入。反入者，上犯之意。」又「（奸）犯婬也。此字謂犯姦婬之罪。非卽姦字也。今人用奸為姦、失之。引申為凡有所犯之偁。」

「寇」為夥眾行搶。「貞」為干犯。「女子貞」，則為夥眾干犯，強行婚媾交配。或是古婚制之一。實情不詳。

「貞」字从卜，也是筮問的意思。

「女子貞不字」，占問婚嫁女子不得婚配嫁人。

小篆

「字」有二義：一為許嫁，一為生子。《禮記・曲禮》：「女子許嫁，笄而字。」《禮記・雜記》：「女子十有五年許嫁，笄而字。」古時女子十五歲成年行笄禮，並取「字」表示成年可以出嫁為人婦。「字」是成年之象徵，男子二十歲行冠禮，也要取一個「字」。也可以解釋為懷孕生子。「字」的本意就是家中添子。震為孕，為字。《左傳》昭公元年：「武王邑姜方震太叔」是也。故震為妊育。

「不字」，未許嫁也。這是第一義。

虞翻說：「字為妊娠」，《廣雅・釋詁一》：「字，生也。」《山海經・中山經》：「其實如蘭，食知不字。」郭注：「字，生子也。」《說文解字》：「子，乳也。」又「人及鳥生子曰乳，獸曰產。」又聞一多《楚辭校補・天問》：「字生子為之嘉，亦謂之字。」這將「字」解釋懷孕的意思，要放在第二順位思考，基本上還是以為嫁為優先。為何？因為《易經》言「女」多指未嫁。言已嫁多用「婦」。「咸」：「取女吉」。「漸」：「女歸吉」。「姤」：「女壯，勿用取女。」「蒙」六三：「勿用取女」皆是。

「不字」，不孕，不生子也。這是第二義。坤為母，為虛，故不字。

「貞而不字」，貞，固也；謂雖婚配相交合但未受孕產子。「屯」是「剛柔始交而難生」所以不易結婚，也不容易受孕。六二爻前遇六三陰，居中不易變，故是難中之難。

「十」，終之數，也是足之數，也是最多之數。二三四爻互坤，坤爻斷筆劃最多，故為十。

「十年」，是很久，時間很長的意思。

「十年乃字」，很久之後終於生子，「屯」是「剛柔始交而難生」故很久才生。「屯」是「始」也是「胎」，「初始困頓漸亨通」，終究懷胎

受孕生子。

六二與九五正應，是雖受一時牽絆，但假以時日，終能完成自己的理想與九五完婚。

「六二之難，乘剛也」，「屯」卦之難是因為上卦坎險，六二之難是因為乘初九之剛。在《易經》順吉，逆凶；乘剛為逆，承剛為順。畢竟陰要在陽後。不可在陽前。

「乃」，是非常，艱難，不一定會成功。

「反」通「返」；「常」正常。

「反常」是歸於正常，回歸常道。由不常而返常。

六二乘初九之剛，初九大材是乘龍快婿，但初與二應不正常，因為是鬼婚之俗。初九已亡故，也就是冥婚。十年之後才反歸正常與九五應。

六二眼光遠，高瞻遠矚，不因惡小而為之，能貞節守正。

「屯」，掙扎而努力鑽出或鑽入，如春生的種子發芽。

「乘馬」，騎乘於女子身上，作愛之隱語。

「班」，用手掰開，《說文解字》：「班，分瑞玉。从珏从刀。」許慎解釋為用刀分開玉石。

「屯如，邅如，乘馬班如，匪寇昏媾」，謂初次性愛的努力過程，並非強匪施暴而是新婚。可惜，久不得子，十年之後才生育得子。真「剛柔始交而難生」。

屯 ䷂ ䷻ 節

「屯」卦六二變為「節」卦。

「屯」六二有節之意，六二以陰居陰具「中正」之性，守婦道之象。所以說「女子貞」，就是女子守節之意。但是為「苦節」。

六二乘初九之剛，是六二女子嫁給初九男子，但是初九潛龍勿用，無法發揮，其道窮矣，如此婚姻女子定苦，故是「苦節」。

但又「女子貞不字，十年乃字」。「不字」也就是不嫁，為何？陽在陰之下，是初九為已入土之人，是「冥婚」，嫁了當人苦節，故「不字」。等了十年嫁給了九五，故《左傳》僖公十年：「王怒未怠，其十年

乎，不十年王弗召也。」不到十年，王不召回。古人以十為小盈，萬為大盈，盈就是滿，好像一個東西滿了就要變了。真是「始交而難」。

所以《易經》中「十年」的意思是事情發生到一定時間、一個階段要變，由可能變成不可能。

六二乘剛，處境艱難，又在「屯」也是艱難，難免疑神疑鬼物耽誤了終身大事，好在居中得位，能守節艱貞，一翻波折，終能有結果。

六二婚姻雖欲困難，但經過長期的糾葛終能化險為夷，而有結果。

六二與九五相應本是條件極好，無奈九五身陷險難，自身難保，一時難以相應。初九在下陽剛有為，比鄰而居，近水樓臺，日久生情，陷入兩難。經一翻波折掙扎才與九五婚配結合。

六三：即鹿無虞，惟入於林中，君子幾，不如舍，往吝。
象曰：即鹿無虞，以從禽也，君子舍之，往吝窮也。

「即」，就也，及也，到也，追逐也。《廣雅・釋詁》：「即，就也」。

「即鹿」，追逐獵捕鹿禽。是田獵對象，也是追求的目標。〈小象〉：「即鹿無虞，以從禽也。」即以禽釋鹿。

「虞」，有多解。錢鍾書以為古人獵物常以「媒」誘捕。《管追篇第三冊》。

又「虞」為掌山林之官。《周禮・地官・山虞》：「掌山林之政林，物為之屬，而為之守禁」，是獵鹿的嚮導，是新領域的專業人才。

又「虞」，因為憂慮而有所準備；《左傳》桓公十七年：「疆場之事，慎守其一，而備其不虞。」隱公五年：「不備不虞，不可以師。」〈萃・大象〉：「君子以除戎器，戒不虞。」

又「虞」，是遇，帛書作「毋華」，華、獲雙聲音轉。「無虞」，即無獲。

「無虞」，六三與上六無應，有如初入陌生山林，又無有在地嚮導引領，又無準備，則無獲得獵物。六三以陰居陽，失位，非中非正，所以不安於位。又居震之上，是具進動之性，可是上六亦為陰，兩者不應，是無可呼應沒有奧援，往前去進入山林，無法為其嚮導，所以說「無虞」。

《淮南子‧繆稱訓》云：「即鹿無虞，惟入於林中，夫施薄而望厚者未之有也。」

「鹿」亦作「麓」，山麓，即山腳；《釋名‧釋山》：「山足曰麓，麓，陸也。言水流順路躁也。」《說文解字》：「麓，守山林吏也。」三爻位於上互艮之下，坤為水，故有山水下流於山腳陸上，故曰麓。引申為山林。《詩‧大雅‧旱麓》：「瞻彼旱麓，榛楛濟濟。」《毛詩注疏》：「麓，山足也。」

又帛書作「毌華」之「華」，光也。《淮南子‧地形訓》：「未有十日其華照也」。高誘注：「華，猶光也。」《禮‧檀弓》：「華而睆」。《疏》：「凡繪畫，五色必有光華，故曰華畫也。」則「即鹿無虞，惟入於林中」，謂進入草昧密林之中，不見天日，是輕忽莽撞之舉。這不合「屯」不進之義。

「惟」，深也。

「林中」，山野深林，是入陌生之草昧不見天日之山林者，必要有虞人做為嚮導，又無準備，則深陷入於林莽之中。震為木。艮亦為木。故曰林中。坤虛故空人林中。

「幾」，微也；不易見，智者才能見。〈繫辭下〉：「幾者，動之微，吉凶之先見者也。」「幾」通「機」，《釋名‧釋兵》：「弩含括之口曰機。言如機之巧也，亦言如門戶之樞機開闔有節也。」是危機，也是轉機。是見微知著。「幾」也是饑，「屯」卦「初始困頓」開拓荒地之時青黃不接，物質缺乏故「饑」。

「舍」，捨去也。

「君子幾不如舍」，此謂君子見機不如放棄，前往追逐是不利的，有所求不能得。前往必生悔吝。「隨」六三：「隨有求得」。與此相反。

「吝」，漢石碑作「遴」，《說文解字》：「遴，行難也。」《孟子題辭》：「然於困吝之中」。焦循注：「吝之義為難行」。《廣雅‧釋詁》：「遴，難」謂難行不進，或是遭遇到困難而事難成。猶今言「累」。六三前遇陰而窒又無應，故行難。

「吝」，是行動難進而有恨惜之意。蓋捕獲獵物不得，身累腹饑，故困頓疲累而捨去故吝惜。

「悔吝」，為妄動所產生的憂虞之象。大抵逢凶而悔，則無咎而吉，逢吉而吝則有咎而凶。「悔吝」是介於吉凶之間的。〈繫辭〉：「吉凶生而悔吝者也」。〈繫辭〉：「悔吝者，憂虞之象也。」「悔吝者，言其乎小疵也。」

又〈繫辭〉：「三與五，同功而異位。三多凶，五多功，貴賤之等也。」「屯」六三居震，而性喜動，居凶失位，又無應，所以冒然前往，必多難而有悔恨吝惜。

「吝」為不通，三為進爻，欲往上進而遇險，所以不通。六三前遇六四，陰遇陰則窒故不通。又與上六無應故吝。「姤」上九：「姤其角，吝。無咎。」〈小象〉曰：「姤其角，上窮吝也。」「咸」九三：「咸其股，執其隨，往吝。」

「從」，追從，追逐。

「禽」，鳥獸之總名，作動詞是擒制。「禽」是目標。

「從禽」，〈小象〉以「從禽」釋「即鹿」，即，從也，追逐也。

六三居下卦之終，所以有困窮之象。蓋「三多凶四多懼」由下卦進入上卦，是進入另一階段。六三以陰居陽，又在震卦之極，又與上六無應，是獨自入林，妄動一場。三四五爻為艮，三居艮下為山麓，尚未深入山莽，可進可退，雖窮困不致凶，而且艮上震下為頤卦，有安養之福。二三四爻為坤，為先迷後得主，為順，為安。是雖窮困不致凶更陰退順而安。

六三追禽入於林中，但事出突然，準備不周，又無有嚮導領路相助，而無所獲。「窮寇莫追」故見機早遁而捨去。《後漢書・竇何列傳》：主簿陳琳入諫曰：「《易》稱『即鹿無虞』，諺有『掩目捕雀』。」《朱子本義啟蒙》：「且如『即鹿無虞，惟入於林中。君子幾，不如舍，往吝』。其理謂將即鹿而無虞，入必陷於林中；若不舍而往，是取吝之道。」

「幾」，跡象也；又求也；君子見此跡象不利而捨去之。或謂孤身入林無嚮導相助求禽必不得而狩獵不成，徒勞無功。

此爻也可解為男子追逐求歡於女子，女子驚嚇而入林中，男子捨棄而走，若是追逐前往林中必有困難。此或野合不成。

䷂ 屯 ䷾ 既濟

六三變則卦為「既濟」。「既濟」是既定，定而安，是保守求安之象。「屯」本就是不進。六三知機能捨，進退有據故能安。

六三不盲進妄動有尊重專業之象，所謂隔行如隔山，貿然投入陌生的領域是不智的。六三交易不成，目標不明，最好放棄，改弦更張。進入新的領域要有嚮導，要聽專家的意見，要用專家。

六四：乘馬班如，求婚媾，往，吉無不利。

象曰：求而往，明也。

「乘馬」，四馬曰乘。《周禮・夏官・司馬》：「圉師：乘一人，徒二人，圉人良馬匹一人，駑馬麗一人。」鄭玄注：「四馬為乘」上六居上卦為坎，故亦曰「乘馬」。為四馬駕車行駛。

「班」，秩序也。《左傳》文公六年：「趙孟曰：辰嬴賤班在九人。」《註》：「班，位也。」

「乘馬班如，求婚媾」也是縱馬奔馳求婚配之義。「屯」卦本有「始、胎」之義，就是男女婚配交合。

本卦言「乘馬班如」，皆有陰陽交配之意。六四已經登堂入室，騎乘身上，再求婚嫁，故往而吉。先上車後補票呢！

「婚」字從「昏」黃昏夜晚，古人結婚於夜晚昏時，取陰陽交接之義。《白虎通・嫁娶》：「婚姻者，何謂也？昏時行禮，故謂之婚也，婦人因夫而成；故曰姻。……婚亦陰陽交時也。」

「屯」卦既是「草昧」未化之時，此爻「求婚媾」亦當是上古婚姻制度。清人曹樹翹嘉慶《滇南雜誌》既載彝族之婚可以參看：「爨（彝族古稱）之父母，將嫁女前三日，持斧入山，伐帶葉松，樹於門外。結屋，坐女其中，旁列米淅數十缸，集親族執瓢、杓，列械環衛。婿及親族新衣黑面，乘馬持械，鼓吹至女家，械而鬥。婿直入松屋中，挾婦乘馬疾驅走。父母持械，杓米淅洗婿，大呼親友同逐女，不及，怒而歸。新婦在途中故作墜馬狀，新郎挾之上馬凡三，則諸爨皆大喜，父母亦以為是爨女也。」

六四與初九相應本當是一對，但初九上承六二，去追求六二。六四又與九五相比鄰，上承九五，有近水樓臺相好之意。六四處在這麼多情的

地位，自己又處於「多懼」之位，所以在馬隊中盤旋猶豫，故曰「乘馬班如」。

「求婚媾，往，吉無不利」是六四終於許嫁。艮為求。〈雜傳〉：「臨觀之義或與或求」，「觀」大象為艮，故艮為求。

初九追不到六二，六四當然也追不到九五。現在初九只得與六四「求婚媾」，六四應允前往，對六四是「吉，無不利」。陰陽相應、相合皆吉。

「求」是追求，是趨，是趕緊追求。《增韻》：「覓也，乞也。」〈文言・乾〉：「同聲相應，同氣相求。水流濕，火就燥。」

所謂「求婚媾」只是比喻。求賢才、交益友、知遇得主也可說是「求婚媾」，天地間之化育也是「求婚媾」。

「媾」也是講，講和，溝通，交易也是「婚媾」。

《易經》婚姻是比喻，凡相遇、相知，千里馬遇伯樂都屬此義。

初九往上與六四相應；六四承九五之君與之相近；但三四五爻互為艮，為止；是無法前進之象，是往上受阻不能前行，故「班如」。

六四以陰爻居陰位，上承九五，有九五罩著保護撐腰，所以「往，吉無不利。」

陰爻前遇陽爻則通，故利於往。

六四短時間的猶豫，求與初九婚媾，主動積極爭取，立刻去作，當機立斷。

初九陽實為侯，是金龜婿。九五是君，上承下應處境極好。

陰求陽應，陽為明，故曰「求而往，明也」。又艮一陽在外故為明。

六四為宰輔，為臣。九五為中正君王，為明主。六四承九五，正是順承明君之象。

六四雖承九五，但終與初九婚配，是明智的。

䷂屯 ䷐隨

六四變為「隨」，六四承九五而應初九，對上對下一應一承，是「刀切豆腐兩面光」是隨機應變的變色龍。「隨」卦〈象〉曰：「動而說」，

〈象〉曰：「嚮晦入宴息」，〈序傳〉曰：「以喜隨人」有欣悅而動，結連理，入晚宴，得喜事之象。

「坤」六四「括囊」不動生色，雖有一時的猶疑但終能追隨明智正應，故吉。

六四是初九的正配，但上承九五，仍一心求配初九，終能婚配。

九五：屯其膏，小貞吉，大貞凶。
象曰：屯其膏，施未光也。

「屯」，屯聚，聚集。借為囤字，《釋名·釋宮室》：「囤，屯也，屯聚之也。」

「膏」，膏潤，膏脂。膏是肥肉，也比喻恩澤。《說文解字》：「膏，肥也。」《國語·晉語》：「夫膏粱之性難正也」。韋注：「膏，肉之肥者。」就是肥肉。坎為水，為雨，為澤，為膏。《詩·國風·曹·下泉》：「芃芃黍苗，陰雨膏之。」《韻會》：「凝者為脂，澤者為膏。」《春秋元命苞》：「膏者神之液也」。《周易正義》孔穎達《疏》：「膏謂膏澤也」。《左傳》僖公二十六年《正義》：「使展喜以膏沐犒師」。《孟子·離婁下》：「今也為臣諫則不行，言則不聽，膏澤不下於民。」坎為水，為膏澤。

「屯其膏」，就是積畜，就是「密雲布雨」，就是施，「雲行雨施」也，是膏澤自天而降，潤澤大地，施之於民。但雨澤施而未光，可見不能遍及大地，澤於全民。「屯」是艱辛拓展開墾，資源不豐，故雖施而未光。所以，小事吉，大事凶。小作為吉，大作為凶。

《左傳》襄公十九年：「季武子興，再拜稽首，曰：『小國之仰大國也，如百穀之仰膏雨焉！若常膏之，其天下輯睦，豈唯敝邑？』。」

「屯其膏」，是屯而不用，積而不施；聚歛財膏吝嗇不施於下。坎為陷，為膏，陷不能施，故「屯其膏」。《漢書·谷永杜鄴傳》：「《易》曰：『屯其膏，小貞吉，大貞凶。』傳曰：『飢而不損茲謂泰，厥災水，厥咎亡』訞辭曰：『關動牡飛，辟為無道，臣為非，厥咎亂臣謀篡。』王者遭衰難之世，有飢饉之災，不損用而大自潤，故凶。」這是說不去消滅饑饉，不減損自己的用度，卻稱天下太平。一定滅亡。故小吉而大凶。

又唐獨孤及《為楊右相祭西岳文》：「畜極不雨，屯膏未光。」謂雲

雨膏澤屯而不施。

又宋蘇軾〈奏戶部拘收度牒狀〉：「不忍小臣惑誤執政，屯膏反汗，虧汗聖德，惜毫毛之費，致丘山之損。」「屯膏」，吝惜不施恩澤；「反汗」，蓋汗出不能返，謂反悔食言。

又三四五爻為艮，艮為止。

「屯」卦利守不利攻，此爻屯積不施，十年生聚；有資源而不施惠，可以伸手救援而不救援。

「屯」卦九五坎雨之膏潤，一阻於艮山，又阻於坎險，又蔽於眾陰，於是就只屯積而不施的弊病。

九五處於尊位，但上卦為坎險，所以有陷於險難為陰所蒙蔽之象，不能與基層接觸交流，與基層疏離。

九五上下皆陰身陷危險，坎為闇，遇事不明，惟其中正，故僅可「小」，不可「大」。

「小」、「大」是指事情而言。

「貞」是「幹」，「貞者，事之幹」。也是占問。

「小貞吉，大貞凶」是囤膏積儲而不施，故小事可成，大事則不吉。

屯積不施，就小事情來說，如母親管家庭收支，是節儉，以積財，故吉。屯積不施，就大事情來說，如國家財政只收稅不建設，這是吝嗇，足以敗事，故凶。所以《孟子·離婁篇》：「膏澤不下於民……此之謂寇讎。」為人處事之小器、大器之別就是如此。明末崇禎帝時，流寇四起，國家財政入不敷出，而皇帝自己內府銀兩滿溢，不願用為軍費，真是吝嗇小氣，這就是材器小，不足為事。

「小」是指六二，「大」是指九五。

六二有九五之應故吉。六二為臣，臣為小。

大謂五，九五雖得位，下據坤，坤為民。

但是六二、六三為初九所得，六四與初九應，也為初九所得，故九五虛擁尊位，威柄下移，孤露無輔，故「大貞凶」。所以〈象〉曰：「屯其膏，施未光也。」就是膏澤未能施於下，是德施不能光大也。坎為隱伏，陽陷於陰中，故曰「施未光」，施，陽動為施。

「屯其膏」，是小氣財神，有力難施。

九五有被架空之象，不受人民尊重，失去基層民意，與基曾隔疏，佈施不及於民，晦暗不光。

又何新說「屯」亦為臀。《周禮・鄉師》：「巡其前後之屯」。鄭玄注：「屯故書作臀」「膏」，肥腴。「臀其膏」即肥碩的臀。「屯」卦眾繁衍後代，大臀女子能生育自古至今皆有此說，古代女性生殖之神皆作大臀巨乳狀。（《維倫多夫維納斯》可以參觀）聞一多說古代女子以豐碩為美。《左傳》閔公元年：「初，畢萬筮仕于晉，遇「屯」之「比」。辛廖占之，曰：『吉。屯固比入，吉孰大焉？其必蕃昌』。」此正是「屯」卦之義，亦說明「屯」卦與生育婚媾之事有關。

「屯其膏」，是掙扎於女子兩腿間之肥肉，並未得逞。陰陽未交合，故小事吉，大事凶。

「小貞」、「大貞」：「貞」假借為「子」，即小子、大子。「子」為古代男子之稱。「大子」，即老人，成年人。句謂小子年壯遇得大臀女子故吉，老人力衰則凶。

屯 復

九五變為「復」卦。

「復」是休息，風平浪靜，太平盛世之時，休生養息，國庫豐盈，故吉。

「復」是傾覆，局勢傾覆，天下大亂，動亂之時，皇帝不差餓兵，必凶。

太平盛世之時，尚能苟且偷安。但處於危難之時，苟安必凶。

九五為君然處「屯」卦創業惟艱之時，有心無力，資源不豐，膏澤不能下施，幹小事可，幹大事就不能了。

九五屯膏不施，初九柔軟與民同苦，「以貴下賤，大得民也。」初九是卦主。

上六：乘馬班如，泣血漣如。

象曰：泣血漣如，何可長也。

「乘」，四也；《康熙字典》：「物四數皆曰乘。」古代一車四馬，

因以乘為四的代稱。《周禮・夏官・司馬》：「圉師：乘一人，徒二人，圉人良馬匹一人，駑馬麗一人。」鄭玄注：「四馬為乘」。

「馬」，坎、震皆為馬。

「乘馬」，指的是四馬駕車行駛。

「班」，還也。《書經・大禹謨》：「班師振旅」。蔡沉《集傳》：「班，還。」又虞翻注：「班如，躓也。」傾仆失足也。《左傳》宣公十五年：「杜回躓而顛，故獲之。」《舊唐書・蔣鎮傳》：「馬躓墮溝澗中，傷足不能進。」

坎為馬，震為行，為往；艮為止，為反。所以乘馬而行遇山阻止而反，故「班如」。

「泣」，哭而無聲，如飲泣，意謂委屈。《說文解字》：「泣，無聲出泣也。徐鉉曰：『泣哭之細也』。」《禮記・檀弓上》：「高子皋之執親之喪也，泣血三年。」《詩・王風・中谷有蓷》：「啜其泣矣，何嗟及矣。」注：「泣，窮之甚也。」上爻為極窮之位，又乘九五之剛，可謂窮之甚也。又《詩・小雅・雨無正》《正義》曰：「《說文》云：『哭，哀聲也』。『泣，無聲出淚也。』則無聲謂之泣矣。連言血者，以淚出于目，猶血出于體，故以淚比血。」

「泣血」，是憂心痛苦，心裡淌血，痛苦極了。坎為水，為加憂，為懼，為血卦。

「漣」，落也。《廣韻・而》：「𣻩，漣洏涕流兒。」《三國演義》：「主為哀泣，友為淚漣。」又「漣如」是垂涕貌，痛哭流涕。《楚辭・九歎憂苦》：「流涕交集兮，泣下漣漣。」《詩・衛風・氓》：「不見復關，泣涕漣漣。」《箋》云：「漣音連，泣貌。」

「泣血漣如」，血、涕，似為精血之暗喻。

此爻謂馬車行進遇難，跌倒傾仆失足，不得進往而悲傷不止，淚流悲戚。雖無凶字，凶象自在其中。

坎為血，為水，故曰「泣血」。〈說卦傳〉：「坎為加憂，為心病，為耳痛，為血卦。」

上六居化外之地與內無應又乘九五之剛，在「屯」為草昧之時，又

居化外邊遠不毛之地，有如北海牧羊，與內無應，完全沒有支援，毫無資源，自生自滅。想回，回不來故「乘馬班如」。

「屯」眾陰無才需依靠陽剛大才，六二與九五相應，六四上承九五之陽，都是以陰靠陽之象。上六爻無應無承，無所依靠，所以「泣血」。

「何可長也」，有兩層意思，一是其不能長久，二是居上已為卦之終為將變，故不能長久。凶字雖未寫出，但窮極泣血又不長久焉能不凶？上六居卦之極，故不長。

上六姿態太高，空歡喜一場，痛苦失望，居「屯」是創業失敗，流落他鄉。

上六以陰爻居「屯」卦之終爻，又在坎險之頂，險之極也。下乘九五之剛，又與六三失應。所以坐立不安，進退無路。一如上坎下兌「節」上六：「苦節貞凶，其道窮也。」上坎下坎「坎」上六：「係用徽纆，寘于叢棘，三歲不得，凶。」上坎下坤「比」上六：「比之無首，凶。」〈象〉曰：「無所終也」。在坎之上爻不吉者多矣。

上爻是化外野荒之地，是蘇武牧羊的北海之外，「屯」九五吝惜不施膏澤，是泥菩薩過江，自己都顧不了如何顧得不了上六？上六窮極可憐，窮途末路，故「泣血連如」。

此爻登堂入室，強行騎乘身上，女子哭泣受傷流血，也未成其好事，第一次經驗不足受傷而終。

䷂ 屯 ䷩ 益

上六變為「益」卦。

上六居卦之窮極之位，將變，「泣血」的狀況不會很久，變「益」則「利涉大川」。

上六是退休老人，變為「益」是可以養。

「益」是「見善則遷，有過則改」從善如流。所以「泣血」時要知變。

《淮南子‧繆稱訓》：「聖人在上，則民樂其治；在下，則民慕其意。小人在上位，如寢關曝纊，不得須臾寧。故《易》曰：『乘馬班如，泣血漣如』言小人處非其位，不可長也。」可以參看。

寢關，睡於關隘之上。

纊，綿絮。《玉篇》：「綿也」。《小爾雅·廣服》：「纊，綿也。絮之細者曰纊。」

曝纊，蠶繭曬在日光之下。

寢關曝纊，比喻不得安寧。

初九為主爻，居震體，震為侯。在「屯」卦洪荒開拓之時，又為「潛龍勿用。」故以培養實力打基礎為主。

初爻為庶民，又在坤陰之下(二三四互坤)，坤為民，為眾，陽在陰下又為侯，故「大得民」。初九與六四應與，所以，六四與初九婚媾。六四疑初九被六二搶去，所以求婚媾。

六二乘剛故多難，與九五應，九五身陷險中，暫不能婚媾，所以遲疑猶豫，不知如何是好。若與初九則乘剛，關係難以維持不會長久。往前應九五，中間隔著重陰(三四爻)，陰遇陰則窒，困難重多。但正應九五終必相結合只是時間拖的太久了。就創業而言，真不知會不會成功，時間成本太大。

六二貞節苦等九五，像苦守寒窯十八年的王三姐（寶釧）。

六三上下皆無應，又在坤陰之中，離陽實俱遠，無有依靠，口帶也空空，在開創期，要資金、資源皆無。見獵心喜，可惜獵物入林，處蠻荒陌生的還境中，不可深入。但不深入，就要斷炊，眼見鴨子就要飛走，無奈死了。是要策馬入林，非追到不可？還是窮寇莫追？聽專家的最好。

六四上承九五之剛，陰承陽為順，本也不錯，無奈九五在坎，動彈不得，不能依靠，是泥菩薩。又正應初九，疑初九與六二的關係，但初九為侯，為陽時，條件極好，在「屯」時雖難，但終有大用的一天，所以往而求之。正是「趨吉」之道，是一位智者，明者。

九五陽剛充實，又與六二正應，本可有一翻作為，無奈身陷險中，動彈不得，保守著僅有的一點膏澤。六二也乘初九之剛，受其牽制，要來救援還有重陰相隔，只能保全自己屯膏不施。屯膏不施只是短視的方法，下民坤陰得不到滋潤終會離去，看形成短多長空之局。

上六乘九五之剛，一陰居陰，位在亢窮之地，下又無應，在開創之時，無論天時、地利、人和皆無。像是斷線風箏，淚盡泣血，更不長久。

第4籤 ䷃ 蒙卦 又名山水蒙

蒙　：亨。匪我求童蒙，童蒙求我。初筮，告。再三瀆，瀆則不告。利
　　　貞。

象曰：蒙，山下有險，險而止，蒙。蒙亨，以亨行時中也。匪我求蒙
　　　童，志應也。初筮告，以剛中也。再三瀆，瀆則不告，瀆蒙也。
　　　蒙以養正，聖功也。

象曰：山下出泉，蒙，君子以果行育德。

序傳：屯者物之始生也。物生必蒙，故受之以蒙。蒙者蒙也，物之稚
　　　也。物稚不可以不養，故受之以需。

雜傳：屯見而不失其居，蒙雜（穉）而著。

116

蒙 小篆　冡 冡小篆　冃 冃小篆　冖 一小篆即艮覆碗形

「蒙」字從艸，其源於「冡」；《說文解字》：「冡，覆也。從冃、
豕」，先說「冃」字，這是用布巾覆蓋了兩重的意思；《說文解字・冃
部》：「冃，重覆也。從冂、一。」《說文解字注》：「冃，重覆也。下
一覆也。上又加一。是爲重覆。從冂一。會意」，而「冖」是覆蓋了一
層；《說文解字・冖部》：「冖，覆也。從一下垂也。臣鉉等曰：今俗作
幂，同。」《說文解字注》：「冖，覆也。覆者、蓋也。從一下丞。一
者所以覆之也。覆之則四面下垂。廣韻引文字音義云。以巾覆。從一下
垂」。從字形字義來看「冖」字就像過門新娘頭上的蓋頭。

再看「冡」字，《說文解字》：「冡，覆也。從冃、豕。」一隻冡豬
頭上被冡布蓋了兩層，則眼前一黑，不能辨別方向，既防止脫逃，也利捕
捉。引申為遮蓋，智慧未開，蒙昧無知。今俗語謂糊塗蟲。「邂」字也從
豕豬，意思是小豬崽東逃西竄難以捉摸。

「蒙」字從艸，原本的意思是一種寄生植物菟絲草，有「草食性
的吸血鬼」之稱，會造成宿主營養不良而死亡；換句話說菟絲草蒙住宿
主，一層又一層，既密且厚，陽光都難穿透。此草又稱王女、女蘿；《爾
雅・釋草》：「蒙，王女也。」《註》：「女蘿別名」。《通訓定聲》：
「錢辛楣師曰：女蘿之大者名王女，猶王慧，王芻也。按凡物大者，或稱

王，或稱馬牛。」可見女蘿生長的一層一層，既厚且覆蓋面積廣大。李白有詩〈古意〉云：「君為女蘿草，妾作菟絲花。」「與君為新婿，菟絲附女蘿。」又云「纏綿成一家」「菟絲斷人腸」著實讓人喘不過氣。所以「蒙」是覆蓋，陰暗，緊緊纏繞的意思；《書・洪範傳》：「蒙，陰闇也。」其實艮在上卦都有此象。艮覆碗，艮本有覆蓋之義。上艮下離「賁」是以裝飾混淆；上艮下巽「蠱」是疑惑，蒙在鼓裡；上艮下坤「剝」是燦爛。

「蒙」是萌，是幼稚，是知識未開的赤子，天真無邪的糊塗蟲。〈序傳〉說：「蒙者蒙也，物之稚也。」「屯」是胎兒，尚未出生；「蒙」則是稚齡幼兒。《廣韻》：「稚，幼稚，亦小也，晚也。」所以「蒙」在「屯」後。〈雜傳〉說：「蒙雜而著」。「雜」字當為「稺ㄓˋ」之訛，《說文解字》：「稺，幼禾也。」即是稚。《經典釋文》：「蒙，蒙也，稚也。」《方言》云：『蒙，萌也』。」《周易集解》引鄭玄云：「蒙，幼小之貌，齊人謂『萌』為『蒙』也。」《說文解字》：「萌，艸木芽也。」

「屯」是「天造草昧」，「蒙」也是草昧不明，文明不開化。上艮為掩蓋，下坎為智慧，智慧被掩，故「蒙」。

「蒙」是出生幼稚，文明尚未開化，「屯」是草昧洪荒，混沌不清。「蒙」是萌，是幼稚，孩童。「屯」是萌而未發的胎兒，「蒙」是萌發而未明的幼稚兒童。這兩卦都是蠻荒草昧，文明未化之時。「屯」重開創立業，「蒙」重教育傳承。「屯」是生聚，「蒙」是教訓。

「蒙」卦上下兩正負艮為少男，為童，為求，故曰「匪我求童蒙，童蒙求我。」二三四互震，也是覆艮。互卦其為重要。

「蒙」是雜亂無章，千頭萬緒。是遮掩。「蒙」之不明不是本身不明，是受到蒙蔽而不明。如鏡子上的污垢、眼中的飛翳，若去掉外在的遮掩之物就明了。「蒙」是蒙蔽，是欺矇，是朦在鼓裡。

「蒙」是愚昧，是蒙古症，唐氏症，是呆然無知。

「蒙」上艮卦為山，下坎卦為雲雨；雲山霧罩之義；又艮覆碗亦有覆蓋籠罩之義。故「蒙」通「濛」，即霧濛；《詩・豳風・東山》：「零雨其蒙」，此詩《楚辭章句》卷十二引作「零雨其濛」。可證蒙、濛相通

用。《史記・宋微子世家》:「乃命卜筮,曰雨,曰濟,曰涕,曰霧。」《索隱》:「霧,音蒙,然『蒙』與『霧』亦通。……『蒙』作『被』,義通而字變。」《集解》:「霧者,氣不釋,鬱冥冥也。」又《釋名・釋天》:「霧,冒也。氣蒙冒覆地之物也。」此即艮覆碗之德性。

古人造字有其智慧,蒙、濛、檬、朦、蠓、曚、懞、矇、艨、冡、饛等不是取其義就是去其音。又如夬、快、決、訣、抉、玦、疢、缺等字皆有同義,讀《易經》這些功夫是不可缺的。

蒙字亦作「霿ㄇㄥˊ」,《說文解字》:「霿,天氣下,地不應,曰霿。霿,晦也。从雨瞀聲。」將霧解釋為「地氣」。《釋名・釋天》:「霧,冒也。氣蒙冒覆地之物也。」冒,不正是艮覆碗嘛!今閩南語猶謂「霧」為「蒙」。所以蒙者,霧濛朧也。

「蒙」有幽冥之義,「屯」卦「雷雨之動,滿盈。天造草昧。」相綜「蒙」卦「物之稚」、「萌生」皆有混沌不明之義。

蒙,音通冥。幽冥,即夜昧也,又即暗昧。即茫茫黑暗之所在。蒙,也為帽,有覆蓋之意,中山王方壺:「氏(是)以身蒙辜(甲)胄。」(見『漢語多功能字庫』)《國語・晉語》:「聞蒙甲胄」。韋昭注:「蒙,被也。」艮覆碗,艮為覆蓋,為冒,故為蒙,為暗。坎中滿,一陽為二陰所包覆。又蒙指愚昧,馬王堆《戰國縱橫家書・公仲倗謂韓王章》:「故韓是(氏)之兵非弱也,其民非愚蒙也。」

「蒙」為萌,萌為民,民的本意是「盲」,奴隸也。《管子・山國軌》:「謂高田之萌曰:『吾所寄幣于子者若干』。」《註》:「萌,民也。」《戰國策・燕策二》:「所以能循法令順庶孽者,施及萌隸,皆可以教於後世。」《史記・周本紀》:「發鉅橋之粟,以振貧弱萌隸。」「萌隸」連稱,是同義字連詞,所以萌為民,民為奴隸。詳見「屯」初九。又《說文解字》:「黔:黎也。从黑今聲。秦謂民為黔首,謂黑色也。周謂之黎民。」又《說文解字》:「民,眾萌也。言萌而無識也。」《說文解字》:「萌,猶懵懵無知皃也。」又「昏ㄏㄨㄣ」字从「民」《說文解字》:「昏,日冥也。」黃侃《說文聲類考》云:「童蒙、敦蒙、夢夢、沌沌、玄冥、混沌皆同源詞。」

「蒙」為矇,《說文解字》:「矇,童矇也。一曰不明也。从目蒙

聲。」《釋名·釋疾病》：「有眸子而失明，蒙蒙無所別也。」《詩·大雅·靈臺》：「矇瞍奏公」。《毛傳》：「有眸子而無見曰矇」。《國語·周語》：「矇誦」。《晉語》：「矇誦不可使」。韋注：「有眸子而無見曰矇」。矇，是眼疾，雙眸未損，但有物翳蔽，眼不能見物。以用以比喻無知愚昧之人。因為無知而蒙昧，所以求筮解惑。

「蒙」是乩童，此卦是蒙童初學祭祀占卜。有啟蒙教育之意。古時國之大事只有「祀與戎」兩件事。《左傳》成公十三年：「國之大事，在祀與戎。」占筮是祭祀中重要的活動，是商周以前文化的重心。蒙童所學無非祭神之禮；蒙童就是被選為學祭祀禮術的乩童。

「蒙」是幼稚兒童智慧未開所以要啟蒙，又上卦艮覆碗，為門戶，啟蒙即啟門，開啟通道；故曰「果行育德」。艮為終，為成，故為果，一陽在為為堅定。

「亨」當作「享」，謂祭祀。

「匪」：帛書作「非」。《說文解字》：「匪……一曰非也。」「屯」六二：「匪寇婚媾」之「匪」亦為「非」。

「求」：就也，召也，降臨。

「瀆」當作「黷」，《說文解字》：「黷，握持垢也。」鄭玄：「褻也」。《廣雅·釋詁》：「黷，狎也。」

「童蒙」有幾解：一為蒙昧的稚童，天真無知，行事不知輕重。《增韻》：「十五以下謂之童子」。《釋名》：「山無草木曰童，若童子未冠然。」所以鄭玄注：「未冠之稱」，意思用的是蒙昧無知。一「童」讀作「團」，謂團團濃霧，朦朧不能視物。一是「童蒙」，即朦朧。坎為正北，艮為東北，「蒙」是深冬冥昧寒縮之時，為北方玄武之神。

「我」，筮者自稱。

「匪我求童蒙，童蒙求我」，謂有來求筮者，而無前往筮問者也。

「筮」，卜筮，即問卜也。

「告」，示也、語也。《玉篇》：「告，語也。」

卦辭：「亨。匪我求童蒙，童蒙求我。初筮，告。再三瀆，瀆則不告。利貞。」謂當祭祀求卜占，蒙昧如濛霧重重，誠心的占問一次則靈

而告知吉凶，反覆多疑測問占卜就是瀆狎筮者，則不為之再筮。「初筮告」，帛書作「初筮吉」。初筮則卜告而吉，再三褻瀆不告則不吉。吉、告二字易相混。

「蒙」所言也是教育，是施教於幼稚童蒙，一如有疑問時占卜筮問神靈，誠心敬意的筮問求教，則告示解惑，倘若接二連三地筮問求告，就有褻瀆之意，這就不再告示。

「果行」，是果行勇決，堅定不移之義。君子修道當毫不猶豫，要勇於實踐。《墨子·修身》：「志不強者智不達，言不信者行不果。」《國語·吳語》：「莫如此，志行不果。」韋昭注：「果，勇決也。」《國語·晉語》云：「若是道也果」。韋昭注：「果，必行也。」《國語·晉語》云：「其身果而辭順」。韋昭注：「果謂敢行其志」。《論語·子路》：「言必信，行必果。」《左傳》宣公二年：「殺敵為果，致果為毅。」《逸周書·諡法解》：「好力致勇曰果；好學近智曰果；臨事善斷曰果。」艮陽剛在外，為果。

「蒙」卦既有殺敵至果，勇敢決斷之義，而蒙、冡、冣在古文本同字，皆為覆蓋之義。艮覆碗，即覆蓋也。金文「蒙」字即表示覆蓋，《中山王方壺》銘文：「氏（是）以身蒙冑（甲）胄」。《國語·晉語》：「聞蒙甲胄」韋昭注：「蒙，被也」。古時勇士批獸皮為甲，也表示勇武。

下卦坎，〈說卦傳〉：「坎為豕」，就是野豬，凶猛剛武邪惡之物，勇猛兇悍，力足與虎狼相搏。古有「一豬二熊三老虎」之說，野豕皮厚毛濃堅韌異常，野性生猛，「豕」字或是披上獸皮的武士。《左傳》莊公十年這時的魯國國力尚強，齊桓公剛剛回國還在休養生息，齊、宋合師攻打魯國，公子偃出奇兵而擊敗宋軍，齊國見宋敗也班師退兵：「（公子偃）自雩門竊出，蒙皋比而先犯之。公從之，大敗宋師於乘丘。齊師乃還。」《正義》曰：「僖二十八年傳稱『胥臣蒙馬以虎皮』，此云『蒙皋比而先犯之』，事與彼同。知皋比是虎皮也。其名曰皋比，則其義未聞。《樂記》云：「倒載干戈，包之以虎皮，名之曰建囊。」鄭玄以為兵甲之衣曰囊。囊，韜也，而其字或作建皋。故服虔引以解此。」可知馬、人都披上獸皮以為甲革以為其勇。

「育」,是教育、培育、養育要細心呵護,小心教導。甲骨文,從女,從倒子。金文育字多三點為羊水,小篆「育」字,從「反子」即「去ㄊㄨ」,從「月」,上「子」是要反過來看,意思是小孩子由母體出生的樣子。《說文解字》:「去,不順忽出。從倒子。」《精蘊》:「凡孕胎,男背女向。臨產,腹痛,子轉,身首向下,始分免也。」所以,「屯」是「胎」,「蒙」是已經出生,是「稚」。二三四爻互震為育,為德。

「德」,是德性。

〈蒙・大象〉曰:「果行育德」,上艮下巽〈蠱・大象〉曰:「振民育德」,上艮為山,止而不動;下巽為風,伏入而藏,也是不動。所以「蠱」的大意是「積久不變而生蠱」換句話說,整個社會的風氣是陰在下,伏藏積久而積靡而亂;所以,需要「振民育德」這比「蒙」要嚴重所以要用,「振」來教育人民。一果,一振;可見教育兒童與人民都得果斷堅決。

〈臨・大象〉:「以教思無窮」相對就好的很多。

「果行育德」,培養殺敵至勇的武士。

小篆小篆小篆

金文「教」字即以手持教鞭以教幼子占卜之意。「教」字即「爻」、「子」、「右手」、「棍子」。

「學」字即「爻」、「子」、「雙手」、「屋子」組成。艮為手,為屋;互震為子;坎為智。「育」字上部為「子」之反寫「去」,意思生育。

「蒙」是無所適從,任意暢流,但幼小無知,不知如何是好。

坎水在艮山之下,是水初離山谷進入平原,散流如如扇狀,所帶來之砂石堆積成「沖積扇」。沖積扇有一特性,就是「自流井」;在沖積扇下部擇地鑿井,水流因壓力關係,無需汲水而水源源不斷的自流,是其有「潛能」也。〈大象〉曰:「山下出泉」謂潛能無窮。

「蒙」是潛能未現,有待發掘。

「蒙」是學校，學是起蒙之所。艮為屋，為室，故為學校。

「匪我求童蒙，童蒙求我」，就是學校的活動，也是古人卜筮的原則，不主動求占。

☷☵ 蒙 ☷☷ 師

「蒙」是幼教老師，是啟蒙老師。「蒙」初爻至五爻互「師」。

「蒙」二爻至上爻互「頤」為養，是教養，養育，培養，是養成教育，是國民教育，是智能不足的特殊教育。

「蒙」是草木茂盛，雜草叢生。艮為小木，坎為荊棘，是荒草漫漫之狀。

「蒙」是雨水濛濛，毛毛細雨，天氣昏暗。「屯」是雲雷屯，「蒙」是雨下積為泉。

「蒙」是雜亂，〈雜傳〉曰：「雜而著」是亂中要理出頭緒。是紊亂但生機蓬勃。是雜亂中能見微知著，是機象已萌。二爻至五爻互「復」，陽氣已萌。

《容齋隨筆》謂唐蘇州司戶郭京有《周易舉正》三卷云：「曾得王輔嗣韓康伯手寫注定傳授真本」謂〈雜傳〉云：「蒙稚而著」今本將「稚」誤作「雜」字。

又蒙為欺瞞，《左傳》昭公二十七年：「鄢氏、費氏自以為王，專禍楚國，弱寡王室，蒙王與令尹以自利也。」杜預注：「蒙，欺也」。

「蒙」是欺蒙，蒙蔽。艮在上卦有欺騙之意，如「賁」為偽飾，「蠱」為迷惑。

「蒙」是欲望蒙蔽理智。坎為智。

「蒙」是不可前進，因為狀況不明。

「蒙」〈象〉：「險而止」遇險而止，不求出險則永無開朗之日，故「蒙」。

「險而止」是不知險，艮艱難、坎險陷，故不可妄動，要待時機，非人力可為，要靠天命。

「蒙」是盲人，失明之象。「明夷」亦是失明，為後天造成，「蒙」

為先天缺陷。

䷃蒙錯為革䷰

一卦六爻陰陽相變，形成一個新的卦稱為「錯」卦，代表一徹底的劇烈變化。如「蒙」相錯為「革」卦，啟蒙成功，民智大開即為改革、革命，是除舊去故也。

「蒙」是糾纏不清。「蒙」是菟絲草，攀行的地衣植物，一生一大片。瓊瑤有小說名為《菟絲草》，形容三個愛纏男子的女人。

「蒙」是孤兒，不知有父；坎為中男，艮為少男，互為震為長男，互為坤為母，是三男從一母，是無父也；是上古只知母，不知父之時，為蒙昧而未開化之時，是母系社會也。也可以看作三男共一妻，《焦氏易林‧蒙之節》：「三人共妻，莫適為雌，子無名氏，公不可知。」

「蒙」是「立春」之後「雨水」之時，春雨濛濛之象。又蒙為萌，為芒，也是節氣「芒種」西曆六月五日、六日。

「屯」之後為「蒙」，「屯」是創業惟艱，「蒙」是拜師學藝。「屯」是十年生聚，「蒙」是十年教訓。

「瀆」，褻瀆、輕慢之意。《左傳》成公十六：「瀆齊盟而食話言」。

「利貞」，是要僅守分寸。「蒙」卦無知，踰越分寸而不自知。

「蒙」互為「復」，「復」一陽在下為陽之萌，「蒙」卦生機無限。「蒙」互「頤」，「頤」是安養，「蒙」是智慧未開，是教養院。

「蒙」：「亨。匪我求童蒙，童蒙求我。初筮，告。再三瀆，瀆則不告。利貞。」

非我往求蒙昧的問筮者，而是蒙昧的問筮者求問我。初次筮問，我告之以吉凶。反復問筮，則是輕褻神靈，輕褻則不復有所告。

「告」：謂筮者告之以吉凶休咎。《詩‧小雅‧小旻》：「我龜既厭，不我告猶。」告知以吉凶悔吝。

可一不可再、三如此以為褻瀆，以免適得其反。凡事不可超越限度，超越界線必冒瀆，有如「既濟」：「東鄰殺牛，不如西鄰之禴祭。」謂殺牛的太牢之盛祭，不如誠心簡約的薄祭。這也是古代筮法的準則。

「蒙」即為「濛霧」，古人所記有遠古有關於「霧」的傳說有二：一為黃帝與蚩尤之戰，蚩尤能興霧，黃帝作指南車而破之。《漢學堂叢書》中的《龍魚河圖》：「黃帝之初，有蚩尤兄弟七十二人，銅頭鐵額，食沙石，制五兵之器，變化雲霧。」《黃帝玄女戰法》：「黃帝與蚩尤九戰九不勝。黃帝歸於太山，三日三夜，霧冥。」《太平御覽》卷十五引晉人虞喜《志林》：「黃帝與蚩尤戰于涿鹿之野，蚩尤作大霧，彌三日，軍士皆惑。黃帝乃令風后法斗機，作指南車以別四方，遂擒殺蚩尤。」《山海經・北大荒經》：「蚩尤作兵伐黃帝，黃帝乃令應龍攻之冀州之野。應龍畜水，蚩尤請風伯、雨師，縱大風雨。黃帝乃下天女曰魃。雨止，遂殺蚩尤。」一為商湯死後，伊尹自立為王，流放商湯之嫡孫大甲於於桐宮，後大甲殺伊尹，大霧三日。《史記・殷本紀》：「帝太甲既立三年，不明，暴虐，不遵湯法，亂德，於是伊尹放之於桐宮。三年，伊尹攝行政當國，以朝諸侯。」《論衡・感類》：「伊尹死時，天何以不為雷雨？」應曰：「以《百雨篇》曰：『伊尹死，大霧三日。』」大霧三日，亂氣矣，非天怒之變也。」《竹書紀年・太甲》：「太甲元年，伊尹放太甲於桐，乃自立。七年，王潛出自桐，殺伊尹。天大霧三日。」《初學記》引《帝王世紀》曰：「伊尹卒。年百有餘歲，大霧三日。」《中國文獻歷代精萃》：「太甲……殺伊尹。天大霧三日，乃立其子伊陟、伊奮，命復其父之田宅而中分之。」《抱樸子・良規篇》云：「伊尹終於受戮，大霧三日。」兩則故事皆與爭鬥相關，可以參看。

顧頡剛先生以為「蒙」卦是夏桀攻打蒙國以致亡國的故事，亦可參看。上述以「蒙」通「民」，「民」為「冥」，日不明也。又「盲其一目以服苦役，因而命之曰民。」蒙即是矇，民是盲的初文。先秦古代有一方國為「蒙山」。《楚辭・天問》：「桀伐蒙山，何所得焉？」王逸注：「桀，夏亡王也。蒙山，國名也。」顧頡剛以為「蒙山」就是《左傳》昭公四年：「夏桀為仍之會，有緡叛之」中說的「有緡」。「有緡」就是「緡」，「有」是詞頭，習慣加一個「有」，一如有虞、有夏，一如以後之大秦、大漢、大唐。顧頡剛先生在《有仍國考》一文中指出：「《天問》云：『桀伐蒙山，何所得焉？』《古本竹書紀年》云：『後桀伐岷山，進女於桀二人，曰琬、曰琰。桀受二女而棄其元妃於洛，曰末喜氏。末喜氏以與伊尹交，遂以間夏』（《太平御覽》一百三十五引）岷山蓋即

蒙山，亦即有緡（舊以此蒙山、岷山為蜀地，蓋非）桀伐岷山取二女以致亡國，故曰『桀克有緡以喪其身』。」此卦所言即此故事。又舉《左傳》昭公四年：「夏桀為仍之會，有緡叛之」，又《左傳》昭公十一年：「桀克有緡以喪其國」為證。《呂氏春秋‧慎大》裡載伊尹向湯報告說：「桀迷惑於末嬉，好彼琬、琰。」

「琬，琰」就是蒙山獻給夏桀以求和的美女。古書中稱「昏山」就是「岷山」、「蒙山」、「緡山」，也就是「有緡」。此歷史故事實的大體過程是桀在有仍氏舉行諸侯大會，蒙山國（有緡）不聽其命背叛了，桀乃命大臣扁討伐蒙山，蒙山戰敗，其國君岷（蒙）山莊王獻上了琬、琰二女求和。桀得了二女之後，極度寵愛，淫佚享樂無度，不理政事，導致國家混亂衰敗，被商湯滅亡了國家，所以說「桀克有緡以喪其國」。

「求」，逑〈一ㄡˊ也；義為逼迫，《說文解字》：「逑，迫也。」「匪我求童蒙，童蒙求我」者，謂不是我逼迫（軍隊）攻伐蒙國，而是攻伐蒙國之事在逼迫我。情勢急迫，前景不明也，故求占卜。「初筮，告。再三瀆，瀆則不告。利貞」，謂第一次筮的結果是吉，第二、第三次筮為「瀆」，「瀆」則不吉。「瀆」為何？是卜筮的過程中出現異況，何種異況已不可考，但這種異況是不吉的。蓋《尚書‧洪範》曰：「立時人作卜筮，三人占，則從二人之言。」可見古人卜筮一而再，再而三是常態，而非多次占問而褻瀆。《左傳》定公九年：「衛侯將如五氏，卜過之，龜焦。」杜注：「龜焦，兆不成，不可以行事也。」可知「龜焦」不是好徵兆。「筮瀆」可能與「龜焦」類似，是筮卦時出現的一種異常情況，也是不吉的徵兆。上古史紀錄渺茫，此故事亦可參觀。

初六：發蒙，利用刑人。用說桎梏，以往吝。
象曰：利用刑人，以正法也。

「蒙」初六以陰爻居初陽之位，失位，有陽之位為陰所蒙之象。

初為始，是蒙昧之始，故曰「發蒙」。

「發」有「興起」之意，「發」的部首為「癶（撥）」部。初六是蒙之始，蒙的不深。可以撥亂反正。《史記‧淮南衡山列傳》：「如發蒙耳」。《集解》：韋昭曰：「如蒙巾，發之甚易。」《詩‧大雅‧蕩》：「枝葉未有害，本實先撥。」《疏》：「撥者，撥去之。」

「發蒙」即啟蒙，啟發教育之意。亦是發矇，將眼中翳物除去，醫治眼疾而復明。

金文 籀文 小篆 漢隸 小篆 隸變 古文

于省吾先生認為「發」當讀作「灋」即「法」。《管子・任法》：「君臣上下貴賤皆發焉」。又曰「君臣上下貴賤皆從法，此謂為大治。」可知「發」即「法」。下卦坎為法。則「發蒙」即「發蒙」即「法蒙」。

金文「灋」字，從水，意謂公平如水；從廌，從去，廌古代神獸能辨別是非曲直「觸不直者去之」。

以教育而言，「刑」與「型」同。「利用刑人」是宜樹立模型，模範；使童蒙、蒙民有所法式以為依循，以免犯錯受罪刑。

以司法而言，「刑」，刑罰，法也，《左傳》襄公十三年：「一年刑善，數世賴之。」注：「刑，法也。」《詩・大雅・思齊》：「刑于寡妻，至于兄弟，以御于家邦。」《正義》曰：「刑，法。」

「刑人」，是施刑罰於人。

「利」，宜也。

「用」當「於」字講，「利用」即利於；「利用刑人」就是「利於刑人」。初六蒙的不深，撥就可以啟蒙，對於受輕刑之人是有利的。「用」之本義為可施行。《說文解字》：「用，可施行也。從卜從中。」甲骨文字形像骨版上有卜兆之形，要依從卜兆之意而施行能得利。故「用」有「利」之意。既然不明於法，是「法蒙」，觸法則受刑。

「說」，為脫。古文說、脫、悅為同一字，都用「說」。

「桎梏」，古人以木為刑具，在足曰「桎」，在手曰「梏」。《說文解字》：「桎，足械」，「梏，手械」。《禮記・月令》：「命有司省囹圄，去桎梏，毋肆掠，止獄訟。」

「桎梏」，是手鐐腳銬刑具。

坎為水，為律，為法。為陷，為約束，為桎梏。上艮為手，下二三四爻互為震為足。

初爻是庶民，《禮記・曲禮上》：「禮不下庶人，刑不上大夫。」「桎梏」之刑僅施於庶人。

「利用刑人，用說桎梏」，是教導得法，啟發初六之蒙。《潛夫論·思賢》：「年雖童妙，未脫桎梏。」

「利用刑人，用說桎梏」，「蒙」初以陰居陽，不得其位，受到蒙敝，宜加以刑罰，然後起其蒙蔽，幫他脫離桎梏，不致犯大過。眼疾矇蔽，醫治復明後，有如受刑之人，脫去手腳上的刑具，出離囹圄。「歸妹」九二：「眇能視，利幽人之貞」義同。

「用刑」，是以嚴厲、嚴苛的方法。

「用刑」，是占卜時筮者可能以皮肉之痛加刑於自己以求與神通，如今之乩童。

「以」，猶也，而也。

「往」，本是前往，繼續之意。此處借為亡，意思是逃亡。

「吝」，有與「遴」通，《說文解字》：「遴，行難也。」《孟子題辭》：「然於困吝之中」。焦循注：「吝之義為難行」謂難行不進，或是遭遇到困難而事難成。又如今言「累」。《班馬字類》：「羸，病貌。」《廣雅·釋詁》：「遴，難。」

「以往遴」，是往前行走遭遇艱難，事難成的意思。這與「屯」六三「往吝」意同。

「以往吝」，是被桎梏之刑，受蒙敝之人，雖出囹圄但對外在環境陌生，不知道路行徑，如要幼稚無有經驗故「以往吝」。眼疾復明者亦同，陌生而不知路如稚兒無經驗，故不知路徑而難行。初六與四無應，故「往吝」。

此爻句謂要啟發人民對於律法的蒙昧無知，就宜對犯人施行罰加以桎梏刑具。如果脫去桎梏刑具而使犯人逃亡而不受刑，就會對法律的施行造成困難。所以〈小象〉曰：「利用刑人，以正法也。」

「正法」，即是指行為的正確標準，做人的法則，制定的法律。即是施以刑罰，矯正錯誤以求正，教導守法。坎為矯輮，為矯正。即是正確的方法。

又「發」者起也；《廣韻》：「發，起也。」「發蒙」即濛霧之初起。此蒙有植物萌發的意思。

顧頡剛先生以「發」為派遣軍隊之義。《廣雅·釋詁二》：「發，去也。」《戰國策·齊策一》：「王何不發將而擊之」，鮑注：「發，遣也。」《玉篇》：「發，進也，行也。」這裡當是派軍隊前往的意思，相當於「征、伐」，謂前去征伐敵國。《詩·周頌·噫嘻》：「噫嘻成王，既昭假爾。率時農夫，播厥百穀。駿發爾私，終三十里。」《疏》：「以耜擊伐其私田，使之發起也。」古代打仗或許會徵招刑徒併入軍隊，故曰「利用刑人，用脫桎梏」《焦氏易林·小畜之泰》：「桎梏解脫，拘囚縱釋。」如《史記·吳太伯世家》：「十九年夏，吳伐越，越王句踐迎擊之檇李。越使死士挑戰，三行造吳師，呼，自剄。」《集解》駰案：「賈逵曰『死士，死罪人也』。鄭眾曰『死士，欲以死報恩者也』。」

此爻發兵出征蒙國，並脫去受刑囚徒的桎梏，以為死士，但戰事並不順利而難成事。

「發」也有興起之義，《廣韻》：「發，起也。」發蒙，則是起霧。此爻問氣候有大霧。

䷃蒙䷨損

初六變為「損」卦，「損」是減，是傷，是投資尚未回收，強調先損後益。「蒙」初六為教育之初，要知投資，不僅是財資也是身心。

初六在坎下，坎為幽，為獄，為險陷，為窞，又曰「刑人」，是深陷獄中之牢犯或俘虜。

「利用刑人，用說桎梏」是受刑得解脫，是以教育替代刑獄，是感化教育。

初爻「發蒙」要用方法修正、導正使其發展，不可過於放任，反之必有吝。初爻剛脫桎梏，正之以法，若非則一直用刑而蒙昧不脫，長此以往必吝。

九二：包蒙吉。納婦吉，子克家。
象曰：子克家，剛柔接也。

此爻為卦主。

「包」為包容，僻護，僻蔭。《說苑·雜言》：「夫水者，君子比德焉。遍予而無私，似德；所及者生，似仁；其流卑下句倨，皆循其理，

似義；淺者流行，深者不測，似智；其赴百仞之谷不疑，似勇；綿弱而微達，似察；受惡不讓，似包蒙；不清以入，鮮潔以出，似善化；至量必平，似正；盈不求概，似度；其萬折必東，似意。」

「包」，苞也，彪也，文也。陸德明《經典釋文》：「苞蒙，如字。鄭云：苞當作彪，彪，文也」。「包蒙」，為萌發茂盛美麗如花紋。

「包」又作「庖」，包犧氏又作庖犧氏。《說文解字》：「庖，廚也。」古人稱廚人為庖。《莊子‧養生主》：「庖丁為文惠君解牛」。《淮南子‧齊俗訓》：「庖丁用刀十九年，而刀如新剖硎。」《呂氏春秋‧精通》：「宋之庖丁好解牛，所見無非死牛者。」

「庖矇」者，不知庖廚之事則無以主中饋，如眼盲不能理廚房之事。新嫁娘不知持家之法。

「蒙」是指初六需要啟蒙之人。九二陽剛光明非蒙者而是啟蒙之人，如今之老師。九二以陽居中，上下皆陰；有被包之象。又初六承九二，九二據初六，九二庇蔭初六。

《易》例，凡陽爻在陰爻之上稱為「據」。有佔據之意。陰爻在陽爻之上稱為「乘剛」，有受陽制之象。

三四五爻互為坤，有老婦包養照顧鞠養之意。

「吉」九二之陽前遇重陰，陽遇陰則通，故吉。《易》例，陽爻前遇陰爻、陰爻前遇陽爻則「通」；陰爻前遇陰爻、陽爻前遇陽爻則不通稱之為「窒」。

「納」，《廣韻》：「入，納也、得也。」《博雅》：「納，入也。」「入」、「納」二字義同相通。

「婦」，《康熙字典》：「女子已嫁曰婦。婦之言服也，服事於夫也。」《爾雅‧釋親》：「子之妻爲婦」。這是明媒正娶的夫人。「鼎」初六：「鼎顛趾，利出否，得妾以其子，无咎。」妾，與妻、婦不同。妾、臣在殷末周初都是奴隸。

「納婦」，娶婦；九二與六五相應，是九二之陽娶六五之陰，兩皆居中，陰陽相應，有夫唱婦隨之美，故曰「納婦吉」。

「納婦吉」，是娶良婦，是美姻緣，是得賢助。

「克」，能也，可也；肩也，承擔也，任事也。

「家」，成家，結婚姻。

「子克家」，是有子能勝任管理繼承家業。子，本義是兒子，後來才男女皆稱子。古代以有子繼承家業為「孝」。詳見「蠱」「幹父之蠱」。

「子克家」，是居下位者能勝任上事。為矇盲者納婦娶妻則有家有主婦可以主中饋，子有家室。二至四互為震，震為子；艮為家，六五艮體，九二應之，故曰「子克家」。

「蒙」卦初、三、四、五皆陰爻性柔順，上九為艮象為少男，都不能承擔重任，只有九二以陽居中，又為震體為長子可承繼家業之重任，故曰「子克家」。

「包蒙吉」，文采紛紛故吉。「納婦吉，子克家」，都是吉慶之事故張燈結綵，文飾而歡慶。

〈小象〉曰：「子克家，剛柔接也。」

「接」，是交。《說文解字》：「交也」。《廣韻》：「合也，會也。」是說九二、六五相應。相應有亨之義。「亨」，交也。九二與六五相應，是「剛柔接也」。

九二是受眾陰所歸附，所以爻辭有「納婦」之辭，是六五之陰來歸附並納娶也。

「包蒙吉」與「納婦吉，子克家」要分開來看，第一個吉是占到此爻則吉。「屯」是「剛柔始交而難生」，故「屯」六二「乘馬班如，匪寇昏媾。女子貞不字，十年乃字。」從一開始以為是搶婚到十年以後才生子歷經艱難。「蒙」是啟發而亨，是「果行育德」又是「果」又是「育」所以九二「納婦吉，子克家」就順利地多了。因為經過啟蒙教育不再是沒有經驗了。九二上前遇坤，坤為母，為婦；是「納婦」；九二居震，震是育，是子，是繼承；故「子克家」故吉。

九二在初、三、四、五、四陰之中，是被四女所照顧，初到五有「師」卦之意，是以母為師。

互為震為長子，九二本身為剛陽，陰歸附陽，所以有納婦之象。

「接」為傳宗接代之意。「接」字是「妾」的後起字。《說文解字

注》：「接，交也。引申爲凡相接之稱。」

此爻包容蒙昧，吉。又娶妻得子繼承家業亦吉。

又「包」，覆也，籠罩也。

「包蒙」，為大霧鎖住籠罩。

或謂有穿戴包裹者獸皮的勇士，這樣的勇士納婦吉，這樣的兒子可以繼承家業。

䷗蒙䷖剝

九二變卦成「剝」。

「剝」，落也；是家中人丁稀少，有獨子傳家之象。「剝」是節骨眼，是另一階段的轉承。

「子克家」，就是以子傳家香火，家中陰盛陽衰，是以獨子而傳父母兩家之香火，克紹其裘也。

《易經》中初六承九二者，有婦子之象，如：

䷱「鼎」初六「得妾以其子」。

䷑「蠱」初六，「幹父之蠱，有子，考無咎。」

䷛「大過」九二，「老夫得其女妻。」

「蒙」卦二陽四陰，陽為實，是充實的施教者。陰為虛，是虛心的求教者。九二為卦主，是施教者。

「包蒙」，是包容，是有教無類，是愛的教育，故吉。

「納婦吉」，是教與學兩相投契。

「子克家」，是能承擔此教育重任。

「剛柔接」，是相互溝通，教學相長。

「納」，帛本作「入」，納、入古通用。九二為「老夫」。六五為「老婦」，往應九二，

所以說「老夫納老婦」。老婦往應老夫，是老婦有所依歸，故曰「納婦吉」，故卜說「利嫁」。

這爻利嫁娶、撮合。

「大過」九二：「老夫得其女妻，無不利。」與此爻老頭納婦，相似。

九二與六五相應，故納婦吉，又〈小象〉曰：「剛柔接」，就更明白了。

顧頡剛先生以「包」為包抄、圍而殲之之義。《漢書・匈奴傳上》：「故其戰，人人自為趨利，善為誘兵以包敵。」《詩・殷武・商頌》：「裒荊之旅」之「裒ㄆㄡˊ」同「襃」，即包，本義是「衣襟寬大」，《說文解字》：「襃，衣博裾。從衣，保省聲。保，古文保。」段玉裁注：「博裾謂大其襃囊也」。「裒即俘、包，謂擊敗楚師。」鄭玄《箋》：「裒，克其軍率而俘虜其士眾。」「裒」的意思相當於後來《史記・絳侯周勃世家》所說的「盡虜之」。

「納婦吉」或謂戰敗國獻女求生之舉。《古本竹書紀年》云：「後桀伐岷山，進女於桀二人，曰琬、曰琰。桀受二女而棄其元妃於洛，曰末喜氏。末喜氏以與伊尹交，遂以間夏。」到了周代春秋時還有類似情況，《史記・晉世家》所說的「（晉獻公）五年，伐驪戎，得驪姬、驪姬弟，俱愛幸之。」

周易探究・上經

六三：勿用取女，見金夫，不有躬，無攸利。
象曰：勿用取女，行不順也。

「勿」，不也。

「用」，宜也，為利之意。

「勿用」：不能、不宜、不利。

甲骨文　小篆　隸書

「取」，娶也。《說文解字》：「娶，取婦也。從女從取，取亦聲。」段玉裁注：「經典多叚取為娶。從女。取聲。」

「女」是指六三之爻。

「蒙」卦六三以陰爻居陽位，是失位，又在下卦之終，在九二之上，是乘剛，且不中不正，是一失位、乘剛、不中不正之女，是不宜娶之婦。故曰「勿用取女。」這與「姤」卦辭相同。

「蒙」初曰「發蒙」，二曰「包蒙」，四曰「困蒙」，五曰「童

蒙」，上曰「擊蒙」，獨六三沒有「蒙」字。其實「勿用取女」就是「婚蒙」。「蒙」卦之義為啟蒙教育，何以六三此女不正而不娶呢？是因無法教育六三。

「蒙」是蒙蔽，是不明狀況，搞不清楚，是鬼迷心竅。六三失位、乘剛、不中不正又是陰爻故蒙闇無知。

「勿用取女」，此女行為不合於禮。「蒙」是幼稚不懂事，行事不合於禮，故「勿用取女」。「姤」也是「勿用取女」。

「金夫」，美夫也，美丈夫。也可謂經過歷練琢磨的成功男子。《詩·衛風·淇奧》序曰：「美武公之德也。有文章，又能聽其規諫，以禮自防，故能入相于周，美而作是詩也。」《詩》曰：「有匪君子，如金如錫，如圭如璧。」《正義》曰：「言有匪然文章之君子，謂武公，器德已成，練精如金錫。道業既就，琢磨如圭璧。」艮覆碗，一陽在外如為堅硬之殼，所以艮有堅的意思。〈說卦傳〉：「乾為金玉」意思相同。只是乾為老夫，艮為少男，年少而美。此處當指艮卦。

「見金夫不有躬」九二為卦主是老師，六三以蒙昧之身，應求教於九二，但是他與上九相應，是追求上九，九為陽為金，是上九為美少男又多金，見美少男多金往而求之也。見異思遷，沒有好結果。這是女追男。是慾望蒙蔽了理智。可以說是「婚蒙」。

「躬」者，曲身為禮也。

「不有躬」是沒有禮也，不受禮教約束。六三不受教而歸與多金之上九。此女為愛財無禮之人，嫌貧愛富也。又「躬」者為身，「不有躬」為喪身之禍。故「無攸利」。

「無攸利」，此多金少男娶此六三之嫌貧愛富，又無禮之女必「無攸利」。此六三之嫌貧愛富，又無禮之女，往求多金居上之少男，少男居上是傲慢也，此女必也「無攸利」。又有喪身之禍，此女剋夫。

「行不順也」，嫌貧愛富，又失於教育，又乘剛失位故「行不順」。是凡「行不順」之人皆「勿用」。

六三變下卦為「巽」，今為坎，巽象失，故曰「不順」。又陰乘剛為逆，承陽為順。六三乘剛故「不順」。

「不順」，就是無禮。就是特立獨行，叛逆，不合陰為順之德性。

六三如兌，兌是少女。是叛逆期的少女。是不聽老人言吃虧在眼前。六三說以愚昧少女，愛多金之夫，為妾，非女道。

「不有躬」，即女失婦道。

「勿用取女」，有祭祀問卜不順，改以女巫為祭司之象。

又聞一多認為「夫」，讀矢。兩字相似容易誤寫。又解曰：「金」讀為「精」。精者，精壯男子。「躬」：讀弓。聞一多說：「夫當為矢，《周禮‧樂師》：『燕射師夫以弓矢舞』，故書矢矢，此矢夫互訛之例。躬當為弓，亦字之誤也。金矢即銅矢，謂銅鏃之矢。」《周易義證類纂》解「躬」，鞠躬，禮節。

「不有躬」，即不作躬，不守禮儀也。

「見金矢，不有躬」，即有箭矢而無弓，不能射，故無有利。

六三無禮，不守禮儀故「無攸利」，不會得利。又有矢無弓故無所利。

蒙 ䷑ 蠱

六三變為「蠱」卦。「蠱」是以女惑男；山下之泉變山下之風；「蠱」卦二三四爻為兌為少女；兌為巫。「蠱」是蠱惑，就是因為情慾而鬼迷心竅，是石古不化不知改變的死硬派。「蠱」是媚惑，被小白臉迷惑，是非常關係，是沉溺於情欲之中。

六三欲望蒙蔽理智，行為不端。

此女不可娶是因為「不順」、「不躬」、蒙昧無知。

六三嫁之非正，為人小妾。是求現實方便而捨身嫁人之女。亦是自暴自棄，利欲燻心，不可受教之人。

六四：困蒙，吝。
象曰：困蒙之吝，獨遠實也。

六四無應，上承下乘皆陰，上往下來都受阻而窒，故曰「困」。

六四以陰居陰，是陰柔又被蒙蔽，遠離九二與上九，是得不到九二之師的教育，也得不到上九陽剛之輔助，且困於六五、六三兩陰之間，故曰「困蒙」。

「困蒙」，是困於蒙昧而不能開明，無法啟蒙，也不知主動求蒙。六三施教不受，六四享受教也不行。六四所比、所應，所居皆陰，困之至也。故〈小象〉曰：「獨遠實也」，陽為實。

如此「困之至」之位何以只說「吝」，不說「凶」？是因為六四以陰爻居陰位，是得位，是能安其位。所以說「吝」而不凶，若是愚而好自用，則災及身而凶矣！

「實」者，陽也。九二與上九。

「實」是陽，是德行充實之人，是君子也。

「蒙」六四所居、所應皆陰。而初、三，鄰近之九二，六五鄰近之上九，三、五相應皆陽；獨六四全陰，故「獨遠實」。

「蒙」，為覆蓋，為掩塞；蒙之愚在智未開（坎為智）。

「困」，是受包圍（亦是蒙覆之義），有難未解。孔子曰：「生而知之者，上也；學而知之者，次也；困而學之，又其次也。困而不學，民斯為下矣。」蓋「困蒙」身處困境又蒙昧也。

「困蒙」，為濃霧所困，所包圍。亦可謂懵懂無知愚昧之人身處困境，又無人可援引，故「吝」。

「吝」，遴也，遭遇到困難而事難成，猶今言累。

顧頡剛先生以「困」為圍困之義。乃圍城之戰，《孫子兵法・軍爭篇》有圍城戰：「故用兵之法，高陵勿向，背丘勿逆，佯北勿從，銳卒勿攻，餌兵勿食，歸師勿遏，圍師必闕，窮寇勿迫，此用兵之法也。」圍困而不缺，受困者必作困獸之鬥，所謂狗急跳牆，故吝。

▦▦蒙▦▦未濟

六四變為「未濟」。

「未濟」是無以為濟，自不量力，六四離群索居，又不求於人，智慧無法開通，無濟于事，終不能脫，終生蒙昧，坐井觀天，格局不彰。

「困」，是外在的客觀條件資源缺乏，亦如在偏遠山區，海濱的居民求學不易，但六四以陰居陰得位，有安於現狀，自己也不積極，失學之象。

但變為「未濟」是無可擺脫困境，不能成大器，坐困終生。

六五：童蒙，吉。

象曰：童蒙之吉，順以巽也。

六五居上卦之中，上卦為艮，艮為少男，是弱冠的小孩，故為「童」。

六五為陰爻所以說「蒙」。

陰為虛，是虛心；又居中，觀念態度正確，與九二應，是求九二。是尚未受教育的小孩，而虛心持禮求教九二之師，且承上九，上九是退休的老人，有經驗可以輔佐六五，故「吉」。《易經》以陽居五，以陰居二為當位，但爻辭多認為九五、六二多艱難。

以六居五，以九居二為不當位，但爻辭多說吉；是因為五爻為君，陽為本身就剛健，故該以陰爻居之，如此才能虛心處中位，能適用賢才。例如上離下乾「大有」六五：「厥孚交如，威如，吉。」相反，二爻之位為陰，本身就虛柔，而以剛陽之九處之，是臣以柔順之本性，以陽剛之發揮長才。是君以虛中而行剛健，臣以剛守中而承命，如此，上下兩才智得用，而志相同。亦由此可見陰陽相調劑的重要。

「順」，是指六五陰爻具順之性。是內心順服。善於接受別人的意見。

「巽」，是謙遜之意，是指六五以尊位從九二之教，有謙遜之美德，是外貌謙恭。是善於將接受的意見改變成自己的行動。

「巽」是風，是嗅，是改變；上巽下震的「益」卦象曰：「風雷益，君子以見善則遷，有過則改。」強調的就是改變。

此爻強調既要「順」又要「巽」，若是只「順」而不「巽」就是從而不改，虛應故事。

「蒙」卦是教育之卦，六五上承上九，下應九二，是有良師益友的教導自己又能謙順的接受教導並立即改過自然能吉。

九五虛心受教有如孩童般誠心，故吉。若非，則不吉。

六四之「困蒙」，六五之「童蒙」，一吝一吉，六四「遠實」所以「吝」。六五以至尊之身求教於九二，有呼有應，又承上九，變陽為順，

是既順又有求教之敬，虛心求教，故「吉」。

此童不一定為孩童，民俗祭祀拜拜中的乩童，也稱童。

「巽」是六五變則上卦為巽。

又「童」，唸作「重」；「童蒙，吉」，謂重重濃霧掩護，吉利。

顧頡剛先生以「童」為衝撞之「衝」義。即正面攻擊，衝入敵國。衝、撞古為一字。《說文解字》：「撞，卂（ㄒㄧㄣˋ《說文解字》：疾飛也，從飛而羽不見）搗也。」本義為敲擊、碰擊。可表示沖、闖。《韓非子·內儲說下》：「於是撞西北隅而入」。《說文解字》：「衝，通道也。从行童聲。」段注：「今作衝」从「手」為「撞」，从「行」為「衝」。在大馬路上橫衝直撞。在卜辭中用為征、伐二字，其意思當是衝入敵國以伐之，就是後來說的「攻」，即進攻、攻伐敵國。後來突擊進攻敵人也稱「衝」。《孫子·虛實》：「進而不可禦者，衝其虛也。」《吳子·料敵》：「凡若此者，選銳衝之，分兵繼之，急擊勿疑。」《六韜·虎韜·必出》：「勇力、材士，從我所指，衝敵絕陳，皆致其死。」「童蒙吉」，是正面攻擊衝入蒙國得勝。亦通。「大畜」六四：「童牛」即衝撞之牛。

蒙 渙

六五變為「渙」卦。「渙」卦辭曰：「亨，王假有廟」是鬼才，可以成為乩童。到廟中拜拜求問乩童。「順以巽」說的是上巽下坤的「觀」卦（坤為順），是宗教性極強的卦。

「渙」卦是精神渙散，如乩童與神交通的情狀。

「渙」卦也是五彩繽紛，文采風流，是可以成材，是「利涉大川」之材。

「渙」卦也是「換」，是改頭換面，求新求變，渙然一新，反老還童，童心未泯。

六五虛懷若谷，不恥下問，如童蒙一般，是溫良恭儉讓之象。能心悅誠敬的禮賢下士。孺子可教。

原本的蒙塵，一掃塵埃，渙然一新。文采煥然，能力彰顯。濃濃的霧渙散開朗。

這爻一定要改變，不變為「蒙」不會變則為「渙」。願意接受他人意見，並立刻改變付諸行動。

上九：擊蒙，不利為寇，利禦寇。

象曰：利禦寇，上下順也。

「擊」也是啟發之意，但比初六的「撥」強烈多了。艮為手，為擊。上九居艮故曰「擊」。

上九居「蒙」卦之最上，剛陽失位不居中，具有「乾」上九「亢」的德性，居艮覆碗的外陽，是剛陽堅硬的外殼，所以要用「擊」。《廣韻》：「擊，打也。」《增韻》：「擊，扣也。」

擊什麼呢？擊他人之蒙昧，上九與六三相應，六三有嫌貧愛富，有不堪受教之象；又上九「貴而無位」「賢人在下位而無輔」，故「擊」而教之，用非常之法。《論語・憲問》篇：「原壤夷俟。子曰：『幼而不孫弟，長而無述焉。老而不死，是為賊』以杖叩其脛。」

「以杖叩其脛」就是「擊蒙」。「脛」就是小腿

「擊蒙」，是以非常的手段來啟蒙。上九陽剛，又艮之上，艮為石，不擊不能啟蒙。

「擊蒙」，是當頭棒喝，震醒頑昧。就是嚴懲，體罰。真是「不打不成器」。

甲骨文 小篆

「擊蒙」，是以手執杖擊之。就是「教」字。「擊蒙」即是「啟蒙」。「濛」被啟，雲開霧散。

「擊」，《經典釋文》讀作「繫」，「繫」，續也。「擊蒙」，連續大霧。

「擊蒙，不利為寇，利禦寇」，連續大霧，不利襲擊敵人，利於防禦敵寇。

顧頡剛先生以「擊」為「繫」之義。《釋文》云：「馬、鄭作繫」，疑當從馬、鄭讀為拘繫之「繫」，出土文獻中「擊」、「繫」二字也有不少通假的例子。「繫蒙」者，戰勝後拘繫戰俘。

「擊矇」，是攻擊愚昧無知之人，上爻是化外之境，以文明之師主動攻擊化外愚民，非正義之師，故「不利為寇，利禦寇。」

「不利為寇，利禦寇」，戰敗國最終因為獻女求和，所以攻擊者不利，而戰敗者反而因此得利。

「不利為寇」，是夏桀終於因為寵愛女子而亡於商湯。「利禦寇」是有繇雖戰敗卻保全了國脈。

䷃蒙䷆師

上九爻變為「師」卦是已出師，是學成可以占卜。

上九爻變為「師」卦「擊蒙」是以學習擊技，是軍事教育。

古人學校以教貴族子弟習武為主，故有許多高級軍官任教。就是今天我們稱教授課業的人為老師的由來。古時高級軍官有以官名為「師氏」者。「師」是軍事術語，也是軍事單位，至今仍用。古人多以其職業為姓氏。故為「師氏」。當時的教學內容以「六藝」為主。即禮、樂、射、御、書、數。都是軍事教育。

「師」卦為勞師動眾，軍事管制，是非常之法，手法激烈嚴格。

上九是化外之民，蒙昧之極，不用非常之法不能啟蒙，故曰「擊蒙」。

上九既是化外之民，「擊蒙」就是施行軍管，強迫起蒙。所以「不利為寇，利禦寇」。

「不利為寇，利禦寇」，艮為止，為闕，為狗，故為禦。坎為盜，為寇。

「寇」，是坎，坎是隱伏，是奸邪，是外來之賊。

「利禦寇」，是揚棄外來的誘惑，以免誤入歧途。不宜主動出擊，符合「匪我求蒙童，蒙童求我」之義。

「不利為寇」，是要明辨，不可不分清紅皂白，一味的用「擊蒙」，一味的嚴懲，那就不宜。

九二「包蒙」是用恩，上九「擊蒙」是施威。

「不利為寇，利禦寇」上九居艮，艮為止，為禦。

此爻不宜主動出擊，以免內部叛亂，利於防禦，則民心歸附。

《左傳》襄公十年：鄭大夫皇耳帥師侵衛，衛國執政上卿孫林父獻兆於當時衛獻公的母親，衛定公夫人定姜。定姜卜繇的繇辭內容為何？孫林父答：「兆如山陵，有夫出征，而喪其雄。」定姜說：「征者喪雄，禦寇之利也。」果然衛國發兵抵禦鄭師，孫林父之子孫蒯獲鄭大夫皇耳於犬丘之地。

此卦除了天外天的上爻之外就是一個「師」，顧頡剛先生以蒙國之戰役來解釋亦通，古人國之大事在祀與戎（《左傳》成公十三年），故多記載，可以參看。《易經》卦辭與爻辭每每意義不同，或許是因為作者非一人之故。「同人」爻辭也多指征戰之事。

第5籤 ䷄ 需卦　又名水天需

需　：有孚，光亨，貞吉。利涉大川。

彖曰：需，須也。險在前也，剛健而不陷，其義不困窮矣。需，有孚光亨貞吉，位乎天位，以正中也。利涉大川，往有功也。

象曰：雲上於天，需。君子以飲食宴樂。

序傳：物之稚也。物稚不可以不養，故受之以需。需者飲食之道也。飲食必有訟，故受之以訟。

雜傳：需不進也，訟不親也。

小篆 隸變

「需」字从雨、从天，下卦乾為天，上卦坎為水，天上之水故為「雨」。所以古人造「需」字看似從《易經》卦象而來。《說文解字》：「需，遇雨不前，止顉（須）也。从雨而聲。《易》曰：『雲上於天，需』臣鉉等案：李陽冰據《易》「雲上於天」云：「當从天」。」也是從卦象來解釋。許慎老夫子說「从雨而聲」「而」當是「天」的異寫，小篆需字就是从雨，从天。到了漢隸就變成从「而」了。

乾三連在下卦是根基厚實之象，是剛而健行，往前衝撞無所畏懼，但坎險在前還是不可輕易涉險。所以「遇雨不前」；〈彖傳〉解釋的很清楚：「險在前也，剛健而不陷，其義不困窮矣。」坎中滿為險陷，險深不可測，晦暗不明，所以不要冒然涉險。

乾行遇險要「需」才能「剛健不陷」，才能「不困窮」，這是「需」卦大義。

〈彖傳〉曰：「需，須也」。「須」者何也？等待、遲滯之意。《左傳》成公十二年：「日云莫矣，寡君須矣。」《左傳》昭公十二年：「摩厲以須」。《爾雅・釋詁》：「顉，待也。」孔子弟子樊須，字子遲。《後漢書・班超傳》：「長史亦於此西歸，可須夜鼓聲而發。」這與《說文解字》：「需，遇雨不前」之等待同義。又《焦氏易林・渙之蹇》：「羊腸九縈，相推稍前。止須王孫，乃能上天。」「止須」者，同義字連

詞也。《管子・九守》：「安徐而靜，柔節先定，虛心平意以待須」尹知章注：「虛其心，平其意，以待臣之諫說。」說是心平氣和地等待，其實是忍氣吞聲，壓住衝動，因為下卦乾之德為健行。又乾卦為老，知險而懼，所以須止。

但「須」不是長久的等待，是暫待，是須臾，等一會兒。《大戴禮記・勸學》：「吾嘗終日而思矣，不如須臾之所學也。」《禮記・中庸》：「道也者，不可須臾離也，可離非道也。」《說苑・談叢》：「江河之溢，不過三日；飄風暴雨，須臾而畢。」所以「需」卦是前行遇險故暫時、須臾的忍耐。乾卦健行不可能長久忍耐，坤才有含忍之德，乾健行失之莽撞所以遇險要「戒急用忍」。如此才能「利涉大川」「往有功」。

相傳之《歸藏》此卦作「溽」，《說文解字》：「溽，濕暑也。」《禮記・月令》：「（季夏之月）是月也，土潤溽暑，大雨時行」，大雨濕溽所以有遲滯之義，《孟子・公孫丑下》：「三宿而後出晝，是何濡滯也？」趙岐注：「濡滯，淹久也。」卦象前行遇大雨將下，不利於行所以暫時止息以待大雨。「蒙」是細雨濛濛，也是大霧，「需」則大雨磅礴。

宋朝的項安世解釋得很好，在《周易完辭》中說：「需非終不進也，抱實而遇險，有待而後進也。凡待者，皆以其中有可待之實也。」可知「需」是遇雨不能前行避雨等待之意。

又出土帛書此卦作「襦」，襦、濡字通都是相同的意思，雨多而潤濕，受雨影響而止息。《歸藏》作「溽」，溽，濡也。意思是一樣的。《禮記・祭義》：「春雨露既濡。」《禮記・喪大記》：「濡濯棄於坎。」都是以「濡」為雨下而沾濕的意思。而《孟子・公孫丑下》：「三宿而后出晝，是何濡滯也！」趙岐注：「濡滯，淹久也。」則以「濡」為遲滯，滯留之意。

「小畜」卦辭：「密雲不雨」是積雲尚未成雨，鬱悶難當；「需」卦〈大象〉曰：「雲上於天」雨已形成將下。「小畜」所等待時間長；「需」卦所待時間短，只是須臾片刻。「需」上卦之雲以成水，就是雨，雨在天上未下而將下，所待之時不長。乾天之上之坎水，應為雲，但「需」字從「雨」，是雲已成雨將下而未下，已成雨勢必降下，甚至已經降下，所以等待之時不長為暫待也。是可以等待的。「臨」為霖，也是大雨之卦。

「需」卦天氣將變，大雨將下、已降，故止而不進。天氣不好，不宜出門。故〈雜傳〉說：「需不進也」。

　　「𩓣」與「濡」意義相近。除了濕𩓣、遲滯之義外尚有堅忍之義。《禮記・曲禮上》：「濡肉齒決，乾肉不齒決。」《孔穎達・正義》：「濡，濕也。濕軟不可用手擘，故用齒斷決而食之。」因為濕而堅韌必須用牙咬以決之。又《史記・刺客列傳》：「鄉使政誠知其姊無濡忍之志，不重暴骸之難，必絕險千里以列其名。」《索隱》：「濡，潤也。人性濕潤則能含忍，故云『濡忍』也。若勇躁則必輕死也」義同。故「需」卦為「戒急用忍」「駐足而止」之意。從卦象看，乾健行有急之意；坎為險陷有忍之意。

　　「孚」與「保」字在甲骨文中是同源字，「孚」是上爫下子，有以手保護小孩子的意思。「保」是一人反手背負小孩的意思。錢大昕認為孚、保古同音。甲骨文中有「有保、弗保」之辭。

　　何新先生認為「有保」即《易》之「有孚」，乃商周成語。「孚」、「保」均為佑護之義。「孚」，之本義乃為俘獲，字像以爪抓小子之形。《文字析義注》：「葢征伐而虜男女曰俘，其初文作孚說見孚下，田獵而鳥獸曰獲，其初文作隻。引伸則與孚同義而互通」在金文中作俘獲之意《文字析義注》引〈仲偁父鼎〉銘文：「仲偁父伐南淮夷，孚金。」〈師寰簋〉：「征淮夷……俘吉金。」〈過伯簋〉：「過伯從王伐荊俘金，用作宗室尊彝。」〈員卣〉：「員孚金用乍旅彝」則「有孚」又作「有俘」，有俘獲之意，無論是人或物都可稱「孚（俘）」。《說文解字》：「俘，軍所獲也」。「孚」字從「子」或是因為征戰之後殺掉戰敗成年男子而擄獲女子與小孩之故。但在《易經》多指徵兆，依卦義有不同的解釋。

　　「孚」有數義，一為卦兆，為徵兆。引申為應驗，徵驗，即是所謂「信而有徵」。又為包、中的意思。「孚」字上從「爫」，是禽爪；下從「子」是「卵」；爪下之卵像禽類抱孵卵，卵為禽類包於其中。孵而至期

必出故為信。禽鳥孵卵不一定孵的出來，孵出來前必定有明顯的跡象，就是卵殼為雛鳥啄破出現裂痕，這才叫「孚」。古代「孵」「孚」同為一字，《淮南子‧人間訓》云：「夫任者先避之，見終始微矣，夫鴻鵠之未孚於卵也。」

第六十一卦上巽下兌「中孚」，孔穎達《正義》：「中孚，卦名也，信發於中，謂之中孚。」將「孚」解釋為「信」是對的，說話算話為信，信必有可徵才是真信。禽鳥孵卵，卵已裂，雛將出，故信而可徵。但也是中、包。「中孚」上下正覆兩兌相望，兌上缺，為見，是裂痕必見，為口舌，說話算話故為信。詳見「中孚」卦。

「需」卦辭云：「有孚」者，大雨已成將下，徵兆明顯，故信而可徵。

「需」卦坎險在前，「有孚」是危險的前兆，所以需待不前。二三四爻互兌。

有謂「孚」為「俘」，是俘虜、擄獲，但是《易經》表示俘虜、擄獲之義都用「獲」，以「孚」為「俘」是有問題的。「巽」六四：「田獲三品」，「解」九二：「田獲三狐」。可能是當時卜筮之官吏為求自保故弄玄虛之故。

「光」是大，王引之《經義述聞》：「光之為言，猶廣也。」「光亨」及「光享」，亦即廣享，即遍享群神，亦大享之義也。大祭祀，或祈雨而得償之後的謝神。俘獲敵人與資產自然是榮耀的功績，故「光」有光耀榮譽的意思。

「貞吉」，就是徵兆已明而吉。祭祀之後，可以出行而吉祥。

「需」卦是「光」，也是彩虹，坎為雲雨，離為日光（三四五互離），乾為天。

「需」是既雨下又彩虹現，彩虹光大現於天，雨盡日落，彩虹也消失，滯留之時短，所以說是須臾。「需」是下大雨的徵兆，彩虹就是徵兆，見彩虹知有雨故須而不前。

〈大象〉說：「飲食宴樂」與〈序傳〉說：「需者飲食之道也」。所言為供需，需要，需求，需索，是民生，給用；坎為酒食；雨是滋生萬物之象，萬物所需，故曰「需」。

「需」言「飲食」就是「宴樂」；《周禮‧宰夫》：「掌其牢禮委積膳獻飲食賓賜之殽牽」鄭玄注：「飲食，燕享也。」《孟子‧盡心上》：「孟子曰：『飢者甘食，渴者甘飲，是未得飲食之正也，飢渴害之也』。」《史記‧五帝本紀》：「縉云氏有不才子，貪于飲食，冒于貨賄，天下謂之饕餮。」

「需」是已成雨而未下，有焦躁苦候之象，但〈大象〉曰：「君子以飲食宴樂」是好整以暇，從容以待之意，若非甘霖將施，恩澤普降，大雨既降既停，不然怎能飲食燕樂。能飲食燕樂故「需」卦是有人請客，將遇貴人。

「飲食宴樂」，是好整以暇，從容不迫，老神在在，不改常態，平常心。是飲食男女之需求，是人之大欲。

〈雜卦傳〉說：「需不進也」前行遇險所以忍而不進，就是〈彖傳〉：「險在前也，剛健而不陷」。

■■■ 需 ■■■ 晉

陰陽相變為錯卦，「需」卦陰陽相變為上離下坤「晉」卦，是日出東方，前景光明之象。錯卦也稱為「旁通」，兩卦相錯，直行遇險故不進，旁行則進，是迂迴以求進。所以〈雜卦傳〉云：「需不進也」、「晉者進也」，直行不進，迂迴旁行就能進。

「晉」是進，「需」是不進，旁通錯行為進，是遇險陷不能進則旁行遶道以求進。

「需」為待，耐心等待，是不必急時候到了就可以進。「需」卦不進，是有所待，有所慎，有所思。反之「晉」則是進，是「柔進而上行」。「需」下乾，雖剛健而不能進，要改變為「柔」為「虛」才能進。剛健則好訟、能訟，柔順陰虛則不必訟而能進。進而功能成。「晉」錯為「需」，是等待以求進。

上艮下乾的「大畜」，〈雜卦傳〉說：「大畜時也」。是時機未到，也是等待，等到何時？不可預測，所畜者大，故所待之時亦久。上坎下乾的「需」是須臾忍耐，時間短的多。又坎為險陷，乾為剛健；遇險必得剛健果敢方能濟險。遇險需能謹慎方能化險為宜。是遇險而不懼，則險可

平，功可成。故曰「利涉大川，往有功」。若貿然涉險後果難測。

「利涉大川」，是遇到險難可以渡過，古人以渡河涉川為險難、困難之象。「需」一動就遇險，不宜遠行。古之大川即當今之黃河。

「剛健而不陷，其義不困窮矣」，就是說「需」之滯待，遲疑，含忍皆是一時的。根據鈕先鍾《中國戰略思想史》引清代的戰略思想家魏禧將《左傳》中有關戰法分為「兵謀」與「兵法」，其中「兵謀」中就有「需」一條解釋為「緩進以老其師」可以參觀。敵急我緩，曹劌待齊軍三通鼓之後才一鼓作氣打敗齊軍，就是如此。見《左傳》。

上乾下坎「訟」卦，坎險在下，晦暗不明看不見是真險；「需」卦坎險在上，雖險而明，可以避險。

䷄需䷅訟

「需」、「訟」上下相顛，轉一百八十度為「綜」，「需」綜為「訟」，「需」之後亦為「訟」，有需求就有所爭。爭則人際關係不和睦。所以，民生必需處理不好必有所爭訟。要深思熟慮，謀定後動。「訟」為爭，「需」是含忍不爭，退一步海闊天空，旁行一步就能進。「需」卦內為乾陽，故「需」卦根基極好，今處於須待含忍之時，不是不能濟險、涉險，而是為「義」而不為。故曰「義不窮困」。沒有道理會窮困，因為後勢看好，必能濟險，故曰「往有功」。「訟」好鬥，瞻前不顧後；「需」則隱忍不發，以待後效。「需」之前為「蒙」，是草昧幼稚，需要支援共給，也不宜造次，要識利害，曉大體，以免扼殺了生機。「需」時候未至，要耐心等待，緊接著是「訟」卦，一不小心錯了步伐容易引起爭訟。

䷄「需」錯䷢「晉」卦日出地面，時候到了，可以大展宏圖。「需」、䷅「訟」互綜，爭訟皆因需求不平。

「有孚」就是信心，等待難熬要有信心，才能成功，不然突然改玄易幟，突生困擾，容易僨事。就是要有耐心，自信，有誠信，遇險不慌亂。

「貞吉」是「光亨」的條件，要能守的住。如此可以「利涉大川」。

「貞」，是正道，守正道不要小動作，大大方方。

「需」是虛假，浮是浮光掠影，所以坎不明，看不清，故危險。「其

義不困窮矣」者，見險在前，待機而動，性剛行健，不陷於險，如此，不致窮困。相反的「訟」卦，卦辭說「終凶」，是因為乾剛健在前一意孤行，忽略險在後，以致陷於窮困。今「需」卦險在眼前，有自知之明，待機而行健，故可出險，故不困窮。「蠱」卦〈彖傳〉曰：「利涉大川，往有事也」。是前途多艱辛，事故多。「需」卦〈彖傳〉曰：「利涉大川，往有功也」。是說將盡其功，功德圓滿，故可以等待，從容等待。

「訟」上剛健，下坎心機沉府深沉，明的不行來暗的；乾上坎下，溝通不良，南轅北轍，各說各話。「需」，須也，等待，乾陽不進為何？蓋時機未熟，必要條件未滿足，故等。等待什麼？等九五，九五在坎險之中，坎為水，為資源，也是需待的原因。可惜是資源也是險，故「需」卦有火中取栗之象，故等待遲疑。九五是君，九五變卦為「泰」，「泰」者通也，利涉大川也，有功也。所以九五是「需」戒急用忍的關鍵，是卦主。

「往有功」，是功成圓滿，值得等待，等一時而有後功。

〈序卦傳〉將「需」解釋為「飲食之道」為「養」，「物之稚也。物稚不可以不養，故受之以需。需者飲食之道也。飲食必有訟，故受之以訟。」民生必需給養之意當是引申之義。

初九：需于郊，利用恆，無咎。
象曰：需于郊，不犯難行也。利用恒無咎，未失常也。

「郊」，是郊外，是邑與邑、城與城之交界，是曠平之地，不像「野」之荒蕪，充滿著危險與不可知的因素。《爾雅·釋地》：「邑外謂之郊」。乾為郊，坤為野。《詩·魯頌·駉》：「駉駉牡馬，在坰之野」。《毛詩注疏》：「邑外曰郊，郊外曰野。」古人築城，外為郭，內為城。「國」者郭也，字是一四方城牆圍成一個大「囗」，是外郭，內有小「口」，是內城；有「戈」是防禦的武力；城外有廓，是外牆；廓之外則是郊，郊之外則是野；所以「郊」是離城很遠之地。郊之外為野，所謂野外也。

以初九所處之位相對上卦的坎險而言，離坎險尚遠，故曰「需于郊」，雨已下等待於城郊之外。

乾為郊，乾為天，古天子祭天於郊，曰「郊祭」。就是以郊為天，故乾為郊；坤為荒，為遠，為野外；乾為郊，為近。

「需」，等待，駐止。《說文解字》：「需，𩓣也。遇雨不進，止也」《說文解字》：「𩓣，待也。」《正字通》：「𩓣，與須同」。

「需于郊」，是駐足於郊外，等待於曠平寬裕之地，等待於郊外以為觀望，保持距離以策安全，按兵不動。

「需于郊」是離險難尚遠，沒有迫切之危；等待駐足於郊外，好整以暇，影響不大。這條件要好得多。

初九前臨重陽，陽爻遇陽爻得敵而窒礙難行，不能通、不能行，故「需于郊」。又在「乾」初九為「潛龍勿用」，「需于郊，利用恆」，是耐心等待，要有恆心。也是耐心培養實力而「勿用」。

《左傳》昭公十一年：「九月，葬齊歸，公不慼。晉士之送葬者，歸以語史趙，史趙曰：『必為魯郊』叔向曰：『魯公室其卑乎！君有大喪，國不廢蒐。有三年之喪，而無一日之慼。國不恤喪，不忌君也。君無戚容，不顧親也。國不忌君，君不顧親，能無卑乎？殆其失國』。」所記魯昭公時三桓勢強，魯國公室勢衰，魯昭公於母喪而無悲慼之容，結果魯昭公失國寄食齊、晉八載。又《左傳》昭公十三年：「子革曰：『請待於郊，以聽國人』。」可以參觀。

「恆」，久也。《說文解字》：「恆，常也」。

「利用」，宜用。

「利用恆」，利於長久駐紮，要堅持久一點，故「無咎」。

「利用恆」是長時間的作，是習慣，不可一曝十寒，不是臨時抱佛腳。是習以為常。

「利用恆」是備於平常，行使常規，居安思危。

「利用恆」是潛龍勿用，守常不變也。是耐心等待不可燥進。守常不動，安靜不燥進，堅持久一點，故「無咎」。

「利用恆」是以平常心來看，無事也不要找事，以免庸人自擾。

初九離險難尚遠，故等待停止休息於郊外，既是遠離待時以避難，宜保持常規作息則無有災難，反之貪求冒進攻堅則有災。宜靜不宜動。

也有將「恒」解釋為「垣」，乾卦為圜，故為「垣」，即園，園圃也。下雨於郊外園圃，趕緊農作。

初九在下，平常心看待，基本生活不受影響，要深根埋首經濟基本建設。

〈繫辭下〉第一章：「吉凶悔吝，生乎動者也。」初爻不動所以「無咎」。陽遇陽為敵，所以行難。初爻不動所以〈小象〉曰：「不犯難行也」。

「難」指九二、九三。「難」有敵仇之意，《周禮・地官・調人》：「掌司萬民之難而諧和之」。註：「難，相與為仇讎也」。

「不犯難行」是守常不燥動，忍一時，不逞強，不強出頭。初九得位故能安於位故曰「不犯難行」。

「不犯難行」是知難而靜，安靜守常，就是「利用恆」。

「未失常」就是平常，沒有亂了分寸。守住「勿用」之常。

二三爻皆陽，初九雖與四應，但陽遇陽則窒，往欲應六四而行難故而「用恆」。但相正應，終必能應，故恆久之後必能進。

與此象同的有：

䷙「大畜」初九：「有厲利已」。「厲」與「需」初九之「難」皆指九二、九三。

䷱「鼎」九二：「慎所之」。之者往也。前往遇敵必慎。

䷍「大有」初九：「無交」。前有重又無應故曰「無交」陰陽合為「交」。

䷡「大壯」初九：「征凶」。初九居「大壯」陽剛好動，勢必大動故曰「征凶」，不「征」淨手就不凶。

䷪「夬」初九：「往不勝」。初九居「大壯」時都「征」，「夬」比「大壯」更好動，但力弱故「往不勝」。

䷫「姤」九三：「其行次且」。九三前也是重陽，雖窒而往故行不順。

以上皆因陽遇陽而窒也。但爻隨卦轉，略有不同。

「咎」，小災也。重於悔，輕於凶，也有畏懼、憂懼之義。初九離

上卦坎險尚遠，等待於平曠寬裕之地，應該安靜守常，待久一點，不可急躁，可以無咎災。

$$\equiv\equiv 需 \quad \equiv\equiv 井$$

初九變為陰則為上坎下巽「井」卦。〈雜傳〉：「井通而困相遇也」。「井」是通，是常，是久。是忍久了就能通，就能渡險。上往前不通，往下變，挖條隧道則通。但不知忍耐待時而貪求冒進，就會陷入深阱之中。「井」是辛苦努力默默的經營，是鴨子滑水。是往下打挖掘，研究發展，默默耕耘。

九二：需于沙，小，有言。終吉。
象曰：需于沙，衍在中也。雖有小言，以吉終也。

「沙」，是沙灘，近於水之地，《詩‧大雅‧鳧鷖》：「鳧鷖在沙，公尸來燕來宜。」《毛詩注疏》：「沙，水旁也。」也是水淺露出水面之沙丘、沙灘、小沙洲。《說文解字》：「沙，水散石也，以水少。水少見沙。」〈小象〉以「𣲎 衍」釋沙，衍字從行，從水；是水漫於街道大路之義。其義是水多漫則沙不見，水少淺而沙見也。

「需于沙」，駐足止於沙灘之地，是大雨降下濡濕沙地，故等待在河之沙灘之上，距坎險之水很近了，但尚未深入水中。沙灘之地狹窄不如邑郊，可以迴旋的空間與時間都較侷促，其境艱難。

「需于沙」是說九二較近於坎險，如水邊的沙這麼接近，再近就是九三，是泥了。

初九「需于郊」、九二「需于沙」都離險難有段距離，都是戒急用忍的等待。初、二爻辭的含意常接近，例如「同人」初九：「同人于門」九二：「同人于宗」門內是家庭，宗是宗族。

「需」初、二兩爻相差在於，初九「利用恆」是長時間的等待；九二則「小有言」有爭執，受到責備。

「有言」之「言」聞一多作「愆」字解；是禍從口出之過失也。所以有讒言，被苛責，「小有言」者，最好少說話。

「有言」，是受到責難，責備，讒言，暗箭中傷，是苛責。「訟」初

六也是「小有言」。

《易經》中的凶詞有厲、災、眚、咎、凶等，最嚴重的是「凶」，最輕的就是「有言」了，意思是小有麻煩，那為何還要再加上「小」呢？

「小」，或作「少」，稍待也、暫代也。意謂等待於沙灘，因為離險近，只能稍待短暫時刻，不可固執死守，要因應情勢而動，水火無情，擔心久了生變。此時雖有小麻煩，但終究是吉利的。此爻已無地利，又無天時，但求人和，要靈活，勿固執。

「有言」是「責讓之言」言語之傷之意；與「吉」之意相反，吉是容納各方之言。

九二以陽爻居陰位，是失位；與九五無應，失位無應是過失之象，「需」卦二三四爻互兌為口舌，是禍從口出之意。因位居中，所處之位不偏，所以過失不大，故曰「終吉」。

九二如「見龍在田」在下卦居人位，有民眾基礎，是實力堅厚之象，居中不極端，距險是可進可退之位，能四平八穩的不受小人讒言影響，不會躁動濟險。故「終吉」是過愆不大，是改過則吉。是最終則吉，終則變，陽變陰，卦為「既濟」，最終可以濟渡故吉。

「衍」字是「水」在「行」中，表示水溢十字街頭；「有言」是被波及。《韻會》：「衍，水溢也」。雖離水近而未及水中，但不時或有大水漫沙之時。

「在中」，九二居中，而非深入水險之中，居中則其行為不過份，處事留有餘地，所謂「留得青山在，不怕沒柴燒」。「凡事留一線，他日好相見」。

九二距離險不遠不近，居中，故曰「在中」，是可進可退之位，是留有餘地。

「衍」為「水」「行」二字，水行順勢而為，軟小卑低則吞淹之，硬高聳崇則旁流讓繞之，但終流大海，故《說文解字》：「衍，水朝宗于海也」。

九二進則與五敵，以下犯上，終不能勝，所以改變演化，順勢而為，借力使力，如水行百撓終歸海。《說苑·雜言》：「子貢問曰：『君子見大水必觀焉，何也？』孔子曰：『夫水者，君子比德焉。遍與之而

無私，似德；所及者生，所不及者死，似仁；其流行痺下，倨句皆循其理，似義；其赴百仞之谿不疑，似勇；淺者流行深淵不測，似智；弱約危通，似察；受惡不讓，似真；苞裏不清以入，鮮潔以出，似善；化必出，量必平，似正；盈不求概，似屬；折必以東西，似意。是以見大川必觀焉』。」

又「衍」，是沙洲也。《穆天子傳》：「天子乃遂東征，南絕沙衍。」爻辭曰沙，〈小象〉曰衍，沙衍同義，河水中的沙洲灘地。

「衍在中也」是說九二所處之地如河中沙洲。雖險難猶有立足之地，但艱難侷促。

九二在沙灘上，或是近於水的沙洲上，居於可進可退之地，雖有口舌小過，但終吉。

二爻離險更近，但患害未至，因為中間離險尚隔著一個三爻。

九二是一位有實力有眼光的君子，百折不撓，拉長戰線，不急於決戰，終能濟險。

「衍」為衍化，變化，就是旁行，旁通，就是九二變成六二卦成「既濟」。還有機會換一個地方渡河。九二有其積極性。初九守恆常則較不積極。

窮則變，九二變為「既濟」卦，可以涉川渡險，故「終吉」。

「衍」，愆也，過也。互為兌，為口舌，外險內口舌，是犯口舌之災。「小有言」，非大過。

互為兌，上坎下兌為「節」，因知節制而無災咎，故「終吉」。

「小有言」是說，乾之為父，兌為少女，亦有頂撞之象，少女撒嬌，不激烈，故「終吉」。

九二言「終吉」者，明示有言本不吉，然吉者，言居中也。

九二失位，但《易經》貴中，常久居中，不中也中。

凡《易經》云「有言」及「聞言不信」、「有言不信」者，皆爭訟之象。

九二與九五應而不與，九二陽剛實力雄厚，又懂得行中道不極端，四平八穩，不受「小有言」的動搖。

九二等待於沙灘、沙洲之上，隨時會遇到大水而無退路，不比初九等待於郊外的曠平之地寬裕，一時暫待可以，但不宜久留，雖有小災，終究是吉的。

　　▤▤需 ▤▤既濟

　　九二變為「既濟」，可以濟渡過大川，眼前困難可以安然度過。

九三：需于泥，致寇至。

象曰：需于泥，災在外也。自我致寇，敬慎不敗也。

　　「需」，待也，止也，遲滯也。需有遲滯之義，孔子弟子樊遲，字子須。古人名與字多相協。

　　「泥」，是泥濘，沼澤，《釋名‧釋丘》：「水潦所止曰泥丘，其止污水留不去成泥也」，水留不去，故成泥沼也。比「沙」更接近險難，也意味雨更大土地泥濘，也更容易陷入難以自拔的泥沼之中。九三以乾居陽，雖然得位卻是下卦之終，與上卦坎水險陷相接，有如近水的泥灘。陷入其中，進退兩難。這與九二可進可退相比就差多了。九三已與坎險相鄰，從「郊」至「沙」，再至「泥」。從「尼」的字多有「止」義，《爾雅‧釋詁》：「尼，定也。」注：「止也，止亦定也。」《孟子‧梁惠王下》：「行或使之，止或尼之。」尼猶曳止之，別作「柅」。如「姤」初六：「繫於金柅」，「震」九四：「震遂泥」。

　　九三實力更甚九二，但為下卦之上，將往上升為外卦，所處之位為進爻，又以陽爻居陽位，是過於剛強冒進之象，是拼命三郎，近逼於險，以致於陷入險。如跳入泥淖之中，近退兩難。

　　「需於泥」，是遲滯駐止於泥淖之中，有愈陷愈深之危。九三再進一步就陷於上卦坎，坎為泥，為陷險，故陷於淖危險之中。

　　坎為盜，故為寇。「寇」，是敵人，是競爭者，是盜匪賊寇。《增韻》：「寇，仇也，賊也。」《書‧舜典》：「寇賊姦宄」。《註》：「羣行攻刼曰寇，殺人曰賊。」《左傳》文公七年：「兵作於內為亂，於外為寇。」故曰內亂外寇。

　　「致」，是引，是招擾導致。《易‧繫辭》：「備物致用」。《疏》：「謂備天下之物，招致天下所用。」《說文解字》：「致，手呼

也。」《廣韻》：「致，來之也。」

「致寇至」者，自陷在泥淖中，容易招致敵寇。

九三以陽爻居陽位有過剛之象且逼近於坎險之災，又陷於泥中，故有致寇之象。庸人自擾，是自作孽不可活，是自找的。九三自陷於泥濘之中，招致盜寇覬覦，咎由自取。

「灾災」是坎，坎險為災，「災」字從水，從火。甲骨文沒有災字，篆文災字，上部從「巛」，意思是河川被阻，古人以為水災之害勝於火災之故。

「災在外也」坎卦在外。在上卦稱外，在下卦稱內；所以說「災在外」。

「需」卦九三「致寇」，是因為九三自己冒進以剛相逼所致，故曰「自我自寇」。

「敬」，是警，《釋名》：「敬，警也。恆自肅警也。」「乾」九三「終日乾乾，夕惕若，厲無咎。」是乾陽的積極性，故乾為敬，為警。

「敬」，是恭敬，謹慎而懼面對危機。《玉篇》：「恭也，慎也。」

「慎」，是內心恐懼行為小心。

「敬慎」，恭敬而戒慎小心。

三多凶，又過剛致寇，但能需忍戒急以待，誠心警惕的處理得宜才能立於不敗之地，轉危為安。

「乾」九三：「終日乾乾，夕惕若，厲無咎」，「需」九三：「敬慎不敗」，可見三爻多難，要多多小心。

「敬慎」，是要檢討自己，可一不可再，就能「不敗」。敗，頹敗。

「不敗」，是立於不敗之地，九三敬慎不再前進，僅守節份就可以不敗。

「災在外」，言明尚未罹災也。

「致寇至」，言明寇尚未至也，寇已致焉能不敗，九五在坎，動彈不得，故未致。

「災」與「寇」至或不至之故在自己，能敬慎，則不至。不至則不

敗。

九三與上卦坎水相接，如近水的泥，是水中帶泥，如泥淖，是水土相雜的濁象，這比初九的郊外寬裕之地，九二的沙灘艱難之所更為急難，若大水遽來，腿都拔不出來，可見情勢更加窘迫，這種情是最易招擾外來的攻擊，焉能不警慎、警戒？

☷☵☶ 需 ☶☱ 節

九三變為上水下兌之「節」卦。九三以剛居陽為進爻，是燥進以口舌之能致寇至之象，所幸行的正，立的直，又有節度，知節制，故能「敬慎不敗」。

上坎為水，三四五爻互為離，上水下離是「災」。災在上故曰外。亦是「既濟」，故此災不大，可濟。但所付的代價比九二大，故九二可「吉」，九三只能「平」，故不言吉凶。

六四：需于血，出自穴。
象曰：需于血，順以聽也。

「需」，同九三，駐止也，遲滯也。

「血」讀作是「洫」，就是溝洫。張舜徽《鄭雅》引鄭玄：「遂、溝、洫、澮，皆所以通水于川也。」坎為溝瀆，從初爻「需於郊」，二爻「需於沙」，三爻「需於泥」，是越來越接近上卦的坎水溝瀆，四爻在坎水之下，是一腳已踏入溝洫，是前臨溝洫之象，故曰「需於洫」。坎為水，為陷，為溝洫。

「需於洫」與「需於泥」一般，前有溝洫，所以止待，不前而遲滯。

「需於洫」，為溝洫阻撓而遲滯。雨水已經沖刷出溝洫，穴洞將淹水，故「出自穴」從洞穴中出來以避大水。此時無可作為只能「順以聽」順勢而等待。

「需於洫」，是深陷於溝洫之中，這情況比「需於泥」更為危險。要趕緊脫逃出於溝穴之中，故曰「出於穴」。互兌為穴，四在兌之上，故曰「出於穴」。

「⼬出」字小篆作一左腳出洞穴狀，蓋步行多先邁左腳。六四是在

坎卦之下，所以六四是居於坎險溝洫之中。

「血」，也可以說是水沖刷出的穴洞，也是低窪之處，可以藏身等待。

「血」與「坤」上六的「龍戰於野，其血玄黃」同。是陰陽相戰之象，六四深入險中，不僅挑釁更深入戰局。是情勢緊張。

六四以陰爻居陰位是安靜不燥進，下應初九，有人支持，故想與九五抗衡，但卦意為

「戒急用忍」，故等待於溝洫洞穴之中。

「穴」，是古人穴居的窰洞；中國北方及西方以深掘之洞穴為人居處，稱為窰洞也，此穴當類似。《詩·大雅·綿》：「陶覆陶穴」。《毛傳》、《鄭傳》皆云：「覆者覆於土上，穴者鑿地為穴。」「覆」字今作「房」。穴者洞穴。陶，掏也，打洞之義。《禮記·月令》：「古者覆穴」。孔疏：「覆穴者，謂窟穴居也。」

「穴」，是藏陰之所，是藏汙納垢之地。如狡兔得三窟。

六四以陰居兌體，兌為穴。兌為穴，艮為門，故兌為穴。又兌為秋，巽為蛇，秋蛇向穴。

「穴」，是水中的陷阱，六四躁進，一腳踩進水中的穴洞，比踩在泥淖中的九三更慘，情勢更緊張。

六四有初九支持，又承九五以為可以「出自穴」。

「出自穴」，或是因為雨水浸潤穴屋之中。或是大水浸蝕為洞穴，由洞穴中脫身。

此位若為九四之剛陽則以剛迎剛必凶，因為非中非正，徒以剛陽好進於險中與剛相競，故易致凶。

「順以聽」者，六四以陰居陰又上承九五，所以柔順。又承九五之命故曰「順以聽」

坎為耳，故為聽。六四出於穴，卻臨於洫，進退兩難。

「聽」，等待也。《廣韻》：「聽，待也」。如麻將「聽牌」，是安靜順從等待接受。又從也，《左傳》昭公元年：「畏君之威，聽其政。」杜注：「聽，聽從。」「聽」字從耳從德省。德就是得。本義是心得。耳

得為聽於心，故聽字从心。

「順以聽」，是聽從、乖順、順勢的等待必有所得。上承九五，六四要等九五發落，要探聽九五信息等待反應。

九三多凶但能「敬慎」，所以進迫於坎險而「不敗」；六四多懼但能順從，則雖陷入坎險而可以出險。敬慎、順從、耐住性子、待時是處險之道。

「穴」，是鬼狐藏身之所。《淮南子·齊俗訓》：「夫飛鳥主巢，狐狸主穴。」《焦氏易林·臨之損》：「秋蛇向穴」六四坎體，坎有隱伏之意，是鬼狐隱伏於穴中。而祭祀之以血，令鬼狐出穴，以為消災。

六四與初九應，是得陽之助，且四上承九五，六四得初與五之助，故「順以聽」，才能「入險而不險」。

三四五互為兌，上兌下乾為「夬」卦；兌為毀折，夬為缺，坎為血；是毀缺而出血之象也。

六四等待於溝洫之中，情況危急，必須要盡力從中脫身；但主觀能有的作為不多，要看外在客觀的情勢演變，順勢而為，能順以聽而不險，但也要付出代價。

☰☵ 需 ☰☱ 夬

六四變為「夬」，夬是缺，是快，錯「剝」是節骨眼。決定要快，反應要快，不然必決，是生死關頭。變了就「夬」就死，所以要「順以聽」。死扒住九五不放。反正聽牌了很快就會有結果。

九五：需于酒食。貞吉。
象曰：酒食貞吉，以中正也。

此爻為本卦之主。五爻以陽爻居陽位是正，居上卦之中為中，故曰九五中正。

下卦三陽體剛健主進，三陽由「郊」而「沙」而「泥」，步步逼進。

四是險阻，基本上是三陽剛健遇險能越過，到了九五，居中得位，處於天位是大功告成，三四五爻互為離火，有舉火烹水以備飲宴之象。坎為酒食。

五爻處在坎卦中之一陽，就算是上、下皆坎的「坎」卦，九二尚能「小有得」。

「需于酒食」，是駐足於酒食宴樂之前，是食而有餘之意，就是〈大象〉所說的「君子以飲食宴樂」。「飲食宴樂」食而有餘。就是好整以暇，以逸待勞，老神在在，從容不迫，須待從容，故「貞吉」。

坎中陽為實，為水，為酒食。食即實，如「頤」：「自求口實」。

「需于酒食」與「需于郊」，都比較泰然從容。但一在外，一居中。一在野，一在朝。

「需」，濡也。「需于酒食」就是雨水沁潤酒食，只是小麻煩，忍一忍就沒事了。

九五陽剛資源豐富，食而有餘，物資豐富，是全局的重心。位居天位，居高臨下，站據了制高點裊瞰一切。所以，九五不需要動，故曰「貞吉」。

九五中正，不偏不倚，不卑不亢故「貞吉」。

「需于酒食」「君子以飲食宴樂」是「宴無好宴，會無好會」，是「飯局」。九五至尊，等待優沃的環境之中，別無作為，只要盡力維持，便是吉的。

☱☰ 需 ☰☰ 泰

九五變為「泰」卦。九五通天，酒食飲宴，安享而無事。

「屯」九五在創業初期所以「屯其膏，小貞吉。」

「需」九五在民生需求之時，資源較「屯」時要豐富，故「需于酒食，貞吉。」

上六：入于穴，有不速之客三人來，敬之終吉。
象曰：不速之客來，敬之終吉。雖不當位，未大失也。

大雨到上爻已經停止，故歸返於「穴」。六四出於穴，上六入於穴，都不是寬裕的平易之地，而是艱澀之地。

「入于穴，有不速之客三人來」這句為「有不速之客三人來，入于穴」的倒裝句。

坎為盜，故為「不速之客」，《風俗通》：「盜，言其晝伏夜奔逃避人也。」坎為盜。

上往下與三應。二三四居兌，兌為穴，故曰「入于穴」。

六四在坎之下陰爻為溝洫，上六在坎卦之上陰，是坎之極，也是陷之極，故亦為穴。

六四出自穴，上六應該已經離開危險的坎了，上六反之入於穴，是因為有不速之客。

「入于穴」，又身入險中，雖招來「不速之客」，但比「致寇至」要好，所以只要「敬之」便能「終吉」。

「速」，招也，招引之意，《玉篇》：「速，召也」；《左傳》僖公八年：「里克曰：『懼之而已，無速眾狄』。」

「不速之客」，指未曾邀約而自動前來的客人。是意料之外，是驚奇，是受大雨之後的倖存者，敬之則為「客」故「終吉」。不敬可能就翻臉為「寇」。

「三」讀為「參」，「親」的意思。黃侃《說文箋識》：「三，讀乞，通作欽，親也。」何新：「三，古音參；身，親也。」

「三人來」，是親人來了一群。古人三為眾。下卦三陽往上升，乾陽建行。

「入于穴」，是逕入上坎主人所居之穴室；上古人有半穴居之習；今黃土高原之窯洞，也是穴居。退卻待於穴中。

「敬之」，既是恭敬，也是警戒。《釋名》：「敬，警也。恆自肅警也。」即今之儆字。《說文解字》：「儆，戒也。从人敬聲。」段玉裁注：「與警字音義同」。

「敬之」言上六陰宜順九五陽。上六乘剛本不吉，若能順陽則吉。坎為加憂，為畏懼，故曰「敬之」。

「敬」字从茍，从攴；「茍」字金文作一狗蹲踞於地豎起雙耳作警戒狀，到了小篆「茍」耳朵變成了頭上的角 又添加了一「口」作為聲符。《說文解字》：「敬，肅也。从攴、茍。」「儆，戒也。从人敬聲。」《釋名》：「敬，警也。」从「攴」，字也作「攴」，這是一隻右

手拿著一根棍子，是手持棍棒警戒以防狗，或是與狗一起警戒。

雖是不速之客，但是自己親人，宜謹慎尊敬，如此，獲吉。

上居卦終，故曰「終」。「需」是等待之後可以「光亨」，上六曰「終吉」，是「敬之」後能「吉」。

「敬之終吉」，是上六敬順以待客，強龍入境，我以禮敬之，提高警戒，終可逢凶化吉。

「終吉」，是一開始懷疑猜忌，後來敬之以待客，故「終吉」。

上六當位，在「需」卦之終，是需求滿足，所以爻辭無「需」字故「吉」。

《易經》凡陽爻居初、三、五，陰居二、四、上，為「當位」，反之為「不當位」。

但上六當位卻說「雖不當位」，是說上六未當九五之位，但處理得宜，寬敬待人，滿足需求，故「未有大失」。只是小失，是要付出代價的。

上六以陰居陰過於柔順，以此之才居高，但以大體為重，不計個人之失，錯失不大，故曰「未大失也」。

上六「入于穴」，是入穴中捉拿狐妖。

上六以陰居於極位，是入穴之象。與九三應是「亨」，是求神有回應。

客是相對之詞，上六為主，九三為客；祭祀者為主，神靈為客；也是上六與下卦相對的三乾，乾上對坎，坎險難，所以說不速之客。

九三「敬慎不敗」上六「敬之終吉」。相應亦相同。

上六成九五之剛，本當有咎災，但在「需」卦「戒急用忍」忍住了不速之客故「敬之終吉」。

上九有落入陷阱艱澀之地之象，等待於此環境之中，對於不邀而來之外人，要警慎、警戒，也要敬肅對待，付出小的代價，可以化險為夷。

☷☰ 需 ☰ 小畜

上六變為「小畜」：「密雲不雨」情勢緊繃而已，如「坤」六四：

「括囊」，只得僅守分寸，一切往肚子裡吞。

「小畜」是積畜不大，上六非九五，資源不豐富。

「穴」是陷阱，六四「出于穴」是離開藏污納垢之所，上六「入于穴」是設計佈局，請君入甕。

「需」九二：「小有言」。

「訟」初六：「小有言」。

「明夷」初九：「主人有言」。

「震」上六：「婚媾有言」。

「漸」初六：「小子厲有言」。

案「言」皆讀為「愆」。是「有言」皆為「有愆」也。愆亦過也。「需」九二：「需于沙，小有言。終吉。」「言」與「吉」相對。猶「蠱」九三：「幹父之蠱，小有悔；無大咎。」「小有悔」對「無大咎」。又「訟」初六：「不永所事，小有言，終吉。」〈小象〉曰：「不永所事，訟不可長也。雖有小言，其辯明也。」謂雖涉獄訟，小有苛責災禍，而終得昭雪。「言」與「吉」對文。又「明夷」初九：「君子于行，三日不食。有攸往，主人有言。」言君子處悔吝之中，久不得食，苟有所適，其所主之家亦將因以得禍也。又「震」上六：「震不于其躬，于其鄰。無咎，婚媾有言。」言己身無咎而婚媾有過，即「震不于其躬，于其鄰」之謂。此與「漸」初六：「小子厲，有言，無咎」皆「有言」「無咎」對舉。與「需」、「訟」之「有言，終吉」詞例亦同。「有言」雖非吉詞，但比凶、厲、災、眚、咎而言可算是最輕的責難。所以多半可以轉為吉。

「需」卦所言為供需，為戒急用忍，等待，為見機行事。

初九陽剛「潛龍勿用」不理世事，故「需於郊」，雖有應，但前遇九二、九三阻窒，需待于遠地，時間與環境皆寬裕，可以慢慢等，保持距離以策安全。

九二「見龍在田」資質能力是大顯身手的時候欲前往，但在「需」卦要用忍，也只能需待，好在只是小有苛責之難。

九三以剛居剛為進爻，是「終日乾乾」的拼命三郎，而更進一步陷於

泥中，這可不是需忍而是愈陷愈深，迫不得已之艱難，以至於「致寇至」但終於「敬慎不敗」。

六四居坎中，「出自穴」直接面對九五，自不量力，相爭流血，戰況緊張，只得伏首貼耳，恭順聽話，待機而變。

九五身陷險中，無力管束三陽，好在資源豐富有餘，只得以逸待勞，貞而能吉。

上六居亢窮之位，以柔化剛，施以緩兵之計，恭敬待之，終能化解。

第6籤 ䷅ 訟卦 又名天水訟

> 訟 ：有孚窒惕，中吉，終凶。利見大人，不利涉大川。
>
> 彖曰：訟，上剛下險，險而健。訟，訟有孚，窒惕、中吉，剛來而得中
> 　　　也。終凶，訟不可成也。利見大人，尚中正也。不利涉大川，入
> 　　　于淵也。
>
> 象曰：天與水違行，訟。君子以作事謀始。
>
> 序傳：蒙者蒙也，物之稚也。物稚不可不養，故受之以需。需者飲食
> 　　　之道也。飲食必有訟，故受之以訟。訟必有眾起，故受之以師。
>
> 雜傳：需不進也，訟不親也。

小篆

「訟」字從「言」、「公」；《釋文》：「訟，爭也；言之於公也。」《說文解字》：「訟，爭也。」《六書故》：「爭曲直于官有司也」。爭訟之故要找個公正之人來評斷。《史記·吳王濞（ㄆㄧˋ）列傳》：「未敢訟言誅之」。《集解》引如淳曰：「訟，公也。」《周禮·大司徒》：「以兩造禁民訟」。鄭玄注：「訟謂以財貨相告者」這好重要，「訟」是因財而訟。

又「訟」字從「言」，「爭」字從「手」，故「以手曰爭，以言曰訟。」可見尚未大打出手，僅於辯吵的階段，就是鬧哄哄，吵來吵去。

《淮南子·兵略訓》：「天下訟見之」。高誘注：「訟，公也。」「公」音與「攻」相通，故有攻擊之意。但僅於口頭攻擊，並未動手。《康熙字典》引《易·訟卦疏》：「凡訟者，物有不和情乖，爭而致其訟。」乾天往上，坎水往下，兩者相乖離而起訟。乾卦勇健，坎卦陰險，各有本事，爭訟不止。《史記·五帝本紀》：「頑凶，不用。」《正義》：「凶，訟也。言丹硃心既頑嚚，又好爭訟，不可用之。」這與上離下兌的「睽」相似，離火上炎，兌澤下流，相悖離而乖。〈大象〉曰：「天與水違行，訟。」「違行」，就是乖，就是逆，沒有交集，眾說紛紜，爭吵不休，亂哄哄也。《易經》以順為吉，以逆為凶。

「訟」上乾為君王，下坎水為法。爭訟起則君王用法以斷。先天八卦乾為南，象徵君王南面而坐。互離居東，下坎居西，有如相訟的兩造；互巽為準繩，為繫；兩造訟起，君王在上以斷曲直並施以刑法。帛書《黃帝四經·經法·道法》：「法者，引得失以繩，而明曲直者也。」

☰☰「需」、☰☵「訟」相綜，「訟」下坎上乾，〈象〉曰：「上剛下險」，上乾剛健躊躇滿志，下坎險心機深沉，兩相乖悖，故好訟，敢訟。坎險陷在下為陰險，深不可測；上乾健行往前健行忽略了坎險在後的危險。有瞻前不顧後之象。乾居上，上面的管理階層剛健勇於行；坎居下，下階層被管理階層陰險用詐，溝通不良，以險對健，南轅北轍，各說各話，故「訟」。「訟」卦外健內險，形勢極為不和。

「訟」因爭財而訟也。坎為法，為矢，為訟獄。「訟」是司法機關，是法院。「噬嗑」卦辭曰：「利用獄」，〈大象〉曰：「明罰敕法」是監獄。

古人爭訟之前要先以財物「束矢」、「鈞金」作為抵押。「束矢」即一綑一束一百支箭矢。古人箭矢以青銅為之，有如貨幣。此即相當於今日之民事（尚秉和《歷代社會風俗事物考》）。《周禮·地官·大司徒》：「凡萬民之不服教而有獄訟者，聽而斷之。」《註》：「爭罪曰獄，爭財曰訟。」《疏》：「對文例也。若獄訟不相對，則爭財亦為獄。」《周禮·秋官·司寇》：「以兩造禁民訟，入束矢於朝，然後聽之。以兩劑禁民獄，入鈞金三日乃致於朝，然後聽之。」鄭玄注：「訟謂以財貨相告者。造，至也。使訟者兩至，既兩至，使入束矢乃治之也。不至，不入束矢，則是自服不直者也。必入矢者，取其直也。《詩》曰『其直如矢』。古者一弓百矢。束矢其百個與？」賈公彥《疏》云：「言禁者，謂先令入束矢，不實則沒入官。若不入，則是自服不直，是禁民省事之法也。」「獄」則是刑事，抵押之物更為貴重，故曰「入鈞金」，一鈞金為銅三十斤。為何用矢、用金為抵押？矢，取其直；金，取其堅。「訟」卦是民事訴訟，故不言「獄」。「噬嗑」卦是刑事，故卦辭直言「利用獄」。

「有孚」，事亂的徵兆，解決爭訟以雙方展現信任為基礎，如此亂哄哄，是有壞事的徵兆。

「孚」，俘也；「有孚」，也可以解釋為獲得俘虜。軍隊戰勝，所擄獲的人與財貨都可以稱作「俘」。

「窒」，《說文》：「塞也」在爻，陽遇陽、陰遇陰則窒。在「訟」是「上剛下險，險而健。」健而不知險故「訟」。「訟」是剛愎自用，不聽勸諍，而一意孤行。「訟」是溝通不良，故曰「窒」，不通也，是鑽入穴中。是壓抑、節制，是在人屋簷下怎能不低頭。「窒」如「損」卦〈大象〉：「懲忿窒欲」，是智者不怒。

「惕」，是憂懼警惕，引申為止息。《說文解字》：「惕，敬也。」敬，警也。又《康熙字典》云：「怵惕也。憂也，懼也。」因為憂懼警惕小心而止息。「小畜」六四：「血去惕出」憂恤惕出去故憂慮解除。

「窒惕」，同義字連詞，塞止不前。「訟」是憂心緊張。

于省吾先生《易經新證》讀「有孚窒惕」為一句，「窒惕」乃「至易」假借字。引《孟子‧萬章下》：「充類至義之盡也」。注：「至，甚也」。「易」讀難易之易。「有孚至易」即「有孚甚易」也。

「中」，指前半斷，過程，中間。不是大中小的中。與「終」相對。

「中吉」，中間半途吉，爭訟過程中段吉。「中吉」，雙方中和則吉。但一剛一險要中和，難也。

「終」，指後半段，末段，最後結果。

「終凶」，末段結果凶。最後不論勝負都凶，故曰「終凶」。為何？俗語說「賊咬一口入骨三分」，精神時間花在爭訟上，跑法院，打官司，花銀兩，終究兩敗，故曰「累訟」。〈象〉曰：「終凶，訟不可成也。」坎為險，為陷，是如深井般的穴洞，今乾陽陷於坎中，是強而變弱，無法施展，故「終凶」。「終凶」，當止不止，好強求勝，最後必凶。

卦辭強調「有孚」，意謂誠信的重要，如果誠信受到阻塞，喪失誠信，過程中雖然吉，也只是暫時的，最終還是凶。

《易》常以「初」、「終」相對，如「初吉終亂」、「無初有終」。「初」與「中」皆指事物進展的前半段。

「訟」是勞命傷財，是累訟。坎為勞，為訟。「訟」是累訟，是陷於長期的爭辯之中，如陷於泥淖之中，故曰「入於淵」。一剛一險如何入淵就是險，故「不利涉大川」。「訟」是責備，是上級打下級官腔。「訟」是諍諫之言，忠言逆耳，不聽勸，是下級以真言勸上級。

「大人」，古時候的貴族、君長、尊者，尊貴而有地位之人。詳見

「乾」九二。

「利見大人」，宜見大人，是找公平超然的第三者來評斷。「利見大人」者，公正斷訟者，古之貴族有官位者，上位者；今法官也。

「尚」，崇尚也，仰慕，由下往上也。《廣韻》：「尚，加也，佐也，《韻略》云：凡主天子之物皆曰尚，尚醫、尚食等是也。」尚是御用者。「尚」，配也，向上攀婚。男女相配婚，女曰「歸」，男曰「尚」。《史記・李斯傳》：「諸男皆尚秦公主，女悉嫁秦諸公子。」指的是九五「中正」者。

〈雜卦傳〉說：「訟，不親也。」「訟」是不親而爭訟，是親相爭也變不親。父子相爭。

「訟」是反目為仇，往上水往下，兩相違行，故為仇。不親就是仇。「訟」卦上為乾下為坎，上乾剛健下坎險陷。比喻人與人間，一剛一險，必爭辯而訟。

「不親」，是六親不認，一意孤行。是無有親友，孤單無援。是不要與他親近，要保持距離。「訟」是鼓足勇氣，一意孤行，瞻前不顧後，恃險而驕，孤立無援，終陷入深淵而凶。

「訟」、「需」相綜。「需」是含忍不爭，委曲求全，故「有功」。「訟」是強爭，逞強，瞻前不顧後，故「終凶」。「訟」之思慮不深，只顧眼前失之於後，是大意，故而「終凶」。「需」是大器故，故不爭，故「有功」。

「需」下乾躊躇滿志而知止，是進退有據。「訟」上乾亦是躊躇滿志，瞻前不顧後，忽略了坎險在後，雖有一時風光，但終不長久而凶。「需」是民生必需，所以是財貨物資；「訟」則是爭財；《周禮・秋官・司寇》：「以兩造禁民訟」。故鄭云：「爭罪曰獄，爭財曰訟。」此為狹義，廣義是爭罪亦曰訟，《左傳》昭公十年云：「凡有血氣，皆有爭心」，又云「錐刀之末，將盡爭之」是也。《左傳》僖公二十八年云：「衛侯與元咺訟」，是爭罪亦曰訟也。

「天與水相違行」者，乾剛上行，坎水下行；乾剛外露，坎剛深藏，故相違行。象徵個持己見，愈行愈遠。此人外剛內險，敢與人爭，衝突多。因剛健所以知道自己勝別人，剛愎自用行險僥倖，但纏訟到底雖然勝

人，可是耗時費事傷財，終是不吉而為凶。

上兌下離的「革」，〈大象〉曰：「水火相息，二女同居，其志不相得。」上離下兌的「睽」，〈大象〉曰：「火動而上，澤動而下，二女同居，其志不同行。」都是因為個性相違而不能同處。

「訟」見好就收，勿窮追猛打。「訟」是外健而內險，是己健而彼險；外在剛陽好爭，內險且有智謀，坎為智。此人好爭喜。「需」是迂迴旁行求進，不攖其鋒，暫時避開，旁行以求進（錯為「晉」）。「訟」則恃險而不知權變，以下犯上，冒險而行，恃險而驕，單刀直入。

「訟」互「家人」，是與家人溝通不良，互相爭訟。故〈雜卦傳〉說「不親」。「訟」二、五相敵，是上下不交通，是上與下爭訟。「訟」是爭財，是上下交爭利，是分家不平而爭。《周禮・地官・大司徒》：「凡萬民之不服教而有獄訟者，聽而斷之」。《註》：「爭罪曰獄，爭財曰訟。」

「同人」卦〈雜卦傳〉說：「親也」，「訟」卦〈雜卦傳〉：「不親」。「同人」為合作，和氣，人眾為同志，互「姤」為溝通。「訟」為一意孤行，剛愎自用，怒目相向，與人爭吵，沒有同志親友。坎為隱伏，為陷阱；巽亦為伏，為繩，為繫縛；冒進的乾陽，卻不知危險以伏於後。

又「有孚」，是有信心、信任才能息訟。或「不孚」訟必不止。

「不利涉大川」，是「訟」互「家人」，是內爭內鬥，故不可以對外涉險。

「不利涉大川」，是「訟」互「未濟」。互「未濟」也是爭訟不能濟事，故不可以訟。

「剛來而得中也」，是說「訟」卦由「否」卦而來，「否」上剛九五來「訟」之九二。

「訟不可成也」，是不可以讓訟一直發展成熟，要及早煞車。

「淵」，深淵。《說文解字》：「淵，回水也。从水，象形。左右，岸也。中象水兒。」《詩・衛風・定之方中》：「秉心塞淵」。《箋》云：「塞，充實也。淵，深也。」《孔叢子・廣詁》：「淵、懿、邃、賾，深也。」坎在下卦故為深淵。深淵才可藏龍，上卦乾為龍。

「入于淵也」，「訟」時「不可以涉大川」，內鬥不已，對外必凶，

如陷於深淵之凶。上乾為剛健，下坎危險陷，為深淵；瞻前不顧後，必陷入沉溺於深淵。內鬥未息尚且勇於外鬥，瞻前不顧後，必陷入深淵。故「不利涉大川」而「入於淵也」。凡是官司訴訟不論輸贏都是累人之事。

〈大象〉曰：「天雨水違行」，「違行」就是「乖」，是唱反調，不協調，意氣用事，心言不一，一意孤行。坎水下流而乾陽上升，背道而馳故「違行」。

「作事謀始」，是早知如此會凶，何必當初要爭。是今日之爭是因為一開始思慮不周、大意。「謀始」，慎於始，一開始就要思慮周全，拖久必凶。「作事謀始」，是好的開始是成功的一半，早知如此何必當初。乾卦健行用剛，衝動行事。俗諺：「好的刀口藥，不如不拉口。」

相「違行」是「訟」的開始，「訟」是相違行的結果。君子必須在行為開始時，杜絕爭端，而非是在訴訟發生後，從事補救。互「姤」卦，故曰「作事謀始」就是防微杜漸，先小人後君子。「謀」，是思慮深沉，城府心機，計劃密，眼光遠。坎為謀，為深沉。

「訟」卦接在「需」卦之後，〈序卦傳〉：「飲食必有訟，故受之以訟。」為什麼飲食必有訟呢？此飲食是說吃飯養生之事，天下之人就是為了確保有飯吃，為了吃飯而有爭執。小之飲食是糊口以填飽肚子。大的飲食，凡權力、名位、利害關係都是。在資源有限，而要吃飯的人眾多，則爭鬥必激烈。此自然也。

「訟」初至五互「渙」，是冒險犯難，「訟」亦是冒險。「渙」是幻，是風光一時。「渙」是離散，沒有親故，家人離散。「需」是遇險要等待、示弱、虛幌一招，是實在、知己知彼、知進退、能進能退、顯的安分、穩當，故能「利涉大川」。「訟」是坎險在內，陽剛外露，有瞻前不顧後，遇險強伸，血氣方剛，不安份，使氣好勝，自負不聽勸，無法自制，蹈險赴難，沒有「利涉大川」的條件。「飲食宴樂」，是社會穩定，好整以暇，平常心，不急不徐，正常民生經濟，生活基本需求。不是奢侈浮華，也是策略，要宴請吃飯，公共關係。

「訟」錯為「明夷」。「明夷」：「利艱貞。」忍氣吞聲，含冤莫白；「訟」是爭個道理，說個明白。「明夷」是傷，是誅；「訟」是「終凶」。「錯」也稱「伏」，伺機而出。「訟」之後為「師」，「訟」、

「需」皆是冷戰,「師」是熱戰。

此卦是爭執不休,受責備,受毀謗,對薄公堂,打官司。是一意孤行,逞強自用,不聽勸告。「訟」卦不吉,無利,有凶。不宜應付艱難危險。是好爭之人,避之唯恐不及,無有親朋好友。「訟」,屬凶,不利遠行。

初六:不永所事,小有言,終吉。
象曰:不永所事,訟不可長也。雖有小言,其辯明也。

「永」,長久也。《說文解字》:「永,長也。像水至理之長。《詩》曰:『江之永矣』。」

甲骨文、籀文「永」字作 ,像一人在河流中仰泳,因為仰泳省力可以長時間的游於水中,所以永字引申為長也。

「所事」,就是訴訟之事。凡言「事」皆非好事,如九一八事變,七七事變等。《新書·過秦下》:「天下多事,吏不能紀,百姓困窮而主不收邮。」

「不永所事」,就是不要延長訴訟之事,不可讓訟事長久發展下去。意謂處理事情不順利。

又「永」,允也。「不永所事」,就是「不允所事」即事不成功,中途斷輟,不能長久也。

初六以陰柔居下,又失位。位階低個性又柔弱,如此如何能與人爭訟,故「不永所事」。

初六在「訟」之初,就是「作事謀始」。

在《易經》中所說的「事」,通常為凶事、記史之事、婚娶之事、喪事、祭事、戎事。

「訟」卦所言為爭訟之事,所爭之事可大可小,小事可發展為大事最後兵戎相見,古有吳、楚為爭採桑而戰,今有中美洲以足球賽而戰。

「小」,少也,有暫時的意思。

「有言」,是微言,謂將謀隱於心中也。《呂氏春秋·精諭》:「人可與微言乎」。高誘注:「微言,陰謀密事也。」〈大象〉曰:「作事謀

始」。初爻為始。乾為健行，為作；坎為謀。初爻居坎下，故為隱謀。

又「言」，譖也，讒言，責難也。又「言」為現，說出心中之意，放在心中為意，說出為言。《春秋繁露・循天之道》：「人心之所之為意」。《大戴禮記・四代》：「發志為言」。

「有言」，是只說明立場就好，不要爭辯。因為有讒言作梗。是說事情處理不好，受到苛責，小有災難。

「小有言」，暫時受大責難，有小麻煩、小苛責，不可堅持，要靈活應對，可以轉為「終吉」。

初六以柔居剛，失位，故有小過失。因位卑力弱，不勇於力爭，又上承九二，有九二當靠山，又與九四相應，朝中有人，所以「終吉」。

上承九二，是有九二之助，又與九四相應，是九四也支持初六，雖有支持但是初六柔弱無法承擔訴訟，還好過失不大，所以終免於訴訟，故「終吉」。

初六變為「兌」，兌為口舌，是口舌之爭。兌為少女，為小，是少女齟齬而已。

言「終吉」，是事先有咎最終轉為吉。初六應九四，故「終吉」。

「不永所事」，也是說事小，雖有讒言，暫時涉及獄訟之事，有小災小難，但所訟不長也，終得昭雪，所以「終吉」。

「訟」事以短為宜，上策為初發生就要停止不要訟。若非要爭訟則不可長久，長期爭訟是累訟，勞命傷財，雖勝也耗了許多錢財精神，是慘勝。所以「訟」之初，以訟不可長為戒。

既然已爭訟，最少也是小災、小過失，故曰「有小言」。既然不可長久，又承九二之中且與九四相應是得人之助，能分辨而明白，故「終吉」。

「其辯明也」，把話說清楚，君子動口不動手。

初六「辯而不爭」故吉。

此爻「作事謀始」，所為之事，半途中輟，雖有小過失，受到責難，只要說清楚，長久來看，最終是吉的。

䷅ 訟 ䷉ 履

初六變為《履》，〈序傳〉：「物畜然後有禮，故受之以禮」，《履》者禮也。初六「不永所示，小有言。」是失禮，知禮守禮就能「終吉」。

《禮記・曲禮》：「禮不下庶人，刑不上大夫。」初爻是庶人，故不知禮。

初六為「訟」之始，與人有些言語衝突，但不可死纏爛打，只要話說清楚就好，不可意氣用事。

九二：不克訟，歸而逋，其邑人三百戶，無眚。
象曰：不克訟，歸逋，竄也。自下訟上，患至掇也。

「克」，能也，勝任也。《爾雅・釋言》：「克，能也。」《說文解字》：「克，肩也。徐曰：肩，任也。任者，又負荷之名也。能勝此物謂之克也。」《段玉裁注》：「鄭箋云：『仔肩，任也』許云：『勝任也』。」

「訟」，爭也。《說文解字》：「訟，爭也。」《釋文》：「訟，爭也，言之於公也。」

「訟」，也有「逆」的意思。《說苑・捐武》：「爭，逆德也。」水之性向下為順，九二向上與九五爭，故是逆。九二與九五，都居中，都是陽，是敵應。此種情況是「同位相敵」。

「不克訟」，即爭訟不能勝訴。

九五居上卦之中，又得位，是中正，又處於君位，客觀條件有利。

九二居下卦之中，以陽居陰，雖中而失位，又處坎險之中，客觀環境條件差。故九二地方仕紳無法與九五天子爭訟，爭訟必不能勝，故「不克訟」。

九五中正是裡直氣壯，九二失位無法與九五爭。又九二身在坎險之中為陰所敵，是立場不正，故不能爭，只好回頭，自量其力，是視時務者，故「無眚」。

「眚」，是災禍，本義是眼中長翳，是自視不清，是蒙，是搞不清楚狀況。《說文解字》：「眚，目病生翳也。」《廣韻》：「過也，災

也。」《經典釋文》：「子夏傳云：『妖祥曰眚』。」

「無眚」，是原來的「眚」消除了，因為無辜。「無眚」，即無辜、無災。

「歸」，就是來的意思。由上至下曰「往」，這裡說「歸」與〈彖傳〉說的「剛來」是一樣的，都是指九五來與九二爭訟。也可以說是九二向上爭訟不成而歸於本位。

「歸」，是回到原來的狀況，回到自己的家，歸藏起來，不與九五爭。坎為水，萬流歸宗，為歸，〈說卦傳〉：「坎為水也，正北方之卦也，勞卦也，萬物之所歸（藏）也。」

「逋ㄅㄨ」，就是逃亡，就是歸而藏之。《說文解字》：「逋，亡也」，就是〈小象〉解說的「竄」，逃竄，抱頭鼠竄，回到自己的地盤、洞穴躲藏。坎為陷，為隱藏，故曰逋。

「歸而逋」，就是「逋而歸」的倒裝句，就是逃歸而止訟，止訟故「無眚」。

「邑」，即為「國」，貴族的封地。古人諸侯的封地稱「國」，大夫的采邑稱「家」。此作大夫「采邑」解。坎為井，為邑。「邑」，是大夫的采邑，食邑，是小的封地。《周禮・地官・小司徒》：「九夫為井，四井為邑，四邑為丘」，唐賈公彥《疏》：「井方一里，邑方二里」周制，公卿大夫貴戚有功或世襲祿位的人都有封地以收租稅為奉祿，稱為「采邑」。對國王的子弟所劃封之地，其主有收租稅之權，且有主宰人民和土地的權力，亦稱為「食邑」。按爵位大小稱呼不同，大夫稱為「家邑」，卿稱為「小都」，公稱為「大都」。商周當時的「邑」基本上就是聚落。依爻位初為士，二為大夫，三為三公，四為諸侯，五為天子，六為宗廟，所以九二為大夫。《禮記・雜記》：「大夫之喪，其升正柩也，執引者三百人。」鄭玄注：「諸侯之大夫，邑有三百戶之制。」《左傳》記載有許多大夫之食邑富可敵國。食三百戶之「邑」是聚落，是小地方，《左傳》莊二十八年：「凡邑，有宗廟先君之主曰都，無曰邑。」昭公五年：「豎牛取東鄙三十邑以與南遺」。這些「邑」都是指聚落。朱熹注：「邑人三百戶，邑之小者。言自處卑約，以免災患。占者如是，則無眚矣。」所以列國自己謙稱為「敝邑」。《穀梁傳》莊公九年：「十室之邑，可以

逃難；百室之邑，可以隱死。」這裡的「百室」就是「百戶」。

「邑人」，國人，采邑內的庶眾。

「其邑人三百戶」就是其邑有三百戶人家。這是一個小國，小的采邑，鄭玄認為是「下大夫」的采邑。

又聞一多讀「逋」為「賦」，也為「復」。《說文解字》：「賦，斂也」，《公羊傳》哀公十二年何注：「賦者斂取其財物也」「歸而賦」，爭訟不得直，逃歸回自己封地，收取邑人的賦稅，有財可以贖罪，故無眚。或逃回自己的封邑，有三百戶人家養著，所以「無眚」。

「竄」，是鼠在穴中，低聲微行，找牠不到，東流西竄。是有自己的空間但受大環境的壓制。「竄」，是如何在穴中求生活，是委屈求全。九五下來與九二爭訟，九二不敵，所以逃亡。

九二居坎，坎為隱，有逃亡隱匿、逃竄之象，是不吉的。九二剛陽好爭訟，變為六二，則下卦為坤，為安，是不爭訟而能安。

「歸而逋其邑人三百戶」，是九二回家吃老本，變下卦為坤，坤為土，有土斯有財，是根據地。「其邑人三百戶」，是九二的部屬，是九二的班底。

九二自己、部屬皆得保全，皆因為「歸」的原因，「歸」就是「龜」，爭不成龜縮回去。

九二又「歸」又「竄」可見九五有殺機。九二處理不好禍災必及身，部下也受牽連，故〈象〉曰：「綴」。九二居下卦與居上的九五爭訟，所以說「自下訟上」。

因為九二不敵而逃匿，爭訟不成，自處卑斂，所以食邑三百戶也無災。所九二爭訟不敵九五，於是逃匿到自己的封邑。坤為封國，為采邑，九二一陽藏於坤中為坎，故逃逋竄藏於自己的封邑中。或是食邑的主人賦稅太重，與邑人爭訟。

「患」，災禍也。

「至」，大也。〈坤·象傳〉：「至哉坤元」，《禮記·哀公問》：「敬之至矣」注：「至矣，言至大也。」

「輟」，綴也，聯也。《博雅》：「連也」。《廣韻》：「綴，連

綴。」《詩・商頌・長發》：「受小球大球，為下國綴旒。」《箋》：「綴，猶結也」；一個接結著一個。

「患至綴也」，為災患大結，一個接著一個而來。

又「綴」，拾取也，自下往上要與九五爭訟，則災患就會接連不斷，自取其災也。

☰☷訟☷☶否

九二變為「否」卦，「否」為不通，故不能克。是往前不通，則退，故曰「不克訟歸而逋」。

「否」則凶，但九二高瞻遠矚，量力而為而能免禍。若不「作事謀始」，不自量力，則禍害不斷。九二與九五敵應，溝通不良，矛盾日深。又以下與上爭訟，實力不足差了一節不能獲勝，只得逃回自己封地，休生養息，韜光養晦，委屈求全，可惜災患不斷。

六三：食舊德。貞厲，終吉。或從王事，無成。
象曰：食舊德，從上吉也。

「舊德」，是祖先遺留的恩德，享食祖先所遺留的食邑厚祿，受祖先的餘蔭。六三與上九應，上九為宗廟，故曰「舊德」。家中傳下來的老本。乾為祖宗，為老，為舊。

「舊德」，是祖先長久積留下的恩德與舊關係。

「食」，是俸祿；《論語・衛靈公》：「君子謀道不謀食」。《史記・仲尼弟子列傳》：「不仕大夫，不食汙君之祿。」《國語・晉語四》：「大夫食邑，士食田，庶人食力，工商食官，皂隸食職，官宰食加。」《漢書・張安世傳》：「尊為公侯，食邑萬戶。」坎為酒食。「食」，是坤六三的「含章」，是忍氣吞聲，打破牙齒和血吞。

「食」，蝕也。惠棟曰：「食，讀如日月有食之食。」《說文解字》無有蝕字，而作蝕：「蝕，敗創也。」《釋名》：「日月虧曰蝕，稍小侵虧如蟲食草木之葉。」《漢書・韋昭註》：「虧敗曰蝕」。

「食舊德」，蝕老本，虧敗損失舊日累積的聲望德行。六三吞忍腹中，凶中求轉還之機，是求上九念舊情。當是現今的領主，侵蝕祖先的陰德。或是領導無方，或是剝削太重。

三爻為三公，商周之三公就是諸侯，任職於王廷為卿、為三公；回封地就是佔地一方的諸侯。六三處於陽位，是進爻，本當有所作為，但是以陰居陽，本性柔弱，才具不足，條件差故不與人爭訟。「坤」六三：「含章可貞」。

「貞」，本意是固，是正。六三失位非中，不得曰「貞」。這裡曰「貞」是勉力六三守本分無爭。六三陰爻所以不爭。哪就何來厲之災？此當解釋為「征」，謂出行有厲。

「厲」，是危厲，災難，咬緊牙關。本意是磨刀石，《詩·大雅·公劉》：「取厲取鍛」。《毛詩注疏》：「厲，本又作『礪』。鍛，本又作『碫』，《說文》云：『碫，厲石』。」《荀子·性惡篇》：「鈍金必將待礱厲然後利」。六三要「熬」的住才行。「乾」九三：「夕惕若，厲無咎。」六三在坎是險，且三位多凶，下乘九二之剛，是受制於九二，自己失位既危又多凶，故「厲」。

「蝕舊德」則根基受損，威望日減，災難隨之生，災難生則知警惕畏懼，知警惕畏懼則無可敗，故雖危厲而「終吉」。

「終吉」，是本來危險而最終得吉。因為上承九四，又與上九相應；近，有九四好鄰居，遠有上九相應，能貞則吉，不貞則不吉。「貞」就是要堅持到最後。

「貞厲，終吉」，謂出行有災，最後翻轉危難而吉。

「從」，〈文言〉：「雲從龍，風從虎」之「從」同意。

「或從王事」，謂「從王事」要克勤克忠，如「雲從龍，風從虎」要始終如一，否則將無所成。這句是承「食舊德」而來。

六三以陰柔之質，居三公之位，上承九四是聽九四之命，不敢自作主張，能守著「先迷後得主」之性。如「坤」卦六三：「含章可貞，或從王事，無成有終。」

「從上吉」，是六三聽從九四與上九之意。九四近，上九遠，當然先聽九四，上九「遠水救不了近火」。時候到了自然有應援。九四居乾卦「從上」就是承乾。

初九「小有言」，六三「或從王事」，此兩相對之語。這與「坤」卦六三：「含章可貞，或從王事，無成有終」相近。六三近於上卦之際，上

卦為乾，為王，故曰「王事」。

「王事」，就是國之大事，是戎事，即戰爭。《左傳》成公十三年：「國之大事，在祀與戎」就是戰爭之事。《詩·唐風·鴇羽》：「肅肅鴇羽，集于苞栩。王事靡盬，不能蓺稷黍。父母何怙。」《詩序》云：「《鴇羽》，刺時也。昭公之後，大亂五世，君子下從征役，不得養其父母，而作是詩也。」可知是征役之事。《禮記·喪大記》：「既葬，與人立。君言王事，不言國事。」孫希旦《集解》：「王事，謂朝聘、會盟、征伐之事。」「坤」六三亦言「或從王事」。

《易經》成書的年代，「國之大事，在祀與戎」都是貴族之事。

以祭祀來說，所爭訟的對象為天，（乾為天）但以往對天的祭祀有所回報，故曰「食舊德」，因「食舊德」所以不與天訟。怎能與天爭？

六三以陰居陽，陰爻是其本質，陽位是其外在的表現，故為謙而敬之人，處於承上卦起下卦之重要位置；上承乾陽之命而行事，不妄自主張；雖是多凶，但終吉。但「王事無成」，不能承擔國之大事。六三不訟是好事所以吉。

此爻安靜的「食舊德」就有屬；積極主動的「從王事」，雖不居功而「無成」，但能免於凶災。宜動不宜靜。

☰☰訟 ☰☰姤

六三變為「姤」，為遇，是有一番新際遇。

六三敗而不潰，變「姤」有一番新機運。

六三應上九，上九勝六三，但上九終必凶，故六三含忍必有機會。所以「無成」但必「有終」。「訟」上九則無所終。

九四：不克訟，復即命，渝，安貞，吉。

象曰：復即命渝，安貞不失也。

「克」，能。

九四與九二皆曰「不克訟」。九四前遇九五，陽遇陽則窒，故「不克訟」。基本上《易經》陰陽相交合是吉的，不交是不吉的。

「不克訟」，不能訟，不能爭論。這符合不訟之意，凡在「訟」能不

訟者皆吉。初九、六三、九四皆吉。

九四剛陽失位是立場不正又好訟之象。九四上承九五，下又據六三～凡陽爻在陰爻之上稱「據」，又稱「履」；陰爻在陽爻之下稱「承」也稱「附」，又與初六相應。

九五為君，九四為近臣，九五臥榻之旁難容他人，九四欲向上取而代之，爭訟必然。但臣不如君，何況九五中正之君，故「不克訟」。《易經》非常重視位置。九五天子有立於不敗之地的位置。

「不克訟」，不能克敵致勝。

「復」，返回而復；〈說卦傳〉：「反也」。

「即命」，是聽命，從命；有認命、安命、知命之意。「君子之德風，小人之德草，風行草偃。」以風來形容在上位的德行，以草形容下位者卑順之情，故巽〈象〉傳曰：「隨風巽，君子以申命行事。」而三四五爻互為巽，是有行命之象。故曰「即命」。

「即」，就也，服也，從也。

「復命」者，《老子》第十六章：「夫物芸芸，各復歸其根，歸根曰靜，是謂復命。」安安靜靜，歸於根本。

「復即命」，是回到原來聽話的狀況，服從不爭。所以〈小象〉曰「安貞」。「坤」也說「安貞吉」九四「安貞」認命貞守臣節故「不失」。九四變六四，上卦為巽，巽為命。三四五爻為巽，是重巽。「巽」〈象〉傳曰：「重巽以申命」。故曰「復即命」。

「不克訟，復即命」，言訴訟不可勝，歸而從上者之令。

「渝」者，變汙也；《說文解字》：「渝，變汙也。」《爾雅‧釋言》：「渝，變也」，就是變壞，變敗。又可解作「愉」，愉安。九四失位而多懼，所以不安。不中不正，所以不貞。這不安、不貞如何變為安貞？因為能聽九五之命，所以能申命行事，所以吉。九四以剛居陰，不中不正，剛陽但立場不正，氣勢凌人，若「安貞」則不會失敗。所以，「不克訟」就是不會打贏的官司，不要勉強進行；若反省自身，改變態度，安於貞正，就可變爭訟為安吉。

「渝」，就是由好強瞻前不顧後引起的「訟」，受到教訓後變為「安貞」柔順。九四是變色龍。

「不失」，就是不可躁動，不要強出頭，安靜守常則無過失。九四失位，居乾卦，乾為健行，好動。失位好動，在「訟」卦難免與之爭訟。但「訟」卦上策是不爭，何況九四乾遇九五，如何與天子爭！故要安貞才能吉。尚秉和先生以「軼」釋「失」。《說文解字》：「軼，車相出也。從車失聲」就是突出超車。《左傳》隱公九年：「彼徒我車，懼其侵軼我也。」杜預注：「軼，突也。」《淮南子‧覽冥訓》：「軼鵕雞于姑余」。高誘注：「自後過前曰軼」。「不軼」，即不要強出頭。聽九五之命行事，故無過失。順從聽命就是「安貞」的表現。占筮得安也。

九四於變為陰爻為六四，「坤」六四：「括囊」所以聽命於九五，是以陰助陽，所以此陰是順從陽，合於陰坤柔順之德，故曰「安貞吉」。

但「訟」卦所言不是打官司的道理，而是如何消除訟之原，所以〈大象〉說：「作事謀始」；就是最好不要爭訟。「訟」卦初爻說訟事不可長；九二說不要自不量力的去爭訟；九三要念舊德，要含忍；九四安貞吉，就是要知命而不訟。

「乾」九四：「或躍在淵」積極向上，與九五爭訟得不到便宜，若變為六四則為「坤」六四：「括囊」得位能安貞順九五必吉。

九四不敵九五，故「不克訟」，與初六應，安靜的歸於初六，落葉歸根，才能「安貞吉」。

䷅訟䷺渙

九四變為「渙」卦，「渙」卦辭曰：「亨，王假有廟。利涉大川。利貞。」安貞能吉，利遠行，自有一翻新局面。

九四認清自己所在之位，要任命，不可以妄求。「萃」卦九四：「大吉，無咎。」九四、九五二陽相鬥，九四要大吉才爭得一個無咎的結果，可見位置的重要性。

九五：訟，元吉。
象曰：訟元吉，以中正也。

「訟」，公也，頌也，歌頌。《淮南子‧兵略訓》：「訟，公也。」九五是天子，大公無私。

九五之訟，不是訴訟，是斷訟，是評斷爭訟，是評斷是非之意。公平

中正故為「頌」。

九五為君，居中得位，中則不過，正則不邪，是一位正嚴明的君主，能大公無私的評判決斷爭訟，故大吉。所以〈象〉曰：「訟元吉，以中正也。」

九五為「訟」卦之主爻。

九五中正為公正之君，為卦辭中的「大人」。

九五與九二敵應，是兩相訟之象。但九五秉持公正，事明理正，所以爭訟以圓滿結局收場。誰能與君主至尊爭訟而贏？九二知趣避歸回自己的領地。若九二不知趣爻變為「否」有性命之憂。

「元吉」，是愈訟愈吉。「元」是大，也是一元復始，循環再現，「貞下啟元」愈炒愈吉。

「訟，元吉」，訟事大吉，歌頌之，大吉。

九五以陽剛賢能中正之德，居至尊之位。是公正賢明之象，故〈象〉曰：「以中正也」。

「以」者，因為所以也。

有中而不正者，有正而不中者。中且正，無不吉。「豫」九二爻辭曰：「不終日，貞吉。」〈象〉曰：「以中正也」。

訟 未濟

九五變為「未濟」卦辭曰：「小狐汔濟，濡其尾。」「小狐」是實力若經驗淺者故不吉。九五中正，是大人，經驗老道，實力堅強，而能吉。

上九：或錫之鞶ㄆㄢˊ帶，終朝三褫ㄔˇ之。

象曰：以訟受服，亦不足敬也。

「或」，是儌幸偶有所得之意。如「乾」九四：「或躍在淵」。

「錫」假借為「賜」，是賞賜。王賞臣下以金銅器，如鼎、爵、簋曰「錫」；賞以貝錢，則曰「賜」。

「或賜之」，即賜之。

「鞶」，是大帶，官服上腰間的大帶，也稱紳帶。見傳統劇戲服。《左傳》莊公二十一年：「王以后之鞶鑑予之」。《註》：「鞶，帶而以

鏡爲飾也。」鞶鑑爲一物，大帶上裝飾著鑑。《禮・內則》：「男鞶革，女鞶絲。」男子鞶帶以皮革爲之，女子以絲爲之。

「鞶帶」，是貴族用的服飾大帶，是功名利祿，也是「禍兮福之所倚，福兮禍之所伏」的禍事。《白虎通・衣裳》：「男子有鞶帶者，示有金革之事。」有金革戰爭之事，故用革爲帶。上九下應六三，三四五互巽，巽爲繩，故爲帶。上九居乾，乾爲大。故爲鞶帶。

「錫之鞶帶」，這是命服，王命恩寵，賜之以大帶。

「終朝」，是一整天；《詩・鄘風・蝃蝀》：「崇朝其雨」。〈傳〉：「崇，終也。從旦至食時爲終朝。」乾爲日，坤爲夜，上九乾之終，故曰「終朝」。如「乾」九三「終日」。

「褫」，奪去也。本義是褫奪衣衫。《說文解字》：「褫，奪衣也。」衣上之服飾是身分的象徵。褫衣即奪官之義。褫字從虒，虒字從虎，從厂，即奪去虎皮，虎無皮而無威言。民國初年警察的制服就稱「老虎皮」。

上九爲「訟」卦之終，是爭訟有結果。所以受到賞賜並得到官位，但爭訟爲人所不恥，所以上九雖勝而有「終朝三褫之」辱。

「終朝三褫之」，爲何言「三」？《禮記・曲禮上》：「夫爲人子者，三賜不及車馬。」注：「三賜，三命也。凡仕者，一命而受爵，再命而受衣服，三命而受車馬。車馬，而身所以尊者備矣。」《禮記注疏》云：「凡仕者，一命受爵，再命受衣服，三命受車馬。」於禮最高的有九命，《通典》：「三命受位，受下大夫之位也。鄭玄謂此列國之卿，始有列位於王，爲王臣。」以上之「三」是確定之詞，就是三。但「三」也是約略之詞，猶言屢次、多次。此爻之「三」當指多次、屢次。汪中《述學・釋三九》：「凡一二之所不能盡者，則約之三。以見其多。」

「終朝三褫之」，是君命無常，旋得旋失，終朝屢次被褫，即褫奪之急，功名利祿據之不安而受辱。上九以陽居陰位，失位，是德不足。並以剛陽的靈牙利齒得勝，所受賞賜，他人不服，故受辱。上九居乾卦，乾爲君。上九變爲上六爲兌卦，兌爲口舌；是乾之口舌，是君主之命令也，是受命易服。

「乾」上九：「亢龍有悔」。「亢」者，躍也。輕佻跳躍。「訟」上

九在宗廟朝廷之上與人亢爭，爭贏得賞賜官祿，官祿因爭而來故不值得尊敬。

上九以至最高之位，爭訟雖贏，但至高將下，所以雖得官卻無法保持長久，終褫奪之。

「服」，是官服，功名利祿的表徵，與「鞶帶」同義。

「受服」，是身居高位之象，是位高而危，眾矢之的。

一日受賞賜的尊位鞶帶就褫奪或掉落了三次，可見反覆爭訟，輕佻不足為敬。

又《論語‧鄉黨》：「當暑，袗絺綌，必表而出之。」《說文解字》：「表，上衣也。」《玉篇》：「衣外也」這「褫」之外衣與〈小象〉所云：「受服」相對。則「或錫之鞶帶，終朝三褫之」，謂受賜出征之鞶帶官服，一日脫去三次外衣，露出鞶帶以示不願動武之心。〈小象〉云：「以訟受服，亦不足敬也。」謂爭訟至極將動武，露出鞶帶已不足警示。一個不願動武，雖露出動武之鞶帶而不足以警示爭訟者。

此爻爭訟之極轉而動武，而皆不得益。

䷅訟䷮困

上九變為「困」。〈序傳〉曰：「升而不已必困」上九亢窮之位不能再升故困。「鞶帶」被褫奪尊榮盡失故困。

九五居尊位，為「訟」卦之主，以公正斷訟，故元吉；其餘各爻都是爭訟之人。

初六陰柔失位，位卑言輕，在訟之初，所爭不大，也不敢爭，雖有讒言，能不爭辯，低調處理，大事化小，訟事不長，故吉。

九二陽剛自己身陷險中，與九五相敵不應，九五天子中正，時位俱佳，九二爭訟得個鎩羽而歸，力圖與九五修好，不然自身不保，也牽連屬下，終能無事。

六三亦失位與上九應，是多凶之位，忍氣吞聲，靠舊關係來維持。

九四進逼九五，九五中正不動如山，九四不敵如九二，九二尚可歸回自己的地盤，九四只得安貞括囊，伏首貼耳，聽天之命。

九五中正，時位俱佳，為卦主，任何人與其爭皆敗，更炒熱九五行情。

　　上九居訟之終，又乘九五，雖訟能勝，但亢窮用剛，勝之不正，樹敵太多，終受辱奪爵。

第7籤 ䷆ 師卦 又名地水師

師 ：貞丈人吉，無咎。

彖曰：師，眾也。貞，正也。能以眾正，可以王矣。剛中而應，行險而
順，以此毒天下，而民從之，吉又何咎矣。

象曰：地中有水，師。君子以容民畜眾。

序傳：訟必有眾起，故受之以師。師者眾也。眾必有所比，故受之以
比。比者比也。

雜傳：比樂師憂。

師 小篆 𤔔 吳大澂《說文古籀文補》

「師」字，從帀，從𠂤ㄉㄨㄟ。師、帥古字同源。帀、巾當是旗幟，
古時軍旅以旗幟為標誌。旗下之眾曰旅。執掌令旗者曰帥。同為軍隊之稱
的「旅」字在金文就是作旗幟下有眾人跟進之狀。𠂤是小土阜，意思是軍
隊多駐紮在高地以利防守。此一解。

金文 小篆

軍旗也稱作「斿」，「斿」之本義為旌旗搖曳貌。《說文解字》：
「斿，旗貌。從㫃，也聲。亝（齊）欒斿字子旗，知斿者旗也。」春秋齊
國大夫欒斿字子旗，是齊惠公之子公子欒的孫子。古人的名與字常相關
聯，一如孔子弟子樊遲字子須。斿與斾ㄆㄟˋ、旃ㄓㄢ相同。也作幟、
識，以利於識別。《周禮·司常》：「司常掌九旗之物名，各有屬，以待
國事。日月為常，交龍為旂，通帛為旃，雜帛為物，熊虎為旗，鳥隼為
旟，龜蛇為旐，全羽為旞，析羽為旌。及國之大閱，贊司馬頒旗物：王建
大常，諸侯建旂，孤卿建旃，大夫士建物，師都建旗，州里建旟，縣鄙建
旐，道車載旞，斿車載旌，皆畫其象焉，官府各象其事，州里各象其名，
家各象其號。」《正義》：「事、名、號者，徽識，所以題別眾臣，樹之
於位，朝各就焉。」

「師」是行軍作戰，兵戎之事。《太平預覽·兵部》說出周朝的
制度：「《周禮》曰：『五人為伍，五伍為兩，四兩為卒，五卒為旅，

五旅為師，五師為軍」鄭玄曰：『兩二十五人，卒百人，旅五百人，師二千五百人，軍萬二千五百人也』。」

今日「師」為「老師」與行軍作戰何干？《左傳》成公十三年：「國之大事在祭與戎」。祭祀與對外征戰乃國之大事，所以，是當時貴族們必修的課業。而教授征戰之事的是資深的軍官，《周禮‧地官》有「師氏」之職，就是以軍官為職業的，師氏就是以其職業為「氏」的家族。《周禮‧夏官‧司馬》說：「凡制軍：萬有二千五百人為軍……二千五百人為師……五百人為旅。」「師」是軍隊的單位名稱。「旅」也是軍隊，但「旅」卦主要說的是出外行商旅行，因為人多有擔心半道遇盜匪，所以行止有如軍隊兵法部勒，所以「旅」也是軍隊的單位。

又《周禮‧地官‧保氏》：「保氏掌諫王惡，而養國子以道。乃教之六藝：一曰五禮，二曰六樂，三曰五射，四曰五馭，五曰六書，六曰九數。」這就是後來儒家所謂的「六藝」。皆與軍事有關。

師、保、傅，這三種掌輔佐教育貴族重任職掌的人，在貴族子弟成為國君後也成為國家的重臣，就是後來的「三公」，太師、太傅、太保。

「師」是行軍作戰，也是老帥，是率兵出征的元帥，是參謀總長，是軍師，是智囊。

「師」是行軍作戰之兵戎之事，主爻為九二，「乾」九二：「見龍在田，利見大人。」〈小象〉曰：「見龍在田，德施普也。」

「田」，是田獵圍場的田地，古人打獵合圍野獸，後來引申為農耕田地；《集韻》：「樹穀曰田」。蓋古人行戰事多征兵於農，又有「寓兵於農」之策。互震為春，為耕，故為農。就是〈大象〉說的「容民畜眾」。坤為虛，為容，為庶，為民，為眾。

「田」，是田獵、征戰、打仗，古人田獵與作戰不分，《詩‧鄭風‧叔于田》：「叔于田」。〈傳〉：「田取禽也」。〈繫辭〉：「作結繩而為罔罟，以田以漁。」「巽」六四：「田獲三品」。「恆」九四：「田無禽」。《道德經》：「馳騁田獵，令人心發狂。」

清康熙為了不讓八旗子弟久居安逸忘了騎射，特在每年秋天于熱河舉行田獵秋獮，就是藉捕獵以習戰事。其來已久，《周禮‧夏官‧大司馬》：「中秋，教治兵……遂以獮田。」注：「秋田為獮ㄒㄧㄢˇ」

古時田獵以斷獸耳以計功，而戰事亦以斷敵耳計功，可知本為一事也。故「師」六五：「田有禽」古人視田之禽如戰之敵，又《說文解字》：「捷，獵也；軍獲得也。」《春秋》莊公三十一年：「齊侯來獻戎捷」。《穀梁傳》解釋云：「軍得曰捷」。

出兵作戰是國之大事，必免不了祭祀祈福；古人稱為「師祭」。《爾雅·釋天》云：「是禷是禡，師祭也。」《康熙字典》云：「《爾雅》作禷，經傳多作類。」《禮·王制》：「天子將出征，類乎上帝。」「禷」是為出征打仗的祭祀故曰「師祭」。《詩·大雅·文王之什·皇矣》：「是類是禡，是致是附，四方以無侮。」孔疏：「初出兵之時，於是為類祭。」

九二居坎體，坎為水，坤為川，也是水；古人常以水來形容兵事，《孫子兵法·虛實篇》：「夫兵形象水，水之形，避高而趨下；兵之形，避實而擊虛。水因形而制流，兵因敵而制勝，故兵無常勢，水無常形。能因敵變化而取勝者，謂之神。」又《劉子·兵術》：「夫兵形象水，水之行，避高而就下，兵之勢，避實而擊虛，避強而攻弱，避治而取亂，避銳而擊衰。故水因地而制形，兵因敵而制勝。即兵無成勢，水無定形，觀形而運奇，隨勢而應變，反經以為巧，無形以成妙。」又坎為隱，坤為藏，《孫子兵法·虛實篇》：「人皆知我所以勝之形，而莫知吾所以制勝之形。」清初的魏禧說：「凡兵有可見，有不可見，可見曰法，不可見曰謀。法而弗謀，猶搏虎以挺刃而不設阱也。謀而弗法，猶察脈觀色而亡方劑也。」下坎為隱，為不可見之謀；坎為水為律，為可見之法。坎為矢為兵器，為刃；坎為險，為陷，為阱。坎為毒，為藥，為方劑。是坎為「陰謀」。離為「陽謀」。故〈象〉曰：「行險而順」，變幻莫測也。

又機密是行軍作戰克敵制勝的重要原則之一，《揭子兵經》：「謀成於秘敗於泄；三軍之事，莫重於秘。」這也是坎象。

「貞」，占問。《周禮註疏》：「鄭司農云：『貞，問也。《易》曰：「師」，貞丈人吉。問於丈人。《國語》曰：貞於陽卜』。」〈象傳〉將「貞」，解釋為「正」，不確。

九二亦居震體，震為長子，為侯，二之位為大夫，就是卦辭的「丈人」。

坤為庶，為眾，是嫡長子領導庶眾。

父 尹

「丈」，杖也。手杖、權杖，是象徵權利之物。《正譌》：「丈借為扶行之杖。老人持杖，故曰丈人。」金文作手持武器、權杖之狀，跟「父」、「尹」字一樣，都是權威之象，「丈人」就是「尹」。《說文解字》：「尹，治也。从又丿，握事者也。」《說文解字注》：「尹，治也。……尹治天下。」古有伊尹。

「丈人」，大人，也是說老成持重有經驗有威望之長者，如此才能壓的住陣腳。《周禮註疏》：「丈之言長也」。《集解》引崔憬曰：「子夏作大人」。李鼎祚曰：「子夏傳作大人，是也。」吳澂曰：「丈字蓋大字之譌」。姚配中曰：「此當從子夏傳作大人」甚是。

「貞大人」，占問揀選統領軍隊的元帥。《左傳》僖公二十一年：「（晉）於是乎蒐于被廬，作三軍，謀元帥。」魯文公六年：「晉蒐于夷，舍二軍。使狐射姑將中軍。」《左傳》文公十一年北方狄之鄋瞞攻魯國：「（魯文）公卜使叔孫得臣追之，吉。」可知古代平時不設元帥統領軍隊，臨戰才揀選軍隊統領。而揀選元帥必舉行「蒐」禮，就是藉著狩獵的軍事演習，不僅是領軍元帥如此，就是國君車乘的乘員也要卜問，《左傳》僖公十五年晉與秦韓之戰之前晉惠公就「卜右，慶鄭吉。」故「貞」既是占問。既然連「車右」都要占問，帥軍的元帥也必是要占問的。古人四馬駕一車稱為一乘，居中者持轡繩是御者；居左者持弓箭，稱為車左，是一車的首領；居右者持盾與戟，多揀選力大的勇士，除了攻擊之外並負責排除行車障礙，也稱「參乘」。《史記·項羽本紀》：「張良曰：『沛公之參乘樊噲者也』項王曰：『壯士，賜之卮酒』。」魯成公二年的鞍之戰，晉國主帥郤克受飛矢之傷，血流至鞋，但擊鼓之聲不絕，其車右鄭丘緩下乘推車數次而主帥不知。但是元帥的車乘是元帥居中，御者居左。《詩·鄭風·清人》鄭玄《箋》云：「左，左人，謂御者。右，車右也。中軍，為將也……兵車之法，將居鼓下，故御者在左。」

「蒐」的本意是田獵，《左傳》隱公五年：「故春蒐、夏苗、秋獮、冬狩，皆於農隙以講事也。」是古人以農閒之時田獵，以免傷農。又《管子·小匡》說得更清楚：「春以田曰蒐，振旅。秋以田曰獮，治兵。」

「鄉有行伍卒長，則其制令。且以田獵，因以賞罰，則百姓通於軍事矣。」這裡的「百姓」當是指貴族而言，而非今日的庶民百姓。

震為威，為怒，為武人，為侯，是習於戰事的軍人。

全卦五陰為兵眾，初六為斥候，九二為指揮官，三四五互坤為兵眾。

九二以剛居下卦之中與六五正應，是受六五之任命。六五以陰居陽又是尊位為君主用人給與完全的信任以及權威。「丈人」是「將在外君命有所不受」。

「權」者，背經而合於道也。將率眾並領受國家的大量資源，焉能不謹慎選任。故卦辭曰「貞丈人」。曾國藩曰：「吏治有常者也，可以先立法而後求人；兵事無常者也，當先求人而後立法。求人以統領為最難……。」〈象〉曰：「剛中而應」，就是六五與九二正應。

「丈人」，《子夏傳》作「大人」，丈人就是大人。《易》「大人」常見，「丈人」僅此一見。《易》謂「大人」當指二或五，總之當居中才行，故「貞大人吉」當只九二。上兌下坎「困」卦辭：「貞大人吉，無咎。」〈彖傳〉曰：「貞大人吉，以剛中也。」就是九二。《易》「某某貞吉」與「貞某某吉」意思相同。如「恆」六五：「貞婦人吉」，〈小象〉說：「婦人貞吉」。

君陰柔而得剛陽之賢臣，故「吉，無咎。」

「無咎」，無所畏懼，「咎」者畏懼也，小災也。「咎」字有多義，隨文不同，不可拘泥。

「吉無咎」，吉是打勝仗，因為打勝仗所以「無咎」，無所畏懼。陽遇陰則通，故吉。

六五虛中任九二之賢；六五虛是包容、信任九二；九二陽賢，是將在外君命有所不受也，戰場上瞬息變化，怎能事事承君王之命，但九二居中，行中道，也不會有以下逼上之嫌。故「無咎」。

坎為假，為兼，震為長子兼主帥，督師出征。

震為出，為武人，為征伐。震為雷為聲為鼓，艮為鑼，為鐘。《左傳》莊公二十九年：「凡師，有鐘鼓曰伐，無曰侵。」又《左傳》僖公四年：「齊侯以諸侯之師侵蔡。蔡潰，遂伐楚。」注：引《戰國策·西周策》云：「桓公伐蔡也，號言伐楚，其實襲蔡。」

嫡長子帥師行征伐之事，以為磨練，為將來接班作準備。

「師」是「征伐」如國民革命軍北伐。〈彖傳〉曰：「師，眾也。」坤為庶，為眾。《周禮・夏官・司馬》：「凡制軍，萬有二千五百人為軍，軍將皆命卿；二千五百人為師，師帥皆中大夫；五百人為旅，旅帥皆下大夫；百人為卒，卒長皆上士；二十五人為网，网司馬皆中士；五人為伍，伍皆有長。」可見人眾。

吳大澂《說文古籀補》　小篆

眾字甲骨文从「日」从三「人」，象眾人在日下勞作，本義是眾人，引申為眾多。李孝定《甲骨文字集釋》云：「字從日者，蓋取眾人相聚，日出而作之意。」金文从「日」形或訛變為「目」，為小篆所本。甲骨文表示地位低的民眾，殷墟卜辭《合集》中「（王）大令眾人曰協田，其受年。」也正是王命令眾人合作務農的意思。金文也表示眾人，中山王鼎：「親達（率）參（三）軍之眾，以征不宜（義）之邦。」

九二之位，正是卿、大夫之位，戰時皆為軍隊之長。

「師」本是二千五百人之眾，但萬人以上也稱「師」。《詩・大雅・棫樸》：「周王于邁，六師及之。」《疏》：「春秋之時，雖累萬之眾，皆稱師。」所以〈彖傳〉曰：「師，眾也。」〈大象〉：「容民畜眾」。〈序傳〉曰：「師者，眾也。」

「師」是「容民畜眾」，「師」錯為「同人」，「同人」是聚合眾人。兩卦都是打仗。

「師」是聚集眾人以行武裝對抗，行軍作戰。所謂「勞師動眾」，坎為勞，震為動，坤為眾。「師」卦為憂，為勞師動重，是多事之秋，毛病百出，困難重重之象。〈雜傳〉：「比樂師憂」僅憂不凶。「師」卦是大張旗鼓，震為征，為鼓。又行師打戰必張旗幟擊鼓鳴金，而且有樂隊，至今如此。「同人」是「志同道合」的聚集同志，「師」是「徵召集合」的聚眾，一是聚之以志道，一是約之以法令。坎為法，為律。《尉繚子・勒卒令》：「鼓之則進，重鼓則擊；金之則止，重金則退。」《左傳》莊公十年：「夫戰，勇氣也。一鼓作氣，再而衰，三而竭。」二三四互震為出，為進，為鼓，震覆為艮，艮為金，為鍾，為鑼，為退。人眾故約之以軍紀。《尉繚子・制談》論兵曰：「凡兵制必先定，制先定則士不亂，士

不亂則刑乃明。」下卦坎為律，為紀律，為法。又曰：「凡將，理官也，萬物之主也，不私于一人，夫能無移于一人，故萬物至而制之，萬物至而命之。」理官，就是掌刑罰，就是法官。《說苑・君道》：「當堯之時……皋陶為大理。」《漢書・藝文志》：「法家者流，蓋出於理官。」《春秋・元命包》：「堯得皋陶，聘為大理，舜時為士師。」坎為水，為平，故不私于一人；震為主，坎為律，九二身兼震坎，故以將帥掌理官。又坎為水，為平，為信；《太白陰經》：「善用兵者，非信義不立，非陰陽不勝，非奇正不列，非詭譎不戰；謀藏於心，事見於跡。」坎為智，以上所言無智不能謀，坎為孚，為信，故無信不能行。

又震為耕，坎為陷，為深，為心；九二身兼震坎有深耕之象，所謂「帶人帶心，澆樹澆根帶兵由重此，《史記・孫子吳起列傳》載：「（吳）起之為將，與士卒最下者同衣食。臥不設席，行不騎乘，親裹贏糧，與士卒分勞苦。卒有病疽者，起為吮之。」

〈雜卦傳〉說：「比樂師憂」。「憂」者「耰」也，《國語・齊語》：「及耕，深耕而疾耰之。」

「師」是「同甘共苦」。坎為勞，震為動，「師」是「勞心勞力」。

又「師」卦言「毒」，〈象傳〉曰：「以此毒天下」。

「毒」，厚也。坎為毒，「毒」也是藥，凡藥皆有毒，只是厚薄不同。薄，可以治病為藥。厚，可以要命，為毒。所以《說文解字》曰：「毒，厚也。」

「以此毒天下」，謂厚待天下百姓庶民也。如此才可以「眾正」則「民從之」「可以王矣」！

「同人」是政黨政治。「比」是獨裁一把抓，「大有」是賢主君王。震為馬，坎為中為騎，九二騎馬督師也。

「師」以毒治天下，為的是矯正天下，使之正。但手段激烈，天下荼毒，就算病治好了，身體也大受損傷，不死也脫層皮故也不能算吉，僅「無咎」而已。就「吉」也非大吉。

「師」是以毒攻毒非常手段，非有沉苛堅疾，不可輕用。

「師」在「訟」卦之後，意謂若爭訟無結果，必興師以戰。「訟」是口頭相爭，「師」是大打出手，「比」是拉幫結派。「師」者眾也，

「師」是群眾對抗，難免激情暴力。

「師」錯為「同人」，〈雜傳〉說：「同人親也」。「同人」象失，是「親失」是「大義滅親」。「師」是忍辱負重。「師」錯為「同人」，「師」為畜眾，「同人」為志同道合。都是眾。

「師」為孕病，為難產，震為娠，故為孕；坎為疾，震在其中，故曰孕病。上震下坎為「解」卦，是開刀動手術可解。

「師」、「比」相綜，以戰爭手段不一定能解決問題，行險以戰也不一定戰勝就是贏；而且戰爭，是傾全力的，得個慘勝也元氣大傷，二次大戰的英、法戰後淪為二流角色，美、俄成為霸主，反到是日、德在廢墟中快速復原成為經濟強權。所以《孫子兵法》主張：「百戰百勝，非善之善者也；不戰而屈人之兵，善之善者也。」這才是上算之策。非要戰那也要「決勝於千里之外」在人家的土地上戰，如日、俄之戰，如兩次大戰美國本土都未受波及。

春秋戰國的合縱連橫就是「比」，蘇秦、張儀就如今日的季辛吉之流，遠交近攻，說翻臉就翻臉，一切以利益為圖，沒有永遠的敵人（朋友）只有永遠的利益。「師」、「比」相綜，有如一體兩面，又要武裝對抗，又要彼此合夥，既聯合又鬥爭。「師」是國防，「比」是外交。

〈大象〉曰：「地中有水，師。君子以容民畜眾。」「地中有水師」：水流濕，水由四面八方流往低濕之處，匯成湖泊河川海洋，聚於地中，如軍隊之眾來自各行個業，所以說軍隊為社會之縮影。坤六斷為眾，為民，為母，為吐，為大腹故曰：「容民畜眾」。作戰打仗需要人眾，故要「容民畜眾」，故有謂：「水深魚極樂，林茂鳥知歸。」「師」，「濕。」也。坤為川，為地，坎為水，故「濕」也。

甲 金文「民」。

「民」在古代是奴隸。「眾」是庶人。甲骨文「民」字象一眼被刺瞎狀，當是罪犯戰俘，一眼瞎可以降低其抵抗力而不失其勞力，故蚩尤為黃帝打敗之後，蚩尤部眾九黎之族被降為「黎民」。《說文解字》：「黔：黎也。從黑今聲。秦謂民為黔首，謂黑色也。周謂之黎民。」先秦貴族才有姓氏，故「百姓」為貴族非庶民。秦統一天下之後貴族只有一家，百姓

才與黎民合稱為黎民百姓。

「屯」初九：「大得民」是諸侯初封國，得大批奴隸庶民以實邊開墾。

「師」「容民畜眾」也是戰爭得勝而獲有眾多黎民。古時征戰武器不良，人多勢眾為必要條件。故孔穎達《疏》：「容納其民，畜養其眾。」

「師」綜為「比」，「師」行之武力，「比」行之外交，「比」六二「比之自內，不自失也。」是內線，內交，是安個內間，是反間計。

「比」坎在上故為「樂」，「師」坎在下故為「憂」。「憂」為居父母喪，「師」卦喪父母。「憂」也是指坎，人憂而垂首，坎為下首，故「憂」。

「師」互為「復」，「復」有二意，一復興，一覆滅，征伐之事瞬息萬變，故「憂」。

「師」也是盜匪，古時戰爭與擄掠同一事，戰勝者，擄重寶與人民為利。夏曾佑《中國古代史》上古史：「申侯與犬戎攻幽王，殺幽王於驪山下，虜褒姒，取周賂而去」注：「重寶也」。

初六：師出以律，否臧，凶。
象曰：師出以律，失律凶也。

「出」者，《易經》從下卦到上卦，如由裡至外，初六由內往外故曰「出」。

「師」卦所言為行軍作戰，初六是「師」卦最下的一爻，故曰「出師」之象。

「師出」即「出師」，即「初出師」。

「以」，依照，按照，依據，即用。《商君書·更法》：「禮法以時而定，制令各順其宜。」

「律」，法也。《孫子·形篇》：「善用兵者，修道而保法，故能為勝敗之政。」

「以律」者，初六在坎，坎為水，為律。《說文解字》：「刑也，平之如水。」所以坎為水，為律。待人處事也要公平，所謂「一盤水往平處端」。

「師出以律」，是說軍隊作戰，施以兵法部勒，必須以紀律來約束。清朝中興名將曾國藩說：「兵事無常者也，當先求人而後立法。」「貞丈人」是選將帥，「律」是以軍法約束部勒軍隊。

又「律」，音律。或作律動、脈動。行軍之規律節奏。也是法律。古人行軍作戰以鼓聲為號令，而古代最著名的法官是皋陶，《急就篇》：「皋陶造獄法律存」。《後漢書・張敏傳》：「皋陶造法律」。《路史・後紀・少昊》：「立狴獄，造科律……是皋陶。」又戰鼓也稱「皋陶」，《周禮・冬官・考工記》：「韗ㄩㄣˋ人為皋陶」，鄭玄注引鄭司農：「皋陶，鼓木也」一注：「大鼓也」以大鼓命名為皋陶，而皋陶本是法官，可知鼓聲音律既是軍隊行止的號令也是軍法。

「師出以律」，古代用兵行師以音樂統一進軍、鼓舞士氣，金鼓之音可以指揮軍隊進退，故可以根據行軍的音律，而知悉軍隊的士氣，將帥指揮軍隊是否合於律動。《史記・律書》：「六律為萬世根本焉，其於兵械尤所重。故云望敵知吉凶，聞聲效勝負，百王不易之道也。」《周禮・大師》：「大師持同律以聽軍聲而詔（貞，占）吉凶。」

「否」者，不也。《說文解字》：「不也」。《集韻》：「口不許也」。詳「大壯」卦。

「臧」者，善也，美也。《爾雅・釋詁》：「臧，善也。」臧即吉，或讀為強《晉語五》：「夫師，郤子之師也，其事臧。」韋注：「臧，善也，師有功。」

「否臧」者，不善、不強、不壯也。未依照軍律，紀律不彰。故〈小象〉言「失律」。《左傳》宣公十二年：「執事順成為臧；逆為否。」隱公十一年：「師出臧否」古人常以「臧否」用於師旅之事。又《荀子・臣道》：「不卹君之榮辱，不卹國之臧否，偷合苟容以持祿養交而已耳，國賊也。」是服從軍紀者為「臧」，抗命者為「否」。這是說行師作戰，紀律嚴明，若「否臧」抗命不從，則以刑法加之，如此，則凶。所以，〈小象〉說：「失律凶也」，就是說明「否臧」為不守紀律。抗命不從就是失於紀律，也使得整體軍隊的喪失律動，故凶。出師之始，就是要先齊師整律。失律則凶。

「臧」也有壯之意，且臧、壯古通用。《詩・魯頌・駉》：「思無

疆，思馬斯臧。」《詩·魯頌·閟宮》：「俾爾壽而臧」。臧讀為壯，壯即強。《左傳》僖公二十八：「師直為壯，曲為老。」宣公十二年：「楚師方壯，若萃於我，吾師必盡。」可證古人稱軍隊強盛為「壯」。

初六之意謂，軍隊出征必有其脈動與紀律，不然，軍隊雖然強盛也凶。故「師出以律，否臧，凶。」

初六以陰爻陽位，是失位，有失律之凶象。「坎」初六：「陷於坎窞」亦是凶象。

初六陰在下為「履霜，堅冰至。」意謂霜已降不宜外出，因為寒冬堅冰將至，又霜者，「殺物」，初六違背不宜動而「出」動，故有抗命被斬、失律被誅之象。

██ 師 ██ 臨

初六變為「臨」，「臨」為加之於上，為監管。有觸法被關，加刑於上之象。「臨」卦辭說：「至于八月，有凶。」八月為秋，秋為霜，為肅殺，古人行刑之期。名導演李行早年有部電影就名「秋決」。

初六不守軍紀故凶。出師之始，故先申明紀律，是新官上任三把火，以收殺雞儆猴之效，是打驢嚇馬，殺雞給猴子看。初六成了祭旗之鬼。

又「律」為律動，水行波動，初九行師失去了行軍整體的律動故凶。

《左傳》宣公十二年晉楚在鄭國戰于邲ㄅ一ˋ，晉卿中軍佐先縠ㄏㄨˊ，不聽帥令而下軍大夫荀首引此爻曰：「此師殆哉！《周易》有之，在師之臨，曰：『師出以律，否臧，凶。』執事順成為臧，逆為否。眾散為弱，川壅為澤，有律以如己也，故曰律。否臧，且律竭也，盈而以竭，夭且不整，所以凶也。不行謂之臨，有帥而不從，臨孰甚焉？此之謂矣。」後晉果大敗。初六失位，失位則不順故凶。此爻失去了用兵的脈動節奏故凶。

此爻「臨」象失，「臨」為監督管理，失其監督管理故不行而凶。「師」者眾也，號令不一，眾人無所適從，故楚莊王嬖臣伍參（伍奢之祖父，伍子胥之曾祖）曰：「晉之從政者新，未能行令。其佐先縠剛愎不仁，未肯用命。其三帥者，專行不獲。欲專其所行而不得。聽而無上，眾誰適從？此行也，晉師必敗。」

又「律」為音律，出師奏樂，聽其樂可知好壞吉凶。古有此法，聞一多謂行師吹律以候吉凶之術，故當自古有之。《六韜・五音篇》曰：「武王問太公曰：『律音之聲，可以知三軍之消息、勝負之決乎？』太公曰：『深哉！王之問也。夫律管十二，其要有五音：宮、商、角、徵、羽，此真正聲也，萬代不易。五行之神，道之常也。金、木、水、火、土，各以其勝攻也。古者三皇之世，虛無之情，以制剛強。無有文字，皆由五行。』」《史記・自序》《索隱》案：「古者師出以律，凡軍出皆吹律聽聲。故云『聞聲效勝負，望敵知吉凶』也。」《史記・律書》：「六律為萬事根本焉。其於兵械尤所重，故云『望敵知吉凶，聞聲效勝負』，百王不易之道也。」《索隱》案：「《易》稱『師出以律』，是於兵械尤重也。」《周禮・太師》曰：「大師執同律以聽軍聲而詔吉凶。」鄭注云：「大師，大起軍師。」又引《兵書》曰：「王者行師，出軍之日，太師吹律合音，商則戰勝，軍士強；角則軍擾多變，失士心；宮則軍和，士卒同心；徵則將急數怒；軍士勞；羽則兵弱，少威明。」此言師出驗之六律而不善，故其占凶也。可以參觀。

九二：在師中，吉，無咎。王三錫命。
象曰：在師中吉，承天寵也。王三錫命，懷萬邦也。

「在」，栽也，引申為駐紮。在字本義是在土地上種莊稼。

在字小篆從土，從屯省。意思是植栽秧苗，籀文亦同，隸變之後上可看出植栽於土中之義。故在者，栽也。

「在師中」，駐紮軍隊在國中。

「在師中」，居軍隊之中，謂身為中軍元帥。以春秋晉國而論，有中軍、上軍、下軍；每一軍又分將、佐兩軍，而以中軍將為三軍元帥。「在師中」即為眾軍之中軍元帥。《左傳》襄公十四年：「晉侯舍新軍，禮也。成國不過半天子之軍。周為六軍，諸侯之大者，三軍可也。」可知周天子有六軍，大諸侯國有三軍，但春秋第一大國晉國的每軍又分將、佐，如中軍將、中軍佐；上軍將、上軍佐；下軍將、下軍佐；將、佐各領一師軍隊，等於一軍分作兩軍共有六軍，其最盛之時甚至有十二軍之多。而以中軍將為統帥稱為「元帥」；《左傳》僖公二十七年：「於是乎蒐于被

廬，作三軍，謀元帥。乃使郤縠將中軍，郤溱佐之；使狐偃將上軍，讓于
狐毛，而佐之。……使欒枝將下軍，先軫佐之。」中軍為尊，次上軍，再
次下軍；郤縠為中軍之將，也是六軍的元帥。而命元帥之前必舉行大蒐，
就是大演習，以示隆寵，故下句接「王三錫命」。九二是「師」卦之主，
與六五相應，是受君主任命的主帥。

《左傳》成公十三年：「國之大事，在祀與戎。」商周以前國之大事
唯「祀與戎」九二所承擔重大責任，恐懼謹慎可想而知，若出師無功，則
勞師動眾，大費周章，必受罪。無功必代為受出師之罪，反之出師有功則
為所當為，也僅「無咎」。〈繫辭上〉：「悔吝者，言乎其小疵也；無咎
者，善補過也。」帥師為吉，善補過則無咎。

九二居下卦之中，所以說「在師中」。

「在師中」，是軍權在握，「將在外君命有所不受」，故「吉」。

「在師中」，是領軍為帥必須適中，受君之專信，不患其不及，患其
太過；只有中道則「吉，無咎」。得勝而無有災害。不然在外統軍的將領
元帥，槍口朝內轉眼就成為一國之君。宋太祖趙匡胤就是如此。

「乾」九二：「見龍在田」，「師」九二：「在師中」，陽氣至二為
「臨」卦，這「在師中」有如朕親臨，強調親自參與的臨場感。

九二陽剛是有致勝之材，與六五相應，受天子六五的信任而有權力，
所以擔心他所作所為太超過了，太超過則可能有逼君之象。所以居中行中
道才能不過。

為將之道「過」都不祥；過勇則輕率如漢朝的李陵被俘，過威嚴則部
屬疏離如張飛被部下所殺；過強則驕傲的如關羽被戮；過於專擅則僭越的
如清之年羹堯；只有取中道而行，則既勇又謹慎，既智又愚讓人發揮，既
威又施恩於下，既專則卑順如唐之郭子儀。

「錫」，賜也；古人賜金為「錫」，賜貝為「賜」。

「錫命」，就是今言賜命、授命、冊命、策命。

「王三錫命」，是說九二受六五之恩寵信任與嘉獎。一如漢高祖拜韓
信為大將「王必欲拜之，擇良日，齋戒，設壇場，具禮，乃可耳。」「三
命」，謂王多次頒布命令以示尊寵隆重。《周易正義》：「一命受爵，再
命受服，三命受車馬。三賜三命，而尊之得成。」《周禮·春官·大宗

伯》：「以九儀之命，正邦國之位，壹命受職，再命受服，三命受位。」又《周禮‧大祝》六辭中：「一曰祠，二曰命，三曰誥，四曰會，五曰禱，六曰誄」，其二為「命」是指天子策封或賞賜諸侯卿大夫的命書，所以「錫命」有文書，故曰「冊命」。君王受命將帥多在宗廟舉行祭典，受職、受服、受位都是在宗廟。上六說：「大君有命」就是托先君之口，以示尊重與不敢專擅。

「王命三錫」，是說九二以大夫榮升為王庭之中央官員，春秋時稱為「卿」，中軍將就是執政上卿。《左傳》昭公十二年：「寄到子之卒，叔孫昭子以再命為卿，及平子伐莒克之，更受三命。」古代於卿大夫有「三命」、「再命」、「一命」之別，命多則尊貴，車服亦隨之華麗。據《左傳》，卿大夫最高不過「三命」。《左傳》成公二年霸主晉國率魯國與衛國打敗齊國，晉國主帥中軍將郤克回國時，魯成公即賜以「三命之服」。

「王三賜命」，謂王嘉其功勞，以示尊寵也。命中軍元帥必隆重寵賜，如劉邦命韓信為大將《史記‧淮陰侯列傳》：「何曰：『王素慢無禮，今拜大將如呼小兒耳，此乃信所以去也。王必欲拜之，擇良日，齋戒，設壇場，具禮，乃可耳。』王許之。諸將皆喜，人人各自以為得大將。至拜大將，乃韓信也，一軍皆驚。」

帛書「錫」作「湯」，皆以「易」音，即「錫」、「賜」也。

「寵」，尊寵之位；《說文解字》：「寵，尊居也。」

「承天寵」，就是指九二與六五相應，是承天子之命賦與征討之權。

九二與六五應，是靠山硬，有內線，所謂「朝中無人莫作官」。九二應六五受天子之寵命，由大夫而位列王庭；是任賢為惟才，天下群陰皆臣服。九二為卿、大夫，位在諸侯之下，被天子提拔為領軍之帥。《周禮‧夏官‧司馬》：「凡制軍，萬有二千五百人為軍，王六軍，大國三軍，次國二軍，小國一軍，軍將皆命卿。二千五百人為師，師帥皆中大夫。五百人為旅，旅帥皆下大夫，百人為卒，卒長皆上士，二十五人為兩，兩司馬皆中士。五人為伍，伍皆有長。」

「懷」，歸也。歸向，使降順；懷柔也。《書‧大禹謨》：「黎民懷之。」《註》：「歸之也。」又《禮記‧中庸》：「懷諸侯，則天下畏之。」

「懷萬邦」，大軍擺陣，萬邦來歸。即征戰得勝之意。

此爻中軍將帥，無有咎災，君主恩寵之，三次賜命，以嘉勉其功勞。

▦師 ▦坤

九二變為「坤」，為安，為順，天下順服。故〈小象〉曰：「懷萬邦」。坤為母，故為懷；坤為庶，故為眾；坤為地，故為邦國。九二有大功。九二為卦主，是親臨戰場的主帥。《焦氏易林・師之坤》曰：「春桃生花，季女宜家，受福且多。在師中吉，男為封君。」可以參觀。

六三：師或輿尸，凶。
象曰：師或輿尸，大無功也。

「師」，將也。不是九二的領軍元帥，而是率隊的將軍。

「輿」者，大車也，輜重之車，主要運載物資；《周禮・冬官・考工記》：「輿人為車」。《註》：「輿人專作輿，而言為車者，車以輿為主也。」《蔡邕・獨斷》：「天子所御車馬、衣服、器械、百物曰乘輿。」《註》：「輿，車也。乘，載也。」故「輿」者，大車載眾也。〈說卦傳〉：「坎，其為輿也，為多眚。」坎為險陷，為輿。

「尸」者，屍也，人死為屍；《禮記・問喪》：「三日而斂，在床曰尸，在棺曰柩，動尸舉柩，哭踴無數。」

或「尸」，臥人也。帛書作「屬」；「屬」，「佝」也。為佝僂而臥之義。可見士氣疲累，敗軍之象。

「輿尸」，以大車載眾屍，謂兵敗死傷慘重。或謂軍隊陳臥於輜重車上，也是敗軍之象。唐朝陳子昂〈國殤文〉：「頓金鼓之雄威，淪輿尸之敗業。」《太平廣記・岑順》：「金象軍大振，收其甲卒，輿尸橫地。」二戰之前戰場上喪身的軍士，都是就地埋葬，美軍因為在越戰失利才將軍士再回國土歸葬。蓋輿尸而歸影響士氣也。

又「尸」者，神主也，即祖先牌位；《史記・周本紀》：「武王上祭于畢。東觀兵，至於盟津。為文王木主，載以車，中軍。武王自稱太子發，言奉文王以伐，不敢自專。」「輿尸」者，以大車載神主出征。古人有此習慣。

六三不中不正，是思想不正，行為偏激之象。以陰柔居剛陽之位，是

才智弱而志向大，是才具不足，是志大才疏。

下乘九二，是騎凌在九二元帥的頭上，所以「輿尸」。「師」眾也；行軍作戰帥為主，

「輿」，眾也，即輿論之輿；「尸」，主也，是多主之師，一師多主，多頭馬車，號令不一，令出多門，其凶因為自亂也，所以「凶」而「大無功」。因為六三是諸侯之位，所以傲慢不聽指揮。或是貴族長子為將領，子弟為後勤官員，眾人欲奪其帥。《容齋續筆》說：「爻意謂用兵當付一帥，苟其儔雜，然臨之則凶矣。輿尸者，眾主也。（帥即為眾之主，有主則眾安，此謂有帥又有輿尸，令出多門，事權不統一）安慶緒既敗，遁歸相州，肅宗命郭汾陽、李臨淮九節度致討，以二人皆元勳難相統屬，故不置元帥，但以宦者魚朝恩為觀軍容宣慰處置使。步騎六十萬為史思明所挫，一戰而潰。」來知德也以為，可以參觀。

又與上六敵應，可見無王庭之信任；身居坎險之終，又二三四互為震，為動。又是進爻，所以在危險之境又好動冒進。一位才能有限而遠好大喜功，身居險境而行為燥進，如從小生在貴族之家的輕浮子弟，又不得君王的寵愛，在行軍作戰之中，以致於凶厄。

九二大有功吉，但爻辭僅說「無咎」而已；六三說「大無功」即太無功，故「凶」，可知兵大敗。

師 升

六三變為「升」卦，〈雜傳〉說：「升，不來也」是不會回來，初至四互「大過」，是折損，是死亡之象。

六三乘剛，失位，是不聽號令，僭越權分，號令不一，將士無所適從，如此用師必凶。

六四：師左次，無咎。
象曰：左次無咎，未失常也。

「左」，是偏將所駐紮之地，位在後方。《老子》三十章：「偏將軍居左，上將軍居右。」又「兵事尚右，右為前，左為後。」又三十一章說：「吉事尚左，凶事尚右。」「君子居則貴左，用兵則貴右。兵者不祥之器，非君子之器。」因此兵者為凶事而若「尚右」是「樂殺人者」

《史記・陳丞相世家》：「乃以絳侯勃為右丞相，位次每。平徙為左丞相，位次第二。」《漢書・周昌傳》：「左遷」顏師古注：「是時尊右而卑左，故謂貶秩位為左遷。」「左遷」即居後。居後則為揀選有利的地形駐紮軍隊，可以無咎。

「左」，佐也。帛書易傳《昭力》篇說：「《易》曰：『師左次，無咎』師也者，人之聚也。次也者，君之立（位）也。見事而能左（佐）其主，何咎之又（有）？」《禮記・少儀》：「乘貳車則式，佐車則否。」鄭玄注：「貳車佐車，皆副車也。朝祀之副曰貳，戎獵之副曰佐。」《左傳》成公二年：「丑父使公下，如華泉取飲。鄭周父禦佐車，宛茷為右，載齊侯以免。」謂可以佐護君王，沒有咎責。可以參看。

「次」，是屯駐。《左傳》莊公三年：「凡師，一宿為舍，再宿為信，過信為次。」兩天以上的屯駐都稱為「次」。孔穎達引《釋例》曰：「凡師，一宿為舍，再宿為信，過信為次。此周公之典，以詳錄師出入行止遲速，因為之名也。兵事尚速，老師費財，不可以久。故《春秋》告命三日以上，必記其次。舍之與信不書者，輕碎，不以告也。兵未有所加，所次則書之，以示遲速。『公次於滑』，『師次於郎』，是也。」

「次」，次等，差勁不佳也；《說文解字》：「次，不前，不精也。」徐曰：「：「不前是次於上也，不精是其次也」。或是說軍隊要駐紮在遠離繁華的差次之地，以免影響軍心。

「師左次」，是說在後方屯駐之意，作戰序列的預備隊，可進可退。朱熹：「左次，謂退舍也」則有撤退之義。

「左次」，是軍隊向後轉，右變為左，是轉進撤退，退兵觀望，維持守勢，保持實力，也如預備隊之待命後方。

「左次」，是退避三舍。震為左，二三四爻互震。

六四居坤，坤為後，為靜，故曰「左次」。

「次」，有貳、副之意，如部長之後是次長；「左次」是同義字連詞，故非主力部隊。初、二為前線，三、四為稍後的地二線，是後方，是預備隊所駐之地。五、上為大後方。

六四以柔居柔，得位。又為退爻，下與初六無應，與前線無直接關係，有尋地屯駐採取守勢之象。

六四得位，故曰「未失常」。軍駐後方，可進也可退，未失常出錯，故「無咎」。〈繫辭下〉：「吉凶悔吝者，生乎動者也。」「左次」，駐紮屯兵不動如「坤」六四：「括囊，無咎無譽。」

六四是或為預備隊，謂直接參與戰事，故無咎。或是主力之輔佐部隊，或是軍隊行於偏道，避敵主力，故無咎災。

師 解

六四變為「解」，〈雜傳〉：「解，緩也」，緩故不急於用事。又「解」卦象曰：「動而免乎險」，六四不動故「左次」，動，則變「解」可以「免乎險」。「解」是押解，是押解在後。

《管錐編》以為此爻乃「不敢為天下先也」。《老子》：「我有三寶，持而保之。一曰慈，二曰儉，三曰不敢為天下先。慈故能勇，儉故能廣，不敢為天下先，故能成器長。」馬王堆漢墓《帛書·昭力》：「《易》曰：『師左次，無咎』。師也者，人之聚也。次也者，君之位也。見事而能左其主，何咎之有？」

六五：田有禽，利執言，無咎。長子帥師，弟子輿尸，貞凶。
象曰：長子帥師，以中行也。弟子輿尸，使不當也。

「田」者，田獵；也是戰場，古時田獵、作戰不分。「解」九二：「田獲三狐」。「恆」九四：「田無禽」。「巽」六四：「田獲三品」都是田獵。於「師」卦則是指行軍作戰。

「禽」者，鳥獸也；又擒獲也。《白虎通》：「禽，鳥獸總名，言為人禽制也」。此當指敵人被擒獲。「田有禽」，是說作戰有所擒獲。

「田有禽」，是九二與六五相應，是說九二在田野作戰有所擒獲俘虜，獻給六五。

「田有禽，利執言」者，意謂戰地之上多有所獲，為作戰殺敵致果之象。

《聞一多全集》：「古者田獵、軍戰本為一事。觀軍戰斷耳以計功，田獵亦斷耳以計功。

未獲之前田物謂之醜，敵眾亦謂之醜，既獲之後，田物謂之禽，敵眾亦謂之禽。是古人視田時所逐之獸，與戰時所攻之敵無異。禽與敵等視，

則田而獲禽，猶之戰而執訊矣。《易》言『田有禽，利執言』者，意謂田事多獲，為軍中殺敵致果之象。《正義》曰：『禽之犯苗，則可獵取，叛人亂國，則可誅之。此假借他象以喻人事，故『利執言無咎』。己不直則有咎，己今得直，故可執此言往問之而無咎。」

如「乾」九二曰「見龍在田，利見大人。」

「利執」，利於捕獲。

「執言」，執訊也，就字面上看是訊問俘虜，其實是確定俘虜是誰所獲以記功。出師征伐則擇帥遣將，班師歸朝則執訊俘虜。「執言」是當時的成語。金文〈季子白盤〉：「執訊五十」，〈兮賈盤〉：「折（斬）首執訊」。〈多友鼎〉：「執訊廿又三人」。〈兮甲盤〉：「折首執訊」。《詩·小雅·出車》：「執訊獲醜」。箋：「訊者，言也。醜，眾也……執其可言問、所獲之眾以歸者，當獻（讞）之也。」《詩·大雅·皇矣》：「執訊連連」帛書亦作「執言」。

金文 小篆

「訊」字甲骨文、金文從「口」從「卪」從「糸」，象一人跪坐，雙手在背後被反縛，好像接受審訊盤問之狀。有俘虜之義。蓋生擒者曰「執訊」，或寫作「執言」。〈虢季子白盤〉銘文曰：「折首五百，執訊五十」即是作戰的紀錄。「折首」當是「斬首」，不服者被斬首則稱「馘」，其實就是割左耳而以獻功。「執訊」即生擒俘獲之後，要確定是何人所擒獲。故戰勝之後，用弓弦捆縛俘虜頸項牽係以歸，古人於弓弦、箭矢都有記號、族徽可以辨認是哪位勇士的功勞，倘有爭執記號、族徽利於「診首」以確定功勞歸何人。出土的古人之弓弦與箭矢上都刻有族徽或記號，被俘之俘虜為弓弦繫於頸項，很容易辨認。「診首」即「獻俘」之「獻」，當為「讞」，即驗，計算殺敵與俘虜而記功。這習俗在《左傳》襄公六年有線索可查：「宋華弱與樂轡少相狎，長相優，又相謗也。子盪怒，以弓梏華弱於朝。」杜預《集解》：「張弓以貫其頸，若械之在手，故曰梏。」楊伯峻註：「用弓套入華弱頸項，而己執其弦。」蓋華弱與樂轡從小一起長大，經常戲鬧無禮，以致樂轡翻臉，竟在朝堂之上取弓弦捆華弱脖頸以羞恥之。古「臣」即奴隸，本意就是被縛之敵以弓弦捆縛其頸項。（詳見武樹臣《尋找最初的德》）

「無咎」者，無有過錯。六五以陰居陽，以陰柔之才居天子大位，非領軍將帥所需之剛毅將才，但居中有應，故僅「無咎」。

「長子帥師」，卦詞是以「丈人」為帥，蓋「丈人」是有經驗的長者，如「老丈人」，古人為戰時必揀選有經驗者出任將帥。〈小象〉云：「長子帥師，以中行也。」如九二：「在師中」為軍中統帥。《左傳》的記載中只有晉獻公命長子申生帥師，其餘必選老將出任元帥領軍作戰。而長子申生最後為驪姬進讒言而自殺，申生的兩個弟弟重耳（文公）與夷吾（惠公）出奔，皆無好下場。如此，「長子帥師」當非常例，也非吉詞，故下接「弟子輿師」即是戰敗之象。

籀文 籀文

「弟」，次也。《說文解字》：「弟，韋束之次弟也。从古字之象。凡弟之屬皆从弟。」「弟」字象繩索纏繞戈柄之形，纏繞繩索，整齊有次弟，故有次弟之義，再引申為兄弟。《呂氏春秋・原亂篇》：「亂必有弟」。高誘注：「弟，次也。」與「第」通。《小爾雅・廣詁》：「第，次也。」

「弟子」，次子也。長子為主將，而次子兵敗喪師；這是任用親人率師而敗績。

「貞凶」這辭在《易經》中出現七次：

「師」六五：「長子帥師，弟子輿尸，貞凶。」「隨」九四：「隨有獲，貞凶。」「頤」六三：「拂頤，貞凶。」「恆」初六：「浚恆，貞凶。」「巽」上九：「喪其資斧，貞凶。」「節」上六：「苦節，貞凶。」「中孚」上九：「翰音登乎天，貞凶。」

「貞」是正之意，既正如何又凶？是因為六五以長子為帥，以其弟輔佐，一方面要長子帥師，以軍法從事，一視同仁，以專其權。一方面眾弟子燥進傲慢不聽指揮，與主帥意見不合，以致有「輿尸」之「凶」。這是說三爻。

「貞」，貞問。「貞凶」者，貞問出征得凶。

自古任將不專多凶。本當以九二「丈人」為帥，又以長子帥師、弟子橫出搶功。是長子帥師，眾多弟子要來搶奪戰功，任將不專，事權分散，

所以凶。

九二陽剛果毅，身居坎，為智謀；專負領軍重任，若養寇自重，刀劍轉向，五必凶。今兩相應，故不「凶」也僅「無咎」。若變為九五與九二相敵，九五得位為貞，相敵必凶。

師坎

九五變為「坎」故凶。不變而為六五則「無咎」。五爻用兵走在危險邊緣。《老子》：「夫兵者，不祥之器。」此爻不吉。

上六：大君有命，開國承家，小人勿用。
象曰：大君有命，以正功也。小人勿用，必亂邦也。

「大君」是國君，也是已故的君王，孔穎達《疏》：「大君，謂天子也。」上爻為宗廟，宗廟為供祀故王之所，故有「大君」之象。或「大君」即「大尹」為國之太宰，唐蘭認為「金文習見天君，即大君，而天尹鈴及作冊大鼎並作天尹，即大尹也，春秋時宋尚有大尹，當是其遺制矣。」《左傳》哀公二十六年：「六卿三族降聽政，因大尹以達。」杜預注：「大尹，近官有寵者。六卿因之以自通達于君。」

「命」，是指君王之命令。《小爾雅・廣言》：「命，予也，賜也。」有就是九二：「錫命」、「賜命」。「錫」、「賜」同義，賜金曰「錫」，賜貝曰「賜」。當然「開國承家」君王所賜之物不僅於此，「屯」初九所記尚有賜民者。

「大君有命」，是得勝班師回朝之後於宗廟祭祀以告先王。《禮記・祭統》云：「古者明君爵有德而祿有功，必賜爵祿於大廟，示不敢專也。」《尚書・洛誥》載成王策命周公之子伯禽的禮儀，是在文武宮的太室舉行：「戊辰，王在新邑，祭歲，文王！牛一，武王！牛一。王命作冊逸祝冊，惟告周公其後。王賓殺？咸格，王入太室，祼。王命周公後，作冊逸誥，在十有二月。」「太室」是「大廟」的一部分，所以「太室」就是「太廟」。

上六處「師」卦之終，象徵行軍作戰之後，班師回朝，到宗廟祭祀，告慰在天眾先君，並獻俘於王君，君王賞賜有功人員的儀式，君王借祖先大君之遺命，頒賜封爵的命令。

領軍作戰的為長子，為繼承王位的嫡長子。賞賜封爵以為繼承王君的先前步驟。

上六是戰事終了，該收尾，論功行賞之時。

《左傳》成公十三年：「國之大事，在祀與戎。」先秦以前國家最大的事情就是祭祀與戰爭。二者不可分離，都是宗教的一部分。戰前貴族先在廟堂前籌畫，所以後來有「廟算」一詞；出兵前在廟堂前授兵，《左傳》閔公二年有載「帥師者受命於廟」，之後，分食祭肉，是「受脤於社」也；班師回朝，在祖廟頒賞，在社廟刑罰；《尚書·甘誓》：「用命，賞于祖；不用命，戮於社。」《墨子·明鬼下》：「賞必於祖，僇必於社。」祖廟是薦俘獻馘的場所，是頒賜恩命的場所。古人殺敵獻功以截左耳為證，即馘也，截耳。功大者，割土封國，授與爵位；功小者，使承家為卿、大夫。殺俘多在社舉行「社釁鼓」，以俘之血塗抹於新製的鼓或鍾上曰「釁」。

「國」，郭也，即邑也，城也。

「家」，並非家庭之家，是指大夫采邑，是一個政治單位，與國對稱，孟子所說「千乘之國」、「百乘之家」。割土封地為諸侯稱國，諸侯封大夫采邑則為家，如三家分晉之韓、趙、魏就是晉國三大夫瓜分了晉國。

又以嫡長子帶兵行師，是給與磨鍊立功的機會，以臣服大眾，以利「開國承家」。

「開」，帛書作「啟」，繼也。應該是避漢景帝劉啟之名諱，所以改為「開」。

「開國」者，封功勞大的宗室近親為諸侯。

「承」，興也。

「家」，也是邑。

「承家」者，封功勞小的宗室遠親為卿、大夫。《周禮·夏官·家司馬》鄭注：「家，卿大夫采邑。」甲骨文卜辭作「邑」，又記為「家」。諸侯的封地為國，卿、大夫之封地為采邑為家。

「開國承家」，是君主論功行賞賜爵，功大者封賞大，功小者封賞小。「開國承家」與「貞大人吉」相呼應。

《史記‧齊太公世家》：「於是武王已平商而王天下，封師尚父於齊營丘。」《左傳》閔公二年：「晉侯作二軍。公將上軍，大子申生將下軍。趙夙禦戎，畢萬為右。以滅耿，滅霍，滅魏。還，為大子城曲沃，賜趙夙耿，賜畢萬魏，以為大夫。」姜太公、趙夙、畢萬皆因功裂土封國或得采邑為大夫，就是「開國承家」。

上六居坤。坤為土，為國。故有開國成家之象。

「小人勿用」，對於品德欠佳的人，無論「輿尸」的弟子或「田有禽」之功臣，都謹慎勿用，有功封給祿利可，或分給封地當心尾大不掉。

初六，是「師」之始，所以「師出以律」；上六「師」之終，所以記述班師賞有功人員；六三弟子輿尸為小人；上六與三六無應，故說「小人勿用」。

「以正功也」，是有功必賞、有罪必罰也。

「小人勿用，必亂邦也」，在歷史上宗室中小人亂邦者有許多，如周之三監，漢之七國，晉之八王。

舉周之三監為例：

成王即位，年少，周公旦相成王，攝政當國。二叔流言（管叔、蔡叔皆周公兄）謂公將不利於孺子，與武庚以畔，周公東征，誅武庚管叔，放蔡叔，封微子啟於宋。三年而畢，七年，周公反政成王，北面就群臣之位。作洛邑，為朝會之所，周公於是興禮樂，改制度，封同姓，孔子之前，黃帝之後，於中國有大關係者，周公一人而已。

武王行二，管叔行三，周公旦行四，蔡叔度行五，霍叔處行八，康叔封行九。周公賢能，武王留佐國政，故不出封在外。當時王位繼承之法尚不明確，管叔並非不可立，疑周公奉成王攝政是排擠管叔，故叛。整個東方殷商舊勢力，一時俱起。計有三監、殷、奄、熊盈族十七國、淮夷、徐戎。周公東征平亂後殺管叔。

是告誡開國承家者，濫用小人必亂邦國也。

䷆師**䷃**蒙

上六變為「蒙」卦，蒙有欺蒙、混蒙，蒙蔽之意；論功行賞，要公正，不可為小人所趁。

初六為行師用兵之初必以紀律為先，統帥立威祭旗，又用師有其律動，失律故凶。九二為領軍統帥居中用險與五爻天子相應備受寵信。三爻乘九二之剛騎在統帥頭上，兵敗無功。六四位在上卦離下坎險以遠居於後方的預備隊故無事。六五是君，長子禦敵有獲，殺敵致果，庶子搶功亂律而戰敗。上九戰勝後於宗廟上祭祀封賞，切忌小人勿用，尾大不掉而有後患。

師

第8籤 ䷇ 比卦 又名水地比

比 ：吉。原筮，元（亨）永貞。不寧方來，後夫凶。

彖曰：比，吉也。比，輔也。下順從也。原筮，元永貞，無咎，以剛居中。不寧方來，上下應也。後夫凶，其道窮也。

象曰：地上有水，比；先王以建萬國，親諸侯。

序傳：訟必有眾起，故受之以師。師者眾也。眾必有所比，故受之以比。比者比也。比必有所畜，故受之以小畜。

雜傳：比樂師憂。

比 北 背 從小篆

金文「比」字作兩人相從之形。「從（从）」字也是兩人相隨從狀。《說文解字》：「比，密也，二人為从，反从為比。」段玉裁注：「其本義謂相親密也。」但《說文解字》中「反从為比」這段話很有意思，从字與比字一樣都是兩人朝一個方向，一個接著一個前進。為何朝左者為从？有人說這是因為一早上工朝著日出的東方，所以，《說文解字》：「從，隨行也。从辵从」一人隨著一人向前行。「二人為从，反从為比」是相反的方向朝右，是朝著太陽下山的西方，這不是上工，是下工返家，所以歸心似箭，一個比一個快，所以比有比賽競爭的意思。「反从為比」的還有「北」，二人相從為「从」，反从為「比」，「北」則是各走各的背向而馳。也有說這是一人與一影，太陽偏南，所以人影在背後也一定朝北，所以「北」、「背」是先造後造的同字。《類篇》云：「比，和也，相次也。」不但同方向還比鄰相次，所以「比」為密，是兩人相鄰、靠近、並列、緊挨著親密的意思，情同手足、攜手偕行之親密也。坤地在下，坎水在上，是地上有水之象；自然界中地與水是親密無間的，故「比」為親密。

「比」字是兩個「匕」，一前一後朝一個方向，許慎說比是親密之象是對的，因為甲骨文是兩人性交的樣子。先說「人」字，甲骨文象側面形，攏著背，撐著手，彎著膝跪著。一般我們看著都是豎著，因為這是方塊字的書寫習慣，若是橫著看，就像一個人趴著面朝下做愛的姿勢。所以

「人」本義指的是「男人」。而「匕」字甲骨文當好相反與臉朝上仰著，由人的俯身變成人仰身，本意是指女人。從「妣」字義為祖母或是女性先祖可以得到旁證。那「比」字其實就是最親密的關係了。九五一陽乘四陰，眾陰爭著與九五交合，故卦名為「比」。或許這才是最古老的卦義。其實「尼」字最古老的意思與「比」是一樣的。

「比」卦五陰爭比於一陽，雖是雙人枕頭、比翼雙飛，也是重陰爭先恐後的親比。當然最後的那一個就凶了。

「比」為比鄰而居，《周禮・地官・大司徒》：「地官令五家為比，使之相保。」唐朝王勃：「海內存知己，天涯若比臨。」所謂遠親不如近鄰。

「比」為輔佐，為副手，為親密戰友。〈象傳〉曰：「比，輔也。下順從也。」下眾陰爻從九五。九五據下眾陰。

又「比」輔也，就是弼，古代君王的佐助之臣。《說文解字》云：「弼，輔也。」《尚書・大傳》：「古者天子必有四鄰，前曰疑，後曰丞，左曰輔，右曰弼。」又《白虎通德論・諫諍》：「天子置左輔、右弼、前疑、後承，以順。」《孔叢子・論書》：「孔子曰：『王者前有疑，後有丞，左有輔，右有弼，謂之四近』。」《國語・吳語》云：「昔吾先王世，有輔弼之臣，以能遂疑計惑，以不陷于大難。」

「比」卦是結交朋友，朋比。

「比」是同心協力。一陽九五中正得位，得眾陰的親附。

小篆

金文有「北」字，恰是「比」的相反，「比」是相從，「從」字從比，「北」是兩人背靠背，「背」字從北，因為「面朝南」則「背朝北」。古人以「面朝南」為尊位，建屋宅亦是「座北朝南」。

「比」是比肩，比鄰，是緊靠在一起，是極為親密，朋友結交至此是換帖兄弟。

九五為剛中之君，六二為中正之臣，兩相應是君得臣輔，又六四當位上乘九五為順臣，故「比」為「輔」。

初六、六三，失位而應，又需要爭著比，是趨附，是抱大腿。

「比」是相輔相成，所以吉。所以〈象傳〉說：「比輔也，下順從也。」《史記・五帝本紀》：「聖人不獨治，必須賢輔。」《史記・五帝本紀》：「帝曰：『籲，臣哉，臣哉！臣作朕股肱耳目。予欲左右有民，女輔之』《集解》馬融曰：「我欲左右助民，汝當翼成我也。」《史記・周本紀》：「武王即位，太公望爲師，周公旦爲輔，召公、畢公之徒左右王，師脩文王緒業。」坤在下為民眾有順從之意，故曰「吉」。《易經》以內外皆正為吉。六二、九五是內外皆正，兩相應故吉。

就卦象說，是眾陰從陽之象。九五居中得位，六二在下輔之，六四以陰居陰又為退爻，上承九五也是順從之意。象徵光明正大有為之君，民眾響應服從。

「比」是眾陰巴結、比附，是「抱大腿、送火腿、走後門。」眾陰比於九五之尊，以陰附陽，所以是「順從」。〈象傳〉說：「下順從也」。下者，眾陰也；順從者，坤為順也。「比」卦吉就是因為「下順從也」。不順從而後來者就凶。

「比」是與九五親，六二與九五相應是有「內線」，是直通「大內」。

「比」是比肩，是並駕齊趨。與九五天子並駕齊趨，不是天子的優容，就是小人放肆，所以〈雜傳〉云「比樂師憂」。

「比」因為依附天子而樂，天子得親密之輔佐也樂。但樂極生悲，伴君如伴虎，上卦坎險也，「比之所在就是險之所在」。

「師」九二是領軍作戰的大將軍，「比」之九五為領導核心，是中樞，是層峰，是天子。

「比」是洪水氾濫，坎水在坤地之上為洪水橫流，是川河湖海溢出之象。比的太近就會瀆。瀆，輕慢、貪求也。《左傳》昭公十三年：「晉有羊舌鮒者，瀆貨無厭。」

一陽被眾陰包圍有「蒙蔽」之象，九五居坎，九五是身陷危險之中。

「比」互為「剝」，「剝者爛也」。燦爛光明，艮為日終，所以「比」是樂昏了頭，是樂到最高點，是樂極生悲。無論是樂極生悲，還是伴君如伴虎，最後受責，受悲，得凶的都不會是九五。九五中正陽剛，不會有咎，所以〈象傳〉說：「元永貞，無咎，以剛居中。」此外，「比」

卦是「下順從也」。九五為君自然無咎。

「剝」為「爛」，「比」是「親密而有狎戲」之意，「爛」則內虛，根基潰爛，艮迷坤虛，危矣。一陽在初為「復」，忌燥進。在二為「師」「憂也」，大打出手。在三為「謙」，「讒也」。在四位極人臣為「豫」是「預」。在五為「比」為「樂」，《國語・越語下》：「今吳王淫於樂，而忘其百姓。」可參觀。

〈序卦傳〉：「訟必有眾起，故受之以師。師者眾也，眾必有所比，故受之以比。」「師」是行軍打仗，兩國動武，相爭不下只有動武，動武要擴充實力就要拉幫結派，「比」就是外交結盟。「師」是武力對抗，「比」是外交結盟。「師」是力戰經營，「比」是巴結攀附。「師」是武力征服，「比」是政治安撫。「師」是眾，「比」是親密，是寡。「師」是武鬥，「比」是文鬥。「師」是表面衝突，「比」是暗潮凶湧。

「比」上坎下順，是順以行險，雖順而險，比之所在亦險之所在，今日之友，可能成為明日之敵。外交無遠久之朋友，只有永久的利益。「師」是戰爭，「比」是結盟，如第一次世界大戰的「協約國」與「同盟國」，第二次世界大戰的英美俄「同盟國」與日德義「軸心國」。「同人」是「和約」如「凡爾賽和約與國聯」如「舊金山和約與聯合國」。「比」卦拉幫結派勢力大增，形成大集團的對恃，就是「小畜」「密雲不雨」。如二次大戰後以美、蘇兩集團的冷戰。

「師」、「比」兩卦一文一武，「伐國之道，攻心為上。」一動武力，一用口舌，相輔相成，路徑不同但是目的一致。

「比」卦上坎水，下坤地，是大地上川河湖泊，四海之內由山川隔成萬國，分羅棋佈，有如君臨天下，分封萬國諸侯之象，各國「比鄰而處」。〈大象〉：「地上有水，比；先王以建萬國，親諸侯。」「先王」謂九五，九五居艮，艮為根，為祖，故曰「先王」。乾為中央。坤為多，為地方故曰「萬國」。國必建侯，坤多故曰「諸侯」。

䷂屯䷇比

「比」卦與「屯」卦不同，「比」卦是「建萬國，親諸侯」；「屯」卦是「利建侯」，「利建侯」就是利於建立君侯。「親諸侯」就是與各個諸侯之國交親，強調組織的力量。

「比」卦是天子對所建諸侯封國親密交往，因為天子不可能對天下之民一一親比。「屯」卦是開拓疆土，封國建君。《吳越春秋》云：「越王句踐二十五年，徙都琅邪，立觀台以望東海，遂號令秦、晉、齊、楚，以尊輔周室，歃血盟。」《史記·齊世家》：「呂尚蓋嘗窮困，年老矣，西伯將出獵，卜之，曰『所獲非龍非螭，非虎非羆；所獲霸王之輔』於是周西伯獵，果遇太公於渭之陽。」《史記·魯世家》：「及武王即位，旦常輔翼武王，用事居多。」

「屯」卦曰：「利建侯」。〈彖傳〉曰：「天造草昧，宜建侯而不寧。」如下棋布子，要放在重要的關鍵地方。

「豫」卦曰：「利建侯」也是組織人員以禦外侮。「比」卦是中央集權，是獨裁。「親諸侯」就是攏絡地方大員，培養親信。「侯」也是赤候，是打探消息，是眼線，是情報來源，如此九五之君在層峰才不會被蒙蔽。

☰☷ 比 ☷☵ 師

「師」卦、「比」卦是上下易位的卦，兩卦相綜。「比」卦是朋比，在爻中多為一對一，「師」卦則是眾，是多人、眾人。「比」卦是一般平時鄉黨鄰里之聚，「師」卦戰時卒伍團旅之眾，一為平常，一為非常。是古時寓兵於農制度。「比」、「師」都是聚眾，一少一多，一親輔一部勒。所聚不同。

「師」出以律，嚴謹。「比」則水行地上，雜然而聚，浮波逐浪，又太親密則狎，無主無從。

「比」是「樂」，「師」是「憂」。

「師」坤上坎下，外順內險，是伏險於安逸之中，是藏不測於寧靜之中，所以要「憂」。

「比」坎水在坤川之上，兩相親密但恐沉浸於逸樂而中患憂而凶。輔在坎險之中。

「師」坎在前，坤安在後，是先憂後樂。「比」則恐因先安樂在前而終於憂患。「比」卦一陽在上為君，「師」卦一陽在下為侯。「師」是外順內剛，「比」是外險內厚，恐交暱不節。「比」是建立萬國，「師」開

國承家。「比」互為「剝」，一陽帥下，眾陰順服，惟上六是化外之地，乘九五之剛不服順之極，故凶。

「比」也是星名畢宿，即是西方白虎七宿中的第四宿畢星宿，有星八顆。畢星是兵戈征戰之象，《詩·小雅·大東》：「有捄天畢，載施之行。」《正義》：「毛萇云：『畢所以掩兔也』又名罕車，為邊邑之軍隊。」《史記·索隱》：「畢，天星之名，畢星主兵，故師出而祭畢星也。」《晉書·天文志》：「畢八星主邊兵，主弋獵，其大星曰天高，一曰邊將。」《宋史·天文志四》：「畢宿八星，主邊兵弋獵。」

又也是「雨師」主雨。《史記·天官書·正義》：「畢八星，曰罕車，為邊兵，主弋獵。其大星曰天高，一曰邊將，主四夷之尉也。星明大，天下安，遠夷入貢；失色，邊亂。畢動，兵起；月宿則多雨。」《詩·小雅·漸漸之石》：「月離（位）于畢，俾滂沱矣。」《毛傳》：「畢，噣也。月離陰星則雨。」《箋》云：「將有大雨，徵氣先見于天。以言荊舒之叛，萌漸亦由王出也。豕既涉波，今又雨使之滂沱，疾王甚也。」《史記·天官書·正義》：「雨師，畢星也。」《書·洪範註》：「好風者箕星，好雨者畢星。」《獨斷·卷上》：「六神之別名：風伯神、箕星也，其象在天，能興風。雨師神、畢星也，其象在天，能興雨。」明李東陽〈次韻楊應寧久旱〉之一：「終風漫挾揚沙勢，畢宿空懷好雨心。」

「比」卦坎為水，坤為川，也是水。又「比」卦、「師」卦相綜，皆有征戰之意。相錯的「大有」卦、「同人」卦亦如是。又「比」卦上爻是邊疆化外之地，是邊亂。故為畢星。

「比」卦親密好友，近密而狎，所以也是「嬖」，《史記·殷本紀》：「（帝紂）好酒淫樂，嬖于婦人」。《增韻》：「便幸，左右近習者也。」《春秋傳》：「賤而得幸曰嬖」。《拾遺記》：「初，帝深嬖李夫人。」《左傳》隱公三年：「公子州吁，嬖人之子也。」注：「嬖，得寵幸者。」有陰陽相交合之意。

「比」，《釋名·釋言語》：「事類相似謂之比」後天八卦坎居北，先天八卦坤居北，故為「比」卦。《周禮·小司徒》謂：「及三年則大比，大比則受邦國之比要。」鄭玄註：「大比謂使天下更簡閱民數及其財物也」。鄭司農云：「五家為比，故以比為名。今時八月案比是也。」天

子見諸侯屏藩，藩天下土地民戶車輦六畜皆有籍，蓋「比」卦有司察之義。

「原」，古文作「邍」，《說文解字》：「高平曰原」即大地也，就是下卦的坤，坤為巛，為川，為順，故「原」可以解釋為「順」。

「原」，或解釋為「原諒」，《莊子・天道》：「因任己明而原省次之」成玄英疏：「原者，恕免。」

「筮」，讀為「折」，指折敗。《老子》二十五章的「大曰逝」，「逝」字帛書寫作「筮」，其實本字當作「折」，義為折敗。

「原筮」，即順從所卜筮的結果，或恕免原諒他人的折敗。

又「原」有再、二之義。《爾雅・釋言》：「原，再也。」《說文解字》：「再，一舉而二也。」

「原筮」，即兩次筮占之義。

六十四卦之中，只有「比」卦與「蒙」卦講到「筮」。「比」卦「原筮」是謹慎之意。

「元」，為大，「元者善之長也」。

「元」字之下當有一個「亨」字，可能是古人抄寫時漏掉了。《左傳》昭公七年有紀錄此卦：

衛襄公夫人姜氏無子，人嬙始生孟縶。孔成子夢康叔謂己：「立元，余使羈之孫圉與史苟相之。」史朝亦夢康叔謂己：「余將命而子苟與孔烝鉏之曾孫圉相元。」史朝見成子，告之夢，夢協。晉韓宣子為政聘於諸侯之歲，嬙始生子，名之曰元。孟縶之足不良，弱行。孔成子以《周易》筮之，曰：「元尚享衛國主其社稷」遇「屯」。又曰：「余尚立縶，尚克嘉之。」遇「屯」之「比」。以示史朝。史朝曰：『元亨』，又何疑焉？」成子曰：「非長之謂乎？」對曰：「康叔名之，可謂長矣。孟非人也，將不列於宗，不可謂長。且其繇曰『利建侯』。嗣吉，何建？建非嗣也。二卦皆云，子其建之。康叔命之，二筮告之，筮襲於夢，武王所用也，弗從何為？弱足者居，侯主社稷，臨祭祀，奉民人，事鬼神，從會朝，又焉得居？各以所用，不亦可乎？」故孔成子立靈公。

「二卦皆云」謂「屯」、「比」二卦皆云「元亨」。

「元亨」，大享也，大享祀也。

「永貞」，筮問長遠之事。

經學大家俞樾先生以為「原」本義為本、為始，《說文解字》：「原，水本也。從灥出厂下。」原是泉水流出的源頭，故有本、始之義。「原筮」，即原本之筮詞。

「比」卦是諸侯朝王，王也賓禮各地諸侯，這是親愛相輔，長治久安之道。

「不寧」者，不安寧也，即不庭也，不朝拜王庭也，不受王教化統治之地，多指邊遠之地。《禮記·月令》：「（季秋之月）行冬令，則國多盜賊，邊竟不寧，土地分裂。」《東觀漢記·梁商》：「方今邊郡不寧，盜賊未息，豈宜重為國損。」「比」卦是諸侯朝王，此「不寧」說的是上六，上爻為化外之地，乘九五之剛，騎在天王老子頭上，故「不寧」，邊境騷擾不安，蓋其不朝王也，不與王親密也。

「方」，方國，邦國，諸侯之國。「復」〈象傳〉：「后不省方」。「未濟」九四：「震用伐鬼方」《詩·大雅·大明》：「厥德不回，以受方國」鄭玄《箋》：「方國，四方來附者」。

「不寧方」，不安寧，不臣服之方國、諸侯國。

「不寧方來」，早先不來朝王之國今來朝拜，形容爭先恐後，趕著抱大腿。

「不寧方」，似古代成語；《大戴禮·投壺》：「嗟爾不竉侯，為爾不朝於王所，故亢而射女。」《白虎通·鄉射》：「《禮射祝》曰：『嗟爾不寧侯，爾不朝於王所，以故天下失業』。」《說文解字》：「侯，春饗所射侯也。……其祝曰：毋若不寧侯，不朝于王所，故亢而射汝也。」《儀禮·大射禮》：「量侯道」鄭玄注：「尊者射之以威不寧侯，卑者射之以求為侯。」不寧侯，是不寧之侯；不寧方，是不寧之邦國。

「夫」，大也。金文夫、大相通。

「後夫凶」，後來朝拜王者，大凶。上六身居化外又乘九五之剛，不是跑的太慢就是路途太遠，要不就是負氣不服，在萬眾一心時，必大凶。

「不寧方來，後夫凶」，是說原本不歸順的方國都來朝拜，爭先恐後的巴結，萬國朝貢，萬民咸服，後至者則大凶。《國語·魯語下》：「昔禹致群神於會稽之山，防風氏後至，禹殺而戮之。」《韓非子·飾邪

篇》：「禹朝諸侯之君會稽之上，防風氏後至，而禹斬之。」大禹治水成功之後大會天下諸侯方國於會稽山，遲來的防風氏被大禹所戮殺。

「比」卦是二人為比，一個隨著一個而來。「方」亦為「二」之義，《荀子‧致仕》：「莫不明通方起，以尚盡矣。」楊注：「方起，並起。」《說文解字》：「方，併船也。象兩舟省、總頭形。」段玉裁注：「併船者、並兩船爲一。」

「不寧方來」，謂不安寧之事接連而來。或謂早先不來朝王之國今並偕來朝拜。

「後」，落後，落於他人之後。

「後夫凶」，是說後歸附者遭凶，是指上六而言，因為此有上六獨處野外，以陰居上，陰是小人，小人在天自得意滿，欲與九五相抗，後被誅，故凶。

「夫」，大也。夫、大古相通。「後夫凶」，即在先者吉，在後者大凶。

天下咸服，如果後來親比的，那就凶了。敬酒不喫，喫罰酒。九五之君與你親比，是抬舉你，你要識相，更要主動的巴結歡喜，不然就是敬酒不喫，喫罰酒了，是自討沒趣。所以〈象傳〉曰：「其道窮也」就是指上六。上六乘剛，是騎在君主之頭上，是抗命無禮之囂張象，是指上六，三不與其應，是不得民心，為獨夫。居上卦之中，是窮途末路，困獸之鬥而已，後遭誅。切忌之。

「比」是比賽爭前的與一陽親比，所以跑在最後的「後夫凶」。「後夫凶」是比賽競爭的激烈，是說要快，動作慢的倒楣。

《易經》幫助我們「趨吉避凶」。「趨」就是要快，要掌握時間上的有利。不然時過境遷，錯失良機。「比」是親密朋友，是結盟，也是比賽，是既聯合又競爭。

《周禮‧鄉大夫》：「三年則大比」，三年有一次大比，由鄉中官吏挑選出賢者、能者，寫在書信上獻給國王，出任官職。此〈雜卦傳〉說「比者輔也」。

「比：吉。原筮，元永貞。不寧方來，後夫凶。」謂親比，就會吉；寬恕體諒他人的折敗，無有咎災；不服從者正前來親比，後來遲至者，有

大凶。

此卦強調親比團結。

初六：有孚，比之無咎。有孚盈缶，終來有它，吉。
象曰：比之初六，有它，吉也。

初六失位，與上卦六四無應，又離卦主九五遙遠，是得不到九五的親比信任，本當有咎。

「孚」，徵兆。

「有孚」是說卦兆顯示的是與別人親近，就沒有災害，有保佑，有人照顧也。

「比」，輔弼也，以下輔弼上。

「比之」的「之」是指他人，接受輔弼的上位之人。

「比之無咎」即有比，有友，有輔弼。所以「無咎」，即無所懼。

「盈」與「溢」通，固體裝滿器皿稱「盈」，液體裝滿則稱「溢」。《爾雅・釋詁》：「溢，盈也。」

「缶」是土製瓦罐，《說文解字》：「瓦器，所以盛酒漿，秦人鼓之以節歌。」《急就篇註》：「缶卽盎也，大腹而斂口。」《方言・卷五》：「缶其小者謂之瓶」瓶罐傾覆為不吉之兆；如「井」卦「羸其瓶，凶。」

下坤為腹，為缶；上坎為水，故盈而滿溢。

「有孚盈缶」，謂甘霖雨水裝滿器皿。《後漢書・卓魯魏劉列傳》引此句云：「《易》曰：『有孚盈缶，終來有它吉』言甘雨滿我之缶，誠未有它而吉已。」故此句的「孚」，當讀作「霈」，甘霖雨水也。

卦兆還顯示「盈缶」，瓦罐傾覆，意味著終有意外他患，但總的來說是吉的。

「有孚盈缶」，楚簡本作「又孚海缶」。《說文解字》：「海，天池也，以納百川者。」好比似海大之缶，能廣納來歸親附者相親而無有偏袒、偏見。蓋坤為川，為水，為大，為腹，故為廣納。亦大地厚載之義。

「孚」，俘也。《說文解字》：「俘，軍所獲也。」軍隊所獲的人員奴隸財物都可以稱之為俘。

「有孚盈缶」，謂軍獲所得滿滿一大盆。

「比」卦所言為結交朋友，團結力量大，有朋友協助可以應付意外突發狀況。

「比」，親比，聯合，團結。

「終」即「冬」；冬為一年之終。後天八卦坎為北，為冬；先天八卦坤為北，為冬。

「它」，是蛇，也是意外之患；《說文解字》：「它，蟲也，上古草居患它，故相問無它乎？」古人稱意外之患為「它」。「它」字甲骨文作一腳在一蛇之上，像是無意間踩到蛇而遭蛇吻狀。小篆則簡化作一隻眼鏡蛇狀。

甲骨文 小篆

「終來有它吉」，冬季年終來到，冬眠的蛇因為暖冬而出現，本當下雪的而下雨水，當是吉兆。中國人常用「冷暖」來形容人與人之間的交情。似有寒冬送暖之義。于省吾謂「來」當為「未」之訛，「終來有它吉」，即終未有意外之患故吉。

「終來有它」如「比之匪人」之類；儘管終將有意外之患，總歸親近他人（那個人）還是吉利的。

「有孚盈缶」之「孚」為「俘」，俘獲也；征戰所擄獲之人與財貨都可以稱為「俘」。

「有孚盈缶」，是虜獲的人財滿滿一大盆，是吉兆。

「比」之初是交友之初，當然要以誠信為基礎。初六是始，是一開始就要開誠佈公。初六是以至誠之心結交朋有，故能「無咎」。

「缶」，是瓦器，「有孚盈缶」是樸實素質，本來面目，沒有虛假，誠信滿滿。初爻為庶民，故曰缶。

「有它吉」，是意想不到的吉，份內之外的意外收穫。

「終來有它吉」，是終於得到意外之吉，是終無意外之患。

初六本有咎而無吉，但「有孚盈缶」所以，無咎。初六居下為庶民與九五相距遠，有真誠之心結交，是君子之交淡如水之象，是「積善之家必

有餘慶」。

「有它吉」，是初六失位無應，本有咎而無吉，但有其他方法而獲吉。

「有它吉」是因「它」而吉，因為他人而得吉。

〈小象〉說得很清楚，「比之初六，有它，吉也。」是說初六為比之開始，「有孚盈缶」正是「比」卦之基礎，朋友以真誠樸質為基礎。

初六離九五最遠，但心中有誠信求比於九五，終必有它吉。初六之吉在於與六二相親比的關係，是用它法以與九五應。

初六在坤土之下，坤後天八卦居北，為冬藏之象。因為離九五太遠無應又遇敵，應該靜藏，不去親比巴結，守本分則吉。

☷比☶屯

初六變為「屯」卦。「屯」是春。「比」初六雖遠而能進而比之，雖遠離九五，結交以至誠但過程多艱難。「屯」是萬事起頭難，初始困頓漸亨通。「屯」初「大得民」，不計前嫌一律容納之。

六二：比之自內，貞吉。
象曰：比之自內，不自失也。

「自」，于也。

「內」者，六二居下卦之中，與九五正應，九五為天子為「內」。二爻、五爻為「內」。

「內」，是大內，是天子之居，是王廷。

「內」，是入，是收斂。《禮記‧月令》：「命百官貴賤無不務內，以會天地之藏，無有宣出。」鄭玄注：「內，謂收斂入之也。」

「比之于內」，是六二居內卦之中，與九五相應。是知心交往，不張揚。

「比之于內」，是內應外合，有內應，朝中有人，是從內部得到應援支助，是內部親比團結。

六二與九五正應，是朝中有奧援，有靠山，是直通大內，是有內線消息。

「內」，是內心。

「比之于內」，是親比、朋比必發自內心，由內部團結作起。

「貞」，是正。亦可解釋為「征」。「貞吉」，出行吉。

六二居中得位，具中正之德，故曰「貞」。

六二與九五正應故曰「吉」。

「不自失」，不會失去原則，把握的住。

六二雖得位有應，但以陰居陰，擔心居安順之所而又持九五之寵，而柔昧喪志，所以告戒六二「不自失」。

「不自失」，是六二應九五，是女求比於男，告誡不可失其身分，恐交暱不節，失去婦道。是以臣上交君，恐失於臣道。二爻「直方大」當謹守臣道。

上坎水，下坤土是水土交融，是你泥中有我，我泥中有你的親暱之象，有「瀆」之象。

「不自失」，也是因為中正不會失去自己的本分。

「不自失」，是九五求六二之應，六二應九五之請求而上應。若是六二求應那就是自失了。

六二、九五以中正相應，是換帖結拜之交，本身條件極好，但不會喪失立場。

「失」，軼也。《說文解字》：「軼，車相出也。从車失聲。」就是突出超車。《左傳》隱公九年：「彼徒我車，懼其侵軼我也。」杜預注：「軼，突也。」《淮南子‧覽冥訓》：「軼鶤雞于姑余」。高誘注：「自後過前曰軼」。

「不自失」，不可突出，六二與九五正應，不可在超出班列求比，以免自輕。亂動則陷入坎險。

「貞吉」，貞定吉。

▦比▦坎

六二變為「坎」。六二與天子結交，要保持距離以測安全，不然伴君如伴虎。把持原則才能長保吉。比之所在就是險之所在。

坎為水，為平；君子之交淡如水，一盤水往平處端，守律自持。

六三：比之匪人。
象曰：比之匪人，不亦傷乎？

六三失位。往下比是六二，陰遇陰則窒，是不順從二，不與二親。往上進承六四，是欲以六四相親，但四在外卦，承九五，不願與六三親。與上六敵應，也不為上六所親，所以六三有所親非人之象。上、下、應都窒，無人可以比，但初爻有機會，六三全無機會，故受傷。

六三失位，與上六相應對，上六為「比之無首」的「後夫」故為「比之匪人」。交錯朋友。

「匪人」，是不常見之人，如罪人、鬼、凶徒、陰魂、盜匪、巫師、乩童、太監等。

聞一多《周易義證類纂》引《詩·小雅·何草不黃》：「哀我征夫，獨為匪民。」以「匪民」為罪民。「民」之本義就是罪人奴隸，是「盲」的初文，將俘虜的一眼使之盲而為奴隸。「人」本義也是身分低賤之稱。「人」也是「匪人」就是「匪民」。就是罪人。古時有罪之人服勞役，征戰時為役伕，故自稱「匪人」。

「比之匪人」，與罪人親比交往，是交錯了朋友，是凶象。也可謂輔比之對象非人，輔佐錯的君主。

六三與上六相應，故曰「比之匪人」，上六是卦辭中的「後夫」是與外人私通，與敵人私通。

「匪人」，帛書作「非人」，非，排擠也。《釋名·釋言語》：「非，排也。人所惡排去也」。

「比之匪人」，親密不盛，受人排擠。故「不亦傷乎」，傷，哀傷。

「比之自內」，是六二居內卦之中，與九五相應。是知心交往，不張揚。

「比之自內」，是內應外合，有內應，朝中有人，內部團結。

「比之匪人」，是無親無靠，是遇人不淑，找錯合伙人，受人排擠。比錯了人，是凶象。

六三則居內卦之終，是多凶之位，往上遇六四則窒，往下遇六二，只

能上應上六，都是同類相敵，故「比之匪人」，無親無靠，只有走投無路了，受人排擠陷於孤立。此爻凶也。

「傷」，是受傷，「不亦傷乎」是遇人不淑而受傷，是受有人拖累，是交到損友。

「傷」是傷心，「不亦傷乎」是自怨自艾，傷心歎息。

「傷」，也是血光之傷，比之匪人所以受傷。傷重可能喪亡。

此爻變為「蹇」卦。不吉。六三所輔比的對象不正，反將親比之好事變為壞事。

▤▤比 ▤▤蹇

「蹇」是跛足，往前受傷，靠錯朋友而受傷。「蹇」象曰：「險在前，見險而能止，知以哉。」

六四：外比之，貞吉。
象曰：外比於賢，以從上也。

「外」，是指外卦。

「之」，是指九五。

「外比之」，是九四往外親比九五。但是「外」字有玄機，從卦象看，六四往外親比九五；但從字義來看「外」與「內」相對。是外有輔佐，外有貴人相助，是向外部團結賢才、諸侯。也是指向外，內部的親比團結出現裂痕，尋求外部的合作，有胳臂往外彎的意思。

六四居外卦，上承九五與之為鄰，所以說「外比之」。真是遠親不如近鄰，九四近水樓台先得月，故吉。

二與四都與五相親比。二與五相應，所以「比之自內」。四承五，在外卦，所以「外比之」。

《易經》以下卦為內，上卦為外。六二應九五，六二在內故曰「比之自內」。六四承九五，在外卦，故曰「外比之」。

「貞吉」，是六四得位，既正且固，故與九五親比而吉。出行得吉。

楚簡本無「貞吉」作「無不利」。六四上乘九五近水樓台值得稱「無不利」。

六四非二五是不中。六四以陰柔不中之人，能與九五剛中賢明之人親比，故「吉」。六四上乘陽，陰遇陽故「吉」。易例下陰上陽，下陰多吉。

六四如「坤」六四：「括囊」，以此與九五相比鄰故「吉」。

為何「括囊」就「吉」呢？六四為九五賢明中正之君的近臣，也是伴君如伴虎的多懼之位，所以六四謹守臣子之分際，故「貞吉」。易經以陰從陽為吉。

「外比於賢」此「賢」就是九五。陽為君子，陰為小人；陽賢，陰劣。

六四下，九五上，以陽乘陰，以陰承陽，是陽據陰而陰附陽也，故曰「從上也」。六四柔順承九五，聽從九五，故曰「從上」。「從上」，是聽從，順從，隨從，依從。是臣服於九五。抱緊大腿，乖乖聽話。

六四當位與九五親比是動機純正。但「從上」比六二「不自失」差了一節。

「貞吉」，是六四得位，既正且固，若爻變則不貞不固，不能堅守六四以陰居陰的坤得「先迷後得」「安貞吉」，變成陽則是九四遇九五，卦成「萃」卦九四與九五相鬥而矛盾了。

「貞吉」，出征吉。利於往上親比九五。

《歸藏》卦「比」作「攽」，《集韻》：「攽，器破也。」又「齊楚謂曰㼌」。《方言》卷六：「器破而未離謂之，南楚之間謂之㼌」。《揚子·方言》：「秦晉器破而未離謂之㼌」。《廣韻》：「㼌，裂也。」《素問·六元正紀大論》：「厥陰所至為風府為㼌啟」。王冰注：「㼌，微裂也。啟，開坼也。」《書·洪範·用靜吉用作凶疏》：「灼龜為兆，其㼌拆形狀有五種。」意謂瓦缶之裂隙猶如龜卜之裂紋徵兆。「外攽之，貞吉。」言占卜徵兆吉祥。又「比」是兩相親密而並列，雖親密而中有隙縫，故「比」卦有裂㼌之義。又六四與九五從卦象上陰陽相交，看似親密，但中間有一線裂痕。

䷇ 比 ䷬ 萃

此爻變為「萃」卦，為聚，是群英會；是英雄好漢聚一堂，是天下英

才為所用之象。擠身中央集團。但「萃」是九四與九五爭鬥，故「大吉」才能「無咎」，六四「括囊」若是順承九五「從上」故「吉」。「萃」卦是相爭，是權力鬥爭，九五與六四之間可以親比。但四爻若是陽剛不願從上，變為「萃」卦則矛盾日深，所以四爻尋求外部援手。上卦變成兌，兌為毀決，「比」就不成了。

九五：顯比。王用三驅，失前禽，邑人不誡，吉。
象曰：顯比之吉，為正中也。舍逆取順，失前禽也。邑人不誡，賞使中也。

「顯」，是現，光顯，明顯，是光明磊落，是顯赫，正大光明也。

「顯比」，是以光明磊落之道輔佐也。光明正大的親比，是外交手段使之團結一致，如清朝之木蘭秋獼，既是與塞外各部族親比，也是耀武揚威。古代的田獵就是軍事活動，「比」與「師」相綜，既是外交斡旋，也是陳師征戰。

九五中正以陽剛光明之體，彰顯於天之際，為萬物所共睹，故曰「顯」。以中正光明之正道，顯陽剛中正之德，與萬民親比，故曰「顯比」。

「王」，指的是九五。又「王」，往也。

「三驅」，是狩獵方式，獵獸時從三面包圍驅趕禽獸，留下中間缺口，使野獸獵物朝一個方向奔驅，以便捕獵。也是一種禮節。唐朝人裴度《三驅賦》：「故王者有三驅之禮也」可以參觀。

「用」，施行也。《說文解字》：「用，可施行也。從卜從中。」

「王用三驅」，即行三驅之禮，是天子圍獵，合其三面，前開一面，去者不追，來則取之。是網開一面，不可趕盡殺絕，不窮追猛打。《太平御覽・臘》：「貞元十一年十二月臘日，畋于苑中，止多殺，行三驅之禮，軍士無不知感。」《漢書・五行志》：「故行步有佩玉之度，登車有和鸞之節，田狩有三驅之制，飲食有享獻之禮。」師古曰：「謂田獵三驅也。三驅之禮，一為乾豆，二為賓客，三為充君之庖也。」《貞觀政要・君道》：「樂盤游則思三驅以為度，憂懈怠則思慎始而敬終。」注：「三驅者，圍合其三面，前開一路，使之可去，不忍盡物，好生之仁也。」

「王用三驅，失前禽」，王居於缺口卻只捕獵背己之獸，向己之獸

則捨之，所以「失前禽」。所謂網開一面，不趕盡殺絕，是仁德的表現。鄭玄云：「王者習兵於搜狩，驅禽而射之三，則已法軍禮也。失前禽者，謂禽在前來者，不逆而射之，旁去又不射，唯背走者，順而射之，不中則已。是其所以失之。用兵之法亦如之。降者不殺，奔者不禦，皆為敵不敵，己加以仁恩養威之道。」這是說圍獵三面，獵者居缺口，向我而來之獸皆免，驅入網中者則獵。《史記・殷本紀》：「湯出，見野張網四面，祝曰：『自天下四方，皆吾網』。湯曰：『嘻，盡之矣！』乃去其三面，祝曰：『欲左，左；欲右，右；不用命乃入吾網』。諸侯聞之曰：『湯德至矣，及禽獸。是去三面網而驅焉』。」這是至仁至義表現，更勝於網開一面而是網開三面。

「失」假借為「佚」，逃逸隱遁也。《孟子》：「遺佚而不怨」。

「前」，斷絕。與翦、剪、齊通。《說文解字》：「前，齊斷也，從刀𦥑聲。」段玉裁注：「其始前為刀名，因為斷物之名。斷物必齊，因為凡齊等之稱，如實始翦商，謂周之氣象，始與商齊，前，搶假作翦，今字作剪，俗」；《集韻》：「前，或作齊。」

「禽」，飛禽走獸。《白虎通》云：「禽者，鳥獸之總名。」又「禽」，為擒。

「前禽」，是指後夫凶的上六。

「失前禽」，是斷絕在前面逃逸的禽獸，而不追擊擒獲，佚失如漏網之魚也。王闓運〈哀江南賦〉：「遂開網于前禽」。

「失前禽」，是上六，上六居化外之地不與九五親比。九五網開一面，不趕盡殺絕，以示好生之德。

九五居尊得位，統領群陰，光明正大，無有私暱，但雖如此，並不能教化天下所的陰私，上六背棄公義而懷異志，九五聖王棄捨不治理，如田獵三驅，放縱跑在前面的禽獸任其逃逸。比九五天子氣度恢宏，寬容大量的懷柔之策。

「邑人」，指六二，上應於九五，而為大夫，居坤卦為地，是有采邑，采邑之人就是鄉民庶眾。於平時為勞力者，於戰時就是服役者。「訟」九二：「其邑人三百戶」。《左傳》莊公二十八年：「凡邑，有宗廟先君之主曰都，無曰邑。」昭公五年：「豎牛取東鄙三十邑以與南

遺。」這些「邑」都是指聚落。朱熹注：「邑人三百戶，邑之小者。言自處卑約，以免災患。占者如是，則无眚矣。」所以列國自己謙稱為「敝邑」。

「誡」，警戒也，驚駭也。《廣韻》：「言警也」。《增韻》：「警敕之辭曰誡」。《韓詩外傳》：「前車覆，後車不誡，是以後車覆也。」俞樾曰：「誡讀為駭」亦通。《周禮·夏官·大司馬》：「鼓皆駴ㄏㄞˋ」。《釋文》：「駴本作駭」。《說文解字》：「駭，驚也。」

「邑人不誡」，指邑人不受驚駭騷擾。蓋王所率之師，不驚擾所致之邑，地方之民安居樂業，與王師親比。《左傳》桓公十一年：「鄖人軍其郊，必不誡。」又《左傳》昭公元年「子產卻楚逆女以兵」就是描寫鄭國擔心楚王大軍藉口迎娶鄭國公孫段之女而侵占其國。

「吉」，如上所言之作為則吉。

「顯比」之「吉」是因為中正。

九五得位中正，是其立場正確，行事合於中道，而無偏私，光明正大，所以有「顯比之吉」。

「舍」，捨也，捨去，即為放棄。

「逆」，迎也，是指迎向我而來者。這是三驅之中被放生者，因為象徵朝我賓服親比。

「取」，收取，照顧也。《韻會》：「凡克敵不用師徒曰取」。九五居艮，艮為手，為取。

「順」，同我一個方向，三驅中的獵物同我一方向奔走，表示離我而去，即與獵者同向而奔走者，則獵取之。

「舍逆取順失前禽」者，放棄背我而去的，照顧順服我的。此為「失前禽」而不追的理由。聖王不以統治強加於人，是來比者隨其自願。

「上」，指的是九五。

「中」，指的是六二。

「邑人不誡賞使中」，既然是九五讓六二網開一面，那麼走失前禽，又有什麼可責怪的呢？

此爻為卦主。九五為天子，不需要主動去親比，主要是要營造一個可

以親比的環境氛圍，「王用三驅，失前禽」就是天子是天下以寬容仁德，如商湯網開三面而天下諸侯歸順。

「比」卦與「師」卦皆談及田中之禽，「師」六五「田有禽」，「比」九五「失前禽」。

禽是陰類，「比」卦除九五為陽餘皆為陰，皆為禽。

且「師」卦是聚眾，「比」卦是聚類。

又一比一為「比」，一與多為聚眾為「師」。

「王用三驅」是行軍打仗，武力鎮壓。「失前禽」是匪醜遁逃。

「比」綜為「師」，皆有作戰打仗之意。「同人」亦同。

比　坤

此爻變為「坤」卦，為荒，為亂。此爻為題綱挈領的重點。《焦氏易林·萃之升》：「安子富有，東國不殃。齊鄭和親，顯比以喜。」可以參觀。

另外聞一多先生將「顯」讀為「韅ㄒㄧㄢˇ」，《說文解字》云：「著掖韅也。從革顯聲。」《說文解字注》云：「徐曰。韅者、當馬腋之革。」《釋名》：「韅，經也，橫經其腹下也。」就是馬駕車時的護胸皮帶。

又將「顯比」之「比」讀為「剝」。句謂馬胸帶脫落斷絕。

又古人知名與字有相關聯之義，例如趙雲，字子龍，出自〈文言〉「乾」卦：「雲從龍，風從虎」，關羽字雲長，張飛字翼德，顏回字子淵。淵，回水也。春秋秦國有公子縶，字子顯。

可知「顯」，可讀為「韅」。又《廣韻》云：「縶，繫馬。」義與「韅」同。

何新則認為「顯」讀作「濕」，意為「失」。「顯比。王用三驅，失前禽。」句謂四馬駕車中失去了配馬，僅剩三馬。將「前禽」解釋為「前驅」。也可參看。

上六：比之無首，凶。
象曰：比之無首，無所終也。

籀文 𦣻見 小篆

「比」卦初、二、三、四爻都比從於九五，以九五為「首」。九五為「比」卦之主，具乾剛中正之德，故為「首」。坎為下首，即為首。「大過」上六：「過涉滅頂」即以陰在陽上。「既濟」上六：「濡其首」也是以陰居九五陽上。「復」卦小象曰：上六：「反君道也」即「無首」，即叛逆。六爻中只有上六孤立又乘九五之剛，踩在九五頭上故曰「無首」。上爻也可為首，初爻為尾。

「乾」卦用九「群龍無首吉」，陽居首而不爭故吉，陰居首好爭而迷故凶。

「無首」，無人可以領導他，即孤僻傲慢，違反君道之叛逆也。

「無首」，是沒大沒小，無法無天，無頭蒼蠅，胡撞亂飛，無有章法。

「無首」，是不敢首先行動，不積極。

「無首」，是殺身之禍，被斬首。

「比」卦獨上六居最後之終，故為「無首」。上六孤單一人在外，無人可親比，又以陰居上窮之地違悖「先迷後得」之德性，所以「無首」。陰爻怎可為「首」！故曰「無首」。

「無首」，也是孤魂野鬼，無人祭祀，無所寄託。

「比之無首」，親比輔佐之而被禍。輔佐錯了對象。故「無所終」。

上六乘剛，騎在天子的頭上，又居窮極化外之地，不從九五又無所親比所以「凶」。

上六「比之無首，凶」，即卦辭所言「後夫凶」。上六孤單在外，外也為後。

上六「後夫凶」是不朝、不順，不接受教化的化外之民，故凶。

「後夫」，婚後有夫，再嫁也。再嫁為後母。又「後夫」，為贅婿也。《國語・魯語下》：「仲尼曰：『丘聞之：昔禹致群神于會稽之山，防風氏後至，禹殺而戮之，其骨節專車。』」可以參觀。

䷖比䷓觀

此爻變為「觀」卦。「觀」是觀望，徘徊猶豫，不積極而亂了章法，

坐失良機，為人所棄，孤立而凶。孤芳自賞。觀察風向是騎牆派，想要撿便宜，偷雞不著蝕把米而凶。

「觀」卦大象為艮，艮為止，為退，故上六為「後夫」。「觀」是大觀，是「觀國之光」到天子京城是朝拜觀見觀光，是順服之意。「觀」象失故曰「後夫凶」。

「師」、「比」是上下易位的卦。「比」卦一陽在上為君，「師」卦一陽在下為帥。「比」、「師」都是聚眾，但所聚不同。

「比」卦是朋比，在爻中多為一對一，「師」卦則是多人、眾人。「比」卦是一般平時鄉黨鄰里之聚，「師」卦戰時卒伍團旅之眾，一為平常，一為非常。是古時寓兵於農制度。「師」出以律，嚴謹。「比」則水行地上，雜然而聚，浮波逐浪，無主無從。「比」樂「師」憂。「師」卦，坤在上坎在下，外順內險，是伏險於安逸之中，是藏不測於寧靜之中，所以要憂。

「比」樂，但恐沉浸於逸樂而中患憂而凶。「師」卦上六，小人勿用；「比」上六，比之無首，凶。「比」卦「師」卦相通，「師」二三四互為震，為動，有建國之意。「比」卦地上有水如山川嶺泊，如四海之內山川隔成萬國，如不同之國度，如王封諸侯建立萬國。

「師」上陰下陽，外順內剛。「比」下陰上陽，險外厚中。「比」九五云顯比，坎為隱，如何能顯，對象為離，離為明，故顯。九五「顯比」是其交往過程中光明磊落，氣度雍容，大方實在。六四在九五之下，有取代之心而無取代之力，欲結何外力但無人呼應奧援，故只得「貞吉」，謹守本分，轉而承九五，配合九五，避免緊張。六二比之於內，是與九五相應，是與朝廷大內有應，是有結實的內援靠山，所謂朝中無人莫作官。九五、六二正應，是六二受九五信任。得位故小象曰不自失，是不會失去應有的本分與立場。如「坤」六二「直方大」。

「比」之所言為外交及結盟，「師」之所言為行軍作戰。

初六在下中間又遇到六二、六三、六四重重阻隔，離九五最遠難以親比，但初六誠心敬意終有意外得以親比九五而吉。六二中正與九五正應不懼六三、六四的阻窒自有內應而能親比。六三往下遇六二、初六，往上遇六四與上六又無應全無有出路像是孤兒，所親比的都不足以相交故「比之

匪人」而受傷。六四近水樓台上承九五最能與九五親比故「從上」而吉。九五中正受大家親比而不回被蒙蔽故「顯比」。上六乘九五之剛，騎在天子頭上，身居化外，等醒悟過來欲與九五親比已經來不急了故「無所終也」。

小畜：亨。密雲不雨，自我西郊。

彖曰：小畜，柔得位而上下應之，曰小畜。健而巽，剛中而志行，乃
　　　亨。密雲不雨，尚往也；自我西郊，施未行也。

象曰：風行天上，小畜。君子以懿文德。

序傳：師者眾也。眾必有所比，故受之以比。比者比也。比必有所畜，
　　　故受之以小畜。物畜然後有禮，故受之以履。

雜傳：小畜寡也，履不處也。

䷈小畜 ䷙大畜 ䷄需

　　物以稀為貴，「小畜」的主爻是六四。「乾」九四：「或躍在淵，
無咎。」〈小象〉：「或躍在淵，進無咎也。」四爻是宰輔、近臣，以陽
居之則失位，有權臣逼主之象。「乾」從初九的「潛龍勿用」，經二爻的
「見龍在田」，三爻的「終日乾乾，夕惕若。」如今居四爻，是歷經各種
磨鍊，聲望，經歷足以與五抗衡而欲「飛龍在天」所以九四用「躍」這字
來形容九四的一飛衝天，躍躍欲試。陽爻居四有震之性，震是動如雷，這
「躍」更有激奮，自信滿滿的意思。「在淵」二字寫盡了九四所面臨的危
難，如處於萬丈斷崖之緣又面臨著無測深淵之際，就象是站在尼加拉瓜大
瀑布的邊緣。

　　而「坤」初六「履霜」，「乾」九四「在淵」，就是如臨深淵，如
履薄冰一般。向上躍成了一飛衝天，萬人之上，功成名就。不成，墜入萬
丈深淵，粉身碎骨，性命難保。可見九四徬徨猶豫一般。這『或』字道盡
九四的在九轉成丹、一飛衝天之前的疑懼。

　　〈文言〉說：「九四，重剛而不中，上不在天，下不在田，中不在
人，故或之。或之者疑之也，故無咎。」「九四，重剛。」剛而賢能，能
力足強。但「不中，上不在天，下不在田，中不在人。」卡在不上不下之
位「故或之，或之者疑之也。」

　　〈繫辭〉又說：「四多懼」，是人人有希望，個個無把握。九四尷尬

鬱悶，難受極了。九四陽剛，能力是沒有問題的，但失位，總讓人起疑。這不中、不天、不田、不人是說客觀的環境不如意，但總要試了才知道。

四爻鄰進五爻天子之位，伴君如伴虎。這與「履虎尾」的《履》卦一樣是危厲之象。〈小象〉曰：「進無咎」，是鼓勵九四盡力一躍的。但「進」的方式很多，有「晉」卦的躍進，有「升」卦的登階而上，凌空御風，有「漸」卦的按部就班，滲透侵蝕，四之位要如何才能「進」？「坤」卦六四：「括囊，無咎無譽。」〈小象〉曰：「括囊無咎，慎不害也。」「括囊」是將自己如囊一般將口束住，緊閉口風，不與人爭。所謂少做少錯，不做不錯，一副與世無爭的模樣，所以「無咎無譽」雖無咎過，亦無美譽。〈小象〉說：「慎不害也」，「慎」就能無害，就不會惹禍上身，讓五爻覺得你沒有害。「乾」九四積極而有疑惑，「坤」六四消極而能無害。「小畜」錯「豫」是積極，雖有疑而「猶豫」不定，但也積極作好「防禦」的準備，以備攻守。「小畜」是消極，的迂迴，讓空間、彈性闊大，可攻可守，以被動而圖主動。

六四為近臣，深入決策，故要「慎密」。天機不可洩露，事機不密必危害自身。「小畜」以一陰居宰輔之位，位居要津，下有三陽進逼，上有二陽壓頂，處境亦是困難極了，但位居上下卦之間「多懼」之地處於槓桿的支點，有左右局面的能力。處境困難有如「頂著石臼作戲，喫力不討」，「豬八戒照鏡子，裡外不是人」，「順了婆心，逆了姑意」是「小媳婦」，也是「深閨怨婦」是在夾在上陽、下陽兩大勢力之中求生存，壓力大要「小心謹慎」，一切艱辛，只能「往肚子裡吞」。其中必是辛苦難為外人道。巽為風霜，乾為堅冰，真是「寒天飲冰水～冷暖自知」。

又六四居巽體為遜，下互兌為悅，皆是陰柔之性，上對九五要遜，對下乘緊逼的三陽還要和悅，好在六四得位，可以應付得來。上巽、下三四五爻互離成「家人」與二三四互兌，三四五互離成「睽」，家庭失和之象。六爻中六四一陰畜五陽，有一陰統五陽之象，陰為小，故曰「小畜」。「小畜」六四是陰，所以卦名說「小」，四是臣位所以說「小」，「小」也是要小心、細心，細微末節，不可疏忽，要「小心翼翼」、「侍候週到」，才可「慎不敗」。大局如兩大勢力，一上一下的緊逼，情勢緊繃，形成拉鋸，前景茫茫，稍有不慎就釀成大亂，所以卦辭說「密雲不雨」，如夏日午後雲氣積聚醞釀了一天，大雨將下不下的悶躁，讓人渾身

不自在，六四居此情勢之下，要謹守分寸，「括囊」而不採取激烈動作。「密雲不雨」，就是情事在醞釀之中。

畜 小篆 **𢇍** 小篆 **𦔻** 藝古文 **𡎳** 小篆 **藝** 隸書

畜，儲蓄也。從玄，從田。「田」字本義是田獵的圍場，在此引申為田獵所獲的獵獸；「玄」字乃絲系，引申為繫縛。畜字本義是將所獲之獸繫縛於田囿之中以豢養以積蓄之，以備不時之需。「小畜」即小有積蓄。無論田獵所畜，耕作所蓄都可言「畜」。

《歸藏》作《小毒畜》。《說文解字》：「毒，厚也。害人之艸，往往而生。」段玉裁注：「其生蕃多則其害尤厚。故字從中。」「毒」的本意是田中的毒草長的又多又快，故曰厚。下卦為乾，基礎厚實，田肥草厚之象。帛本作《少蓺》。蓺即藝，初文作「埶」，象人伸出雙手栽種草木之形。故本意是農藝。甲骨文、金文像農夫蹲著，手持苗，正在栽種。篆文左旁是陸之省，右旁是手持苗。陸是土地，苗將栽入。隸變後加草頭是古寫，此為農藝的藝。《玉篇》：「蓺，種樹也。」《左傳》昭公六年：「禁芻牧採樵，不入田，不樵樹，不采蓺，不抽屋，不強匄，誓曰，有犯命者，君子廢，小人降。」《註》：「蓺，種也。」《正義》：「不采蓺，不采所種之菜果。」可知此卦是以農耕種植為主，因收穫而有積蓄。但卦辭「密雲不雨」所以只「小畜」不「大畜」。「小畜」之所以「小」是因為從事農耕而有收穫積蓄，相較於「大畜」就是畜牧牛羊而積蓄更大。

聞一多先生認為：《說文》引魯〈郊禮〉云「畜」從「田」、從「茲」。《說文》：「茲，草木多益也」也是田中草木多之義。

《說文解字》：「畜，田畜也。」《說文解字注》：「畜，田畜也。田畜謂力田之蓄積也。貨殖列傳曰。富人爭奢侈。而任氏獨折節爲儉。力田畜。田畜人爭取賤賈。任氏獨取貴善。非田畜所出弗衣食。艸部曰。蓄、積也。畜與蓄義略同。畜從田。其源也。蓄從艸。其委也。」《淮南子》註言：「田之汙下黑土者，可畜牧也。」謂黑色土壤肥沃。密西西比河流域、烏克蘭、東北是世界三大黑土區，也是農產的糧倉。《孝經援神契》：「畜者，含容為義」富裕多而可為積蓄。

又「畜」有止的意思；《孟子》：「畜君何尤」。《註》：「畜，止

也」故「畜」有止、聚、養、包容的意思；是靜靜的等待，是沒有聲音的人，是靜悄悄的不動生色，是鴨子滑水不露痕跡。是從小處開始培養，如釀酒般慢慢、靜靜的等待情勢改變，力量漸漸發酵，在由被動成為主動。在一切未有成熟之前，要忍耐，包容，如囊一般能畜，有彈性，無立場。

「畜」者，蓄也，有積財、儲財之義。《說文解字》：「蓄，積蓄也。」《左傳》宣公四年杜注：「畜，養也。」《少藝》是種植農耕；「大畜」是蓄養禽獸，畜牧也。又「小畜」是天子之府庫，「大畜」是國家的府庫。《孝經援神契》：「畜者，含蓄為義。小畜即少府。帝王私藏也。」漢朝天子私庫稱為少府，國家天下之公庫稱為大司農。顏師古曰：「大司農供軍國之用，少府以養天子也。」《鹽鐵論・復古》：「古者，名山大澤不以封，為下之專利也，山海之利，廣澤之畜，天下之藏也，皆宜屬少府。」小畜、大畜或是古時財政官吏之名。大畜掌管天下財貨，小畜則是天子國君的私用。

四爻是近臣，五爻是天子，「小畜」是陰柔的近臣以陰柔之術奉承陽剛天子。有如德川家康等籠中鳥自鳴。是六四陰爻以「小而畜」之術與九五之尊相鬥爭，是「以小博大」也。蓋「力小勢弱，不宜貿然進取。」

上巽下乾「小畜」是風行天上，剛健且順。風行天上不及地，健且順但不知止，不止則所積畜不厚不廣，故曰「小畜」。「小畜」是以陰來畜，巽陰為小，乾陽為大，以小畜止大，有見不得人之象；是藏著、腋著，不讓人知道。是「私房錢」，是「貪汙」。

外表行為能順而內心剛健是其志向可行故「亨」。外在陰柔內心之志如乾剛，故必「亨」。上陰下陽相互交合，初與四應，故有亨通之象。

「小畜」之「亨」是小有所積畜，必有所亨。「亨」可以解釋為「亨通」，利於行而順利。「小畜」只能制止小過失，解決小問題，暫時達不到目的，但只要小下去終究可以達到目的。內健外巽，是不激不亢，暫時未必通，最後因健行而能亨通順利。

「密雲」，就是積雨雲、烏雲。

「密雲不雨」，是說情勢醞釀而緊繃，是風雨前的寧靜。眼見密雲集聚知大雨將下而未下，故下卦三爻皆有不前而返的意思。是情勢尚在醞釀之中。

「密雲不雨」，是雲雨不下，雨是恩澤，是在上者恩澤未施於下，是溝通不良。是欲哭無淚。

「密」是「括囊」，口風緊密。「密」是私密，不足為外人道。陽為剛，陰為柔，剛多柔少，是眾陽爭交一陰，故曰「密」。「密」是多，是小，是一個跟著一個，是嚴密。

「雨」是陰陽交合象徵，《大戴禮》曰：「天地之氣和則雨。」《元命包》：「陰陽和為雨」。是萬物生長之必須。「小畜」陰爻僅得一六四，陽多陰少，不能交合，只能成雲，不能成雨，所以說「密雲不雨」。

「密雲不雨」，是說隱忍不發，蓄勢待發。這四之位要不飛龍上天，要不墜入深淵，想要無災無害，非「慎密」不可。形勢緊繃，形成拉鉅，前景茫茫，如大雨將下前積雲滿天，鬱悶煩燥，是風雨前的寧靜。故曰「密雲不雨」。

上巽下乾，互為兌，為離。乾為西北，兌為正西，巽為東南，離為正南，卦由下往上升，是由西方往東吹。我國西方乾燥，由西飄來之雲不易為雨。故曰「自我西郊。」俗語：「雲往東，一場空；雲往西，馬濺泥。」《焦氏易林·否之家人》：「俱為天民，雲過吾西，風伯雨師，與我無恩。」又《詩·邶風·谷風》：「習習谷風，以陰以雨。」谷風，東風也。海洋吹來的雲飽含水氣所以「以陰以雨」。

「密雲不雨，自我西郊」，是烏鴉鴉的烏雲，遮住我西郊。雖然鬱悶難當，但終能雲消霧散，重見天日。上九「既雨」就是密雲終為雨而落下。

「小畜」雲而不雨，是雲氣積聚不廣，未能春風化雨，是上澤不能潤下，民不能受上澤之益，是君子之德不厚，不能移風易俗，影響力小。但卦辭說「亨」，是告戒大家「勿因善小而不為」。

乾天之上有巽風，風何以得見，因雲動得見。所以乾天之上巽風與坎水相類，此卦與「需」卦都有畜勢待發之象。但「小畜」勢費時較長久。

「密雲不雨，自我西郊」，就是說雲積而未下之意，但雲已密將待時而下。「需」卦是雲以成雨在天之上必下。「需」待之時短，「小畜」待時長，「大畜」是等待天命。

「小畜」風行天上，是風行之太高不能澤被於下民，有曲高寡和之象。「觀」風行於大地之上，萬物受其澤被，故曰「省方」。風行天上，將雲霧吹散，天氣為之清明。風吹雲散而雨止，故雨不下。

「小畜」以柔順拂剛，不易引起反彈與激烈反應，處事為人皆吉。此人個性溫文而有耐性，能畜容，乃領導人之特質。宰相肚大能撐船。

〈序卦傳〉：「比必有所畜，故受之以小畜。」「比」是親比，是比鄰而居，是比肩而坐，是私密的親比，其所聚之人是親私的故曰「小畜」，親私之聚必不廣故續之以「小畜」。

〈序卦傳〉：「比必有所畜，故受之以小畜。」「比」是親比，比必有人群，比之後之定有畜。「小畜」是靜養，是慢慢長大然後可養。所以「畜」也有等待之意。「需」是可以等待，短時間的等待。「畜」是長時間的培養，「小畜」畜者小時間較短，「大畜」者所畜者大，時間長。所以〈雜卦傳〉說「大畜時也」，「小畜寡也」，「需不進也」。「大畜」要待時而動，要依客觀條件來決定，自身主觀的作為影響小。

「小畜」互上離下兌為「睽」卦。「睽」是背離，是乖。是心與事違，要隱忍。

「小畜」以陰爻為主，陰故稱小，所以曰「寡」。又巽為寡。

「坤」六四言「括囊」，「小畜」之「小」就是六四之陰，「畜」就是「括囊」。小者，大小之小。小者，陰柔也。六四以一陰敵五陽，是以小博大，委曲求全，犧牲小我。故〈雜卦傳〉說：「小畜寡也」。

「小畜」言寡，是孤單之象，全卦一陰如「豫」卦一陽，皆處要津之地。巽為權，為權衡，是整個局勢的關鍵都壓在六四身上。

「寡」也是無夫之象。巽為長女，為主婦，主婦承擔家計，蓋無夫也。此女剋夫。

「小畜」無夫亦是小老婆、細姨，深閨怨婦。

「小畜」以一陰畜眾陽，《易經》以物稀為貴，「小畜」主爻是六四有「括囊」之德，故能「以小畜大」。「姤」一陰在下失位躁進，卦辭「女壯，勿用取女」非佳偶良配。

「小畜」上巽下乾，巽為寡，故曰「寡」。

又「小畜」是臣而「括囊」，是以小博大，資源有限，稍有不慎只得流亡，故「寡」。

六四是本卦之主，爻辭曰：「有孚，血去惕出，無咎。」〈小象〉曰：「有孚，惕出，上合志也。」

「血去惕出」，是六四的艱難犧牲是要流血的，要警惕再三的，但終有成果，所以「血」去了，「惕」也出了。「有孚」是要得到九五的信任，要謙遜，強調溝通，自可得道九五信任。所以〈小象〉說：「上合志也」，六四上承九五，陰遇陽而合。

「小畜」說「亨」就是能上承九五之故。就是〈彖傳〉所說的「尚往也」。「尚」就是上，就是承。但〈小象〉言「上」不言「尚」，蓋「尚」有巴結，高攀，尊崇之意。所以古時娶公主叫「尚」。

「小畜」有入贅之象。

「小畜」卦艱苦中充滿機會，都是因為這四的位子，「三多凶，四多懼」，懼而能「慎」故「不害」，如何「慎」？修身自省也，所以〈大象〉曰：「君子以懿文德」。當有了積蓄之後就更講究文化、文明。「懿」，美好也；「文德」，禮樂教化也。

「慎」是「真」「心」，六四承九五，又得位，是因忠誠而能得九五信任，故「不害」。徐鍇曰：「真心為慎，不鹵莽也。」當兩大勢立競爭時，六四「括囊」謹慎而沒有捲入風暴之中，終能雲消霧散。

上艮下乾「大畜」艮在外，是以陽居上故止而畜之，而「小畜」巽在外是二陽在外亦為畜。

艮為陽之畜，巽為陰之畜；艮畜之以陽剛，巽畜之以陰柔。艮為止故為畜，巽為入，亦為畜。艮為君子畜之以直，巽為長女，畜之以羈縻。

「畜」是積蓄，是富；「小畜」是小富由儉，點滴累積，不激不亢，非一蹴而成，過程長，激烈而不顯的鴨子滑水。「大畜」是大富由天。

「小畜」時間久長，是以空間換取時間，將戰線拉長，決戰時間往後拖，結果尚未分曉。

「畜」是畜牛羊以聚財，也可說是畜後代香火，「小畜」是童養媳，是為傳宗接代而畜。「豫」為豫樂，錯為「小畜」為「寡」，為鬱鬱寡歡，鬱悶不樂。

《史記·管晏列傳》：「管仲既任政齊相；其為政也，善因禍而為福，轉敗而為功。」《中國戰略思想史》的作者紐鍾先在書中稱讚管仲說「這也就是說他用的是彈性外交，態度絕不僵化，而且深知適可而止的道理。」並舉《左傳》中召陵之盟的故事加以論述。

「小畜」卦上巽，為以小博大，以小事大，以小畜大，就是要知權宜。巽風無形而無孔不入，散播各處而能調和萬物，有淺移默化之功，如鴨子游水，如「括囊」無聲無息卻囊括一切。

民間俗諺曰：「雲往東一場空」。所以說「不雨」，〈象傳〉曰：「施未行」。「施未行」，就是說雲密佈而雨未下，「乾」〈象傳〉：「雲行雨施」《春秋繁露·天道施》：「天道施，地道化，人道義」施者，降雨也。「施未行」就是「密雲不雨」。

「小畜」欺騙之象，應付、敷衍，有求不能得。

初九：復自道，何其咎？吉。
象曰：復自道，其義吉也。

初九與六四兩皆得位相應，所以初九本來是要去與六四相應的。

「復」，返也。〈雜卦傳〉：「復，反也。」反、返古今字。《說文解字》：「復，往來也。」又「复，行故道也。」复、復古今字。

「道」，直也。大道直，小徑曲折；是直直的道路。《爾雅·釋詁》：「道，直也。」《說文解字》：「道，所行道也。」《說文解字注》：「道，人所行也。」如《履》九二「履道坦坦」。

「復自道」，就是重返走過的大道路上。從爻辭語氣來看，是本來走在正途大道上，或因「密雲」將下雨，為避雨而抄小路，走捷徑但迷途而返大道。

初九陽剛本要上進，但「小畜」是「止而畜之」不要進，要止，故初九「復」而不進。又「小畜」九二「牽復」，九三「輿說輻」皆有不行之象。初九與六四卦主相應，前行遇陽而窒不通，受到畜止，只得回到本位，故曰「復自道」。初九循著走過的坦坦大道上返回家中，既平易又快速。

「何其咎」，就是有什麼咎？有何災害？「其」為語助詞，「何其咎」就是「何咎？」就是「無咎」，無有災害。既然返回大道正途，雖耽

誤了時間，但財貨並無損失，沒有災害。

「咎」也作「疾」，「何其咎」謂何以如此疾速？

密雲積聚大雨將下有如「需」卦雲已成雨都要止須而待，初九力弱，急忙折返回家以待後勢故「無咎」。

「義」，決斷、裁決也。《白虎通‧情性》：「義者，宜也，斷決得中也。」

此爻要不假思索，直而決斷，若復返而不動，初爻如「潛龍勿用」本不該動，但六四相應，動而復返故「無咎」而「吉」。

初九潛伏於下之位，是潛伏不顯也，力弱不強，無所作為，不折傷自我，故「無咎」，守本分在畜止的時候就是吉。與六四相應，得位相應，陽氣將來必長，故「吉」。

初九與六四應。六四在巽故順，合「小畜」「健於巽」之義，故其「義吉」。初九不要突出自己，乾卦健行，初九潛龍，安則吉。

小畜　巽

此爻變為上巽下巽之「巽」卦。

「巽」為風，只有風，無有雨；又巽為潛伏之意，初九「復」而不燥，潛而畜勢，謙讓不爭那獨獨的六四一陰，返歸本位。

「巽」上下皆木，是同類相親比，是不爭而為友。

初九如潛龍，不受六四的誘惑，能謹守潛龍本分，是完全自主，我行我素之人，無人可以動搖。

「乾」〈文言〉曰：「潛龍勿用，何謂也？子曰：龍德而隱者也。不易乎世，不成乎名，遯世無悶，不見是而無悶，樂則行之，憂則違之，確乎其不可拔，潛龍也。」

九二：牽復，吉。
象曰：牽復，在中，亦不自失也。

小篆

「牽」，引前，是被動的。牽牛之人必在牛前。是牽制，牽絆，牽連

之義。《說文解字》：「牽，引前也。从牛，象引牛之縻也。」《廣雅‧釋詁》：「牽，引也。」《釋言》：「牽，挽也。」「夬」九四：「牽羊悔亡」。「姤」初六〈小象〉：「柔道牽也」亦同。

「牽」字从「牛」，「小畜」是耕植農作，此爻「牽復」當是牽牛從田裡回家。「小畜」是「密雲」烏雲遮日，不宜耕種，牽牛回家，所以吉。也是情勢緊繃苗頭不對被拖回家中，故吉。

「牽」，也是速，《玉篇》：「牽，速也。」

「牽復」，被人牽引著速速返回來也，是被動地趕緊回復。與初九主動返回都是返回。

初九的「復」是「自復」，九二的「復」不是自覺自願的，是被動的、勉強的、受牽連的。九二上下皆陽，陽遇陽則窒，無法前進故「牽復」。

九二乘初九之剛，兩為朋比。初九為六四所止而復，九二失位居中受到初九牽連而復，這樣也「吉」。

「牽復」，是初九、九二為比鄰為友，一個牽連一個。初九自止，九二受初九牽連也止。

九二具有「見龍在田」之德欲往前進，中得牽引、牽絆而返，有點心不甘情不願，所處中之為，不超過還能聽勸，所以也吉。九三是「終日乾乾」的拼命三郎就沒這麼容易了。

「牽復」，是受牽連而復，或是被迫牽領而復，反正九二之復不是自覺而是受到外在影響而復。

「在中」是說九二居中，具「中」的美德，雖受初九牽連而能從善如流故吉。

「失」假借為「佚」。「不自失」，不敢安逸也。速回而不敢貪求安逸。初九得位吉，九二居中不自失。「比」〈小象〉六二：「不自失也」同。

九二在中，以陽爻居陰位是失位，無應，但居中，故吉。故仍不自失。「小畜」是眾陽爭合一陰之象，九二「牽復」，是受初九的牽制，要接近六四又有九三相隔，實在不易。從卦象來看，眾男合一女必有爭，但九二居中，守中，行中道，是一風度翩翩的紳士欲與六四合，下受初九牽

制，上有九三橫阻，且變為上巽下離之「家人」卦，因為以有家室。九二居中是倫理之象，不亂合也。「媾」是亂合。

☰☰ 小畜 ☰☰ 家人

「家人」是齊家之道，是貞靜自守，是嚴，家有妻管嚴，是家教嚴，是守誡。

初九自己管自己，九二雖不甘願也能管束自己。

九三：輿說輻，夫妻反目。
象曰：夫妻反目，不能正室也。

「輿」，車廂也。《後漢·輿服志》：「上古聖人觀轉蓬始為輪，輪行不可載，因物生智，復為之輿。」《韻會》《詩詁》曰：「軸之上加板以載物，軫、軾、轛、較之所附植，輿，其總名也。」輿本義為車，此處作車廂解。

「說」，假借為「脫」。古文說、悅、脫為同一字。借為挩。

「輻」，即輹，車輹也，束軸之物。古代車箱下面和軸相鉤連的木頭，用以止車之行。《左傳》僖公十五年：「車說其輹，火焚其旗。」晉朝杜預《注》：「輹，車下縛也。」唐朝孔穎達《正義》：「輹，車下伏兔也。今人謂之車屐，形如伏兔，以繩縛於軸，因名縛也。」

陸德明《經典釋文》：「輻，本亦作輹，音服。」馬云：「車下縛也」即縛住車軸之繩，脫落則車不能行駛。宋人項安世《周易玩辭》曰：「按，輻，車糠也。輹，車軸轉也。輻以利輪之轉，輹以利軸之轉。然輻無脫理，必輪破轂裂而後可脫。若輹，則有脫時，車不行則說之矣。」這有理，輻不容易脫，輹則容易脫。九三剛硬戮力前行必自損而止。

「輿說輻」，謂車廂與車底盤脫離，車不能行，駕車之人或為此受傷。

輹與軸相連繫為一體，夫妻也是一體，故以「脫輹」比喻夫妻不和，失其結合之紐帶。後為夫妻離異之稱也。清紀昀《閱微草堂筆記·姑妄聽之二》：「詳詞末二語，是殆思婦之作，遭脫輹之變者也。」

「輿說輻」與「夫妻反目」皆乖離之象。「小畜」互卦為「睽」，乖離也。「大壯」九四：「壯於大輿之輹」義同，但受傷程度不同。

「輿脫輹」，就是車輪脫離，不能前進，就是止，就是不能行。九三居乾體之極，乾為圜故為車輪，乾健行，其行速，故有脫輪失輹之危。

「輿」是車，車為利於行的工具，「輿說輻」是想前進而不能前進。

九三陽遇陰本通，但「小畜」本義為「止」，故「脫輻」不前。

九三以陽爻居陽位，得位卻是「終日乾乾」的拚命三郎，與六四相比近有陰陽相合夫妻之象。但六四乘九三，騎在九三頭上故「反目」而「不能正室」。《易經》陰陽相合、相諧為吉，「輿說輻，夫妻反目」是陰陽不合諧，這是凶辭。也是卦辭「密雲不雨」。

「室」，妻子；《禮記·曲禮上》：「三十曰壯，有室。」

「不能正室」，謂不能齊家，夫妻乖戾。

「反目」，翻臉，失和，怒目相視。《鬼谷子·抵巇》：「君臣相惑，土崩瓦解而相伐射，父子離散，乖亂反目，是謂萌牙巇罅。」《焦氏易林·小畜之同人》：「日走月步，趣不同舍；夫妻反目，主君失居。」

此爻車輪脫落，不能前進，夫妻翻臉，情勢乖張。也是情勢鬱悶緊繃。可以想像如大雨風暴將臨之前的風雨欲來。

二三四爻互為兌，〈說卦傳〉：「兌為毀折」，所以說九三有「輿說輻」不能前進之象。

九三過剛燥進，有違「小畜」止而積聚之義，故「輿說輻」。

初九自覺而「自復」，九二受初九牽連而「牽復」，九三過剛則硬幹而有「脫輻」之失。

「夫妻反目」，是內部之憂，家人失和。九三居乾卦之極終，乾代表理智，太過理智，以致無情。九三有得理不饒人，過剛之象，所以弄的「夫妻反目」。陰應該順陽，但六四乘在九三之上是逆陽故「夫妻反目」。是妻制其夫。

「夫妻反目」，是因受女管制，是男主人不能「齊家」故象曰「不能正室」，不能整正家室也。亦因此而往外奔，是不正於室；也是因為女主人不安於室之故。六四往上承於九五之故。

「小畜」一陽五陰，陰衰陽盛，是難配之象。又上巽為婦，下乾為夫，婦在夫上以陰在陽上故「夫妻反目」。萬裡挑一，是絕配之象。巽為

長女，乾為老夫，是老翁娶一久未出嫁的老女子，非正配，為填房也。六四乘九三之剛，是受制之象，所嫁非出於自願。

九三以剛居陽，個性躁進剛猛，處於乾卦，乾為金，是剛猛躁進又多金。六四不願嫁九三，心想嫁的是初九，可惜六四以柔居陰，個性柔弱只能順從。如此夫妻怎能安和，長此以往，只有「反目」。

「小畜」是「以陰畜陽」，「夫妻反目」是陰畜止不了陽，因為六四騎在拚命三郎頭上。三郎不能齊家正室故陰陽不合，這是凶象。

「大壯」九四：「壯于大輿之輹」，壯為戕，為傷。只言傷而未脫，是小傷車尚可行駛。故〈小象〉曰：「尚往也」。

☰☴小畜☴中孚

九三變為「中孚」。「中孚」兩兌口相對為商議、爭議。九三變為六三，卦成「中孚」卦，「中孚」「信也」，所以九三不能修六四，現況不能改變，只能成掛名夫妻，有名無實也。又「中孚」象失，是失信之意，故「反目」。

六四：有孚，血去惕出，無咎。
象曰：有孚，惕出，上合志也。

「孚」，是徵兆的意思，此謂卦兆。

卦由下往上升，「小畜」卦初、二、三皆陽，受制於六四之陰，六四為卦主，以陰爻居陰位是得位，有信心可以掌制團結三陽，故曰「有孚」。「坤」六四：「括囊」，「小畜」六四括制下卦三陽於囊中。一陰乘下三陽當有凶險，故曰「血」。

何以六四以一陰下乘三陽而有信心？

六四與初九相應，是得到初九的支持，又上承九五之尊，是得到君主的支持。九二居中，是中立。九三與上九敵應，得不到上九支持，燥進又孤掌難鳴，難成氣候。故六四能以陰掌制三陽。

「有孚」，是受罰，或受責難。

「孚」也作「痞」解。「有孚」，謂有病痞之徵兆，病徵明顯，就是生病了。

「血」假借為「恤」，憂也。「需」六四：「需於血」也是一陰下乘三陽之剛。

「惕」，是憂懼警惕，引申為止息。《說文解字》：「惕，敬也。」敬，警也。又《康熙字典》云：「怵惕也。憂也，懼也。」因為憂懼警惕小心而止息。四是多懼之位，故憂惕。六四近君之臣，以小包畜大，必憂惕，甚至受傷。

「血去」，是恤去，憂患消失。受傷的血流之後止住。

「惕出」，是警慎小心而能出。是受傷流血因而驚嚇警惕。《增韻》：「出，出入也」意謂採取行動。可見受傷不大。

「血去惕出」，是六四正因為有信心，又得他人之助，不畏三陽上侵，憂慮得解除，故「無咎」。

六四以陰為卦主，統畜眾陽，是以小畜大，以陰畜陽。

「血去惕出」，是先難後易。是緊繃的情況解除。是病兆消除。

又「血去惕出」，是古人放血治病的方法。「渙」上九：「血去逖出，無咎。」相同。「惕」同「瘍」，是狂疾之症。《漢書・王商史丹傳喜傳》顏師古注：「逖古惕字，憂也」怵惕也。憂也，懼也。《吳語》：「一曰惕。」《註》：「疾也。疾速之疾。」又「惕」同「瘍」，疾病也。《廣雅・釋詁》一：「瘍，病也。」《國語・吳語》：「員不忍稱疾辟易」。韋《注》：「辟易，狂疾。」此「易」即「瘍」，《韓非子・內儲說》下篇：「公惑易也」。「惑易」即「辟易」。意謂患此狂瘍之疾既恐懼又憂慮也。巽卦為進退不果，為躁卦。躁急不安亦狂疾之象也。「密雲不雨」之陰陽不合，鬱悶積煩疾躁，用於此則是淤血化膿之疾，故去除瘀血厚膿，病可以去除而安，或用的是古代針砭之術。《史記・扁鵲倉公列傳》記載扁鵲用針灸之法救虢國太子：「扁鵲乃使弟子子陽厲針砥石，以取外三陽五會。有間，太子蘇。」又《漢書・李廣蘇建傳》：「鑿地為坎，置熅火，覆武其上，蹈其背，以出血。」蹈或作搯，叩擊也。《說文解字》：「捃也。從手舀聲。《周書》曰：『師乃搯』搯者，拔兵刃以習擊刺。」《說文解字》：「蹈，踐也。從足舀聲。」

「血去」，是將手術後的稠膿血水清除乾淨。「惕出」，是病去人安。

「上」指九五、上九。

六四能掌制三陽，實賴上九、九五之支持，正是朝中無人莫作官的寫照。所以《中庸》有句話：「在下位不獲乎上，民不可得而治矣。」六四能以小畜大、以陰畜陽、以臣畜君，是因為得到九五之君的充分信任支持。若非則六四以強力畜九五，敵眾剛，則必受傷而功不成。所以六四之「有孚」也是得九五之信孚。

九三說的是「夫妻反目」因為九三有三女爭合所以反目。（二三四的兌，三四五的離，四五上的巽。）廣義的「夫妻」也可以泛指好朋友、夥伴等。

六四為卦主，與初九應，有不安於室之象。

作為九三的填房（非正應），但身處外卦，雖乘剛不利於己，但以陰居陰，得位為正，也是明媒正娶的太太。

以女為一家之柱，畜為財，是家業可以振興。

☰☰ 小畜 ☰☰ 乾

此爻變為「乾」卦，為一家之主。乾為金玉，為財。

高亨先生以為此爻「孚」讀為「浮」意思是罰。《小爾雅廣言》：「浮，罰也。」《書盤庚中》：「以不浮於天」。《禮記・投壺》：「若是者浮」。《晏子春秋・內篇雜下》：「請浮晏子，車軸縛也。」浮皆罰義。「有孚血去」，即受撻笞之罰而流血也。焦循曰：「惕，逷也。」《玉篇》：「逷，今作逖。」《說文解字》：「逖，遠也。」《左傳》襄公十四年：「豈敢離逷」。出作走解。意謂將受鞭笞之罰而流血，這是小災但非吉象，宜避免遠走可以無咎。即遠走避禍也。

九五：有孚攣如，富以其鄰。
象曰：有孚攣如，不獨富也。

「有孚」，不意受罰而傷，承六四爻之浮罰而言。

「攣」，係也，連也，引也。如馬之韁鑾，有連係牽引之意。

「攣如」，是結合緊密堅固，如馬之韁鑾。

「有孚攣如」，謂受傷牽車前行吃力受牽絆。

九五下據六四（陽在陰上為據）一陰一陽是上下相悅，是九五提攜六四，故曰「攣如」。

九五與六四相戀，故曰「攣如」。與九三「夫妻反目」大異其趣。

「富」，服也。《詩‧小雅‧我行其野》：「成不以富，亦祇以異。」意思是內在之心不誠，不服從，見異思遷也。巽為伏，為順，故為服。

「富」，福也，助佑也；福、富古通假；《說文解字》：「福，祐也。」《經典釋文》：「祐，本作佑。」《說文解字》：「佑，手口相助也。從又从口。」臣鉉等曰：「今俗別作佑」。

「以」，是及，是與，也有左右駕馭之意。「鼎」初六：「得妾以其子」之「以」也讀為「與」。

「鄰」，比鄰相連的鄰里，指六四。

「富以其鄰」，即「服以其鄰」，謂與比鄰相連，互相服順而不相干犯。是敦親睦鄰，是利己利人。亦謂得到鄰人的扶助。車脫輻難行，人受傷難牽牛拉車，如今有福得鄰人相助。

九五居中有誠，畜積孚信以至富，又寬待六四之鄰，六四以陰而虛心接受，故曰「服以其鄰」。凡作丈夫的善待妻子，作領袖的為團體謀福，都是「富以其鄰」。

「小畜」之積畜到九五已經成熟，積畜而施於眾，故「富及其鄰」而「不獨富也」。「屯」九五：「屯其膏，施未光也。」是恩澤不能施。「小畜」是小康所以可分享，「屯」是開墾荒地，自顧不暇，沒有餘力。

「不獨富也」，是鄰里大家皆服順。

六四承九五之剛健，是得九五之支持，所以六四本身雖溫柔寬厚，而能領導三陽，因九五本身資源豐厚，能滿足眾陽之需索，故曰「不獨富也」。

九五據六四，是六四之鄰，一陰一陽，有相交之象，是情投意合，相輔相承，所以說「攣如」。因為「攣如」大家福禍相依。俗語：「花花轎子人抬人」。坐轎子的想要坐穩必須要有抬轎之人，否則坐在上位者也惶惶難安，終有翻覆之日。

九五為乾陽，是多金之象，也樂於施助，所以六四也受其之助而富。

六四「有孚」、九五「有孚」是相互以誠信為義相呼應配合緊密之象，這也是能成「小畜」之功的關鍵。

「孚」，是孵，是腹中有子之意。

「攣」，是相連。九五、九四相攣如，君臣一心、夫妻同德所以成功。

「有孚攣如」，是雙包胎之象。

「孚」，是俘虜奴隸，「有孚攣如」，是拘繫著一連串的俘虜奴隸，古人奴僕就是財富。

「富以其鄰」，是農耕時節家家戶戶相互幫忙。富強還要藉助鄰里。

小畜 大畜

九五變為「大畜」卦。所畜者大也，需要大家一體連心。「大畜」要上位者止而不動，「小畜」則上位者巽入而納藏。「小畜」到此已成功，再畜就超過而將有凶。所以上爻曰「凶」。

上九：既雨既處，尚德載。婦貞厲。月幾望，君子征，凶。
象曰：既雨既處，德積載也。君子征，凶，有所疑也。

「既」，已也；已經發生了。《玉篇》：「既，已也。」或讀「即」。

「既雨」，是雨已降施。「乾」卦〈象傳〉：「雲行雨施」。施者，降雨也。

上九居「小畜」之終，是至此「小畜」卦的密雲不施已達頂點，窮則變，由「密雲不雨」變為「密雲布雨」、「雲行雨施」。

上九為陽，志向可行。

「處」，止也；《詩・召南・江有汜》：「其後也處」。《毛詩注疏》：「處，止也。」《廣韻》：「留也，息也，定也。」俞樾曰：「《說文・几部》：『処，止也，得几而止，從几，從夊』重文處，曰：『或從虍聲。』是處之本義為止，故《詩・江有汜》：『其後也處。』〈鳧鷖〉：『公尸來燕來處。』《毛傳》並曰：『處，止也。』既雨既處

者，既雨既止也。止謂雨止，猶言既雨既霽也。《說文・雨部》：『霽，雨止也』不曰既止，而曰既處，取於協韻耳。」

「既處」即止。與〈象傳〉「尚往」是相對的。

「既處」，是回到家中而止息。

「既雨既處」，謂既已下雨，又時而停止。不是滂沱大雨下個不停，這會成災。是雨下下停停，下的得時，又下到該下的地方。

「既雨既處」，是雨以降下而回到家中居止。「需」卦也是遇雨而止。「需」者濡也。謂雨下而濕。是該前行則前行，該停止則停止。巽為進退，故知進退。

「尚」，上也。

「德」，得也。德從心，是心得；得，從手，從貝，是獲得，都是得。

「載」同「哉」也。于省吾：「按載在才哉古通」「金文在字哉字多叚才為之」。

「尚德載」，當讀為「尚得哉」，意謂「既雨既處」天已下雨又下到對的地方，對的時間，故是天之大德。

「載」，聞一多作「菑」，鋤草耕田。

「尚得菑」，是雨既下尚得鋤草栽作耕田。初九不雨，不得耕作，到了上爻終於得雨，可以耕作。

「尚得載」，這一趟夫妻倆載車而行，以後依然要載所積蓄之貨出行販賣。

「婦」是六四。巽為長女，為婦。

「貞」，占問。

「婦貞厲」，婦人占問有「厲」，即有災。因為聚斂只進不出太小器了。者也與九三「夫妻反目」相對。

「婦貞厲」六四陰柔得位，長久畜止陽必厲。「小畜」以一陰畜五陽，長此以往是危險的，因為那有以臣制君，以小制大，以婦夫制，可以長久又相安無事的。

凡以情治性，遷就現實，而捨去理想，長久如此，必危險而生厲。以

德服人才能長久。

「幾」，近也，將近，幾乎。《韻會》：「將及也」。《爾雅·釋詁》：「近也」也作「既」，已也。

「望」是朔望之「望」，是旺，是滿月。《爾雅·釋天》：「望，月滿之名也。月大十六日，小十五日，日在東，月在西，遙相望也。」王國維《觀堂集林·生霸死霸考》：「既望，謂十五六日以後至二十二三日。」

農曆十五的月亮，是陰極盛，是「小畜」之極。陽極日「亢」陰滿則日「望」。月望滿圓則將復缺，故望為滿，為完成，完成即死亡。故「望」從「亡」，故「滿」是不吉之象。至今人過壽不過滿壽，多於九時稱滿，例如五十九歲時即稱六十大壽，以避免滿數。《說文解字》：「十，數之具也。……數生于一，成于十。」具，俱也，完備也。這也是一字有兩相反的意義。既滿而亡也。

「小畜」以陰畜陽，如月受陽光，「小畜」至上九是畜已滿，如月快到十五而全面承受陽光一般。

「月幾望」，是農曆十四、十五左右。月因日而有光，望為滿月，是陽極盛而將消，月將滿、已滿，陽氣已旺而將消，陰氣則將息長，故曰「君子征凶」。「中孚」六四：「月幾望，馬匹亡，無咎。」

「月幾望」是「小畜」之功已盛滿將成之時。凡事到最後之緊要關頭有如煉丹將成，此時皆要小心，因為滿、成就是終了，就要亡了。

「月幾望」，是以陰畜陽，陰之功將成，是合作的關係將要變成對抗的關係了。

「君子」，是上九為陽，故稱君子。

「君子」，與「婦人」相對，指男人。婦人也指小人。

「征」，動也，行也，大張旗鼓出行也。與「處」相對。

「載」之為滿，如月之「望」。「尚德載」與「月幾望」相對。謂月將十五，將滿月，月滿如陰盛，陰盛則如「坤」上六「龍戰于野，其血玄黃」將與陽戰，故「婦人厲」，「君子凶」皆不利。

「君子征凶」，是已至上九，陰積畜以滿，君子此時宜靜不宜動，妄

動出行必有凶險。

此爻陰太盛，小人會做出超越自己能力而越軌的行為，君子於此時攖小人之鋒芒也不利，要藏器隱鱗。

「有所疑也」者，凡事物不及，易生「嫌」，物過之，易生「疑」。所以「坤」上六〈文言〉曰：「陰疑於陽必戰」，要無嫌無疑，只有行中道，「小畜」上九有所疑，是上九有超過之象，不可再進。

上九有超過之象，不可再進。「乾」上九：「亢龍有悔」。

巽下斷，為伏，根基不穩，有被侵蝕之象，又「巽究為躁卦」。所以巽卦展到了上爻一急躁就忽略了根基已被掏空，故不吉的多，如上巽下巽的「巽」上六：「巽在床下，喪其資斧，貞凶。」「巽」九三：「頻巽，吝。」上巽下震的「益」上六：「莫益之，或繫之，立心勿恒，凶。」上巽下兌的「中孚」上六：「翰音登于天，貞凶。」上兌下巽「大過」九三：「棟橈，凶。」上震下巽「恆」九三：「不恒其德，或承之羞，貞吝。」

▤▤小畜▤▤需

上九變為上坎下乾之「需」。

「既雨既處」，是雨下的一陣一陣，要有所等待，有災難發生。上九雨施德行，是大顯神通，努力施為之時。「需」卦曰「光亨」，就是大顯神通。〈說卦傳〉：「巽其究也為躁卦」，月將望，巽究轉為躁，浮動不能自制。

此爻諸事不宜亂動，爻變為「需」，戒急用忍之卦，要忍住堅持到最後。

「小畜」所言為男女之間的婚姻狀況，易經中「征」與娶女有關。

「小畜」之巽在上卦，是已出嫁在外的已婚之婦，這上九之爻辭是說把已嫁之婦送去再婚。

此爻貪得無厭，婦人貞問則不利；將近月滿十五，男人出行有災。

「小畜」卦所言為夫妻之道。也可以占一場車禍，初爻「復自道」，是出門不遠，翻覆車於自己的道路上，但無大礙。二爻「牽復」，是已出門上路，受他車牽連而翻覆，是連環車禍。三爻「輿說輻」，車輪脫落或

爆胎。四爻「血去惕出」，有血光之災。五爻「有孚攣如」，是途中有手足相助。

　　上九是問出行之吉凶，會下雨。可見問出外，占到「小畜」卦是困難的。上卦巽為遜退，下卦乾為健行，上頭要停，下頭要走，又停又走，給卡住了。

　　「小畜」終究是小富由儉，小有積畜，可以「富以其鄰」，《史記·貨殖列傳》：「『倉廩實而知禮節，衣食足而知榮辱。』禮生於有而廢於無。」又《漢書·食貨志上》：「民三年耕，則餘一年之畜。衣食足而知榮辱，廉讓生而爭訟息」故「小畜」之後為《履》，〈序傳〉：「物畜然後有禮，故受之以履。」

第10籤 ䷉ 履卦 又名天澤履

履	：履虎尾，不咥人，亨，利貞。
彖曰	：履，柔履剛也。說而應乎乾，是以履虎尾，不咥人，亨。剛中正，履帝位而不疚，光明也。
象曰	：上天下澤，履；君子以辨上下，定民志。
序傳	：比者比也。比必有所畜，故受之以小畜。物畜然後有禮，故受之以履，履而泰，然後安，故受之以泰。
雜傳	：小畜寡也，履不處也。

履履 小篆

《易經》有九個憂患之卦，《履》是第一個。〈繫辭下〉：「易之興也，其於中古乎？作易者，其有憂患乎？是故履，德之基也；謙，德之柄也；復，德之本也；恒，德之固也；損，德之修也；益，德之裕也；困，德之辨也；井，德之地也；巽，德之制也。履和而至，謙尊而光，復小而辨於物，恒雜而不厭，損先難而後易，益長裕而不設，困窮而通，井居其所而遷，巽稱而隱。履以和行，謙以制禮，復以自知，恒以一德，損以遠害，益以興利，困以寡怨，井以辯義，巽以行權。」

「履」本義是鞋。《說文解字》：「履，足所依也。」《小爾雅・廣服》：「在足謂之履」。《釋名・釋姿容》：「履以足履之，因以名之也。」《小爾雅・廣服》：「在足謂之履」。《列子・黃帝》：「脫履戶外」「履」都是鞋的意思。在商周早期鞋是貴族們所有，到漢以後才為人人穿用的東西。「履」之本義為鞋，再引伸為實踐施行之意。《詩・大雅・生民》：「履帝武敏歆，攸介攸止，載震載夙。」毛傳：「履，踐也。」《論語・鄉黨》：「立不中門，行履不閾。」皇疏：「履，踐也。」皆履之引申之義。可見穿著鞋子的是貴族，也是慎重其事的表現，至今俗語「赤腳的不怕穿鞋的」也是以鞋區分階級身分。

至商周時文明已非常發達，禮節亦繁冗，腳上的鞋子也發展出多種品類，有履、屨、舄、屐、靴、鞜等。各有功能，「履」是單底的鞋。

《急就篇》顏注：「單底謂之履」多用絲製作，《方言》：「絲做者謂之履」是在正式場合穿著的，《釋名·釋衣服》：「履，禮也，飾足以為禮也。」是貴族穿著用的，庶民是不能穿絲製的「履」。「屨ㄐㄩˋ」字《說文解字》說：「屨，履也。」與「履」相同，只是稱呼不一樣，《廣韻·去聲·遇·屨》屨：「履屬方言，曰屨，自關而西謂之屨。」這是粗分，細分之還是有不一樣的，屨是用粗線編成的。《荀子·富國篇》說：「布衣紃屨之士」。楊注：「紃，絛也。謂編麻為之，粗繩之屨也。」「舄ㄒㄧˋ」則是有木底的履，用於走在泥地、濕地上。《周禮·屨人》鄭注：「復下曰舄，禪下曰屨。」《方言》卷四：「中有木者謂之復舄」。《釋名·釋衣服》：「復下曰舄。舄，臘也。行禮久立，地或泥濕，故復其下使乾臘也。」「屐」則似今日本木屐類似，用木頭作的，鞋底下有兩木齒。當然還是以絲製的「履」最為尊貴，用於正式場合與祭祀大典中，是貴族的服飾。

「履」是鞋，也稱足衣，是華夏衣冠中重要的服飾，而服飾也是用來分別地位尊卑的。《白虎通·衣裳》云：「聖人所以制衣服何？以為絺紘蔽形，表德勸善，別尊卑也。」《釋名·釋衣服》云：「履，禮也，飾足所以為禮也。」不僅是尊貴的絲製品其上還有美麗的裝飾。又《說文解字》云：「禮也，履也。所以事神致福也。從示從豊。」可知「履」除了是精美的絲製作也是貴族禮神祭祀時的服裝，但「禮也，履也。所以事神致福也。」透露出「履」也是「事神致福」的意思。這就不只是鞋的意思，應該當動詞解釋，引申為踐踏，實踐之意，《玉篇·履部》：「履，踐也。」《詩·小雅·小旻》：「戰戰兢兢，如臨深淵，如履薄冰。」又〈繫辭下〉：「履，德之基也」，是一個人的行為操守。

「履」是「禮」；篆文「履」字從尸，尸是古代祭祀的受祭者、或是主持祭祀的巫師，穿著一雙船形狀的鞋子，有儀式、祭祀、舞蹈、身份之意。所以，〈序卦傳〉說：「物畜然後有禮，故受之以履。」《爾雅·釋言》：「履，禮也。」《註》：「禮可以履行也」。《釋名》：「履，飾足以為禮也。」

甲骨文「舞」像一個人兩手揮動著牛尾翩翩起舞狀。《呂氏春秋·仲夏紀·古樂》云：「昔葛天氏之樂，三人摻(執)牛尾投足以歌八闋。」《禮記·樂記》：「比音而樂之，及干戚羽旄，謂之樂也。」可證古人之

所謂「樂」即舞蹈加上音樂。甲骨文也有作人的頭上頂著大「口」在歌唱，明顯的除了舞動之外還有音樂歌唱， 金文、籀文字形保留了「大（人）」形。「口」形、「手」形則模糊。同時加「彳」「止」或「足」意謂雙腳行動，表示在行進中舞蹈。 小篆再加上「舛」強調雙足配合雙手，配和著音樂舞蹈。隸變之後 人形、手形消失。保留了聲符，和相背的雙足「舛」。其實古代手稱舞，足稱蹈。所謂長袖善舞自是指手臂的部分，而且長袖是牛尾或長羽的延伸，即前文「干戚羽旄」。《詩大序》：「言之不足故嗟歎之，嗟歎之不足故詠歌之，詠歌之不足，不知手之、舞之；足之、蹈之也。」《孟子‧離婁上》：「足之蹈之、手之舞之。」舞蹈可以發抒人們內心的想法情緒。為何稱之為蹈？蹈者道也，雙足舞蹈有如人行之於道路，《說文解字》：「（蹈）踐也。从足舀聲。」《說文解字注》：「釋名。蹈、道也。以足踐之如道。」最後《廣雅》總結云：「蹈，履也。」《釋名‧釋衣服》云：「履，禮也，飾足所以為禮也。」《說文解字》云：「禮也，履也。所以事神致福也。从示从豊。」《玉篇‧履部》：「履，踐也。」《禮記‧樂記》：「比音而樂之，及干戚羽旄，謂之樂也。」古籍中言「樂」多指舞與樂。舞蹈最初就是祭祀行禮的儀式。

既然是「禮」就與祭祀拖不了干係；《說文解字》說：「禮，履也，所以事神致福也。」「事神致福」，是祭祀鬼神，舉行儀禮，祭神求福。

履既是禮，講的是人與人之間的關係與制度；在先秦周商階級分明之時，「禮」定尊卑，辯上下，是重要的社會規範。赤腳與穿鞋也標誌著身分地位，也是禮儀中重要的一環。

《釋名》：「履，飾足以為禮也。」《說文解字》：「禮，履也（跳舞），所以事神致福也。」徐灝《說文解字注箋》：「禮之言履，謂履而行之也。禮之名，起於事神。」古人禮樂合而不分，《白虎通‧德論‧禮樂》：「禮樂者，何謂也？禮之為言履也，可履踐而行樂者；樂也，君子樂得其道，小人樂得其欲。」

又《禮記‧表記》：「處其位而不履其事，則亂也。」《禮記‧曲禮上》：「夫禮者，所以定親疏，決嫌疑，別同異，明是非也。」此卦上

卦為乾天，古人禮多祭祀，既是祭天也是禮侍君王，所以能不慎重。《禮記·表記》：「處其位而不履其事，則亂也。」甚麼身分該執行甚麼禮節，是有一定的規範的。〈大象〉曰：「辨上下，定民志。」三四五爻互巽，巽為權衡為辨；巽為伏，為志。可見禮建立前是不「辨上下，定民志。」《呂氏春秋·恃君覽》上說：「昔太古常無君矣，其民聚生群處，知母不知父，無親戚兄弟夫婦男女之別與上下長幼之道。」

在上流貴族社會中，一般適用庶民的刑法不適用在貴族身上。《禮記·曲禮上》：「刑不上大夫」。孔穎達《正義》：「刑不上大夫者，制五刑三千之科條，不設大夫犯罪之目也。所以然者，大夫必用有德，若逆，設其刑，則是君不知賢也。」大夫的行為規範約束於「禮」不是「刑」。對大夫階層而言，禮就是法。秦以前就有刑法為墨、劓、刖、宮、大辟；秦、漢時為黥、劓、斬左右趾、梟首、菹其骨肉；《漢書·刑法志》：「今曰：『當三族者，皆先黥、劓、斬左右止、笞殺之，梟其首，菹其骨肉於市。其誹謗詈詛者，又先斷舌。故謂之具五刑。』」都是庶民之刑，大夫犯法則是自裁，流亡。

《履》卦強調實行、實踐。《白虎通·德論·禮樂》：「禮之為言履也，可履踐而行樂者。」禮之用處莫大於「辨上下、定尊卑」，上天下澤，乾最尊，澤最卑，尊卑判然，所以《履》是「小心伺候」。不然有亡命之危，《左傳》昭公二十五年「叔孫婼聘于宋，桐門右師見之。語，卑宋大夫而賤司城氏。昭子告其人曰：『右師其亡乎！君子貴其身，而後能及人，是以有禮。今夫子卑其大夫而賤其宗，是賤其身也，能有禮乎？無禮，必亡』。」

「禮」與「儀」不可分，但「禮」與「儀」還是有區別的。鄭玄《禮序》云：「禮者，體也，履也。統之於心曰體，踐而行之曰履。」基本上發自內心的為體、為禮，實踐於行為上的為儀。

《履》卦說的為實踐禮的行為是禮儀。乾天在上，為君，為父，為尊。兌澤在下，為少女，為巫祝，為卑。《履》上天下澤，象徵天高澤低，上下尊卑不可逾越。乾為君父，兌為少女，像柔弱少女跟在剛強的君父之後。兌為悅，乾為天，是和悅的稟行天命。《左傳》成公十三年：「國之大事，在祀與戎。」此兩者禮都不可少所以「行禮要小謹慎，不可有過錯。」失禮就會引發國與國之間的戰爭。春秋時晉國大夫郤克訪問

齊國時因為跛足而被齊國國君齊頃公母親訕笑而引發兩國之間著名的鞍之戰。《左傳》宣公十七年：「晉侯使郤克徵會于齊。齊頃公帷婦人使觀之。郤子登，婦人笑于房。獻子怒，出而誓曰：『所不此報，無能涉河！』。」《穀梁傳》：「季孫行父禿，晉郤克眇，衛孫良夫跛，曹公子手僂，同時而聘於齊。齊使禿者御禿者，使眇者御眇者，使跛者御跛者，使僂者御僂者。蕭同侄子處臺上而笑之。聞於客。」《史記·晉世家》：「使郤克於齊，齊頃公母從樓上觀而笑之。所以然者，郤克僂，而魯使蹇，衛使眇，故齊亦令人如之以導客。」《公羊傳》：「二大夫出，相與踦閭而語，移日然後相去。齊人皆曰：『患之起必自此始！』」

　　《履》為禮，禮錯則威儀、身分、儀仗、階級盡失，則身分、地位、利益皆受動搖，故不可錯失，所以《履》卦以「虎」為喻，誡之以謹慎。乾純陽為嚴肅，兌為秋，為毀折，為斧鉞，為威儀。乾為西北深秋，兌為正西，為初秋。上下兩卦都是肅殺之象，所以《履》卦是憂患肅殺之卦。

　　　甲骨文「履」字從（眉）頁，從人，從止。象一巨人其上頂著一隻大眼（象徵頭，即『頁』、『眉』　字初文），其下一左腳之形。

　　　金文「履　」字從「眉」或從「頁」從「止」，從「舟」，「頁」象凸顯頭部的人形。下加足趾，強調以腳踐踏之形。「舟」用來表示鞋子，古時的鞋子左右不分，像一艘船。全字象人穿着鞋子踏步而行，或是舞蹈。

　　　甲骨文「履」字還沒穿上鞋子，古代先民一開始無鞋，都是赤足。後來穿鞋保護腳，赤腳是身分卑賤的庶民奴隸，台語「赤腳仙」指的是無執照的蒙古大夫，還保留古代貶低之義。到了金文「履」字穿上了鞋，《爾雅·釋言》：「履，禮也。」《註》：「禮可以履行也」。《說文解字》：「禮，履也，所以事神致福也。」徐灝《說文解字注箋》：「禮之言履，謂履而行之也。禮之名，起於事神。」《釋名》：「履，飾足以為禮也。」穿鞋不但是保護腳，也是身分的象徵，穿著裝飾美麗的鞋也是尊敬他人的意思。夏商周三代之後貴族穿鞋更是禮儀的必備裝飾。古人席地而坐，而臥，所以進屋堂宗廟是要脫鞋的；《禮記·曲禮》：「侍坐於長者，履不上於堂。解履不敢當階」即脫鞋才可以進入廳堂。不僅是脫鞋連

襪子都要脫掉。赤腳是表示自己卑下順服，穿鞋可就是身分尊貴的主宰象徵，不然，嚴重到有殺身之禍。《左傳》哀公二十五年：「衛侯為靈台於藉圃，與諸大夫飲酒焉。褚師聲子襪而登席。公怒，辭曰：『臣有疾，異於人。若見之，君將之，是以不敢』公愈怒，大夫辭之，不可。褚師出，公戟其手，曰：『必斷而足』。」這個習俗一直到漢以後依然。《史記·蕭相國世家》：「乃令蕭何第一，賜帶劍履上殿，入朝不趨。」《後漢書·梁冀傳》：「冀入朝不趨，劍履上殿，謁贊不名。」穿鞋上殿與帶劍上朝等同齊觀，可見尊貴，也是至尊貴之禮。

履、屨都是鞋，但還是有區分的。《詩·魏風·葛屨》：「糾糾葛屨，可以履霜。」葛屨就是藤草編的鞋，履霜即腳踏於霜。履、屨兩者的區別在於，「屨」作名詞用，即鞋。「履」除了是鞋之外，還可以作動詞，意為踩踏、踐行。《釋名》：「履，禮也。飾足所以為禮也。屨，拘也，所以拘足也。」光腳赤足無以祭祀行禮，所以要穿鞋將腳足裝飾一下，約束以合乎禮。所以後來象徵禮的「履」所用的材料也不一樣；宋代高承《事物紀原.卷三》：「古者，草謂之屨，皮謂之履。」

到了古文「履」字寫作「覆」**覆**，從舟，從足，從頁。依然是一個尊貴的人穿這船型的鞋子行走或跳舞的意思。

小篆「履」字寫作「履」**履**，從尸，從彳，從舟，從夂ㄙㄨㄟ。將代表尊貴身分的「頁」改為「尸」，從彳是行字之省筆，會行走的意思。從舟依然是鞋，從夂則是反足 **A**，這是受了「舞」**舞**字的影響。「履」字是合四字為一的會意字。由「頁」轉變為「尸」，可不是由人首變為屍體，「尸」字甲骨文、金文象人屈膝坐下的樣子，本義是古人祭祀祖先時用活人替代祖先神明受祭，甚至享用祭品 **尸**籀文 **尸** 小篆訛變失去了「人」樣，但依然是「人」的意思。

現在人是對著「神主牌」（木主）祭祀，古人是對著替身「尸」祭拜。《儀禮·士虞禮》：「祝迎尸」。注：「尸，主也。孝子之祭，不見親之形象，心無所繫，立尸而主意焉。」《正尸祭》：「生象其死，窮其思也，尸象其生，極其敬也。」所謂「事死如事生，事亡如事存，孝之至

也。」此即「尸位素餐」也。「尸」身不是一般人可以替代，多是受祭者的親人充當；《禮記‧曲禮》：「孫可以為王父尸」。《儀禮‧特牲禮》鄭玄注：「尸，所祭者之孫也。祖之尸則主人乃宗子。」可見替身「尸」與是受祭者的親人。這樣的習俗一職延續到春秋時代，《公羊傳》宣公八年：「猶繹，萬入，去籥。」漢何休《注》：「祭必有尸者，節神也。禮，天子以卿為尸，諸侯以大夫為尸，卿大夫以下以孫為尸。夏立尸，殷坐尸，周旅酬六尸。」戰國後此俗就沒有了，《卜論》：「夫祭有尸，自虞夏商周不變，戰國蕩古法，祭無尸。」到了漢代隸書將篆文的「舟」和「止」連寫成「復」 漢隸。

《說文解字》：「履，足所依也。从尸从彳从夂，舟象履形。」將「履」解釋為像船形的鞋。又說「禮，履也，所以事神致福也。」徐灝《說文解字注箋》：「禮之言履，謂履而行之也。禮之名，起於事神。」《釋名》：「履，禮也，飾足以為禮也。」將「履」解釋為穿上華麗的鞋已進行祭祀。《廣韻》：「履，踐也，禄也，幸也，福也。」將「履」解釋步履踐踏，就是「履霜堅冰至。」「履虎尾」。總之「履」是地位尊貴的達官貴人，也是祭祀之禮儀舞蹈，也是華麗的鞋子，也是行步踐踏之義。

「尸」也是「屍」。《說文解字》：「尸，終主也。」《禮記‧曲禮》：「（人死）在床曰屍，在棺曰柩。」

「復」則是招魂之禮。《禮‧檀弓》：「復，盡愛之道。」註：「復謂招魂，庶幾其精氣之反。」

故《履》是君父之死，祭拜亡魂之禮。《履》是死而復生，借屍還魂。「復」卦云：「七日來復」至今猶言「頭七」日，亡魂復歸。《履》卦有喪父之象。

籀文

金文、籀文中的虎字就像一隻張口兇猛的老虎。

「虎」是凶猛嚴厲之象；兌為秋，為西方，為白虎。《說文解字》：「虎，山獸之君。」老虎是國君的代稱，俗語說「伴君如伴虎」。又《警世通言‧卷十三‧三現身包龍圖斷冤》：「白虎臨身日，臨身必有災。」

「白虎星」是凶星。

「尾」，細微之物；《說文解字》：「微也。从到毛在尸後。古人或飾系尾，西南夷亦無然。」

尾是動物最敏感部位，踩到必定會引起突然激烈的反應。

「尾」生在動物的細微後末之端。如尾隨。很多動物也用它攻擊的武器如掃到颱風尾。也用來儲存脂肪如蜥蜴；原本亦為末節的小東西也可能造成威脅而欺主《左傳》昭公十一年：「所謂末大必折，尾大不掉，君所知也。」

「尾巴」也是「小辮子」。

「虎尾」，既敏感又危險。

「履虎尾」，身臨險境之象，行禮時要有戰戰兢兢之心，一步也錯不得；錯，可能有如兇猛的老虎反噬的凶險。

「履虎尾」，是說踩到老虎尾巴，是身蹈嚴厲危險的狀況。王弼《注》：「履虎尾者，言其危也。」

「履虎尾」，是緊隨老虎尾巴之後，不要出頭在先，不然有被咥噬之禍。

「履虎尾」，是警戒之語，要人小心謹慎。《群書治要・發蒙》：「孔子曰：『臨事而懼，希不濟。《易》曰：『若履虎尾，終之吉』，若羣臣之眾皆戒慎恐懼，若履虎尾，則何不濟之有乎。』」真是如履薄冰。明李贄《史閣敘述》：「履虎尾者必使不至于咥人而后亨，而世實未有履虎尾而不咥者。」《語本書經・君牙》：「心之憂危，若蹈虎尾，涉于春冰。」

「咥ㄉㄧㄝˊ」為齧，《廣雅疏證・釋詁》：「咥，齧也。」《玉篇》：「齧也」。

「咥人」就是咬人，「履虎尾，不咥人。」是祭祀時祭師披著虎皮舞蹈，與祭者跟著祭師的舞步亦步亦趨，如跟著老虎尾巴走，故老虎不咬人。

「履虎尾，不咥人」，身臨險境，雖險而不凶。恪守禮節可以化險為夷。虎為大人之象，謹守禮儀隨著大人之後小心翼翼，這是部屬跟著嚴君

之象。老二哲學？

「禮」字从「豐」，豐是祭器，《六書正譌》：「豐，即古禮字。禮重於祭，故加示以別之。」

又履為鞋，漢以前庶民無鞋，鞋者貴者的象徵；又《履》卦所言為禮，古之禮有用舞蹈以獻鬼神，愉鬼神，這是履為禮，為事神，為舞，為求神賜福都是一貫的同一件事。所以履即舞履，就是舞步。祭祀當少不了舞蹈，例如至今祭孔還有八佾舞。《說文解字》：「舞，樂也。用足相背，从舛。」至今「禮樂」同辭連用，又「樂」多用以舞蹈。《履》就是「舞」。「足相背」是形容舞姿，像似今日泰國的舞者的舞姿。

小篆

小篆的「舞」字下部有方向相反的二「止」，正是《說文解字》所言「用足相背」之象。《禮記・樂記》：「比音而樂之，及干戚羽旄，謂之樂也。」古言「樂」多指舞。手舞曰舞，足舞曰蹈，手舞足蹈即「履」。履之舞蹈還有一層意義，《詩大序》：「言之不足故嗟歎之，嗟歎之不足故詠歌之，詠歌之不足，不知手之舞之足之蹈之也。」先秦上古時代音樂與舞蹈在重大集會及禮儀中是主要的活動，要手舞足蹈才能完全表達對神的敬意與祈福之事，此即「禮樂」也。

如《詩・大雅・生民》：

厥初生民，時維姜嫄。生民如何？克禋克祀，以弗無子。
履帝武敏歆，攸介攸止，載震載夙，載生載育，時維后稷。

這是周朝的始祖姜嫄姑娘在祭祀中祈求生子時與扮演為天帝的尸，即乩童或曰巫祝，一同跳舞；姜小姐跟在其後，亦步亦趨，翩翩共舞，隨著踐蹋天帝的腳舞步而心情喜悅興奮，於是居舍休息（閟宮），震妊而孕，足月之後生一子為后稷的史詩。《毛詩注疏》：「去無子，求有子，古者必立郊禖焉。玄鳥至之日，以大牢祠于郊禖，……祀郊禖之時，時則有大神之跡，姜嫄履之，足不能滿。履其拇指之處，心體歆歆然。其左右所止住，如有人道感己者也。于是遂有身，而肅戒不復御。后則生子而養長之，名曰棄。舜臣堯而舉之，是為后稷。」這當是母系社會知母不知父的時代，所以《史記・周本紀》裡記載這個故事，就說：「姜嫄出野，見巨

人跡，心忻然悅，欲踐之，踐之而身動，如孕者。」把《詩經》裡的故事用文雅的講法給遮掩了過去。參看聞一多《姜嫄履大人跡考》。

《履》就是跳舞，這為求子之祭祀之舞必定激烈而淫蕩，向天帝求子，以尸代行其事，所以《履》是借屍還魂，是死而復生，是代理，這與「謙」卦言兼攝、兼代是相同的。所不同的是，一是人事，一是神鬼之事。為人要「謙」，行事要《履》。「謙」曰「亨，君子有終。」《履》曰「履虎尾，不咥人，亨，利貞。」兩卦一受人責難故以謙自牧而避難，終能亨。一只做不說，逆來順受和悅行事，終能度危轉安而亨。這兩卦用之於君子則不顯其陰險深沉，用於小人則陰鷙難測，故一曰「君子」，一曰「利貞」，要合於正道才行。

「亨」，是祭享、祭祀的意思。

「利貞」，利於出行。筮問得利。

若是真的踩踏老虎尾巴而不被反噬，情境更危，幸運更大。

「不咥人」，是化險為夷，為安。是處危境而能小心謹慎處理。所以《履》卦強調行事作法、技巧，儀多於體，在老虎後面又踩著虎尾，作法不小心不可。

《履》卦能化險為夷，在於處理得宜在後不在先，〈象傳〉：「柔履剛，說而應乎乾。」就是說《履》之道。以少女柔卑之道小心翼翼與乾虎相處。

《履》與「小畜」一樣，壓力大，吃力不討好。六三以柔居行眾剛之中。下乘二陽之剛，以阻其進；上承三陽，是躡手躡腳在三陽之後。以一柔履於兩陽剛之間，怎不危厲。「含章可貞」有苦說不出。

「柔履剛」，乾陽之剛健如虎似龍，情勢嚴厲而其變化難測，只有兌之柔才能履此剛，雖以兌之至柔履之亦須謹慎小心，一步也錯不得，真是伴君如伴虎。「柔履剛」，是行兌之道。兌卦外一陰內二陽，故兌之道乃外順而內剛。

〈繫辭〉云：「三多凶，四多懼。」六三又失位，非得謹慎行事，守禮不逾越分際，又俱執行能力，要如「坤」六三「含章可貞，或從王事，無成有終」才能「亨」。六三是一個勤勉努力，安分知禮，謹守分際，只做不說，是駑馬十駕功在不捨的，所以雖處危厲之境亦能亨通致福。

兌為巫祝，是祭享執行者；乾為天，為祖宗；《說文解字》說：「禮，履也，所以事神致福也。」要能事神才能致福，《履》卦祭祀能通神，故「亨」。《履》如「事神致福」般小心翼翼。

「坤」六三〈小象〉：「含章可貞，以時發也；或從王事，知光大也。」努力小心的去做，現在雖「含章可貞」，是因為時候未到，時到必發達，故曰「以時發也」。以此之性格從事，最後必能「光大」。《履》主爻為六三，有如「含章可貞」的競業小心。

《履》錯為「謙」卦，謙卑自牧，謹守分寸。「小畜」以一陰居四多懼之位，力敵五陽而「密雲不雨」就是情勢緊繃，是以小博大，如「坤」六四：「括囊」。是積畜實力，也是隱忍，待時機成熟，就能「或躍」升天。「小畜」相錯為「豫」，雖是和樂，更重預防，強調憂患意識。

《履》之「利貞」是要堅持到底，處於危厲之境而無耐性必死不疑。「謙」是一母領三子，坤為母，震，艮，坎為三子。《履》是一父領三女，乾為父，巽，兌，離為三女。「謙」是母兼父職，有母無父。《履》是父兼母職，有父無母。男少女多，陰多則易生亂，故以禮約束之，古之禮有如今之法。

〈序傳〉：「物畜然後有禮，故受之以履。」「小畜」是小富由儉，小有積畜，可以「富以其鄰」，再來就是文明進化到禮節、禮儀制度；《史記‧貨殖列傳》：「『倉廩實而知禮節，衣食足而知榮辱。』禮生於有而廢於無。」又《漢書‧食貨志上》：「民三年耕，則餘一年之畜。衣食足而知榮辱，廉讓生而爭訟息。」以禮定尊卑則上安下治，故《履》之後為「泰」。

《史記》自序中太史公司馬遷曰：「故《春秋》者，禮義之大宗也。夫禮禁未然之前，法施已然之後；法之所為用者易見，而禮之所為禁者難知。」禮用以教化人在先，消除惡於未萌之前。法則是補禮的不足，禁之於惡已成之後。禮法二者，相輔相成。

〈雜卦傳〉說：「履，不處也。」「處」，止也；《詩‧召南‧江有汜》：「其後也處」。《毛詩注疏》：「處，止也。」《廣韻》：「留也，息也，定也。」

「不處」者，禮發於內，行於外，要施行作為才能將內心的想法發之

於外。

　　《履》是在危難之中，要積極謹慎地小心翼翼去做，故「不處」。《履》是禮，古之禮如法，「不處」是要行法，不可以姑息徇私。「處」者，停也，止也。「不處」者，前進不停，努力施為。此地不可久留。「處」者，定也，常也。「不處」者，就是無常。互「睽」為乖，為背離，為無常。

　　《履》是禮，是規範，但不能盡所有之規範，該知權變時要能權宜知變。巽為權。古者禮就是法，法不能盡天下之規範，所以，無有規範之時要知權變。權者離經不叛道也。魯哀公十一年齊師發魯，公叔禺人與鄰童汪錡皆戰死於郎，《禮·檀弓》下：「魯人欲勿殤童汪錡，問於仲尼。仲尼曰『能執干戈以衛社稷，雖欲勿殤也。不亦可乎！』」

　　本來「殤」是未成年而死的喪禮，「勿殤」就是不以殤禮而以成年禮喪汪錡，此後凡殉國者均稱「國殤」，這就是典故的來源。《周禮諡法篇》：「未室短折曰殤」。

　　《履》卦三女相處舌多口雜，故不能相處。「不處」者，非處女也。「小畜」為寡則獨處，反之為《履》則「不處」。

　　「不處」就是「終日乾乾夕惕若」，做個不停。

　　《履》就是招鬼神之魂魄依附於尸之上，以行祭祀之禮。

　　〈彖傳〉曰：「履，柔履剛也。說而應乎乾……履帝位而不疚，光明也。」即是以祭祀舞蹈祈求上帝而獲得神示回應。

　　《履》者禮也；商湯名為履，根據《四庫全書·明疑》：「商王成湯名天乙，一云字湯，一云諡湯，一云名履，字天乙，商人謂之武王，《詩》云：『武王載斾』；《毛傳》云：『武王湯也』。」

　　君子之謙、履皆發之於心中，施之於行為，小人雖施之於行為，而內心之陰險難測。《履》之反為「小畜」。《履》之錯為「謙」，「謙」是兼，是讒，身兼數職，有佔著茅坑不拉屎之象，故受人責難中傷。《履》是借屍還魂，不要牆出頭，當副手，退居幕後就好。

　　《履》有假借神鬼之意，是挾天子以令諸侯。《履》為禮，為貴族社會行為之規範，所以是得體。

☰☱ 履 ☴☰ 小畜

《履》是「辨」，〈大象〉曰：「君子以辨上下，定民志。」為分辨上下尊卑，以安定民心；禮是分辨社會地位的表徵。「辨」是分，是判，是治。也辨陰陽。祭祀者為陽，受祭者為陰。

《漢書‧貨殖傳》說：「昔先王之制，自天子公侯卿大夫士至于皁隸抱關擊柝者，其爵祿奉養宮室車服棺槨祭祀死生之制各有差品，小不得僭大，賤不得踰貴。夫然，故上下序而民志定。」是相同的意思。

「同人」也是「辨」，「同人」〈大象〉：「君子以類族辨物。」是辨別門派、敵我。

「小畜」六四主爻當「括囊」之位，是畜養品德之象，當品德畜養好後，行為自然合於禮。「小畜」是畜財，有財可養生，生活不成問題後，才能治禮作樂。所以「小畜」之後為「履」。

此卦一腳踩到老虎尾巴，有如騎虎之勢，肯定是凶厲的，到底「不咥人，亨」還是「咥人，凶」全在於抓的住抓不住「機」。

《履》是身入險境的憂患之卦。所以求神以致福的祭祀之禮，禮也是分別貴族庶民的界線。

此卦是情勢危急，要戰戰兢兢，如臨深淵，如履薄冰，才能化險為夷。守本分，守倫理，守禮知節。要實踐，要動，不可原地踢步，要勇於任事。已非處女。眼前困難，耐心等待，勿進，退守吉。病情危厄，可以康復。

初九：素履，往無咎。
象曰：素履之往，獨行願也。

「素」，是樸素，本色，本來面目未加巧飾；特立獨行，我行我素。《禮‧雜記》：「純以素」。《註》：「素，生帛也。」即未經漂煮加工的絲織品。《演繁露‧漢地理志注》：「今人夏月以生帛為屬。」可知生帛可以做鞋履。

「素」，細分之則是白色粗絲之布料，樸素無飾，是布衣之象；初爻為庶民故為布衣。《釋名》：「素，樸素也。已織則供用，不復加巧飾也。」《說文解字》說：「素，白緻繒也。」也是此意。《呂氏春秋‧離

俗》：「齊莊公之時，有士曰賓卑聚，夢有壯子，白縞之冠，丹績之袧，東布之衣，新素履，墨劍室，從而叱之，唾其面，惕然而寤，徒夢也。」以「布衣」、「素履」相連用。

初九得位，如「乾」卦初九：「潛龍」之「勿用」。初九又無應，故安於自己的志向。

得位無應，安分守己之端正象，故曰「素」。唐杜牧〈杜秋娘〉詩：「寒衣一匹素，夜借鄰人機。」《淮南子・本經訓》：「其心愉而不偽，其事素而不飾。」高誘《注》：「素，樸也。」都是以「素履」為布衣、樸素之意。

初九是庶民「素履」當是下階層庶民之禮，即風俗、民歌。但是在古時之「禮」也多指貴族之禮。「素履」也可以解釋為遇凶喪之禮，故服裝不佳修飾而樸實。

聞一多說：「素為絲，素履即絲履。」《周禮・天官・履人》：「掌王及后之服屨，為赤舄、黑舄，赤繶、黃繶、青句，素屨、葛屨。」注：「素屨，絲履。」賈公彥《疏》：「素屨者，大祥時所服，去飾也。」無采飾的鞋子。古代居喪兩年後所穿。白色單底之鞋。其飾黑絇、繶、純。王及后平時燕居所服。若遇凶事（大祥），則去飾。故鄭玄注：「素屨者，非純吉，有凶去飾者。」絇，鞋頭之飾；繶，鞋面鞋底間之嵌條；純，鞋口滾邊。「素履」則是樸素沒有文采裝飾得絲鞋，是凶服。

又「素」，心之所向，志向也。《漢書・鄒陽傳》：「見情素」嚴師古注：「見，顯示之也。素謂心所向也。」〈大象〉曰：「辨上下，定民志。」可見《履》禮也，可以看出一個人的心中志向。

「履」是禮，是舞蹈。初九是平民之禮。初九是禮之初，樸實不講究繁文縟節；初九得位，是本來面目、本分行事，如《禮記・曲禮上》：「禮不下庶人，刑不上大夫。」

「履」，也是鞋，「素履」則是居喪所穿之鞋。《履》有喪父之義。

「履」，也是實踐，禮要以誠實無華的實踐為主，所以要「往無咎」。

「往」，就是行動，就是要去做，去實踐。

「素履」帛書作「錯履」，《祭義》：「不錯則隨」。《註》：

「錯，鴈行也。父黨隨行，兄黨鴈行。」語出《孔子家語》：「其行也肩而不並，不敢與長者並肩也不錯則隨，錯鴈行父黨隨行兄黨鴈行也。」鄭玄注：「錯，鴈行也。」孔穎達疏：「不錯則隨者，若兄黨為鴈行之差錯，是父黨則隨從而為行。」意謂安分恭敬守禮。《禮記・中庸》：「君子素其位而行，不願乎其外。」這段文即出自於此爻。素位，謂現在所處之地位。

「素履往」，就是步履錯然的前往，安分謹守，誠心敬意的禮儀規範，無有災害。

「素履往」，初爻是是無官一身輕的平民，是一品老百姓，安於本分，不受外物誘惑。故往而無咎。故〈小象〉曰：「獨行願也」。

初九得位，又居兌之下；兌為悅，是自己愉悅的，是怡然自得的、謙卑的居自己本分之位，所以「無咎」，無有災害。

「獨」，是單獨，僅僅也。初九影響力小只能安分守己，故曰「獨」。

「獨行願也」，是說只為了實踐本身所應承擔的志願，不在乎外在議論，是「獨立不懼」。

「獨行願也」如「乾」初九〈文言〉所說：「龍德而隱者也。不易乎世，不成乎名，遯世無悶。」

《履》者禮也，行禮祭神之舞蹈，「素履往，無咎」，步伐沒有錯亂，前往吧，無有災害。

《履》講的是實踐，安分守己，樸實無華，才能真心誠意更勝禮儀程序。

「素履」即是絲履，所行之路必平易不艱難，故「往無咎」。

䷅ 履䷅訟

初九變為「訟」卦。「訟」卦「不利涉大川」但初九得位，安分守己，樸實無華，雖特立獨行，不與人爭，合於禮節故能「往，無咎」，危而無咎也。

初九得位故「無咎」，失位必「有咎」。因為失位卦為「訟」。

九二：履道坦坦，幽人貞吉。
象曰：幽人貞吉，中不自亂也。

初、二之位，在三才中為「地」，二為地面。如「乾」九二「見龍在田」，故《履》九二曰：「履道坦坦」。

「履道」，是踐行於道路，實踐禮儀之步伐。《說文解字》：「道，所行道也。」《爾雅·釋宮》：「一達謂之道路」。

「坦坦」，《廣雅·釋訓》：「坦坦，平也。」即今日稱為堂堂、蕩蕩，坦坦蕩蕩，誠信之謂，胸中坦蕩，平坦大道，無有險難。

「履道坦坦」，是大道平易，言必誠信，行必遂果，無有險難。《管子·樞言》：「坦坦之利不以功，坦坦之備不為用。」九二失位無應，但位中而行中道，且前遇陰而通，所以行道能「坦坦」。《焦氏易林·離之師》：「漏巵盛酒，無以養老，春貸黍稷，年歲實有，履道坦坦，平安何咎？」也以「履道坦坦」為吉詞。二、三爻為半震，震為大道，為動，故曰「履道坦坦」。

「幽人」有兩解，一是獄中之人；《正韻》：「幽，囚也。」《荀子·王霸》：「公侯失禮則幽」。楊倞注：「幽，囚也。」《呂氏春秋·驕恣》：「欒書中行偃，劫而幽之。」《左傳》襄公十七年：「遂幽其妻」。《荀子·王霸篇》：「公侯失禮則幽」。楊注：「幽，囚也。」《呂氏春秋·驕恣篇》：「於是屬公遊于匠麗氏，欒書、中行偃劫而幽之，諸侯莫之救，百姓莫之哀，三月而殺之。」高注：「幽，囚也。」《韓非子·喻老》：「主父萬乘之主，而以身輕於天下，是以生幽而死。」《淮南子·人間》：「明年出遊匠驪氏欒書、中行偃劫而幽之。」《焦氏易林·歸妹之兌》：「延頸望酒，不入我口。深目自苦，利得無有，幽人悅喜。」又《剝之剝》：「行觸大諱，與司命忤。執囚束縛，拘制於吏，幽人有喜。」皆以「幽人」為囚徒。一是隱士；《說文解字》：「幽，隱也。」孔穎達《疏》：「幽人貞吉者，既無險難，故在幽隱之人守正得吉。」《後漢書·逸民傳序》：「光武側席幽人，求之若不及。」是指隱居與被囚而無能有作為的人。

九二以陽居陰，上有六三之陰蒙蔽，又與五爻無應，有如君子不得其位，為小人所壓抑。宜幽隱而靜守，低調不顯，故曰「幽人」。震居東，

為旦；兌居西，為秋，故為闇，為幽。

「貞」，占問也，又為正，為征。

「貞吉」，占問出征、出行吉。囚人脫險之象。

九二以陽剛之體居中，行為不逾矩，故「履道坦坦」，不懼被小人之掩蔽，所以說「貞吉」。

幽隱之人、幽居於牢之人皆如「履道坦坦」。前景道路平夷無險而吉。如周文王囚於羑里而終得釋。

此爻利於囚犯。

九二以陽剛居中，是內心堅定，「君子坦蕩蕩」。故曰「中不自亂」。

九二而能堅定自己之意志，不逾越規矩，雖處危難之境，而能吉。

為何九二處危境？九二失位無應，居下兌，為斧鉞，為毀決，為口舌，處《履》卦，是行禮有錯（失位），有口舌之爭，有訟獄之象。

《易經》兌上缺常和牢獄有關；如上兌下震「隨」上六：「拘繫之」是被拘之象。上巽下兌「中孚」〈大象〉：「君子以議獄緩死」。上震下兌「歸妹」九二：「利幽人之貞」《履》九二「幽人貞吉」都有被拘之象。要隱，也隱到監獄之中，尚可保身。

九二以陽居中是忠心耿耿之象，但九五也在中無應，六三小人居二之上，成兌卦，是受小人讒言而阻於五，於是被囚。但九二成處之泰然。

☰☱履 ☴☰ 无妄

九二變為「无妄」卦，可知被囚之人遭無妄之災。

六三：眇而視，跛而履。履虎尾，咥人凶。武人為于大君。
象曰：眇而視，不足以有明也；跛而履，不足以與行也；咥人凶，位不當也；武人為于大君，志剛也。

「眇」，從字面上看是少一目，是瞎了一隻眼，引申為眼盲。但盲就不能視。又《釋名・釋疾病》：「眇，目匡陷急曰眇。眇，小也。」此爻「眇而視」當為瞇著眼睛看，字面上是少一目，半瞎半盲，所以視不明，看不全。或是一眼大，一眼小。《正韻》：「眇，偏盲也。」《淮南子・

說山訓》：「小馬大目，不可謂大馬；大馬之目眇，可謂之眇馬。」《正字通》：「目偏小不盲亦曰眇」。故當為瞇著眼睛，看似小眼。而視之不明如盲瞎之人。《經典釋文》：「眇，《字書》云：『盲也』。」離為目，兌為幽，故曰「眇」。

「跛」，是一足瘸。《篇海》：「跛，足偏廢。」

「而」者，能也。

「履」者，步行也。

「眇而視，跛而履」者，眼盲而能視，跛足而能行也。意謂無有其能力而能行其事，以致自陷險境。

六三以陰爻居陽位，既失位又不中不正，又以柔乘初九、九二之剛，有才弱志剛，志大才疏之象。而且六三以陰乘陽，以陰居陽，是失禮之象，雖然「眇而視，跛而履。」還是要實行，並要做為「大君」，所孔穎達《疏》說：「頑之甚也。」

「眇而視，跛而履」是「睜著眼睛說瞎話」，是「瞎子摸象」。

「眇而視，跛而履」，是自我能力不足，自不量力的躁動之象。

「眇而視，跛而履」，是視而不能見，跛而不能行，明知不可為而為，沒有能力而強為，是逞強，自不量力。

「眇而視，跛而履」，是有殘缺而行禮儀不順，而觸犯禮儀。《穀梁傳》成公元年：「季孫行父禿，晉郤克眇，衛孫良父跛，曹公子手僂，同時而聘於齊。齊使禿者御禿者，使眇者御眇者，使跛者御跛者，使僂者御僂者，蕭同姪子處臺上而笑之。」這一笑晉郤克回國後率軍攻打齊國，齊國大敗。孔子的庶出哥哥也因為是跛足而不能繼承家業。

六三不中不正，「眇」、「跛」是形容其不中正，視不正眇，行不中跛。三為進爻，所以有盲目行動躁進之象，其結果必可預知，故曰：「眇而視，跛而履。」

「歸妹」初九：「歸妹以娣，跛能履。征吉。」因為不中則「跛」、九二「眇能視，利幽人之貞。」不正則「眇」。所以，《履》六三不中不正，故「跛、眇」兼有。

「歸妹」、《履》皆兌卦在下也。

《履》六三居下卦兌之終，兌有毀折之意，二三四爻為離，故「眇」，三四五爻互為巽，巽為股，巽股兌折故有「跛」象。

「眇而視，跛而履」，半瞎半盲又一顛一跛的這不是行禮也非舞蹈，這是胡亂失序、失禮之象，所以有「履虎尾，咥人凶」之危。

「履虎尾，咥人凶」這是外在環境嚴峻危險，六三的自我條件不足，外在環境嚴峻，盲目冒進，逞能以致險境如入虎口，故有被咥之凶。

卦辭曰「履虎尾不咥人亨」而在此爻曰「履虎尾，咥人凶」。好像互相牴觸，這是因為卦辭就乾上兌下，順應天命而說，爻辭是根據此爻所處之位不當，盲目冒進而說。「履虎尾，不咥人」是祭祀時祭師披著虎皮舞蹈，與祭者跟著祭師的舞步亦步亦趨，如跟著老虎尾巴走，故老虎不咬人。但又眇又跛，肯定跟不上舞步、腳步亂而失禮，而是凶象。

兌為虎，六三居虎口，處人位，是在虎口之人定被咥。

「履」之義為躡手躡足跟之於後，小心翼翼的化險為夷。今六三躁動盲進，逞強不知危險故被噬。

「武人」，是將帥，剛武決斷之人。《詩‧小雅‧漸漸之石》：「漸漸之石，維其高矣。山川悠遠，維其勞矣。武人東征，不皇朝矣。」《箋》云：「武人，謂將率（帥）也。」《國語‧晉語六》：「武人不亂，智人不詐，仁人不黨。」又「武」，勇也。《廣雅‧釋詁》：「武，勇也。」《國語‧晉語》：「其勇不疚其刑」。韋昭注：「勇能斷決也」故〈小象〉云：「志剛也」。

「武人」，指陰爻六三。「巽」初六：「進退，利武人之貞。」亦以陰為武人。

「武人」，謂勇武之人。所指為巽。蓋巽錯震，震為武人。此用錯象。

「為」，何新讀作「位」、「王」。帛書作「迥」，《玉篇》：「迥，通達也。」

「于」者，其也。

「大君」是國君，指上爻，上爻為宗廟，故為先君，太上皇，為天子。「師」上六：「大君有命，開國承家。」

「武人為於大君」，志剛的武人、將帥位居國君。就是武勇之人成為一國之君。志剛之人不憂少一目，跛一足，雖踩踏虎尾險境依然向前，而突破萬難，終究功成。晉大夫郤克就是一個志剛之人。《史記・晉世家》：「郤克怒，歸至河上，曰：『不報齊者，河伯視之！』」郤克歸國後《左傳》宣公十七年：「郤子至，請伐齊，晉侯弗許。請以其私屬，又弗許。」《史記・晉世家》：「至國，請君，欲伐齊，景公問知其故，曰：『子之怨，安足以煩國！』弗聽。」當時晉國執政上卿士會為此還告老退休讓位給郤克，《左傳》宣公十七年：「（士會曰）余將老，使郤子逞其志。……乃請老。郤（克）獻子為政。」於是有了著名的晉齊鞍之戰，齊大敗。（魯成公二年）其後郤氏一族在晉國勢力半邊天，晉厲公時四軍八卿郤氏有其三，《左傳》成公十七年：「胥童曰：『必先三郤，族大，多怨。去大族，不逼；敵多怨，有庸。』」終於被晉厲公滅了郤氏一族「以戈殺之，皆尸諸朝。」

「坤」卦六三與《履》卦六三都是以陰居陽，但「坤」六三含六二之章光，而與上無應，志存謙讓，故「或從王事，無成有終。」

《履》卦六三，下乘九二、初九之剛，與陰居陽，是志剛意滿；與上六無應而承九四，所以有「武人為予大君」之象。

「眇而視不足以有明」，是缺少自知與知人之明。

「明」，是行禮的第一條件。就是要清楚自己所處之地位、身分，如此才可行為適當，不踰矩。

「與行」，是參與行動之意。

「跛而履不足以與行也」，以跛形容行為失當，不合於禮。此爻祭祀時禮儀出錯，故凶。武人無大君之德，而據擁大君之位，將妄行如盲跛之人行禮儀失去節度，如此必遇凶禍，國覆身亡，大凶。

「眇」、言「跛」是說有殘疾。古有殘疾者多不能承繼家業。孔子的父親有數女及一庶出之子，名孟皮，跛足不能繼承家業，故在求婚於孔子外公顏氏家。

「咥人凶，位不當也」，是六三以陰居陽失位，是才疏而志剛。

此爻能力不足，而逞強行事，自陷險境，而造成大禍。如盲跛之人踩到虎尾脫逃之速度不如虎口反噬之快捷，其凶甚矣！

☰☰ 履 ☰☰ 乾

此爻變為「乾」，乾為金，履上下也為金，是重金，故曰「剛武」。「乾」為君，為王。兌為秋，為肅殺，為毀折，金也是殺，故凶，如被虎噬。

「剛武」是說勇暴強猛。

此爻剛猛勇暴如乾剛陽健行，魯莽導致凶險。

「乾」卦純剛易折。

占問懷孕，流產之象。

九四：履虎尾，愬愬，終吉。

象曰：愬愬，終吉；志行也。

「愬」，是驚懼貌，《韻會》：「驚懼謂之愬」。《公羊傳》宣公六年：「靈公望見趙盾，愬而再拜。」

「愬愬」，恐懼之貌。《經典釋文》：「愬愬，子夏傳云：『恐懼貌』馬本作虩虩，云：『恐懼也』。」

「愬愬」，又作肅肅，《爾雅·釋訓》：「肅肅，敬也。」聞一多《古典新義·詩經新義五》：「肅讀為縮，縮猶密也。」即畏縮之貌。

「愬愬」，謂緊張恐懼害怕而畏縮。小心翼翼，戒慎恐懼之意。

九四失位不正，又承九五之尊，以陽承陽，九五是中正之君，既剛又猛。九四近九五有履虎尾之恐懼，是伴君如伴虎的謹慎恐懼也。乾為敬，為警，為懼。

九五為君，為虎；九四在其下，猶在其後。故曰「履虎尾」。小心掃到颱風尾。

「履虎尾」，祭祀時小心翼翼地跟著披著虎皮的祭師舞蹈，如履虎尾，故吉。

九四居險而能懼，故「終吉」。結果是吉祥的。

《易經》所言趨吉避凶，知險而能懼，是避凶，故曰「終吉」。

「終吉」者，是一開始危厲最後才轉危為安，轉凶為吉。九四沒有「愬愬」之心就不會「終吉」。九四以剛居柔，為退爻，能謹慎恐懼不冒

進，小心翼翼，所以能防險避凶，化險為夷，故「終吉」。

六三以柔居剛，志大才弱，為進爻，而冒進，是勇於行動，不顧危懼，故凶。

六四謹慎恐懼，小心行事，故終能「志行」。

在《履》卦是身陷危屬之境，本要小心行事，九四行事合於履德所以能吉。此爻隱含殺機。

六三不正，九四也不正，六三以才弱志剛猛，所以觸禍，九是剛明之德而虩虩謹慎，所以免禍。

九四不中不正而有自知之明也。

☰ 履 ☱ 中孚

九四變為「中孚」卦，信也。

「中孚」是信，九四陽剛有智，有孚是得五之信，有自信，故處危境而能吉。

「中孚」是「利涉大川」，故可以渡過險難。

九五：夬履；貞，厲。

象曰：夬履，貞厲；位正當也。

「夬」，決也，跤也，缺也，破損、破壞也；《說文解字》：「夬（叏），分決也。」

帛書「夬」作「史」，可讀為「失」。

「夬履」，即缺履，少了一隻鞋。凶象。

「夬履」，是破敗的鞋，穿著破鞋行走有傷足之憂，行事艱難之象。失鞋赤足也是行事艱難之象。《太平御覽・履》：「《賈誼書》曰：『昔楚昭王與吳戰，楚軍敗，昭王走，而履決，失之，行三十步復旋取』。」

「夬履」，是判斷事理，堅決實踐，決而能行。

「夬」也是快、決有崩潰的意思，「夬履」有莽撞急躁的意思。失去了謹慎愬愬之心，所以「失履」，即失步，失去了禮儀，故「貞厲」。

「夬履」，快步急舞，失去了當有的禮儀。不像九四有「愬愬」之心，故有「厲」。

「貞」，卜問。

〈象傳〉曰：「履，柔履剛也，說而應乎乾。」九五身在乾卦，得位中正，往下應九二也是剛；天子之尊，是體健能行，是堅決之志又有健行實行之意。故曰：「位正當也」。

九五雖中正，但過剛失和，故「夬」而「厲」。「夬」卦五陽去一陰，堅決必去之義。

「厲」，是嚴厲，砥礪。孔穎達《疏》：「貞厲者，厲，危也。履道惡盈，而五以陽居尊，故危厲也。」

「夬履，貞，厲」，失鞋、鞋敗皆行事艱難之象，故前景危厲。又快步急舞，要定下心，不然危厲。占問事物危厲之象也。

九五中正而言「厲」，《易》以陽爻居陽位多「厲」；以陰爻居陽位多「吉」。

蘇東坡謂此爻「憂治世而危明主也」，明主危是凶象。九五莽撞急躁，信心滿滿但「夬」者，快也，缺也，決也；百慮有致命的一失。

聞一多以為「夬履」為葛履，用麻、葛等製成的鞋。《詩·魏風·大東》：「糾糾葛屨，可以履霜。」《詩·齊風·南山》：「葛屨五兩，冠緌雙止。」《毛詩注疏》：「〈士冠禮〉云：『屨，夏用葛，冬皮屨可也』〈士喪禮〉云：『夏葛屨，冬白屨』注云：『冬皮屨，變言白者，明夏時用葛亦白也』是衣服之宜，當夏葛屨，冬皮屨也。」可知葛屨即為草鞋。《箋》云：「葛屨賤，皮屨貴，葛屨非所以履霜。」聞一多以為「素履」以絲為之履故貴，「葛履」以麻藤為之履故賤，則往之踐故「厲」。

☰履☲睽

九五變為「睽」卦，「睽」者乖也，九五堅持總會得罪人。

九五嚴厲堅決，下臣百官憚畏尊嚴，敢怒不敢言，同床而異夢。

「睽」與「噬嗑」皆是送作堆的勉強之合，是面合心不合。

是因禮而合，不是心悅誠服。

上九：視履，考祥，其旋，元吉。
象曰：元吉在上，大有慶也。

上九陽居陰位又與六三相應，陰陽相交合在《易經》這是吉的，有符合〈彖傳〉曰：「履，柔履剛也，說而應乎乾。」

上九是退休的老人，此爻說的是老人傳授禮儀教育，也兼有退修養老得其善終之義。

「視」，是回頭注視，義為檢視、檢討、觀察、視察。上九居卦之極，物極而返，故為回頭注視。上九之爻如艮，艮本義就是反顧。下句「旋」字可證。《履》是禮，「辨上下，定民志」故上九不會過亢。

「履」，謂自己所走過的道路。又禮也。

「視履」，是檢視、觀察過去所履行的事與行為。檢視禮儀之舞步。看望元老之禮。

「考」，終也，考察也。也是老，古考、老同字。

「祥」，將變的徵兆；《說文解字》：「祥，福也，一云善也；又凡吉凶之兆皆曰祥。」徐鉉曰：「祥，詳也；天欲降以禍福，先以吉凶之兆審告悟之也。」《前漢‧五行志》：「妖孽自外來謂之祥」。謂外界所呈現出的吉凶之兆，與過去行事有因果關係。又《復卦釋文》引鄭注：「異自內生曰「眚」，自外曰「祥」。兌為祥。

「考祥」，是終祥，是最終有吉之先兆。

「視履考祥」，是上九乘九五之尊為履卦之終，是履行已畢，行禮已經結束，要檢討過去履行之事，考察事務禍福之徵兆，以為將來驅吉避凶之原則。

「祥」，或借為「庠」，古人的學校，也是以老人為教授，兼有養老之義。《說文解字》：「庠，禮官養老，夏曰校，殷曰庠，周曰序。」《禮記‧王制》：「有虞氏養國老於上庠，養庶老於下庠。夏后氏養國老於東序，養庶老於西序。殷人養國老於右學，養庶老於左學。周人養國老於東膠，養庶老於虞庠。虞庠在國之西郊。」《鄉飲酒義》：「主人拜迎賓於庠門之外」。《通典‧鄉飲酒》：「鄉飲酒義曰：『主人拜迎賓於庠門之外，入三揖而後至階，三讓而後升，所以致尊讓也』。」《孟子‧滕文公上篇》：「設為庠序學校以教之。庠者，養也。校者，教也。序者，射也。夏曰校。殷曰序。周曰庠。學則三代共之。」是庠者古代行養老之禮之地也。《韓詩外傳‧卷八》：「度地圖居以立國，崇恩博利以懷眾，

明好惡以正法度，率民力稼，學校庠序以立教，事老養孤以化民，升賢賞功以勸善，懲奸絀失以醜惡，講御習射以防患，禁奸止邪以除害，接賢連友以廣智，宗親族附以益強。」《淮南子・泰族訓》：「入學庠序以修人倫」可證。

「考祥」，考察，請問。

「旋」，有圓滿、迴旋、周圓之意，象以腳跟迴轉的樣子。謂爻至上九而往回返還，不還就亢窮了。因為下應六三顧迴旋。

「旋」，反環轉身也，步履、舞步周圓，穩定充容步履圓滿，行儀姿態圓美，故大吉。來知德謂「猶人之步履折旋也」，《韓詩外傳》：「立則磬折，拱則抱鼓，行步中規，折旋中矩。」乾為圜，為旋。物極而返之意。

上九之「旋」與初九之「往」相對照。

「元吉在上，大有慶也」者，上九是《履》之終，《履》是禮，上是太上皇，是九五對上九尊禮，故上九「元吉」，皇帝與太上皇具在且和樂融融，有如清高宗乾隆與仁宗嘉慶，是難得之事，故「大有慶也」（仁宗年號嘉慶與此爻同）。自古太上皇都沒有好下場，趙武靈王餓死沙丘宮，唐高祖李淵於玄武門之變後被逼讓位給兒子李世民九年後駕崩；唐玄宗李隆基因為安史之亂讓位唐肅宗孤寂而終等皆無好下場；只有乾隆讓位嘉慶能安享餘年且繼續掌握權力。

此爻觀其禮儀舞步，旋轉週圓，大吉祥。亦可謂年老者登於學校庠序教授後進，且能養老這也是古時的養老之禮。而得酒足飯飽而返，故大吉。

也是探視退休元老之禮，請問元老的意見。如此可以周旋得吉。

《履》上九為吉祥之爻，占得此爻，即將到來之事，會有可見之徵兆。

注意大好就是大壞，不宜問生死。

䷝ 履 ䷹ 兌

上九變為「兌」卦，內外皆悅，上下皆悅，是舉國、舉家皆悅，故大有慶，是普天同慶。

兌為巫，是祭祀，是大拜拜。

《履》卦六爻中，居陰之位者，履柔者皆吉。故其關鍵為是否能「以柔履剛」。

《履》卦九二「坦坦貞吉」；九四「履虎尾終吉」；上九「考祥元吉」；是《履》卦在柔者皆吉。居陽位，履剛者多凶悔。初九、九五皆得位，但初九僅「無咎」而已，九五不免於嚴「厲」，六三則「凶」；皆居陽剛之位之故。

就此觀，剛者，喜動好決斷，喜動則易冒進躁動，好決斷則思不週延，放任剛陽之性，依剛陽之性而好行事，則多悔也，所以要九五謹慎決斷，六三要謹慎行事，初九要安分。

六爻中只一陰一陽者，在下為「復」、「姤」，在上為「夬」、「剝」，主要之義是陰陽的消長；陽在二為「師」之帥，在五為「比」之主；陰在二為「同人」是君子，在五為「大有」之君主；主要講的是得位之義；陽在三是以剛而行柔為「謙」，陽在四則以剛制柔為「豫」；陰在三是以柔行剛為《履》，在四則以柔制剛為「小畜」，主要講的是運用；大抵在下者是行自己一私之事，在上者為制人之事。

泰　：小往大來，吉，亨。

彖曰：泰，小往大來，吉，亨。則是天地交而萬物通也；上下交而其
　　　志同也；　內陽而外陰；內健而外順；內君子而外小人；君子道
　　　長，小人道消也。

象曰：天地交，泰。后以裁成天地之道，輔相天地之宜，以左右民。

序傳：物畜然後有禮，故受之以履，履而泰，然後安，故受之以泰。泰
　　　者通也。物不可以終通，故受之以否。物不可以終否，故受之以
　　　同人。

雜傳：否、泰反其類也。

泰小篆　　漢隸　　冬小篆

「泰」是順利，「泰」字篆文最上面是「大」，是人的正面形象，在此也作為聲符，中間左右兩手，最下是「水」，會一人雙手正划水於水上之意，意思是順滑快速而通泰暢快，也有順流而下的意思，故其義為通泰順利，故〈序傳〉說：「泰者通也」。

「泰」也是大。乾天、坤地都是大。泰山就是大山。

出土帛書此卦作「柰」，何新讀為「臘」；《說文解字》：「臘，冬至後三戌，臘祭百神。」《後漢書·陳寵傳》：「閉門不出入，猶用漢家祖臘。」陰曆十二月稱為「臘月」。正是歲末年終之時，此時天地閉塞以極，反之將要通暢之時；《禮·月令》：「孟冬，天地不通，閉塞成冬。」《漢書·郊祀志》：「冬塞禱祠」。《史記·封禪書》：「春以脯酒為歲祠，因泮凍，秋涸凍，冬塞禱祠。」《索隱》：「塞，與『賽』同。賽，今報神福也。」即冬季之祭祀。今稱作「歲」。十二消息卦「泰」是農曆正月，一年大初。正是陰陽交通之時。

夯古文

「泰」是後起字，《康熙字典》：「泰，通也，大也，滑也。」「泰」也是「安」。這是後起的意思。比「泰」字更早的是戰國時期的

古文「夳」字，下面兩點是冰字的原形，《說文解字》：「夳，大也，通也。」大字下的兩點是冰，篆文作 ，像冰塊在河流中推擠隆起之形；《六書故》：「夳，冰凍滑夳也。」這是會人在冰上滑行快而順，也是通泰暢快之義。若是摔倒了折傷腿就是「蹇」了。

「泰」上坤地，下乾天，坤陰，乾陽。陰氣濁重下沉，陽氣清揚上升，陰陽相交合，兩者皆為純卦，且為萬物滋生之原始力量，能量至為豐盛，陰陽相交，互相摩蕩，無有阻礙，如是萬物興生，所以「亨」、「吉」。《易經》以陰陽相交合為吉。

「泰」是六爻皆相應，陰陽相交，風調雨順，萬物和諧而生。〈象傳〉說：「天地交而萬物通也」。乾為天，坤為地，相應則相交通，天地相交通則生萬物，故〈序傳〉說：「有天地然後萬物生焉。盈天地之間者唯萬物。」《莊子・田子方》：「至陰肅肅，至陽赫赫；肅肅出乎天，赫赫發乎地；兩者交通成和而物生焉。」又《淮南子・氾論訓》：「積陰則沈，積陽則飛，陰陽相接，乃能成和。」其義皆同。

「通」，通達無礙；陰陽天地相交通而無礙也。《說文解字》：「通，達也。」《荀子・不苟》楊注：「通者，不滯之謂也。」〈繫辭上〉：「推而行之謂之通」「是故闔戶謂之坤，闢戶謂之乾，一闔一闢謂之變，往來不窮謂之通。」此即陰陽交合之狀故曰「通」。

乾天、坤地相交而生萬物，又陰陽相交而通；陽氣清往上升，陰氣濁往下降，陰陽相交通。通者，陰陽相交通，天地相交通，男女相交通。例如「私通」，但「私通」是「井」卦是小三通，走私，「泰」是大三通，光明正大的交通。

「坤」卦「先迷後得主」是坤得乾陽之主，如魚得水可以發揮其柔順之性。「泰」是乾陽得坤陰柔順的撫慰，不至陽亢而悔，兩相諧調。

下卦為乾三陽厚實，所以說是「三陽開泰」。古人常以畫三隻羊來寓意，取「羊」、「陽」同音。

「泰」是國泰民安，政通人和。〈象傳〉說：「上下交而其志同也」。

「泰」是通，是通泰，舒暢，是交通，溝通，互通有無，暢通無阻，通家之好，互動無礙，水乳交融，如魚得水。

「泰」是「通」，上坎下巽「井」也是「通」；〈雜卦傳〉說：「井通而困相遇也」。

「泰」之通，是正大光明的通，是全面交流的通，是大三通。「井」是往上不通轉而往下求通，檯上不通，檯下通；是私通。

「乾」為君子居內是核心，「坤」為小人居外是臣屬，君子用小人，是君子得道小人得用，自然得吉。

「泰」坤順乾健，順理成章，不急言令色，順勢而為，外柔內剛，外圓內方。下卦為內，「泰」陽實是強在骨子裡。「否」上陽實是虛好看。「泰」是富，坤土生乾金，俗語說「富泰」，身軀豐滿；此人大方氣派，相貌堂堂，雍容大度。

〈彖傳〉：「小往大來，吉，亨。」乾陽為實，為「大」；坤陰為虛，為「小」；由下卦往上卦曰「往」，由上卦往下卦曰「來」，「小往大來」是乾陽往內卦而來，坤陰往外卦而去，陰陽相交流。「否」卦就剛好相反「大往小來」。陰「小」是「否定的」，陽「大」是「肯定的」。小的走了，大的來了，所以「吉」。一來一往所以「亨」通。「小往大來」就是一本萬利，就是貿易順差，就是獲利。「小往大來」是行事順遂，「泰」是順，是滑；好運來。「小往大來」是陰走了，陽來了；小人走了，君子來了，是發展的好時機。

〈象傳〉：「天地交而萬物通也；上下交而其志同也。」乾天上升，坤地下沉，天地陰相交而志同，志同道合也。紫禁城在乾清宮與坤寧宮間有交泰殿就是取於此卦。

「泰」是「天地交」是男女相交，是結為夫婦，利婚姻。也是兩大集團的合作，利於生意。

「泰」雖是正常交往但互 ䷵ 「歸妹」，是有外遇，小三。

「天地交」是上古婚俗，是群婚。是眾男眾女相交，是上古兩族適婚男女行群婚。「歸妹」是野合，是陪嫁婚，也是上古婚俗。「天地交」也是兩大部族、集團的結合。

「泰」是國泰民安，是民富國強，天下太平，四海笙歌。互「歸妹」是飽暖思淫慾，是不知持盈保泰，總不是好事；故要持盈保泰，要誠慎恐懼以維持國泰民安的局面，若「征」大張旗鼓，囂張跋扈，好大喜功是感

性重於理智，是情欲蒙蔽的理智，衝動不羈，私欲蔽遮了公益就「凶」，就「無攸利」。

「泰」是「小往大來，吉。」「歸妹」是「征凶，無攸利。」不利婚姻、交易。

「歸妹」象曰：「歸妹，天地之大義。天地不交，萬物不興。」與「泰」象曰：「天地交而萬物通」卦都言「天地」，象徵家族繁衍。但「泰」是天地正交，是正室；「歸妹」雖陰陽相交，但不是正交，是側室，是小三、外室。

〈象傳〉：「內健而外順；內君子而外小人，君子道長，小人道消。」外坤為柔順，為小人；內乾為剛健，為君子。政治清明，《論語·衛靈公》：「邦有道，則仕；邦無道，則可卷而懷之。」

〈大象〉曰：「后以裁成天地之道，輔相天地之宜，以左右民。」

「后」，是諸侯，是君主，是上位者，是封疆大吏，是政府，是行政權。

「裁成」，成就。「泰」是陰陽相輔，相互裁剪而補不足，相互成就對方。

「相」，輔佐。《集韻》：「相，助也。」「泰」大象曰：「輔相天地之宜」。但《說文解字》解釋說：「相，省視也。從目從木。《易》曰：『地可觀者，莫可觀於木』。」相字從木從目，甲骨文相字是目上一木，本義是木匠審視觀察一塊木料，揀選作為可用之材，而不是觀看一整株樹。引申為觀視，如伯樂相馬，婚配相親，術士相面，堪輿相地。主子找人代為視事也稱相，即輔佐主子也。如婚禮上的儐相。又《廣韻》：「相，視也，助也，扶也，仲虺為湯左相。」《荀子·成相》：「人主無賢，如瞽無相。」《史記·晉世家》：「十二年，孔子相魯。」

「輔」，輔助；《廣韻》：「毗輔又助也，弼也。」《增韻》：「扶也」。

「輔相」，同義字連詞。相輔相成。

「左」，佐也；《廣韻》：「佐，助也。」《正韻》：「佐，輔也，貳也。」《周禮·天官》：「以佐王均邦國」。《論語註》：「顏子王佐之才」。

「右」，佑也；《韻會》：「佐助也」。《尚書·仲虺之誥》：「佑賢輔德，顯忠遂良，兼弱攻昧，取亂侮亡，推亡固存，邦乃其昌。」

「左右」，即佐佑，扶助也。原本都作手形，一左手 $\unicode{x5DE6}$，一右手 $\unicode{x53F3}$。

「以左右民」，扶助人民各安其業。《漢書·貨殖傳》：「所以順時宣氣，蕃阜庶物，蓄足功用，如此之備也。然後四民因其土宜，各任智力，夙興夜寐，以治其業，相與通功易事，交利而俱贍，非有徵發期會，而遠近咸足。故《易》曰『后以財（裁）成輔相天地之宜，以左右民』。」句謂「泰」卦天地相交，萬物通暢順勢而生，陰陽相輔相成，成就萬物，扶佐四方之民各安其業。「泰」卦是天地陰陽相交，萬物相生，民安其業，整個大環境景氣繁榮。

「泰」在十二消息卦中是寅月，農曆正月之卦。初是地下，二是地上，三是人；「泰」是春臨大地之上已達人間。

「泰」之綜、錯變為「否」，多是因為陰掩陽，陽沉溺於陰柔之中，是私心自用的結果。「裁」就是要以制度約束，要自知節制，要裁度得宜。

「裁」，是斷裂，自裁，私欲難除，非下大決斷不可。是剪裁以求合身方，故要得宜；「泰」卦乾三陽居下根基厚實，如磐根老節，枝滿葉茂的大樹，但樹大招風，故要裁剪掉亂枝殘葉，

如此，才能再發新枝，葉綠常青，永續經營。不然一陣強風，一擊迅雷，都有可能拔根裂幹，讓多年基業毀於一旦。磐根強枝不用「裁」是行不通的。

☷☰「泰」而不知「裁」，則陽息長變上震下乾的 ☳☰「大壯」，傷人亦傷己，離上兌下乾崩潰決裂的 ☱☰「夬」不遠了。「泰」而不知「裁」，苟安久了必亂。

「輔相天地之宜，以左右民」是在上位的管理者，行政權不要主導，要站在輔佐的立場，因勢力導民間得活潑得力量，裁長補短使三陽的力量發揮得宜，以期持盈保泰。

上卦為管理者，為坤，坤為臣為輔。這是說管理階層要站在輔助的立場，是以坤陰之道來管理。

「泰」卦下三陽是內部基層實力厚實，乾陽健行是基層活動澎湃，藏富於民。上三陰是管理統治階層虛柔不主導，不過度干預民間。也有無為而治之象。當施政者將基礎建設做好，民間自能大行其道。

「泰」是十二個月中寅月，即農曆正月，正是天地相交，萬物勃發生長之時，是萬勿亨通安泰之時。陰陽相交，萬物生成，故通泰，一如盛世。

二月為卯月，卦為 ䷡ 「大壯」卦，下四陽，陽氣已盛，出於地，盛於人，陰陽交，雷鳴作，聲勢壯大。

三月為辰月，卦為 ䷪ 「夬」，五陽逼一陰，陽旺將滿，陰將滅絕。

四月為巳月，卦為 ䷀ 「乾」六爻皆陽，為陽氣最旺之時，陰盡滅而反生於下。

五月為午月，卦為 ䷫ 「姤」，一陰伏於五陽之下，是陰氣初生，夏至之月。「姤」也是夏至。

六月為未月，卦為 ䷠ 「遯」，二陰伏於四陽之下。陽氣遯藏。

七月為申月，卦為 ䷋ 「否」，三陰爻在三陽爻之下。俗作鬼月，因為陰氣已達人位，立秋。

八月為酉月，卦為 ䷓ 「觀」，陰氣已盛逼陽氣為四陰逼二陽爻，為秋季。

九月為戌月，卦為 ䷖ 「剝」，一陽在上，五陰在下，陽無處可退，只能剝落回到初位。

十月為亥月，陰氣最盛之時，卦為 ䷁ 「坤」六爻皆陰。陽氣將生於下。

十一月陽氣復生於初是子月，卦為 ䷗ 「復」卦，是冬至。所謂冬至一陽生。冬至大如年。都是慶祝陽生將回暖也。此十二消息卦，陰陽相消長。

〈序卦傳〉中「泰」卦在 ䷉ 《履》卦之後，《履》是禮，上下尊卑已定，各安其位，各有制度，謹慎履危。再前是 ䷈ 「小畜」，是兩雄對峙，情勢緊繃；緊繃的情勢因為小心謹慎而化解為「泰」卦，全面交往，

無私的互通有無，疑慮盡失。由《履》之「泰」，正是化憂患為安泰，化險為夷之象。

「泰」下卦乾陽健行，基礎厚實，往上應陰；坤陰為荒，為虛，為腹，為廣土眾民；是未開發的處女地，是冒險家的樂園，正好吸納下三陽的厚實多金。吸完了就變成「否」。頃刻之間情勢大翻轉。一般都說「否極泰來」實際「泰極否來」的多。

「泰」是第十一籤，經過「乾」、「坤」的開天闢地，「屯」的創業惟艱，「蒙」的養育、教育，「需」的民生必需，委屈求全，「訟」的爭權奪利，「師」的武裝對抗，大動干戈，「比」的拉幫結派，「小畜」的節省積畜，《履》的禮儀制度，腳踏實地，努力實踐，才有三陽開「泰」的盛世。結果私心自用，露出了劣根性（互卦「歸妹」：「征凶，利。」），轉眼之間摔落雲端，跌入地獄，由「泰」轉「否」。

力戰經營了十卦終成國泰民安，但一轉眼就由「泰」墜入「否」。可見陽實積厚不易，陰虛凌空毀於一旦之速。

「泰」之後為「否」，是好景不長，好夢易醒，花無百日好，月無夜夜圓，是全盤皆沒，爬的高跌的重。俗語說「否極泰來」，但現實生活中多是「泰極否來」。

「泰」互卦「歸妹」：「征凶」，故要持盈保泰。

「否」互卦 ䷴「漸」，「漸」是循序漸進，按部就班。要從「否」境轉「泰」可又得一步不慢慢 來，再想翻身就不容易了。

「泰」、「否」兩卦之後為「同人」，「同人」卦辭：「同人于野」，「野」者，基層也。「否」

卦下坤虛，是基層與上卦得管理階層不交，互不信任，故要團結基層才能在創新局。

〈雜卦傳〉：「否、泰反其類也。」「否」、「泰」相綜相錯，一天一地，旋乾轉坤；一交，一不交；吉凶截然不同。「否」、「泰」兩卦是乾天坤地所組成的，所說的是外在的大環境。

「類」是種類，是群體，《玉篇》：「種類也」。〈繫辭上〉：「方以類聚，物以群分。」是同類，是種類，是大類，是所謂石化工業，電子業，鋼鐵業，金融業等。

「類」，陰陽相交為類，「否」、「泰」是天地之卦，是大類，重視宏觀局勢。

「反其類」，是徹底相反。

「否」、「泰」是天地之卦，重視宏觀局勢，所以〈雜傳〉也以大方向來看。

「泰」、「否」兩卦既相綜又相錯，最為複雜密切，在易經六十四卦中僅有四對是如此，稱為「交卦」。☲☵「既濟」與☵☲「未濟」，☶☴「漸」與☳☶「歸妹」，☳☶「隨」與☶☴「蠱」。

《國語・晉語四》說晉文公由秦穆公之助而結束流亡在返國渡河之前：「董因迎公（晉文）于河，公問焉，曰：『吾其濟乎？』對曰：『必有晉國。臣筮之，得「泰」之八。曰：『是謂天地配亨，小往大來』。今及之矣，何不濟之有？」這是記載晉文公受秦穆公支援渡黃河歸返晉國，晉國大夫董因接引晉文公於黃河邊上，所占的卦為上坤下乾「泰」卦，以及卦辭「小往大來」斷定文公必有晉國。「「泰」之八」的意思是所占之卦全是七八，沒有六九，即六爻不變。

初九：拔茅茹，以其匯（彙），征吉。

象曰：拔茅征吉，志在外也。

「拔」，奮力抽出，連根拽出；《說文解字》：「拔，擢也。從手犮聲。」《禮・少儀》：「毋拔來」。《疏》：「拔，速疾之意。」《前漢・陳傳贊》：「拔起隴畝之中」。《註》：「疾起也」。《前漢・高帝紀》：「攻碭，三日拔之。」《註》：「破城邑而取之，若拔樹木幷得其根本。」

「茅」，眾家紛云，許慎《說文解字》云為「蒐，茅蒐，如藘ㄌㄩ′。人血所生，可以染絳。從艸從鬼。」《神農本草經》：「《名醫》曰：『可以染絳。一名地血，一名茹，一名茅蒐，一名茜。生喬山。二月、三月采根，陰乾。案：《說文》云：茜，茅蒐也。蒐，茅蒐，茹藘。人血所生。可以染絳，從草從鬼』。」又《詩・鄭風・東門之墠》：「東門之墠，茹藘在阪。其室則邇，其人甚遠。」《毛詩注疏》：「『茹藘，茅蒐，蒨草也』又李巡曰：『茅蒐，一名茜，可以染絳』陸機《疏》云：『一名地血，齊人謂之茜，徐州人謂之牛蔓』然則今之蒨草是也。」清人

俞正燮《癸巳類稿》云「茅茹」或「茅蒐」，《詩・鄭風・東門之墠》有「茹藘在阪」，也稱為茜草。「茹」在《周禮》中稱為「染草」，《周禮・地官・司徒》云：「掌染草：下士二人。」俞正燮云：「入藥能補血，曰：『地血』。」茹的根可以作為絳紅色染料，也可用於占卜，即「拔茅茹以其彙貞吉」。意謂以拔取茅茹之根占卜得吉。「茅茹」為同類之物。清代焦循《荒年雜詩》云：「采采山上榆，榆皮剝已盡；采采墓門茅，茅根不堪吮。」這《荒年雜詩》所言甚是，我以為中國第一博物學家《本草綱目》的作者明代李時珍的說法最真確。《證類本草》云：「茅根，生楚地山谷田野，今處處有之。春生苗，布地如針，俗間謂之茅針，亦可啖，甚益小兒，夏生白花茸茸然，至秋而枯。其根至潔白，益甚甘美。」《證類本草・白茅》：「《釋名》：根名茹根、蘭根、地筋。時珍曰：茅葉如矛，故謂之茅。其根牽連，故為之茹。《易》曰：拔茅連茹，是也。有數種：夏花者，為茅；秋花者，為菅，二物功用相近，而名謂不同。《詩》云：白華菅兮，白茅束兮，是也。《集解》：《別錄》曰：茅根，生楚地山谷田野，六月采根。弘景曰：此即今白毛菅，《詩》云：露彼菅茅，是也。其根如渣芹甜美。」春末夏初，茅草根部尚未長成深入土中，其茅芯可抽拔出以食，其根甚甘美，可提煉為糖。可相參看。

「茹」，本義為飼養馬匹。《說文解字》：「茹，飤ㄙˋ馬也。从艸如聲。」此爻「茹」廣義解釋為食用之義。《漢書・董仲舒傳》集注：「食菜曰茹」。《禮記・禮運》：「未有火化，食草木之實，鳥獸之肉，飲其血，茹其毛。」《淮南子・脩務訓》：「古者，民茹草飲水，采樹木之實，食蠃蟲之肉。」

「以」，因為。

「彙」，味也。蓋茅根味甜有滋味。味字晚出，流沙河先生以「彙」借為「味」。

古者女子採集男子狩獵。此爻為春末夏初之時山野遍生茅針，女子抽拔茅草之芯，可為食。連其甜根，以饗男子，白而味甘美，以隱喻男女之情愫。根與芯在內在下，莖抽拔而出，而在其上，謂男在下女在上，歡愉甘甜之美。故「征吉」。謂其積極也。即〈象傳〉：「上下交而其志同也；內陽而外陰；內健而外順。」

此之「征吉」，「歸妹」之「征凶」，可知「征」字在《易經》有男

女陰陽相合之義。

「吉」字之本義即為男女交合，上「士」為雄性生殖器，「口」是雌性生殖器。接而造有喜字，嘉字。喜字籀文作 ⚘ 從日、從生、從吉，「日」即男女交合之義，如⚘。喜字本意是女子懷有身孕之後的喜悅；嘉字籀文 ⚘ 多從力字，「力」者犁也，甲骨文取象於古代農耕翻土的耒耜，為力量的象徵。古代婦女生產時身旁置一犁有避邪與助產的作用，引申為嘉勉之意。

于省吾先生認為「彙」為「疐」之訛，疐讀為柢，《爾雅·釋言》：「柢，本也。」《韓非子·解老》：「柢也者，木之所以建生也。」《老子·第五九章》：「有國之母，可以長久，是謂深根固柢，長生久視之道。」也作「根深柢固」、「根深蒂固」《爾雅·釋天》：「天根氐也」。郭璞注：「角，亢下繫於氐，若木之有根。」意思是奮力拔茅草深及於根，連莖帶根甚至於根上的泥都一起拔了出來。

「拔茅茹」，連根拔起茅草以飼養馬匹。但根上帶著泥，馬匹不願為食。

「以」，用也。

「匯」，類也。帛書也作「類」。清宋翔鳳《過庭錄》說：「匯，通偉，美也。」偉、美皆有大之義。

「匯」，也作彙，《經典釋文》：「彙，古文作胃。」又曰：「謂，舍人本作彙，云：『彙者莖也』。」是彙有草莖之義。《爾雅·釋木》：「謂襯，采薪。」即取草木為薪也。《左傳》昭公六年：「禁芻牧採樵，不入田，不樵樹，不采刈，不抽屋，不強丐。」

「拔茅茹，以其匯（彙）」，意謂拔取茅蘆，因為其碩大肥美可為祭享獻品（初春）的祭祀本就簡約。或謂連根拔起的茅草莖可以用來飼養馬匹。又準備充分的草料餵養馬匹，所以「征吉」。

「泰」之義為天地相交，天地廣大故曰「類」，故曰「拔茹茅，以其匯。」初九、九二、九三合為乾卦，乾為木果，故肥大。又乾三連，「連」字引出「泰」卦俱有連動相牽的意思。

「拔茹茅」，是春天萬物生機，雜亂茂生之象。是興利之初要整理雜亂的資源。也是景氣回春帶動一連串的生機。春天草木叢生趕緊備下草料作為軍需，故「征吉」。

「泰」為三陽開泰，為春臨大地，「泰」卦下三陽生機蓬勃基礎厚實，初陽雖「勿用」但在「泰」之初，生機現而爭生，是一連串的生。

「拔茹茅以其匯」，初爻是土地之下，為根。「泰」為春臨大地，萬物茂生，故有「引賢類進」之象。雖說「乾」初當「勿用」但爻隨卦轉，在「泰」初九也要與九二、九三一同趁時機大好而趨吉。也可以說是用茅占卜，將茅拔起時根根相連，以此象為占卜是吉利的，所以外出吉。故「征吉」而〈小象〉曰：「志在外也」解釋為「征」而準備才能得「吉」。

三陽同德，同體，都欲往上行、往外與上卦三陰相應，故曰「征吉」、「志在外也」。

「志」，是志向。三陽皆向外，是同志也，是同類，團結力量大。

「征」，往也，行也，《爾雅・釋言》：「征，行也。」自內卦向外卦稱「往」。是大張旗鼓踏著正步的往，不是偷偷摸摸的往，是積極的行動。如「歸妹」：「征凶」，「升」：「南征吉」。

「征」是勇往直前，放心大膽的去幹。天地交泰是正當的故曰「征」。

初九與六四相應，是往外相應，故「吉」。是往則「吉」。

「征吉」，積極行動吉利。

「拔茹茅以其彙，征吉」，謂陽剛匯集採取積極手段的獲取通泰則吉。

「泰」之初，是初入「泰」，局勢大好，所以要「征」，要趨吉，要積極地衝。

「征吉」，是說機會大好不放過，必吉。

「歸妹」與「泰」都言「征」，「征」即是「往」，就是去迎娶。

「歸妹」是側室，是外遇，不正當，偷偷摸摸可以「征」就不行。「泰」卦是娶女所以說「吉」。初九得位又與六四相應，有自內往外之

象。陽為君子，陽氣往外，欲升於天，是君子之志在外，在天下，不在自己一身，故曰「志在外」。

「志在外」是志在天下。

「外」為坤卦，為荒蕪的處女地，是冒險家的樂園，趁「泰」景氣大好之時，可以大顯身手。初九與外卦相應，是情通志合，所以外出有所求，無一不順。

初九在「泰」之初，是冬末春初，初九正當去年冬季貯糧將盡，但今年新糧未下，青黃不接之時，故拔取茅草根莖以食用，外出尋找食物自然吉利，或遷移他處就食。故「志在外」。

此爻變為「升」是五穀登熟。變為「泰」初是「升」象失，故缺糧。

機會大好，不要錯失良機，不可坐以待斃。最好是集體行動，單打獨鬥不好。

▤▤ 泰 ▤▤ 升

初九變為「升」卦，故曰「志在外」。「升」是受人提攜而升。「升」曰：「南征吉」故此爻曰「征」。初九原本「潛龍勿用」，「泰」時可以升而有應故「征吉」。

九二：包荒，用馮河，不遐遺，朋亡，得尚於中行。
象曰：包荒，得尚於中行；以光大也。

「荒」，虛空洪荒之意也。「荒」字從艸，從川，是水廣草茂之地，洪荒也，北大荒也。《釋文》：「荒，鄭讀為康，云：『虛也』。」《詩大雅·桑柔》：「具贅卒荒」。毛傳：「荒，虛也。」又訓空。《國語·吳語》：「荒成不盟」。韋注：「荒，空也。」

「荒」是處女地，是新大陸，是冒險家的樂園，如改革開放後的大陸市場，既各顯神通也藏汙納垢。九二與六五應，六五居坤，坤為大地，為荒。

「包荒」就是說六五以陰居陽，不正，又陰為虛，九二與之應，是九二向上包容支持六五。全力支持包容坤，是承包坤的荒。有如「利涉大川」。

「包荒」者，包含荒穢，遮掩荒穢。李白〈雪讒詩贈友人〉詩：「包

荒匿瑕，蓄此頑醜。」

「用」，因也，運用也。《說文解字》：「用，可施行也。从卜从中。……鉉等曰：卜中乃可用也。」本義是以骨版占卜，从卜表示骨版上已有卜兆，根據卜兆的內容可以施行。故有以卜兆內容施行使用之義。施行之義本從占卜而來。

聞一多以為「包」假作「匏」，現稱「葫蘆」。長大成熟後，可為葫蘆或作為杓水的瓢。雖不能食用，但是浮渡涉水時可為浮囊，俗稱腰舟，以免溺水。乾為木果，故為匏瓜。《莊子・逍遙篇》：「今子有五石之瓠，何不慮以為大樽，而浮於江湖，而憂其瓠落無所容？」《經典釋文》：「司馬云：『樽如酒器，縛之於身，浮於江湖，可以自渡』。」《詩・邶風・匏有苦葉》：「匏有苦葉，濟有深涉。深則厲，淺則揭。」《鶡冠子・學問》：「中河失船，一壺千金，貴賤無常，時使物然。」壺，即葫蘆，匏瓜。宋陸佃解：「壺，瓠也，佩之可以濟涉，南人謂之腰舟。」陸德明《經典釋文》引晉司馬彪曰：「樽如酒器，縛之于身，浮于江湖，可以自渡。慮，猶結綴也。案所謂腰舟。」

「包荒」，即把匏瓜挖之使之空虛，可以為腰舟以為渡河助浮工具。如今日之游泳圈。

「泰」，于省吾讀作「汏」；《廣韻》：「汏，太過也。」意謂大濤，大水。故《論語・述而篇》：「暴虎馮河，死而無悔者，吾不與也。」坤為水，為沇，為大川，大水。

「馮」，溺也，跳進水中的聲音；《集韻》：「音砰。溯滂，水聲。一曰風擊物聲。」

「馮河」，跳入河中澎的一聲，即勇猛的徒步過河，無舟渡河，強行通過。朱熹《注》：「馮河，徒涉」就是徒步強行通過大川、艱險。《集解》引虞翻曰：「馮河，涉河。」《爾雅・釋訓》：「馮河，徒涉也。」《詩・小雅・小旻》：「不敢暴虎，不敢馮河。」毛傳：「馮，陵也。徒涉曰馮河。」《呂氏春秋・安死篇》：「不敢馮河」。高注：「無舟渡河曰馮」。「馮河」也是有勇有膽。《三國志・諸葛亮傳》：「難曰：『凡為刺客，皆暴虎馮河，死而無悔者也』。」乾為木果，為健行，為馮河。

「用馮河」，謂春冰溶解河水多湍急，雖徒步涉水過河也會很順利。

「不遐」，不致也。

「遺」，遺失也；右為「隤」之省，墜也。

「不遐遺」，猶言抱著匏壺瓜過河不憂墜溺，但千萬不可遺失腰舟葫蘆。見聞一多《周易義證類纂》。乾為木果，故為匏瓜。

「包荒，用馮河，不遐遺」即是抱著空虛的匏瓜涉水渡河，則無有沉溺之憂，但千萬不可遺失腰舟葫蘆。此爻有恃無恐之象。

九二基礎堅實，更甚初九；初九力弱要集體行動；九二自恃力強，單幹。

九二陽爻居乾，乾性剛健勇猛，與六五相應。以其勇猛剛健而敢徒步涉水渡河，以應援六五，是乾之健行「利涉大川」，是力求陰陽相濟。故曰「包荒，用馮河。」

「亡」，往也，去也。疑「亡」上應當有「悔」字。「悔亡」一辭在《易經》常見。

「朋」，伙伴，朋友。

「朋亡」，單獨一人，沒有夥伴，有了腰舟可以大膽涉水渡河，但腰舟只能為一人所用不能共濟。

九二「見龍在田」根基堅實，資源雖不如三但已經不畏險難，憑一鼓膽量。

「朋」是同門師兄弟，「友」是同志，都是可以互補的伙伴。就是正應的六五。陽與陰為朋，陰與陽為朋。

六五為君王，是中央政府，是決策者，是領導中心，是中樞。九二通天，如直達領導中心，直達總統府、中南海。

九二在「泰」之時，又是「見龍在田」之才，有勇有識，要努力開創，一刻不停。

九二居中，是行為、德性皆中，並不偏袒初九、九三這二朋比。初九、九三這二朋遠離九二，以成全九二行中德，是君子有成人之美。所以下一句辭曰「得尚於中行」。

九二不結黨營私，而能謹守賢臣之責，不樹黨派，則任事用人大公無私。天下賢才盡能為其所用，真公正也。

「得」，德也。古文德字皆作得。

「尚」，王引之說：「佑也，助也。」也是賞賜之義。《廣韻》：「尚，加也，佐也，《韻略》云：凡主天子之物皆曰尚，尚醫、尚食等是也。」謂九二向上應六五也。既是向上仰慕也是獲得賞賜得到上位者的助益。流沙河作「淌」，在水中游動也。

「行」，道也。《爾雅·釋宮》：「行，道也。」高亨作「沆」，《說文解字》：「莽沆，大水也。一曰大澤貌。」

「中行」，中道，半道也。又「中沆ㄏㄤˋ」，謂河川中心水流既深且急。流沙河謂「中行」為行道走路急速。

「得尚於中行」，謂雖然一人單獨抱著腰舟渡河，沒有朋友共濟，依然能快速安全渡河。

「得尚於中行」九二、六五皆居中，行為也合乎中道。九二與五應，丟下初、三兩朋，為的是九二要與六五婚媾。故曰「得尚於中行」也可說於半道即得嘉賞。

「尚」，配也，向上攀婚。男女相配婚，女曰「歸」，男曰「尚」。《史記·李斯傳》：「諸男皆尚秦公主，女悉嫁秦諸公子。」曰「尚」，有招婿入贅之意。為了直達天庭，九二入贅都可以。九二互兌，兌為巴結。男就女曰「尚」。如狀元郎尚公主為附馬。

六五爻「帝乙歸妹」，故九二爻曰「尚」。故「尚」是下得上之助佑也。

「尚」，也是賞。「朋亡，得尚於中行」，謂抱著中空的葫蘆腰舟冒險渡濟，中途失去夥伴朋友，濟渡半途又失而復得，攜友共渡。是臨難不忘舊友，得到嘉賞。

「光大」，廣大也。九二以剛體居中，是公正且能力強之賢能之士，故能經營邊荒，勇於馮河，不遺棄自己的責任，雖有亡朋之憂，終究能攜友平安共渡，故「光大」。

九二以陽居陰是要強烈改變安泰穩定現狀之人，與五應是求外援以助其力，以求支持，所以雖遠也要去，雖是蠻荒污穢也要去，如此才可以亨通成長延續，才能「光大」。

「光」，也是光榮之事，「光大」，大光榮之事。「需」：「光亨」

之「光」，也是光榮之事。

小篆

「包」有「孕」之義，《說文解字》：「象人裹妊，巳在中，象子未成形也。」《說文解字注》：「包，妊也。……孕者、裹子也。引伸之爲凡外裹之偁。」

是遠去求親以求香火得以持續，或因流產無子，或因無子再婚。是去「包二奶」。

泰 明夷

此爻變為「明夷」卦，有死象。有過勇而遭禍之義。反之，「明夷」象失為「泰」，遇險得安。

「亡」當「無」，指無有食物。初九無有食物所以亡去。九二比初九情況好一點。就九二來說初九「拔茅」而食即「朋亡」，朋友沒有食物，此與九三的「于食有福」相對。

九三：無平不陂，無往不復；艱貞，無咎，勿恤，其孚，于食有福。
象曰：無平不陂，天地際也。

「平」，平易，指陽之道平易。

「陂」，山坡，是傾斜，指陰之道傾斜。

「無平不陂」，句謂道路一開始平順，但終究會遇到險坡。謂否泰相依也。

「復」，返也。

「無往不復」，是有往前行者，終必有反復回歸之時。

「無平不陂，無往不復」，謂任何平路都會遇到險坡，任何直路都有曲折之處。比喻人之否泰相依，《老子》：「禍兮福之所倚，福兮禍之所伏。」福可能轉化為禍，禍也可變化成福。所以該改變時要知道該改變，不能一條道走到黑。

九三居下卦之終，也是三陽爻的終，是整卦的中間，將要進入陰爻，陽為實，為富，為正面積極；陰為虛，為貧，為負面消極；所以九三處於由好轉入壞的轉捩點。過去的平順終於遇到險坡，以往的前行終於遇到轉

戾點要回復，是有去有回，臨界之處。九三居上下卦之中間位置，是由陽道之「泰」進入陰道之「否」的轉戾點。

是陽道轉為陰道的轉戾點。是由天入地的轉折點。是關鍵。

「艱」，艱難。此爻要知情而變，會遇到艱難阻礙。

「貞」，卜筮。「艱貞」，占問未來患難之事。

「無咎」，無有災患，蓋否極泰來也。

「往」是指下卦三陽由內往外，成為「否」之上卦。

「復」是說「否」卦下卦三陰往外，成為「泰」卦之上上卦，猶如復生陰一般。

「泰」之九三居「泰」卦中間，在諸陽之上，是陽之盛。「泰」上坤陰下乾陽，九三居「泰」

卦陽至盛之位，《易經》循環之理，在下者必升上，居上者必下降。「泰」久必「否」，故九三處於陽盛之位是將入否之轉折點，故曰「無平不陂，無往不復。」

「無平不陂，無往不復」是不利因素要回來復生了，是轉戾點，是說大道不會一直平坦不傾的。是亮起紅燈，是警告。是由好往壞的臨界點。

「艱貞」，是困境，是遭遇艱危而要固守，如「明夷」卦：「利艱貞」。九三面臨由天入地的轉折，危機以現，要有接受艱貞考驗的心理準備。三多凶，「泰」九三已過二之中位，正處多凶之位，本當有「咎」。「乾」九三：「終日乾乾」，又多凶，故曰「艱」。以剛居陽，是得位，故「貞」。

「咎」，災難、畏懼；雖遇艱難但無災難，莫畏懼。

九二冒險濟渡半道失友也是艱難，九三遇坡彎折也是艱難，但在「泰」卦是大境的趨勢，故無須畏懼。

九三「終日乾乾」，謹慎警惕，所以「無咎」。如「需」九三：「敬慎不敗」。

九三不宜拓展要有固守渡寒冬之前的準備。所謂「持盈保泰」。

「恤」，是憂慮，是心中滴血，是憂心之極。《說文解字》：「恤，憂也。」坤為荒，為慌，為憂恤。九三前臨坤。

「勿恤」，是不必憂慮，是九三面臨由「泰」入「否」之際，容易患得患失。

三爻在下卦之上，是始、壯、究的「究」，有「老」之意，九三不若九二有「馮河」之猛。但前臨坤之大荒，艱貞而能無咎，故無須憂慮。

「孚」字上爪下子，本有獲得之意，即俘。《說文解釋》：「俘，軍所獲也。从人孚聲。」軍隊所擄獲之人員財物都可以稱為俘。又浮也，罰也。《小爾雅》：「浮，罰也。謂罰爵也。」《禮‧投壺》：「無偝立，無踰言，若是者浮。」《孔疏》：「『若是者浮』，浮亦罰也。薛令弟子辭曰：『若如是偝立諭言者，則有浮罰之爵』。」至今尚遺有「浮一大白」之句。

「其浮」，謂飲酒時被罰酒也。這是小懲戒。也可解釋為有腰舟可以助浮。或於急流中吞了幾口河水，不礙事。

「勿恤其孚」，就是不必憂慮自己的信念落空。危機也是轉機。為什麼呢？因為「于食有福」。

又「恤」，止也。《漢書‧韋賢傳》：「明明天子，俊德烈烈，不遂我遺，恤我九列。」顏師古注：「恤，安也。」安，即止也。《文選》左思〈蜀都賦〉：「疇能是恤」呂延濟注：「恤，居也。」居，即止也。

「勿恤其孚」，不要止息，跡象已明，積極往前不要瞻前顧後。九三前臨重陰故利往。

「食」，是飲食必需。

福 籀文

「福」，《釋名‧釋言語》：「福，富也。」乾為陽，為實，為福。

「福」，本作「畐」後加「示」為「福」。甲骨文、金文「畐」都作盛酒之酒器的樣子。《說文解字》：「畐，滿也。从高省，象高厚之形。」《周禮‧膳夫》：「凡祭祀之致福者」。鄭注：「福謂諸臣祭祀，進其餘肉，歸胙於王。」《國語‧晉語》：「必速祠而歸福」。韋注：「福，胙肉也。」以字形求之，福為祭祀之酒，胙為祭祀之肉。致福歸福與致胙歸胙異義。一為饗祀祭酒神飲之餘，一饗祀祭肉神食之餘。物雖不同，用意則一樣。福就是祭祀饗神的祭酒。這與浮為罰酒相呼應。

「福」，也是得到幫助，《說文解字》：「福，祐也。从示畐聲。」

「于食有福」，就是有食祿之福，有酒肉可食。九三艱貞，持盈保泰必能「有食有福」。九三基礎穩固飲食民生之需一時無憂。九三得位，故具信用有孚之意，自信滿滿，也是立場正確之意，不為所動。又與上六相應，得到上六的支持，雖無九二之朋，也有上六為同志。故有「于食有福」之喻。此爻不必憂慮一時的小懲罰，在祭祀之後能受酒肉之福。

此爻勿憂受罰而有福有酒有肉可食。

「際」，凡三、四爻稱「際」，是上卦下卦之邊際。「泰」九三〈小象〉曰：「天地際也」。「坎」六四〈小象〉曰：「剛柔際也」。

九三為下乾上坤之交界，故曰「天地際也」。「際」就是邊際，是臨界點，是於「泰」入「否」，由陽入坤，由下入上的臨界點。景氣的榮景已達頂點，將要翻轉，雖然有食有福，但事先要做好準備。

《易經》原是卜筮之書，所言皆為祭祀之事。「泰」九三，二三四互為兌，為悅，三四五爻互為震，為鳴，為笑，是有說有笑，為何？是因為「無往不復」，是祭祀求神～往，得神之回應～復。

震仰盂，為進，為薦，是祭品，就是「于食」之食，是以食奉神也。震又是長子，是以長子主祭，是慎重之祀。兌為享，為口。有鬼神來食之象。

☷☰ 泰 ☷☱ 臨

此爻變為「臨」卦，是臨界點，故要謹慎小心。不可患得患失，要果斷，不然有凶。又退縮為「臨」要爭取成長的空間。

初九春初臨大地，有如景氣迴轉之始，處在冬貯已盡，新糧未下，青黃不接之時，故拔取茅草根以食用，外出尋找食物自然吉利，或遷移他處就食，故「志在外也」這也是趨吉的作法。

九二更是積極在有如景氣大壯之際更是大膽，徒步強行通過大川、艱險。也是趨吉而終「以光大也」。

九三為如景氣究老之際，衝達到最高點，但老窮將變，但停住行駛中的火車總還有一段緩衝期，正在「由天入地之際」雖「艱貞」但有「于時有福」沒有立即的危難，持盈保泰是要點，不必過度擔心。

初、二、三是景氣的上升坡段。初始、二壯、三達到頂。

六四：翩翩不富，以其鄰不戒以孚。

象曰：翩翩不富，皆失實也；不戒以孚，中心願也。

「翩翩」，《經典釋文》作「篇篇」，「《子夏傳》作翩翩，向本同，云：輕舉貌。古文作偏偏」是群飛輕急而下的樣子。《說文解字》：「頨，頭妍也。从頁，翩省聲。讀若翩。」這是一種頭型，就是《史記·孔子世家》記載孔子的頭型「生而首上圩頂。」《索隱》：「圩音烏。頂音鼎。圩頂言頂上窳也，故孔子頂如反宇。反宇者，若屋宇之反，中低而四傍高也。」中間凹，四周高，這就是盆地的樣子，古丘字就是盆地。《釋氏稽古略·卷一》：「仲尼反頨」。《孔子集語·卷十四》：「《路史後紀》：『十生而頨頂，故名丘，而字仲尼』。」此乃聖人異相，或是古人欣賞的吉祥偉俊頭型。

「不富以其鄰」，被鄰人擄掠以致不富而貧。

《易經》初爻與四爻，用詞常常接近，「乾」初九：「潛龍勿用」、九四：「或躍在淵」；「鼎」初六：「鼎顛趾」、九四：「鼎折足」；「泰」卦初九：「拔茅如以其彙」、六四與初九應，故曰「翩翩」群飛而下。乾三連故如茅根根相連一串；坤六斷故如翩翩群飛。

「泰」卦上坤三陰與下乾三陽相應，六四居坤之首，所以有率六五、上六群陰下飛之象。

「翩翩」，是蝴蝶飛舞的樣子，也是鳥群飛舞的樣子。多而雜，眼花撩亂，目不暇給，炫麗迷惑，不知真假之象。《焦氏易林·師之大有》：「鴻鴈翩翩」《康熙字典》引韓愈詩：「青天何寥寥，雨蝶飛翩翩。」《詩·小雅·鹿鳴之什·四牡》：「翩翩者雉，載飛載下，集於苞栩。」

「翩翩」是翻翻，反覆易位。男女交合易位，但不富，沒得到幸福。

「富」，福也。古富福兩字相通。

「翩翩」是鼓勵，獎勵，是放利多，是以華麗、帥哥來吸引人。

「翩翩」是有華而不實，是要迷惑人使人上當，是選舉前的利多。蓋六四得位卻乘下三陽，以陰暗遮住了陽明。又互為兌，兌為悅，雖遮住了陽而呈現愉悅。

六四正出「泰」入「否」，九三是陽「泰」的最高點，六四出入陰，陰為虛，「泰」將走下坡，所以放利多來吸引人，若受迷惑一頭栽下，就慘了！

「翩翩」是表象，是美麗中隱藏著殺機，是糖衣毒藥。故曰「翩翩不富」。

「富」，服也。《詩·小雅·我行其野》：「成不以富，亦祇以異。」成，誠也；意思是內在之心不誠，不服從，而見異思遷也。巽為伏，為順，故為服。《左傳》僖公十五年：「服者懷德，貳者畏刑。」服順者懷之以德，有貳心者畏之以刑。

「不富」，不服也。六四居兌，兌為毀決，為分別，故不服。

「小畜」九五積畜不大卻能「有孚攣如，富以其鄰」與比鄰相連的鄰里，互相服順而不相干犯。「泰」六四榮景已走下坡故「翩翩，不富以其鄰。」是鄰里各自分散。〈小象〉解釋說：「失實也」。陰與陰相窒而阻塞不通，故「不服以其鄰」，謂鄰里不相悅服。

「翩翩不富」是因為欠缺所以強調，粉飾太平。像「鴻源」吸金，已被掏空所以發放更多利息，以求更多人加入。

「以」是及也、用也、因也、與也。是波及，連累。因果相連。「泰」、「否」兩卦連動性很重要。

「鄰」，是指上六、六五兩爻。是鄰居，是比鄰。

六四為坤之首「翩翩」以眾陰為「鄰」，有如初九與眾陽根根相遷連，是「拔茅以其彙也」。

在地下故曰「拔茅以其彙」。在外卦人之上故曰「翩翩群飛，比鄰相連。」

「翩翩，不富以其鄰」，謂本是美麗的富裕人家，被鄰人掠奪其財物，以致家貧。因為「不戒以孚」。

「不富以其鄰」，是金融風暴，波及廣泛，相因、相靠的，都被波及。

「皆失實也」是說「翩翩」都是虛的。上卦三爻皆陰，陰為虛。故曰「失實」。

「戒」，教戒，警戒，是消極的防範。

「以」，而也。

「孚」，俘也，虜取。

「不戒」，未事先警告。

「不戒以孚」，不知戒備警惕，所以為人虜取財貨。

「不戒以孚」是「戒」的手段無法發揮作用，因為心中想去。所以〈小象〉說「中心願也」。六四往上遇陰相窒，往下與初九相應，有應援故無患害，故曰「不戒以孚」。謂無須戒備，相互之間有信用。

「泰」卦是上坤往下，下乾往上相互交往；六四率眾陰往下「不戒以孚，中心願也」，是自願的，因為受不了誘惑；互「歸妹」感情重於理性。兌上缺也是陰遮陽，感性遮住了理性。

六四居坤之首，又率六五、上六眾陰以起由上往下群飛，與初九、九二、九三相交。二三四爻為兌，為愉悅。是諸陰與眾陽相交彼此同心愉悅，故不須戒律約束。故曰「不戒」。是本性如此戒也無用，欲望人人有，貪念人人有。坤陰為欲。

陽為實，陰為虛，六四陰爻居陰位為純陰之體故曰「失實」。上六、六五也為陰，故曰「皆失實」。有的失的多，有的失的少。

六四與初九相應且悅（二三四互兌），因是陰從陽，陽求陰，是本性如此，是依本性而發，所以說「中心願也」。

乾群陽往上求陰，陰眾往下相迎，雖然實力不足，但就要過氣，以翩翩聯手急於下迎有實力的乾陽，陰為眾，可以選擇，陰為虛，雖眾但多是不富之家。

六四急於抱大腿。六四得位其德性如「坤」卦：「括囊」在「泰」卦時也變得積極主動。

四、五、六爻皆虛，是不論那一家嫁女都要其他家的資助，是門不當戶不對之配。

☷☰ 泰 ☳☰ 大壯

但六四變為「大壯」卦，「泰」卦互也是「大壯」卦，「豐」卦互

也是「大壯」卦，是成家之後家道壯豐之象，是得位之女有幫夫運，但是虛好看，光景不長。又「大壯」曰：「利貞」，利於貞守，要理性謹守分寸。「大壯」是戕傷，不然必受戕傷。

九五：帝乙歸妹，以祉元吉。
象曰：以祉元吉，中以行願也。

「帝乙」，就是商紂王之父。《集解》引虞翻曰：「帝乙，紂父。」《史記‧殷本紀》：「帝乙崩，子辛立，是為帝辛；天下謂之紂。」《左傳》哀公九年：「陽虎以《周易》筮之，遇「泰」之「需」，……微子啟，帝乙之元子也。」五爻是天子，君主。

「歸」，婦人出嫁曰歸；《說文解字》：「歸，嫁女也；從止，從婦省。」《詩‧周南‧桃夭》：「之子于歸，宜其室家。」《穀梁傳》隱公二年：「婦人謂嫁曰歸」。

「歸妹」，猶言嫁妹也。但妹也可以解釋為少女，王引之注：「妹，少女之稱也」。

「帝乙歸妹」，帝乙嫁妹，或帝乙嫁女在歷史上真有其事；顧頡剛認為《詩‧大雅‧大明》：「文王嘉止，大邦有子。大邦有子，俔天之妹。文王厥祥，親迎于渭。」就是描寫此事。說此爻為帝乙嫁妹為文王之妻。周文王為帝乙之子商紂王的姑丈，周武王與商紂王為表兄弟。當時的周文王只是周伯季歷之子，商紂王只是帝乙的兒子。一場大家族之間的政治婚姻。

「帝乙歸妹」，是居上位的君王將妹妹嫁與諸侯或大臣，是下嫁，所以就諸侯而言是大吉的。上陰往下交陽之象，是尊貴的王姬降格從夫以順其夫。陰陽相交就是吉。為的是安定國事。「泰」是天地之交，故五爻以天子嫁妹為喻。

「泰」六五以柔居尊位，下與九二相應。而二三四互為兌，三四五互為震，上震下兌為「歸妹」卦。六五嫁妹與九二也。

在卜辭中周人稱殷商為「大邦」稱自己為「小邦」，又《詩‧大雅‧大明》曰：「大邦有子」。《書‧召誥》：「天既遐終大邦殷之命」。《顧命》：「皇天改大邦殷之命」。《書‧大誥》：「興我小邦周」都是其例。這是大邦攏絡小邦的婚姻，是邦國之間的婚姻。

六四大臣用「翩翩」，六五君主用「歸妹」，這是比「翩翩」更甚了，因為嫁妹，收為駙馬，拉為自己人，情同父子。

君主是最高當局，出手又凶又大，條件特殊，懷柔攏絡之極，比「翩翩」釋放出更大的利多。

二爻五爻相應，五爻曰「歸妹」、二爻曰「尚公主」，九二心甘情願的墜入情網、陷阱；比「翩翩」更高明。這可不是雙贏，九二將來必受委屈；唐朝中興名將郭子儀，替李唐搶回了天下，天子攏落他，嫁女入郭家，一日其子與公主爭吵，郭子儀驚恐之餘，綁捆其子進宮請罪，可見與天子作親家不是易事；就連郭子儀匡救朝廷有功，也得卑躬曲膝如此。

「以」，與也。《詩・召南・江有汜》：「之子歸，不我以。」鄭玄《箋》：「以猶與也」。

「祉」，福祉。

「祉」，止也。于省吾《易經新證》：「祉應作止，金文『之』皆作 ，《說文繫傳》曰：『祉之言止也』『帝乙歸妹以祉』，應作『帝乙歸妹以之』『以之』猶言『用之』乃古人語例。「明夷」象傳『文王以之』『箕子以之』左襄十年傳『彼則以之』左昭四年傳『死生以之』《管子・水地》『而管子以之』《呂覽・審己》『人皆以之』『以』並訓『用』。」

「歸妹以祉元吉」，嫁妹用之結兩姓之好則大吉也。

「中」，六五居中，能行中道。

「以」，而也。

「行願」，不是心願，是半推半就。六五所提的條件比六四更好，更誘惑人，雖非己之心願，但非「行」不可。

「泰」卦所言是陰陽相交，也是說嫁娶，也是兩大集團、家族相聯姻。

在不同爻中，是不同社會階層之人的婚嫁方式。初爻所言為居住在郊外住茅草屋的野人婚禮。六二是住在城內之人往荒野求婚。六三和六四是城裡和郊野之際的平民婚事。六五則是帝王之妹的婚事。六五居尊是貴婦，下嫁夫家是降福到夫家。

「元」者「善之長」也，即大也，是因婚而貴而富，福澤綿長之象。

「元吉」，大吉。

此爻王者嫁妹，用此和親則大吉。

「姪」，或是姪，古人嫁女必影陪嫁的媵，媵不是姊妹就是姪等親屬，《詩‧大雅‧韓奕》：「韓侯娶妻，汾王之甥，蹶父之子。韓侯迎止，于蹶之里……諸娣從之，祁祁如雲。」《公羊傳》莊公十九年：「諸侯娶一國，則二國往媵之，以姪娣從。諸侯一聘九女。」則此云歸妹以姪，亦通。

「歸妹」初九：「歸妹以娣」六三云：「歸妹以須」都是佐證。王駱賓先生的新疆民謠〈達板城的姑娘〉歌詞中：「你要想那家人，不要嫁給別人，你一定要嫁給我，帶著你的嫁妝，領著你的妹妹，趕著哪馬車來。」或是古俗「媵」的遺留。

六五得九二金龜婿，兩大集團合作成功。

九五已達「泰」卦頂點，大部分的卦五爻就已經成熟，再上就熟透而爛了，情勢急轉而下。

泰需

此爻變為「需」卦「光亨」「利涉大川」，是短暫的等待就可達成心願。故「需」卦是戒急用忍，是「不進」，「泰」卦是「通」，可見通不通，進不進，五爻天子是關鍵。此爻是由「需」之不進而變為相互交「泰」而通。紫禁城乾清宮與坤寧宮之間有一交泰殿，就是取乾坤陰陽交泰之義。

上六：城復于隍，勿用師，自邑告命，貞吝。
象曰：城復于隍，其命亂也。

「城」，是高聳的城牆。象徵的是一點一滴累積培土而成的基業，不是一蹴而成的。乾為圜，故為城。

「隍」，是城牆下無水的壕溝，用以護城，有水的稱為城池，無水則稱為城隍；《說文解字》：「隍，城池也。有水曰池；無水曰隍。」《爾雅‧釋言》：「隍，虛也，壑也。」注：「城池空者為隍」。疏：「城池無水者」。郭璞云：「城池空者為隍」。《子夏傳》云：「隍是城下池

也」。

　　古人以版築的方式夯土築城，就地以城外之地取土築城，城就而挖地取土之處也成為壕溝，加注水的就稱為「城池」，乾涸無水稱為「城隍」。坤為隍。古坤字巛就像坤六斷的卦形，又有巛字，《唐韻》：「巛，川本字。」「く」くㄩㄢˊ是小流水，《說文解字》云：「く，小流水也。」今作涓。「巛」ㄎㄨㄞˋ是略大於く的田中大水溝，也稱澮，現在稱為圳ㄗㄨㄣˋ。《說文解字》：「巛，水流澮澮也。方百里爲巛，廣二尋，深二仞。凡巛之屬皆从巛。」巛則是く、巛之小水會流為大川也。所以坤卦有溝洫溝圳之義。

　　「復」，是覆，是傾覆，也是回復到原點。

　　「城復于隍」是城牆崩塌，傾倒於溝壕之中，既是美景破滅，也是多年的基業會於一旦，是回復於從前原點，是春夢一場，歸於虛無，功虧一簣。

　　上六得位處於「先迷後得」的「迷」之位，又是退休老人，只上不下，與九三相應而不與九三交往，如臣不扶君，如「比」卦上六：「後夫凶」。

　　「城復于隍」是傾國傾城，國破家亡，繁華覆滅，「泰」局全毀，進入「否」勢。

　　也象徵君子的沒落，小人的抬頭。「泰」卦至上六已終，將轉變進入「否」卦，故以此喻。三爻至上爻為覆艮，為傾城之象。

　　初六「拔茅如以其彙」是開創新世界的初步，是整地，上六「城復于隍」又回到原點從新來過，是「往事霸圖如春夢」。

　　「泰」初九與六四相交，是天地相交之始，都有引朋來比之象，所以初爻辭「拔茅如以其彙」，六四爻辭「翩翩以其鄰」。

　　九二與六五相交應，兩爻居「泰」卦之中。六五以人君之位降其尊以任命大臣，九二盡職拼命以報答六五知遇。

　　九三與上六相交應，是「泰」卦之終也，安泰之象將轉為「否」，所以九三說「無平不陂無往不復艱貞」上六說「城復于隍」。九三好景達到頂點，上六則將一切榮景傾覆。

　　「勿用師」，師字之前或有「行」字，《易經》多次言行師。「謙」

上六：「利用行師征邑國」。「豫」：「利建侯行師」。「復」上六：
「用行師中有大敗」。此爻不利用師。城牆已倒，國無干城以守，如何再
大張旗鼓的勞師動眾？上爻在化外，威力已經不及也。又上六在坤，坤為
順，上六順之極變為不順，焉可「用師」？「師」卦是「行險而順」，不
順故「勿用師」。

　　上六城塌於壕溝之中，君子沒落，「泰」卦終，「否」卦興，上下不
通，民心散渙，所以不利於用兵。

　　「勿用師」是上六已覆敗，但不可以用自己死忠的部屬做最後的頑
抗，不可以玉石俱焚，要留下生機，要敗而不潰。如句踐承認失敗，但是
「十年生聚，十年教訓」後，「東山再起」。

　　「勿用師」是切勿逞強，要認清時勢冷靜處理，不可抱背水一死之
心。

　　「自邑」是自己的封邑，是私邑，自己的勢力範圍，是死忠的幹部子
民。

　　「自邑告命」，上六亂命，就算對自己的私邑失告命令；基礎已不
固，下也不會奉從上，故「貞吝」。或是城牆崩壞，無以為守，更不能出
師征戰。必遣邑人向上告命於國君。

　　「貞」，占筮，占問。

　　「吝」，遴也；《說文解字》：「遴，行難也。」《孟子‧題辭》：
「然於困吝之中」。焦循注：「吝之義為難行」。《廣雅‧釋詁》：
「遴，難。」謂難行不進，或是遭遇到困難而事難成。猶今言「疲累」。

　　「貞吝」，占得此爻將遭遇困難，是患難之兆。

　　「其命亂也」，是說城復于隍的原因，是因政令混亂，自己處置不
當。坤六斷，為迷，為荒，為亂，上六又居化外故曰「亂」。

　　「命」，政令也。

　　「泰」極「否」來，雖是易經循環必定之理，然「城復於隍」，君子
沒落，亦是人事不彰所致，人事不彰，政令就會混亂。治久必亂，亂久必
治，天下無久而不變之理。「否」上六「傾國傾城」故告戒人們要居安思
危。

居「泰」之上，是安泰以至極，將由治世轉而衰亂。

上六處陰之極是不祥之女，帶來厄運，傾城傾國。

 泰 大畜

此爻變為「大畜」卦是畜德，是得天時，是天下大治。上爻若是能艮止，城不傾覆，天下安泰大治可以延續。反之不得天時一切功業毀於一旦。

〈雜傳〉：「大畜，時也」，等待復興之機，但時間要很長，要得天時才行。又「大畜」是積畜厚實，就是城牆，「泰」上六將多年的積聚毀於一旦。

泰

否　：否之匪人，不利君子貞，大往小來。

彖曰：否之匪人，不利君子貞，大往小來。則是天地不交而萬物不通
　　　也；上下不交而天下無邦也；內陰而外陽；內柔而外剛；內小人
　　　而外君子；小人道長，君子道消也。

象曰：天地不交，否。君子以儉德辟難，不可榮以祿。

序傳：物畜然後有禮，故受之以履，履而泰，然後安，故受之以泰。泰
　　　者通也。物不可以終通，故受之以否。物不可以終否，故受之以
　　　同人。

雜傳：否、泰反其類也。

否 籀文　否 小篆

　　從卦名看就知不是好卦。《康熙字典》引徐鍇曰：「否，不可之意見於言，故從口。」《集運》：「口不許也」。《經典釋文》：「否，閉也，塞也。」又於「痞」云：「小人否」。引王肅曰：「否，塞也。」《論語·雍也篇》：「予所否者，天厭之，天厭之。」《列子·天瑞篇》：「聖有所否」之「否」都作「閉塞」解。「否」字從不、從口，不口就是不說，沒有溝通，沒有交集。是意見不同，是口頭拒絕說不，斷絕不溝通也，不相往來也，道不同不相為謀也。得此卦不吉。

　　「泰」是上陰下陽相互交通，所以〈彖傳〉說：「天地交而萬物通。」「否」是上陽下陰相互不通，所以〈彖傳〉說：「天地不交而萬物不通。」所以帛書作「婦」，婦、否古音近。否，古音通「匹」，意思是「娶婦」，又「婦」者，附也，副也。妃配者，陪附也。又《釋名》：「坤，順也。上順乾也。」〈繫辭〉云：「是故闔戶謂之坤」。《說文解字》：「闔，門扇也，一曰閉也。」但因為坤卦陰在乾卦陽之下，坤卦為閉藏，伏藏在下不得相匹配也。

　　「否」是小戶人家，遠山僻壤的小村落。「泰」是溝通，是人來人往的都會、市集。

　　「泰」是通泰疏暢；「否」是渾身不舒服。

「否」陰陽不通，雲雨不成，天旱無雨。「小畜」：「密雲不雨」雨終會降。

乾為大，坤為小，故〈彖傳〉曰：「大往小來」與「泰」卦〈彖傳〉曰：「小往大來」相反。

「否」、「泰」既相綜又相錯。上乾陽氣清而上升，下坤陰氣濁而下降，乾坤陰陽愈行愈遠，無有交集，萬物無以繁衍。乾坤兩皆純卦，力量皆強，皆歸自位，是各有各的理，所以相斥不讓，塞而不行，故否。故〈彖傳〉曰：「天地不交而萬物不通。」坤就是閉塞，〈繫辭上〉：「闔戶謂之坤」。謂閉藏萬物，若屋室之閉闔其門戶。

「否」是閉塞，是閉關自守，各行其事，你走你的陽關道，我過我的獨木橋，沒有溝通。因上下不交，不是同志，有閉鎖不通之意。

「泰」卦是正月之卦，將要春分之時，日越長，天越暖，萬物萌生；「否」是七月之卦，將要入秋分，日越短，天越寒，萬物收藏之時。故「泰」卦是啟，以乾卦為主，「否」卦是閉，以坤卦為主。故「否」卦「萬物不通」是「塞」，即「寒」，即冬之將至。

《詩・豳風・七月》：「十月蟋蟀入我床下。穹窒熏鼠，塞向墐戶。」十月已經是孟冬之月，蟋蟀貪暖竄入屋內床下，將所有的洞穴阻窒並用煙燻驅趕老鼠，「向」是朝北方牆面的窗口（《說文解字》：「北出牖也。从宀从口。」），「墐」是用泥塗抹，「塞向墐戶」謂用泥與磚將北面牆上的窗口填塞，以避北風的寒冷。《齊民要術》：「閉戶塞向，密泥，勿使風入漏氣。」小篆塞字作 𡩟，从宀，象屋牆；从四工象砌磚的泥縫痕跡；从雙手，象工作；从土，象泥土。先天八卦坤居北，象徵寒冬閉塞斂藏之象。

「否」是顛倒，乾坤相逆而不交，是反面，是大逆不道。「大過」也是「顛」，是顛覆；都是天下大亂之時。

〈彖傳〉曰：「小人道長，君子道消也。」「否」否塞不通，無有人道，無有理性，正氣不伸。有以臣逼君，以子逼父，受小人制之象。

「否」是外剛內柔，表裡不一，看起來蠻像一回事，實際是「小心火燭～草包一個。」色厲內荏，紙老虎，是打腫臉充胖子。

上卦為陽，代表管理階層，下卦為陰是基層大眾。上陽管理者能幹充實，下民卻空虛無法與乾陽配合終至閉塞傾覆。在上位者陽實，窮於聚斂；在下為者陰虛，無有基礎，這是不會久常的。

「匪人」不是人，是鬼，是小人，是陰人，是閹人，是有罪之人。不是人道之時，是鬼道。是非人的世界。是否定，推倒了錯誤的人。

聞一多《周易義證類傳纂》引《詩・小雅・何草不黃》：「哀我征夫，獨為匪民。」以「匪民」為罪民。「民」之本意就是罪人奴隸。「匪人」就是「匪民」。就是罪人。古時有罪之人服勞役，征戰時為役伕，故自稱「匪人」。故「不利君子貞」。不利君子出行。

「否之匪人」，小人得志，是賢人閉而不通，國將亂，君將危。「泰」是「上下交而其志同」，「否」不是同志，故曰「匪人」。

「否」是不交、不通，「否之匪人」是不與人溝通之人，是讓人測不準的人，不是正常人。

上卦乾陽，下卦坤陰，在上者聚殮殷實，在下者虛荒不動，富者愈富，貧者愈貧，基層被掏空，故不是人過的環境。

小人得志故「不利君子貞」。

「不利」，是不利於發展，是不可以拓展。

「不利君子貞」，是君子貞也不行，是物欲橫流，寡廉顯恥，社會風氣差道極點，君子想出污泥而不染也不行。

「不利君子貞」，不利貞正，不利出行也。君子在「否」時容易受傷損，故當避之內斂，以保自身，故「儉德避難」，不利出行。

「不利君子貞」，坤卦婦人當以柔順為主，今不順而違逆，故「不利君子貞」。

「不利君子」，利小人。

「大往小來」，陽往陰來，所失者大，所得者小；好的去了，壞的來。

「大往小來」，是賠本生意，貿易逆差，出超，日趨衰敗。

乾金坤土，巽木艮土，木生火可以化金，無財；是土重金埋，金剋木為財，是有小財無大財。

〈彖傳〉曰：「上下不交而天下無邦也」「無邦」，坤為土地，為邦國，為慌亂，是無政府狀態，是國之不國，是無道之邦。《抱朴子‧詰鮑》：「無道之君，無世不有，肆其虐亂，天下無邦，忠良見害於內，黎民暴骨於外，豈徒小小爭奪之患邪？」「否」是「天地不交，否。」陰陽不能相交合，不能相調劑，故「無邦」。「大過」是：「澤滅木，大過。君子以獨立不懼，遯世無悶。」都是天翻地覆，邦國無道的混亂之世。

「德」，是善行，是好人好事。也是「得」，收穫得有。

「儉」，斂也；《新書‧道術》：「廣較自斂謂之儉，反儉為侈。」《素書‧求人之志章》：「高行微言，所以脩身。恭儉謙約，所以自守。」《老子》曰：「我有三寶，持而保之。一曰慈，二曰儉，三曰不敢為天下先。慈故能勇；儉故能廣；不敢為天下先，故能成器長。今舍慈且勇；舍儉且廣；舍後且先；死矣！」

「儉德」，是好人好事都要儉，都要收斂，不可強出頭，是要知節制收斂，韜光養晦。

「儉德避難」，是要行儉約，收斂，隱蔽遁世。

「不可榮以祿」，不要出仕，不可出鋒頭。

「榮、祿」是國家的官銜名譽，否是無道之邦，榮祿汙穢不可以忝父母家聲。清末有大臣名「榮祿」，是末代皇帝溥儀的外公。

「否」是君子退避，小人當道，賢哲退隱，豺狼當道，社會環境壞道極點。上下不交通，各行其是，〈大象〉曰：「君子以儉德辟難，不可榮以祿。」這與「乾」初九〈文言〉：「遯世無悶」是相同的。「大過」〈象〉也說：「澤滅木，大過。君子以獨立不懼，遯世無悶。」

「泰」要知「裁」要用力的，「否」要知「儉」，收斂於無形。《禮記‧檀弓下》：「國奢，則示之以儉。」可見「否」時榮祿太濫。

物極必反，應韜光養晦，抱殘守闕，待運之轉機，或改變方向。不交則不通不生，無財，故處否時要以節儉為德，不可榮華其身。

「不可榮以祿」，不要榮居祿位。「否」卦是小人得志之時，君子居榮顯之位，必遭禍上身，所適宜處於隱晦之處。君子處否之時，要知隱藏收斂以窮儉自處，以避禍難，不可貪於榮祿。「不可榮以祿」，是無有榮祿。

「儉德避難」，是要保存實力以待熬，所以要「利艱貞」，要「熬」才能出頭。

䷋「否」互䷴「漸」，「漸」是循序漸進，百折千迴，按部就班，守秩序不插隊，無法一蹴而就。「否」時不通不順，運勢壞到極點，又互「漸」，是只能慢慢的，從正常管道按部就班的求進，以脫否境。

六二與九五相應，是應而不交。互為「漸」卦，是漸漸久而能交也。否極泰來不容易。

「否」在「泰」卦之後，〈序傳〉曰：「泰者，通也；物不可終通，故受之以否。」否是不通，泰安久了，人就懶而偷機，現在說苟安，說混，則積久不通。故「否」卦次於「泰」。

「否」是不交，「泰」卦是交，沒有永遠的交，也沒有永遠的不交，此乃易之理也。相反為乾下坤上之卦，則為「泰」卦。上下交合萬物紛茂，是故通泰。在卦體上，「否」是「泰」卦的陰陽相變，也是顛倒。但「否極泰來」之說「非輪迴」之說，而大義是凡事的過程必有順逆，而倒退也可能是前進，是達成目標的過程。

「否」「泰」兩卦之後為䷌「同人」，「同人」卦辭：「同人于野」，野者，廣大基層也。「否」下坤虛，是基層與上卦得管理階層不交，互不信任，故要團結基層才能在創新局。

「否」是閉塞不通，就季節而言「否」象是夏陽方去，秋陰方至故《呂覽》以「否」卦為農曆七月。今謂之鬼月。

「否之匪人，不利君子貞，大往小來。」朱熹認為「之匪人」三字多餘，參「泰」卦辭，疑朱說是。可以參觀。

又帛書作「婦」，「婦之非人」即婦人不順從。《說文解字》：「婦，服也。」服，順服，順從；《呂氏春秋‧論威》：「敵已服矣」。可以參觀。

初六：拔茅茹，以其匯；貞吉，亨。
象曰：拔茅貞吉，志在君也。

「否」卦初六的爻辭與「泰」卦初九的爻辭一樣，指的是初六、六二、六三，相連而來，天地萬物，分群分類，物以類聚，所以「否」初

與「泰」初是一樣的。但意思不同。一是初春拔茅根以充飢，一是收集草料以備冬。

「拔」，奮力而起；《禮·少儀》：「毋拔來」。《疏》：「拔，速疾之意。」《前漢·陳傳贊》：「拔起隴畝之中」。《註》：「疾起也」。

「茹」，也可以解釋為飼養馬匹。《說文解字》：「茹，飤厶丶馬也。从艸如聲。」「茹」本有食用之義。《漢書·董仲舒傳》集注：「食菜曰茹」。《禮記·禮運》：「未有火化，食草木之實，鳥獸之肉，飲其血，茹其毛。」《淮南子·脩務訓》：「古者，民茹草飲水，采樹木之實，食蠃蟁之肉。」清代焦循〈荒年雜詩〉云：「采采山上榆，榆皮剝已盡；采采墓門茅，茅根不堪吮。」

「茅茹」，各家紛云，許慎《說文解字》云為「毛蒐，如蘆ㄌㄩˊ。人血所生，可以染絳。从艸从鬼。」《神農本草經》：「《名醫》曰：『可以染絳。一名地血，一名茹，一名茅搜，一名茜。生喬山。二月、三月采根，陰乾。案：《說文解字》云：茜，茅搜也。搜，茅搜，茹。人血所生。可以染絳，從草從鬼。』」

《詩·鄭風·東門之墠》：「東門之墠，茹藘在阪。其室則邇，其人甚遠。」《毛詩注疏》：「『茹藘，茅蒐，蒨草也。』又李巡曰：『茅蒐，一名茜，可以染絳。』陸機《疏》云：『一名地血，齊人謂之茜，徐州人謂之牛蔓。』然則今之蒨草是也。」清人俞正燮《癸巳類稿》云「茅茹」或「茅蒐」，《詩·鄭風·東門之墠》有「茹藘在阪」，也稱為茜草。「茹」在《周禮》中稱為「染草」，《周禮·地官·司徒》云：「掌染草：下士二人；」。俞正燮云：「入藥能補血，曰：『地血』」。茹的根可以作為絳紅色染料，也可用於占卜，《離騷》：「索藑茅以筳篿兮，命靈氛為餘占之。」王逸注：「藑茅，靈草也。筳，小折竹也。楚人名結草折竹以卜曰篿。」可知古代占筮，不必專門用蓍草也。「拔茅茹以其匯貞吉」，即謂用拔起茅時連根拔起，用其莖占卜，是吉利的。

「匯」，類也。帛書也作「類」。清宋翔鳳《過庭錄》說：「匯，通偉，美也。」

「拔茅茹，以其匯」，意謂拔取茅藘，因為其碩大肥美可為祭享獻

品。或謂儲備所需養馬草料以備用。

何新先生認為作「蝟」，蝟集也。亦通匯，匯集之義。《韻會》：「蝟，通作彙」義相通。

「彙」是匯集。蝟本意是豪豬，《說文解字》：「本作<ruby>彙</ruby>，蟲似豪豬也。」《廣韻》：「蟲也。似豪豬而小。」《爾雅・釋獸》：「彙，毛刺。」《註》：「與蝟同。今蝟狀如鼠。」《疏》：「彙，卽蝟也。其毛如針。」故引申為「類」，同一類也，整體也。如石化業，電子業，鋼鐵業等為「類」。

「以其彙」是初六、六二、六三是同類相匯，如豪豬身上的刺，是陽剛相聚之象。

「拔茅茹，以其彙」，意謂拔取茅莖草料備以養馬，引申為蒐集物資以備不時之需。閉塞為寒冬之時，故備而無患。所以不利於「征」而利於「貞」，能「貞靜固守」則吉。

「貞」，是貞正固守。「貞吉亨」這句話是說要謹守正道、分寸才能吉而能亨通。

「泰」初九陽剛，是君子之象，「拔茅如，以其彙；征，吉。」所以說一個牽一個共進趨之則吉。

「否」初六陰柔，為小人之象，所以告誡要貞正固守則吉。

《易》為君子謀，不為小人謀，初六說吉，也就是說初六是君子。但〈象傳〉言「否」卦是內小人外君子，何以初六又成了君子？「否」初六與九四正應，但「否」之時是上下不交，所以也不應。

「貞」所言是君子之行為，小人如何「貞」？初六居坤卦，為順，初六順所以六二、六三也跟著順而不動，故曰「拔茅如以其彙」，貞是正固，在「否」初六來說是靜，是君子處否之時，要知隱藏收斂以窮儉自處，以避禍難，不可貪於榮祿，是「人不知而不慍」也。

「泰」初九是帶頭往上進，故曰「拔茅茹，以其彙，征吉。」「否」初六要靜，要以儉德避難，故曰「拔茅茹，以其彙，貞吉」。

「否」初二三，相連約，共同守正不動，才能得吉獲亨，可見「否」初想要「貞」而「吉」是不容易的。

在「泰」之初要動，在「否」之初要靜，如果動那就凶了。

「否」初六堅持不動，則「吉亨」。「吉」是平安無事，「亨」是進一步發揚自己的長處，有所亨通也。「泰」是要趨吉故曰「征吉」，「否」時要「儉德避難」要守正避凶，故曰「貞吉」。

〈小象〉曰：「拔茅貞吉」是「拔茅如，以其彙，貞吉亨」的省語。君子處「否」之時要以儉德避難，待機而動。

「志在君」是說初九不宜動，但心是想要往上應援九四的，所謂「居廟堂之高則憂其民，處江湖之遠則憂其君」，是君子身處無道之世，但心中無時不忘奉待其君。

「志」，心中志向，不是外在行為；《廣韻》：「志，意慕也，《詩》云在心爲志。」語出《毛詩序》：「詩者，志之所之也，在心爲志，發言爲詩，情動於中而形於言，言之不足，故嗟歎之，嗟歎之不足，故詠歌之，詠歌之不足，不知手之舞之足之蹈之也。」既然言貞固靜守所以曰「志」。

「泰」初九志在外，是要向上往廟堂，「否」初六是在野庶民，雖暫時不得志但也思君之安危也。

初九剛剛入「否」，「否」的不深，所以「拔茅茹，以其彙。」是要除去雜草，清除障礙還可以守正而得吉。但是身處「否」時是「野火燒不盡，春風吹又生。」除去雜草並不容易。

「茅茹」是古代祭祀占卜，《離騷》：「索藑茅以筵篿兮，命靈氛為余占之。」王逸注云：「藑茅，靈草也。筵，小折竹也。楚人名結草折竹以卜曰篿。」又《康熙字典》註：「瓊茅，靈草。筵，竹算。楚人結草折竹卜曰篿，蓋本竹算，用之以卜，故因謂卜爲篿，猶今人以籌算數畫也。」「拔茅茹，以其彙」是說將茅草拔起但根還是相牽連的一連串，這是吉占，是吉祥的徵兆。但不同的是「泰」卦要出外而動，「否」卦不宜出外而動。

「否」卦〈象傳〉說：「天地不交」就是陰陽不交，而無子嗣，故拔茅以祭祀，茅草根根相連代表子嗣繁衍是吉兆，故「貞吉」。「亨」，是享，也是通，就是祭祀得到神靈的回應。

䷋ 否 无妄 初六變為「无妄」卦，初、二、三連動，恐受他人牽

連而受無妄之災而落破，躲入偏遠小地方較好。不可妄動，不然有災。

得此爻以靜守為吉。不知靜守妄動則變「无妄」災也。

六二：包承，小人吉，大人否，亨。

象曰：大人否亨，不亂群也。

「包」，匏也，浮水腰舟也，腰舟為浮水工具，是手段不是目的。

「包」，統包，是統統包下來了，是包容。

「承」，承擔，承受。《增韻》：「下載上也」。《尚書・大傳》：「庶人有石承」。《註》：「屋柱下石也」。也稱礎石。

「包承」，是概括承受，是統統包了下來，不計得失好壞。以腰舟為工具等小人，而非處事的君子大人概括承受，如此必有失而不通。

「包」，包裹，《廣雅・釋詁》：「包，裹也。」《詩・召南・野有死麕》云：「白茅包之」。毛傳：「包，裹也。」字亦作苞。《禮記・曲禮上》：「凡以弓劍、苞苴、簞笥問人者，操以受命，如使之容」鄭注：「苞苴，裹魚肉者也，或以葦，或以茅。」《荀子・大略篇》：「苞苴行與」義同。古人有用茅草包裹食物、祭品、禮物的習慣。

「否」時君子不利只能包承一切，與九五漸行漸遠，有口不能言，所以對九五天子加諸於身的一切都統包承擔下來，所謂「雷霆雨露莫非皇恩」。

六二居中得位若「坤」六二「直方大」，謹守臣節。

「小人吉」是在「否」時，小人得志也，所以就小人來說吉。

六二為陰為小人，居中得位，故吉。

「否」二以陰爻居陰位且居中，在「否」之時是小人得志之意，下卦為坤，坤為陰，又與九五應，是志得意滿又奉承阿諛上位之意。「泰」九二巴結的較高明。

「否」卦「不利君子」故「小人吉」。

「否」字，從不從口，無有溝通，說也說不通，多說無益。

「大人否亨」，是小人當道，君子說也沒用。

大人在「否」時不屑奉承阿諛，下情不能上達天庭，所以「天地不交，萬物不通。」

正派君子不能亨了。

「群」，是眾，是同類相群，是臭味相投。〈雜卦傳〉：「否、泰反其類也。」故言「彙」，言「群」。

「不亂群」，是不要亂了群類，小人歸小人，君子歸君子，不要混在一起，不可忠奸不分。

「不亂群」，是不要亂了方寸，不同流合污，要堅貞。

六二陰爻是小人，相應九五陽爻是君子，但是「否」是「上下不交」，就是上下相隔而不交通，所以陰陽、小人君子不交往，故曰「不亂群」。

「大人否亨」，就是君子不入小人之群，則亨。

在「否」運時，君子不自亂以改變其志與小人為群，不同流合污，是《孟子》所說：「非其君不事，非其民不使，治則進，亂則退，伯夷也。」「伯夷，聖之清者也」。

「承」是下接上也，「包」是上包庇下也，「包承」是下奉承阿諛上，上包庇下。是私心自用的包庇，不是寬宏大量的寬容。這種狀況，小事作的好，大事作不好。紙是包不住火的。

就婚配而言，上下不交是兩個都是純陰純陽，能量皆強、皆純，互不相讓之象。如此是硬配，婚姻不祥。

「包」，讀為庖，《說文解字》：「庖，廚也。」《淮南子·齊俗訓》：「宰庖之切割分別也」。張舜徽《鄭學叢著演繹名》：「庖，炮也。炮炙食物之所也。」《孟子·梁惠王上》：「是以君子遠庖廚也」。

「包」，包裹，古人常以茅草包裹魚肉。《廣雅·釋詁》：「包，裹也。」《詩·野有死麕》云：「白茅包之」。毛傳：「包，裹也。」字或作「苞」，《禮記·曲禮上》：「凡以弓劍、苞苴、簞笥問人者，操以受命，如使之容。」鄭注：「苞苴，裹魚肉者也，或以葦，或以茅。」《荀子·大略篇》：「苞苴行與」意思相同。

「承」，《說文解字》：「承，奉也。受也。从手从卪从収。」「承」字小篆作 𠩄，从左右雙手，作高捧之狀，从「卪」像人跪坐，全字好像將人高捧上舉之形，既有承受也有高舉進獻的意思。古字蒸、登、

承通用。

「承」，或作脀，字也作胥，祭祀時所進獻之肉。《儀禮・燕禮》：「脯醢無脀」及《儀禮・大射禮》：「胥薦主人於洗北，西面。脯醢無脀。」鄭注並云：「脀，俎實。」《儀禮記》：「有脀」。鄭注：「脀，折俎也。」《儀禮・特牲饋食禮》又云：「眾賓及兄弟肉賓宗婦若有公有司司陳皆殽脀」義同。《集韻》：「或作膡」。《國語・周語》：「禘郊之事，則有全烝。王公立飫，則有房烝；親戚宴饗，則有餚烝。」韋注：「烝，升也，全烝，全其牲體而升之，凡郊禘皆血腥。」「餚烝，升體解節折之俎也，謂之折俎。」《釋文》：「脀，之承反。」《疏》：「脀者，升也。謂升特牲體於俎。」《太平御覽・鑊》：「《周禮》曰：『烹人掌供鼎鑊。』所以煮肉及魚臘之器。既熟，乃脀于鼎。脀，音蒸。」《國語・周語》：「禘郊之事，則有全烝。王公立飫，則有房烝；親戚宴饗，則有餚烝。」韋注：「烝，升也，全烝，全其牲體而升之，凡郊禘皆血腥。」「餚烝，升體解節折之俎也，謂之折俎。」《國語》之餚烝，即《儀禮》之餚脀，可證《國語》之烝，即《儀禮》之脀。「餚烝」即「餚脀」，脀者，祭祀宴饗之時所薦享於神之肉也。

「包脀」者，舉行祭祀宴享時以茅草包著進獻的脀肉也。享祭所升之肉，宜實於鼎俎。

「包承」，包裹薦神之肉，亦即蒸熟之肉置入鼎中為燉肉，亦即俎上之肉。

「小人吉」，庶民僅以茅草包裹祭肉薦神享祀，雖簡陋而尚富裕，故吉。

「大人否」，大人無有鼎俎祭器而只用茅草包裹祭肉薦神，這是窮困之象，故凶。蓋不得寵也。寒冬閉塞無物以祭神故凶。

☰ 否 ☰ 訟

此爻變為「訟」卦，上下不交而爭訟，瞻前不顧後，內鬥不已；「中吉，終凶」，短時間包的住，長久必被拆穿。

六三：包羞。
象曰：包羞，位不當也。

「包」，匏瓜。

「羞」假借為「丑」，恥辱。

「包羞」，是包含羞恥，比「包承」更甚一層，連羞恥都包下來，是不顧了羞恥了。

六三居坤之極，是以陰居陽，不正。非二，不中，是失位。

六三為人不中不正，作為也不中不正，是羞恥而不顧，是包容自己的羞恥。身處無道之世而富且貴，背理縱欲，此必有「包羞之辱」。

為何說必有辱，是因為三多凶，六三以陰柔小人，居三亢進之位，是急著向上攀龍附鳳，小人是不安於貞守的，所以不顧羞恥，故曰「包羞」。

六二「包承」，只是阿諛奉承，「包羞」則隱含了一切不可見人的卑鄙行為，是無所不用

其極。

「包羞」，是官官相護，藏污納垢，群魔亂舞。是送紅包。

「羞」，饈，進獻的貢品，美味的珍饈。《說文解字》：「羞，進獻也。從羊，羊，所進也，從丑，丑亦聲。」

「羞」字小篆作 從羊，從丑，丑象手之形。段注：「人於是舉手有為。又者、手也」甚是，「羞」字以手持羊，意思是進獻食物，是「饈」字的初文。甲骨文、金文上部為羊，下部為手，小篆變成丑，失去了原味。「羞」字借去當作羞恥之羞，故加食旁為「饈」以為區別。

「羞」，是薦肉獻神祭享也，而且是烹煮的熟肉。《康熙字典》：「一日致滋味曰羞。或从食。」《周禮·膳夫》：「掌王之食飲膳羞。」鄭注：「羞，有滋味者。」《方言》十二：「羞，熟也。」《爾雅·釋詁》：「羞、餞、烝，進也。」《類篇》：「羞，進獻也。」《左傳》隱公三年：「可荐於鬼神，可羞於王公。」字也作饈。

「包羞」，即庖饈，謂庖治烹煮鮮美之貢品以進獻。或言以茅草包著祭祀之熟肉。

「包羞」，以匏瓜卑賤之物，作為進貢之珍饈。這是本末倒置了。

六三坤之極，也是陰之極，坤為荒，為亂；此爻窮凶惡極。是孔子所說：「邦無道，穀，恥也。」六三失為不正，九四也失位不正，兩者有護相包庇之象。就是官官相護也。

「位不當也」，是說六三「包羞」，因為所處之位不當。

失位故「不當」，不中不正又處否卦是為可羞者。又以陰柔包藏不顯，必有敝病。

「否」下卦三陰爻，就初而言應該是相從守貞的，但二三都不能自守，二以「包承。」獲吉，三以「包羞」昧進，可知在「否」之時代，守貞不易也。

六三失位本當離去，但它卻隱埋弊端，以求固位，是不知恥，是尸位素餐，無所作為也。

「不在其位，不謀其政」，六三失位卻大包大攬，必凶。而且影響是連動的，牽一髮動全身的。

此爻詞簡捷，不言吉凶悔吝，有悲極無言之意。

又「否」字本「不」「口」二字，故不多言。

這爻也可說是比喻人際關係中不正常的現象，不正常的夫妻，小人得志等。

▤▤否 ▤▤遯

六三變為「遯」卦，是居「否」運時以遯隱為吉。

初不可動，二有爭議，三只能遁逃；但昏昧太深，無法挽救，不是見機早遯，就是一推二六五，翻桌子走人不負責任。

三四五為巽，上乾下巽為「姤」卦，「姤」是不期而遇，是曖昧之遇。

艮為少男，乾為老夫，巽是長女，不是正當之配，是至羞之事。恐是「亂倫」。

「羞」，有進之意，進則動，動則變，爻變為「遯」卦，溜了。以進為退。退可以避禍。

九四：有命，無咎；疇離祉。

象曰：有命無咎，志行也。

此爻出「否」入「泰」。

九四正處於「否」卦中之坤陰（否）進如乾陽（泰）之際；是由「否」之不治轉「泰」之始；以陽爻居陰位，又能承九五之命，所以說「有命」。

籀文　小篆　籀文　籀文　小篆

「命」，是客觀大環境的條件，非人力可及的。

「命」，是君命，《說文解字》：「命，使也。從口從令。」命字是「令」加「口」，「亼」是朝下張大的口，「卩」是一人跪坐之形，像張大口施令於跪伏之人。《廣韻》：「命，使也，教也，道也，信也，計也，召也。」《玉篇》：「命，教令也。」《增韻》：「大曰命，小曰令。上出爲命，下稟爲令。」《爾雅·釋詁》：「命，告也。」聞一多《詩經新義》：「命字則皆謂君命。金文令命同字，經傳亦每通。」「師」上六：「大君有命，開國承家。」與此同皆謂大君有命加諸於身。即君王對下的賞賜獎勵。

四為退爻，九四以陽居陰，是以剛陽之性而處陰退之順位，是能承九五之命。

若四爻為陰爻，是以陰爻居陰位，又為退爻，則此承命而無法執行，因為過於柔順。

九四以陽剛之資處陰柔之位，是剛建而能柔順。又是近臣，以剛事君，有逼君之嫌，但能柔順承命，故「無咎」。

「無咎」，無所咎責，小人當道，匏瓜當珍饈，君王之命卻無責備。

是一君子身處「否」世之時，因認清環境，保守而對小人中貞者，施以提攜教化。因為初六雖敝於陰，但自己安分居卑下之位，有貞之性，是可教之才雖。受二六、六三所敝但與九四應而亨通，是可教育也。

「疇」通「儔」，《說文解字注》：「自唐以前用儔侶皆作疇。」即偶也，匹配也。或指同類、同輩的人、事、物，是一夥同的人。指九四與相應的初六。

「離」通「麗」，《經典釋文》：「麗，本作離。」依附，附著，如網路息息相關，一串相連之意。

九四在九五之下曰「附」，陽爻在陰爻上曰「據」，此陰爻在陽爻之下曰「離」。

「祉」，福祉，吉也。《說文解字》：「祉，福也。」

「疇離祉」，是說得吉。小人一串串的結夥相互依附得到福祉。這是「否」世之時，群魔亂舞，小丑跳樑。小人沾大光。

此爻有福祉而吉，人逢喜事精神爽，身體好自然健康長壽。疇

也通壽 。

初六之潛隱，終於等到可以振衰啟敝的時機，受九四的提拔出而仕，也受到福祉。而初六「拔茅如」同病相連，相互依附，有福同享，有難同當，故一起與二、三皆受福。

「志行也」，是九四承九五之命可以大行其道。九四以剛事君，君也是剛，又是多懼之位，本有咎災。但是，九四變為巽，巽是順，故因順而能無咎，更能得吉。

否 觀

此爻變為「觀」，是觀望，九四初入「泰」，不知後勢如何，有可能曇花一現。先觀察一

陣子。

九五：休否，大人吉。其亡，其亡，繫于苞桑。
象曰：大人之吉，位正當也。

「休」，止也。

「否」，痞也。《說文解字》：「痞，痛也。」即病痛也。

「休否」，就是止息否道的前進。也是病痛得以癒止。

九五以剛居中處尊位，又有九四助其力，所以否亂之世，得以休正，休止。

九五的處境比九四更好，九四境況稍有改善，尚要觀望往後的發展。

九五則穩定可以扶助，但九五為君，是中央政府，這時要知與民休息，如大亂之後要與民休息，要採行無為的寬鬆政策。讓民間自行發展，九五在旁協助就好了。

「休」也是美，到了九五中正之位，「否」運將終止故美。

「復」六二「休復」，「休」也有「美」義；九四在艮，可以止「否」，但上不穩定，故不言「休」，到了九五「否」運，肯定可以終止，故言「休」。

「休」也是怵。《說文解字》：「怵，恐也。」《廣雅‧釋詁》：「怵，懼也。」休怵乃一語之轉也。「休否」，恐懼於否之來也，是安而不忘危，治而不忘亂，存而不忘亡。知懼而吉也。

「大人吉」，是九五居中得位，是中正有能力之大人，可阻止否道前進所以吉。是在位者能安而不忘危，故吉。

「大人吉」，是九五君主要介入扶持，要用政策來協助。

「其」，何也，將要。

「亡」，是失也，去也。

「其亡，其亡」，是將要失去，也是憂慮失去之象，九五雖中正「否」將休止，但憂慮之心未除。

「繫」，結也；是綁在一起，是安危所繫，是要與下連繫。

九五應六二，但「否」卦不通，所以不能應，但這時九五不能閉門造車，政策的擬訂要適合下層百姓的需求，所以要加強交流，如安危之所繫，是生命共同體。

「苞」，草木豐茂也。《爾雅‧釋草》：「苞、蕣、茂，豐也。」《爾雅注疏》曰：「皆豐盛也。苞者，草木叢生也。」

「苞桑」，是盤根茂盛的老桑樹，老樹根深柢固不易拔起，形容國家之安穩。

「苞桑」，也是桑梓，是社會的基層。是基層的生命活力，如茂盛的老桑樹，生命力強。

「苞桑」，是盤根錯結，糾纏在一起。一身繫天下之安危。

「苞桑」，丁山說：「苞桑讀為榑桑」榑桑即榑木。《呂氏春秋‧

求人》：「禹東至榑木之地」。《淮南子・地形訓》：「暘谷，榑桑在東方。」「榑桑」即扶桑、扶木。

「其亡，其亡，繫于苞桑。」句謂失去伴侶，亡歸於扶桑。如日落之歸於家鄉湯谷扶桑木上。

「其亡其亡」，恐懼危亡也。即「忧忧」之引申。句謂要毀滅垮台乎？蓋小人得道故有此嘆問。

「繫于苞桑」，是往下固本，要穩固基層，要去綁樁。亦句謂基礎穩固。

「繫于苞桑」，是九五要往下交心，加強交流。生死存亡，安危所繫，在於與基層。

「繫于苞桑」，是往下綁樁關乎興亡，不然「否」會死灰復燃。

「其亡其亡，繫于苞桑」，句謂小人得志，匏瓜當珍饈，是要衰亡了嗎？繫於盤根穩固的老桑樹上，不會滅亡的。

「否」之為「否」就是因為上下不交，要化解「否」就是要上下交。

九五尚未離「否」，但也快離「否」了，「否」暫時休止了。

〈繫辭下〉：「子曰：危者安其位者也。亡者保其存者也，亂者有其治者也，是故君子安而不忘危，存而不忘亡，治而不忘亂，是以身安而國家可保也，《易》曰：『其亡其亡，繫于苞桑』。」甚是。

䷋否䷢晉

此爻變為「晉」卦，從九四的轉好尚在觀望期，到九五政策得當，可以起飛了，可以脫離「否」了。

「晉」升太過一下子變「否」了。

這爻一念之間由「否」可為「晉」，如「明夷」二爻，由黑暗變為「泰」。

上九：傾否，先否後喜。

象曰：否終則傾，何可長也。

「傾」，是傾覆，推翻。上九窮極之位，有高危之象。《說文解字》：「傾，仄也。」「仄，側傾也。」《管子・白心》：「日極則仄，

否

月滿則虧。」上九居乾卦，乾為日，故傾仄。

「傾否」，是傾覆否塞之道，重開通泰之運，雖說物極必反，但也要靠人之努力。推翻小人得志，匏瓜當珍饈的「否」道。

「頃」，頃刻也。《說文解字》：「頃，頭不正也。」即一傾首之時。猶古人稱頓首，首觸地一頓也。又一瞬間，目一轉瞬之間。都是指時間短暫。《荀子·正論篇》：「蹎跌碎折，不待頃矣。」〈性惡篇〉：「天下之悖亂而相亡，不待頃矣。」楊注皆云：「頃，少頃也。」

「傾否」，意謂短暫頃刻之否。即先悲後喜，終得吉。「泰」上六曰復，「否」上九曰傾。

「泰」上六以陰柔處「泰」之終，所以不能保持通泰常久。而「泰」覆為「否」，「否」卦以上九陽剛處「否」卦之終，所以能傾覆「否」卦，而轉為通「泰」。

上九以剛陽居陰位為「否」卦之終，所居為乾體之極，乾至剛至健，所以有能力轉「否」為「泰」。非至剛至健，如何能有迴天轉地之功。《荀子·性惡》：「天下之悖亂而相亡，不待頃也。」楊倞注：「頃，少頃也。」到了上九是「否」之終，其結果如「泰」之上六「城復於隍」，「否」傾則復「泰」也。

「先否後喜」，是先否塞陰陽不交，然後終於得交有喜。

「先否後喜」，是已經懷孕將要生子。喜字本意為生子。

「先否後喜」，是「否」之不通解除。雖有短暫片刻之否，轉眼間否塞即過，喜吉既至。

「後喜」，是後來有喜，現在要喜還早。現在只「平」不喜。

六三包羞，為人所惡賤，上九居高而下，所以容易傾覆六三，六三「否」至極被上九所傾，所以受辱，而人心愉悅。

「否」運極終則泰運來，故先否後喜，是苦盡甘來，先憂後樂之意。

「否終則傾」，是否塞之道已達終極必傾覆歸於安泰道，不會一直否下去的，物極必反，是一定的常理。但是要轉危為安，變亂世為大有為的治世，若無剛陽乾健之才，也無法達成。上九居乾之極，固故有此能耐。

「何可長也」，是這是說否極終傾，盈不可久。卦至上九，物極必

反，反「否」為「泰」亨通之象，「否」不會長，後終有喜。

「何可長也」，小人得勢，是不可長久的；是不可讓其長久的。

《易經》中「何可長也」共四次，都是說上爻。

除「屯」上六〈小象〉曰：「泣血漣如，何可長也。」「否」上九〈小象〉曰：「否終則傾，何可長也」，「豫」上六〈小象〉曰：「冥豫在上，何可長也」，「中孚」上九〈小象〉曰：「翰音登于天，何可長也。」上之位以至極，故不長。

本卦上三陽爻為去否的三步驟，九四奉命振否，是開始靖亂。到九五以陽剛之君「休否」，是亂平能掌握了。是居「否」運之時不宜運陰柔之君，要用陽剛之主。上九則大功完成，亂已定，景氣揮復。

「泰」卦是陰陽交合之卦，「否」則不交合。物極必反，「先否後喜」，是由不交合轉為交合而有喜。喜，受孕生子也。喜唯有孕生子至今尚言。

否 萃

此爻變為「萃」，九五九四兩陽剛大才會萃團結才能治否，脫離否運，在造生機。九四奉九五之命治否，九五也全力支持協助，團結一心，心力交瘁終能開創新局。上九陽剛也是如「萃」之大才，終能臨門一腳，克盡全功。

「萃」為聚，〈序傳〉「否」卦之後為「同人」也是聚。要眾志成城才能出「否」。

䷌ 同人卦 又名天火同人

> 同人：同人于野，亨。利涉大川，利君子貞。
> 彖曰：同人，柔得位得中而應乎乾，曰同人。同人曰：同人于野，亨。
> 　　　利涉大川，乾行也。文明以健，中正而應，君子正也。唯君子為
> 　　　能通天下之志。
> 象曰：天與火，同人；君子以類族辨物。
> 序傳：物不可以終否，故受之以同人。與人同者，物必歸焉，故受之以
> 　　　大有。
> 雜傳：大有眾也，同人親也。

人甲骨文 金文 小篆 匕小篆

「人」字本意是專指男人，「匕」則是專指女人（《白魚解字》）。後來指的是卑下的人民，再後來才指一般的庶人，即眾人也。如中國人、德國人，天下人。王引之曰：「人者眾也。《春秋》隱公四年曰：『衛人立晉』《公羊傳》曰：『其稱人何，眾立之之辭也』《穀梁傳》曰：『衛人者，眾辭也』。」《史記・陳涉世家》：「吳廣素愛人，士卒多為用者。」

「同」，是合會、聚合，共同；《說文解字》：「同，合會也。」〈繫辭上〉：「二人同心其利斷金」。《左傳》成公元年：「是齊楚同我也」。杜預注：「同，共也。」

「同」，是也是區域名稱，其大小可以為王稱國，《左傳》襄公二十五年記子產之言：「天子之地一圻，列國一同。」圻，是天子之國「方千里」大小的區域；諸侯國就小了「方百里。」《周禮・考工記・匠人》：「方百里為同」。由此可知，「同」本是古代方圓區劃的單位之名。《通典・田制上》：「四都方八十里，旁加十里，乃得方百里，為一同也。」《孟子・梁惠王上》：「地，方百里，而可以王。」高誘注：「方百里為同。」

「同人」，就是聚集眾人，統合眾人，是有志一同，所聚的是「同志」，古時是同國之人，一鄉之民；如今是政黨、幫派，同鄉，同志等。

《詩・豳風・七月》：「同我婦子，饁彼南畝，田畯至喜。」鄭《箋》：「同，聚也。」聚眾合會，即「同人」。

古代有聚眾議事之習俗；《周禮・春官・大祝》：「大會同，造于廟。」《周禮・春官・大史》：「大會同，朝覲，以書協禮事。」此為春秋以前國有大事必招集國人於太廟以決大事。《左傳》哀公元年：「吳之入楚也，使召陳懷公。懷公朝國人而問焉，曰：『欲與楚者右，欲與吳者左』。」此是春秋時代之「同人」，即招集國人開大會以決國之大事。又《論語・先進》：「如會同」。鄭注：「諸侯時見曰會，眾頻曰同。」頻，召眾也。頻，《左傳》作「朝」，「朝國人而問焉」即招集國人而問焉。

下卦離為附麗，為火，亦為伙伴。如上離下艮的「旅」卦。乾為人，為王，為君。

「師」卦〈彖傳〉曰：「師，眾也。」「師」卦與相錯的「同人」卦皆是聚眾之意。人同則眾，欲眾必同。聚眾為何？為兵戎之事也。這兩卦說的都是兵戎之事。

「大有」也是聚眾，「比」也是聚眾，所聚的方法是不一樣的。於古代都有作戰之義。

「同」是等、是齊，是一視同人，無有貴賤之別。

下卦離，為附麗，為文，為文明，「同人」有天下文明，世界大同之意。

「同人下離上乾，離為羅，為網罟；天下有羅，是要網羅天下之人。「大有」下乾上離，是天下之人被網羅，盡入其網。《唐摭言》卷一：「（唐太宗）私幸端門，見新進士綴行而出，喜曰：『天下英雄入吾彀中矣！』。」

「同人」錯為「師」，師者眾也。地中有水為「師」，天下有網謂「同人」。「同人」網羅天下之人所欲何事？舉大事也；何謂大事？《左傳》成公十三年：「國之大事，在祀與戎。」大事是要祭祀，大事是要動干戈，所以爻詞所言為攻伐、祭祀之事。《史記・項羽本紀》「吳中賢士大夫皆出項梁下。每吳中有大繇役及喪，項梁常為主辦，陰以兵法部勒賓客及子弟，以是知其能。」可見聚眾之事需要領袖，要懂得組織。「兵法

部勒」就是以軍隊的方法組織群眾。是「同人」為黨派，《後漢書‧黨錮傳序》：「黨同伐異」。

又「同人」以六二為主，二爻為地方仕紳，為大夫，故「同人」為在地方的組織，是在野黨。相綜之「大有」為執政黨。

又《周禮‧春官‧大宗伯》：「時見曰會，殷見曰同。」鄭玄注：「時見者，言無常期。殷，猶眾也。」「殷」也是盛大之貌，《說文解字》：「作樂之盛稱殷」。「殷」是盛大的祭祀，「豫」卦〈大象〉曰：「先王以作樂崇德，殷薦上帝。」「同人」是古代以盛大的祭祀來聚眾。故「同人」是聚眾同樂，是同樂會。

「同人」上乾天下離火，卦辭說：「同人于野」，此「野」當解釋為田野。《爾雅‧釋地》：「邑外謂之郊，郊外謂之牧，牧外謂之野。」坤為荒，為野，其義為未開墾的遠外荒野。乾為郊，郊是城外之地；離為火，是在穹空之下焚火也，象古代會聚眾人於郊外空曠之地於蒼穹之下，堆柴燃燒，藉煙火裊裊之上升與神通。在上古祭祀前多有此儀式，稱為燎祭；現在祭神拜拜以前焚香祝禱，就是古代燎祭的遺留。《禮記‧郊特牲》：「庭燎之百，由齊桓公始也。」宋濂《孔子廟堂議》：「古者朝覲會同與凡郊廟祭饗之事皆設庭燎，司烜共之，火師監之，其數則天子百，公五十，餘三十，以為不若是則不嚴且敬也。」「同人」就是藉祭祀與神通而會集民眾之意。此卦有聚眾郊祭於天之意。

「同人」以二爻為主，「乾」九二：「現龍在田」，「田」就是田獵、爭戰。「田」字象四面張網捕獵也。

「同」也是古代的兵制，《漢書‧刑法志》：「殷同以兵定天下復……立司馬之官，設立軍之眾，因井田而制軍賦。地方一里為井，井十為通，通十為成，成方十里，成十為終，終十為同。同方百里，同十為封，封十為畿，畿方千里。」《周禮‧地官‧司徒》說：「十終為同，同方百里，萬井，三萬家，革車百乘，士千人，徒二千人。」

「野」是田野之地，荒遠之地。《爾雅‧釋地》：「邑外謂之郊，郊外謂之牧，牧外謂之野。」「野」也是京畿之外邊遠之地，同人在野，是聚眾遍及邊遠之民，及至化外。

「野」與「朝」相對，「大有」在朝，「同人」在野。

「同人」是所聚之眾多，所聚之地廣，「同人于野」是廣大的基層，是在野的勢力，是向民眾要權力。

「同人」卦主爻為二爻，二爻與五爻天子相應，又是在鄉仕紳，有在野之象，故為在野黨。「同人」與人同，是大同世界，就是共產，是古時部落共產之時。

「同人于野」，或謂聚眾人田獵於野外；《詩‧豳風‧七月》：「二之日其同，載纘武功。言私其豵，獻豜于公。」《箋》云：「其同者，君臣及民因習兵俱出田也。」蓋「同人」相錯「師」，皆為領眾作戰之義。古人田獵、爭戰不分。

「同人」與「姤」都有「遇」之義，故曰「會同」。「同」與「通」同義。「同人」互「姤」，「姤」為通，為交合，「同」亦交合，《山海經‧海內經》：「伯陵同吳權之妻阿女緣婦。」郭注曰：「同猶通淫之也。」《左傳》閔公二年：「共仲通于哀姜，哀姜欲立之。」注曰：「通者，淫通。」《山海經‧海內經》：「伯陵同……之妻。」郭注：「同，猶通，言淫之也。」故「同人」有私通、婚媾之義。

「同人」錯「師」為田獵戰事，九二「見龍在田」，故曰「師」。「同人于野」，故曰「會盟」。在「野」不是打仗就是會盟。「同人」、「師」說的都是征戰之事。

「同人」是合同。「同人」互「姤」為遇合，亦是合同。元《無名氏‧合同文字‧楔子》：「今立合同文書二紙，各收一紙為照。」

「師」是戰爭，「比」是結盟，如第一次世界大戰的「協約國」與第二次世界大戰的英、美、俄「同盟國」與日、德、義「軸心國」。「同人」是「和約」如「凡爾塞和約與國聯」如「舊金山和約與聯合國」。「同人」相綜「大有」，互「夬」，是「瓜分」拿最大者。

「亨」，有三意，亨通，祭享，烹飪。此卦當為祭享之義。

「同人亨」，是說會同種人祭享繼而享宴，與所聚之眾，交流無礙，有志一同。

「同人」以一陰亨五陽，陽剛健，各有各的想法個性，要能聚之又能心無芥蒂，可見「同人」卦是要手段、手腕很厲害的角色才行。要如〈彖傳〉所云：「柔得位得中而應乎乾」才行。除了柔得位還要乾陽之助才

行。陰柔陽剛相濟本是《易經》之道。

「同人于野，亨」，是聚集眾人於野外行獵之後舉行享祭，又或是歃血為盟，故「同人」是結拜、換帖。

《乾‧文言》：「亨者，嘉之會也。」就是享宴之會。乾為金，是才，也是財。「同人」資源要豐富才行。交友沒有不花錢的。

離為明，是聰明、光明，「同人」俱有群眾魅力。

「亨」為「通」，「同人」能聚眾人之力就能亨通。「亨」就是通情達理，同情。

六二以陰居中正之位，又與九五前陽正應，受天子之助，與眾人交往無礙，自然能聚眾，二是大夫之位，是有名望的地方士紳，是眾望所歸。如「泰」〈彖傳〉：「上下交而其志同也」。

「師」卦所聚之眾也是要濟險難，要行軍做戰，所以要約之以紀律。

「同人」是政黨政治，「師」是軍事統治。

如今，政黨、同鄉會、幫派、派系等都是「同人」。人眾則勢強，勢強則要善於領導，導之善則此勢可以造福，導之不善則造孽。水可以載舟亦可覆舟，「同人」錯為「師」「師者憂也」，國之大事也，不能不慎。

六二為地方士紳，為大夫，聚眾所為何事？黨同伐異，錯為「師」，為伐。

聚眾人多，眾志成城，故可「利涉大川」。古時「大川」當是指黃河。利涉黃河，即利於出征，遠行，度過艱難。《左傳》昭公四年：「求逞於人，不可；與人同欲，盡濟。」

卦辭「利涉大川，利君子貞」就是宜動不宜靜，利於出征。此「貞」可釋為「征」。

由「同人」、「小畜」、《履》、「大有」可知雖陰柔為卦主，需有乾陽來相濟才能實行，才能「利涉大川」。

凡《易經》卦象以陰柔為卦主的都要有乾陽來助才行。如《履》卦之六三，不能獨自亨通，必須有上九之乾陽相應才行，爻辭曰「履虎尾，不咥人，亨。」又如「小畜」六四不能獨自亨通，必曰「剛中而志行乃亨」，要初九乾體之助才行。「大有」卦之六五，不能自亨，必「應乎天

而時行是以元亨。」凡以皆以柔為卦主，要陰陽相濟才行亨通。

能聚合同人，又交往無礙，溝通順暢，那是眾志成城、眾人一心，其利斷金，如此，可以濟險難。故曰：「利涉大川，利君子貞。」君子占筮此卦得利。

結黨聚眾，可以成非常之功。三爻、四爻、五爻說的都是征戰。

九五以陽剛居上卦之中，是陽而中正也。下柔上剛，兩相應，又居中得正，是剛柔相濟，各居適當之位，是各守本分，如此人人為我，我為人人，世界大同也。

六二以柔居中為卦主，是啟示我們，要人合作，需以柔和、包容、公正的態度，不可用強迫的手段。世界大同，天下為公。公正也。

〈大象〉說：「君子以類族辨物」。離為目，為視，為辨，巽為風，為選，「同人」雖一視同人，但基本上是要理念相同的。

「類族辨物」，是異中求同，存異求同。為何要「類族辨物」？人眾則要領導，領袖要中正之外也要有能力辨人識才，使人各司其職，適才適所。

「大有」是為我所用，「同人」是分功合作，各司其職。

〈雜傳〉曰：「同人，親也。」「同人」所聚的是親族。是親附，是親如家人。是從家人開始。「同人」內互「家人」卦故曰「同人親也」互「姤」卦，「姤」為遇合，是婚配，是藉由娶嫁以聚合眾人。「同人」是世界大同，是和平，是古時和親。

「親」者，宗親，「同人」是同宗、同姓。「同人」是合樂融融。

在順序上，「同人」在「否」之後，是閉塞分崩離析的社會，能大公無私，光明磊落，以聚人而同其志，才能另闢新局，之後為志得意滿的「大有」。

就卦象看，乾天之下的離，為太陽，是陽光普照大地之象，如君王在上，德澤施於天下眾生之象，以達天下歸心，世界大同。所以〈雜卦傳〉說「同人，親也。」〈序卦傳〉：「與人同者，物必歸焉。」不是血緣同，就是志向同。

凡一陰五陽之卦，都有包容之義，「姤」是一女御五男。「同人」是

聚眾是文明的創造。《履》是文明更進一步的禮儀，禮儀行於人群之中。「小畜」是畜積，是圈養。「大有」是有很多，有很大。「夬」卦是有很多而潰決也。

「同人」是分功合作，「比」卦是一把抓。「比」之親，是私密。「同人」之親，是親如家人。「睽」是兩女同居，一澤水一離火，性別差異太大，不是「睽」就是「革」。「同人」乾、離一天一日，兩性相近能合，故不是「大有」就是「同人」。「比」之坎、坤，亦同。

初九：同人于門，無咎。
象曰：出門同人，又誰咎也。

「門」，是出入之門戶，通道，也是防衛家園的守護設施。細分，小者為戶，大者為門。《說文解字》：「戶，護也。半門曰戶。」「門，聞也。从二戶。」一扇為戶，兩扇為門。《白虎通・五祀》：「門以閉藏自固也。」《淮南子・原道》：「萬物有所生而獨知守其門。」高誘注：「門，禁要也。」謂進可出，退可守。進退有為有守。

「門」，是家門，是一家人，俗語「不是一家人，不進一個門」、「娶媳婦進門」。

「同人于門」是家和萬事興；家人一條心，可以固守自保，所以「無咎」。

「門」，為古代之是朝門、國門。《周禮・大司徒》：「若國有大故，則致萬民于王門。」《周禮・小司徒》：「掌外朝之政，以致萬民而詢焉。一曰詢國危，二曰詢國遷，三曰詢立君。」外朝即王公門外。

「同人于門」，謂招集國人到王宮朝門有大事要徵詢也。

「同人」之意要廣懷大眾，要以眾人為同志，不以少數人為同志，初九僅「同人于門」是尚未發達之象。

初九以門為喻，是「門外為公事，門內私事。」「同人」當然是以公為重。

《易經》以相應為同志，無應則是「無同志」；初九無應，在「同人」也是無私之意。

初九以陽居陽得位，具陽之德，是公正無私，上與四不應，是心無

邪念不受它人影響，如剛出家門進入社會的新鮮人，初出社會心中滿懷理想，無私而有正義感，容易結交朋友，不易有咎過。

初九在下，卦由下往上升，故「出」。出於社會結交志同道合之友，誰也不能說他錯。

初九是初出社會的新鮮人。

「誰咎」，就是「無咎」。無有災害。

雖然只同一門之人，但可出可入，有為有守，也是聚眾商議，同舟共濟，故無災害。

「同人于門」，嫁娶不遠、近親同婚之象。

此爻聚眾徵詢以團結意見，可以無咎。

同人遯

此爻變為「遯」卦，遯為出，艮為門；有離家被逐之象。有遯入空門之象。

初九一出門就遇到「姤」卦，「姤」是苟合濫交，所以必有咎。說「無咎」是因為初幼小，可以原諒。進可同人，退而遁入空門。

六二：同人于宗，吝。
象曰：同人於宗，吝道也。

「宗」，是宗廟，是宗祠、宗社，即祖廟。《說文解字》：「宗，尊祖廟也。」《釋名‧釋宮室》：「宗，尊也。」

「宗」，是同祖宗族，人數比初九「門」要多，所以稱得上「眾人」。《廣雅‧釋詁三》：「宗，眾也。」

開朝立國第一位叫「祖」，以後的叫「宗」；如唐高祖李淵，太宗李世民，高宗李治；宋太祖趙匡胤，太宗趙炅。二爻與五應，五居乾體，乾為主，為宗。宗、主同義。

「同人于宗」，聚眾同人僅于宗廟之內，這是貴族之聚而非國人之聚；二爻不能開闊同聚國人於國門，而聚眾不夠廣大，要舉大業、作大事是不夠的，實力不足，器度不大故「吝」，故不利也。

或「門」是朝門、國門，同于宗廟也是小于「同人于門」。

初爻是一姓之社，二爻是一姓之宗廟，都一樣。

二正應五，但卦五陽皆同于二，今二獨親五，則三四忌之，以致吝道也。

初九，初出社會公正無私，易結交朋友。到了六二，以陰爻居陰位，是已有私心，剛始結黨營私、樹立門戶。

二爻本是家長、鄉長、族長；所以結黨營私的對象是同宗族之人，故云「同人于宗」。

六二與九五應，是只與同志相交，不能大同天下，故曰「同人于宗」。

此爻格局都不夠大。

我國社會至今尚有許多同鄉會，是自助也是助人的組織，但也為結黨營私，匯集力量的團體。

同者，有志一同也；同學、同鄉、同宗、同行、同年，皆同也。

「同人」六二遠應五，則有近不承九三陽爻之嫌。近承陽則失遠應，故「吝」。

六二與九五應，在其他的卦來說是好的，在「同人」卦卻是不好的，六二只同人於自己的同志，是格局有限，氣度不大，故「吝」。

「吝」，遴也，《說文解字》：「遴，行難也。」《孟子·題辭》：「然於困吝之中」。焦循注：「吝之義為難行」。謂難行不進，或是遭遇到困難而事難成。猶今言「累」。但不是大困難，是小瑕疵，是小毛病。〈繫辭〉：「悔吝者，言乎其小疵也。」又悋也，《說文解字》：「悋，恨惜也。」

六二以陰居陰，是受陰蒙蔽，所以眼界不遠，器量狹小；但上應九五之乾，是受上提攜，故所犯之過有人罩著，所得之過僅為「吝」，遇難而嘆惜。

君子應以天下為己任，是器量、心胸、眼界均應以天下為準，不只結同黨之私，若此「同人于宗」，器量材具太小了故曰「吝道也」。

按《易經》的慣例，六二與九五雖正應，但是六二多有戒辭，在「同人」這一卦特別是如此，六二只易同於親人，而不同于無親的外人，其道

是鄙吝的。天下大同，那有僅同於一黨一族之理。

《易經》中二、五皆正而二爻稱「吝」者，僅有「同人」六二一爻而已。

此爻生子不利，「宗」是傳宗接代，傳宗接代而「有咎」故生子不利。

六二是離的本位，離為南，為五月，干支屬五，古有「諱舉五月子」，「舉」是生育的意思。《史記·孟嘗君列傳》：「初，田嬰有子四十餘人，其賤妾有子名文，文以五月五日生，嬰告其母曰：勿舉也……五月子長，將不利其父母。」《索隱》引《風俗通》說：「俗說五月五日生子，男害父，女害母。」《論衡·四諱》：「諱舉正月、五月子，以為正月、五月子殺父與母，不得舉也。已舉之，父母偶死，則信而謂之真矣。夫正月歲始、五月陽盛，子以此月生，精熾熱烈，壓盛父母，父母不堪，將受其虐。」

「宗」，是宗族，宗親，互為「姤」卦，「姤」為婚，「同人于宗」是近親結婚，所生不繁，是吝道。與初九「同人于門」同。漢代許慎在《五經異義》中說道：「《易》曰：同人於宗吝者。言同姓相取，吝道也。」尚秉和《周易尚氏學》說道：「下繫云『遠近相取而悔吝生』。遠謂應，近謂比。遠取應則不能近取比。如「无妄」六二往應五而利，則不繫初。近取比，則不能遠取應，如「中孚」六四絕類上則不應初，而馬匹亡是也。是故遠近萬不能兼取。「同人」六二遠應五，則有近不承陽之嫌。近承陽則失遠應，故吝也。」「近水樓台先得月」。「姤」卦初六與近比的六二相合，相應的九四「包無魚之凶，遠民也。」所以近比容易先得月。九五是主，六二近比於九三，只能「同人於宗族」，故吝。

≡≡ 同人 ≡ 乾

六二變為「乾」卦，「乾」為六十四卦之始，是「新立門戶」；是欲為開山之祖，但六二只能同於九五，不能同於眾，故格局有限。

二三四為巽，上巽下離為「家人」卦，為宗族，故曰「同人于宗」。

九三：伏戎于莽，升其高陵，三歲不興。
象曰：伏戎於莽，敵剛也；三歲不興，安行也。

「伏」，潛伏。《廣韻》：「伏，匿藏也。」

「戎」，兵戎軍武。《詩・小雅・雨無正》：「戎成不退，饑成不遂。曾我暬御，憯憯日瘁。」《毛傳》：「戎，兵。」《禮・月令》：「以習五戎」。《註》：「五戎，弓殳矛戈戟也。」戎，持戈之武士也。下卦離為兵戈。

「莽」，林莽、草莽、叢林。《通德堂經解》鄭玄注：「莽，叢木也。」互巽為伏，為茅，為莽。

「伏戎於莽」，隱含殺機。隱伏兵戎於草莽之中，不露聲色，殺機隱伏。

「升」，登高。《詩・小雅・天保》：「如月之恆，如日之升。」《廣韻》：「昇，日上。本亦作升。」訓為「得」。

「陵」，山陵高地。《釋名・釋山》：「大阜曰陵；陵，隆也，體高隆也。」陵，亦有升進之意。以初九、六二為半震為丘，為虛，為高陵，九三乘之，故曰「升其高陵」。「震」六二：「躋于九陵」亦以震為陵。

「興」，起也，舉兵征伐。聞一多說：「加也，增也。」

「伏戎于莽」，設伏兵藏於叢林草莽之中，欲行偷襲。

「升其高陵」，攀登得取高地，佔得地利，耀武揚威。但聚眾不多、不廣，前行遇陽受阻，實力不足又露了實力，不敢興事。不得天時。

「三歲」，三年，三載，也是多年的意思。

「伏戎于莽，升其高陵，三歲不興。」此言最初潛伏兵戎於草莽之中窺伺，後又登高陵耀武揚威，觀望猶疑，曝露目標，露了痕跡，為敵所算，以致兵敗，多年無法振興。

九三在下卦聚眾尚未成功，實力不足，只能隱忍。

二三四爻互巽，巽為伏，為茅，為草莽，故曰「伏於草莽」，本為死象，（莽字就是「伏於草莽」）但三又居下卦之上，故曰「升高陵」，此為不死之象。

巽為風，為「升」。上坤下巽「升」卦，以巽為升，為高。「升」卦九三：「升虛邑」亦同。

「三歲不興」，長久不得志，也是久臥病床之象。「升」有征伐之

意，「升」卦辭：「南征吉」。

巽為伏，為盜寇，為草莽。故曰「伏戎于莽」。震為山，為陵，為行；巽為高。故曰「升其高陵」。乾為天，為圜，圜天一周為一年，故乾卦為歲。

「同人」卦至九三，不僅結黨營私，更演變為爭權奪利。

九三據六二、六二附九四，但六二與九五相應。是六二附合九三又與九五為同志，所以九三忌妒九五，九三與上卦三陽皆為敵應，是為敵也。九三以陽居陽，又為進爻，是剛暴燥進，好勇鬥狠之人。

「同人」卦所講的是同心協力與人合眾，而整個卦中只有一陰爻，是眾陽皆欲與之合，而二居中得位為正，與五應，三這剛暴燥進之人，居五二之間，有橫刀奪愛之意。

但與二非正應，是非份之想，是不合體制，且五為尊，三鬥不過他，所以只能隱伏不能彰顯，故以伏兵於莽林之中，徒然登上高山陵遙望，曝露目標，退而隱忍，如此三歲之久，終不敢興兵發作。

三爻為縣長，為地方長官，又為剛暴燥進之人，卻與九五君王抗橫，是不自量力抗上命，只能隱伏山林，自怨自艾，真小人也。

下離有兵戈之象，二三四巽，巽是一陰在下有伏之意，巽為木有草莽之象；離在巽下，是兵戈伏莽之象。

一爻有一年之意，凡陽爻稱歲，陰爻稱年。

「三」是一個中國人常用的數字，三代表多的意思，不一定就只是三這個數而已。如三水為淼，是水多而盛之意；三石為磊，是石多之意；三木為森，是樹木多之意等。又如三思而行，三折肱為良醫，三過其門而不入等。《述學・釋三九》：「凡一二之所不能盡者，則約之三。以見其多。」〈說卦傳〉：「巽，為近利市三倍」也是指多倍，非一定指三倍。

「三歲」，多歲也，長久也。

「敵剛」，即陽遇陽則窒。九三往前皆陽剛。同性為敵，故曰「敵剛」。

「安行」，謂行難，怎麼能行？

與剛強的敵人相抗，躲在山林中，三年無有作為，怎行？

九三為何伏於莽呢？因為所敵者九五，九五中正，是六爻中至剛之爻，故曰「敵剛」。

　　又陰爻與陽爻互異為應，相同為敵應，是九三與九五搶六二，是敵應，且與上九相同為陽，也是敵應，故所敵者剛也。如此，九三不敵只得隱伏山林。

■■■同人 ■■■无妄

　　此爻變為上乾下震之「无妄」卦。

　　「无妄」是無望，無有希望。與君王相敵，自不量力無所希望也。不得天時。

　　「无妄」是災，久久無希望，久必變，變則為「无妄」而成災。

　　此爻卜有罪者凶，不得赦。遇強敵不能得志，卜病者帶病延年，長年臥病。

　　九四：乘其墉，弗克攻，吉。

　　象曰：乘其墉，義弗克也；其吉，則困而反則也。

　　✦ 吳大澂《說文古籀補》

　　「乘」，因也，順也。《呂氏春秋‧君守》：「必有因也。」注：「因，順也。」《孟子‧公孫丑》：「雖有智能，不如乘勢。」巽為遜，為順。

　　又「乘」，增也、加也。《淮南子‧氾論篇》注：「乘，加也。」《廣雅‧釋詁二》曰：「增，加也。」甲骨文象人在木上，像人登上樹木；李孝定《甲骨文字集釋》：「乘之本義為登，引申為加其上。」《詩‧豳風‧七月》：「亟其乘屋，其始播百穀。」《毛詩注疏》：「乘，升也。」《箋》：「乘，治也。」

　　「墉」，城牆。《說文解字》：「墉，城垣也。」巽為高，為墉。

　　「乘其墉」，增高治理城牆。亦謂攻上城牆。

　　「克」，能。

　　「弗克」，不能克。

「攻」，進攻，攻伐。《博雅》：「攻，伐也。」「攻」，攻堅。《詩・小雅・車攻》：「我車既攻，我馬既同。」《毛詩注疏》：「攻，堅也。」

「攻」，也是「工」，謂製作，《廣韻》：「攻，治也，作也，擊也，伐也。」《說文解字注》：「攻，擊也。考工記攻木、攻皮、攻金注曰。攻猶治也。此引伸之義。从攴。工聲。」

互巽為工，《玉篇》：「工，善其事也。」是工匠，專攻故能善其事，引申為設備工具。

又「攻」為「工」，巧也，專攻故熟能生巧；《說文解字》：「巧，技也。」《廣韻》：「工，巧也。」

「弗克攻」，謂城墉加高堅固不能攻克，又製作的攻城器械不堅固，無法攻克。

「乘其墉，弗克攻，吉」，謂守者順著原有之城牆加高並堅固城牆四周，以為防禦。但攻城者，械器不得力，不能攻克而撤退，轉攻為守，這是吉的。

〈小象〉曰：「困而反則」，「困」是困厄，「則」是正道。「震」卦也說「則」，是正道，正確的法則。

一卦到五爻算是完成，九四聚眾尚不能竟其功，退而保存實力，反省內修，再廣聚人眾，則能獲吉。

〈說卦傳〉：「巽為高」，離中虛也有城之象。故有墉之象。九四互巽為高，故乘；但巽卦下缺，所以巽卦上爻多不吉，因為基礎缺弱。九四無應又下缺，雖強攻而不能克。

「乘其墉弗克攻」，是城牆高堅，不能攻克，敵人不能入乘，所以吉。為何如此？因為九四涉世已深，知九三「伏戎于莽，升其高陵，三歲不興」之誤。所以「乘其墉」而「弗克攻」，是所聚人眾可以築牆，加強防禦。九四居乾體，乾為圜，故為城，亦圍城之象。乾剛健故能自守。

《易經》中凡困窮而知返者，多吉而無咎。如：「訟」九四：「不克訟，復即命，渝安貞，吉。」「訟」九二：「不克訟，歸而逋，其邑三百戶無眚。」

若困而不知復，則凶，如：「復」上六：「迷復凶」。

九三以剛居剛，是剛愎自用，不知反省，故不言吉。九四以剛居柔，是剛中有柔，故能進能退故言吉。

䷌ 同人 ䷤ 家人

此爻變為上巽下離之「家人」卦。〈序卦傳〉：「傷於外者必反其家，故受之以家人。」受傷故乘墉不成。

從九三、九四來看，「同人」的目的就是要興兵搶回執政權。

九五：同人先號咷而後笑，大師克相遇。
象曰：同人之先，以中直也；大師相遇，言相克也。

九五的「同人」是聚眾者，是領袖。五爻為君故為領袖。

「先」，事之先前也。又《說文解字》：「先，前進也。」乾為先，坤為後。乾為健，坤為順。健，所以進；乾，所以先。

「號」，呼號也。《說文解字》：「號，呼也。」乾為言，為號令，故為號咷。

「號咷」，號啕，今文作「嚎啕」。《經典釋文》：「號咷，啼呼也。」情況危急之象。

「號咷」，祭祀祝禱也。古人在祝禱時宣讀簡書以昭告神靈的行為，古書稱之為「祝號」，《周禮‧春官‧小祝》：「小祝掌小祭祀，將事侯禳禱祠之祝號，以祈福祥，順豐年，逆時雨，寧風旱，彌災兵，遠罪疾。」基本上是遇到災變呼號告神以求福。《周禮‧春官‧大祝》：「掌六祈以同鬼神示。」鄭玄注：「祈，噭也。謂為有災變號呼告於神以求福。」賈公彥《疏》云：「謂為有災變號呼告神以求福」者，鄭知『號呼』者，見《小祝》云：『掌禱祠之祝號』」。「同人」本有聚眾祭享之意，可知此「號咷」，是大聲地呼天喊地，向上天祝禱號啕。

「師」，眾也，軍隊也。

此爻言「大師」，即今言大軍，《周禮‧春官‧小祝》云：「大師，掌釁祈號祝。」賈公彥疏云：「祈號祝者，將出軍，禱祈之禮，皆小祝號以讀祝辭，蓋所以令將軍祈而請之也。此皆小事，故大師用小祝以讀祝耳。」《周禮‧春官‧宗伯》：「大師，掌釁祈號祝。有寇戎之事，則保郊祀於社」可知此爻所言乃大軍出征前的「祝號」之禮。就是在向神靈祈

禱時是需要大聲呼嚎，如《韓詩外傳》卷七「呼天而號」；《孟子・萬章》「號泣於旻天。」《楚辭・九嘆》：「孽臣之號咷兮。」

又「號」字從虎，當是大聲呼嚎如虎嘯，《說文解字》：「唬，嚱聲也。一曰虎聲。從口，從虎。讀若暠。」其實就是「唬」字，古文「唬」、「號」字通用。

「克」，能也。是終於能夠。

「遇」，是遇合，就是互「姤」。

「同人先號咷而後笑，大師克相遇」，謂號招來的群眾、軍隊被圍而眾人號咷痛哭，後終於能聚眾突圍，相聚會師成功而大笑。先悲後笑，否極泰來，死地後生之義。先悲後喜遇貴人。爻變為「離」，旺的很。

此與「屯」六二義同。「屯」二欲上應五而為三四同性之陰所隔，故屯邅不進。然與五正應，「十年乃字」，終必合也。

「同人」九五欲應二，而為三四同性之陽所阻，故「先號咷」。然與二正應，終必相遇，故「後笑」。

伏震為後，為笑。互巽為號咷。伏坤為師。

「旅」上九：「先笑後號咷」先喜後悲，與此相反。

「相遇」謂遇二也。從前不能相遇者，以三四之伏戎為害也。後克而勝，故與二相遇。

〈象傳〉曰：「中正而應，君子正也。唯君子為能通天下之志。」此段所言就是就是此九五。

九五要能通天下之志，談何容易。初九初涉世事，只能「同人于門」以固守，六二也只能結黨于宗族之內，九三、九四涉世已久，羽翼方成，鬥爭更行激烈，便要訴諸武力，九五要下交六二，六二要上交九五，但中間有三四相隔多猜忌害，要以武力相奪與二應。此九五之所以「先號咷」也。但九五至公中正，終能同心，將三四擊退，所以「後笑」；為何也？是九五與六二相應為同志，「二人同心，其利斷金。」眾志成城，是九五、六二皆中正得位，是不可阻擋，阻擋者，則無堅不摧。

「大師克相遇」，這句是說九五之師要克服九三伏於莽之兵，始能與六二相遇。九五剛陽中正，六二則以陰柔中正相應於下，是二者同心，雖

受三四阻隔，不能相同，六二柔弱，不敢往上前來相會同，九三九四兩者剛陽強健，必用大師才能克勝，如此便可相遇會同。

「大」為陽，是正義之師。九五以正義之師克九三九四而能與六二相遇。

「中直」，就是說九五中正，言中直不言中正是要與下文的「克」字押韻。

「相遇」，指九五與九二相遇「相克」指攻克九三。欲與知音同志六二相遇，先克橫強之九三也。九五為天子，天子同天下應以德，不以力。今「同人」九五以大師克三四才能同六二，三四都不與五同，是五乃以力服人非以德服人，故曰「中直」，不曰「中正」。

所謂「以直報怨」也。

所以爻辭也不言其為大人或君子。

此爻終於聚得眾人，初危後安，攻戰得勝。

 同人 離

爻變為「離」。離是附麗，是網羅，至此聚眾成功；富貴逼人來，旺的很。離為兵戈。

上九：同人于郊，無悔。
象曰：同人于郊，志未得也。

「邑」外謂之「郊」，郊外謂之「野」。《說文解字》：「邑外曰郊，郊外曰野」這是細分，粗分則郊野不分。上爻即野外、化外之地。

「郊」，也是交際、交換、要衝之地。《史記·酈生陸賈列傳》：「夫陳留，天下之衝，四通五達之郊也，今其城又多積粟。」《漢書·竇田灌韓傳》：「武帝即位，以為淮陽天下郊，勁兵處，故徙夫為淮陽太守。」

「同人于郊」，聚眾於交通要衝之地，是比較寬裕可供迴旋之地。

上爻居陽極之地，正是陰陽相交變的地方。又古代天子有郊祭。「郊」簡言之即南郊祀天於冬至，北郊祭地於夏至。《禮記·郊特牲》：「郊之祭也，迎長日之至也。」就是在冬至、夏至陰陽相交之時，舉行祭

天郊祭之禮。

「同人于郊」，謂已達化外之際，人口疏少，無法聚同眾人。且上爻化外之地，向前無處可往，只得返回往內，故曰「無悔」，無災也。又「志未得」即未能聚集眾人。上九威德不足同人不足以答化外之地，但知往返而能「無悔」。

「悔」，困厄恨惜之象。詳見「乾」上九。

「無悔」，無有災害困厄也。

「同人于郊」，聚眾於交通要衝之地，可攻可守，無有災害困厄。

〈小象〉曰：「志未得」，僅於「郊」未及「野」故曰「未得」。「未得」，就是不得。

乾為德，往內既失援應，又乘陽剛而難，〈文言〉上九曰：「貴而無位，高而無民，賢人在下位而無輔，是以動而有悔也。……亢龍有悔，窮之災也。……亢之為言也，知進而不知退，知存而不知亡，知得而不知喪。其唯聖人乎！知進退存亡而不失其正者，其唯聖人乎！……亢龍有悔，與時偕極。」

「于郊」為在郊野閒居，故為「罷黜」，居上為退休閒居居於林野之間，不利為官。變為「革」，故為革除在野之象。

「同人」本有「在野」之意。上為退休老人、化外之民。

上九居外卦之上故曰「同人于郊」，乾為郊。

上乘陽無應遠居郊外，曠莫與儔，故「曰志未得」。巽為志，上與二無應，二巽為志，故曰「未得」。

「同人于郊」，比「同人于野」遜弱。「同人」卦從初九大公無私「同人于門」，及九二始染營私之習氣而「同人於宗」。九三九四一伏戎，一乘墉，鬥爭日盛，令人「號咷」，到九五只得以「大師相克」來收尾。然「乾」上九：「亢龍有悔」，「同人」上九曰：「無悔」，上九失位無應本當有悔，為何能「無悔」？「同人」是與人合，與人合就是相應，但上九為退居之人，不能同天下於「野」，僅得「郊」，「同人於郊」，仍為能達到同人於野之理想，故僅於「無悔」，「志未得」而已。

上九變上六，卦成上兌下離「革」卦。「革」卦「悔亡」，故「無

悔」。因為僅於郊未至於野，沒有達到大同之道的最高境界，故曰「志未得也」。

䷌同人 ䷰革

爻變為「革」又曰「志未得」，是革命尚未成功，同志仍須努力。「同人」聚眾以武裝革命。「郊」是「邑」與「邑」之間交界之地，是三不管地帶。

上爻是退休老人，退而「同人于郊」是退休老人在郊外的同樂會。

第**14**籤 大有卦 又名火天大有

大有：元亨。

彖曰：大有，柔得尊位，大中而上下應之，曰大有。其德剛健而文明，
　　　應乎天而時行，是以元亨。

象曰：火在天上，大有。君子以遏惡揚善，順天休命。

序傳：泰者通也。物不可以終通，故受之以否。物不可以終否，故受
　　　之以同人。與人同者，物必歸焉，故受之以大有。有大者不可以
　　　盈，故受之以謙。有大而能謙，必豫，故受之以豫。

雜傳：大有眾也，同人親也。

有小篆　祭小篆

343

「大」，是大漢、大唐、大宋、大明、大清之大，偉大也。「有」
是一右手抓肉，就是一手握其所有之義。「大有」是大大的有，是有最大
的，是偉大擁有也。

「有」就是「祭」。金文、篆文「有」字從手持肉。《說文解字》
說：「有，從月又聲。」將「月」解釋為月亮之月，是誤解。金文、篆文
「祭」字像一右手持牲肉，從示，手裡拿著肉祭祀神靈的意思。《說文解
字》說：「祭，祭祀也。從示，以手持肉」是對的。金文、篆文的「祭」
字由「月」（血）、「手」、「示」三部分構成。後來代表肉的「月」更
簡化為「夕」，例如「多」字表示手裡有很多的肉。

又「祭」字在古代是一種祭祀之名，意為肉祭。《詩·小雅·北山
之什·信南山》：「祭以清酒，從以騂牡，享於祖考。執其鸞刀，以啟其
毛，取其血膋。」《箋》：「膋ㄌㄧㄠˊ，脂膏也。」「血膋」者，血祭
也；古代的血祭必定要殺牲取血，後來祭祀也稱為「血食」。《周禮·春
官·大宗伯》：「以血祭祭祀社稷，五祀，五嶽。」《說文解字注》血字
云：「古者茹毛飲血，用血報神」即此。

「有」有「取」義，也有「保」義。《詩·周南·芣苢》：「薄言
有之」。王先謙《詩三家義集疏》引魯、韓說云：「有，取也。」《禮

記‧哀公問》：「不能有其身」，鄭玄注：「有，猶保也。」金文、篆文「有」是一手持肉之象，即象徵富裕又保有之義。

祭祀在古時是「國之大事」，《左傳》成公十三年就說：「國之大事，在祀與戎。」祭祀時沒有酒肉宰殺犧牲的稱為「荐」同「薦」，有犧牲祭肉的稱為「祭」。《穀梁傳》桓公八年：「無牲而祭曰薦，薦而加牲曰祭。」祭，就是殺牲祭奠之意。《呂氏春秋‧季秋紀》：「豺乃祭獸戮禽。」高誘注：「於是月殺獸，四圍陳之，世所謂祭獸。」

卦辭僅二字「元亨」，元者，大也；亨者，享也。「元亨」，即大祭祀，大獻享，就是大大的祭祀。因為「大有」也是豐收，為「大有年」的省語。《春秋》宣公十六年：「冬，大有年。」《穀梁傳》桓公三年：「五穀皆熟為有年」。宣公十六年：「五穀大熟為大有年」。《公羊傳》桓公三年：「彼其曰大有年何？大豐年也。」又《詩‧魯頌‧有駜》：「歲其有。」《毛傳》：「豐年也」。《詩‧小雅‧甫田》：「食我農人，自古有年。」《詩‧周頌‧豐年》：「豐年多黍多稌，亦有高廩，萬億及秭。為酒為醴，烝畀祖妣，以洽百禮，降福孔皆。」因為大豐收，所以大大的祭祀獻享。「乾」〈文言傳〉：「元者善之長也，亨者嘉之會也」，「善之長」，即大；「嘉之會」即聚合一處祭享，如台灣今語「大拜拜」。

「有」，右也，佑也。震為東，為左；互兌為西，為右。六五柔居中為，眾陽佑之。

「大有」互兌，兌為秋。秋收大有故大祭祀宴享。

〈彖傳〉說：「其德剛健而文明。」以離為文明，以乾為剛健。〈大象〉說：「遏惡揚善，順天休命。」離為惡，乾為善，乾為天。後天八卦離居南方光明之卦，先天八卦乾居南亦陽剛尊君之位。兩卦同居南方，離明在乾天之上，故「惡」者無所遁，善者得以揚，故曰「大有」。

〈雜傳〉說：「「大有」眾也。」是有者眾也，富有也，所有的東西之中取拿最大的也，是實至名歸的，是最完美的，所謂「大有為的政府」也，偉大的政府也。豐收有慶恩澤於眾。

「大」者，陽也。「小」者，陰也。

六五以陰居至尊之位，為卦主與眾陰相應，有以一陰統眾陽之象，故

曰「大有」。

〈彖傳〉說：「大有，柔得尊位。」《易經》以五位為最尊貴天子之位，「大有」以六五之陰率領眾陽，為卦主。與五陽相應，度大能容，故曰「大有」。

離為火，為日；乾為天，廣義上而言亦為日，是如日月普照大地，是無所不明，故曰「大有」。三四五爻互為兌，二三四爻互為乾，兌乾皆為金，一離火無法剋三金，是利也，富也，金多故「大有」。兌為秋，是秋收而富也。兌為喜悅，是吉慶也。

「大有」是人生志得意滿，眾望所歸之時。離日如火般在天之上，是炎熱的盛夏之時，是三伏天最熱的時候。是陽光充足萬物滋長盛茂之時，故曰「大有」。

「大有」是日正當中之象。「明夷」是日初之前，日落之後，是日蝕，月蝕。「晉」是日初之後。「同人」是正午以前，「大有」是離日在乾天之上，是日正當中之時。

「大有」上離下火下乾天，是日正當中，陽光普照，明鏡高懸。〈大象〉：「君子以遏惡揚善」。六五一陰伏於是上九之陽下，是陰氣已生，秋天將至之時。

「大有」是有容乃大，是雍容大度之象。

「大有」錯為上坎下坤的「比」卦，是九五一陽率眾陰，是庶民來歸之象。「大有」六五領眾陽，陽為君子，為賢臣，是眾賢臣輔主之象。「比」卦為賢君率眾民，「大有」為大智若愚，虛懷若谷之主，讓各賢臣擅其所長的發揮而眾望所歸之象。上坤下坎為「師」卦，是以九二老沉的大夫領眾陰之軍，是軍師之長必剛健勇猛。坎為智，智隱不現，莫測高深也。

六五一陰領五陽，五陽為賢臣，賢才之士眾多，故天下稱臣。離為腹，光明包容下卦乾陽剛健故為「大有」。

「大有」卦主為六五，「小畜」卦主為六四。五為君為陽故曰「大」，四為臣為陰故曰「小」。「畜」從田，不是田獵就是耕作，「有」從手持肉，是已經完成。又君虛而明為天下所共見，故曰「有」。臣虛為遜，謹守本分，故曰「畜」。

「大有」綜卦為「同人」卦，「大有」是「同人」變來的，是「同人」下卦的離卦升至上卦，是六二升至六五之尊位，可比喻為一位地位低下的文士（離為文）因緣際會攀得尊位。是眾陽相爭不讓，是各路英雄好漢（眾陽）互不相使得文人得居尊位。

「大有」次於「同人」卦。同心協力，則萬物萬事能成就，故「有者大」。故「大有」在「同人」後。先在野聚眾之後才能掙得在朝執政。

二三四為乾，三四五為兌，上兌下乾互為「夬」卦。所謂「滿招損，謙受益。」「大有」之時為滿盈之象，滿盈必溢而必有損。

「大有」是「志得意滿」之時，以陰居五之尊位，最忌的就是驕傲，所以〈序傳〉說：「有大者不可以盈，故受之以謙。有大而能謙，必豫，故受之以豫。」陰雖虛而能「大有」，然六五居兌體，兌為「無心之悅」、為「缺」、為「毀決」，故驕必生憾。《史記・范睢蔡澤列傳》：「欲而不知，失其所以欲；有而不知，失其所以有。」

此卦在上位者不吉，因為已經滿盈就要缺毀了。

《易經》極重伏卦（綜、錯、互），「大有」錯為「比」，「比」是結黨營私，可見以陰居尊位有聚斂之嫌。又互為「夬」，「夬」是快，是稱心快意，一定要「謙」，不然有缺而潰。一定要快快決定，不然有缺憾。陰居五，中而不正，故一定要正，不可來陰的，用小人招術。

「夬」是兌，是美麗女子，是野合外遇，總之不要遷扯到女人問題，不然必決。

「夬」差一爻為乾，為圓，「夬」是事不圓而有缺憾，是差一點點。是為山九仞，功虧一簣。

「夬」是「揚于王庭」是在宗廟朝廷之上以兌之巫祝卜卦決疑斷；也就是「廟算」，「大有」之「夬」是「機關算盡」終有一失。

「大有」卦辭僅「元亨」二字。

「元亨」是說六五，五得尊位，故曰「元」。上下應，故曰「亨」。

「坤」五曰：「元吉」。「比」五曰：「元永貞」。「損」五、「益」五、「鼎」五皆曰：「元吉」。

「元」者大也「亨」者通也，「元亨」者，大通也。上下通，是通

神、通天、通臣、通庶眾。以一陰與眾陽交通，是通者眾，通者大也。日照大地，萬物得已生長故曰「元亨」。六五以虛居中，居離體，離為明，是六五虛而能明也。

六五處於乾天之上，有乾陽聚集代天行道之象，故「元亨」。

離中虛，是陰柔為陽剛所包覆，陰為小人，陽為君子，所以有吉象。象君臨天下無所不包，是有包容之象。有合作之象。

六五以柔居至尊，陰居陽是失位，有懷柔群陽之雄眾，但不能以剛決斷，所以只「元亨」而未能「利貞」。換句話說是「不貞」，是不長久，有缺憾。互「夬」就是缺撼，決潰。

「元」者始也，「元亨」，始亨也。利初創事業，以柔懷天下之志，眾賢陽來歸附，事業始亨。事業始創，以懷柔之政而聚眾而事可成。但不利守成，創業之後世事變化難測，遇事之變要以陽剛來決斷，柔則不能決斷。故雖以柔居正位不易貞固，「貞」故則可以持久。就算是「大有」已經有成，而缺少「貞下起元」的局面，就是差一點，要利用貞才行。

「大有」六五懷柔可聚眾，居不正而位利貞。是不能持久，是短多長空之局。

六五以柔居乾之上，是以臣居君位之上，是以臣代君也。以大臣代君為政。曰「元亨」，是眾臣能服順。若周公攝政，眾諸侯來朝也。

離錯為坎，坎為隱，為假，假為攝，為代，是代理攝政，所以不長久。攝政代理，居尊且資源豐厚，故有收買民心之象。

在六十四卦之中，卦辭只言「元亨」而無他辭的只「大有」一卦。

〈象傳〉：「大有，柔得尊位大中而上下應之，曰大有。」這闡明卦名為「大有」之義，「柔得尊位」，是指六五居君位。

「大中」，是指六五居上卦之中，是居陽之中故曰「大中」。

「上下應之」，不指是六五與九二相應，更是五陽與六五相應。

凡一陰五陽之卦，皆有眾陽與一應之象。

☲「大有」卦與☷「同人」卦相綜，兩卦都是一陰五陽。一柔在下居二得位，與上乾相應，是二與他人同，故名「同人」。一陰在上，是眾陽同歸於陰，為六五所有、所包容，故曰「大有」。

「同人」卦主是六二，應乎乾，是六二去應人，故曰「同人」。「大有」卦主為六五，上下相應，上下五陽都與六五應，故曰「大有」。

凡一柔五剛之卦，柔在上卦的曰「上下應之」；柔在下的曰「應乎乾」。

〈彖傳〉曰：「其德剛健而文明，應乎天而時行，是以元亨。」這是解釋「元亨」的，是大得天時也。

五居天位二應之，故曰「應乎天」。「剛健」，是指乾卦在下，文明是指離卦在上。「應乎天」，是指離之上六五與乾之九二應。離為日，為時，故能「時行」。「時行」，是順應天時而行，不違背天時自然。如此才能「元亨」。居尊位的君主，行事要配合天時，無違天時則元亨。

「大有」卦健不過剛，明察但不吹毛求疵，所以天下之大，無所不包，無所不通，故「元亨」。

〈大象〉曰：「火在天上，大有。君子以遏惡揚善，順天休命。」「休」，美善。「休命」，是上對下的美善之命。「大有」是大有為的時代，離明在天之上，是明鏡高懸之象，善惡皆在眼中，是天下至明之時，善惡無所遁藏，善應舉揚，惡則應抑制。順應天命也，合於自然。

「同人」上乾天下離羅，天下有羅，欲往羅天下之人，故曰「同人」。「大有」上離下乾，謂羅網在天之上，天下之物無不網羅，故曰「大有」。「大有」離為日，乾為天，陽光燦爛，卜雨不得。

初九：無交害，匪咎，艱則無咎。
象曰：大有初九，無交害也。

初爻往上無應，往前陽遇陽失類而得敵，故「無交」。

「大有」為網羅天下才幹，初九距五最遠，故無有「交往」，無有「交情」，有離群索居之象。且初九「潛龍勿用」還在培養厚植實力階段尚未大、未成也不宜交往、交通。

「交害」，相賊害。

「無交」故「無害」。初九安於得位與上無應交，無驕盈之失，故「無交害」即無有相互賊害，相安無事也，故匪咎。

但要艱貞自守如「潛龍」「獨立不懼，遯世無悶」，方能「無咎」。

初九前行遇陽，同類相斥，有受排擠之象故「艱」，能「勿用」故「無咎」。

初九「艱」才能「無咎」，在「大有」為富有之時就是貧，是沒有這個命享受。

初九是「潛龍」之位，或以「交」為「蛟」即「犰」，《山海經‧西次三經》：「玉山有獸焉，其狀如犬而豹文，其角如牛，其名曰犰，其音如吠犬，見則其國大穰。」穰，豐收；《詩‧商頌‧烈祖》：「豐年穰穰」。

「匪」，非也。

「咎」，災害。但在《易經》凶、咎、悔者，「悔」是較輕的困厄，「凶」是巨大災禍，「咎」是較輕的災禍。〈繫辭〉說：「無咎者，善補過也」可知。

「匪咎」，謂無有災禍也。既然不相賊害，沒有相仇恨之心，雖值艱難之時，而鮭魚無咎。

「艱」，艱難。「大有」是豐收，初九艱難則是無收、歉收。

「無咎」，無須畏懼。

謂初九無有蛟蟲危害，無有災害，雖然艱難，無須畏懼。又豐收年資源豐富，無有搶奪相賊害之事，故無懼無咎。

☲☰ 大有 ☰☴ 鼎

此爻變為「鼎」，折足之象，不利交友、受聘。

「鼎」為新，初九經驗不足又遇到陌生的情況，故折足不利。

九二：大車以載，有攸往，無咎。
象曰：大車以載，積中不敗也。

「大車」，是牛車，《毛詩正義》：「《考工記‧車人》為車有大車。鄭以為平地載任之車，駕牛車也。《尚書》云：『肇牽車牛，遠服賈』用是大車，駕牛車也。」「大車」就是「輿」。大車者，任重道遠也，《荀子‧勸學篇》：「假輿馬者，非利足也，而至千里。」

「以」，用也。

「載」，是滿。

凡載物皆用大車，與馬車不同，馬車速，皆小車。

「大車」，是穩重之象，經的起考驗不會傾覆。比初九的經驗不足要好多了。

「大車以載」，是豐收之象。是財貨滿，才能高，可以任重道遠，承擔大任，故「有攸往」。

「攸」，金文從人，從父，像以手持杖打人形，乃「打」之本字。今讀若悠、通遙、遙遠。

「有攸往」，謂可以前往，利有作為，宜行不宜靜。

或「攸」，所也。「有攸往」，有所往。大車任重道遠故有所往。

九二積陽為大，故「大車以載」，也是大富之象。

這爻如「乾」九二「見龍在田」。

九二與六五有應，故受重任；九二以剛居中自己也足以勝任。

九二以大車裝載，能任重行遠，故無咎害。

初九離群索居；九二大顯身手。

☰☰ 大有　☰☰ 離

此爻變為「離」，升官發財，旺的很。

九三：公用享于天子，小人弗克。
象曰：公用享于天子，小人害也。

三爻為地方領袖，有如諸侯，故以稱「公」。

「公」是公卿與「天子」相對。

「公」字出現在四卦中，其他三卦是：「解」上六：「公用射隼于高墉之上，獲之，無不利。」「益」六三：「有孚，中行告公用圭。」「益」六四：「中行告公從，利用為依，遷國。」「小過」六五：「密雲不雨，自我西郊，公弋取彼在穴。」

「用」，得也；《莊子・齊物論》：「庸也者，用也；用也者，通也；通也者，得也。」用、通、得並提，「用」即得也。

「享」，是分享、祭享，這裡作獻享，奉享。《正韻》：「享，獻也，祭也，歆也。」《左傳》僖公二十五年：「狐偃言於晉侯曰：『求諸侯莫如勤王』公曰：『筮之』筮之，遇「大有」之「睽」，曰：『吉，遇『公用享於天子』之卦。戰克而王饗，吉孰大焉』。」是讀「亨」為「享」，即饗也。

兌為享。〈說卦傳〉：「兌為巫、為祝」故可享於天。

「享」，是大拜拜，大宴會。

「用享」，謂得到饗宴。

「天子」，謂五爻。

「小人」，謂四爻，四爻不中不正，失位無應，故曰「小人」。

「弗」，不也。

「克」，能也。

「弗克」，弗能，不可也。

又「大有」是豐收，「公」是井田制度中的「公田」，以公田的收穫奉獻天子，小人則無可得。

又謂公卿大臣得到網羅所捕獲的獵物為饗宴，小人則不能受享。

獻物與天子分享，也可說是打勝仗獻獵物俘虜與天子，天子也設宴相款待。即古代朝覲燕饗之禮。

此爻是大公無私，為天子之輔。

☰ 大有 ☲ 睽

此爻變為「睽」。由叛逆小子變為公正無私，是成熟之象。小心意外。

《左傳》僖公二十五年：「狐偃言於晉侯曰：『求諸侯莫如勤王』……公曰：『筮之！』遇「大有」之「睽」，曰『吉。遇公用享於天子之卦，戰克而王饗，吉孰大焉！』」

《左傳》僖公二十五年此爻之原委。周襄王，他有一位弟弟名叫太叔帶，太叔帶在大臣頹叔、桃子等人支援下起兵造反。周襄王逃出京城，跑到鄭國一個叫做氾的地方，他向諸侯國發出救信，信上說：「我無德，得

罪了弟弟太叔帶，現在流落在鄭國的荒野氾地，請各位叔父前來幫忙。」周天子是諸侯國的共主，天子被趕出京城，對諸侯國而言當然是一件大事，弱小的國家趕緊派人去氾地服侍，強大的國家就決定派兵勤王，掃平內亂。

秦國和晉國在當時都是強大的國家。秦國的先祖居於西垂，本是為周天子養馬的氏族，周天子賜姓曰嬴，使居秦地，稱秦嬴。西周末年，周幽王為犬戎所殺，秦襄公帶兵救周，保護周平王遷都洛邑。論功行賞，秦襄公被封為諸侯，政治地位一躍而上，秦國從此壯大起來，逐漸成為強國。這次周天子又逢危難，秦國國君穆公立即傚法其先祖，帥師勤王。

晉國與秦國隔黃河而治，當秦國軍隊到達黃河沿岸時，晉國的大臣狐偃就對晉文公說：「欲樹立威信，稱霸諸侯，最好的辦法就是勤王。這樣，諸侯就會信服，且符合君臣大義。您的祖先晉文侯在周平王東遷時曾匡輔周室，獲得了良好的政治影響，您今天一定也要傚法他，救王之難，顯名諸侯。」於是讓卜偃占卜，得到的斷語是：「吉。遇黃帝戰於阪泉之兆。」晉文公以為卜偃說自己像黃帝，便說：「我可承受不起」卜偃馬上解釋：「周禮未改。卜辭中的黃帝，指的是周天子，不是您。」晉文公命曰：「筮之」命令他復用《周易》占筮。

卜偃演筮，得到「大有」卦九三爻動，變「睽」卦，占斷曰：「吉。遇『公用享于天子』之卦。戰克而王享，吉孰大焉。且是卦也，天為澤以當日，天子降心以逆公，不亦可乎？」意思是說：「再也沒有比這更吉利的了！「大有」卦九三爻爻辭是『公用享于天子』，預示著您必定能夠掃平內亂，得到周天子的宴享。您將大有功勳，周天子也會屈尊酬謝您，這不是很好嗎？」

於是晉文公派人告訴秦穆公：「天子蒙塵，離我不遠，勤王之事，還是由我代勞吧。」秦軍退回，晉軍順河而下，分為兩隊，一隊去圍剿太叔帶，一隊去迎接周襄王。只用了十四天，就殺了太叔帶，把周天子送回京城。

九四：匪其彭，無咎。

象曰：匪其彭，無咎。明辨晢也。

「匪」，彼也。于省吾先生《易經新證》：「匪，彼古音近字通。」

「匪」，高亨先生讀為「排」，排而除之也。

「彭」，《經典釋文》：「彭，子夏作旁，虞作尢。」虞翻作「尪」，「尪」的異體字。《說文解字》：「尢，跛曲脛也。」重文作尪。跛曲脛之人，其足不正，其行亦不正，因而以喻不正之人及不正之事。于省吾謂應讀「往」亦是。四爻是唯一陽爻前臨陰爻的所以利往。

「匪其彭」，排除行為不正之人，如此而其往，故能無咎。陽遇陰則通，相交為類，如此「無咎」，無災害。此爻如「夬」之九五：「中行無咎」，「大壯」九四：「貞吉，悔亡。」都是利於前往而無災害。

「明辨」，是明智，是九四搞的清楚自己所處的地位環境，不是「冥」也不會「迷」。

「晢」，也是明辨。鄭穆公之孫，公孫黑，字子晢。楚共王子之子公子黑肱，字子晢。古人的名與字皆有關聯，有同義，也有反義，如孔子弟子樊須字子遲。須即需，需待故遲。

「明辨晢」，是非常明智，明智又明智。

▉▉▉ 大有 ▉▉▉ 大畜

爻變為「大畜」畜德之象，持盈保泰之象。越分給他人得到的越多。

六五：厥孚交如，威如，吉。

象曰：厥孚交如，信以發志也；威如之吉，易而無備也。

「厥」，其。《爾雅·釋言》：「厥，其也。」

「孚」，浮也，罰也。《小爾雅》：「浮，罰也。謂罰爵也。」《晏子春秋·雜下十二》：「景公飲酒，田桓子侍，望見晏子而複於公曰：『請浮晏子』。」高誘注：「浮，猶罰也。」

「交」，積也，加也，大也，皎也。《廣雅釋詁》：「皎，明也。」《釋文》：「皦，本作皎。」交、皦古亦通用。《詩·陳風·月出》：「月出皦兮」也有作「皎兮」。《詩·王風·大車》：「有如皦日」皆光明之義。此卦六五與「家人」卦：「有孚威如」近同。

「如」，無意。

「威如」，巍然，高大也。《呂氏春秋·應同訓》：「黃帝曰：『因

天之威，與元同氣』。」故「威」有「大」意。

「威」，德也。《廣雅》曰：「威，德也。」《詩・周頌・有客》篇：「既有淫威，降福孔夷。」《正義》曰：「言有德，故易福。」《呂氏春秋・應同訓》：「黃帝曰：『因天之威，與元同氣』。」故「威」有「德」意。又「威」，畏也。于省吾先生謂威、畏二字古通。「家人」上九同此。

「交如」，光明貌。「威如」，威嚴敬肅貌。當罰則罰，罰不徇私，可以豎立威嚴。

此爻意謂所得收穫、攜獲的又大、又多，吉也。亦謂君王巍然之德而有威望，為人所信服。六五以柔處尊位，應當常存戒畏之心，如此則吉。

「發」，明也；《廣雅・釋詁四》：「發，明也。」

「信以發志」，即「交如」。

「威如之吉，易而無備也」，即常存戒畏之心，不改其戒備，故吉。

離南面嚮明而治，故曰「威如」。

六五以陰居陽，能柔順包容，也能剛陽果斷故「威如」。

「威如」是指君王的威儀，讓人見了生畏，故嚴。

「交」也是交往，五與二應下成九四，上下間的交通無礙。

此爻陰柔所以委順眾陽爻，是「肚大能容」，「有容乃大」又居「夬」能決斷，剛柔相濟，是最佳的領導。

「交如」、「威如」是大有之君的統御術。

「易」是「變」。

大有　乾

此爻變為「乾」卦。君王也。

上九：自天祐之，吉，無不利。
象曰：大有上吉，自天祐也。

「自」，茲也，此也。

「祐」，佑也，助也。祈福祭享老天而得福佑。《說文解字》：「祐，助也。从示，右聲。」蓋天助祐，故字从示。又《說文解字》：

「右，助也」義同。

「自天祐之」是老天保祐，是天子保祐，是非人力所及。

〈繫辭上〉：「《易》曰：『自天祐之，吉無不利』子曰，祐者，助也。天之所助者，順也；人之所助者，信也。履信思乎順，又以尚賢也。是以自天祐之，吉無不利也。」

蓋其餘他爻皆乘剛，惟上爻獨自履柔，故吉利。

上九之位多亢而不吉，今得六五柔順而能吉。

上九是一退休老者而有善終，是太上皇。

五爻有老天助佑，吉祥，一切都順利。上爻故曰天。

▤大有　▤大壯

此爻變為「大壯」。由「大壯」豐功偉業退休，而終於「大有」，此種情況太少。故大吉。此爻有貴人相助，「大有」卦，所資助者亦大。

《易經》六五與上九之間多有尚賢之義。

謙：亨。君子有終。

彖曰：謙亨；天道下濟而光明，地道卑而上行。天道虧盈而益謙；地道變而流謙；鬼神害盈而福謙；人道惡盈而好謙。謙尊而光，卑而不可踰；君子之終也。

象曰：地中有山，地謙；君子以裒多益寡，稱物平施。

序傳：有大者不可以盈，故受之以謙。有大而能謙，必豫，故受之以豫。

雜傳：謙輕而豫怠也，噬嗑食也。

𥝲秉小篆　𣎆兼小篆　䜴謙小篆

　　上坤下艮，山高藏於大地之中故曰「謙」。《歸藏》易此卦名為《兼》。《朱子本義》、來知德注：「謙者，有而不居之義。」

　　「謙」為「兼」，「兼」本意是一手併執兩禾，《說文解字》：「兼，幷也。從手禾。兼持二禾也。徐曰：「會意。秉持一禾，兼持二禾。可兼持者，莫若禾也。」一手抓著兩束稻禾，要不是貪多，就是勤奮努力，但都有辛勞之意。一手抓著一束稻禾為「秉」。《說文解字》：「秉，禾束也。從又持禾。」《說文解字注》：「此秉謂刈禾盈手之秉也。左傳。或取一秉秆焉。按經傳假秉爲柄字。」這是說「秉」是一手滿握成熟的稻禾，有持握權柄之意。「兼」，一手持倆稻禾就太貪心了。

　　「謙」是「兼」，身兼數職，辛勞可知，《前漢・王莽傳》：「縣宰缺者，數年守兼。」注：「師古曰不拜正官，令人守兼也。」謙就是兼，就是代理，就是假攝。「有而不居」就是假代兼理、兼攝。《楚漢春秋》：「會稽假守殷通。」註：「假謂兼攝也」。《史記・淮陰侯傳》：「大丈夫定諸侯即為真王爾，何以假為？」《辭源》：「舊時官吏代理政事真除以前稱假。」

　　「謙」是「兼」，兼是假代兼職，有而不居所以假代，假代所以受人讒言，如周武王崩，成王即位，年少，周公相成王，攝政當國。管叔、蔡

叔皆周公兄而有流言謂周公將不利於年幼的成王，與商紂之子武庚叛亂，周公東征，誅武庚管叔，流放蔡叔，封微子啟於宋。三年而畢，七年，周公反政成王，北面就群臣之位。

「兼」是「假」，是「暫代」，沒有「真除」。故為「有而不居」。坎為隱，真相隱伏故為假。艮為面，為掩蓋，為迷亦為假。既是暫代兼職心中必有恨惜故「謙」亦為「慊」。《廣韻》：「慊，恨也。」《集韻》：「不滿也」但久必「有終」是久假不歸，終得真除。故「謙」是才勘大任，身兼數職，受流言所擾，退以自修，恭敬待人，終能出頭。

「謙」是一母領三子，坤為母，震，艮，坎為三子。「謙」是母兼父職，有母無父。

「謙」上坤下艮皆為冬，互坎亦為冬，時令為冬末天寒之時，《焦氏易林》以為當是歲末小寒、大寒之時。

「謙」是受人猜忌，坎為疑。

又謙是退讓，《玉篇》：「謙，讓也。」《增韻》：「謙，致恭也。不自滿也。」《釋文》：「謙，退爲義，屈己下物也。」《朱子本義》：「有而不居之義」，來知德注「謙」卦曰：「謙者，有而不居之義。」如此看來「謙」是一個辛苦壓抑自我的卦。《正韻》：「安靜貌」真是要忍。坤地順也，艮山止也，互坎為水，濡也，忍也。《史記·聶政傳》：「鄉使政誠知其姊無濡忍之心，不重暴骸之難，必絕險千里以列其名。」註：「濡，潤也，人性濕潤則能含忍。」

「謙」卦出土帛書作「嗛」，漢代「謙」多寫作「嗛」。《漢書·司馬相如傳》：「陛下嗛讓而弗發也」。顏師古注：「嗛，古謙字。」在古書中从言之字或可从口。《史記·外戚世家》：「景帝恚心嗛之，而未發也。」《索隱》：「嗛音銜。銜謂恨也。」如銜於口中，含忍難以下嚥。俗稱「嚥不下這口氣」。

又謙為敬，《說文解字》云：「謙，敬也。」王肅解釋為：「謙，自謙，損也。」《左傳》昭公五年：「初，穆子之生也，莊叔以《周易》筮之，遇「明夷」之「謙」。」杜注：「謙是卑退之義」。孔穎達「謙」卦《疏》：「謙者，屈躬下物，先人後己，以此待物，則所在皆通。」《史記·樂書》：「君子以謙退爲禮」與敬、伺ㄎㄡˋ音近義通。《集韻》：

「佝，病僂」脊背向前彎曲也。曲腰彎身曰敬。曲腰彎身卑而立之，謙也。將「謙」解釋為「敬」，除了是自謙之外，一身兼數職，求官若渴，恐怕也是「敬」的原因。所謂恭敬不如從命，「謙」之從命做得要死也被「嫌」得要死。

謙為恭，《國語・魯語》韋昭注：「恭為謙」卦象坤上艮下，坤為順，艮為節，敬順而有節止，謙恭之象也，故卦名曰「謙」。滿則招損，謙則受益，君子持禮而讓，則永受多福，故釋卦名云：「君子有終」。

「謙」本是「嗛」，是貪，是「吃相難看」，深怕吃不到，吃的急又搶的快。是小家子氣，是沒見過世面。《爾雅・釋獸》：「寓鼠曰嗛」。註：「頰裡貯食處，寓謂獼猴之類，寄寓木上。」以臉旁頰囊儲物吃得鼓鼓的，都是膽小受怕小心翼翼的動物。《集韻》則說：「嗛音險。義，鳥獸頰貯食。」即是動物爭搶食物的樣子。

「謙」是「吃相難看招人嫌棄」。一人吃數食也。

「謙」是不招人忌是庸才。艮為光，為星，震為躁，此人愛出風頭。艮為退，被貶抑。坎為隱忍，為智，震為復，為反生，終於東山在起，水落石出。坎為水，艮為石，震為出。

「有而不居」有等於沒有，兼職尚未真除。九三為主爻，三本多凶之位，「謙」能含忍，自卑恭敬，鞠躬哈腰磕頭蟲才能生存。

「謙」為暫避鋒頭。艮為退，坎為隱，坎為幽為獄，有暫時的牢獄之災，所以要先避一避鋒頭，可以免此牢災。

「謙」為讒言、流言、嫌言嫌語、中傷；上震為言，艮覆震，是覆言，是兩言相背。

《左傳》昭公五年：「「明夷」之「謙」云：『於人為言』；震為人，為言。又曰『敗言為讒』」。艮為震覆即敗言。又曰「主人有言」，這就是讒言。

蓋以「謙」為正反兩震，言相背，故為「讒」。不是「爭訟」就是「長舌之災」。

又坎為耳，為隱，為私，是「咬耳朵」，是「私下背地裡說壞話」。又「明夷」卦下離也是正反兌，兩口相反，故初九曰「主人有言」，〈小象〉曰「義不食也」。凡是遇正反兩兌，兩震，兩艮，相反或相向者，皆

相齧相訟，或相鬥相擊。

「謙」是「廉」，是處身兼數職的狀況下要知廉，知到自己約束檢察自己，要能自濁於汙穢之中。「有而不居」就是「廉」。

「謙」是「廉」，自斂不出鋒頭，自律嚴謹。

卦辭很簡潔，「亨」，謙而能祭享敬神祖，君子處世以謙能有始有終，故曰「君子有終」。

艮為君子賢才，所以「乾」九三說「君子終日乾乾，夕惕若，厲無咎。」

一位勤奮不懈努力工作的賢能君子，本該成功立業，光大門楣，光宗耀祖的，但三是多凶之位，有厲，有咎。歷史上多數如此君子多不得善終，商鞅與吳起為秦楚變法改革一個為「車裂」，一個箭中全身，就是明例。所以要能「有終」不是一件容易事。

而「謙」卦能「有終」，可見「謙」自卑恭敬折腰求全之妙用。

「謙」大象為坎，坎為險陷，這一陽之卦，除了初之「復」與上之「剝」外皆居坎中，吉凶互見，其中「謙」卦三之位不中，不高，不上，不下，不易討好，謹慎之義猶重。

〈彖傳〉說：「謙亨；天道下濟而光明，地道卑而上行。」

天本高而今居下，地本卑而今居上，闡述「有而不居」之謙的精神。

賢者居下又能全心奉獻自然能「亨」。又說「謙尊而光，卑而不可踰，君子之終也。」

謙而能尊，尊而能光，卑微又謹守分寸，自可得以善終成事。

若從爻辭來看，易經中六爻全吉的僅有「謙」卦。這可以說是做人處事最上乘的功夫修養。

《尚書》：「滿招損，謙受益。」《老子》說：「夫唯不爭，故天下莫能與之爭。」《論語》說：「不忮不求，夫子溫良恭儉讓以得之。」這都是「謙」的功夫。

「謙」卦之前為「大有」卦，「大有」是一陰居尊統合五陽，資源豐富，是人生志得

意滿之時。此時絕不可以驕傲盈逸侈奢浪費，要壓低姿態，謙卑待

人，和睦處世，才能長保富貴。如此更能得人尊敬，吸引更多人的追隨。故「謙」之後為「豫」與「隨」。

「謙」九三為主爻，爻辭曰「勞謙君子」，九三互坎居坎中，坎為勞，故曰「勞謙」。

坎水下流永不停止，所以「勞」，九三「終日乾乾」，也是勞。

坎為隱伏，故「謙」是不居功只居勞，所以勞苦功高，但不能邀功；艮為終，為成，為光，是要到功成之時才能名就。

「坤」六三說「含章可貞」，要隱忍不發，只做不說。「無成有終」，成不居功，終了自有人知。〈小象〉曰「以時發也」，不是不知，時候未到，「知光大也」，大功建成，自然光大。多有遠見的一卦。

「謙」是才勘大任，任勞任怨，勞苦功高，「作喀流汗，給人嫌喀流涎」。但擔心兩面做人，討好雙方。

「謙」是「嫌」，是與人有嫌隙。是做人處事受人責難，嫌言嫌語。

「謙」是「輕」〈雜傳〉：「謙輕而豫怠也」輕浮、輕佻，一母領三子，受人猜忌輕浮。坎為私通，寡婦門前事非多。「謙」是自輕、自賤，自卑，是以他人為重。

「謙」錯為《履》，《履》為禮，《禮記·曲禮》：「禮者，所以定親疏，決嫌疑。」所兼太多故疑，疑所以訂禮以決嫌疑。九三身兼三卦，退而能謙，行禮以決嫌疑，互為「解」卦，所以嫌疑得解。

「謙」之義為「有而不居，自輕謙卑」，是委曲求全。九三受疑，不得爭辯，坎為智，為有言不信，為口吃，所以九三知辯亦無用，謹守分寸，嫌疑終有解白之日。

「謙」是「有而不居」又是兼，問感情婚姻不利，因為是腳踏兩條船，甚至三條船。

既是兼的不是正的，所以是偏房，小老婆。

「豫」、「謙」相綜，要先預防以廉自約，則萬事可泰。「豫」是自傲，「謙」是自卑。

「豫」卦辭「利建侯行師」充滿了積極行為，充滿了戰鬥氣息。兩卦相綜，一積極進取，一內斂求全，一個低姿態，一個昂首奮進，不惜一

戰。一個處處退讓，唯恐謹小。〈繫辭〉：「重門擊柝，以待暴客，蓋取諸豫。」也是預先防備，有備無患之意。

初六：謙謙君子，用涉大川，吉。

象曰：謙謙君子，卑以自牧。

初爻在「謙」卦最下，故曰「謙謙」。謙之又謙，恭之又恭，敬之又敬，忍之又忍，讓之又讓，勞之又勞，就是小心翼翼之意。

「用」，可行也。《說文解字》：「用，謂可行也。」可行則有利，故用、利相通，故亦可說「利用」。「升」卦辭「用見大人」。

「用涉大川」就是「利涉大川」。

初爻前臨坎水，坎險陷，本不易涉，然初居下卦之下，謙而又謙，卑以自牧，故可用此涉此大川，而無不吉也。

「牧」，司也，治也。《揚子·方言》：「牧，司也，察也。」《韻會》：「治也」。

「卑」，謙卑。

「自牧」，謂自己管理自己。

「牧」，養。

「自牧」謂自己養自己。有自知之明。

䷎謙 ䷣明夷

此爻變為「明夷」，初六謙之又謙，靜守知足，不亂動，故吉。動則變為「明夷」。

此爻謙卑自牧如日之落山，「明夷」為「利艱貞」之艱辛之卦，「謙」初則功在將來。

初爻前遇陰，陰遇陰則窒，不宜大顯身手。

六二：鳴謙，貞吉。

象曰：鳴謙貞吉，中心得也。

「鳴」，名聲，言說，表明。是形於顏色，表現在外面。《論語·泰伯》：「曾子言曰：『鳥之將死，其鳴也哀；人之將死，其言也善』。」《莊子·大宗師》：「子以堅自鳴。」《寓言篇》：「鳴而當律，言而

當法。」《列子‧仲尼篇》：「子以公孫龍之鳴接條也。」「鳴」都作「名」解。

「謙」，廉潔也。「謙」者「兼」也，有美好之意。《孟子‧公孫丑》：「王饋兼金一百。」趙岐注：「兼金，好金也。其價格於常者，故稱之兼金。」《史記‧秦始皇本紀》：「秦法，不得兼方不驗則死。」如淳注：「兼方，良方也。」

「鳴謙」，謙敬而有名聲、好風評。自謙以為不能承當也。

「鳴」，共鳴，鳴而有應。《詩‧小雅‧伐木》：「嚶其鳴矣，求其聲友。」

「鳴」不是「自鳴得意」是找道「共鳴」，是找到「知音」。

「鳴謙」，是謙虛廉潔而能引起共鳴，得到好名聲。

「豫」初六「鳴豫」之「鳴」也是「名聲」，但樂而鳴是「自鳴得意」。「豫」是高傲，「謙」是卑下。

「鳴謙」是找到「知音」，得到好友，找到同道。自謙者其助益多。

初爻「自牧」不為人知，其功在遠、在將來。二爻則有同道，其道不孤。

六二上承九三，陰遇陽則通。九三為六二之友。遂得所願，故得意而鳴。

「損」六三居震體「一人行則得其友」，與此義同。

「中心得」，解申「鳴謙」之故。謙本不該形於顏色，著於名聲，但發於中心，決非勉強，故可吉。

☷謙☷升

此爻變為「升」，「南征吉」；「謙」至二已是成熟之人，不會因為鳴而過了頭。故曰「貞吉」，不「貞」必不吉。

九三：勞謙君子，有終吉。
象曰：勞謙君子，萬民服也。

此爻為卦主。

〈說卦傳〉：「坎為勞卦」，故曰「勞謙」。此用互卦中爻。二三四

爻互坎。

「勞」，辛勤勞苦，不懈怠。「乾」九三「君子終日乾乾」、「反復道」。《周禮‧司勳》：「有功曰勞」。《禮記‧名堂位》：「成王以周公為大有勳勞於天下」。《國語‧周語》：「平、桓、莊、惠皆受鄭勞。」韋注：「勞，功也。」

又「勞」者，窒也、牢也、藏也。〈說卦傳〉：「坎者、水也，正北方之卦也，勞卦也，萬物之所歸也，故曰：勞乎坎。」

「勞謙」，是有功不居，謙卑自處，居勞不居功，不自伐。「有而不居」，清廉賢幹能任勞任怨之謂。《論語‧公冶長》：「顏淵曰：『願無伐善，無施勞』。」無施勞即勞謙之意。勞謙者有其功勞，《老子》曰：「不自伐，故有功」即此意也。

「君子」，艮為君子，乾陽為君子。

「勞謙君子」，是能者多勞的賢明之才。只有真君子可以長久「勞謙」，小人雖一時「勞謙」長久必不為。所以「謙」本有「假」之意，小人一時之謙，君子才能真正的「勞謙」。故曰「君子」。艮成賢，為君子，為成，為終，故曰「君子有終」。

「有終」，是有善終，是得道，得其成果。是辛勤勞苦終有結果。

「有終」，是說「勞謙」要藏而不露，到最後才有成果，要堅持到最後。

九三下據二陰，陽臨群陰，陰為坤，為眾，故曰「萬民服」。

「萬民服」，獲得大家的認同。

三爻前遇重陰，互震，震為出，故通。

初、二、三皆居艮體，艮為山林，坎為隱，是初爻、開始自牧，二爻得同道，三爻居上謙道修成。故吉。

☷☶ 謙 ☶☷ 坤

此爻變為「坤」。「先迷後得」，「有終」就是「後得」，最後才有得，居後不居先，後發而先至。

六四：無不利，撝謙。

象曰：無不利，撝謙。不違則也。

「撝」，同「揮」，發揮。《廣雅・釋詁》：「為，施也」或「撝」也可解釋作「為」蓋為有施行之義。《詩・大雅・臮騖》：「福祿來為」來為謂來施也。《老子》：「為而不恃」句謂施為而不以為德也。

「撝謙」即「為謙」。有施於人，而無居德之心，無自伐德之言，是為撝謙。撝謙則人皆感恩載德，故曰：「無不利」。

「無不利」，謂「無往不利」，就是「大吉」。

此言將謙虛恭敬退讓之精神發揮於事業上，則「無不利」。

「撝謙，無不利」，與「勞謙君子，有終」句例相同。

「坤」〈文言〉：「美在其中，而暢於四肢，發於事業」與此同。

六四已出下卦進入上卦，象徵謙道已成，離隱入世，故當為「揮謙」。

六四是多懼之位，上有柔謙之君，下有勞謙之臣，不發揮謙不行。

☷☶ 謙 ☶☳ 小過

此爻變為「小過」。

「小過」是過，可以度過，故「無不利」。「宜下，不宜上」就是「謙」，六四雖謙而能過，這比初爻「自牧」、二爻「鳴謙」、三爻「勞謙」要好多了。

「小過」是小錯，小過錯，過小故「不違則也」。

「撝」也是「偽」，六四假裝謙，也可以混蒙渡過。但也只是小騙不是大欺。

坎為隱，為假，故六四為「偽」。六四上下皆謙，自己趕鴨子上架不謙不行，假的作久了也變成真的。

「謙」是柔，「小過」也是柔，柔則「無不利」。

六四乘九三之剛，但九三是勞謙君子，所以不會讓六四如坐針氈故「不違則」。

六五：不富以其鄰，利用侵伐，無不利。
象曰：利用侵伐，征不服也。

「富」，服也。《易經》「富以其鄰」者三，「小畜」九五「富以其鄰」，「泰」六四「不富以其鄰」。《詩・小雅・我行其野》：「成不以富，亦祇以異。」成，誠也；意思是內在之心不誠，不服從，而見異思遷也。巽為伏，為順，故為服。《左傳》僖公十五年：「服者懷德，貳者畏刑。」意思是服順者懷之以德，有貳心者畏之以刑。

「以」，及也、用也、因也、與也。也有「左右」、「駕馭」之意。

「鄰」，親近之人，比鄰，鄰里，鄰國。五爻為君，「鄰」就是臣下、百姓。

「以其鄰」，是能遍及臣下、部屬、親近的人。

「不服以其鄰」，謂鄰國不相悅服。

「富以其鄰」是「有而不獨居」，「不富以其鄰」是「有居而驕逆」，即不分享而獨佔，不合〈象傳〉：「人道惡盈而好謙」，〈大象〉：「裒多益寡，稱物平施」。

「不富以其鄰」，不能得福與富是因為有壞鄰居。所以要舉兵征討，如此則無不利。就是要去兼併它。或謂其之不富是因為被鄰居劫掠，所以要侵伐，是哀兵必勝。

「用」，有也，作也。

「侵伐」，就是用兵，舉兵征討。

「不服」，是因為六五陰虛，陰道富，無法服於每個人。不服故征，服就不用征。〈小象〉即以「服」釋「富」。這卦也象「比」，上六「後夫凶」就是「不服」。

「侵伐」，是不擇手段進攻。《左傳》莊公二十年：「凡師有鐘鼓曰伐，無曰侵。」既用「侵」也用「伐」，所以是不擇手段。六五上下皆陰，陰遇陰則窒，故「不服」，只能用「侵伐」，六五居震，震為出，為征，故曰「侵伐」。

「不富」，不順服，所以「侵伐」鄰國掠奪，不擇手段，故「無不利」。

〈小象〉：「征不服」就解釋「富」為「服」。

「兼」字有攻擊兼併之義；《左傳》宣公十二年，晉、楚邲之役臨

戰之前上軍將士會分析楚國在孫叔敖主政下之情事云：「兼弱攻昧」。又《書經・仲虺之誥》：「兼弱攻昧，取亂侮亡。」以「兼」相對「攻」，可證。上六亦同。

「謙」大象如「師」，也有兵戈之象。

䷎謙䷦蹇

此爻變為「蹇」，寒冬缺糧又遭人掠奪故可用兵。

長此以往必「蹇」，此爻是哀兵必勝。

九三陽實有餘又有終，所以不用征伐就可以得萬民擁戴。

上六：鳴謙，利用行師，征邑國。
象曰：鳴謙，志未得也；可以用師，征邑國也。

「鳴」，名聲，言說，表明。是形於顏色，表現在外面。《論語・泰伯》：「曾子言曰：『鳥之將死，其鳴也哀；人之將死，其言也善』。」

「名謙」，因謙而有譽名，如此各方仰慕嚮往。所以兼得民眾而可以用師征伐。

又「兼」，有貪得兼併之意，「名兼」，自鳴得意而貪得，驕逆之象。

上六已經不卑順而有驕逆之象，上六也「鳴」，六二「鳴」是因為比於九三，上六「鳴」是因為應於九三。但處境不同結果也不一樣。六二「鳴」是得同道九三，上六「鳴」是得不到九三的共鳴。所以〈小象〉：「志未得」。

「邑」，是小城，是諸侯封疆內大夫之采邑。

「國」，諸侯之國。

上六的威望僅及於自己的地盤，不像六五、九三可以服萬民。上六「謙」之極反道不謙，但名聲在外又不能不謙，故只征自己管轄之地。故曰「征邑國」。

「征邑國」，是自己管自己的事。所以也是「謙」的表現。就是反省自己的行為。

「可以用師」之「可」謂可以用，可以不用；不得以則用，「鳴謙」

驕逆不順，非用師不可故用師侵伐。

䷎謙艮

此爻變為「艮」，艱難不易，反躬自省。

「謙」下三爻皆吉，上三爻不如下三爻，但全爻皆稱利，也全無凶咎悔吝。

《說苑·敬慎》：「昔成王封周公，周公辭不受，乃封周公子伯禽於魯，將辭去，周公戒之曰：『去矣！子其無以魯國驕士矣。我，文王之子也，武王之弟也，今王之叔父也；又相天子，吾於天下亦不輕矣。然嘗一沐三握髮，一食而三吐哺，猶恐失天下之士。吾聞之曰：德行廣大而守以恭者榮，土地博裕而守以儉者安，祿位尊盛而守以卑者貴，人眾兵強而守以畏者勝，聰明睿智而守以愚者益，博聞多記而守以淺者廣；此六守者，皆謙德也。夫貴為天子，富有四海，不謙者先天下亡其身，桀紂是也，可不慎乎！故《易》曰，有一道，大足以守天下，中足以守國家，小足以守其身，謙之謂也。『夫天道毀滿而益謙，地道變滿而流謙，鬼神害滿而福謙，人道惡滿而好謙』是以衣成則缺衽，宮成則缺隅，屋成則加錯；示不成者，天道然也。《易》曰：『謙亨，君子有終吉』《詩》曰：『湯降不遲，聖敬日躋』其戒之哉！子其無以魯國驕士矣。」

《韓詩外傳》卷三：「韓平子問於叔向曰：『剛與柔孰堅？』對曰：『臣年八十矣，齒再墮而舌尚存，老聃有言曰：『天下之至柔，馳騁乎天下之至堅』又曰：『人之生也柔弱，其死也剛強；萬物草木之生也柔脆，其死也枯槁。因此觀之，柔弱者生之徒也，剛強者死之徒也。』夫生者毀而必復，死者破而愈亡；吾是以知柔之堅於剛也』平子曰：『善哉！然則子之行何從？』叔向曰：『臣亦柔耳，何以剛為？』平子曰：『柔無乃乎？』叔向曰：『柔者紐而不折，廉而不缺，何為也？天之道，微者勝，是以兩軍相加而柔者克之；兩仇爭利，而弱者得焉。易曰：『天道虧滿而益謙，地道變滿而流謙，鬼神害滿而福謙，人道惡滿而好謙。』夫懷謙不足之，柔弱而四道者助之，則安往而不得其志乎？』平子曰：『善！』。」

鄧立光在《說謙德》一文中引《韓詩外傳》：「成王封伯禽於魯，

周公誡之曰：『⋯⋯吾聞德行寬裕，守之以恭者，榮；土地廣大，守之以儉者，安；祿位尊盛，守之以卑者，貴；人眾兵強，守之以畏者，勝；聰明睿智，守之以愚者，善；博聞強記，守之以淺者，智。夫此六者，皆謙德也。夫貴為天子，富有四海，由此德也。不謙而失天下，亡其身者，桀紂是也。可不慎歟？故《易》有一道，大足以守天下，中足以守其國家，近足以守其身，謙之謂也。夫天道虧盈而益謙，地道變盈而流謙，鬼神害盈而福謙，人道惡盈而好謙。是以衣成則必缺衽，宮成則必缺隅，屋成則必加拙，示不成者，天道然也』。」（《韓詩外傳》卷三）鄧立光說道：「這段資料行文雖然不古，但先秦古籍歷經傳抄，文字受時代風氣影響自不可免。周公告誡伯禽，引用了古熟語，即『吾聞德行寬裕』至『夫此六者皆謙德也』一段，本文稱為『謙德六事』。這段文義在先秦兩漢古籍（如《文子・十守》、《荀子・宥坐》、《淮南子・道應訓》、《韓詩外傳》卷三、《說苑・敬慎》、《家語・三恕》）皆有徵引，而文字大同小異。『謙德六事』以相同句式排列，其意是使文句易於背誦。但任何資料經長時間流傳，至寫定之時，文字上總會有所差異，然意涵卻可一致。」這些都是儒家對「謙」的觀看。

第16籤 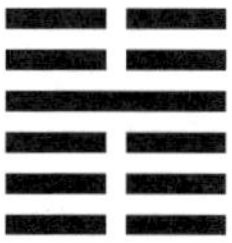 豫卦　又名雷地豫

豫　：利建侯、行師。

彖曰：豫，剛應而志行。順以動，豫。豫順以動，故天地如之，而況建侯行師乎。天地以順動，故日月不過而四時不忒。聖人以順動，則刑罰清而民服。豫之時義大矣哉。

象曰：雷出地奮豫。先王以作樂崇德。殷薦之上帝，以配祖考。

序傳：有大者不可以盈，故受之以謙。有大而能謙，必豫，故受之以豫。

雜傳：謙輕而豫怠也。

繫辭：重門擊柝，以待暴客，蓋取諸豫。

豫小篆 為小篆 《說文古籀補》

古金文、小篆「豫」、「為」是同源相近的字，都跟大象有關。

「爲」字，像一隻手作牽象狀，義為馴服象隻，役使大象幹活，引申為有所作為之義。《呂氏春秋．古樂》：「商人服象，為虐于東夷，周公遂以師逐之，至于江南，乃為〈三象〉，以嘉其德。」許慎《說文解字》：「為，母猴也。其爲禽好爪。爪，母猴象也。下腹爲母猴形。」應該是許慎老夫子的誤解，許慎恐怕沒有見過西周的古文與籀文。

「豫」字，金文从「八」从「予」从「象」，「八」是「予」字上部的裝飾筆畫，「予」是聲符，「象」是義符。許慎《說文解字》以為豫是大象：「豫，象之大者。賈侍中說：不害於物。从象予聲。𢍳，古文。」段玉裁注：「侍中說豫象　大而不害於物。故寬大舒緩之義取此字。」本義是擁有大象的人。聞一多先生則認為象、豫古音相通，本為一字。

「豫」字的本意為「裕」，富裕、寬裕之義。又通「餘」，餘、豫古音相通。是富裕而有餘之義。「富餘」至今為常用語。因為富餘而安逸，安逸而懈怠，故〈雜卦傳〉說：「謙輕而豫怠也」。《朱子語類．雜卦》：「輕是卑小之義」。《玉篇》：「怠也，佚也」。《說文解字》云：「餘，饒也。」《呂氏春秋．辨士》：「亦無使有餘」。高誘注：

「餘，多也。」《逸周書・糴匡》：「餘子務藝」。孔晁注：「餘，眾也。」《申不害・大體》：「示人有餘者人奪之，示人不足者人與之。」饒、多、眾同義。帛書此卦即作《餘》，取其寬裕富餘之意。

「餘」又可讀為「余」。《爾雅・釋天》：「四月為余」。李注：「四月萬物皆生枝布葉，故曰余。余，舒也。」《禮記・曲禮下》：「予一人」。鄭玄注：「予，余古今字。」

「豫」卦，上震下坤，震為春，為雷，春雷出於大地，大地春暖嚴冬已過，故安逸寬裕。又「豫」為「預」，預備、預先、預知之義。《玉篇》：「豫，或作預。」《禮記・學記》：「大學之法，禁於未發之謂豫。」「未發」就是預，就是預先。鄭注：「未發，情欲未發，謂年十五時。」《荀子・大略》：「先患慮患謂之豫，豫則禍不生。」《鬼谷子・捭闔》：「必豫審其變化，吉凶大命繫焉。」〈大象〉：「水在火上，既濟。君子以思患而預防之。」〈繫辭下〉：「重門擊柝，以待暴客，蓋取諸豫。」亦同。預備、預先、預防、預謀、富餘、寬裕都是「豫」卦之義。

〈繫辭下〉：「重門擊柝，以待暴客，蓋取諸豫。」震為藩籬，坤為闔戶（〈繫辭上〉：「闔戶謂之坤」），也為門戶，故曰「重門」兩道門戶。藩籬一如圍牆，《左傳》昭公元年：「梁其脛曰：『貨以藩身，子何愛焉？』叔孫曰：『諸侯之會，衛社稷也。我以貨免，魯必受師。是禍之也，何衛之為？人之有牆，以蔽惡也。牆之隙壞，誰之咎也？」即以衛、牆釋藩。又《左傳》成公八年：「勇夫重閉，況國乎？」震為雷，為怒，在上卦故為「暴客」。興建一重重的城牆，一如甕城。「擊柝」，兩木相擊，發出聲響，以為巡夜警戒。即梆子，巡夜的擊更者。「柝ㄊㄨㄛˋ」即梆子，至今河南豫劇亦稱「河南梆子」。河南古稱「豫州」。《左傳》哀公七年：「魯擊柝，聞于邾。」徐鉉曰：「謂判兩木夾于門為機，相擊以警夜也。今荒城多叩鼓以持更，蓋其遺制。」《穀梁傳》莊公二十五年：「大夫擊門，士擊柝。」范寧注：「柝，兩木相擊。」《孟子・萬章下》：「抱關擊柝」。《焦氏易林・師之頤》：「重門擊柝，備不速客。」震為動，為雷，為聲。故既是樂器，也是夜間預防之警戒聲響，即警報。預防措施、預先備好，防範於未發之前。「利建侯」，就是預先建立堢堡，建立防禦警戒設施。這與「屯」卦「利建侯」，在一個陌生的新

領土先以建立堠堡以為安足之地是同義。

　　《歸藏易》此卦名作《夜》；上震為旦，中互坎為夜，下坤為黑夜；是黎明前之暗夜。「重門擊柝」就是夜晚將城門闔閉，天亮前擊柝夜巡為警戒。

　　又豫是「樂」，《爾雅・釋詁》：「豫，安也。樂也。」「大豫」，祭祀上帝宗廟時之樂，又稱「大予」。《康熙字典・予》：「又《博雅》大予，樂名。」《東觀漢記・樂志》：「一曰大予樂，典郊廟、上靈殿諸食舉之樂。」《後漢書・顯宗孝明帝紀》：「改大樂為大予樂」。漢明帝時將樂分為四品，第一品《大予樂》就是「典郊廟上陵之樂」，〈大象〉曰：「雷出地奮豫。先王以作樂崇德，殷薦之上帝，以配祖考。」意謂以最高階級之盛大音樂配合祭祀獻於上帝祖宗。「殷」，盛也。凡豐富盛大之舉措古多稱「殷」。《墨子・三辯》：「武王勝殷，殺紂，環天下自立以為王，事成功立，無大後患，因先王之樂，又自作樂，命曰〈象〉。」《春秋繁露》：「武王受命，作〈象〉樂。」《禮記・文王世子》鄭注：「〈象〉武王伐紂之樂。」可見「豫」卦有動武行師之義。卦辭曰：「利建侯，行師」而且是舞樂。

　　又豫是「猶豫」，古稱「猶與」。《禮記・曲禮上》：「所以使民決嫌疑、定猶與也。」「猶」是身子長得像犬麂之物，猶、豫兩種動物行動時瞻前顧後，多疑而不決。引申為人多疑惑故謂之猶豫。《史記・呂太后本紀》：「猶豫未決。」《索隱》：崔浩云「猶，蝯類也。卬鼻，長尾，性多疑。」又《老子》：「與兮若冬涉川，猶兮若畏四鄰」，故「猶與」是先秦古代常用語。這是說「與」如狐冬季過河川會聽冰，故云「若冬涉川」，則「與」這種動物像是狐類好疑。則「猶」這獸自顧而畏懼敵鄰，故云「畏四鄰」。故「猶與」，遲回不進也。《六韜・軍勢》：「故曰：『無恐懼，無猶豫』。」大象身軀龐大動作緩故「猶豫」，狐性疑故「狐疑」。《吳子・治兵》：「故曰：用兵之害，猶豫最大；三軍之災，生於狐疑。」

　　〈大象〉曰：「雷出地，奮」震為雷，為春，為陽氣，為龍，萬物出乎震，震在地上雷出於地如春天。是春雷地動萬物復甦和樂之象。中國字常常一字有正反雙義，豫既是奮起，也寬怠。

金文 ![小篆] 小篆

　　金文「奮」字從「衣」、「佳」、「田」如一隻大鳥從田地振翅起飛狀。其實下部的「田」是田獵的田，中間「佳」是一隻被獵獲的鳥，外圍像是「衣」字的為鳥籠。會鳥在籠中奮力碰撞之意。小篆簡化從「大」而以鳥振翅大飛為意，失去了田獵之原意。古人行師打仗即田獵也。《爾雅・釋鳥》：「雉，絕有力奮。羊，絕有力奮。蟲醜奮。鳥張羽奮奪也。」引申為奮力之意。《詩・邶風・柏舟》：「靜言思之，不能奮飛。」是故奮即振。震為振，為動，為出，為雷，故曰振翅奮飛。

　　〈大象〉：「雷出地奮豫。先王以作樂崇德。殷薦之上帝，以配祖考」，當是以武樂舞蹈祭祀祖先，「奮豫」即振萬，《左傳》莊公二十八年：「楚令尹子元欲蠱文夫人，為館於其宮側，而振萬焉。」萬舞分文武兩種，文舞執籥與翟，故亦名籥舞，羽舞。《詩・邶風・簡兮》：「公庭萬舞。有力如虎，執轡如組。左手執籥，右手秉翟。」武舞執干與戚，亦名干舞。「先王」當是周武王。震為鼓，震為音，故為樂；震為動，為決躁，故為舞蹈；震為器皿，為薦；互艮為祖考。

　　《漢書・五行志》：「于《易》雷以二月出，其卦曰「豫」，言萬物隨雷出地皆逸豫也。」陽氣出地，大地回春，萬物復甦，品類舒伸，故「豫」。《爾雅・釋地》李注：「豫，舒也。」冬季時雷本在下，坤土在上壓抑不能出，今出於地奮而舒暢。

　　震是嫡長子，是王侯，在下為「潛龍勿用」，是尚未掌位的繼承人，自然不宜躁動，以免九五真君起篡疑之心；如康熙與胤礽。今震出於上卦，居九四「或躍在淵」之位，上承六五陰虛之君，是接位的態勢以明，「多年媳婦將要熬成婆」自然高興豫樂。

　　卦辭的說「利建侯」與「屯」卦「利建侯」同義。就是開國承家，有一翻開創。震是侯，也是藩籬，「屯」卦是開創新土墾殖移民，要建立基地以為藩籬牆垣作為保護故「侯」是「堠」也，即瞭望警戒的烽火樓堡。《正韻》：「堠，音后。土堡也。」白居易《和渭北劉大夫借便秋遮虜寄朝中親友》詩：「堠空烽火滅，氣勝鼓鼙鳴。」「豫」卦是預先防禦故曰「重門擊柝」，也是要建「堠」。重門、堠都是預先準備之防禦設施。

　　「屯」卦是草創時代只能建築土堡的堠，「豫」卦寬裕富饒故興建

堅固的「重門」，還有人「擊柝」巡哨。「重門」即為甕中抓鱉的「甕城」。在大城外的小城，遮擁於城門之外。《說文解字》：「闉一ㄣ，城曲重門也。」就是保護城門的月城的門。甕城就是月城，就是重門。

《左傳》成公八年：「勇夫重閉況國乎？」勇夫尚且內外門戶層層關閉，何況一國之城？《管子·揆度》：「重門擊柝不能去」不能去就是不能近，有甕城保護禦敵所以敵不能靠近。《元史·卷四五·順帝本紀八》：「冬十月庚申朔，詔京師十一門皆築甕城，造吊橋。」重門、擊柝；一是加強工事，一是巡邏警戒，都是預先防範。考古證明四千年前陝西北部的石峁遺址就有了甕城的建置。

「豫」卦是順事而為，預先準備又能預知，成功機會極大，卦辭：「利建侯，行師」。行師作戰能預測戰事的發展，故能得勝。且戰爭是古時國之大事，是大格局之事，是開創新局，要重人事的布署，聚眾行開創之事，首重士氣，要鼓舞士氣以力行軍作戰。故〈大象〉曰：「先王作樂崇德」。要營造氣氛，鼓舞鬥志，才能擴大戰果。古時舞、戲皆是戰舞，戰鬥意識高。

「豫」卦九四身陷於坎，坎為疑。九四要行大事決大難，不可猶疑，震者決疑。所以〈象傳〉曰：「豫，剛應而志行。」

「豫」既是「預」，預備、預測、戒備，積極的危機意識，敵情觀念。《荀子·大略》：「先患、慮患謂之豫。」

「豫」是預，預先防患，「不恃敵之不來，恃吾有以待之。」《孫子·九變篇》：「用兵之法，無恃其不來，恃無有以待也。」

《左傳》隱公五年：「君子曰：『不備不虞，不可以師』。」此卦所言行軍作戰，故卦辭：「利建侯，行師。」又《左傳》成公五年：「君子曰：『恃陋而不備，罪之大者也，備豫不虞，善之大者也』。」又《左傳》襄公十一年新軍佐魏絳以「思則有備，有備無患」規勸晉悼公。

〈繫辭〉：「重門擊柝，以待暴客，蓋取諸豫。」這卦戰鼓擂動，警戒之心猶重，所謂敵情觀念也。「以待暴客」：待，禦也。禦敵謂之待。

「豫」卦是居安思危也，有備無患。

「姤」卦一陰在下，卦辭曰：「女壯，勿用取女。」辭義深俱戒性，思患防預的意識很重。但不如「豫」直言，蓋一是防微杜漸，防患於未

然，一是暴客以在門前，如臨大敵。

「豫」錯為「小畜」，是以小搏大，「密雲不雨」是情勢緊繃，是戰爭的邊緣，是一觸即發。

兌為口舌，是輕聲細語，又互「夬」卦，是風雨前的寧靜，戰事一觸即發。

「豫」是預測未來，是妥善預備，以備不時之需。預測準確，準備妥當，最後當然高興就是《左傳》成公元年：「冬，臧宣叔令脩賦、繕完、治完城郭，具守備，曰：『知難而有備，乃可以逞』。」

震為征，為出，為威怒，為馬，為唱，為鼓，是「旗振飄飄，大張旗鼓」，預備大幹一場。所以卦辭曰：「利建侯、行師」。建立基地，防禦穩當之後尚可主動出擊，故「奮」。

「屯」卦有震、坤、坎，只言「建侯」。「師」卦有坎、震、坤，只言「行師」。「豫」卦有坤、坎、震，卻言「建侯、行師」。觀此三卦，「屯」之震，在初。「豫」之震，在四。兩皆合震之性，故曰「建侯」。「屯」之坎在五，故不言「師」。

「豫」也有「緩」義，《文子・上德》：「雷動地，萬物緩。」順勢而為不必急。「緩」是「舒緩」，和樂之時，暢通之候故「緩」。

〈象傳〉說「順以動，豫」，是順勢而為的，不是勉強的；順勢而為故樂而豫。上震動而下和樂順之，故名「豫」。動的順利。〈象傳〉說「聖人以順動，則刑罰清而民服」就是用緩不用急。

「豫」卦一陽五陰，所處之位與「謙」相類，「謙」是有才之人身兼數職遭人忌猜而以讒言中傷，一陽居艮，知退而能謙，故名「謙」。

「豫」卦一陽亦以大才身兼數職，震、坎、艮，處九四宰輔之位，只能進不能退，退則為復於淵，就是再度潛藏，這不死也要脫層皮。所以「過河卒子只能向前」，「利建侯」是說整個情勢對開創新局是有利的，但亦言「行師」，是戰鬥意味濃厚的一卦。震為侯，為馬，為武人，為怒，整個卦充滿了積極的戰鬥氣味。因為「豫」也是「預」，可見震九四雖然所處之情勢極有利而危機並未盡除，因為九四身陷坎險之中。

坎是險，是陷，是盜匪，這與「謙」卦九三所遇的惡劣環境一般，但是四是奮進之位，所以將要有正面衝突。「豫」與「謙」相綜，「謙」是

「有而不居」，是低姿態的委曲求全；「豫」是高唱軍歌進行曲的振奮人心，預期要應付將來的戰鬥，有當仁不讓，不惜一戰的決心。〈序卦傳〉「豫」在「謙」後，是先謙卑退讓，接著就豫而奮出。是因為「莫爭，所以天下末能與之爭。」

「謙」與「豫」相綜，實為一體之兩面，「謙」是自我修養，「豫」是與眾和樂。「謙」以下艮為主，「豫」以上震為主；「謙」為謙遜退卑，「豫」為奮起驕傲。「謙」與《履》相錯，「謙」是卑以自牧，《履》是謹守分寸。「豫」是安逸、享樂。〈雜卦傳〉：「謙輕而豫怠也」，「謙」強調虛己待人，輕己重人。「豫」是自傲樂過了頭易生懈怠。

坎為律亦為樂，主爻九四身陷於坎險之中，這豫樂之中隱伏著危機。故戒之以怠。身於危險之中，坎為憂，為心，故為「思患預防」。

又「豫」互為「蹇」卦，表示戰爭的考驗不論敵我皆艱難，不論勝敗皆有所傷，是兩敗俱傷。

《禮·學記》：「禁于未發之謂豫」亦禁止不得發，就是隱忍，「豫」大象為坎，坎為堅忍，一陽在中，是意志藏於心中，這合〈象傳〉所說「剛應而志行」，要「順以動」，不順要忍，順才動，動則一發中的。

「豫」是預先防範所採取的斷然措施，是隱而不現的。

「豫」強調「預」，是預先，是預測，是知先機。互坎，坎為微，為隱，為機。「利建侯行師」是說，預先知機，可以行師做戰，作戰必能豫。

〈象傳〉曰：「豫順以動，故天地如之，而況建侯行師乎。」預知並能順勢來為，合於天地之道，行軍作戰必能豫，而立於不敗之地。九四為近臣宰輔，居震體，是以親貴領兵。「君子知微知彰，知柔之剛，萬夫望之。」

「豫」是安逸，互艮為安，坤亦為安。上震動下安順，順以動，是順勢而動，順水推舟，故樂。來的順故易生怠惰之心。 震為雷、為動、為行；坤為順；是雷鳴地上，陽氣發抒之意。

九四之陽由初升至四，是以出土與天之陰相交，是「二月驚蟄之

時」。震為木，坤為土，是生木剋土，有財。身兼三職才能之象。震為侯，貴象。

　　互卦為坎，為艮，上坎水下艮山為「蹇」卦，是開創事業之艱難也。上以雷擊下，下順柔，是在上位者吉利也。外動內順，無後顧之憂，所憂者為外在事物。是順而動也，吉也。

　　「豫」卦是陽氣出，故喜。陽氣由潛至出，是解脫後和樂舒緩之象。「小畜」是陰氣出，故哀。「小畜」如「坤」六四：「括囊」，暗地哭泣。

　　「豫」與「小畜」都是位居高位，「豫」如「乾」九四「或躍在淵」，是處於功高震主，伴君如伴虎的尷尬之位，不是往上躍為飛龍，就是往下墜入深淵，是處於臨界多懼多疑之位，所以九四者武人採取積極的防預措施，以應付可能的狀況。「小畜」則採取消極的方法，如「坤」六四：「括囊」，內斂靜守，順從謹慎，不動生色，畜勢待發。方法各異，目的相同。陽氣由初至四，「乾」卦九四說「或躍」，「豫」九四曰「奮」，兩字皆從「隹」，份皆有奮身一躍，躍躍而試，振翅欲飛之意。

　　「豫」解脫後和樂舒緩之象，恐其放縱而恣意妄為，耽於聲色。

　　《無妄》下震，震有妄動之象；艮為狐，為迷；坎為隱私；有縱情私欲之象。

　　〈雜卦傳〉說：「豫，怠也」、「解，緩也」一懈一怠，一豫一緩。「豫」因為富裕而饜足，既而驕傲自大而懈怠輕忽。高亨解「豫」為厭，《爾雅‧釋詁》：「豫，厭也。」《楚辭‧九章‧惜誦》：「行婞直而不豫兮」。王注：「豫，厭也。」「蓋古謂持事厭倦為豫。字亦作數，《惜誦考異》云：『豫一作數』。」

　　震在上卦「大壯」要「利貞」，「解」「緩」，「豫」「怠」，「小過」「宜下不宜上」，「恆」「利貞」，「豐」「多故」，「歸妹」「征凶」。可見震在上卦要知節制。

　　〈象傳〉曰：「刑罰清而民服。」可見此卦有官司訴訟之小災，見六二爻解。

初六：鳴豫，凶。
象曰：初六鳴豫，志窮也。

「鳴」，鳴叫，鳴聲於外，自鳴得意。是心中有所感而發出聲音，是感情的流露。

初六與九四相應，九四震體，九四是全卦唯一的陽爻，是一卦之主，初爻居下是庶民小人，本不當鳴，但陰爻居初有躁動之象，主動急於與九四相應故曰「鳴」。

「豫」，樂也，悅也，懈怠也。《周易集解》引鄭玄注：「喜佚說樂之貌也」。〈雜卦傳〉云：「豫，怠也。」《爾雅‧釋詁》：「豫，厭也。」《楚辭‧九章‧惜誦》：「行婞直而不豫兮」3。王注：「豫，厭也」都是指樂而忘憂，持事厭倦之意。

初爻之鳴，不和身分有樂過頭之象，自以為樂，自鳴得意。

初六與九四相應，失位小人受上層的支持、寵愛，志得意滿，忘形失態，十足的輕薄相。所以必凶。

「鳴豫，凶」，自鳴得意而沉溺於逸樂以致懈怠，故凶。此爻承「謙」卦上六之「鳴謙」而來，聲名於外當行謙虛之道，但初之豫必未達真正之豫樂，反而自鳴於外，沉於安逸，尚未安就忘記危，故凶。

豫，夜也。「鳴豫」，冥夜也。乾陽為日，坤陰為夜。又〈繫辭〉：「剛柔者，晝夜之象也。」初六處坤夜之下冥夜黑暗之象。故凶。詳見于省吾《易經新證》。

又「鳴」，名也，名聲、名譽；「鳴豫，凶」，謂已經有名聲在外，而行事厭倦，亦是志得意滿的驕傲之象，故凶。

夜深而沉溺於逸樂以致懈怠，這是不知預防給人可趁之機，故「凶」。

「窮」，多指上爻，所謂「窮則變」，初爻剛剛開始就說「窮」可見初爻氣度、見識淺薄。故曰「志窮」。

「謙」上六「鳴謙」與此不同，「謙」上六應感於九三而「鳴」，居上本是不謙，鳴而求謙，所以吉。本爻應於九四而「鳴」，有耽於逸樂、沾沾自喜之意，所以凶。

這爻正是安而忘危，死於安樂。

初爻在一開始就荒於安逸而不知戒懼，器量太小，志窮氣短之象，故

凶。

又「豫」，武樂，《墨子·三辨》：「武王勝殷，殺紂，環天下自立以為王，事成功立，無大後患，因先王之樂，又自作樂，命曰〈象〉。」「鳴豫」則是炫耀武力之象，初六失位力弱急於炫耀，當然凶。而且「豫」卦「重門擊柝」重視防禦，而非炫耀。

高亨先生讀「鳴」為「名」，「名豫」者，意謂已經有的名聲令豫，但處事厭倦，驕溢盈滿而懈怠，故凶。

☷☳ 豫 ☰☳ 震

此爻變「震」，燥進好動。震為雷，為聲，故好說大話。震為驚懼，此爻不戒慎恐懼，不合「豫」卦之預備、危機意識之義，而只貪於安逸和樂，隨意鳴叫必招禍故凶。

六二：介於石，不終日，貞吉。
象曰：不終日貞吉，以中正也。

「介」有居止之義，即憩。《詩·小雅·甫田》：「攸介攸止，烝我髦士。」《鄭箋》：「介，舍也。」林義光《通解》：「介讀為愒〈一ˋ〉」。《說文解字》：「愒，息也。」

又《禮記·禮運》：「昔者先王未有宮室，冬則居營窟，夏則居橧巢。未有火化，食草木之實，鳥獸之肉，飲其血，茹其毛。」《注》云：「中古未有釜甑，釋米，捼ㄌㄞˇ肉，加于燒石之上而食之耳。今北狄猶然。」此即「石烹」。

「介於石」，即憩於石，止息於石上。石，堅硬不利於止息，棲身於岩石之上是艱難之象，必不長久。

又高亨先生釋「介」為「砎」，亦為堅硬的小石；《經典釋文》：「介，古文作砎」《晉書·音義中》引《字林》：「砎，堅也。」

「砎於石」者，猶言堅於石也。《繫辭傳下》：「子曰，知幾者其神乎！君子上交不諂，下交不瀆，其知幾乎？幾者動之微，吉之先見者也。君子見幾而作，不俟終日。《易》曰：『介于石，不終日，貞吉』介如石焉，寧用終日，斷可識矣，君子知微知彰，知柔知剛，萬夫之望。」即以「介如石」之「如」解釋「於」。蔣中正字介石，取其介如石之義，即像

一個石頭般堅硬堅強。

　　蓋堅如石則固執不變，故不能堅持整日，因為堅剛者易敗，柔韌者常存；《老子》曰：「兵強則滅。不強則折。」又曰「飄風不終朝。暴雨不終日。」當以柔韌為主，不以堅剛為上，則吉。此爻要以柔韌為主，不敢堅持終日則吉。整天像個堅硬的石頭就繃得太緊了。

　　聞一多先生以為「石」為古代之「嘉石」，上古時代懲戒罪過較輕者時，在外朝門左旁立嘉石，命令罪人坐在石上示眾，使其思善改過。外朝門右利肺石，人民有不平者，得擊石鳴冤。石的形狀如肺，故名為肺石。可見這兩石都與訴訟有關。案《周禮・秋官・大司寇》：「以嘉（枷）石平罷（罪）民，凡萬民之有罪過而未麗於法，而害於州里者，桎梏而坐諸嘉石，役諸司空。」「以肺石遠（達）窮民，凡遠近惸獨老幼之欲有復於上，而其長弗達者，立于肺石，三日，士聽其辭，以告于上而罪其長。」唐賈公彥疏云：「注嘉石至使善，釋曰：此嘉石、肺石，在朝士職。朝士屬大司寇，故見之耳。云嘉石文石也者，以其言嘉，嘉，善也；有文，乃稱嘉，故知文石也。欲使罷民思其文理，以改悔自脩。樹之外朝門左，朝士文也。」又《群書治要・秋官》：「以嘉石平疲民」。注：「疲民，謂為邪惡者也。」

　　又「介」讀「价」，《說文解字》：「价，憂也。」《廣韻》：「价，恨也。」並引申「介次」為牢獄之稱。《周禮・地官司寇》：「凡市入，則胥執鞭度守門，市之群吏平肆、展成奠賈，上旌于思次以令市。市師涖焉，而聽大治大訟。胥師、賈師涖于介次，而聽小治小訟。」

　　「介於石」，即短時暫坐在於嘉石之上，時間短。意思是罪責輕，所以處罰也輕。故吉。

　　「貞」，也可釋為「征」，棲於石上艱難，故利於「出征」，離開此艱難環境，故吉。宜動不宜靜。「豫」卦是安逸舒樂之象，六二得位中正，沒有偷安淫樂之象，反而棲息於艱難之處，故當出征。故吉。

　　「豫」卦有一個特點，凡是與卦主九四相應的爻、相比的爻都不吉，相應的初「鳴豫，凶。」相比的六三「盱豫，悔遲有悔」、六五「貞疾」，只有六二居坤之中，與九四無繫應，雖處於寬裕安逸之中而無所繫戀牽連，安靜守常堅貞如堅介之石，不能動搖其意志。

「不終日」，是不待終日，不到一天，是迅速，積極，果決，早上該作的事絕不等到晚上。意思是時間短不到一天。

「介於石，不終日」，謂暫時困於嘉石之上，「不終日」即解除之，是過小輕罰，小施懲戒，故「吉」。〈象傳〉曰：「刑罰清而民服」此之謂也。「終日」即日終為夜；「不終日」，即不待日落夜臨。六二中正，不會有大過失。

「豫」也是預先，預測，預備。六二見機之微，事態初萌，立即迅速處理，解決問題於初萌之時。六二能如此是因為與九四無應、無比。

六二不應不比，是不巴結逢迎，不輕蔑他人，正直之象。初六陰柔沉溺於安逸之中，六二能分辨細微之機。立刻行動改變艱屬情況，故吉。

六二能分辨纖小之幾微於初介。六二能消災禍於初萌之時，有遠見，不沈溺於逸樂。于省吾先生以坤為晡。引《左傳》昭公五年：「晡時為僕」。疏：「晡時為日西食時也」。《前漢・五行志》：「日中時食從東北，過半，晡時復。」豫下坤為晡時，猶為不終日之時也。六二雖受罰坐至於嘉石上，但是罪責輕，甚至只是暫代澄清，故不待終日即結束處罰或得澄清。

此爻有官司訴訟之義，不是要跑法院就是上檢調單位或警察局，但罪小責輕，罰不過一日而已，獲得澄清，可謂無罪。都是因為六二既中且正之故。

☷☳ 豫 ☵☳ 解

此爻變為「解」。「解」為「緩」，緩失而豫，是預先、預見，預備。罪責得解。

「緩」之懈怠反之就是積極。六二積極「不終日」又能預見故能消災害於無形。「解」雖然也能解決問題但要動刀動武費一番手腳，不要弄得殺敵一千，自損八百，就划不來了。

蔣中正，字介石，就是取自於此爻。

六三：盱豫，悔，遲有悔。
象曰：盱豫有悔，位不當也。

「盱」，音ㄒㄩ，張目也，誇大也。《說文解字》：「盱，張目

也。」《前漢・王莽傳》：「盱衡厲色，振揚武器。」《註》：「眉上曰衡。盱衡，舉眉揚目也。」〈魏都賦〉：「乃盱衡而誥曰。」注：「舉眉大視也」。孔穎達《疏》：「盱，謂睢盱。睢盱者，喜說之貌。」《集韻》：「睢盱，小人喜悅貌。」

「盱」，兼有喜、大、驕之義。《莊子・應帝王》：「泰氏其臥徐徐，其覺于於。」成玄英疏：「于于，自得之貌。」「于」通「盱」。《詩・邶風・匏有苦葉》：「旭日始旦」，謂日始出大昕。盱、旭音近相通。《爾雅・釋訓》「旭旭，蹻蹻，憍也。」《註》：「皆小人得意憍蹇之貌。」張衡〈西京賦〉：「睢盱拔扈。」注：「驕橫貌」唐李善注：「『拔』與『跋』古字通」。

「盱」，《經典釋文》：「盱，子夏作紆，京作汙。姚作盱ㄒㄩ，云：『日始出』引《詩》曰：『盱日始旦』。」盱正字作旭。《說文解字》：「旭，日旦出貌，讀若勖。」

「盱豫」，一大早日出之時就厭倦懨懨，這是睡懶覺嘛，如此功業必荒廢，悔咎隨之而至。

「盱豫」，小人得志，囂張跋扈以為樂。六三「盱豫」與初六「鳴豫」同，皆是自大自得，不知夜黑而危生，但沉迷于逸樂之中而懈怠。六三在下卦之終，故有自大自得之象。初六鳴于聲，現于口；六三盱於眼，形于色。都有「澎風」之意。

第一個「悔」，是及早悔悟。六三以柔居剛，不中不正，故勸其及早悔悟。

第二個「有悔」之「悔」是困厄、麻煩。

「遲」，是遲疑、遲緩、行動慢，遲疑不決，猶豫不決，優柔寡斷。睡懶覺起床遲了。

「悔遲有悔」，就是遲早有悔，遲早有災。六三要即早悔悟，若遲疑必有困厄麻煩連連而來。「遲」則有「怠」，及早行動則獲吉。

「有」，又也。「悔遲有悔」，懈怠厭倦，持事遲疑不決，必悔了又悔。亦通。

「豫」也是預測、預先，故要及早不可遲緩，遲緩而懈怠必困厄。

六三不中不正比於九四卦主，有攀附之心、奉承之意，「張目」是殷

勤巴結取悅之情溢於顏表，但九四有眾陰奉承不為所動。六三有自取其辱之象。

六二及早、積極、果決；六三托延遲緩、巴結奉承不能堅確獨立。但是處陽位所以尚有改過機會。

于省吾先生將第一「悔」讀作「𧨜」，《說文解字》：「𧨜，古文謀字。」「盱豫悔遲有悔」，應讀作「盱夜謀遲有悔」。六三居坤，亦居坎；坤為夜，坎為謀，為隱伏，故為闇。意謂當暗夜之時前又遇險，環境是危厲的，而沉溺於盱樂，以致謀策遲緩必有困厄麻煩。

 豫 ䷽ 小過

此爻變為「小過」，大象為坎，坎為疾，卜病不吉。過小不大，僅悔而已。「小過」是得過且過。「不宜上，宜下」器量小，不可為大事。下車為妙。

九四：由豫，大有得，勿疑，朋盍簪。
象曰：由豫，大有得，志大行也。

「由」，自由，放縱也。九四下據重陰，重陰上承九四，把九四捧得高高的，故有放縱之嫌。

「由豫」，猶豫也，多疑也。《吳子·治兵》：「故曰：用兵之害，猶豫最大；三軍之災，生於狐疑。」將「猶豫」與「狐疑」並舉，故多疑，多慮，多謀之義。

「由豫」，流沙河先生讀為「遊豫」意謂出巡視察。

「大有得」，大有好處、收穫。與「頤」上九「由頤」下據重陰一樣，〈小象〉也說「大有慶」。

「大有」一陰在君位應五陽故「大有」，「豫」一陽在宰輔，應五陰也稱「大有」。皆為天下至尊，一為君，一為宰輔。九四下據眾陰，坤為眾庶。

「由豫，大有得，勿疑。」謂謹慎猶豫，行事多謀，做好準備，大有好處。不謹慎疑慮做好準備，志不能大行，不能得捷。出巡視察收到地方貢品眾多，故「大有得」。

「由」，游也，游獵也。《左傳》成公十六年：「養由基」。《後漢

書・班彪傳》作養游基。《文選》阮嗣宗〈詠懷詩〉：「素質游商聲」。沈注：「游字應作由，古人字類無定也。」漢張衡〈西京賦〉：「盤于遊畋，其樂只且。」《晏子春秋・景公春夏游獵興役晏子諫》：「晏子曰：『昔文王不敢盤于游田，故國昌而民安』。」《東觀漢記・郅惲》：「惲上書曰：『昔文王不敢盤于遊田，以萬民惟憂』。」《呂氏春秋・情欲》：「荊莊王好周遊田獵」。《藝文類聚・田獵》：「《晉夏侯湛獵兔賦》曰：『盤迂遊田』。」

「游豫」者，厭倦游獵也。意謂一改耽於游獵荒嬉之戲，而急於正務。可以有所成就，故曰「大有得」。

「朋盍簪」，有二解，「簪」與「笄」同，用以括髮。有「聚」之意。一為如簪聚髮，上下眾陰九四如簪聚眾陰。意謂眾人一心，聚眾而樂。一為將「簪」解釋為「撍」，何新說王引之云：「撍，捷也」則為因為謹慎猶疑思考做好準備而能克捷致勝。

聞一多讀「朋」為「蹦」，奔走也。「簪」為束髮之用，有連綴之義。

「勿疑」，不用擔心懷疑。

「朋盍簪」，謂大步向前行，後有追隨者連綿不斷。故〈小象〉也說「志大行」。

此爻做好思想準備，預先謹慎準備充足，不用擔心大步向前，後有雖隨著連綿不斷，大有好處而告捷。

「簪」，譖也。《廣雅・釋詁》：「譖，諻也。」《論語・顏淵篇》：「浸潤之譖」皇疏：「譖，謗也。」「盍簪」，閒嗑牙，說閒話，如針簪諷刺人。

「朋盍簪，勿疑」，謂勿疑朋友之流言毀謗。「謙」為譖，「豫」為敗譖。

一陰為主則「大有」，一陽為主則僅為「豫」。

九四上下五陰附之，陽遇陰則通，故曰「大有得勿疑」。

「志大行」，九四「豫」卦之主，群陰相應，能大行其道，故曰「志大行。」

由，行也。《博雅》：「由，行也」。震為足，為行。

「由豫」，由夜也。夜中行走也。

又「簪」讀作「戠」，即識之本字，今之志。「朋合簪」讀作「朋合戠」，于省吾先生《易經新證》引《隸經雜著甲編》讀「朋合志」。「由夜，大有得，勿疑，朋盍戠。」謂夜行於大道，大有得，勿疑。朋合志也。即得到朋友同志能夠聚合眾人，團結力量大而利於行。故「志大行」。此解最長。

䷏豫䷁坤

此爻變為「坤」。坤陰得九五為「比」，私密而已。得九四「豫」，能大行其道如「大有」。

可見天子要陰，宰輔要陽。

「簪」是「釵」是女人聚會，是「裙釵之會」。

此人得異性緣。

六五：貞疾。恒不死。
象曰：六五貞疾，乘剛也；恒不死，中未亡也。

「貞」，有二解，一為固也，常也。

「疾」，疾病，麻煩。

「貞疾」為痼疾，久病，宿疾，老毛病，慢性病，小病，久病。

「豫」為怠也，厭也。「疾恒」久病而生厭。如久病厭世也。

六五乘剛居以九四為中心坎險，坎為疾，為欲，縱欲得疾。

「貞疾」，六五以陰柔處尊之位，乘九四之剛，逆勢而不順，故常疾。

「貞」另一解為「征」。

「貞疾」，為出征得疾，非吉兆。

亘

「恒」，讀為「亘《ㄨㄣˋ」，迴轉也；《說文解字》：「亘，求回也，從二從回。」《說文解字注》：「亘，象回之形。猶回轉也。」字象

回水狀，楊樹達在《積微居小學述林》中說亘即漩，漩渦也。故訓為旋，迴轉也。詳見「恆」卦。

「貞疾恒不死」，謂出征則得疾，還轉歸回則不死。亦宜靜不宜動之義。帶病延年。

六五得疾是因為乘九四之剛，居中不過而不死。故不可躁動離開居中之位，故回到中之位而能不死。

九四下據群陰是得有群陰庶眾而「大有得」這跟得天下有何差別？六五之君在九四之威下能「恒不死」，是因為九四在和樂之時不便下手。

六五以陰在「豫」是沉溺享樂之君，則九四輔佐六五，不使九五過度的沉溺。不然如明朝正德皇帝，國家總給搞完蛋。

「不死」，是震卦出於坤地，震為生，坤為死。

「不死」，是久病成良醫。

「中未亡」，因為得中位，行為操守不過之故。

「中未亡」，是中氣由存，命脈尚在，故「不死」。

「豫」六五：「貞疾；恒不死」，《國語・晉語八》曰：「寡君之疾久矣，上下神祇，無不遍諭，而除。」語意相同，「豫」卦在此爻雖未書「豫」字，但卻有「除」之義。《揚子・方言》：「病愈者或謂之除。」

「不豫」，是有疾病，「恒不死」是疾病痊癒。《尚書・金縢》：「王有疾弗豫」。孔傳：「武王有疾，不悅豫。」《逸周書・五權》：「維王不豫，于五日召周公旦。」意謂周武王有疾病而不豫。後世因以稱帝王有病為「不豫」、「弗豫」。

此爻「貞疾；恒不死」，聞一多謂問疾而恆不至於死，是疾將除也，或帶病延年。

豫 萃

此爻變為「萃」，猝死之象，「萃」象失而變「豫」，病可癒。

「豫」六五拿九四無有辨法，乘剛多難，故「疾」。也是「蒺」，坐在蒺藜之上焉不得「疾」。

九四、六五之間必有心病。但五陰順陽故不死。「萃」五、四皆陽，

二虎相爭必有一傷。六五這君位是「作假的」，是魁儡，是少年康熙，因為權臣當道。六五虛位不死。

九四失位，「或躍在淵」又「大有得」「志大行」，可能不「躍躍欲試」而「飛身上天」覬覦大位？久了必生禍。

上六：冥豫，成有渝，無咎。

象曰：冥豫在上，何可長也。

上六為卦之極，故曰「冥豫」。

「冥」，是暗，是一日之終，昏昧夜晚。《說文解字》：「冥，幽也。十六日而月始虧幽也。」是說月圓之後開始虧缺冥暗。《說文解字注》云：「冥、夜也。引伸爲凡闇昧之偁。」《玉篇》：「冥，窈也，夜也。」《孔叢子·廣詁》：「幽、暳、闇、昧，冥也。」

「冥豫」，也是冥夜，是耽肆於豫，沉溺於享樂安逸，樂昏了頭，迷而不知返。是因夜幕而厭怠疲倦也。於黑暗中享樂，也是暗中享樂。

「冥」也是「鳴」，夜晚值夜之人巡更擊柝所發出之警戒聲。即〈繫辭〉所言：「重門擊柝，以待暴客，蓋取諸豫。」

上六以陰居陰，不中不正，又在「豫」之終，深陷不能拔，凶象已成，無可悔改。

「渝」者，變汙也；《說文解字》：「渝，變汙也。」《爾雅·釋言》：「渝，變也」，就是變汙，變敗壞。上卦為終，終極故變。

「成」，是完成，是終。艮為成，為終。

「成有渝」，是上六陰變為上九陽。

由「豫」之極的「冥豫」，變為「晉」，由黑暗變光明故能「無咎」。不變必凶。

「隨」卦「官有渝，貞吉。」「官」借為「館」，則此「成有渝」借為「城有渝」。

「冥豫，成有渝，無咎」，意謂夜晚預先防備，城郭有變故，因為有人偷襲，但無須畏懼，沒有災害。雖有騷動，但無大礙。

「成」，誠也，古成、誠古通，其義為審，為信；《詩·小雅·我行其野》：「成不以富，亦祇以異。」《論語·顏淵》作：「誠不以富，

亦祇以異。」《禮記·經解》：「繩墨誠陳」。注：「誠猶審也。或作成。」震為動，居上卦之極，動而變。是夜之極，故曰「冥夜誠有變也」知其信有變，不變則有咎，變則無咎矣。

「成」，城也。「成有渝」，夜幕厭倦而息，而城牆毀敗，雖然無咎，但不可長久如此。

上六「冥豫」懈怠昏冥怎可長久，故曰「何可長也」，久必有禍。又長時間的預防警戒總有鬆懈之日，所謂沒有無縫的蛋，沒有攻不下的城。

「何可長也」，《易經》四見，都在上爻，「否」〈小象〉上九：「否終則傾，何可長也。」「中孚」〈小象〉：「翰音登於天，何可長也。」「屯」〈小象〉上九：「泣血漣如，何可長也。」

此爻冥暗，有理智為情欲所蒙之象。

䷏ 豫 ䷢ 晉

此爻變為「晉」卦。

「冥」是鬼，上爻是宗廟，宗廟被鬼氣所纏繞，故「何可長」，既不長，是不能傳宗接代，絕宗廟無嗣之象。

第17籤 ䷐ 隨卦 又名澤震隨

隨　：元亨，利貞，無咎。

象曰：隨，剛來而下柔；動而說，隨；大亨貞，無咎；而天下隨時。隨
　　　時之義大矣哉。

象曰：澤中有雷，隨；君子以嚮晦入宴息。

序傳：豫必有隨，故受之以隨。以喜隨人者必有事，故受之以蠱。蠱者
　　　事也。

雜傳：隨無故也，蠱則飭也。

繫辭：服牛乘馬，引重致遠，以利天下，蓋取諸隨。

𨇻𨙹 小篆

「隨」是隨從，是順隨。《歸藏》亦作「隨」。隨，本義是追隨，跟蹤；也是追逐。《說文解字》說：「隨，从也。」《說文解字注》：「從也。行可委曲從迹、謂之委隨。」《老子》云：「前後相隨」。《廣韻》：「隨，從也，順也。」《廣雅・釋詁》：「隨，順也。」高亨注：「隨，追逐。」

「隨」是隨從，是跟隨前而順其後，不得自主。互艮為僮僕，兌為婢妾，一臣一妾，相追隨也。

另一說《歸藏》此卦曰《馬徒》。「馬徒」就是「前驅」。《國語・越語上》：「然後卑事夫差，宦士三百人于吳，（勾踐）其身親為夫差前馬。」注：「前馬、前驅也，在馬前也。」《韓非子・喻老》：「句踐入宦于吳，身執干戈為吳王洗馬。」王先慎《集釋》：「洗、先，古通。謂前馬而走。」是古代的賤役，意即隨扈。〈繫辭下〉：「服牛乘馬，蓋取諸隨。」意謂追逐馴服牛馬以為乘騎駕車，像西部牛仔追逐以繩索套牛馬馴服之；而被馴服之牛馬都被韁繩所繫縛著。故「隨」卦有追逐，繫縛攣連之義。為啥跟隨？因為被繫縛著，不是戰俘，就是賤臣奴僕。

𦨶 服小篆 𦩂 服籀文 𥝌 乘小篆 𥝌 籀文

「服」字古寫則是罪人被逮捕後低頭折腰，手置膝上，表示伏罪之

形。籀文、篆文「服」字多出一個舟旁義為罪人駕船舟，服勞役。（流沙河《白魚解字》）服，也是古時四馬駕車中間兩匹馬。《詩・鄭風・大叔于田》：「叔于田，乘乘黃。兩服上襄，兩驂鴈行。」《毛詩注疏》：「《箋》云：『兩服，中央夾轅者』。」「乘」，這裡作駕馭。乘字本義是人爬上樹。籀文象人（大字形）攀升上樹梢，篆文則清楚的看到兩腳在木上。

「隨」卦是以陽隨陰，震長男隨兌少女，九四隨上、五兩陰，初九隨二、三兩陰。

「隨」卦剛爻皆在柔爻之下，又陽卦在陰卦之下，六十四卦之中這兩種情況具備的只有這一卦。

「隨」就是追隨、追逐。互巽是風，震是木；是風行草偃也，是君子之德風，小人之德草，風行草偃也。「隨」是眾人相隨於麾下之意，隨從、順隨，是跑斷腿。「隨」為追，上兌為卑而悅之，是奉承之象，下震為足，是跑斷腿巴結，是刻意奉承。是應承，是叩頭蟲。上兌悅，下震動，是上愉悅下動個不停。

「隨」是隨和，是放下身段。〈彖傳〉曰：「隨，剛來而下柔。」剛就是陽，就是貴，是以貴下卑而能悅，就是隨和，是放下身段。

「隨」是從善如流，是隨和，是以貴下賤，以多問寡，捨己從人，以剛隨柔，以上隨下，是一極為靈活之卦，這與「益」卦是一樣的。

〈象傳〉：「嚮晦入宴息」上兌下震，雷入澤中，震為東，為春耕，為日出；兌為西，為秋藏，為日落，為休息；又春雷之龍於秋季潛入深淵，秋陰將盛，陰盛陽衰故「向晦入宴止息」意謂隨著天氣環境陰盛陽衰而改變，而歸於暗昧。這與「歸妹」卦是一樣的。《唐書・李德裕傳》：「人君動法於日，故日出而視朝，入而燕息。」「嚮」者，向也；「晦」者晦暗也，陰盛陽弱故晦暗；「宴息」，即「燕息」。《抱甕亭記》：「稍暇，則相與宴息樹下，觀其意，殊樂之，無所苦。」《爾雅・釋宮》：「無東西廂，有室曰寢。周制，王公六寢，路寢一，小寢五。路寢，治事之所，小寢，燕息之地也。」「嚮晦入宴息」者，天時不利只得居止休息。是受外在的約束而止也，如「服牛乘馬」被韁繩繫縛約束。如勾踐為夫差前馬車伏。《國語・越語上》：「（勾踐）其身親為夫差前

馬」如古之奴隸也。震為出，故為晨，巽為入，故為昏。三四五爻互巽為入，為昏晦，為伏，為息；故曰「嚮晦入宴息」。

「隨」之義有尊重對方與人相隨合作之義，跟隨、相隨。

「隨」不為主，為從，主隨客便，客隨主便也。「隨」不能隨便，止息久了就變為「蠱」卦為食古不化。

「隨」是苟且偷安，無有大丈夫之志。陽剛君子不能奮力開創，跟著小人，主意全無，任隨他人，久必有禍。

〈繫辭〉：「服牛乘馬，引重致遠，以利天下，蓋取諸隨。」「服、乘」：牽引、駕駛。牽牛曰服，騎馬曰乘。此卦以陰為重點，馬行速雖遠不能負重，牛行緩行遠負重皆隨主人而行。

「隨」是任重道遠，忍辱負重。

「隨」是捨己為人，捨己以求天下利。

「隨」是隨機應變，有通達知變，靈活不拘守故常之意。〈彖傳〉：「隨，剛來而下柔；動而悅。」剛卑下柔，動而悅，所以能柔軟放下身段。陰盛之時故陽剛隨時而卑下。就是變動而相處愉悅，就是隨和。「歸妹」〈彖傳〉曰：「說以動」則是兩情相悅，是激情。「隨」〈彖傳〉曰：「動而說，隨」，動而後感。

「隨」是與人相處和悅之象。震是帝，是主動，掌握，有主宰的意思，是內心自有主見。整個看來是外圓內方，鋒芒不露，容易與人打成一片。

「隨」是「春江水暖鴨先知」，識得先機，先知故知機而變，隨機應變。但基本上是知變之將來而止息不出。

「隨」是氣候時入秋季。

「隨」是變色龍，適應力強。

「隨」是男子入贅女家，是丈夫隨妻子。震為長男，兌為少女，是男下就女之象，是丈夫能尊重妻子；是男子招贅入女家也。

「隨」為男追求女，互「咸」，有男求女愛之義。

「歸妹」上震下兌，是女追男隔層紗。互坎，坎為隱，為通，是私通，是非正常的交往。坎為陷，是無法自拔。內互「既濟」，是已成好

事。

「隨」卦是男追女隔座山。「歸妹」是女追男隔層紗。

「隨」震下兌上，是男追女隔座山，內互艮，艮為艱難，要費一翻手腳，內互「漸」卦，是要費一段時間才能日久生情。

「歸妹」是陰隨陽，「隨」是陽隨陰。

「歸」是回家，是歸心似箭。「隨」是追，是熱烈追述。也是歸「嚮晦入宴息」。「隨」也是「歸」，隨從他人而歸。

「隨」是嫁雞隨雞，嫁狗隨狗。互巽為長女，震為出生之犢的少男。

「隨」與「歸妹」皆非男女正常關係，「歸妹」是激情、私奔、野合、外遇。「隨」是只要我喜歡有什麼不可以，是隨便，隨心所欲。

兌是少女，是白虎；震是長男，是青龍。青龍男隨白虎女，不祥。俗謂白虎女不祥。

「蠱」是少男與成熟的長女之戀。「歸妹」是少女追長男。「隨」是熱烈追求。三者皆激烈。「隨」是呼應，是夫唱婦隨。震為龍，為雷，為唱；兌為虎，為口舌；是「龍吟虎嘯」。是一正東，一正西，是兩敵體相匹配也。

又震在下得位，兌在上得位，是正常的交往，「歸妹」是不正常的交往。

內互「咸」卦，所以是純純的愛。但互大過為坎，互巽如姤，坎巽皆陰隱不明，反而故太多。

互「漸」卦，雖日久生情，也會積久生變。但「隨」以變為主。

雖是正常交往，而「漸」、「恆」也是說兩行夫婦之間的關係，為何再有「隨」？蓋女嫁曰「歸」，男嫁曰「隨」，「隨」是入贅。「隨」是「聽婆嘴，大富貴。」

「隨」是無為而治。震為東為春，是萬物之萌生。兌為西為秋，是萬物之育成。是放任其隨時自由發展，能生能成，如「大畜」卦皆無為而治也。

「隨」是無為而治，「歸妹」是無法制止，非正常也。

《禮·月令·仲春》：「是月也，玄鳥至，至之日，以太牢祠於高

祺，天子親往，后妃帥九嬪御。乃禮天子所御，帶以弓韣，授以弓矢，於高祺之前。」《周禮・地官・祺氏》：「仲春之月，令會男女，奔者不禁。」注：「嫁娶而禮不備曰奔」。「歸妹」、「隨」皆非正式婚姻。

「蠱」是迷戀。「隨」是隨便、初戀。〈雜卦傳〉說：「隨，無故。」所以是初戀，也是移情別戀。

「無故」是不管後故之憂，不顧一切，猛烈追求，所以勇於追隨。是無有以前，是來路不明，斬斷過去。是無有喪故，安啦！是無有原故，無有詐故。是只前無後，是過河卒子拼命向前。是無有錯故。是無有親故。是無有事故。是無有包袱。是沒有事故，沒有事故所以「無咎」。

有事必有故，短期無事，久了必有事，必有禍事。所謂「人無遠慮必有近憂」。

「隨」卦著重隨機應變，甩掉包袱，要放下身斷，不被過去所限制，故曰「無故」。

「故」者已然之跡，無故者沒有過去也，也就是沒有包袱，沒有身段，沒有成見，所以能隨和應變，如「坤」卦之「先迷後得」。

「隨」是一個變色龍。隨環境而改變，變的與環境一樣，但自己本身沒變。無故是無有痕跡，就是鬼魅，是魔術。

「隨」是以陽隨陰，以貴隨賤，陽曲居陰下，有苟且偷安之象。所以，非「元亨利貞」，非有正當之義理，不能無咎。

「隨」是小人行徑。所以不「利貞」不能「元亨」。

「隨」是以陽隨陰，是逆不是順。要「元亨利貞」才得「無咎」可見隨不是吉卦。

「隨」卦為隨從，為跟隨，自己若全無主意，如蠱之迷戀而盲目的跟為附從必凶。

「隨」卦要合於義理才吉，不合義理必凶。「隨」卦要合「利貞」的條件才能「元亨」。

「隨」不合「利貞」那是盲從，不是隨。

「隨」綜為「蠱」。「隨」是全無主意，「蠱」鬼迷心竅。隨機應變則吉而亨，隨隨便便則蠱而亂，敗而壞。「隨」是臨機應變，知權變，

曉變通。「蠱」是積久不變，是石古不化，老頑固。「咸」卦是無心之感，是心未動而身已行動，是衝動。「隨」著人家的腳步起舞，自己無有主張，是隨心所欲。「豫」是歡欣鼓舞，「隨」是只要我喜歡有什麼不可以。所以，「隨」在「豫」之後。〈序卦傳〉：「豫必有隨，故受之以隨。」「隨」在「豫」之後有苟且偷安之意。

〈大象〉曰：「嚮晦入宴息」是隨遇而安，順其自然。這與「歸妹」相同。安靜守常不要亂動。

人無遠慮必有近憂，「隨」卦陽隨陰，不合易理，苟且偷安久必有事。

《左傳》襄公九年載魯襄公的祖母穆姜薨於幽禁之所東宮。穆姜欲去襄公之父成公另立其姦夫僑如而被幽禁。占得隨卦，史人說此卦「隨，出也。君必速出。」是說此卦吉，能很快得釋。但她有自知之明，穆姜曰：「亡，是於周易曰：『隨，元亨利貞，無咎。』元，體之長也；亨，嘉之會也；利，義之和也；貞，事之幹也；體仁，足以長人；嘉德，足以合禮；利物，足以合義，貞固足以幹事；然，故不可誣也。是以雖隨無咎。今我婦人而與於亂，固在下位而有不仁，不可謂元。不靖國家，不可謂亨。作而害身，不可謂利。棄位而姣，不可謂貞。有四德者，隨而無咎。我皆無之，豈隨也哉？我則取惡，能無咎乎？必死於此，弗得出矣』。」結果薨於幽禁之所東宮。蓋「隨」是跟隨，不能作主，又「隨」要隨著大環境的改變而隨之改變，穆姜誤國已不能作主，又「隨」卦為「嚮晦入宴息。」止息之卦，故不能出。

聞一多說：「隨為祭名，隨祭也。」「隨」卦帛書作「隋」，《說文解字》：「隋，裂肉也。」祭天時，積柴裂牲肉，所以从陸而省。「隨」同「隋」，有分裂之意。朱駿聲《說文通訓定聲》：「（隋）裂肉也。謂尸所祭之歹肉餘。」所謂「裂肉」，就是用手撕裂牲肉來祭祀神靈。《周禮・春官・小祝》：「贊隋」。注：「隋，尸之祭也。宗祧既祭，則藏其隋。」注：「尸所祭肺、春忝稷之屬。」《儀禮・士虞禮》：「祝命佐食隋祭，佐食取黍稷肺祭授尸，尸祭之。」鄭玄注：「下祭曰隋」胡培翬正義：「黍稷肺之祭為隋祭」。《集韻》：「隋，埋祭餘也。」隋之義為「以肉設祭也」其義為「殘餘的祭」李洛旻認為「隋祭」是祭祀中「由佐食減下黍、稷、祭肺至尸、主人、主婦接受祭品而行祭的一連串儀

節。……而佐食分別為尸、主人、主婦減取祭品，其實亦象徵了佐食從飫神之餘分取福祉以授尸，繼而又從尸食之餘分取福祉授予主人及主婦。其中關係層層遞進，佐食墮祭在整個福祉授受的過程起了重要作用，無怪乎其為祭禮大節。」

「隨」祭祀也，「元亨」，大祭享也。「利貞」，利於出行也。

初九：官有渝，貞吉。出門交有功。
象曰：官有渝，從正吉也；出門交有功，不失也。

「隨」是跟隨，是隨從，所以六爻不論相應與否，只論相鄰近比，以下隨上之義。初與二比鄰，則初隨二；依此類推，二隨三，三隨四，四隨五，五隨上。

初九是卦主，得位在初爻本有「元亨」（初始）之義；一如「乾」初九：「潛龍勿用」是「利貞」（利於固守靜止）之義，故吉。

「官」，是館、是宮館。《穆天子傳》：「官人陳牲」。秦以前，宮與室的意思是一樣的，以後才將「宮」定為皇居。又「官」為館，《說文解字》：「館，舍也，從食，官聲。」從宀，官是先文，館是後起字。又官同觀。艮為門闕，為觀。

「渝」者，變汙也；《說文解字》：「渝，變汙也。」《爾雅・釋言》：「渝，變也」，就是由

好變壞，由利變害，由成變毀。

「隨」是隨機應變，所以要知權變不可拘泥，當變即變。初爻合於「元亨利貞」的條件但在「隨」卦，所以當隨而隨，知變從權。

艮為館；下卦震覆艮，艮象變反覆，故曰「官有渝」。初至四為正覆艮，象覆即取覆象之義，此易之通例。

「官有渝」是官舍、官府、館驛、門闕有變故而毀壞，是所居之地發生變故。初爻得位「潛龍勿用」要變了。要知變從權，不可緊守「潛龍勿用」。

「貞」，占卜，預兆。

「貞吉」，所卜之兆為吉兆。

「貞吉」是與九四「貞凶」相對。九四失位不正，不合「元亨利

貞」的條件，故凶。初與四應，爻辭常常相關聯，如「鼎」初六：「鼎顛趾」，九四：「鼎折足」。

「同人」初九說「門」是「同人於門」。「同人」要「與人同」之後才「人同之」，所以也有「變」之意，這與「隨」是相近的。

艮為門。震為出。初九震體，故曰「出門」。

「出門」則初九陽遇六二、六三陰有通之象，有交接之象，故曰「交有功」。

凡陽爻前臨重陰者無不吉，蓋如震。若陽爻前臨一陰者，如坎便不吉。

「交」，是交際、交往。也作「將」，將要之將。

「出門交有功」，謂出門將有功。

「出門交有功」，是往外結交家門、家族以外的人，不要只交於家內之人。所謂男兒志在四方。

「交」，是俱，《小爾雅‧廣言》：「交，俱也。」

「功」，是成效，結果，故吉。

「出門」，是說交的對象不是私暱的。「門」內才是私暱的。「門」是公私的界限。

「出門交有功」，是出門俱有功，謂開門見吉，開門大吉。內部有變故，出門將有功，有收穫、成果。

初九隨於正則交，不正則不交，隨心所欲。

〈小象〉之「失」與「軼」通。「軼」者，突出也。震為躁動，故「軼」。《說文解字》：「軼，車相出也。從車失聲」就是突出超車。《左傳》隱公九年：「彼徒我車，懼其侵軼我也。」杜預注：「軼，突也。」《淮南子‧覽冥訓》：「軼鶡雞于姑余」。高誘注：「自後過前曰軼」。「隨」卦是跟隨、隨從，在人後者怎能突出超越。

初九為卦主深知隨機應變不敢偷安逸樂。

䷐隨䷬萃

此爻變為「萃」，群英之會；結交官宦。

初九結交官宦，要守正道，官場險惡，「萃」四爻為宰輔欲與五天子爭，當心受連纍。要站穩利場，堅守原則，要隨和知權，時時警惕週遭形勢的變化。

「萃」言「王假有廟」，「出門」是「出家」，遁入空門。

「萃」言「王假有廟」，猝死之象。「官」是官老爺，「官有渝」是老爺亡故，從而改嫁，出此門入彼門。

「從正吉」是父死從子。「正」者，政也，是從政便吉。

「隨」是變，所以當心「變卦」。

六二：係小子，失丈夫。
象曰：係小子，弗兼與也。

羉 系小篆　傒 係小篆

「系」字小篆從爪從絲，「絲」字是兩束絞糸，兩束絞糸稱為一兩，兩是絲的數量單位。系字會一手抓著兩束（一兩）絲線之義。引申為束縛的意思。從絲的字都是以一束糸代替二束絲，簡化了。

「係」，是繫，是束縛、牽絆，《說文解字》：「係，絜束也。」「摯，係也。」係字從系從人，本義就是用繩子捆人。《甲骨文字釋林》：「係字象用繩索以縛繫人的頸部」，表示縛繫。〈繫辭〉：「服牛乘馬」就是係，牛馬以轡繩係被馴服拉車騎乘。「坎」上六：「係用徽纆」義同。《史記·秦始皇本紀》：「子嬰即系頸以組，白馬素車，奉天子璽符，降軹道旁。沛公遂入咸陽。」漢賈誼《新書·過秦上》：「南取百粵之地，以為桂林、象郡；百粵之君，俯首系頸，委命下吏。」可證古人有繫頸項以為俘虜之習俗。

六二應九五，五居巽體，〈說卦傳〉：「巽為繩直」，故曰「係」。

初九以剛從人，叫做「隨」。陽剛自主知權變。

六二以柔從人，叫做「係」。陰柔無自主被牽著走。

六二陰柔係於人，不能自立。

初九震體為「小子」。九四艮體為「丈夫」。以家庭秩序而言，初生者長，後生者少，故〈說卦傳〉以震為長子，艮為少子。以各人而言，則

初為少，上為老。

「小子」，指未成年的男子，尚不能自立。或是地位卑賤小臣。「丈夫」，指成年的男子。或是地位尊貴大人，若勾踐。一是庶民小兵，一是貴族軍官。春秋時兩國征戰，擄獲敵國大夫就是一件大事，被記入史冊，故《春秋・公羊傳》曰：「大夫生死皆曰獲」。就算是屍體被擄獲也要千方百計地領回。魯宣公十二年楚國與進國邲之戰，楚國大夫連尹襄老被晉國大夫知莊子一箭射死，屍體和公子穀臣一起被擄獲。九年之後，魯成公三年，以知莊子之子知罃換回公子穀臣與連尹襄老的屍骸。可見擄獲「丈（大）夫」的重要性。

六二近比於初九，乘剛，故曰「係小子」。又為六三所隔，不能與九四相應，故曰「失丈夫」。

為何要繫人？在卜辭中被繫的人多指被俘之奴隸，是征戰中的收穫得利，是戰利品。如馴服之牛馬被韁繩所繫，不是作為奴隸就是用做犧牲祭品。

「係小子，失丈夫」，是捉住毛頭小子，跑了丈夫大人；得不償失也。出征失利也。

「弗兼與」，魚與熊掌不能兼得。有得有失故不能兼而有之。

「弗兼與」，要選邊站，不能盡如人意。

六二陰柔雖中正但是不合「元亨利貞」故必有咎。

「係小子」，是思慕初戀情人、青梅竹馬。是被小子連累。「失丈夫」，是現任情人跑了。也是外遇。

六二隨的不如意是因為心中有所懸係，猶疑不定終有所失，又跟錯了人。

此爻又「係」又「失」，首鼠兩端，但終不能得所以「弗兼與」而有所困，非吉象。

「隨」為變，此爻變的太過。

☱☳ 隨 ☱☱ 兌

此爻變為「兌」，上下皆悅，是皆大歡喜，兩面討好；「兌」象失變「隨」，故不能兩全。

六三：係丈夫，失小子。隨，有求，得利。居貞。

象曰：係丈夫，志舍下也。

「係丈夫，失小子」，是捉住丈夫大人，跑了毛頭小子。所得超過所失。亦出征得利。

「係丈夫，失小子」，六三近比九四上承陽，故上「係丈夫」。但為二所阻，故往下不能得初九故「失小子」雖說「隨有求，得」但還是有得有失，「係丈夫，失小子」當是「得大失小」。

六三的狀況比六二要好，因為九四之故，六二上為陰，隨錯了；六三上為陽，隨對了。「屯」六三：「君子幾不如舍」是說君子見機不如放棄，前往追逐是不利的，有所求不能得。「隨」六三：「隨有求，得」是跟隨、隨從，則要求要有所「得」，要有收穫。與「屯」六三相反。是黏貼的緊緊的如用繩子繫縛一般甩不掉，得大失小，求而有得。

「隨」，聞一多讀為「㸨，焚田」，即古代的火祭「遂」，《禮記・郊特牲》：「季春出火，為焚也。」鄭玄說：「謂焚萊也，凡出火，以火出，建辰之月，火始出。……君親誓社誓吏士以習軍旅。」既而「遂（㸨）田，以祭社也。」《周禮・夏官・司爟》：「季春出火，民咸從之。」《尸子》：「㸨人察辰心而出火」「建辰之月」是農曆三月「火始出」是蒼龍星座的心宿二（大火、火）於黃昏時出現在東方地平線上，大約是三月底的黃昏。「出火」即放火燒田，以草灰為肥田，為耕種作準備。古人隨節氣不同，春出火焚草萊，「火種」也，即以草灰肥田。秋出火焚，則為獵獸。冬則以火燒灶而取暖。

「隨有求，得」，在出土的楚簡本《易經》中作「隨求有得」語意更明確順暢。句謂焚田時，追逐搜尋得到獵物，有利。《廣雅・釋詁》：「隨，逐也」。

「利居貞」，是利於安居，不宜外出，「居」是「止」。適可而止，跟了九四就要認定不可再改變。此爻不宜隨亂變動，宜靜不移動。

「利居貞」，也是要占卜一個建國設城的好地點。古人選址之後必占卜。《詩經・墉風・定之方中》：「升彼虛矣，以望楚矣。望楚與堂，景山與京。降觀于桑，卜云其吉，終然允臧。」《正義》曰：「言徙居楚丘，即二章升墟、望楚、卜吉、終臧，是也。」

「隨」是變，該變則變，不可隨便，隨便則凶，故六三要「居貞」不隨便。

〈小象〉曰：「志舍下」，明言以震為小子，艮為丈夫也。

「志舍下」是捨下求上，人往高處爬，水往低處流。

「志舍下」是先捨後得，當斷則斷。

六三比六二能斷，因為以陰居陽。六二以陰居陰太柔了。

「隨有求得」此句與下九四「隨有獲」對文。

「隨有求得」，是追求而能得，利升官、婚姻。

九三的「隨」是要用「求」的，是追逐來的，是趨吉避凶的，是索取的，是巴結。

六三失位所用的方法有不正，但得到之後要正，不正便不常久。

▤▤ 隨 ▤▤ 革

此爻變為「革」，去故也。是喜新厭舊，移情別戀。

此爻捨下隨上，嫌貧好富，勢利眼。求而能得，富貴之象，得貴人之助。

互「咸」利婚，不利生子。

九四：隨有獲，貞凶。有孚在道，以明，何咎。
象曰：隨有獲，其義凶也。有孚在道，明功也。

「隨」，追逐。《廣雅・釋詁》：「隨，逐也。」

「獲」比「得」大的多。

「獲」，也可以解釋為獲得俘虜。「有孚在道，以明，何咎」，即俘獲的俘虜眾多但可以依照捆縛俘虜的弓弦、弓矢上的族徽或記號，可以驗明功勞，故能明功而無須畏懼擔心。《水滸傳・第六十回公孫勝芒碭山降魔・晁天王曾頭市中箭》：「不期一箭，正中晁蓋臉上，倒撞下馬來。……眾頭領且來看晁蓋時，那枝箭正射在面頰上。急拔得箭出，血暈倒了。看那箭時，上有史文恭字。」即是此俗遺留。

「隨有獲，貞凶」，是追逐田獵有收穫，但是預兆有凶。或是因為焚田時傷及無辜太甚，故凶。

九四宰輔之位下乘重陰是得民之象，故曰「有獲」；是相跟隨者眾多。

九四為近君之位，伴君如虎，隨身在側；今大得民心，威望正隆，必遭九五所忌而處於險境，隨時有生命危險。如蕭何、韓信。

「隨」互「大過」，九四在「大過」之中，有生命之危。

「貞凶」，是堅持不知權變必凶。「隨」卦要知變，九四要隨著情勢而便，不然如「萃」九四要「大吉」才能「無咎」。

九四不當位，前又遇九五之敵，故「貞凶」。

「其義凶」，是說九四本不凶，而凶者，因為不當位也。

「有孚」，是有徵象。也是俘虜，「隨有獲」即獲得俘虜。

「在」，哉也。于省吾：「按載在才哉古通」「金文在字哉字多叚才為之」。

「有孚在」應讀「有孚哉」是說徵象明顯。

「道以明」，帛書作「已明」說已經看得明白，徵驗已明。蓋捆繫俘虜頸項的弓弦、弓矢上皆有族徽或記號。

「咎」，懼也。

「有孚在，道以明，何咎」句謂俘虜身上的徵象明顯，既已驗明則可避免糾紛，何須畏懼？

九四向九五說清楚講明白，以明心志，便可無咎。

「功」，是結果，花的功夫。

「明功」，是知結果故不需畏懼而有收穫。

九四要知權變，並所作所為合於正道便無咎。

「隨有獲」隨有之人必得獲，是抱對大腿必有所獲。

九四失位獲之非義，得之非宜，改而得宜，進可得功。所為位極人臣而無凌主之嫌；權重而不專擅。

又「明」，盟也。古人盟誓必有祭，故盟者祭祀也。卜辭：「出（侑）于盟室」，「盟室」是盟誓歃血之所在，謂在盟誓之室進行侑祭。聞一多讀「明」為「盟」意思是祭祀。

「以明，何咎」，以者，已也。謂已經祭祀，何來災咎。

又讀「隨」為「隋」，是一種祭祀。《周禮・春官・守祧》：「既祭，則藏其隋與其服。」《註》：「隋，謂神前所沃灌器名。康成曰：謂尸所祭肺脊黍稷之屬，藏之以依神。」《周禮・春官・小祝》：「贊隋。」《註》：「尸之祭也」「明」，讀為「盟」，《文字析義注》：「案盟與明通，是『盟祀』與『明祀』義同。盟、明義如《小雅楚茨》及〈信南山〉「祀事孔明」之明。鄭箋云「明猶備也」是則盟祀、明祀乃謂備禮儀，盛祭品之大祭也。

「以明，何咎」，謂獲得俘虜，而盛大祭祀，故「無咎」，無有災害。亦通。

䷂ 隨䷂ 屯

此爻變為「屯」，不在朝而分封於外，處於方面之封疆，遠離權力中心。開墾焚田艱難。

九五：孚于嘉，吉。
象曰：孚于嘉吉，位正中也。

「孚」，帛書作「復」。

「嘉」，慶也。《說文解字》：「嘉，美也。从壴加聲。」古謂喜慶之事為嘉。《漢書・禮樂志》注：「嘉，慶也。」《左傳》莊公二十三年注：「嘉禮，善禮也。」

「嘉」是喜上加喜，是大喜，故慶。如普天同慶。在此指喜慶的典禮如行賞寬刑，大赦天下等。

「嘉」，假借為「家」。

「孚于嘉」即「復于家」，復返回家，在家平安，吉祥。

「于嘉」，有嘉也，謂有嘉賞。

「孚于嘉」謂在嘉禮上有好兆頭。有患可解。

九五為中正之君，是對跟隨者無所嫌隙，為善是從，以一片光明磊落的至誠對待跟隨者。

九五中正隨的剛剛好才能「孚于嘉」。

「嘉」是喜上之喜，是雙喜，利婚；是雙贏，利交易。

「隨」如，「萃」是嘉之會，故「孚于嘉」，嘉會之徵兆。

䷐隨䷲震

此爻變為「震」。趕緊行動，不可耽誤；嫡長子繼位之相。

上六：拘係之，乃從維之，王用亨于西山。
象曰：拘係之，上窮也。

「拘係之」，拘繫之，綁緊，綑緊。

「拘係」指二爻、三爻的「係」；「之」，是二爻、三爻的「小子」、「丈夫」。

「從」，服從也。《說文解字》：「從，隨行也。」

「從」，也可以讀為「縱」，《說文解字》：「縱，緩也。」《廣韻》：「縱，放縱。」

「維」是大繩，引申為束縛。《廣韻》：「持也，繫也。」《博雅》：「係也」。《詩・小雅・白駒》：「縶之維之」。〈傳〉：「維，繫也。」《公羊傳》昭公二十四年：「且夫牛馬維婁」。《註》：「繫馬曰維，繫牛曰婁。」《說文解字》：「纗，維網中繩也。從糸巂聲。讀若畫，或讀若維。」

「拘係之，乃從維之」，拘繫，綑緊，緊緊看住他，不可放縱他，使之衷心誠服。這是說係縛不順從之臣民隨己，能綏之以德而使之服順，收服其心，然後解臣民之縛束以使臣民衷心服從。《中論・亡國》：「囚人者、非必著之桎梏，而置之囹圄之謂也，拘係之、愁憂之之謂也。」

「拘係之，乃從維之」，謂被拘係於牢中，過而解除繩索縱放之。先被拘係，後而縱放，故是吉辭。疑是文王從羑里被紂王釋放的故事。文王歸周之後祭拜周人的祖山，「西山」即「西岐」岐山是也。

「用」，殺犧牲祭品，用於祭祀之犧牲。《左傳》僖公十九年：「己酉，邾人執鄫子用之。」注：「養之曰畜，用之曰牲，其實一物也。」楊伯峻《春秋左傳注》：「用之者，謂殺之以祭於社也，『用』義與『用牲於社』之『用』同。」

　　「享」有三義，亨、享、烹都是「亨」，《左傳》中「亨」是作「享」字。《左傳》僖公二十五年：「筮之，遇《焦氏易林・大有之睽》，曰：吉。遇『公用享于天子』之卦也」，朱熹云：「亨，春秋傳作享。謂朝獻也。古者亨通之亨，享獻之享，烹飪之烹，皆作亨字。」此「享」字謂祭享奉獻。

　　「隨」上兌，兌後天八卦在西，故曰「西」。

　　「山」，象徵安泰；艮為止，為山，為祖，為發祥之祖地。《詩・大雅・韓奕》：「奕奕梁山」。《毛詩注疏》：「梁山于韓國之山最高大，為國之鎮，祈望祀焉。」意思相同。這與古人對山嶽的崇拜習俗有關連。例如嵩山之「嵩」，從字義上來看「嵩」的字義是「高山」。又「崇」字是「山」「宗」就是「祖先之山」或謂「祖山」義為祖先發源地之聖山。「西山」，就是岐山，是周朝的發祥地，為周王朝的祖山。「升」卦六四：「王用亨于岐山，吉」相同。岐山在鎬京西故曰「西山」。《史記・周本紀》：「古公亶父復脩后稷、公劉之業，積德行義，國人皆戴之。薰育戎狄攻之，欲得財物，予之。已復攻，欲得地與民。民皆怒，欲戰。古公曰：「有民立君，將以利之。今戎狄所為攻戰，以吾地與民。民之在我，與其在彼，何異。民欲以我故戰，殺人父子而君之，予不忍為。」乃與私屬遂去豳，度漆、沮，逾梁山，止於岐下。豳人舉國扶老攜弱，盡復歸古公於岐下。及他旁國聞古公仁，亦多歸之。於是古公乃貶戎狄之俗，而營築城郭室屋，而邑別居之。民皆歌樂之，頌其德。」《集解》：「徐廣曰：『山在扶風美陽西北，其南有周原』駰案：皇甫謐云：『邑於周地，故始改國曰周』。」古公亶父是周文王的祖父實力不足受迫於戎狄，率部眾遷居於岐山之南的周原，各國慕古公亶父仁愛之名而歸之，到周文王十一年成邑，二年成都，三年五倍其初而強大為西伯，後周武王終有天下。

　　「拘係之，乃從維之」，說的是周文王被商紂王囚於羑里的故事，後周文王被釋而祭祀於岐山。《史記・周本紀》：「崇侯虎譖西伯於殷紂曰：『西伯積善累德，諸侯皆鄉之，將不利於帝。』帝紂乃囚西伯於羑里。閎夭之徒患之。乃求有莘氏美女，驪戎之文馬，有熊九駟，他奇怪物，因殷嬖臣費仲而獻之紂。紂大說，曰：『此一物足以釋西伯，況其多乎！』乃赦西伯，賜之弓矢斧鉞，使西伯得征伐。」但周文王並未被收

服，反而更堅定了背離紂王的「貳心」，周文王反而陰修仁德，各處行善，諸侯多叛商紂而歸西伯，西伯壯大，商紂權勢漸消。《史記・周本紀》：「西伯陰行善，諸侯皆來決平。於是虞、芮之人有獄不能決，乃如周。入界，耕者皆讓畔，民俗皆讓長。虞、芮之人未見西伯，皆慚，相謂曰：『吾所爭，周人所恥，何往爲，祇取辱耳』遂還，俱讓而去。諸侯聞之，曰『西伯蓋受命之君』。」

「王用亨于西山」，蓋古人祭山以祈天下安泰祥和，天下安泰則祭山以告謝之。王既解其縛以隨人，隨天下人之性，則臣民也隨王，故天下安，可祭告西山天下祥和。若無爲而治。古帝王行封禪大典祭泰山。

「升」卦六四：「王用亨于岐山，吉。」「升」是五穀豐收，太平盛世，四海昇平，故祭岐山。

「隨」卦上六是周文王脫離虎口，祭享岐山以告慰祖先，將要出征商紂。

上六「萃」體，是出類拔萃的脫俗之人，隱於山林而有眾追隨。

此爻疑是周文王爲西伯時被傷紂王囚於羑里，故曰「拘係之」。後因賄賂紂王而得脫歸，故曰「乃從維之」。歸周之後「王用亨于西山」，舉行大祭祀以祭拜祖先。

䷐隨 ䷘无妄

此爻變爲「无妄」卦，真心誠意無有虛妄。對世俗之事不動妄念。反之由於無望故奮力一搏。

此爻可通神。

第**18**籤 ䷑ 蠱卦 又名山風蠱

蠱　：元亨。利涉大川。先甲三日，後甲三日。

彖曰：蠱，剛上而柔下，巽而止，蠱。蠱元亨而天下治也。利涉大川，
　　　往有事也。先甲三日，後甲三日，終則有始，天行也。

象曰：山下有風，蠱；君子以振民育德。

序傳：豫必有隨，故受之以隨。以喜隨人者必有事，故受之以蠱。蠱者
　　　事也。有事而後可大，故受之以臨。臨者大也。

雜傳：隨無故也，蠱則飭也。

小篆

　　「蠱」字從三虫，從皿；是一群蟲在一器皿中，相互噬食而餘其一，
此蟲必最毒。《通志・六書略上》：「造蠱之法，以百蟲置皿中，俾相咬
食，其存者為蠱。」上卦艮覆碗，下卦巽為風，為虫，為病。從卦象看是
一個覆蓋的器皿中生出的蟲。所以「蠱」卦是凶猛的毒蟲。

　　巽為風，為無孔不入，為病菌。被毒蟲咬螫必生病痛。故「蠱」卦是
病。《周禮・秋官・庶氏》：「掌除毒物」。注：「毒蠱，蠱物而病害人
者。」

　　艮為山，為靜止；巽為伏，為污，為蠱；像山中氣流靜止不通，鬱閉
不暢，日久積污變為瘴癘之氣，故「蠱」卦是瘴氣，是瘟疫。《玉篇》：
「瘴，癘也。」《正字通》：「中山川厲氣成疾也」。上艮下巽，山上風
下，是山太高，風太低。山高風低，無法交流，時久瘴氣生。就是屋頂上
的水塔，經年不清洗也會發酵生沼氣，下水道等亦同，皆為「蠱」之象。

　　「蠱」是積久不變之敗壞，腐壞，積敝叢生，亂七八糟。是內部的
敗壞，腐爛。蘇軾〈范增論〉：「物必先腐也，而後蟲生之。」「蠱」互
「大過」，為大坎，坎為肉；巽為風，為虫；虫生於肉內故腐。「大過」
為死亡之象。

　　古人有禦蠱之法，《史記・秦本紀》：「初伏，以狗禦蠱。」《集
解》引徐廣曰：「《年表》云：『初作伏，祠社，磔狗邑四門也』。」

《正義》：「蠱者，熱毒惡氣爲傷害人，故磔狗以禦之。」按：「磔，禳也。狗，陽畜也。以狗張磔於郭四門，禳卻熱毒氣也。」《史記・封禪書》：「磔狗邑四門以禦蠱菑（災）。」《索隱》：「左傳云『皿蟲爲蠱』，梟磔之鬼亦爲蠱。故月令云『大儺，旁磔』，注云『磔，禳也。厲鬼爲蠱，將出害人，旁磔於四方之門』故此亦磔狗邑四門也。風俗通云『殺犬磔禳也』。」《左傳》云：「皿蟲爲蠱」。顧野王云：「穀久積變爲飛蠱也」。蠱之意爲患害，下卦巽爲伏，爲汗，爲病，爲患；上卦艮爲止，爲禦，爲狗。此卦說的是古代殺狗祭祀以去除災患，以求「天下治」，得平安。

艮爲止，巽爲伏，爲風；風向之變意謂氣候季節的變化，故巽爲變。「蠱」上艮爲止，止而靜止不變；巽爲風，風無所不入，帶來蟲菌，如蓋扣之碗久久不洗，久而生蟲腐壞。故「蠱」是積久不變而敗壞之義。

「蠱」是泥束縛過去，沉醉於過去，緬懷過去。互「大過」；過，去也。坎爲束縛也。

「蠱」是久不改變，是衰退老化，久於安定，因循苟且。喪失反應能力，衰敗，腐化。步步邁向死亡。互「大過」爲老，爲枯朽，爲死。

積久不變爲「蠱」，「隨」卦〈彖傳〉云：「動而悅」故隨時變化；「蠱」卦〈彖傳〉云：「巽而止」是伏而不動，是食古不化，死不改變。一副委靡不振之象。

因爲是積久產生「蠱」，久就是古、故，「蠱」就是古。帛書作「箇」，也從古。就是古老的事。

陽在上在外，陰在下在內，有山在外太高，風在下太低，兩者無法交流，所以不通暢，陰愈下，陽愈上所以不交。陰陽不交，積久生變。是在上剛愎不爲動，在下柔弱無力，所以下情不能上達，積久生變。人事亦然。

艮覆碗，遮掩不明；巽下斷，慢慢腐蝕；「蠱」如鏽蝕的老機械。暮氣沉沉，根基斷爛而不知。故「蠱」是內部鬥爭侵蝕，如毒虫互噬，最後僅於一最毒之虫，就是「蠱」。

「蠱」是被蒙蔽、迷惑、欺瞞。與「賁」、「蒙」亦同。

「蠱」是蟲在繭中待孵出羽化；巽爲風，爲權變，艮止不能大變而靜

伏漸變；有如蟲蛹靜靜變化等待羽化。

「蠱」是昧於情事，固步自封，安於現狀，不能掌握潮流，不知變通，是遲頓，呆滯。

「蠱」為「亂」。《說文解字》：「蠱，晦淫之所生也。」《太玄・止》注：「蠱，淫也。」《左傳》昭公二十八年注：「蠱，惑以淫事。」故「蠱」是淫亂，又互「歸妹」亦淫事也。《左傳》昭公元年：「晉侯求醫于秦，秦伯使醫和視之，曰：『疾不可為也。是謂近女室，疾如蠱，非鬼非食，惑以喪志。良臣將死，天命不佑。……女，陽物而晦時，淫則生內熱惑蠱之疾。今君不節不時，能無及此乎？』」此謂晉侯於女色不節而蠱生。「趙孟曰：『何謂蠱？』對曰：『淫溺惑亂之所生也。于文，皿蟲為蠱，穀之飛亦為蠱；在《周易》女惑男，風落山，謂之「蠱」』。」

此卦《歸藏》作《濁》，「蠱」與「濁」皆有「亂」的意思。《太玄經・太玄攡》：「濁者使清，險者使平。」《列子・天瑞》：「清輕者上為天，濁重者下為地，沖和氣者為人。」《鹽鐵論・詔聖》：「民之仰法，猶魚之仰水，水清則靜，濁則擾。」「濁」是污穢，亦是亂。

小篆

「濁」通「蜀」，甲骨文、金文從「目」從「人」從「虫」。「蜀」字象人處於蠶叢中在養蠶，本義是蜀國，引申表示蠶蟲。《華陽國志》：「周失紀綱，蜀先稱王，有蜀侯蠶叢，其目縱。」故「蜀」字的意思也蠶蛹蛻變成蟲羽化的過程。上艮為外衣；下巽為蟲，為伏藏；「蠱」為蟲靜伏於繭殼之內慢慢變化為成蟲。也是積久而淺移默化而成積弊之義，但是否能羽化升天？還是腐屍於繭內？這要到最後的上爻才知道。

又《左傳》僖公四年注：引服虔曰：「牝牡相誘謂之風」，上艮為狐，狐為妖淫之獸。「未濟」韓注：「狐，野獸之妖者。」又艮為山，為狐，故狐又為「山魅」。《搜神記》：「道士云此山魅也。」《名山記》：「狐者，先古之淫婦也，其名阿紫，化而為狐。」《山海經・南山經》：「青丘之山，有獸如狐而九尾，食而不蠱。」「蠱」卦上艮下風象狐之牝牡相互淫誘，故名之為「蠱」。

「蠱」是媚惑。互「歸妹」是非常關係。「蠱」是養小白臉，被小白臉迷惑。「歸妹」為私奔。

「隨」卦是男追女，「蠱」卦是女追男。「蠱」是落山風，落山風就是焚風，所經之地，草木皆枯死，敗壞。落山風，勢威強猛，長女與少年之戀，情欲甚於理智。「蠱」是腹中有蟲故病痛。《說文解字》：「蠱，腹中蟲也。」是得孕有子之意。「蠱」是女子有孕。「蠱」是迷惑失貞，珠胎暗結。

〈雜卦傳〉：「蠱，飭也。」飭者，修治整飭也。「蠱」積久不變而生亂，所以要振衰起敝，治亂世用重典。用強力手段，要破除情面。要以嚴厲公正的手段來整治，不可循私講情。互「大過」為非常手段。整飭成功則羽化升天，不成則胎死腹中。整卦只有上九變則卦為「升」，四海昇平。故〈大象〉曰：「君子以振民育德」。

「隨」是隨意，「蠱」是嚴正，一鬆一緊，一弛一張。

「蠱」是安逸不動，因循怠惰，對外在環境的變牽失去了敏銳度，變成僵化、官僚失去競爭力而敗亡。像是明末。這時需要改革除弊，注入新血，以創造第二春。

「蠱」是變法，除弊立新。「革」是革命斬舊創新。所以，〈雜傳〉說：「蠱則，飭也」「革，去故也。」

「蠱」是靜極思動。不動則敗壞，壞則要整治。「蠱」是顛覆以往，互「大過」為顛。

「蠱」者積久也，故事也，是父死子繼，互「大過」為君父之死，為翻天覆地，顛覆故有過去。

「蠱」卦所說的事態為迷，得此卦，多是起家道中落後起自艱辛，可以得到祖先德蔭，所謂「積善之家必有餘慶」也；如要求解，要在過去的事物中找。「蠱」是以下剋上，以子剋父，以子繼父。《論語‧學而》：「父在，觀其志。父沒，觀其行。」此卦言有子繼承父志，孝道也。父之故事有錯則改之，未成之業則繼之。

〈雜卦傳〉：「隨，無故也。」「故」是過去得事，「無故」就是無有過去，沒有包袱，不要固持己見，不要拘限過去的成就，要隨機應變，要靈活運用，要放掉身段，保持彈性。

「隨」是「無故」相綜又相錯完全相反的「蠱」則是「故事」。帛書作「箇」，其義為「古」，「故」也，古往之事也。

　　聞一多《周易義證類纂》說：「王引之讀蠱為故，引《尚書・大傳》卷三：『乃命五史以書五帝之蠱事』云蠱事即故事。」王引之曰：「《釋文》曰：「蠱一音故，蠱之言故也。」

　　《史記・夏本紀》：「禹之父曰鯀，……於是堯聽四嶽，用鯀治水。九年而水不息，功用不成。於是帝堯乃求人，更得舜。舜登用，攝行天子之政，巡狩。行視鯀之治水無狀，乃殛鯀於羽山以死。天下皆以舜之誅為是。於是舜舉鯀子禹，而使續鯀之業。……禹傷先人父鯀功之不成受誅，乃勞身焦思，居外十三年，過家門不敢入。薄衣食，致孝於鬼神。……於是帝錫禹玄圭，以告成功於天下。天下於是太平治。」又《史記・周本紀》：「周后稷，名棄。……好種樹麻、菽，麻、菽美。及為成人，遂好耕農，相地之宜，宜穀者稼穡焉，民皆法則之。帝堯聞之，舉棄為農師，天下得其利，有功。帝舜曰：『棄，黎民始饑，爾后稷播時百穀』封棄於邰，號曰后稷，別姓姬氏。后稷之興，在陶唐、虞、夏之際，皆有令德。……不窋末年，夏后氏政衰，去稷不務，……公劉雖在戎狄之間，復脩后稷之業，務耕種，行地宜，自漆、沮度渭，取材用，畜積，民賴其慶。百姓懷之，多徙而保歸焉。周道之興自此始。」「古公亶父復脩后稷、公劉之業，積德行義，國人皆戴之。……薰育戎狄攻之，欲得財物，……乃與私屬遂去豳，……止於岐下。豳人舉國扶老攜弱，盡復歸古公於岐下。及他旁國聞古公仁，亦多歸之。於是古公乃貶戎狄之俗，而營築城郭室屋，而邑別居之。」「（文王）自岐下而徙都豐。明年，西伯崩，太子發立，是為武王。……武王即位，太公望為師，周公旦為輔，召公、畢公之徒左右王，師脩文王緒業。……甲子昧爽，武王朝至於商郊牧野，乃誓。……紂師皆倒兵以戰，以開武王。武王馳之，紂兵皆崩畔紂。紂走，反入登于鹿臺之上，蒙衣其殊玉，自燔於火而死。武王持大白旗以麾諸侯，諸侯畢拜武王。」此皆子續父業，錯則改之如大禹，復先祖之業如公劉、古公亶父，續未竟之功如武王。故「蠱」之故，有子克父業，古人以此為「孝順」也。《中庸》說：「子曰：『夫孝者，善繼人之志，善述人之事者也』。」

　　上卦艮為根，為祖；下卦巽為順，順祖之業即是孝道。「蠱」卦是孝道也。

　　「蠱」是因循怠惰，長久不變。「隨」是保持機動，靈活運用。

「豐」是「多故」，「革」是「去故」。「豐」是資源豐富，所謂「貧在都市無人知，富在遠山有故舊。」又「故」是變故，滿必遭損、遭忌，志得意滿，忽略了持盈保泰之要，故「多故」。

「革」是「去故」，將所有的包袱，過去完全去除，另起爐灶。革命比變法更激烈澈底。

「蠱」是「故」，是繼承、學習、改革故人的志業。「蠱」是積久不變而生變故，既要承續前人之志業，就要維新、中興、變法圖強。中國史上變法改革而能成功者只有商鞅一人，可見「蠱」之積弊根深難為。

「蠱」是蛻變，是吾家有女初長成，是女大十八變。「蠱」是第十八卦。

「蠱」是蛻變，是虫脫去甲殼，羽化為成虫。艮為甲衣，兌為蛻，震為奮力脫殼，巽為虫。昆虫羽化前不食不動，蒙在繭蛹之中，靜待其變。最後奮力而出，鳴而偶，偶後生，生而亡；己亡而子繼生。

「蠱」是羽化而重生，「升」是凌虛而昇華。皆有死亡之象。

〈象傳〉曰：「終則有始」，就是繼續、繼承；是先終後始，是父死子繼，死而復生，是此階段結束下階斷繼而開始，脫胎換骨。

「元亨」，在「蠱」就是再生，就是新生。

「元亨」，是除惡務盡，斬草除根。治蠱是與舊勢力對決，要破除情面，不可手軟。不然不能重生。

「元亨」，是說扭轉乾坤，互「大過」為「顛」。

「元亨」是「大享」，子繼父業的祭祀享神，是大祭獻，大拜拜。

「利涉大川」，是說治蠱的艱難，要振衰起敝，與既得利益者，守舊派鬥爭，阻力必大。

「元亨，利涉大川」，是機會大好。是大祭祀得神祖庇佑，利於渡涉大江河，改革如涉大川之險。

「先甲三日」，辛、壬、癸。

「後甲三日」，乙、丙、丁。

古人以十天干（甲乙丙丁戊己庚辛壬癸），循環計日。前後三日加上甲則為七日。此七日利於涉大川。

癸、壬、辛之「辛」日，取其更新之意。《尚書·虞書》：「予創若時，娶于塗山，辛壬癸甲。」大禹在「先甲三日」的辛日娶親的。

乙、丙、丁的「丁」，取其叮嚀之意也。《尚書·周書·武成》：「丁未祀於周廟」，是祭祀祖先之日在後甲的「丁」日。

 早

為何以甲日為準，蓋「甲」為事之始也。「甲」之本意為種子的外殼，為本始之義；《說文解字》：「東方之孟，陽氣萌動，從木戴孚甲之象。」《說文解字注》：「甲者、言萬物剖符甲而出也。」《解·大象》：「雷雨作而百果草木皆甲坼」。《疏》：「百果草木皆莩甲開坼，莫不解散也。」「早」字就從「甲」。

「臨」卦「至于八月有凶」言八月前皆吉，故此謂于辛日至丁日七日內治蠱可有成。參看「巽」卦九五「先庚三日，後庚三日，吉。」則此脫了一「吉」字。「先甲三日，後甲三日，吉」句謂此七日之內治蠱可以獲吉。

這個三日的三，需要詳細說明一下，根據汪中《述學·釋三九》所說，「三」是一個約略的數字，也是確定之詞，《易經》裡的「三」都是約略之詞，他說：「凡一二之所不能盡者。則約之三。以見其多。三之所不能盡者。則約之九。以見其極多。」于省吾先生將「三」解釋為「屢」，其說「猶言數日也。數日而無所據，則不知其何時之數日也。故蠱之象曰，先甲數日，後甲數日。巽之爻曰，先庚數日，後庚數日也。」此說甚是。

于省吾先生認為王引之地解釋是有依據的，錄之以為參考：「按王引之云，先甲三日，後甲三日。先庚三日，後庚三日。皆行事之吉日也。巽為申命行事之卦。而事必諏日以行。故蠱用先後甲之辛與丁。巽用先後庚之丁與癸也。先甲後甲必繫之蠱。先庚後庚必繫之巽者。蠱之互體有震，震主甲乙。故言行事之日，而以近於甲者言之。巽之互體有兌，兌主庚辛，故行事之日而已近於庚者言之也。」《漢書·武帝紀》：「望見泰一，修天文禛。辛卯夜，若景光十有二明。《易》曰：『先甲三日，後甲三日』朕甚念年歲未咸登，飭躬齋戒，丁酉，拜況于郊。」可見至漢依然有此俗。

又「震」、「既濟」六二爻詞的「七日得」即此「七日吉」。

〈大象〉曰:「振民育德」就是要振奮人心,大聲疾呼,提振士氣,教育民眾,要贏得人民的合作,向人民要權力。《史記‧商君列傳》:「孝公曰:『善』以衛鞅爲左庶長,卒定變法之令。……令既具,未布,恐民之不信,已乃立三丈之木于國都市南門,募民有能徙置北門者予十金。民怪之,莫敢徙。復曰:『能徙者予五十金』。有一人徙之,輒予五十金,以明不欺。卒下令。」此「商鞅立木」故事即「振民育德」。又「蠱」是積久不變而生災患,所以需要「振民育德」,要用霹靂手段除去舊習、陋習。「蠱」既是災患,人民受災難,故需要「賑」災養民。

「隨」卦「嚮晦入宴息」是隨遇而安,順其自然。「蠱」則是主動出擊,奮力一博。

〈序傳〉說:「蠱,事也」。凡言「事」都是事故、大事;治蠱變法,振衰起敝,事多如毛,大小繁鎖,非大過之才,無以為濟。互「大過」是「獨立不懼」之大材幹。「蠱」是多事之秋。

「蠱」之前為「隨」,隨他人腳步起舞,全無主見,久而必尚失應變能力就是蠱,「蠱」是鼓,是蒙在鼓裡。「蠱」之後為「臨」,「臨」是君臨天下,是天子親自下到民間,是積極參與,勤勉努力,如春耕之忙,強調治蠱要積極不可鬆懈。

「臨」為大震,為復甦,為繼承,是繼承祖業,大力整治,振衰起敝尚有復興之機,中興有望。遇此卦,是面臨多「事」之秋。所以「蠱」卦為「飭」,爻則曰「幹」。

「蠱」卦〈彖傳〉曰:「利涉大川,往有事也。」是前途多艱辛,事故多,「需」卦〈彖傳〉曰:「利涉大川,往有功也。」是說將盡其功,故可以等待,從容等待。「蠱」是死不改變,食古不化,所以要用「飭」的,要變法,要革除,奮力而為。「隨」是全無主張,蕭歸曹隨,跟著前人的步伐,若不知變也會成「蠱」。「恆」卦是久,是因循舊法,默守成規,會變但很慢,不變也會成「蠱」。

「蠱」是蒙在鼓裡,何新以「蠱」也是「鼓」。於天則是河鼓星,也就是「織女星」《夏小正》:「漢案戶,初春織女正東向。」《夏小正輯注》:「織女,黃女也。又名黃姑。」楚月名中有「姑」、「辜」,即鼓

星。

「蠱」是繼承長久的祖業、祖志，其中必有教學，上卦艮，〈說卦傳〉：「其於木也為堅多節」即竹也。下卦巽，帛書作「箄」。箄者，籌也，古以木竹之短枝為之。《說文解字》：「箄，數也。从竹从具。」《說文解字注》：「（箄）从竹具。从竹者、謂必用筭以計也。」此即古字教、學中之「爻」。、。帛書此卦作「箇」，《說文解字》云：「箇，竹枚也。」《說文解字注》云：「竹枚也。竹梃自其徑直言之。竹枚自其圜圍言之。一枚謂之一箇也。」《方言》：「箇，枚也。」《史記・貨殖列傳》正義引《釋名》云：「竹曰个，木曰枚。」《康熙字典》「个」條下亦云：「《六書本義》个，竹一枝也。《史記・貨殖傳》竹竿萬个。从竹省半爲意。」《書・大禹謨》云：「枚卜功臣」。《註》：「一一卜之也」。《史記・高祖本紀》：「秦益章邯兵，夜銜枚擊項梁，大破之定陶，項梁死。」可見「箇」為枚，為籌，為算之工具，故訓其義為「教」也。

「蠱」卦，長久積累的亂事，要在蠱亂爆發前嚴加防範，在之後要撥亂反正一一整治，做好善後，才能「利涉大川」，才能渡過難關，承先啟後。

初六：幹父之蠱。有子考，無咎。厲，終吉。
象曰：幹父之蠱，意承考也。

〈雜傳〉說：「蠱，則飭也。」《廣雅・釋詁》：「幹，正也。」《詩・小雅・六月》：「戎車既飭」。〈傳〉：「飭，正也。」《周禮・天官・大宰》：「百工飭化八材」。《疏》：「飭，勤也。」《康熙字典》：「飭，修治。」「幹父」之「幹」就是飭，就是匡正，就是努力勤快的修治。清朝中興名臣曾國藩說：「辦大事者以多選替手為第一義。」「蠱」卦的大義是積久不變產生的積弊，或是長久以來的未盡之功，如鯀治水；所以要子嗣承續志業，如周武王繼周文王父志滅商紂。故是否可以繼續先祖之事業在古人這是孝行的表現。

「有子考」即「有子孝」也。

考甲骨文籀文小篆老甲骨文籀文小篆

孝籀文 小篆

　　「考」這字在甲骨文與「老」不分，都像一老人披髮手持枴杖狀。後來才分「老」指的是健在，「考」指的是已故。（流沙河《白魚解字》）而「孝」當是指有子可繼承父祖之事業。

　　考、老、孝是同源字；于省吾《澤螺居詩經新證》：「考、孝古通。」《易經新證》：「考、孝金文通用。」又《爾雅·釋親》：「父為考」在金文中「考」的本義是父親。《兮仲鐘》：「其用追孝于皇考己白（伯）。」句謂用此鐘追敬父親己伯。這裡「考」是指已經過世的父親。戰國竹簡「考」讀為「巧」，又讀作「孝」又《謚法》：「考，成也。」《論語·學而》：「父在觀其志，父沒觀其行，三年無改於父之道，可謂孝矣。」《考工記·總目》：「知者創物，巧者述之、守之世謂之工。」古人工匠職業多為世襲制，也有以職業為氏者，如師氏。《尚書·牧誓》：「我友邦塚君、御事、司徒、司馬、司空、亞旅、師氏、千夫長、百夫長。」孔傳：「師氏，大夫官。」《元和姓纂》記載，西周及春秋、戰國時期，擅長樂技的人皆被稱為師。其後裔子孫以先祖的職業技能稱謂為姓氏者，稱「師氏」。

　　「幹」，聞一多以「幹」為「貫」，甚是，「《廣雅·釋詁》：『貫，行也』今天謂行事曰幹事，嫻習於事者曰幹材，字均當作貫。」但仔細來看「幹」要從〈文言傳〉：「貞者事之幹也」來細讀。尚秉和說：「元亨利貞，即春夏秋冬，即東南西北，震元離亨兌利坎貞，往來循環，不忒不窮。」貞是冬，是一年之終，萬物靜藏蟄伏不動，歷經艱苦的寒冬，而且要伏等著春季來時再初萌茁生，這是不容易的，如此才能夠繼續生命的循環再生，所以說「貞」要有「貞下起元」的能力，這才說「貞者事之幹也」。明人李贄《四書評·論語·子罕》：「貞下起元，如環無端」這就《莊子·翼》：「始卒若環」。循環周旋不已。所以「幹」字有承先啟後，承上啟下，就是繼承父祖之事業而發達之的意思。古人以世守先人之事業為「孝」的表現。反之為不孝，稱之為「世衰」。《說文解字》：「善事父母者。从老省，从子。子承老也。」《史記·五帝本紀》：「軒轅之時，神農氏世衰。」《索隱》：「世衰，謂神農氏後代子孫道德衰薄。」《孟子·滕文公下》：「世衰道微，邪說暴行有作，臣弒

其君者有之，子弒其父者有之。」又《史記‧夏本紀》：「於是舜舉鯀子禹，而使續鯀之業。……禹傷先人父鯀功之不成受誅，乃勞身焦思，居外十三年，過家門不敢入。薄衣食，致孝於鬼神。」可知大禹非常能幹。堅苦卓絕，改善父親鯀的積弊，費盡辛苦，終於成功而成「致孝於鬼神」。大禹能「幹父之蠱」就是「子承老也」。《中庸》第十九章：「子曰：『武王周公其達孝矣乎，夫孝者；善繼人之志，善述人之事者也』。」說的就是周武王與周公可以繼承周文王之事業而滅了商紂王而孔子稱之為「孝」。「孝」字上為老（考）、下為子，是上一代與下一代，承先啟後，稱之為孝。

「父」，《說文解字》：「矩也。家長率教者。从又，舉杖。」《白虎通‧三綱六紀》：「父者，矩也，以法度教子也；子者，孳也，孳孳無已也。故《孝經》曰：『父有爭子，則身不陷於不義』。」

巽為繩直，為法度。巽為工，為巧匠。矩者巧匠之工具，沒有規矩無以成方圓。

「幹父之蠱」，是依循父祖過往的習慣古法規矩而行；就是有子能幹可以繼承中興君父之業。例如大禹繼父鯀治水；司馬遷、班固都是繼承父業世為史官。又「考」，孝也，是繼承父業也。

又《左傳》昭公元年：「女惑男謂之蠱」謂父受淫邪之女蠱惑。「幹父之蠱」，謂子能匡正其父淫邪之妾也。

「有子考」，即「有子孝」，有孝子可以繼承父祖之業。

「有子考，無咎」此句當讀為「有子考成，無咎。」謂有子能幹可以繼承父祖之業，遵循父祖之古法能夠撥亂反正，中興祖業而無咎害。

「坤」六三：「或從王事，無成有終。」「訟」六三：「或從王事，無成」「有成」是「無成」的反面。

「無咎」，無有災患。

「厲」，危險也。《玉篇》：「厲，危也。」《廣雅‧釋詁》：「厲，危也」。

「厲，終吉」，謂能繼承父祖之業，遵循父祖之法，雖艱難危險，甚至有災難，但終歸能撥亂反正而吉祥。

初六以陰居柔在「蠱」初，是「蠱」剛剛開始可以飭蠱，但陰柔力

弱，故「厲」，非全力以赴不能飭蠱。「蠱」互「大過」，初六在「大過」之下，治蠱開始就面臨「大過」，故「厲」。

初六「厲」，九二「不可貞」，九三「小有悔，無大咎」，可見飭蠱之艱難。

「幹父之蠱」，是有子克紹箕裘，是以子逼父、剋父，是父死子繼。

「意承考也」，虞翻注：「自下受上稱承」，是承接，承襲，繼承。《詩·小雅·天保》：「如松柏之茂，無不爾或承。」《疏》：「新故相承，常無彫落，猶王子孫世嗣相承，恆無衰也。」

「蠱」卦大義是承襲父祖之業，初六上承九二故曰「承」。《增韻》：「承，下載上也。」《說文解字》：「奉也。受也。」《說文解字注》：「凡言承受、承順、承繼。」又《詩·魯頌·閟宮》：「龍旂承祀，六轡耳耳。」孔穎達《正義》：「其車建交龍之旂，承奉宗廟祭祀。」按承祀者，繼承祭祀之禮。

六五上承上九與此相同。

「意承考」，是說初六上承重陽，能承繼祖上先德。

初爻在「大過」之下，故父死之象。

蠱大畜

此爻變為「大畜」，得天時之利，又為大器晚成。「蠱」是久，故子繼位時已晚。

由「大畜」的無為而治變成「蠱」的整飭、淫亂。

「蠱」上艮山，下巽風，互坎水，可見「蠱」重風水。初爻剋父有關於風水。

此爻有孝子繼承經營並中興發達家業，雖然艱辛，終能成功。

九二：幹母之蠱，不可貞。
象曰：幹母之蠱，得中道也。

「母」，有二義，母親也，道也；《老子》：「我獨異於人，而貴食母。」河上公注：「食，用也。母，道也。我獨貴用道也。」陳鼓應今注：「貴食母：以守道為貴。『母』，喻道。」又《老子》：「有物混

成，先天地生。寂兮寥兮，獨立而不改，周行而不殆，可以為天下母。吾不知其名，字之曰道。」

「蠱」，亂也，積久以來的弊病。

「幹母之蠱」，就是依循母輩過往之道，過往的習慣古法而行事。

「貞」，正也，征也，出行也。

「不可貞」，謂不可行。句謂依循母輩過往的習慣古法不可行，行不通也。又謂子不能干涉其母之閨房之事，如魯莊公之於其母文姜與其舅齊襄公，兄妹通淫。

「貞」，也可解釋為固守堅貞，「蠱」為積久生敗，貞守不變，就會蠱壞，二、五得中，本有「貞」之性。

「不可貞」，不可死守貞固，要權宜變通。巽為權。權者，權宜也，離經不叛道。《論語‧為政》：「從心所欲不踰矩，故曰反經而合於道。」

又「貞」，貞節。「不可貞」，是失節。

此爻是說女子當家，陰道盛不宜直諫，要順勢而為。繼續依母道古法而行事其積弊又不能整飭。

九二上遇九三，陽遇陽則窒，處事受阻。居下卦之中，得中道，卻無整飭積弊需要的矯枉過正之力，故力無法中興，不可出而征也。

蠱 艮

此爻變為「艮」，內外不通，慇直不通。艱難之象。此爻「幹母之蠱」或是以母為主的母系社會習俗。

九三：幹父之蠱，小有悔；無大咎。
象曰：幹父之蠱，終無咎也。

「幹父之蠱」，就是依循父祖過往的習慣古法而行。就是有子能幹可以繼承君父之業，匡正整飭以求撥亂中興。同初六。

九三以陽居陽，且不中，是過於剛強之象，以此「幹父之蠱」，必生悔恨小災，但矯枉需要過正，故終無大災禍。

但是「蠱」亂是要整飭的，大方向，大目標是正確的，故雖有悔而

能治「蠱」，比較起來只「小有悔，無大咎」。既使有小過失，也無大災害。要付出代價，沒有初爻來的順利。

九三與上無應，但當位，前臨重陰，這與「大畜」九三象同，「大畜」九三：「利艱貞」，「利有攸往」是吉象。然本爻云「小有悔，無大咎」為何？因為「蠱」九三居巽體，巽下斷，是本弱之象。故凡巽體上爻多不吉。如「大過」下巽九三：「棟橈凶」。「萃」三五互巽九五〈小象〉曰：「志未光」。「困」三五互巽九五〈小象〉曰：「志未得」。

「悔」，困厄恨惜也。《說文解字》：「悔，悔恨也。从心每聲。」《玉篇》：「改也，恨也。」《詩·大雅·雲漢》：「敬恭明神，宜無悔怒。」《毛傳》：「悔，恨也。」言悔者，如今語困阨恨惜也。〈繫辭下〉：「悔吝者，言乎其小疵也。」可知悔非災僅困厄而已。

「有小悔」，謂有小困厄，小麻煩。九三前臨重陰，利於往，故終無大咎，僅有小厄。

九三自己強但在巽卦上爻，初爻陰是根基不穩之象，整治蠱亂積病，雖繼父祖之業但要要小心，要付出代價。故終無大咎，僅有小厄。

周易探究·上經
418

䷑蠱䷃蒙

此爻變為「蒙」，前途不明。

九三有繼承家業之才，但所用之法太剛，雖可光大家業但有剋父之憂。

「蒙」是一母領三子，此爻剋父得手足之助。

「蠱」初變為「大畜」、二變為「艮」、三變為「蒙」，可見治蠱的不容易。

六四：裕父之蠱，往，見吝。
象曰：裕父之蠱，往未得也。

「裕父之蠱」與「幹父之蠱」義意正好相反。「幹」為遵循、整飭、能幹，則「裕」為寬鬆，違逆。

「裕」，何新先生讀作「牾」，違逆牴觸也。中國字常常一字有正反兩義。又「裕」，容也。《廣雅·釋詁》：「裕，容也。」包容寬鬆不嚴謹，不能「幹父之蠱」。

「裕父之蠱」，謂寬鬆不嚴謹實行又違背父祖的古訓，寬鬆無法嚴謹的遵循祖父遺傳之道，這等於荒廢父祖歷代獲得的經驗，又不能匡正父親遺留的過失，故不能成功。故曰「往，見吝。」〈小象〉曰：「往未得」可見，不遵循古法想要改變日新是不易成功的。大禹繼父之業，捨去鯀的圍堵而用疏導治水，是日新月新之舉。周人復后稷之業，遵父祖古法而屢建其功。一逆一順，可以參看。或謂子包容寬裕其父之佞妾，以致奸邪之事發生。

六四以陰居陰太過柔弱，又居艮止之體，是懦弱懈怠，自己就是「蠱」象，如何再去治蠱。

「吝」，遴也，《說文解字》：「遴，行難也。」《孟子·題辭》：「然於困吝之中」。焦循注：「吝之義為難行」。謂難行不進，或是遭遇到困難而事難成。又如今言「累」。

六四前遇六五陰，得敵，陰遇陰則窒，且與初六也為敵應，故「往吝」。

「往見吝」，是「蠱」為蒙鼓，所見不明，違逆古道而行，故往前而有吝災。

「往吝」，有災故「未得」，沒有好結果。

六四不順而逆是不孝之子，不嚴謹且忤逆古訓而行，必「吝」。

䷱ 蠱 ䷱ 鼎

此爻變為「鼎」取新折足之象。「鼎」新為主器的嫡長子，自行自政，去故而取新。要付出代價。但非改不可還是要改。「鼎」為國家象徵，當心政權易手。「鼎」、「革」相綜為同一卦，「革」去故，「鼎」取新。這說明，六四想要去故取新，所以不遵古法，又寬鬆不嚴謹要付出代價，若要革命，其結果難測。故只說「吝」不說「凶」。

六五：幹父之蠱，用譽。
象曰：幹父用譽，承以德也。

「幹父之蠱」，就是依循父祖過往的習慣古法，並能匡正其父遺留之過失。

「用」，得也；《莊子·齊物論》：「庸也者，用也；用也者，通

也；通也者，得也。」用、通、得並提，「用」即得也。

　　「譽」，是令譽、名譽、稱譽。〈繫辭下〉：「知者觀其彖辭，則思過半矣。二與四同功而異位，其善不同。二多譽，四多懼，近也。柔之為道，不利遠者，其要無咎，其用柔中也。 三與五同功而異位，三多凶，五多功，貴賤之等也。其柔危，其剛勝邪？」六五以陰居中，具幹蠱之才，但也因陰柔具有承順之德，所以不但可以幹蠱，又能使父君自己不失名譽。

　　「用譽」，即因幹父得到稱譽。

　　「承以德」，承襲父祖之德行。與初九同。

　　六五上承上九之陽，故曰「承以德」。

　　六五是幹才，既解決了蠱亂而中興家業，又維護了君父的聲譽。

☷☶ 蠱 ☴ 巽

　　此爻變為「巽」，為遜，為譽，為權變，消彌於無形。用小得吉，「巽以申命」故治蠱有「蠱」術。

　　「巽」為長女，為利市三倍；六五為女子相應九二，得九二陽才之助，可以發達家業，帶來財富聲譽。

　　此爻不會剋父，得賢才佐助。

　　「蠱」是風不動，變為「巽」風而動，是「蠱」象消散，治病可癒，其亂可治。

上九：不事王侯，高尚其事。
象曰：不事王侯，志可則也。

　　「高尚」，尊尚，重視，尊崇。

　　「其事」，事，帛書作「德」。

　　「不事王侯，高尚其事」，謂不從事王侯之事，高尚自己的德行，隱遁不仕。

　　「不事王侯，高尚其事」，是先安內再攘外，倘若家蠱未正而從事于王侯之事則不會有成。即如「訟」卦，己訟未平而「或從王事」必無成甚至被褫奪。

「事」，「蠱」就是整治，就是「事」，如事件，事變，都不是好事。下五爻都言「蠱」惟上爻言「事」，蓋蠱在前五爻都以整飭，上九從去蠱變為治事，謂去蠱已成，天下以治，遠離塵囂身居化外。

艮為終，為成，為果，為譽。上九居上在艮體能知止而止，故「不事王侯」。

「蠱」為積久生變，是過去的事，「蠱」之「事」為「故事」，原因要從以前去找。

國之大事在祭與戎，上九「不事王侯」事不祭拜祖先，不願繼承事業。

艮在上卦之上九，陽爻，本當如「乾」卦上九：「亢龍有悔」，但是居艮止而知適可而止，不至於亢，故多吉。「大畜」卦上九：「何天之衢，道大行也。」「損」卦上九：「弗損益之，大得志也。」「頤」卦上九：「由頤，利涉大川，大有慶也。」「剝」卦上九：「碩果不食，君子得輿。」「艮」卦上九：「敦艮吉，以厚終也。」「賁」卦上九：「白賁，上得志也。」

「尚」為上，上九亢陽不能再高，再高為虛。

上九位居化外，在「蠱」之外故曰「不事王侯」是無以幹蠱而逃離塵世為清高隱者，閉關修行。不能從事王侯之事，不利為官。或謂子不繼父業。

上九窮極之位，上無可上；往下又得敵無應，無可作為。是進退都不當，宜靜不宜動，應退藏於密。上艮覆碗如外衣，下巽風為蠱，為蟄伏；如蠱藏密於繭蛹中待時而變（窮則變）。變化而成，成則卦變為「升」，得道升天。

☶蠱☴升

此爻變為「升」卦，凌虛羽化，修得正果，得道之象。

此爻有無後之象。

「蠱」是生子之象，「幹父之蠱」是得子可繼君父之業，上爻羽化、無為，不管這檔子事。

此爻有才不用，不利為官，不利為臣、為人部屬。居化外修行則吉。

從爻位來看，六五上承上九，以陰承陽，故有譽，就是得吉。

初六承九二，有子考孝，能繼承父祖之業，一開始有困難艱辛而厲，但終究是吉。

九二前遇九三，陽遇陽則窒礙不通，故「幹母之蠱，不可貞」這「貞」解釋為固守也行，不當固守，應該另覓他法。死抱著舊法不知改變，不行。故不可行。「貞」也就作「征」來解釋。

九三前遇六四，陽遇陰則通，三本多凶之位，雖小有悔，但無大咎，遵行古法小有災困，就大方向來說還是對的。

六四前遇六五，因遇陰則窒，又行不通了，六四居宰輔之位，有一定實力，主觀上不想或客觀上不宜遵循古法，而忤逆傳統有心改革，但「蠱」是積久不變。想要銳力革除需要陽剛大材。六四的改變不遵行古法失敗，故「往見吝」「往未得」。若如大禹陽剛之材也要歷經十三年過門不入，壯遊九州天下才得成功！

凡陰承陽，前遇異性而通者，幹蠱都成功，反之則不成。上九至高已經無物可承，無異可遇，居高而寒，曲高和寡，唯有下據二陰而已，陰不能給予幫助，故上九只能依靠自己。

上九居艮，艮止也，不宜動，所以沒有「乾」上九的亢。艮為山，為成，為果，這是身隱居高山修練成正果之象。雖說不利為官「不事王侯」，但一件事由如昆蟲蟄伏於繭蛹之中，時久變化，終得蛻變，羽化升天，登上頂峰，修成正果，此乃大吉之象。

第19籤 ䷒ 臨卦 又名地澤臨

臨 ：元亨，利貞。至于八月，有凶。

彖曰：臨，剛浸而長，說而順，剛中而應，大亨以正。天之道也，至于
　　　八月，有凶，消不久也。

象曰：澤上有地，臨。君子以教思無窮，容保民無疆。

序傳：蠱者事也。有事而後可大，故受之以臨。臨者大也。物大然後
　　　可以觀，故受之以觀。可觀而後有所合，故受之以噬嗑。嗑者合
　　　也。

雜傳：臨、觀之義，或與或求。

臨 𣦼 𣦼 金文 𤔍 小篆 臨 漢隸 臨

監 𥄂 甲骨文 𥄂 𥄂 𥄂 金文 𥄂 小篆 監

臣 𦣝 甲骨文 臣 臣 臣 金文 臣 臣 籀文 臣 小篆 臣 漢隸

　　「臨」是以上視下，是居高臨下。澤為八卦中最卑為低下者，就坤
與兌而言，坤地有臨澤湖之象；水岸與湖泊川澤相濱臨也。所以〈大象〉
云：「澤上有地，臨。」

　　臨、監二字是同源、同義字。甲骨文與金文 𥄂 「監」字作人彎身
頂著一個大眼睛往下看一盛滿水的器皿。像是在看水中的照影。引申為
居上視下的意思。「臣」字象一個人睜大眼睛， 臣 「臣」字當是古寫的
「瞋」字，義為睜大眼睛，盯著大眼關注事務。篆文監字，是一個器皿中
盛著水，器皿上一人睜大眼看視，後來引申為手下幫主子視事，為君臣之
「臣」的意思。「監」就是臣子替君上睜大眼照看國政事物。《說苑·君
道》：「屢省考績，以臨臣下。」

　　甲骨文「臨」字下面三張口， 𣦼 金文、 𤔍 篆文尚可見，林義光

《文源》：「品，眾物也。象人俯視眾物形。」《說文解字》：「臨，監也。从臥品聲。」又「監，臨下也。从臥，衉ㄅㄢˋ省聲。」臨是監，臨由上往下看，引申為自上臨下，監視，監察，監督，如朕親臨，管理群眾，治理管轄之意。《詩・大雅・皇矣》：「皇矣上帝，臨下有赫。」鄭玄《箋》：「臨，視也。大矣！天之視天下，赫然甚明。」《詩・小雅・小明》：「明明上天，照臨下土」也是由上臨下，視事省察之義。

聞一多先生在《詩經通義》中說：「古者以日月比君上，故上之於下曰照臨，而下之於上曰仰望。」正是一「臨」一「觀」。「臨」自上而下照臨，「觀」自下向上仰觀。上順下悅，是悅而順，順勢而為，皆大歡喜不是強壓。坤上兌下，坤地之下有兌澤，坤順澤悅，是內悅外順；是顏色和悅，內心謙順，如此，他人才會順從。才願意被臨。坤為眾人，庶民，是廣大的老百姓也是下屬部眾。兌為悅，為恩澤。

「臨」卦是恩澤下施於民，故民順服而欣悅。二陽在下基礎厚實。「剝」卦〈大象〉：「上以厚下安宅」，可知「剝」是內虛、下虛、民虛。

「臨」是居高臨下順勢而為，情勢大好，故「亨」。陽由初浸長至二，前途大好，下基礎厚實，可以向上繼續生長，故亨通。

兌為見，在坤眾之下，現於廣大眾陰之群眾之中，故「臨」是蒞臨。「明夷」：「君子以蒞眾」。《穀梁傳》僖公三年：「蒞者位也」。《廣韻》：「位，正也。」〈繫辭下〉：「聖人之大寶曰位」。「臨」是臨照萬民，是君臨天下，得位且正。但不是大位，是地方的領袖；二爻五爻相應，二爻為地方仕紳，意見領袖；是五爻天子降臨到地方的替身。「臨」是臨事，臨民，是管理眾人之事要與民眾面臨。是放下身段積極參與，是以民為主的政治，要走如群眾中間。

〈雜卦傳〉云：「臨、觀之義，或與或求。」「臨」、「觀」相綜，一「與」一「求」之間有個「或」字，不是施與就是營求；「觀」是營求，「觀」是一個高大巍峨，大有可觀的建築，是官衙。老百姓進入官衙必是有所相求，俗語說：「不怕官，怕管」，有司管著，祇能要求、懇託、乞助。反之為「臨」，君臨天下，是「與」，給與，帶來利多，主動積極，勤於管理，提高效率。

舉例之，孔子任魯國大司寇攝行宰相主持政務才三個月，就提高行政效率，做到「粥羔豚者弗飾賈；男女行者別於塗；塗（途）不拾遺；四方之客至乎邑者不求有司，皆予之以歸。」（《史記・孔子世家》）「客」是外來之人，是弱勢族群，去官衙（有司）能夠「不求」就是提高了行政效率。如此引起鄰近齊國的緊張，《史記・孔子世家》：「齊人聞而懼，曰：『孔子爲政必霸，霸則吾地近焉，我之爲先並矣。盍致地焉？』」蓋魯國在齊桓公之前的春秋初期，國力甚強。

周克商後行封建制度。商人雖敗亡，但商人的殘餘勢力尚強，因此周封商紂王之子祿父，即武庚，封於殷商之舊有土地以為安撫。武王同時又命其弟管叔、蔡叔、霍叔分封於武庚之附近，以為監視，名為「三監」。所以說「臨」是到現場監察，就近監視，現場管理，所謂「兵臨城下」，有出兵征伐之意。

〈大象〉：「澤上有地，臨，君子以教思無窮，容保民無疆。」「臨」卦有國君之象，坤為國，震為威，故曰「臨」，《穀梁傳》云：「春秋有臨天下之言焉」。范注：「臨，撫有之也。」「教」，教化也；《禮記・中庸》云：「修道之謂教」「無窮」、「無疆」皆為永終之義，積德行善則永終。

「臨」是由「復」卦而來，「復」卦一陽生於下，至「臨」卦陽氣漸長，由初到二，實力已穩，根基已固。有陽氣愈長，將臨陰氣之象。故「臨」有以陽逼陰，以陽臨陰之象，不使小人作亂。「臨」是監管，問刑獄官司不吉，有被囚之象。「至于八月，有凶」是在秋季被處決行刑，故凶。

「臨」是水涯，是兌澤與陸地交接之處，是岸邊是際。是臨界，是水陸交接之處，是事道臨頭，不容迴避。相錯「遯」則走為上策。

坤卦為水，為荒；兌卦為澤，為淵；「臨」是如臨深淵，所以要戒慎恐懼。面臨轉折，自由開放是要付出代價的。可見「臨」卦也是有不穩定的一面。

䷒「臨」錯為䷠「遯」是逃，是迴避。「臨」互為䷗「復」，事到臨頭不容迴避，要硬撐著往前，不然好不容易由「復」升為「臨」，又回復到原點。「臨」卦面臨的趨勢，不是上升為「泰」前途似錦；就是退

425

遯為「復」，打回原形。

「臨」卦辭：「元亨，利貞。」是說「臨」是新局開創，也可以開創新局，但要懂得「利貞」。因為陽長至二未泰。可能全盤盡失而「至于八月，有凶。」「復」卦是「七日來復」，「臨」卦是「八月有凶」。

「臨」卦陽氣浸長至二如乾九二「見龍在田，利見大人」是才能施展大顯身手之時。

九二卦主，居震體，是東方，是春季，是堂堂正正的嫡長子，故曰「元」。前臨眾陰，案《易》例，陽遇陰，陰遇陽則通，故曰「亨」。

「臨」卦「元亨」是全民擁戴。九二、六五相應故「元亨」，是好的開始。

「臨」卦既「元亨」又「利貞」，又言「大」，真是廣大創新完整圓融，真是大時代。上下相應，有受人提拔照顧之象，但不宜動宜靜。「臨」卦是親臨現場，深入基層的走動式管理，但要盯著監視看管，所以不宜遠行。

「利貞」，既是有利的占問，也是要固守不宜挪位亂動。但陽氣雖長卻只得二而尚未安泰，尚未強壯，雖有與陰抗衡之力，但要小心從事，居震體，震為懼，又居兌，兌缺不圓滿，雖有五爻相應，但五爻居坤陰柔順，二爻還是要靠自己，故曰「利貞」。《左傳》宣公十二年：楚國圍鄭，晉國以荀林父為中軍元帥出兵救鄭。大軍到黃河邊得知鄭國已經與楚國談和，荀林父欲班師，擔任副帥的先縠ㄍㄨˊ不同意，率領轄下的軍隊渡河邀戰，大夫荀首見為此種情況說道：「《周易》有之，在 ䷆「師」之 ䷒「臨」」就是「師」卦初爻變為「臨」卦，又說「川壅為澤，……不行謂之「臨」。」意謂「臨」卦下卦為兌澤，川河之水流而行動，澤淵湖泊之水壅塞而不流，故曰「不行」。「臨」卦陽只息長至二爻，尚未安泰，故「不行」；息長至三爻為「泰」卦則可行。䷊「泰」者通也。

「臨」卦雖然初、二陽爻，基礎厚實，但尚未安泰所以不宜躁動，故「不行」，不宜遠遊。卦辭中也無「利涉大川」。故宜靜不宜動，守好自己的地盤就好。臣為君臨看事物實為監工，不得耽誤，故盯住現場而「不行」。

初臨大位，眾人在旁觀看，看你如何處理天下事物，小心應付，要臨事而懼，不可掉以輕心，不要讓人家看笑話，相綜為 ䷓「觀」，為看。不然，前功盡棄，〈象傳〉曰：「消不久也」，其戒也深。「消不久也」，也是說陰被陽消不會囂張太久。

〈象傳〉曰：「剛浸而長」，「浸」是漸漸長大的意思。一陽在下為「復」，如「潛龍勿用」，休養生息不可妄動以免折損的一線生機。陽浸而長，漸漸長大，至二為「臨」卦，是根基已穩，不是一躍而成，更非揠苗助長的虛好看。下卦成兌，不僅愉悅，也是尖銳，再蛻變就成「泰」而通。（〈序傳〉曰：「泰者通也」）

「浸」是漸漸而成，是水磨功夫，是鐵杵磨成繡花針，慢慢來急不得，不可急功近利，操之過急。是泡在裡面，是要浸淫其中，不僅要參與還要浸淫其中才行。是浸淫其中「臨」才能發育健全朝「泰」局衍進，不然恐有「八月之凶」。

〈象傳〉曰：「悅而順」上坤為順下兌為悅，在上位坤順，順勢而為不強干與，在下位者心悅而服。如「泰」卦上坤管理階層僅為輔，不為主。

「剛中而應」，是九二與六五，也是初九與六四，相應配合無間，上下教流溝通無有問題。「臨」卦之時以下二陽為主，全局重心，代表民間力量已大。「臨」卦大象為震，大大的震，活力湧現，最需要的是政府的配合而非干預。

「大亨以正」者，「臨」卦可以「大亨」但是要「正「，不正就會「八月有凶」。

「臨」為大震，躁進難免，政府管的鬆就怕民間自以為是，不知要「浸」長，那就不「正」。「浸」也是水乳交融，政府民間配合的要好。

「天之道」，是說事物的發展是有其歸律的不可以強求，臨的時候不可以強為發展以求亨，不穩紮穩打，就會「至于八月有凶」，這也是天道。

這個「八月」不僅是現在我們所用農曆裡的八月；也是周人所用的曆法裡的八月。當於現在農曆的六月。

我們現在所用的農曆也叫作夏曆。原是夏朝人所用的曆法，夏朝人

以一月為一年之始，所以我們稱「建寅」，以寅月「立春」所在的月份為一年之始也。以順農耕的生長收成。殷商代夏而有天下，所以原來的曆法就不用了，殷商以夏人的十二月為一年之始，稱為「建丑」，以丑月「大寒」所在月份為一年之始。到周人代殷商有天下後就以夏曆的十一月，子月為一年之始，稱為「建子」。因為子月為「冬至一陽生」所在的月份，是陽初生，故以此為一年之始。秦始皇也就以十月為一年之始，稱為「建亥」，以亥月為一年之始。直到漢武帝改曆，才恢復以正月立春為一年之始，恢復夏人的習慣。所以我們又稱陰曆為夏曆。

卦象	復	臨	泰	大壯	夬	乾	姤	遯	否	觀	剝	坤	
夏曆 (農曆)	11	12	01	02	03	04	05	06	07	08	09	10	月
	子	丑	寅	卯	辰	巳	午	未	申	酉	戌	亥	
周	1	2	3	4	5	6	7	8	9	10	11	12	

「臨」所說「至于八月有凶」，這八月就是未月，卦象為「遯」，是陰氣長陽氣遯之時，與「臨」相比較，六爻皆變，陰氣長，陽氣遯，所以凶。「臨」二陽才長於下，是陽氣初盛將旺之時，到八月，則陽氣將消，故凶。警惕人無遠慮，必有近憂。

「至于八月有凶」，是說《易卦》以「至七而復」為天地運行的循環周期。陰陽二氣各盛於七月，至第八個月則消退讓位。天道如此，國運人事亦如此。「元亨之貞」，至八月則轉為凶，是一普遍的原則。

「至于八月有凶」是說「臨」雖好，但不可以燥動作超乎自己能力範圍的事，不然必凶，全局傾覆。「至于八月有凶」是說「臨」上四爻為陰，面臨陽長陰消的狀況，陰不會如陽知道要遯，陰是不服甘雌服的，所以恐有八月之凶，全盤顛覆。

「八月有凶」，八月是仲秋之月，《禮記·月令》說：「（仲秋）是月也，殺氣浸盛，陽氣日衰」是說天子監臨天下之時，善為處理，就會亨通；但到了八月要順應時節否則會有凶險，故利於守靜。又初爻陽息至二下卦成兌，兌為正秋，秋分之時，為八月，為毀折，故凶。六三「甘」緩故不憂戒，不積極所以凶。反之能憂而戒則不凶。

「八月有凶」，是歷經八個月之內是吉的，之後是有凶的。這是又一解。

〈序卦傳〉說「臨者大也」，一陽在下的「復」，是元氣初復，不可謂大。今升長至二，就說大，這一爻之間，相差很大。若非浸長，而一躍為二，卦為「師」卦，一陽立刻陷於陰中，卦象為坎險，〈雜傳〉說「師憂」。蓋初為陰，根基不隱之固。

「臨者大也」，大是陽，是君主，是君臨天下。是說「臨」是大時代，是自由開放，全民參與的大時代，非同小可。

「臨」在 ䷑ 「蠱」之後，是事物的迷亂敗壞，所以要整飭，怎麼整飭？要放下身段，要親臨，要臨事不懼，要如臨深淵，如履薄冰般小心，要謹慎從事。「蠱」說的是治家，「臨」講的是治國。「臨」大象震，「觀」大象艮，震與艮相求應，所以《雜卦》傳說：「臨、觀之義，或與或求」不是正震就是反震，不是極好就是極壞，故曰「八月有凶」。

「臨」是施，是積極的施與，「觀」是求，是亟亟營求，這兩卦相綜，是一體二面，一下子由「元亨之貞」的有利情勢變為「八月有凶」的敗局，全在「與」、「求」之間。

這是一個處理不好，形勢逆轉極具戲劇化的一卦，原本生機蓬勃，一轉眼就生機頓失之卦。又「蠱」為積久不變，因循怠惰，死氣沉沉，亂七八糟。「臨」為開放自由，積極參與，初二為地方百姓代表民間活力。「蠱」要改革，故為飭；要大力勇於任事除舊佈新故動盪，「臨」卦開放，活力十足，所以也動盪。「蠱」要去除既得利益難以成功，所以只有商鞅變法有成。「臨」卦自由開放全民參與，活力十足就怕放縱變成暴民政治，如法國大革命時，所以有可能全盤皆輸故曰「八月有凶」。

「蠱」卦如潘朵拉的盒子，「臨」卦是將潘朵拉的盒子打開了，能不能由泰而安全賴民間、基礎力量厚不厚實。

〈序卦〉：「蠱者，事也，有事而後可大，故受之以臨，臨者大也。」以上觀下，故大，不大不足以「臨」；「臨」在「蠱」之後，「蠱」是事業敗壞，「臨」是積極解決之道。

「臨」、「觀」二卦一政一教，一施一受。「臨」是給，「觀」是拿。「臨」與「觀」是施與求的問題。

〈大象〉曰：「君子以教思無窮，容保民無疆。」強調「容」與「保」。就是要保育撫慰萬民，更要能容。「臨」是自由開放，所以君主、統治階層要能包容。不但要「容」還要「保」，要保護這個自由開放的環境。也要能「教」，基層廣大的百姓在開放自由之時要教導正確的自由，不然濫用自由就成暴民，自由的社會將被傾覆。所以雖然「大亨」，但要「以正」才行。

「教思無窮」，是再教育，是教化。「教思無窮容保民無疆」，是說「臨」的開放自由，創意無限不受約束，是不可限量的，愈開放愈自由愈能安全。

陽初息至二，「見龍在田」，才能得以施展。前臨眾陰，蠻荒昏亂，事亂如麻，自己經驗不足，如初生之虎，所以要謹慎。震是初萌，是嫡長子，身份尊貴，又手操大權，受上專任，免不了桃花纏身，初至四互為「歸妹」，當要小心。一不小心就會權柄被奪，一切回要原點，從新來過，全盤盡失。互卦為「復」，也是覆。康熙的四十年太子胤礽就是前車之「鑑」。陽長陰消，大勢看好，好運臨頭，不可錯失良機。

陽二爻居四陰爻之下，《易經》以陽為尊，以陰為卑，如是則為陽尊屈就陰柔之下象，外順內悅，此人忠心。為得力之人。此卦內悅外順，陽長陰消，守正道必亨通。上坤順雖為統治階層卻能順下民之悅而為，不唯主而為輔，不干與而能從旁扶助，所以，下卦之民能和悅。所以臨卦雖是視下而能與民同樂。

「臨」二陽在下，是根基厚實，是得基層的厚賴。四陰在上，坤虛納懷，對下要授權。

「臨」錯為「遯」，臨事而懼，故遯，遯故凶。「臨」卦是事到臨頭，是不容遯走的。

「臨」是農曆十二月卦，是臨界於春，臨界於「泰」，「泰」是元月，三陽開泰，春臨大地。「復」之一陽於初尚小，「臨」之二陽則大，至三「泰」，至四為「大壯」，至五「夬」。陰至初為「姤」是「女壯」，陰至二陽非「遯」不可，陰至三為「否」。

講到男女婚姻關係的卦很多，「臨」卦初四互為「歸妹」，嫁娶之象。若已嫁娶，當心外遇。

「睽」卦互為 「既濟」，兩女不宜同居，兩女相處有如夫婦，不宜。

「節」卦互為「歸妹」，卻是守節，主女子失其夫。「臨」卦初九「咸臨貞吉」，〈小象〉曰：「咸臨貞吉，志行正也。」「咸」是指男女相合，是利於婚姻。「觀」卦中互為 「漸」卦，求親要按部就班慢慢來。「臨」互為 「歸妹」，君臨天下，大才得用，桃花一定不少。所以卦辭「元亨」後又說「利貞」，要知適可而止，不然全局反轉而有「凶」。

「臨」全民政治， 「同人」是政黨政治， 「師」是軍事統治， 「比」是獨裁， 「大有」是開明之君如「貞觀之治」。

「臨」卦帛書作「林」，《歸藏》作《林禍》，聞一多在《周易義證類纂》中說：「案臨讀為澸，澸、霖古當同字。《莊子·大宗師》：『霖雨十日』」《左傳》定公八年：「林南御桓子」。《公羊傳》作「臨南」臨、林在古籍中常互通用。

《經典釋文》曰：「霖又作澸。澸，讀為臨。」澸與霖同，澸、霖古當同字。《字說》：「淋古文作澸」。「霖」又作「淋」。霖，久雨也。《廣韻·林》：「霖：久雨」。張舜徽《鄭學叢注·鄭雅》：「淫，霖也。雨三日以上為霖。」《說文解字》：「霖，雨三日已往。」《左傳》隱公九年：「春王正月，大雨霖以震，書始也。凡雨自三日以往為霖。」《孔子家語·辯政》：「頃之，大霖雨，水溢泛諸國，傷害民人，唯齊有備不敗。」《後漢書》：「永壽元年，霖雨大水，三輔以東莫不湮沒。」《焦氏易林·謙之恆》：「久陰霖雨，塗行泥潦。」《爾雅·釋天》：「小雨謂之霡霂，久雨謂之淫，淫謂之霖。」《說文解字》：「淋，水流不決貌。」《玉篇》：「霖，雨不止也。」

上卦坤為大川，為水。下卦兌為秋，為澤。古中原之氣候以春、秋二季雨最多，故有久雨不止之象。聞一多：「我國雨量，率以夏秋間為最厚。」《孟子·離妻》：「七八月之間雨集，溝澮皆盈。」《莊子·秋水》：「秋水時至，百川灌河。」《戰國策·齊策三》：「王曰至歲八月，降雨下，淄水至。」「降雨」當急雨，亦即「霖雨」。「淄水」，淄

河水氾濫成災也。此皆與「至於八月，有凶」相同義。

相綜的「觀」卦為八月，為秋，秋季大雨不止，有凶災，故曰「至于八月，有凶。」《管子·度地篇》曰：「當秋三月，山川百泉，踊降雨下，山水出。」此「踊降雨下，山水出」就是隆雨、大雨。

「小過」▤▤ 之前為「臨」▤▤，「臨」二陽在下根基厚實，但前臨重陰，為荒為亂，還是要小心從事，要以臨事而懼之心來面對挑戰，不可以吊以輕心。若妄行躁進則卦成 ▤▤「升」，「升」是登上九霄，凌虛騰空，一時飛升在天，但如氣球，隨風而飄，前途不能自主，根基下陰，又缺斷，如斷線的風箏。若按步就班，就成泰局，一切都安。所以只能「小過」求小得過。

此卦是積極參與，親自蒞臨。是走透透，是深入民間，勤跑基層，根基深入，全民參與。是君臨天下，是監察管理，經營管理。是面臨，事到臨頭。得此卦屬吉。大運亨通，事事如意。忌驕。當心婚外情。

初九：咸臨，貞吉。
象曰：咸臨貞吉，志行正也。

「咸」，感也，是無心之感，不用心想就積極行動呼應，是完全配合，就是感化。《集解》引虞翻曰：「咸，感也。」「《易》之「咸」，見夫婦。夫婦之道，不可不正也，君臣、父子之本也。咸，感也，以高下下，以男下女，柔上而剛下。」

「咸」，是老少咸宜，人人皆宜。

「臨」，是監臨管理。《詩·大雅·文王之什》：「皇矣上帝，臨下有赫。監觀四方，求民之莫。」《箋》云：「臨，視也。大矣！天之視天下，赫然甚明。以殷紂之暴亂，乃監察天下之眾國，求民之定，謂所歸就也。」《左傳》昭公六年：「臨之以敬」。

「咸臨」，是用感化的方式使之積極完全配合。意謂志行正則可以感化人，是用感化來監臨管理。又天地人相感應，政通人和，風調雨順之象。

初爻是基層的老百姓。「咸臨」是真心全意的參與。是感化。初、二兩爻皆有應，故皆曰「咸臨」。

「貞」，是卜筮。

「貞吉」，是卜是得吉兆。

「志」，是心中所願。

「行」，是行動，作為。

「志行正也」，是心願與行為作法合一，是內外一致，表裡如一，故要「恆其德」才能「志行正」。

「屯」初九亦曰「志行正也」，「屯」是在蠻荒的處女地中艱難創業，故初九以建立基礎為主。「臨」是以上臨下重在參與，所以初九積極作為。

「臨」是君臨天下，是管理，「咸臨」是臨人於上，待人處事要能與人心交通，所謂澆樹澆根，待人待心。待人不以威制下，而以德感其心，使之受治。攻心為上。

「貞」，正也；「貞吉」，是待人要以誠正為基礎，才能得吉。「貞」也是征，能「咸臨」故利於出征、出行能吉祥。

初九以陽居陽得位，故「貞」；相應有同志，行為正貞，故「吉」。

與人交往，若一味投人所好，蓄意巴結，背離正道，不能真正與人心志通感，結果就不吉祥了。《韓非子・二柄》有一個故事：「齊桓公妒外而好內，故豎刁自宮以治內；桓公好味，易牙蒸其首子而進之。」最後「桓公蟲流出戶而不葬。此其故何也？人君以情借臣之患也。人臣之情非必能愛其君也，為重利之故也。」初九得位行為正當，又與六四相應，是以正道獲得上位者交往，而可以發揮施行其志，故曰「志行正也」。

又何新以為「咸」，讀作鮮也；「咸臨」，即鮮臨、新臨、新霖，即新春初雨。《尸子・仁意》：「甘雨時降，萬物以嘉，此嘉雨也。高者不少，下者不多，此之謂醴泉。」此謂雨澤潤下適當充足之意。俗諺：「春雨貴如油」，利於春耕。「貞吉」是卜筮預兆吉祥。也是利於出行耕作的意思。

咸籀文 小篆 戉 小篆

「咸」字，也解釋為盡，全部。《說文解字》：「咸，皆也。悉也。從口從戌。戌，悉也。」甲骨文、金文咸字從口，從戌。戌象斧鉞，本

是以斧鉞殺戮之義。《尚書‧君奭》：「咸劉厥敵」，《逸周書‧世俘解》：「則咸劉商王紂」。或作減字，《管子‧宙合》：「減，盡也」。

「咸臨」，是以武力監臨。此另一解，參考之。

〓臨〓師

此爻變為「師」卦，是多事之秋，是動武。「臨」之初是全民開放的初期若行之不正，根基不穩，看上不看下，麻煩必多，甚至相殘動武，變成暴民政治，武裝鎮壓。如法國大革命後，如俄國革命之後。「師」卦是勞師動眾，搶著春耕，反之無有春雨則預兆歉收盜匪群起，兵災興。

又「師」通「濕」，僅濕於地未成潦災。

九二：咸臨，吉無不利。

象曰：咸臨吉無不利，未順命也。

九二與初九皆曰「咸臨」但是意思不一樣。初九是「潛龍勿用」都積極參與，九二是「見龍在田」，所以也當仁不讓，故亦曰「咸臨」。九二實力勝於初九故得新春出雨，是錦上添花故「吉無不利」。

又九二的「咸」當讀為「鹹」，《爾雅‧釋言》：「鹹，苦也。」味太鹹則苦，九二太過積極用事，故「苦臨」。「苦臨」與六三的「甘臨」是相對的。一如「節」卦的「苦節」與「甘節」；《莊子‧天道》：「徐則甘而不固，疾則苦而不入。」

「苦」，謂疾切過分；「甘」，謂鬆緩不疾。「苦臨」，謂嚴苛督治。也可以解釋為「威」，《左傳》文公七年引〈夏書〉曰：「戒之用休。董之用威」。以威嚴監臨，則萬民福順，故吉無不利。

九二剛爻但處柔位，又為四陰所乘，群陰未順陽，故當以嚴律峻法，以威嚴督治。〈小象〉說的「未順命」就是上四爻群陰不順命。

九二不言「貞」因為居中不會超過限度，「中」就是「貞」。

「吉無不利」，是九二根基更穩又是該展現之時，比初九條件更好，也沒有貞不貞的問題，所以「吉」，沒有不利的，沒有什麼不好的。

九二可以大顯身手。前臨坤陰，坤是廣土眾民，是荒，是虛，是北大荒一般，是大西部，居震體為耕，開墾荒地大有斬獲。是充滿機會的冒險家樂園。

「升」卦九三與「臨」九二相仿，所以爻辭說「升虛邑」是登高望遠，如入無人之境一般。

《易》理陽遇陰則通，九二前臨眾陰，故曰「無不利」。

「臨」是自由開放，二陽在下為主，是基層實力雄厚，大象為震，震為動，「臨」是大動，情勢變動的很快，不必等中央的命令，該做就做，二居中沒又貞不貞的問題，放心不會功高震主。

上經·19·臨

☷☳ 臨 ☷☳ 復

此爻變為「復」卦。這是說九二是「臨」卦之主，九二面臨群陰，群陰不甘雌服，恐有八月之凶而全盤傾覆，又回到原點。

九二實力已豐厚，若不好好督治，必有亂事，故「咸臨」。九二如「見龍在田」，田獵如作戰，故有嚴苛之象。

初九的「咸臨」是與民同樂。九二「咸臨」是積極嚴苛的管理。

「臨」也是「霖」，是雨下。

「咸臨」是風調與順。二爻是「田」，春雨貴如油，是甘霖，耕田的好時機。

「吉無不利」就是恰到好處。

「未順命」是天命如此，不可違。

六三：甘臨，無攸利，既憂之，無咎。

象曰：甘臨，位不當也，既憂之，咎不長也。

「甘」，美也，舒緩也；《說文解字》：「甘，美也。」《淮南子·道應訓》：「大疾則苦而不入，大徐則甘而不固。」《註》：「甘，緩意也。」

「甘」，謂鬆緩不疾。是給好處送利多，甜言蜜語，不是正經之言，說的天花亂墜。

「甘臨」之緩和與九二之「咸臨」嚴苛，一甘一苦相對。六三以陰居陽失位是不稱職之象。「臨」卦開放以民為主，積極參與管理，六三為地方長官，以甜言蜜語迎合眾民，給利多，取媚百姓。

「甘」，也是「厭」，厭者，足也。好東西吃多了也會令人生厭。

《詩‧衞風‧伯兮》：「願言思伯，甘心首疾。」〈傳〉：「甘，厭也。」《疏》：「謂思之不已，乃厭足於心，用是生首疾也。凡人飲食口，甘遂至于厭足，故云：甘，厭也。」

「甘」，高亨先生讀為「拑」，箝制，強制也。《說文解字》：「拑，脅持，从手，甘聲。」「箝，籢也。从竹拑聲。」「鉗，以 有所劫束也。从金甘聲。」都有強制之義。

「憂」者，寬和也。《說文解字》：「憂，和之行也。从攵慐聲。《詩》曰：『布政憂憂』」「憂憂」即「優優」，《爾雅‧釋言》：「優優，和也。」和，謂寬和。

「甘臨，無攸利，既憂之，無咎」，句謂以強制酷刑監臨其民，民困厄則無所利；若施之以寬和之政，則可無咎。亦通。

「臨」為霖雨。古稱甘雨，甘露，皆連雨霑足的意思，「甘臨」就是梅雨連連下的叫人生厭。又《論衡‧是應》：「雨而陰霽而陰曀者，謂之甘雨。」《呂氏春秋‧季春》（三月）曰：「是月也，生氣方盛，陽氣發洩，生者畢出，萌者盡達……命司空曰：『時雨將降，下水上騰，循行國邑，周視原野，修利堤防，導達溝瀆，開通道路，無有障塞；田獵罼弋，置罘羅網，餧獸之藥，無出九門』……行之是令，而甘雨至三旬。」又《呂氏春秋‧孟夏》（四月）亦曰：「行之是令，而甘雨至三旬。」可見三、四月是雨季「甘雨至三旬。」降雨達三旬之久，可謂足矣，再多就要成災了。故甘霖謂連連陰雨，即春雨。春夏之交，雲陰靉霖，一雨一止，歷久不晴，滋潤萬物，莫此為大，故《詩‧小雅‧甫田》曰：「以祈甘雨，以介我稷黍，以穀我士女。」但是雨量過足，於農作不利也會釀災，故「無攸利」。

「憂」者，耰也。《莊子‧則陽篇》：「深其耕而熟耰之，其禾繁以滋，予終年厭飧。」郭注曰：「耰，鋤也。」《管子‧小匡篇》：「深耕均種疾霖，先雨芸耨，以待時雨。」《國語‧齊語》：「及耕，深改良而疾耰之，以待時雨」亦同。久雨連連本足以妨礙農作生長，但既已鋤田在前，預先準備則不足為害，故曰：「既憂之無咎」。廣義來說就是事先已「修利堤防，導達溝瀆」則「無咎」。

「既憂之，無咎」是田地已經耕鋤過，所以甘霖下降，無有災咎。

「既憂之，無咎」者，強調事先作好準備，所以無咎。有備無患。

此爻重點在一個「甘」字。《焦氏易林・家人之賁》：「畫龍頭頸，文章不成。甘言美語，詭辭無名。」可知「甘」甜言蜜語。

六三由陽入陰，由光明入黑暗，開始走火入魔，失去立場。兌為闇。

三居兌體，兌為悅，使民愉悅。兌為巴結，逢迎拍馬。

「攸」，甲骨文作 〔圖〕，小篆作 〔圖〕从人，从父，像以手持杖打人形，乃「打」之本字。這裡作「得」解。或作「所」解。

「無攸利」者，無所利，無利可得。

「無攸利」六三迎合選民，取媚百姓，對「臨」來說無有利只有害。

「憂」是憂心，擔心，是無遠慮有近憂。

居震體，震為懼為憂。

「既憂之，無咎」是懂的遠慮之憂，就可以無咎，是作好事先準備就可以無咎。

「不長」就是不久。

「咎不長」可見有「咎」，憂之先慮就可以消而無咎。六三乘剛所以有咎。

䷒臨䷊泰

此爻變為「泰」，可見只要六三懂得調整，咎不但不長，還可以安泰。

「臨」也是凌，以陽凌陰。六三甘願被凌。兌為妾，甘被凌辱。

「臨」是以陽逼陰，甘臨是心甘情願不是相逼，居兌體，不但不是相逼，六三還有刻意倒貼之意。

互為「歸妹」，初九、九二皆曰「咸」，「咸」是情投意合，兩情相悅。六三是「甘」則是投懷送抱。

「臨」也是領導管理，「咸臨」是上下一心，溝通無礙，與民同樂，與民同心。

「甘臨」是要人家心甘情願的被領導，先贏得信任，再施以罰則也心甘情願。變「泰」就是心甘情願，上下和樂。

六四：至臨，無咎。

象曰：至臨無咎，位當也。

「至」，往下也，往下應初也。《說文解字》：「至，從高下至地」。

「至」，是無微不至，完全配合，是為民服務，小心週到。

「至臨」，是跑到跟前面對面，是面臨。

「至臨」，是居高臨下。

六四應初為基層民眾服務，大小之事服務到家，如因坤配合乾一般，無微不至。〈說卦傳〉：「致役乎坤」。

六三甜言美語，六四更甚一層，跑斷腿。要配合無間的服務基層，才能無微不至。

「至臨」是「臨場」是走動式管理，放下身段，深入民間，走透透，與老百姓打成一遍。

「至」，高亨先生讀為「質」，《詩・小雅・天保》：「民之質矣」。〈傳〉：「質，成也。」《小爾雅・廣言》：「質，信也。」《左傳》襄公九年：「要盟無質」。服注：「質，誠也。」《大戴禮・衛將軍文子篇》：「子貢以其質告」。盧注：「質由實也」是質有誠信之義。

「至臨」，即誠臨，以誠信臨民。可以無咎。

「至」，是大。

「至臨」，是大雨。聞一多說：「『至臨』、『知臨』亦猶『敦臨』，敦訓怒。……然則『至臨』亦猶暴雨矣。」

「臨」為不行。六四當位，大雨落下不可以出門，貞靜自守勿亂動，故無咎。所以變「歸妹」：「征凶，無攸利。」

「無咎」，六四以陰居陰，當位有應故無咎。六四以陰居陰故曰位當也，此時此位以陰順陽最適合，故曰「位當也」。

「坤」六四：「括囊」六四服務基層，無怨無悔。

䷒臨䷵歸妹

此爻變「歸妹」：「征凶無攸利」所以六四要順應民情，要順才無

咎，不順而征必凶。用柔，不可用剛。

六五：知臨，大君之宜，吉。
象曰：大君之宜，行中之謂也。

「知」，智也，智慧也。《禮記・中庸》：「惟天下至聖為能聰明睿知，足以有臨也。」

「大君之宜，吉」，是說六五居尊為君，君臨天下要用智慧才是偉大的君主最適宜的方式這一定有好政績的。

大君是能盡人之智的，如「坤」六五「黃裳元吉」，如「大有」六五「厥孚交如，威如，吉。」《韓非子》第四十八卷：「下君盡己之能，中君盡人之力，上君盡人之智。」

「知臨」，是以智慧君臨管理天下，因為「秀才不出門能知天下事」，不必走透透。

「知臨」，是知人善任，不會剛愎自用，集眾人之智以為智。

六五雖非英武神君，卻是明智懷柔之君。

「知」，也是大而疾。

「知臨」，是疾雨，是知道疾雨將至，知道雨順風調，能調節不過。五爻居中，雖大但不過分，〈小象〉：「行中之謂也」，就是適量。就是「及時雨」。《水滸傳》宋江在江湖上人稱「及時雨」就是甘霖來的恰好。五爻居中不會大雨暴至而成災，但是來得及時而恰到好處，畢竟天子之雨露要均霑，不可偏頗不均。

六五是君王，是天子，「知臨」是預知霖雨何時降下及雨量多寡，這是君王的職責，故曰「大君之宜」，吉也。

「坤」六五「黃裳元吉」，「乾」九五「飛龍在天」卻不言「吉」。

要能盡人之智，發揮長才，才是「大君」。

「行中之謂也」，行中道才是大君。

 臨 節

此爻變為「節」，「臨」卦以民為本，開放自由，君王於此之時剛愎自用必陷自己於困境，故要知節。

又資源在下，九五在上與下敵應，無有民間資源的注益必困於無援，故要知節。

上六：敦臨，吉無咎。
象曰：敦臨之極，志在內也。

「敦」是敦化、敦厚，後重沉穩。也是「墩」土堆，積少以高厚。《五經文字》：「敦，厚也。」敦即惇，《說文解字》：「惇，厚也。」上六是退休老人的位置，是經驗豐富的長者，亦是敦厚仁者。

「敦臨」，是以敦厚臨民。故吉無咎。

上六居化外之地，以客觀敦厚人仁之心繫國政，所以說「志在內」。

「極」，是卦之極，就是上爻。

「臨」卦各爻皆言「臨」，就是說全民參與。

「敦」，是敦厚，厚重故有「止」之義。

「敦臨」，止而後臨，稍待即可與三爻感應。

「敦臨」，是不可急於臨。

「吉無咎」，是將來吉，現在有咎。《易經》貴將來，若是現在吉，將來有咎，又何需言「吉」之後又言「無咎」。

「敦」是厚，是高，是大。聞一多說「敦訓怒」，怒，暴也。字又作「𪇮」。《玉篇》：「𪇮，大雨也。」

「敦臨」，敦是慢慢積厚，就是積雨雲下的暴雨。暴雨雖大來得疾去得快，雨過而後天晴，故「吉無咎」。

變為「損」，暴雨變損，不預先準備知道降雨則損失慘重。可見六五「知臨」，預測雨量的重要性。

☷☱臨 ☶☱臨

此爻變為「損」，不敦必損，往內若是要強六五之位，就會損。

「損」是說要損己利人，利人才利己。

「復」卦六五為「敦復」，「敦」為積少以高厚，所以初爻不會有「敦」。

第20籤 ䷓ 觀卦 又名風地觀

觀	：盥而不薦，有孚顒若。
彖曰	：大觀在上，順而巽，中正以觀天下。觀，盥而不薦，有孚顒若， 下而化也。觀天之神道，而四時不忒。聖人以神道設教，而天下 服矣。
象曰	：風行地上，觀。先王以省方觀民設教。
序傳	：蠱者事也。有事而後可大，故受之以臨。臨者大也。物大然後 可以觀，故受之以觀。可觀而後有所合，故受之以噬嗑。嗑者合 也。物不可以苟合而已，故受之以賁。賁者飾也。
雜傳	：臨、觀之義，或與或求。

觀 小篆 𪅂見 隸書 觀 王羲之

　　「觀」字本義是門外兩邊高大的門闕。《廣韻》說：「闕在門兩旁，中央闕（缺）然為道也。」《說文解字》說：「闕，門觀也。」徐鍇《說文解字繫辭》：「蓋為二臺於門外，人君作樓觀於上，上員下方。以其闕然為道，謂之闕；以其上可以遠觀，謂之觀。」就是官衙外進出的巍峨大門。故曰〈彖傳〉曰：「大觀在上」，引申為仔細觀看、觀察〈繫辭下〉：「仰則觀象於天，俯則觀法於地。」

　　「觀」又稱之為「象魏」，字面上的意思就是高大，「魏」當是「巍」；《周禮·地官·司徒》：「乃縣教象之法于象魏，使萬民觀教象，挾日而斂之。」《三國志·文帝紀》：「象魏者，兩觀闕是也。」《韻會》：「為二臺于門外，作樓觀於上，上員下方，以其縣法謂之象魏。象，治象也。魏者，言其狀魏魏然高大也，使民觀之，因為之觀，兩觀雙植，中不為門。又宮門、寢門、冢門皆曰闕。」《爾雅註疏》說：「《周禮·大宰》：『正月之吉，縣治象之法於象魏，使萬民觀治象』鄭眾云：『象魏，闕也』。」又「然則其上縣法象、其狀魏魏然高大謂之象魏，使人觀之謂之觀也。「觀」與「象魏」、「闕」一物而三名也，是古代君王頒布法令的地方，高高懸掛，使萬民觀之，故名「觀」。《漢書·五行志上》：「闕，法令所從初也。」

「觀」卦大象為艮，是一個大艮，艮為門戶，大艮故為大門戶，故為門闕，為觀闕。所以「觀」是高大的建築物，大而可觀。《紅樓夢》中有「大觀園」，取名於此卦。

金文觀　 古文瞿

金文「觀」字是一隻鳥的一對大眼，還有一個跟它很相近的字「瞿」，古文也作一鳥頭上頂著一雙大眼，是「懼」的先字。《說文解字》：「瞿，鷹隼之視也。」被天上盤旋的鳥那對鷹眼盯上的確會心生恐懼。所以「觀」的本義是如鳥類敏銳的眼光審視著而心生恐懼。

見金文　 篆文　 艮篆文

「艮」與「見」是同源字，在金文中都是作一個「目」頂在一個「人」上，差別在「見」是往前看，「艮」是往後看就是回顧。在小篆還看得出，隸變成艮是將上「目」省了一筆寫成「日」，而下半部也變了。「觀」是一個大艮，就是一個大眼。眼大故引申為審視，為大而可觀。

「觀」是敬天法祖，二陽居天，艮為祖宗，上巽為服順，下坤為萬民，故「觀」為萬民仰觀膜拜。上巽卦為風，下坤卦為萬民，《論語‧顏淵》：「君子之德風，小人之德草，草上之風，必偃。」〈象傳〉：「聖人以神道設教，而天下服矣。」就是此義。故「觀」為宗廟，為祭祀，為宗教。

「觀」是立神設教以教化人民，艮為祖宗，巽為風，為風化，為教，為深入，坤為廣土眾民。「觀」為宗教，「臨」為政治，一政一教。古人政教合一，兩者皆為統領廣土眾民之法。巽為教，坤為廣土眾民，艮為求。九五為主祭者，下坤為觀禮的眾民。

「觀」為教，「臨」為政，政教合一如漢武獨尊儒術，歐洲的梵諦岡，西藏活佛等。「觀」為觀心，觀察，為反省，客觀。巽為深入探求，坤為廣土眾民，是觀心聆聽中民之心聲，就是「觀世音」。艮為反，「觀」大艮，是深入反省自我，所以是「觀自在」。「觀世音」是要拯救眾生，所謂聞聲救苦，而慈濟，紅十字會更尋聲救苦。「觀」為終極觀懷，艮為終為成，艮覆碗為禦，為祭，為保。

「觀」為大艮，巍峨大山，是觀念，為思想，二陽在天，是終極的

思想，是登峰造極的宗教觀。「臨」深入民間是入世，「觀」高高在上是出世。寺廟中的大佛、高僧。兩卦相綜一體兩面，政教合一，兩卦力量皆大，但「觀」更甚「臨」。「臨」為政治，良法美政，如文景、貞觀，政權朝代如漢、唐皆以成灰，過往雲煙。惟孔孟儒家、道教、佛教等宗教淵遠流長，至今深深影響人心。

　　「臨」為行政庶務，「觀」為思想觀念心靈內省。二者兩卦相綜故《詩・大雅・皇矣》云：「監觀四方」。

　　金文「盥」字作 ，上半部左右兩手中有一「水」字，會有持器皿灌注水留下之意，下半部也有雙手，會洗滌雙手之意，最底下是一接水的器皿。「盥」字本意是洗手，注水洗手，下有盤承接污水。許慎老夫子用的是小篆 省去了下半部的雙手。《說文解字》云：「盥，澡手也。」《說文解字注》：「盥，澡手也。澡、洒手也。禮經多言盥。內則。每日進盥。五日請浴。三日具沐。其閒面垢請靧。足垢請洗。是則古人每旦必洒手。……凡洒手曰澡、曰盥。洒面曰靧。濯髮曰沐。洒身曰浴。洒足曰洗。從臼水臨皿也。」《周禮・春官・鬱人》：「凡祼事，沃盥。」孫詒讓《正義》：「沃盥者，謂行禮時必澡手，使人奉匜盛水以澆沃之，而下以槃承其棄水也。」是說，古人用匜（或盉）由上至下注水，以便洗手，下有盤承接洗過手的汙水。

　　「觀」是宗廟，宗廟高大。也是祭祀時的禮儀，稱為「灌禮」，就是祭祀前的齋戒沐浴，《經典釋文》馬云：「盥，進爵灌地以降神也。」觀、灌、盥同音相通。古人對這個儀式非常重視，晉公子重耳流亡至秦國，秦國隆重接待，《左傳》僖公二十三年：「秦伯納女五人，懷嬴與焉，奉匜沃盥。既而揮之。怒曰：『秦、晉匹也，何以卑我！』公子懼，降服而囚。」說的是秦穆公將懷嬴嫁與重耳，新婚之夜，懷嬴侍奉重耳洗手，本來是該等懷嬴送上手巾擦拭，重耳不經意的以濕手揮之使乾，這是非禮的行為，懷嬴因而怒斥說秦、晉是相匹配的大國，何以如此非禮小看秦國！可見「灌禮」的重要，重要在要有敬肅的態度。重耳也只得乖乖的脫去上服，自囚以謝罪。平日兩國雖然結為秦晉之好尚且如此重視，則祭祀行禮時必更加慎重。《論語・八佾》：「禘自既灌而往者，吾不欲觀之

矣。」朱熹：「灌者，方祭之始，用鬱鬯之酒灌地，以降神也。魯之君臣，當此之時，誠意未散，猶有可觀，自此以後，則浸以懈怠而無足觀矣。蓋魯祭非禮，孔子本不欲觀，至此而失禮之中又失禮焉，故發此歎也。」馬融曰：「盥者，進爵灌地，以降神也。此是祭祀盛時，及神降薦牲，其禮簡略，不足觀也。國之大事，唯祀與戎。王道可觀，在於祭祀。祭祀之盛，莫過初盥降神。故孔子曰：禘自既灌而往者，吾不欲觀之矣。此言及薦簡略，則不足觀也。」王弼：「王道之可觀者，莫盛乎宗廟。宗廟之可觀者，莫盛於盥也。至薦，簡略不足復觀，故觀盥而不觀薦也。孔子曰：禘自既灌而往者，吾不欲觀之矣。盡夫觀盛，則下觀而化矣。故觀至盥則有孚顒若也。」可見「灌禮」是祭祀前的儀式，齋戒沐浴，洗淨雙手，以白茅縮酒，酒灌於白茅之上，酒香達地請神，灌禮之後再獻上犧牲。《禮記·郊特牲》說：「周人尚臭，灌用鬯臭，鬱合鬯，臭陰達於淵泉。灌以圭璋，用玉氣也。既灌，然後迎牲，致陰氣也。」馬融云：「王道可觀，在於祭祀。祭祀之盛，莫過初盥降神，故孔子云：『禘自既灌而往者，吾不欲觀之矣』。」也是說灌禮的重要，因為祭祀要有敬肅的心。後來祭神以酒注地是其遺俗，《集韻》：「進爵灌地以祭神也」。

聞一多說「觀」即灌尸之祭。「以鬯酒灌，除垢災。」古時的大祭祀以社禮為大，祭社之禮有二，一曰禘，一曰祫。「禘」，是獻嘗也，慶豐收之禮。《墨子閒詁·明鬼下》：「祭統說周錫魯重祭，云『外祭則郊祀是也，內祭則大嘗禘是也』。」祫，即灌禮。何新說：「灌禮有二步：一曰盥，二曰荐。盥者，裸而浴。荐者，與尸女（神女）「合和」也。」這是對的。黎鳳翔說：「觀卦為尸女，為廟合。有女性之秘密。故竊觀之而觀我之生殖與人生殖之狀。」

「薦」是供品，是祭品。《爾雅·釋詁》：「薦，進也。」古祭禮先灌後薦，《禮記·郊特牲》：「既灌然後迎牲。迎牲而後獻薦。」其實是荐席之荐，就是獻身於神，古代替神受享獻品的是「尸」，所以祭祀前要齋戒沐浴就是要洗淨身體，《周禮·春官》：「女巫掌歲時祓除釁浴。」女巫即尸女、神女。鄭注：「歲時祓除，如今三月上巳如水上之類。」「以香薰草沐浴」。《殷周文字釋叢》以金文中的「盥」字分析說：像「兩手奉盛水之器，從頭上傾注，淋水洗浴形。」沐浴之後還要薰香。《周禮·春官·大宗伯》：「以肆、獻、裸享先王。」鄭玄注：「裸

之言灌，灌以鬱鬯，謂始獻尸求神時也。」張舜徽《鄭雅》：「祼之言灌也。灌以郁鬯，謂始獻尸求神時也。祭先灌，乃後荐腥荐熟。」又宋玉〈高唐賦〉：「昔者先王嘗游高唐，怠而晝寢，夢見一婦人，曰：『妾，巫山之女也，為高唐之客，聞君游高唐，原薦枕席』王因幸之。去而辭曰：『妾在巫山之陽，高丘之陰，旦為朝雲，暮為行雨，朝朝暮暮，陽臺之下』。」又宋代李昉等人編著的《太平廣記・張雲容》：「今夕佳賓相會，須有匹偶，請擲骰子，遇采強者，得薦枕席。」皆遺俗。

「盥而不薦」，盥但不薦，謂祭祀之禮並未完全。行灌禮而不獻身，不誠敬也。「觀」為祭享，為宗教，強調祭祀的虔誠之心，祭品其次。「盥而不薦」是行禮不全，故為不誠敬。

「孚」，破敗不全；本意是孵卵內雛鳥將出以喙啄破卵出現裂痕，故為徵兆，此處則借為用作「破敗」。這裡當作「俘」，謂擄獲敵方人員也。

「顒ㄩㄥˊ」，是大頭，《說文解字》云：「顒，大頭也。」《詩・小雅・六月》：「四牡脩廣，其大有顒。」毛傳：「顒，大貌。」

「若」，是貌。

「顒若」，猶顒然，大貌，謂其人之大也。又宗廟中的偶象，是俑，是神主。引申為誠敬。馬融注：「顒，敬也。」

「薦」，祭祀之祭品；《穀梁傳》成公十七年：「祭者，薦其時也，薦其敬也，薦其美也，非享味也。」又《公羊傳》桓公八年：「無牲而祭曰薦，薦而加牲曰祭。」

「盥而不薦，有孚顒若」，句謂行齋戒沐浴之禮而不誠敬。當心會有災！就是提醒要注意祭祀時的誠敬、肅敬。

「盥而不薦，有孚顒若」，盥而不薦是因為有俘虜殺之可用來當牲品，更顯虔誠敬肅的樣子。

「大觀在上」，是二陽在上為民所仰望。是大大可觀的高高在天上，甚至上天之上，是天空也是太空。「大觀在上」是當全派高高在上。是廟觀中大神像高高在上。

「順而巽」，是上巽下坤順。是高壓統治所以廣土眾民服順。是受風化、教化所以服順。是以上壓下所以服順。

「中正以觀天下」，九五天子之位，中正以觀天下不偏私、客觀理性。坤為廣土，為眾民，為天下之大地。

「中正」，是高高在上公正無私，客觀清明，才能臨下民，為天下所觀瞻。

「下觀而化也」，「觀」是教化，風為教化，坤為地方，為百姓。神鬼在上卻深入民間，民仰觀而受其教化。

「下觀而化也」，君子之德風，小人之德草，風行草掩，民受君之教化之象。

「觀」卦為宗教，故曰「神」。神者，鬼神也。《說文解字》：「神，天神，引出萬物者也。」「鬼，人所歸為鬼。」「觀」為祭祀之禮，所祭者，天神人鬼。坤眾庶民群聚仰觀於上也。

「神」，為伸，是伸張，彰顯。

「觀天之神道」，觀天象而知天道在彰顯天道，天不會語說，所以用天象來警示我們。

「觀天之神道」，是天象示警。

「而」，能也。

「忒」，誤差。

「不忒」，是經準不會有誤差，不會有錯誤。

「而四時不忒」，是天行運轉不會有差誤，是百分之百的精準。

「而四時不忒」，是天之運行不會忒，人才會忒。

「而四時不忒」，是說若的自然的運行出錯了，是人的行為有忒，所以天忒來示警，天是不會忒的。天忒必有忒的原因。

「觀天之神道，而四時不忒」，古人敬天法祖，四時各有祭祀；《禮・王制》：「天子四時之祭，春曰礿，夏曰禘，秋曰嘗，冬曰烝。」

「聖人以神道設教，而天下服矣。」統治者、大智慧的人借天象而設神立教，以教化統治人民，而天下眾民皆服順。是教化人民要順天與自然一起運作，就不會忒了。如慧星是天象示警但也有其週期，獅子座流星雨亦同，聖嬰現象亦是，地震亦是。天之運行若有忒，是人以為天忒，天是不會忒的，天之忒是示警。人觀天之示警要反省自觀，要修德自省。艮

為觀，為反，為止，巽為入，為探求，為伏，「觀」卦強調自己的內省功夫。

〈大象〉：「風行地上觀」巽為風，為深入，為風俗，是風行大地，是流行，是風行。觀念要深入民間，要「俗」才會風行。就是要接地氣！

「風行地上觀」，是流行，風行，是高高在上的模仿對象。宋人平話小說《馮玉蘭團圓》開篇有句云：「話須通俗方傳遠，事不關風莫動人。」

「風行地上觀」，是明星，艮為星，觀為大，是大明星。「風行地上觀」是深入民間觀察。

「省方」，是地方，坤為地方，是要巡狩四方，要深入民間，接地氣。這也有遊歷的意思。

「復」〈大象〉曰：「先王以至日閉關，商旅不行，后不省方」之「省方」義同。「復」卦是冬至之時，古人最重冬至、夏至，此二至順應天時與民休息，君王也不出外巡視。

「先王以省方觀民設教」，是設教以教化人民要與當地的風俗習慣結合。「省」是反省、省視。艮為反，坤為廣土眾民，為地方。元朝以「省」為地方單位，沿用至今。

「先王以省方觀民設教」，是設教以教化人民要知到改正修正教法，不可以一層不變。巽為風，為權，為變。

「觀」〈大象〉曰：「先王以省方觀民設教」。〈彖傳〉曰：「聖人以神道設教，而天下服矣。」之義皆為以卑承尊。用教化比用武力更有效果。例如文成公主之於西藏。

「觀」是觀察，是仔細的探求，是搜集資訊。《說文解字》：「觀，諦視也。」「諦」是審之意，就是要仔細反復的察個清楚。巽為風，無孔不入，為刺探。艮為眼，為視。坤為細小，故為仔細探求。〈雜卦傳〉說「觀為求」是探求。

「觀」是拿著放大鏡來觀察，探索。〈序卦傳〉：「物大然後可以觀」觀星的望遠鏡，觀細菌的顯微鏡都是觀，皆是「物大然後可以觀」。

「觀」是觀望，旁觀。

「觀」是靜觀其變，艮為止為靜，觀互「剝」，「剝」極變「復」，故為觀變。《兒女英雄傳》：「天下是最妙的是雲端裡看廝殺，你我且置身局外，袖手旁觀。」

「觀」是觀光，有週遊遍覽之意。巽為風，風行無孔不入，艮為視，為光。坤為細小，為地方，是廣土眾民。

「觀」是探訪求察民情。巽為風，為刺探，為民風，坤為地方，艮為求。巽為風，為刺探。

「觀」是觀瞻，仰觀。楊伯峻《春秋左傳注》：「就「觀」卦而言，觀者，視他人之所為而非在己者也。」

九五為「觀」卦主爻，以中正居至尊之位，下乘眾陰，有觀視天下之義。九五所為既中且正，又居巽體，上遜下順，外遜內順，如此才能為人所觀，為民榜樣。二陽在上，四陰在下也有萬民仰觀君子之義。《康熙字典》：「觀，所觀也，示也。」朱熹：「以中正示人，而為人所仰者」是看人、讓人看，皆可曰觀。居上以探求下為觀。在下以仰觀上，亦為觀。九五、上九二陽居上位，下坤為庶民大眾，互艮為視，故亦為仰觀。

〈彖傳〉曰：「大觀在上，順而巽，中正以觀天下，觀。」唐有「貞觀之治」。「中正以觀」就是「貞觀」。

〈繫辭〉：「天地之道，貞觀者也；日月之道，貞明者也；天下之動，貞夫一者也。」貞觀乃正其觀，要有正確之觀，足以為觀，值得誇耀，也是要客觀。

風為教化，為風土，為風俗，《康熙字典》：「上所化曰風，下所習曰俗。」君王在上，行之如風，小人在下，受君王德行的影響，因習而成俗。

「觀」卦互「漸」卦，風俗的教化非一朝一夕可成，雖如風一般無形無影，風氣一但形成，其影響深遠。

君王省察四方，觀察民情，因各地風俗設教以化萬民。俗語說「入境隨俗」在隨俗前要先問俗，知俗設教才能化俗，才能移風易俗。

「觀」是依其風俗習慣設教，再求移風易俗。所以說「觀其言則知其風，觀其樂則知其俗。」故〈大象〉說：「先王以省方觀民設教」。

錢鍾書《管錐編》說：「神道設教乃秉政者以民間原有信忌之或足

以佐其為治也，因而損益依旁，俗成約定，俾用之倘有效者，而言之成理。」

顧炎武《日知錄》卷二：「國亂無政，小民有情而不得申，有冤而不得理，於是不得不愬之于神，而詛盟之事起矣。……於是賞罰之秉，乃移之冥漠之中，而蚩蚩之氓，其畏王鈇，不如其畏鬼責矣。乃世之君子，猶有所取焉，以輔王政之窮。今日所傳地獄之說，感應之書，皆苗民詛盟之餘習也。……王政行乎上，而人自不復有求于神，故曰：有道之世，其鬼不神。」

陸象山《語錄》：「臨安四聖觀，六月間傾城，士女咸往禱祝。或曰：何以致人歸向如此？

答曰：只是賞罰不明。余謂政治家當言賞罰，宗教家則言吉凶。賞罰明則行善則吉，作惡則凶，天下曉然，祈禱之事自息矣。」

中國最古老的文學之一《詩經》其所歌詠者分三大部分；風、雅、頌。風者，民風也，地方之風土也；為政者採擷民歌以觀其風俗也，就是觀民設教。

「觀天之神道而四時不忒」說的是客觀環境，「聖人以神道設教而天下服矣」說的是宗教教化。於《易經》而言，「神」即〈繫辭〉之「陰陽不測之謂神」，「道」即〈繫辭〉之「一陰一陽之謂道」。「不測」才「神」，有作用、必有反作用。錢鍾書《管錐編》云：「十八世紀英國史學家吉朋（Giibbon）謂：『眾人視各教皆為真，哲人視各教皆為妄，官人視各教皆有用』一語道破統治者愚民之天機。宗教虔信主義乃最有害之鴉片。」

「觀」卦為何言「大觀」，蓋觀與「臨」相綜，〈序卦傳〉說：「臨者大也」，故「觀」亦有大之意，故曰「大觀」。放大可以觀察，再上位者的一言一行都有放大的效果。

「觀」卦大象為艮，為大艮，故曰「大觀」。

「大」是非常，如「大過」，故「觀」為非常之觀，是壯觀。

「觀」是大觀，「大壯」是陽長到四，「觀」是陰長到四，所以，「觀」為陰氣大壯。〈彖傳〉曰：「大觀在上」。唐有貞觀之治，《紅樓夢》有大觀園。

「觀」為遠視、仰視，「臨」為近視、俯視。

「臨」是以和悅的態度臨世，從此順服而進一步去學習、被感化為觀，如觀摩，觀護所。

「臨」與「觀」，一悅一順。「臨」卦是如朕親臨，是君王親往民間。「觀」是派遣使者深入探訪。君王在上艮止而不動。「觀」是情治單位，是明察暗訪，收集情報。「觀」》是明朝的「錦衣衛」、「東廠」。「觀」互艮，艮為狗，艮亦為鳥，所謂鷹犬。

「觀」為察，「臨」為視，「臨」為平常，「觀」為非常。「遯」〈大象〉曰：「君子以遠小人不惡而嚴」，嚴者戒嚴，宵禁。「遯」互艮，巽。「觀」亦同，是非常時期。段玉裁《說文解字注》說：「穀梁傳曰，常事曰視；非常曰觀」。

「觀」是察，視也是察。觀察是非常之事，視察是平常之事。所以，宋代設有緝捕使臣稱為「觀察」。臺灣稱警察局，日本稱警視署。「觀」卦是處理非常之事，用非常手段。「臨」是參與，是全民政治。「觀」是求取，是高壓統治。「臨」是臨民，大象為震，為動，為出，是走透透。「觀」是瞭望，是觀光。「觀」為求，故為舉發。有發人陰私者，有薦舉人才者。不論如何皆為非常手段，不是按正常管道。「觀」為大為非常。非常之事為何事？求神拜鬼之事也。

「觀」為八月卦，「觀」錯為大壯，大壯是陽氣大盛也，「觀」為陰氣大盛也。陰氣盛，人難擋故七月鬼月關鬼門。「觀」為鬼門關。「觀」卦所言為祭祀之事，〈雜傳〉說「觀為求」，求神拜鬼也。非常者，以陰的力量來處理事情。艮為神，坤為鬼。所求之鬼神是非常之鬼神，是狐仙。互艮為狐，為求。

「觀」是瞭望，是瞭望臺，是高大的建築、衙門、佛塔、摩天大樓。《說文解字》：「臺，觀。四方而高者。」《通訓定聲》：「積土四方高丈曰臺；不方者曰觀、曰闕。」徐鍇〈繫辭〉註《說文》：門觀「蓋為二臺於門外，人君作樓觀於上，上員下方。以其闕然為道，謂之闕；以其上可遠觀，謂之觀。」

「觀」是古時的宮門、廟宇、陵墓等重要建築物門前的雙樓，形似塔，左右各一，兩者中間的通道也稱闕。可以登其上而為瞭望觀遠，以為

警戒。所以「觀」也是大門，是衙門，是大門旁的警衛室。艮為門，為侍，為廝闇，為狗，為盾，為警衛，艮為居，故為警衛室。

「觀」是官署，政府機關，〈雜卦傳〉：「臨、觀之義，或與或求。」所謂「不怕官，就怕管。」我們小老百姓告政府機關辦事就是「求」。

〈雜卦傳〉：「臨、觀之義，或與或求。」「臨」卦是施與，「觀」卦是營求。

「觀」為可觀，是頗具規模。〈序傳〉說：「可觀而後有所合，故受之以噬嗑」，是具規模後才有與人合作、被人合併的可能。

艮為門，為庭，為守衛。高大建築為前的門，前有警衛以為警戒瞭望，此乃政府官衙也。

「觀」也是「關」，「大關」是重要之關，如海關。「觀」是烽火臺，是燈塔，是預警，是早期警報。「觀」為高臺，艮為火，為明，為示，故為烽火。艮為狐，為狗，為狼，巽為風，為煙，故為狼煙。古之烽火狼煙皆為示警傳遞消息之用。「觀」是凌躍太虛。「臨」亦為凌，「觀」二陽居天亦為凌，下坤陰為虛，「觀」有凌虛太空之象。是從太空之高往下俯察觀看，如今日的衛星裊瞰大地，以為觀察探求情報，亦為早期警報系統。艮為震之反。震為雷為聲音，是從上往下發生音，如雷達。〈繫辭上〉說：「俯以察於地理」以上視下曰俯，艮為示為察，坤為地為理。

「觀」是觀察，探求，是凌虛太空，又艮為星，為石，巽為隕落亦為星，所以是觀星，是天文臺，是彗星，是隕石。

艮為星，大艮為大星，「觀」為壯觀，訊又巽亦為石，為隕落，所以是彗星。又二陽為實，為光，為大星光，壯觀的星光，四陰為虛，為彗尾。彗星凌空太虛所以仰觀而壯觀也。又巽為潔，為婦，為掃，為掃把，所以是掃把星。又巽綜為兌，兌為巫。西方巫婆騎著掃把在天上飛。東西方皆以掃把為不祥。《史記‧天官書》中司馬遷論及彗星與時政時說：「秦始皇之時，十五年彗星四見，久者八十日，長或竟天。其候秦遂以兵滅六王，并中國，外攘四夷，死人如亂麻，因以張楚並起，三十年間兵相駢藉，不可勝數，自蚩尤以來，未嘗若斯也。」所以太史公告誡說：「日

變修德，月變省刑，星變結和。」「賁」〈象〉曰：「觀乎天文，以察時變；觀乎人文，以化成天下。」「觀」是「權」，是高高在上，大權在握的當權派。〈繫辭〉：「巽以行權」九五、上九二陽在上，下坤為庶民，為順服。

「觀」是「顴」，艮為面，是顴骨高聳，高官之相。

「觀」是「灌」，是大雨如注；至今我們還說雨大的像用水盆倒的一樣。

「觀」卦是八月之卦。是秋季之卦，古中原之地，秋季雨水集中，常為災，所以「臨」卦說「八月有凶」。凶者凶災也。

「臨」為「霖」，為春季連綿久雨。「至八月有凶」就是「觀」，為灌，秋季大雨如注。「臨」、「觀」，一久雨，一大雨；一潤澤大地，一大雨成災。「觀」卦與 ䷺ 「渙」卦相同。「渙」卦上巽下坎，坎為水。「觀」卦上巽下坤，坤亦為水，為荒，為大川，故同。「渙」卦辭說：「亨，王假有廟。利涉大川。利貞。」〈象傳〉說：「王假有廟，王乃在中也。」〈大象〉說：「先王以享於帝立廟」所說的多是祭祀之事。「渙」卦說「利涉大川」，亦說「利貞」。蓋風行水上，水能載舟亦能覆舟，故要小心處理，不宜燥進。「觀」卦大象為艮，艮止，故不利進，故「不曰利涉」。

初六：童觀，小人無咎，君子吝。
象曰：初六童觀，小人道也。

「觀」卦主爻為九五，五是君位，具君之德，是大人也，是為天下所觀摩，所觀瞻。其餘他爻都仰觀九五君德，此為本卦各爻思考的主軸。

初六在坤之下，坤為民，初六是基層的老百姓，是愚夫愚婦，幼稚的觀點。是國小小朋友的觀點，所以稱為「童觀」即見解者淺鮮也。

「小人無咎，君子吝」，是說觀點淺顯幼稚，小人如此無害於事，但君子如此觀點就太窄淺了，所以難成事，故有「吝」。「吝」，遴也；《說文解字》：「遴，行難也。」《孟子題辭》：「然於困吝之中」。焦循注：「吝之義為難行」。《廣雅・釋詁》：「遴，難」謂難行不進，或是遭遇到困難而事難成。又如今言「疲累」。

「小人道」，就是小人的觀點想法，是小市民的心聲。

「童」，也是獨、寡。童子未有家室所以為獨，為寡。

初爻為何孤寡？與上無應，無有教導開啟之助，前行遇陰而窒，無有朋類。

「童觀，小人無咎，君子吝」，獨自行齋戒沐浴之灌禮，小人無災，君子則不利，有小災。

初六以陰居陽是失位，又與四無應；與九五之間又為眾陰所隔、所蔽，無法觀摩、仰觀九五之德。所以見識、知識幼稚如童般淺短，故曰「童觀」。

「童觀」，見識如兒童一般，故無遠慮，但人無遠慮必有近憂也。兒童的觀點，童心未泯也。是孤漏寡聞、幼稚、膚淺，短視。

若是小人，獨行踽踽，尚可「無咎」。若君子則狹隘為病，故「吝」。

「童」象為坤初的巽，巽為寡。巽為寡髮，童山濯濯之象。大禿頭一個。和尚也。

艮為少男，故為童。大艮之童，此童非一般之童，是乩童，乩童年紀不一定少。

「觀」，是宗廟，是屋院。「童觀」是乩童之觀，是神鬼藉乩童所傳達的觀點。「童觀」是小孩子讀書的書塾。

小人所觀，流於表象，著於痕跡，故有所咎吝。

初爻離九五、上九二陽太遠，故所觀膚淺。

易經中只有「觀」卦說「小人無咎」，因為小人是鬼，「觀」是鬼的世界。

此爻變為「益」。「益」之反，是無益。

六二：闚觀，利女貞。
象曰：闚觀女貞，亦可醜也。

「闚」，窺也，暗也。《方言》：「闚，視也；凡相竊視，南楚謂之闚。」《說文解字》：「闚，閃也。」是歪著頭從門中觀視。是由暗處往

外朝明處密窺，通「覘ㄔㄢˊ」《康熙字典》：「《正字通》：或曰暗處密窺曰覘。」

「貞」，正也，貞德、節操。

「闚觀，利女貞」是於暗室中齋戒沐浴，利於女子的貞德。

「闚觀」，是門縫裡看人，視線狹窄所以看不清楚，看不到全局。「闚觀」，是羞縮不敢正視，是鬼鬼祟祟。「闚觀」，是偷窺。或謂待嫁的女子從門縫中窺看欲嫁之夫婿，利於女子占問婚事。

「闚觀，利女貞」，是婦人之見。艮為門，故曰「闚」。

「闚觀」，是眼光淺短，以偏蓋全，小器之人。

主婦之見多以自家利益為主，是有利家庭也，故曰利女貞。與君子在外治理國家政事不同，治國要「宏觀」也。

「闚觀」，既然是門縫中看人，是竊視，所以也是觀察他人陰私的，是偷看的，是監視的，找人缺失的，是以一眼看人的，皆不正。

六二為陰爻，故曰「女」，居中故曰「貞」，與九五應，故曰「利」。

「女貞」，故男子得此爻不利。

「醜」，可惡也。《說文解字》：「醜，可惡也。」段玉裁注：「凡云醜類者，皆謂醜也。雖以鬼，非真鬼也，可惡故以鬼。」

「醜」六二偷看他人，揭人陰私，故曰「可醜」，但為何說「亦」，是因為初六也是陰柔小人，這是指初六、六二兩者而言，故曰「亦」。

「醜」，是不莊重。六二門縫中看人，隔著門板竊竊私語，故不莊重。

「醜」，是羞，是見不得人，門內羞事見不得人。

「醜」，是沒有出息，婦人之見近利而已。

因為「闚觀」竊視，暗中打量，不正大光明，所以說其可惡，若是以男子而行妾婦之道，更為可惡可恥之事。

六二中正得位之爻，為何如此狹隘？發展如此拘限？坤、巽皆陰柔，且巽為伏，為探，六二又與九五正應，當是受九五之託顧而「闚觀」。

此爻變為「渙」卦,不可問疾。

女子問疾多是婦女病,見不得人的羞處。不是八月會死,就是八個月後為亡,拖不過八個月。

此爻極凶。

真是惟小人與女子難養也。

此爻說「利女貞」所以「醜」者不是說女,是說男;男女吉凶不同。「恆」卦:「婦人貞吉,夫子凶。」就是利女不利男。所以初六〈小象〉言:「小人道也」。則君子必吝。小人之到自不適合君子,所以君子吝。六二爻言「利女貞」,則此醜必為男子,女子則不醜,因為女子行女子之行故不醜。六二以柔處順體,居中又與九五正應,何醜之有。

六三:觀,我生進退。
象曰:觀我生進退,未失道也。

「觀」,灌也、盥也。

「生」,謂姓,姓即官也;《詩·小雅·天保》「群黎百姓」。鄭玄箋:「百姓,官族姓也。」《國語·周語上》:「其刑矯誣,百姓攜貳。」《史記·五帝本紀》:「九族既睦,便章百姓。百姓昭明,合和萬國。」《國語·周語》載:「姓者,生也,以此為祖,今之相生,雖不及百世,而此姓不改。族者,屬也,享其子孫共相連屬,其旁支別屬,則各自為氏。」《尚書·堯典》:「九族既睦,平章百姓,百姓昭明,協和萬邦,黎民於變時雍。」偽孔傳:「百姓,百官。」古人姓之產生有以所封之地為姓,故姓亦為官。相對的黎民則是被監管的奴隸。《史記·秦本紀·》:「秦之先為嬴姓。其後分封,以國為姓,有徐氏、郯氏、莒氏、終黎氏、運奄氏、菟裘氏、將梁氏、黃氏、江氏、脩魚氏、白冥氏、蜚廉氏、秦氏。然秦以其先造父封趙城,為趙氏。」可證。生與姓,一個是初文,一個是後起字。《白虎通德論》:「姓者,生也,人稟天氣所以生者也。」

「我生」,即我之屬官也。

「觀我生」,觀我眾官,以斷升遷罷黜進退,即考察;《尚書·舜

典》：「三載考績，三考，黜陟幽明。」

「進退」，行禮止度合儀。《論語・子張》：「子夏之門人小子，當洒掃、應對、進退，則可矣。」巽為進退，可進可退，保持彈性，以符合禮儀。

「觀，我生進退」，盥洗齋戒沐浴中，洗淨我自身，又進退行止行禮合於節度。潔身自愛也。

「我生」，我之所行、所為。《公羊傳》桓公八年注：「生，猶造也」。「造」是作為，故曰「觀我生」。

「觀我生，進退」，謂對自己的所作所為進行自我反觀內省與觀照，以此來抉擇動靜行止進退。「觀我生」是觀自己行為，就是反省進修。「觀」卦為大艮，艮為反顧，故為反省。

「觀我生」是「觀自在」，是自我身命的研究，重中內省的功夫。

六三與上九應，上九居天陽實在「觀」卦是得道高人，六三與其相應是可得上九之助則進，可以曾加助益，修成正果。雖說「進退」，但六三著重於進。上九如艮為果。若無上九之助，六三如「坤」六三「含章可貞」「無成有終」。六三在初、二芸芸眾生之上，是羅漢，是已得修正的佛陀弟子。修自己一身之道，自深知心安沒有問題，若有上九引渡則上躍為菩薩。

六三之位可進可退，進退有據，有為有守。

〈小象〉曰：「未失道」，不失大道。行禮如儀不失節度。並未走火入魔。

三爻多凶，但「觀」卦未失道，雖不言吉，而能進退有據，是有為有守之象。雖未失道，但處於多凶之位，想得吉是不容易的。

六三處上下之間，吉凶難判；九五處陰陽之間，吉凶亦難判。

䷲觀䷴漸

此爻變為「漸」卦。要按部就班，一蹴而成的機會不多。

六三雖可進可退，但位居下卦，故其所行所為側重於「進」。

九五近「亢」，其反觀內省側重於「退」。

二者皆「觀我生」含義則有所區別。

六三先退後進，若是問為官升遷之事則斷曰「先進用而後退隱。」

「觀」卦大象為艮止，六三欲進而又止，故先進而後止。

六四：觀，國之光，利用賓于王。
象曰：觀國之光，尚賓也。

「光」，光耀；榮耀《左傳》莊公二十二年：「光，遠而自他有耀者也。」謂從遠處照耀而來也。故不在此，在彼。

「觀」，是祭祀之灌禮，「觀，國之光。」謂盛大的灌禮，國家之榮光。

「國」，國家，或為大國，京畿大城。不是野鄙之鄉。「觀」是大而可觀，故國為京畿、國都，通都大邑。

艮為邑，為邦，國為，為光。四獨近五，故曰「觀國之光」。

「觀國之光」，前往京城、大國去觀光，是朝拜上國，是受聘、訪問、求學、拜祀祭享等皆是。曰「賓於王」，五是王。

「賓」，服也，《爾雅・釋詁》：「賓，服也。」《疏》：「賓者，懷德而服。」《旅獒》云：「四夷咸賓」。《儀禮・士冠禮》：「主人戒賓」。《注》：「賓，主人之僚友。」

「利用賓于王」，言利於朝覲天子臣服於王也。赴上國觀光，為上國君主之上坐賓客，臣服於上國。巽為旅客，為伏，為臣服，故曰「賓」。

「利用賓于王」，京畿天子行灌禮大祀，利於邀聘各諸侯君主參與。

坤為順，為臣，五爻為君，「國」當為君所處之大城，如都城。六四上承九五，臣仰觀朝拜君王之象。

「利用賓于王」，是君主得賢良為輔佐，是升官，是受聘於大國。

「觀」是「視他人之所為而非在己者也」。僱聘往他處，為在他人，非此處，非己為。故大在他處，非此處。利往他處而壯大也。「臨」是「不行」，故居止不動。

「尚」，上也，仰攀也。《史記・李斯傳》：「諸男皆尚秦公主，女悉嫁秦諸公子。」六四承九五，故曰「尚」。

「賓」，客賓，賓從，歸附也，歸順，服從。《史記・孫子吳起

傳》：起曰：「守西河而秦兵不敢東鄉，韓趙賓從，子孰與起？」《史記·秦本紀》：「惠王卒，子武王立，韓、魏、齊、楚、越皆賓從。」

「尚賓」，言賓於上也，順服於上也。為九五之賓。但「賓」也有禮敬之意，六四為九五之賓，九五禮當禮敬之《左傳》十年：「蔡侯曰：『吾夷也』止而見之，弗賓』。」杜注：「不禮敬也」蔡侯不以重耳而賓，是輕蔑無禮，重耳復歸晉國為文公之後謂此伐蔡國。

又「賓」者，嬪也，娉也，服也。《說文解字》：「嬪，服也。謂服事人者。」又出嫁也，《尚書·堯典》：「降二女於嬀汭，嬪于虞。」「尚賓」，六四往上承九五，陰陽相交合，故為嫁娶。

「觀」卦「聖人以神道設教，而天下服矣。」就是一個宗教之卦；若佛教則六三為羅漢，六四為菩薩，九五為佛陀。六四為九五的近臣，即佛前的弟子菩薩。若阿彌陀佛座前左有大勢至菩薩，右有觀世音菩薩。

「觀國之光」，四爻近臣到五爻京畿的首善之區去觀光，觀上國之光。

「觀國之光」，是去學習最好，最高的，是去求經。

「觀國之光」，是去觀「國」，是放寬視野，增廣見聞，是去觀大的，是宏觀。

「利用賓于王」，是六四要為九五的客，是就近學習，是駐在那裡長時間的學習，學最好的不可能一學就會，要從師、跟師、要生活在一起。如「蒙」卦初與二間的關係。

「利用賓于王」，是伴隨上師，深入學習。

六四就進學習，六二太遠了就學不到。

「尚賓」，是獻身也要學習。

「觀國之光，利用賓于王」，是政治開明，君王賢聖，所以有眾多賢臣為輔，賓從于王。

「尚賓」是要六四為九五之「賓」，不可以為「主」。坤陰為「主」則慌、亂、迷。

《左傳》莊公二十二年有記載此爻：「生敬仲。其少也，周史有以《周易》見陳侯者，陳侯使筮之，遇「觀」之「否」，曰：「是謂『觀

國之光，利用賓于王』此其代陳有國乎？不在此，其在異國；非此其身，在其子孫。光，遠而自他有耀者也。坤，土也；巽，風也；乾，天也。風為天於土上，山也。有山之材，而照之以天光，於是乎居土上，故曰『觀國之光，利用賓于王』。庭實旅百，奉之以玉帛，天地之美具焉，故曰『利用賓于王』。猶有觀焉，故曰其在後乎！風行而著於土，故曰其在異國乎！若在異國，必姜姓也。姜，大嶽之後也。山嶽則配天。物莫能兩大。陳衰，此其昌乎！」及陳之初亡也楚國滅陳，陳桓子始大於齊此言「五世其昌，並于正卿」之徵應驗；其後亡也，楚再滅陳成子得政」。

此言陳厲公生子名完，周天子之史官以《周易》獻見於陳厲公，厲公使周史用《周易》謂陳完算了一卦，得到「觀」之「否」，並斷言陳完將賓於大國，其後代將於八世代之後於齊國光大，故曰「不在此，其在異國；非此其身，在其子孫。」因為「光」是燃燒自己光亮他人，「觀」是大，光照的遠，所以不是自己，是子孫，「八世之後，莫之與京。」果然陳完之後篡姜子牙之後而為齊國之君。《史記‧田敬仲完世家》云：「陳完者，陳厲公他之子也。完生，周太史過陳，陳厲公使卜完，卦得「觀」之「否」：「是為觀國之光，利用賓于王。此其代有陳國呼？不在此而在異國乎？此非其身也，在其子孫。若在異國，必姜姓。姜姓，四嶽之後。物莫能兩大，陳衰，此其昌乎？」「完之奔齊，齊桓公立十四年矣。」「完卒，諡為敬仲。仲生　孟夷。敬仲之如齊，以陳字為田氏。」《正義》：「敬仲既奔齊，不欲稱本國故號，故改陳字為田氏。」《索隱》：「敬仲奔齊，以陳田二字聲相近，遂以為田氏。」

☷☴ 觀 ☶☰ 否

此爻變為「否」卦。六四以陰承陽是甘願接受指導，變九四則陽遇陽，九五承剛也教不下去，九四自以為是也學不下去，就不會「賓于王」了，更想要取九五而代之，那就否了，凶了。

九五：觀我生，君子無咎。
象曰：觀我生，觀民也。

「觀我生」，觀我眾官，以斷升遷罷黜進退，即考察得失，故在上位者，為官者政績合宜，可以無咎。

「觀，我生」，盥洗齋戒沐浴中，潔身自愛也。

「咎」，懼也，災也。

「觀我生，君子無咎」，盥洗齋戒沐浴中，潔身自愛，君子不懼。

九五為教主、為佛陀，此「我」是大我，六三之「我」是小我。是一切眾生的大我。

「觀我生」，是觀照一切眾生；九五為王，要觀愛一切的子民。「觀民」是芸芸眾生。

「觀我生」，是聞聲救苦的觀世音。艮為君子，「觀」為大艮是大君子。

「無咎」，是《易經》最高的境界，一切無好無壞，中庸之至，故「無咎」。

九五與二應，二在下居坤為民，為芸芸眾生。

九五為君，大觀天下於上，一動一靜為天下所觀瞻，故必須省察自己的言行舉止以合君子之道，以免有礙觀瞻。方能示範天下，才能化民成俗。如此則無咎過。若非，以小人之道居大觀之位，則有咎也。

九五為君，大觀天下於上，一動一靜為天下所觀瞻，故必須省察自己的言行舉止以合君子之道，以免有礙觀瞻。方能示範天下，才能化民成俗。如此則無咎過。若非，以小人之道居大觀之位，則有咎也。

☷☴ 觀 ☶☷ 剝

此爻變為「剝」卦。九五居上為孤陽，是高處不盛寒，曲高寡合，陽將消盡，勢不長也。

「剝」一陽在上，星光燦爛，是登峰造極之象。

上九：觀其生，君子無咎。
象曰：觀其生，志未平也。

「生」亦官也。「觀其生」，觀其國之眾官。考察國之眾官，則知其是否賢良，可知其施政好壞進而知其國之治亂。

「其」，是上九自己。

「觀其生」，盥洗齋戒沐浴其身。誠敬之意。

「觀其生，君子無咎」，謂盥洗齋戒沐浴其身，誠心敬意則君子無有

災咎。

「觀其生」，是只能觀照自己。

「觀其生」，是上九居剛亢之位，貴而無位，高而無民，宜高尚其事，孤芳自賞，曲高和寡。雖是登峰造極，絕高智慧。但只能自用，不能傳道天下，也不易廣傳眾會，有如老子、莊子、墨子。

高處不甚寒，理想太高，返而有反人情之常。不能通俗就不能被廣大的眾生所皆受，其

道僅能行於自己。

從「觀眾生」又回到「觀我生」。

上九叫好不叫座。九五叫好又叫座。

「志未平」，是因為其道不如九五之道能行於大眾，行于芸芸眾身，九五中正既高亦與

下民相應，民能接受其道，上九其道不能行天下，故「志未平」。

「觀」卦下一卦為「噬嗑」，因為上九的不平，所以下一卦開始鬥爭。

「志為平」，是上與五兩爻相爭。

▤▤觀 ▤▤比

此爻變為「比」卦，上九成了「後夫凶」，所以「未平」，平了就無事和樂天下。「比」說的是親密，人之知己能有幾人，真不多。

上九與九五二陽相比鄰，陽遇陽則窒，故相爭，而「志未平」。

按〈象傳〉有二大義：一為「大觀在上」，一為「下觀而化」；「觀天之神道而四時不忒」相應前者，「聖人以神道設教而天下服矣」相應後者。

噬嗑：亨。利用獄。

彖曰：頤中有物曰噬嗑。噬嗑而亨。剛柔分，動而明；雷電並，合而
章；柔得中而上行，雖不當位，利用獄也。

象曰：電雷噬嗑；先王以明罰敕法。

序傳：可觀而後有所合，故受之以噬嗑。嗑者合也。物不可以苟合而
已，故受之以賁。

雜傳：噬嗑食也，賁無色也。

繫辭：日中為市，致天下之民，聚天下之貨，交易而退，各得其所，蓋
取諸噬嗑。

噬嗑 小篆

「噬」是用牙咬決口中之物。《禮記・曲禮上》：「濡肉齒決，乾肉
不齒決。」就是「噬」。

《玉篇》：「噬，齧噬也。」《揚子・方言》：「噬，食也。」《說
文解字》：「噬，啗也。」「啗，食也。從口臽聲。讀與含同。」《戰國
策・趙策四》：「膳啗之嗛于口」可知「噬」的意思是咬噬在口而尚未嚥
入腹中也。

《帛本》、《簡本》作《筮》。《釋文》：「筮，決也。」「噬
嗑」有決斷之意，故卦辭曰「利用獄」。又〈大象〉曰「明罰敕法」這與
「夬」相似。

「嗑」，合也。〈序傳〉：「嗑者，合也。」以牙齒咬啃食物，使之
決斷，上下齒而相合故曰「噬嗑」。

「噬嗑」每爻都在吃肉，當是年終歲末臘祭之後分食祭肉狂歡之事。
在周朝稱蜡，在漢代稱臘；蔡邕《獨斷》：「四代稱臘之別名，夏曰嘉
平，殷曰清祀，周曰大蜡，漢曰臘。」《說文解字》：「臘，冬至後三
戌，臘祭百神。」《說文解字注》：「臘本祭名。因呼臘月、臘日耳。月
令。臘先祖五祀。」《禮記・月令》：「（孟冬之月）天子乃祈來年於

天宗，大割祠於公社及門閭，臘先祖、五祀。勞農以休息之。」鄭注：「此周禮所謂蜡祭也。……臘謂以田獵所得禽祭也。」孔穎達《正義》：「臘，獵也。謂獵取禽獸以祭先祖五祀也。」《風俗通》：「臘者、獵也，言田獵取獸以祭祀其先祖也。」又《獨斷》：「臘者歲終大祭，縱吏民宴飲。」《詩・小雅・甫田・正義》引《下雜記》云：「子貢觀于蜡，曰：『一國之人皆若狂』是恣民大飲也。」《特郊牲》：「伊耆氏始為蜡」。可見臘祭由來已久；又〈象傳〉曰：「頤中有物曰噬嗑」，〈雜傳〉云：「噬嗑，食也。」臘祭是上古先民於年終以所獵獲之物用來祭祀先祖的祭典，祭後分享眾人舉行盛大的狂歡節，大塊嚼咬吃肉飲酒。

「噬嗑」，即嚼食咬嚙。〈象傳〉曰：「頤中有物曰噬嗑，噬嗑而亨。」大快朵頤啃食祭肉。卦辭「亨」當為祭享，即祭祀獻享之意。

何欣將「獄」，讀作「御」，為迎神之祭。《詩・小雅・甫田》：「琴瑟擊鼓，以御田祖。」《箋》云：「御，迎。」「噬嗑」是歲末年終大祭，也是豐收酬神之祭，招迎各方神祇以祭享。「利用御」，利於用作迎神之祭。

又〈大象〉曰：「電雷噬嗑；先王以明罰敕法。」則是將「獄」讀為監獄，《說文解字》：「獄，确也。从㹜从言，二犬所以守也。」《說文解字注》：「（獄）确也。召南傳曰。獄、埆也。埆同确。堅剛相持之意。」《玉篇》：「二王始有獄。殷曰羑里，周曰囹圄。」

小篆

獄字从「㹜」一ㄣˊ象兩犬相向，互相攻擊。《說文解字》：「㹜，兩犬相齧也。」全字會以言語相爭訟之義。艮為犬，「頤」卦上下正反兩艮，形成一口，口為言；「噬嗑」是「頤中有物」。如兩犬搶食而有爭執訴訟。又艮為門戶，防衛，也像兩犬以為守衛，為牢獄之象。

戴家祥《金文大字典》謂：「《周官・地官・大司徒》：『凡萬民之不服教而有獄訟者』，鄭《注》：『爭罪曰獄』又《秋官・大司寇》：『以兩劑禁民獄』，鄭《注》：『獄謂相告以罪名者』《說文解字》：『狱一ㄣˊ，兩犬相齧』，蓋以兩犬相齧喻獄訟兩造之爭，爭者必以言，文故从言」。獄字本義雖是爭訟，其所爭所訟之事必嚴重於「訟」卦，故「噬嗑」曰「明罰敕法」，〈雜傳〉曰：「食」。

「利用獄」，適合處理刑獄之事。〈大象〉曰：「先王以明罰敕法」。謂統治者重視整敕刑罰。互坎為律為法。初、上為監獄為牆，二、三、五為柵欄，四為一人在其中。互坎為幽，為陷，為獄。故「噬嗑」是身陷囹圄，是囚。

「敕」，治理、整治。陸德明《經典釋文》：「敕，《字林》作勅。鄭云：勅猶理也。一云：整也。」

「明罰敕法」，嚴明刑罰，整飭法度。《抱樸子・用刑》：「《易》稱明罰敕法，《書》有哀矜折獄，爵人于朝，刑人于市，有自來矣。」《禮記・王制》：「刑人于市，與眾棄之。」「噬嗑」是市集，古代刑罰施於市集以示眾。此即「明罰敕法」。

《左傳》昭公二十五年：「為刑罰威獄，使民畏忌，以類其震曜殺戮。」杜注：「震為雷震，曜為電曜，可以殺人。意謂古人作刑罰牢獄，是以雷電諸天象為法而象之。」人有違法犯紀者，決之使合於法，故名「噬嗑」。

「噬嗑」是「頤中有物」，是口中含著東西。

以卦形來說，初上兩爻為嘴唇，二三五陰爻為牙齒，九四為口中作梗之物，為咬合之狀。「噬嗑」就是要用力將作梗之物咬斷讓上下兩齒相互咬合。是「吃力」之象。所以「噬嗑」也可以說像是一把剪刀，剪刀之雙刃相交剪斷以得其功。

又錢鍾書在《管錐編》中論及：「「噬嗑」當與「睽」相互參觀，「睽」者，間睽也，「噬嗑」者，破間隔而通之。」「噬嗑」是極力使之合。「睽」是「二女同居，其志不同。」則是力圖分離。

古人爭訟之前要先以財物「束矢」、「鈞金」為抵押，「束矢」即一綑百支箭矢，古人箭矢以青銅為之，如貨幣。此即相當於今日之民事（尚秉和《歷代社會風俗事物考》）。《周禮・秋官・司寇》：「以兩造禁民訟，入束矢於朝，然後聽之。以兩劑禁民獄，入鈞金三日乃致於朝，然後聽之。」鄭玄注：「訟謂以財貨相告者。造，至也。使訟者兩至，既兩至，使入束矢乃治之也。不至，不入束矢，則是自服不直者也。必入矢者，取其直也。《詩》曰『其直如矢』。古者一弓百矢。束矢其百個與？」賈公彥《疏》云：「言禁者，謂先令入束矢，不實則沒入官。若不

入，則是自服不直，是禁民省事之法也。」「獄」，則是刑事，抵押之物更為貴重，故曰「入鈞金」一鈞金為銅三十斤。為何用矢、用金為抵押？矢，取其直；金，取其堅。「訟」卦是民事訴訟，故不言「獄」。「噬嗑」卦是刑事，故卦辭直言「利用獄」。

「噬嗑」是監獄，也是地獄；是競爭激烈，手段殘酷的煉獄；是人吃人的境界。

「頤」也像獄，上卦艮為狗，為犬，下卦震，為覆艮，正覆兩艮，為兩隻犬，「頤」為言，是兩犬中之言，亦為獄。但「頤」之大義為「口實」，故上下所受的限制僅為「節制」而非「限制」故〈大象〉曰：「頤，君子以慎言語，節飲食。」

「噬嗑」是富貴之象，坎為肉，是「肉食者鄙」，是官宦之人；利於為官。

「噬嗑」為口，九四為梗，有人從中作梗。當心口舌相爭執。用力咬決可以去除阻礙。

「噬嗑」為口，為獄，有多言賈禍之象，口舌之災，得罪人；誡逞口舌之能。「頤」卦〈大象〉說：「慎言語，節飲食」當心病從口入，禍從口出。

「噬嗑」為百口莫辯，口中有物不良於言，故不得辯。「獄」字，言在兩隻惡犬中怎能安言，故不得言。

「噬嗑」有止訟之意。已入獄故爭訟止。

「噬嗑」上離先天居東，下震後天居東，故曰「噬嗑」。所以〈象傳〉曰：「雷電並，合而章。」上離為電，下震為雷，是雷電相合。離明使奸佞無所遁形，繼之震雷威嚇打擊。至今仍言雷公電母擊打作惡壞人。

「噬嗑」者，噬而合之。是用力咬合，是用強烈手段而使之合。故曰：「噬嗑而亨」。

「噬嗑」是束諸武力，動用司法。震為威，為武人。如今之司法官、律師。

「噬嗑」是上級打下級的官腔。

「噬嗑」是雷霆，是君王之怒，是君王的訓斥、叱責；在下者無力反抗只能承受。

　　「噬嗑」是晴天霹靂，聲勢浩大；但雷聲大雨點小，警告意味重於打擊。震為萌，在下卦是罪行初萌於下；離為羅網在上，為施於身；是初犯小罪故警告多於施法。故〈大象〉曰：「明罰敕法」。「噬嗑」是迅雷不及掩耳，威勢大，但持續不久。

　　「噬嗑」為何要用咬的，要用強烈手段？因為要去除九四強梗，九四是使局勢變為「頤」、變為安的障礙。「噬嗑」就是要以強烈手段除去其中的障礙，貫徹意志。

　　「頤」卦初陽上承四陰，如「復」卦，運行起來暢通無阻。「噬嗑」上下兩陽之中多了一個九四，九四陽剛是硬角色；四是宰輔大臣，陽剛失位又位居要津，阻隔了上下往來的生機，是如鯁在喉，必去之而後快。九四是全局的障礙，是社會的敗類，是阻擾全局發展的障礙。卦辭說「亨」，〈大象〉說「明罰飭法」多是說要用強硬手段以貫徹意志，如此卦又成「頤」，情勢改為安。

　　何故要用強烈的手段才能將強梗去之以為「頤」卦達道暢通的目的？因為九四是深俱實力，遭強烈手段打壓時必定反撲，硬幹起來兩敗俱傷。

　　「噬嗑」互為「蹇」卦，「蹇」是跛腳，九四陽剛居坎體，坎外柔內剛是堅韌之象，是一個硬角色，若強噬之必遭反噬，硬幹起來兩敗俱傷，自己也受損。

　　就社會而言，「噬嗑」是以刑罰整飭罪犯，故曰「用獄」。《周禮・地官・大司徒》：「凡萬民之不服教而有獄訟者，聽而斷之。」《註》：「爭罪曰獄，爭財曰訟。」「噬嗑」卦有法律刑罰之憂。

　　九四居坎，坎為矯柔，堅韌難斷，故要用力；故此人個性剛猛強韌，聲大手腳快。霹靂閃電緊接而至，急驟之象，是個性暴燥也。此人有暴牙，「噬嗑」是頤中有梗，此梗為牙之大者。「頤」是吃軟，「噬嗑」是吃硬，台語俗「吃力」。「噬嗑」是艱辛勞苦，互坎為勞。

　　「柔得中而止行」是指六五，六五陰柔主獄不會求之太嚴，造成冤獄，以柔居剛，陰柔相濟，如此才能寬猛得宜。「噬嗑」、「豐」、「旅」、「賁」皆是如此。

　　「噬嗑」有爭論之意，「訟」亦如是，不同的是，「訟」是兩造爭論，勢均力敵，不分上下。「噬嗑」是以上察下之惡而治之；所以不辯。

「噬嗑」是「明罰敕法」，是訂定法律於未犯之前，重在宣示警告，若犯法必嚴處。「豐」卦是「折獄致刑」是用刑於已犯罪之後，必詳察以求真相，勿枉勿縱。「噬嗑」是王道，「豐」是司寇之道。法定於明王，獄成於良司。咬斷橫梗，除去強橫也。離日在上，是明鏡高懸；震雷在下，是施法行獄，以去頑強。「賁」是「無敢折獄」，因為掩飾多色，真相不明。上艮為掩蓋，又上艮為回顧，審視，需要深入探究，故不敢斷決訟獄。

「噬嗑」是廟會，大拜拜，是打牙祭，大吃大喝。是熱鬧滾滾，鬧哄哄，是龍蛇雜處，全民狂歡的嘉年華會。

「噬嗑」是撮合，是合作、合併，併吞，吃像難看，不顧顏面，與「睽」相同。

「噬嗑」是市場機制，是市場經濟，是以利為先。

〈序卦傳〉說：「可觀而後有所合，故受之以噬嗑。嗑者合也。」頗具規模之後才有可觀之處，可觀之後才有合作、合併的可能。可觀之後就有人覬覦而一口將之吞入腹中。

「噬嗑」是合縱連橫，全為利害，無有情義。法律刑獄無情義。「噬嗑」是以大吃小。

「噬嗑」之後為「賁」卦是飾。「噬嗑」與「賁」相綜。武的不行就來文的，所以接下來是「賁」是文飾，包裝，喧傳，欺騙，花言巧語，騙死人不償命。這一文一武，一硬一軟，正是兩面手法，一體兩面，文攻武略，其目的就是要吞下肚去。

「噬嗑」是人吃人，「賁」是人騙人。「賁」是偽裝，是騙，上艮下離，艮為覆蓋，離為聰明，是明智被掩，故騙。偽裝、掩飾的目的就是要一口把你吃下去。正是現實動物界的慘忍情狀。艮為狐，是狐狸精，是受迷惑。「蒙」也是欺，下坎為智，是智被蒙。

「噬嗑」是食，是強食，是爭食，是人吃人，是弱肉強食。「噬嗑」是好口腹之欲。孔子說「食色性也」。「噬嗑」是食，「賁」卦是色。「噬嗑」是市集，是武力，是流氓，是市井混混。「賁」是憤怒，是鮮衣怒馬，是紈絝子弟。「噬嗑」明罰敕法是警告在先，「賁」是偽裝欺瞞。

「噬嗑」為市場貿易、如今之市場經濟。〈繫辭下〉：「日中為市，

致天下之民，聚天下之貨，交易而退，各得其所，蓋取諸噬嗑。」《周禮‧大司寇》：「以兩造禁民訟」。鄭玄注：「訟，謂以財貨相告者。」可見兩造爭訟謂的是財貨。「利用獄」，「明罰敕法」恐怕都是因為貿易生意中的財貨糾紛。

初九：屨校滅趾，無咎。
象曰：屨校滅趾，不行也。

「屨」，婁也，曳也。高亨先生：「《周易》踐履之義，皆用履字，而此文獨作屨，且校加於足上，亦不得云踐履。」帛書作「句」。《說文解字》：「句，曲也」即佝。高亨以為作「婁」，拖曳。《詩‧唐風‧山有樞》：「子有衣裳，弗曳弗婁。」《毛傳》：「婁，曳也。」《公羊傳》昭公二十五年：「且夫牛馬維婁，委己者也，而柔焉。」何休注：「繫馬曰維，繫牛曰婁。」

「校」，脛骨，膝以下曰脛骨。字又作「骹〈一ㄠ」《說文解字》：「骹，脛也。」《說文解字注》：「骹，脛也。脛、䠊（膝）下也。凡物之脛皆曰骹。……禮多假校爲之。士喪禮記。綴足用燕几。校在南。注。校、脛也。祭統。夫人薦豆執校。注。校、豆中央直者也。此皆假校爲骹也。」

「校」，木制刑具，在腳為「桎」，在手為「梏」，在肩為「枷」。《說文解字》：「校，木囚也。」《說文解字注》：「校，木囚也。囚、繫也。木囚者、以木羈之也。易曰。屨校滅趾。何校滅耳。屨校、若今軍流犯人新到箸木轉。何校、若今犯人帶枷也。」校是囚人刑具之通名。此謂足上之桎。

「屨校」，即婁校，謂足被校拖拉著曳之而行也。

「滅」，即「歾ㄇㄛˋ」同「歿」，《說文解字》：「歾，終也，又作歿。」《獨斷‧卷下》：「木生火，故處犧氏歾，神農氏以火德繼之。火生土，故神農氏歾，黃帝以土德繼之。土生金，故黃帝歾，少昊氏以金德繼之。」

「趾」是腳掌。《廣韻》：「趾，足也。」《說文解字》：「止，下基也。」《左傳》昭公七年：「今君若步玉趾，辱見寡君。」注：「趾，足也。」

初爻所以言「趾」以震為初，為始之故。

「屨校滅趾，無咎」，謂足被校拖拉著，曳之而行，導致其脛骨折斷，無須畏懼。這是輕罰，非重刑。

「屨校滅趾」，是說初犯，刑罰較輕。或是剛剛進入司法程序尚未決斷，暫時居係於監獄拘留所中。

「滅趾」，是說腳掌被割去，古有刖刑。《莊子・德充符篇》：「魯有兀者叔山無趾。……孔子曰：『弟子勉之！夫無趾，兀者也』。」李注曰：「刖足曰兀」。又《說文解字》：「趹，斷足也。」

「不行」，是腳被割去故不能行走。

「不行」，改過不再犯，受刑不能犯。所以「無咎」。無咎，無有災害。

初爻居震體本利行，行而遇險（互坎），故「不行」。如「屯」初。本卦也互「屯」。

此爻是說人初出有過失，但其過失尚微，所以處罰也從輕，使有所懲，而不積累其罪，以至於過大而誅。

「無咎」，無有災患。

「噬嗑」卦：「利用獄」。〈大象〉說：「明罰敕法」皆是刑獄刑罰之義，初爻在下以足趾為喻，足受刑不能行走。

所謂「小懲而大戒」。初犯故「小懲」，上爻犯深故「大戒」有凶。

〈繫辭下〉：「小人不恥不仁，不畏不義，不見利不勸，不威不懲，小懲而大誡，此小人之福也。易曰：『屨校滅趾无咎，此之謂也』。」甚是。

噬嗑晉

此爻變為「晉」卦。受刑而改過並受大用之象。

囚犯占此僅受小罰無大戮之憂，不凶。以後還有晉升出獄的機會。反之由「晉」變「噬嗑」，本有晉升之機會因為觸法而受誡入獄。

六二：噬膚滅鼻，無咎。
象曰：噬膚滅鼻，乘剛也。

「噬」，喫，嚙，咬嚙；《說文解字》：「噬，啗也。」《玉篇》：「齧噬也」咬吃，貪吃，今日稱作「嗤」。

「膚」，是柔軟肥美之肉，易於咬食。《廣雅・釋器》：「膚，肉也。」《經典釋文》引馬融注：「柔脆肥美曰膚」或說為鮮肉，《儀禮・士聘禮》：「膚，鮮魚、鮮臘。」注：「膚，豕肉也。」至今人們喜食豬頭皮、豬耳朵等皮厚膠質多之肉，因其柔脆肥美。即胰，《說文解字》：「胰，腹下肥也。」《論衡・語增篇》引古語曰：「桀紂之君，垂胰尺餘。」《太平御覽・肥》作：「堯舜至聖，身如脯臘；桀紂無道，肥膚三尺。」膚、鼻都是表面之物。六二爻艮體，艮為表面，故曰「膚」；又艮為山，為顏面，為鼻。突出表面象山形。又有屏東鵝鑾鼻、貓鼻頭突出海岸線之外。

「滅鼻」，猶掩鼻也。謂肉大掩蓋了鼻。

「噬膚滅鼻，無咎」，大口噬咬其膚肉，肉大掩蓋了鼻子，大快朵頤，自然無須畏懼。

這裡的「膚」作「剝離」解也可通；《博雅》：「膚，剝也。」「剝」卦艮在上卦，艮為外衣，為皮膚，故名。「噬膚滅鼻」，這是說鼻被噬咬而剝落。

「滅鼻」，也是古之刑罰，即劓刑。《說文解字》：「劓，刖鼻也。」

「鼻」既是艮象，「滅鼻」是艮象失；就是失去面子，羞羞臉；俗稱「不要鼻子」。

六二受到羞辱。但「無咎」，無有災患。

隱伏於坎水之下，故曰「滅」。

六二乘剛故有此凶象。

六二乘剛不順，有被初九連累之象。

初九腳上戴著刑具，是小懲戒，六二類似劓刑，雖是較輕之刑罰但比初爻刑重。

初九「滅趾」、六二「滅鼻」都是冀望有所懲而知改。《新唐書・吐蕃傳上》：「其刑，雖小罪必抉目，或刖、劓。」可見初爻、二爻都是輕

刑。

二得中，傷不重，刑不過當故可免於咎。

「膚」是柔脆之美物，六二或是因貪心嗜欲貪食而受罰刑。

䷔ 噬嗑 ䷥ 睽

此爻變為「睽」，是乖，是隔離，是孤傲不馴受到懲戒被隔離。

六三：噬腊肉，遇毒。小吝，無咎。
象曰：遇毒，位不當也。

「噬」，咬噬在口而尚未嚥入腹中也。

「腊」，肉乾。《說文解字》：「腊，乾肉也。」又作「臘」，為古人歲末年終的祭祀，至今農曆十二月稱臘月，製臘肉。

「臘肉」，馬融云：「晞丁一（曬）于陽而煬於火曰臘肉」即燻曬晾製成之乾肉。至今猶存，主要是為了保存。

艮為堅，為冬，為終；故曰「腊」。坎為肉，故三、四、五爻皆言肉。

「毒」，厚也，苦也。《說文解字》曰：「毒，厚也。」坎為毒，故曰「遇毒」。「師」〈象〉曰：「以此毒天下而民從之」以下坎為毒。《國語·周語下》：「夫郤氏，晉之寵人也，三卿而五大夫，可以戒懼矣。高位實疾顛，厚味實臘毒。」章炳麟《文學說例》：「厚味臘毒，物極必反。」

「噬腊肉，遇毒。小吝，無咎。」句謂貪食美味，久之則不期而遇味重苦毒不良之臘肉。好在尚未嚥入腹中，故雖有小災，終無大害。

「遇毒」，中毒也。蓋臘肉或因製作技術不良，或因久放生黴而有毒害之故。這也是比喻事態積久，陳穀子爛芝麻的事要斷案則難，也比喻行事遇到麻煩，故「小吝」。

「吝」，遴也；《說文解字》：「遴，行難也。」《孟子·題辭》：「然於困吝之中」。焦循注：「吝之義為難行」。《廣雅·釋詁》：「遴，難」謂難行不進，或是遭遇到困難而事難成。猶今言「累」。

「小吝」，可見麻煩不大，毒不重。

「小吝」是因為有應，六三應上九，是得援助故「小吝」小麻煩，終「無咎」，無須畏懼。無有災患。

此爻言小民不受懲戒，仍然積惡不改。

六三是「吃力」辛苦，裡外不是人。

六三失位，斷案、遇刑自己不公正，又柔弱不敢決斷，所以引起民怨。

䷓ 噬嗑 ䷝ 離

此爻變為「離」，離為網羅，為法網，上下皆法網，六三行法用獄不當，失於公正太過嚴苛。

九四：噬乾胏，得金矢，利艱貞，吉。
象曰：利艱貞吉。未光也。

「胏」，是帶骨的肉。《玉篇》：「胏，肉帶骨也。」馬融云：「有骨謂之胏」。九四居坎卦中，〈說卦傳〉：「其於馬也為美脊」故此當為脊骨之肉。廣言之則連骨帶肉皆可言「胏」。

「乾胏」，經曬乾帶骨的肉乾。這比六三臘肉更難啃食了。

「金矢」，古代青銅製的箭頭。也是錢財。先秦之青銅就是「金」，錢幣、器皿為金所鑄成，都象徵財富。箭矢也是金所鑄成，既是器材用具也可用作為金錢。

「得金矢」，古人射獵的箭矢之後繫一絲繩稱為「繒矢」，利於將箭矢回收，因為銅作的箭矢恐怕比獵物還貴重，所吃獸肉之中還有射獵遺留未鉗出下來的「金矢」，是吉利之象。《左傳》莊公十一年：「乘丘之役，公以金僕姑射南宮長萬。」楊伯峻《春秋左傳注》：「僕姑，矢名。」意謂魯莊公用金矢（金箭）射中宋國的力士南宮長萬。可證。

「噬乾胏，得金矢」，句謂啃食帶骨肉乾，獵肉中的箭矢又未剔出，故意外得到金製箭矢。

「艱」，很也，《說文解字》：「很，行難也。」

「利艱貞吉」就是「艱貞吉」，謂化險為夷，雖艱難而得利；遇得「金矢」是「艱貞」有險；未吞入腹中是「吉」而化夷。

「矢」，聞一多讀為「屎」，意為碎屑。「得金矢」意謂箭矢拔出時斷裂遺留於瘦肉中。

又「矢」，箭矢，比喻直也。曲直也，斷獄用刑必須直。《說文解字注》：「左傳曰：正直爲正。正曲爲直。其引申之義也。見之審則必能矯其枉。故曰正曲爲直。」古人有一個習俗，兩造訴訟，必須先繳交箭矢，既是保證金，也是象徵直者勝，曲者敗；勝者可領回箭矢，曲敗者沒收其箭矢，也就是金矢。聞一多《周易義證類纂》引孫詒讓曰：「據《管子》所云，蓋訟未斷之先，則令兩入束矢。既斷之後，則不直者沒入其矢以示罰，其直者則還其矢。故《淮南子・氾論訓》云，『齊桓公令訟而不勝者出一束箭』明勝者不失矢矣。」又曰：「「大司寇」入鈞金，三日乃致於朝，然後聽之者，此亦謂未斷之先，兩入鈞金，既斷之後，則不直者沒入金以示罰，直者乃還其金。故《易》「噬嗑」為獄訟之象，其九四爻辭云『得金矢』又六五云『得黃金』即謂訟得直而歸其鈞金束矢也。」又《國語・齊語》：「坐成以束矢」。韋昭注：「兩人訴，一人入矢，一人不入則曲。」

「得金矢」，是問財吉，問訴訟得直。兩造訴訟繳交得「束矢」理直者得之，是訴訟勝。

「噬嗑」為市場貿易，〈繫辭〉：「日中為市，致天下之民，聚天下之貨，交易而退，各得其所，蓋取諸噬嗑。」《周禮・大司寇》：「以兩造禁民訟」。鄭玄注：「訟，謂以財貨相告者。」可見兩造爭訟謂的是財貨。這只是民事訴訟。

九四坎體，為險陷，故艱。坎為勞，故累的要命。

坎為隱，有見不得人的事。

這爻是說因受小懲而免大禍，「好家在」。

有意外收獲。

此爻面對艱難而有意外之福，訟獄得直，利於出征，吉。

▤▤ 噬嗑 ▤▤ 頤

此爻變為「頤」。雖艱難而能化解並得福，是雖然勞苦而有功。故吉。九四並未造成頤養吃食的障礙，故吉。

此爻由訟變為不訟，但要歷經一番手腳，贏的利益。但其中有見不得人的黑暗，故「未光」。

「睽」六五「噬膚」，「噬」是噬而能合，「噬膚」是輕鬆一咬就能合，不花什麼力氣就可以合。「噬嗑」九四就沒這麼輕鬆，「噬乾胏」較辛苦。

六五：噬乾肉，得黃金。貞厲，無咎。
象曰：貞厲無咎，得當也。

「噬乾肉」，是說食用獵物製成的肉乾，比吃柔軟地膚肉要辛苦，因為此爻也是刑事訴訟。

「得黃金」，是將先前抵押地「入鈞金」領回，表示訴訟得直，得勝。

「無咎」，無有災患。

「貞厲，無咎」，是辛苦的訴訟過程，終得直而無災害。占問得此爻雖然危險但終無災害。又為爭訟得勝，而得黃金。此黃金於先秦就是青銅之屬。

「貞」是堅守本分。雖有「厲」之難，而能「無咎」，無災害。

九四「艱」，六五「厲」，兩皆吃力。因為訴訟就是一種損失，故曰「貞厲」。九四身在坎中，六五乘九四之剛之故。

六五爻言「黃」者尚有「坤」六五：「黃裳元吉」。「鼎」六五：「鼎黃耳金鉉」。

「得當」者，得中也。處置得當故無咎。

此爻出行有災，但終究無事。

九四「未光」六五「得當」，身分地位不同處理的方法手段也不一樣。

「得黃金」非吉辭，只是還其公道。若吉則下不曰「貞厲」。

「得金矢」、「得黃金」本義為爭訟得直。

䷔噬嗑 ䷘ 无妄

此爻變為「无妄」。勿枉勿縱。不可輕舉妄動。

上九：何校滅耳，凶。

象曰：何校滅耳，聰不明也。

「何」，即是嗑，亦是啃食也。

「何校滅耳，凶。」即本想啃脛骨之肉，卻咬到耳朵，凶啊！

又《經典釋文》：「何，本亦作荷。王肅曰：『荷，擔也』。」《說文解字》：「何，儋也。从人可聲。」《詩·曹風·侯人》：「何戈與祋」。《詩·小雅·無羊》：「何簑何笠」都是荷義。

「何校」就是「荷校」。根據夏元瑜著《千年古雞今日啼》說「荷」是在頸上的木頭，就是後來的「枷」，「校」是堵住耳朵的木极（也許是塞子）。其實「校」是刑具的總稱。施於肩就是枷。上爻的「校」與初爻的「校」不同。

「何校滅耳」就是荷在肩上的「枷」，使人不能逃走，也不能聽聞，故曰「滅耳」。

「滅耳」，就是「聰不明」。

「滅耳」，死亡之象，古人征戰以取敵左耳以為計功。《說文解字》：「軍戰斷耳也。《春秋傳》曰：『以爲俘馘』从耳或聲。馘，馘或从首。」這是重刑。

上九處罰之極，是惡積不改，罪大將受刑，處罰懲戒已經無用。

又耳在頭側，「滅耳」是加刑於首，極凶之象，有性命之危凶。初爻、二爻罪小而輕判，上爻則有性命之憂，是重判，要服刑。

加在肩上的枷既已「滅耳」將要刑殺之象，這不是懲罰要求改過之象。

「聰」，是聽覺，引申為明察，《說文解字》：「聰，察也。」《淮南子·本經訓》：「則目明而不以視，耳聰而不以聽。」《管子·宙合篇》：「耳司聽，聽必順聞，聞審謂之聰。」《註》：「耳之所聞，旣順且審，故謂之聰。」

「聰明」是明察是非。

「不明」謂不清。剛狠不聽從所以「聰不明」是不聽勸諫，自作聰明，自以為是，搞不清楚，不能明察。

「滅耳」則有害於聰，故曰「聰不明」，即耳聾。

「聰不明」就是「聽不明」與「夬」九四：「聰不明」同；是自作聰明，自以為是，搞不清楚。

這與「夬」九四〈小象〉曰：「其行且次，位不當也。聞言不聽，聰不明也」相類。

初九是小人初犯錯故小懲而戒，改過牽善，使之以後不要再犯。上九積小惡而為大罪，罪大不可赦故凶。自作孽不可活。〈繫辭下〉：「善不積不足以成名，惡不積不足以滅身。小人以小善無益而弗為也，以小惡為無傷而弗去也，故惡積不可掩，罪大而不可解。《易》曰：『何校滅耳，凶』。」

「聰不明」，有受小人讒言蒙蔽之象。「滅耳」就是「不聽勸諫」。

《左傳》宣公十四年：「鄭昭，宋聾。」楊伯峻〈春秋左傳注〉：「昭謂眼明，聾則耳不聰，此猶言鄭解事，宋不解事」可參觀。

䷔噬嗑 ䷲震

此爻變為「震」。「震」為出，為驚，「何校滅耳」則是不能出，死亡之凶象。

賁　：亨。小利有攸往。

彖曰：賁亨，柔來而文剛，故亨；分剛上而文柔，故小利有攸往。剛柔
　　　交錯，天文也；文明以止，人文也。觀乎天文，以察時變；觀乎
　　　人文，以化成天下。

象曰：山下有火，賁；君子以明庶政，無敢折獄。

序傳：嗑者合也。物不可以苟合而已，故受之以賁。賁者飾也。致飾然
　　　後亨則盡矣，故受之以剝。

雜傳：噬嗑食也，賁無色也。

賁 小篆

「賁」是古「斑」字。《經典釋文・易》：「引傅氏云：『賁，古斑字。文章貌』鄭云：『變也，文飾之貌』。」《說文解字》：「斑，駁文也。」《說文解字注》：「斑，謂駁襍之文曰辬也。馬色不純曰駁。引伸為凡不純之偁。……楚人謂虎文曰斑。」《韻會》：「斑，雜色曰斑。」《意林》：「見虎一毛，不知其斑。」《四書章句集注》：「頒，與斑同，老人頭半白黑者也。」《西遊記》：「錦繡圍身體，文斑裹脊梁。」

上卦艮覆碗，為皮，為掩飾；下卦離，為麗，為依附。故「賁」為紋飾。〈序卦傳〉說：「賁者，飾也。」也將「賁」卦解釋為紋飾、掩飾、裝飾。《說文解字注》：「釋文作飾。今本作拭。實無二義。凡物去其塵垢即所以增其光采。故者飾之本義。而凡踵事增華皆謂之飾。」《玉篇》：「飾，修飾也。」《周禮・地官・封人》：「飾其牛牲」。《註》：「刷治潔清之也」。又《禮・曲禮》：「飾羔鴈者以繢」。《疏》：「飾，覆也。」

〈序卦傳〉又說：「致飾然後亨則盡矣，故受之以剝。」意思是說文飾、裝飾時久日長，最後終將剝落，故「賁」卦之後為「剝」卦。

又「賁」字從「卉」，從「貝」。「卉」是花卉，「貝」是貝殼蚌螺，亦是裝是美麗，花紋燦爛。「賁」是飾，花團錦簇。艮一陽在外，艮

是小木，是花、葉、果，又如獸之皮毛。離為光彩。「賁」是以光彩掩飾。

小篆

古人以貝為裝飾品係於頸項，《說文解字》：「賏，頸飾也，从二貝。」「嬰，頸飾也。从女賏。」嬰字正象女子頸項繫貝之形。

出土帛書作《繁》，可讀為「紛」。紛者，繁多之意。即「繁華」，文采斑爛，紛然絢麗，眼花撩亂。又為「芬」有塗飾之意，今塗白牆曰「粉牆」。「粉牆」即塗飾也。

又《歸藏》此卦作《熒惑》，「熒惑」就是火星。熒，本義是屋中燈燭之光，熒熒不亮，或閃或搖；《說文解字》：「熒，屋下燈燭之光。从焱冖。」《前漢·班固敘傳》：「守突奧之熒燭」。《註》顏師古曰：「熒熒，小光之燭也。」又熒也有疑惑之意；《集韻》：「熒，烏迴切，音淡。同瑩。聽瑩，疑惑也。」《楚辭·哀歲》：「神光兮頴頴，鬼火兮熒熒。」「熒惑」是同義字連詞。意思是使人迷惑、眩惑。《史記·張儀列傳》：「蘇秦熒惑諸侯，以是為非，以非為是。」

艮一陽在上為明，為星；離為火，為南，為日，亦為星。又艮為掩覆，離為日月星辰，象星光似掩非掩狀，若火星之光芒故作《熒惑》。

熒惑於天象就是火星，《史記·天官書》：「火犯守角」。《索隱》引韋昭曰：「火，熒惑也」，意謂熒熒似小燭之火，忽隱忽現，時亮時暗，晦暗而不明故稱「熒」。運行之軌道，時進時退，蹤跡捉摸不定故稱「惑」。

天象中有「熒惑守心」之說，意思是火星運行至東方蒼龍座之心宿時，停留在心宿第二顆星，心宿二，古又稱「大火」是一顆容易觀察的明亮星體。熒惑與心宿二「大火」兩星相會，熒惑停留並逆行後退又停留，這怪異的天象是「熒惑」知名的由來，也是大凶之兆。《文子·精誠》：「政失於夏，熒惑逆行。」《史記·天官書·索隱》：「若熒惑反道居其舍，所致殃禍速至。」《新序·雜事四》：「宋景公時，熒惑在心，公懼，召子韋而問焉『熒惑在心，何也？』子韋曰：『熒惑，天罰也』。」蓋心宿象徵古代天子舉行大典、頒布政令的地方；《史記·天官書》說：

「心爲明堂」又心宿由三顆星組成，分別象徵天子、太子、庶子，也就是帝王的家的整個世系，《星經》：「心三星，中天王，前為太子，後為庶子，火星也，一名大火，二名大辰，三名鶉火。」因為很亮且色紅故也稱為「火」或「大火」。古籍中的「火」或「大火」都指心宿二，而非今世之火星。這兩大火星相會而逆行的怪異天象，象徵天子有難。西漢末成帝時的丞相翟方進為此代替皇帝服毒自殺，翟方進死沒幾天，漢成帝突然暴斃，接著就是王莽篡位。

　　熒惑是一顆凶星，為悖亂的象徵；《史記·天官書》說：「熒惑爲勃亂，殘賊、疾、喪、饑、兵。」又說「熒惑爲孛，外則理兵，內則理政。故曰『雖有明天子，必視熒惑所在』。」此謂天子雖聖明但還要看熒惑星的運行才知吉凶。又《史記·天官書》《正義》引《天官占》云：「熒惑爲執法之星，其行無常，以其捨命國：爲殘賊，爲疾，爲喪，爲饑，爲兵。環繞句己，芒角動搖，乍前乍後，其殃逾甚。熒惑主死喪，大鴻臚之象；主甲兵，大司馬之義；伺驕奢亂孽，執法官也。其精爲風伯，惑童兒歌謠嬉戲也。」可見「熒惑」之捉摸不定，眩惑難解。

　　「熒惑」也主刑罰；《太平御覽·星上》載：「熒惑謂之罰星，或謂之執法。」而相綜的「噬嗑」為「利用獄」亦為刑罰。

　　「熒惑」是南方之神；《淮南子·天文訓》載：「南方，火也，其帝炎帝，其佐朱明，執衡而治夏；其神為熒惑，其獸朱鳥，其音徵，其日丙丁。」此皆離卦意義。

　　「賁」字通「奔」。《詩·鄘風·鶉之奔奔》：「鶉之奔奔」。魯齊詩，「奔奔」作「賁賁」。故賁、奔相通。《尚書·牧誓》：「武王戎車三百兩，虎賁三百人。」注：「勇士稱也，若虎賁獸，言其猛也。」《廣韻》：「賁，勇也。」《大戴禮記·夏小正》：「十有二月，玄駒賁。」傳：「賁者何？走於地中也。」走，今言跑，《說文解字注》：「徐行曰步。疾行曰趨。疾趨曰走。」又《漢書·百官公卿表》：「平帝元始元年更名虎賁郎」。顏注：「賁讀與奔同，言為猛獸之奔。」《史記·周本紀》：「乃遵文王，遂率戎車三百乘，虎賁三千人。」《集解》孔安國曰：「虎賁，勇士稱也。若虎賁獸，言其猛也。」《墨子·備梯》：「今賁士、主將皆聽城鼓之音而出。」《漢書·百官公卿表》：「漢衛尉所屬有旅賁令」。顏師古注：「旅，眾也。賁與奔同，言為奔走之任也。」是

「賁」即「奔」，一如猛虎獵獸之奔走勇猛。

「賁」既是文飾，裝飾，粉飾，彩繪，光彩耀目，光輝燦爛，五光十色，多彩多姿，錦上添花。也是花樣，偽裝，虛有其表。是「不識廬山真面目」。則「賁」是配角，不是主體，是綠葉配紅花。

「賁」為飾，是風采出眾，鮮衣怒馬，繁文縟節，講究排場。

艮為石，為懇，為厚；離為文明；「賁」外艮內離，有光華內斂，氣質外透之象。艮為節，互坎為智。聰明不外露，智慧肚中藏，行為有節度，一幅「腹有詩書氣自華」的風範。

「賁」是君王的侍衛，鮮衣怒馬，是錦衣衛、御林軍。艮為守，為臣，為門，故為侍衛。

「賁」為憤，為噴，為怒，為勇武，為錦飾。

「賁」為門神，為門前石獅。《風俗通・義祀典》：「虎者陽物，百獸之長，能執搏挫銳，噬食鬼魅。」《風俗通義祀典》：「謹案《黃帝書》：『上古之時，有神荼與鬱壘昆弟二人，性能執鬼。度柏山上有桃樹。二人於樹下簡閱百鬼，無道理妄為人禍害，神荼、鬱壘縛以葦索，執以食虎』，於是縣官常以臘除夕飾桃人，垂葦茭，畫虎於門，皆追效於前事，冀以禦凶也。」

「賁」是欺瞞，上艮下離，艮為覆蓋，離為聰明，是明智被掩，故騙。又艮為狐，是狐狸精，是受迷惑。《老子》說：「五色使人盲」。

「賁」就是蒙，二至上互為「蒙」。「蒙」也是欺，下坎為智，是智被蒙。

「賁」是飾，專重文飾，注重表面功夫，是形式化的虛浮。是形式化，只重視文書，是舞文弄墨。是有才不顯。艮為掩，離為明，坎為智。

互「解」卦，假以時日，有才不顯之憾必可解。可解則通。互「解」卦，偽飾被差穿。粉飾太平久必瓦解。也是〈序卦傳〉說：「賁者飾也。致飾然後亨則盡矣，故受之以剝。」瞞得了一時，瞞不了一世。

「賁」是財。艮為土，離為火；坎為水，震為木，是水生木，木生火，火生土，土生金；相生則通，通則生財也。

「噬嗑」強調法治，「賁」強調文化禮儀。

「噬嗑」之後是「賁」，「賁」為文飾。兩卦互綜，「噬嗑」是以武力解決的強硬手段，「賁」是以文柔的迂迴方式。一文一武，兩面手法，文攻武嚇，以達目的。「噬嗑」是人吃人，「賁」是人騙人。一吃人，一騙人。騙死人不償命。「賁」與「噬嗑」相綜為一體之兩面，「噬嗑」為強硬手段以除去障礙，故憤勇沸猛。是鬥爭激烈粗厲強暴，吃相極為難看，但又怕遭人非議，故繼之以「賁」卦，假以粉飾遮掩美化，是欺瞞哄騙。西洋鏡總有一天被拆穿，故繼之以「剝」卦。艮為迷，為覆蓋，為表面，坤為亂，為虛。表面被剝，底蘊盡現，內虛而爛。

「賁」為飾，動物身上的花紋不是偽裝的保護色，就是警戒色。如今軍人服飾之迷彩。「賁」也是憤怒虛張聲勢。俗語「會叫的狗不咬人」。

〈雜卦傳〉說：「剝，爛也。」爛是燦爛，如「賁」飾太過，所有的陽氣全都投入自燃如星光般燦爛。爛也是太熟了，內部潰爛，只重外表，不重實在，根基盡爛，自會剝落。文是表面的，是依附於本質之上的；若質勝於文，則社會的發展有限。若文勝於質，則文飾太過，本質被削弱，社會浮華也要出問題。《論語‧雍也篇》：「質勝文則野，文勝質則史，文質彬彬，然後君子。」互「解」卦，文飾不耐久必剝解。

「賁」在「噬嗑」之後，一以文化，一以法制。禮儀等為文明的表現，是人類行為的文飾。人群聚集，社會行成，先約之以法，在束之以禮，這些禮儀制度就是文飾。所以「賁」在「噬嗑」之後，「噬嗑」為法。「賁」為裝飾，眼花撩亂，故〈大象〉：「山下有火，賁；君子以明庶政，無敢折獄。」反之「電雷噬嗑；先王以明罰敕法。」

「賁」是白色，素色；〈雜卦傳〉：「賁，無色也。」《禮記‧禮器》：「白受采」。因為是無色、素色才需要文飾，才能受五采之飾。〈雜卦傳〉釋「賁，無色」，大有返樸歸真，色多則盲，盲則無色也。

喜愛五光十色美麗之物也是人之本性，「賁」文飾就是此意，權位名望，頭銜珠寶，光顯奪目，都是身外之物，所以《老子》說：「五色使人盲」。光鮮亮麗，鮮衣怒馬都是假象，君子務本，本立而道生。一切文飾不能踰越本質。太重裝飾是太過於重視表面功夫，粉飾太平，一味遮掩，像塗著厚厚粉底的遲暮美人，社會如此風氣必定敗壞，如此僅有的一點亨通也會殆盡。

「賁」雖外表光鮮，但總是配角，所以雖能「亨」，但只得「小」不能「大」。

又《千百年眼》引唐郭京校本謂「小」當作「不」。即「賁」：「不利有攸往」裝飾、掩飾、偽裝、欺瞞終有拆穿的一天，故虛好看不實在粉飾的「賁」當然「不利有攸往」。

「賁」之後為「剝」，「剝」一陽在上，根基盡失，只要守住一絲陽氣總有復興之機，這就是剝盡復來，一元復始。

「賁」也是焚。火燒山林。艮為小木，離為火。

「賁」也是「噴」，上山下火，火山噴發、噴薄而出之象。

「賁」如「明夷」，上艮為山，下離為日；象徵太陽落山，為黃昏取婦之時。《說文解字》：「婚，嫁婦也。禮，娶婦以婚時。婦人陰也，故曰婚。字通作昏。」《太玄・內》：「昏者親迎之時」。李鏡池《周易通義》說：「「賁」卦講的是對偶婚迎親的故事。」「賁」卦像黃昏迎親，而婚慶必有彩飾，故「賁」有「文飾」之義。

「賁」為黃昏，為飾，有彩霞滿天之象，可惜「夕陽無限好，只是近黃昏。」又黃昏之時由明入暗，視線不明，叫人迷惑不清。

「賁」為「無色」「無色」是本色，本質是無色的，才能接受顏色。「無色」是虛以接受，不預設立場。「無色」是顏色太多，眼花繚亂，看不清楚，就是《老子》說的「五色使人盲」。「無色」是透明，也是一種偽裝。

〈大象〉曰：「以明庶政」。庶政，就是庶務，一般行政，一些小事，皮毛之事。就國家而言，庶務行政為文，君子以行政助國家運作；「政者治之飾也」。處於「賁」卦時要重實際，事雖小而必為，不因為小而忽略。就是「勿因善小而不為，勿因惡小而為之。」

〈大象〉又曰：「無敢折獄」行獄施刑要講真實之情，是本質的部分；而「賁」所言為文飾，是舞文弄墨的，不合刑獄之道，所以不敢折獄。

「折獄」，就是斷獄；孔穎達《疏》：「斷決獄訟」法是文網，弄法者曰「舞文」秦時之法，多如牛毛有如網般，無所不約束；及劉邦進入關中，孺子嬰出降，盡去秦法。只與民約法三章：「殺人者死，傷人及盜抵

罪。」關中父老感念其德，奠下其日後再入關中之基。

「無敢折獄」者，「賁」是裝飾，文采斑爛，眼花撩亂，疑惑「不識盧山真面目」，故不敢折獄。

「賁」如「明夷」，主王死，艮山為墳，為君王的墓，如秦始皇的驪山，漢以後稱陵。問病不吉。

《孔子家語》說：「孔子常自筮，其卦得「賁」焉，愀然有不平之狀。子張進曰：『師聞卜者得「賁」卦吉也，而夫子之色不平，何也？』孔子曰：『以其「離」耶，在《周易》山下有火謂之「賁」，非正色之卦也。夫質也黑白宜正焉。今得「賁」，非吾之兆也。吾聞丹漆不文，白玉不雕，何者？質之有餘，不受飾也』。」蓋質好何需飾，飾必有所隱。

「賁」流星也。「賁」之為「奔」，上艮為星，下離為日，為光。古稱流星為「奔星」，流星似火。《漢書・司馬相如傳》：「奔星更於閨闥，宛虹拖於楯軒。」顏師古注：「奔星，流星也。」《史記・天官書》：「天狗，狀如大奔星，有聲，其下止地，類狗。所墮及，望之如火光炎炎沖天。」《集解》孟康曰：「星有尾，旁有短彗，下有如狗形者，亦太白之精。」《文選・揚雄・長楊賦》：「疾如奔星，擊如震霆。」《說苑・奉使》：「夫專諸刺王僚，彗星襲月，奔星晝出。」

又奔星，形容快速，《敦煌變文集・伍子胥變文》：「天兵有限，不可久停，馬乃擊電奔星，行至子胥妻捨。擬迎婦歸吳國。」與虎賁同義。

又「賁」有龜卜意。《爾雅・釋魚》：「龜，三足賁。」《疏》：「龜之三足者名賁」。

又「賁」有敗之意。《禮記・射義》：「賁軍之將，亡國之大夫與為人後者不入。」鄭玄注：「賁，讀為僨；僨，猶覆敗也。」故「不利有攸往」。

初九：賁其趾，舍車而徒。
象曰：舍車而徒，義弗乘也。

「賁」作「奔」，奔走快跑之意。《漢書・爰盎晁錯傳》：「戍者死於邊，輸者僨於道。」僨、賁，奔也。

「趾」是「止」的後起字，止是本字，趾是俗字。最初的《周易》應該書寫的是「止」。《說文解字》：「止，下基也。象艸木出有址，故

以止爲足。凡止之屬皆从止。」《說文解字注》：「許書無趾字。止卽趾也。詩麟之止。易賁其止、壯于前止。士昏禮北止。注曰。止、足也。古文止爲趾。」

「止」有二義，一是停止，也是行止。「步」字本為上下兩止，一前左腳，一後右腳，像是步伐故為行走的意思。

初爻多言「趾」，在一卦之下故為趾。本義為腳掌，《詩・周南・麟之趾》毛傳：「趾，足也。」此作為步伐。

「賁其趾」，即奔其趾，是徒步奔走疾行，急忙奔走跳躍，辛苦勞累，故下曰「舍車而徒」用腳奔走，不乘坐車馬。

「賁」之初為庶民或是「士」，故步行賁走不乘車。大夫等貴族才乘車，故「士」捨車而徒步。「賁其趾」，乃指為士者自飾其行。

「賁」之初剛剛開始修飾，程度輕，即樸實之意，「賁其趾」是初步基礎裝潢底漆要上的好往後的裝飾才能漂亮，故樸實無欺。

「賁其趾」，是在腳上刺上紋飾。趾，是步行，一步一腳印。賁是文采，是禮儀文明，不同階級則使用的紋飾、裝飾不同。初爻在下，下車徒步露出腳上的刺青紋飾。

「噬嗑」初爻「履校滅趾」用剛處罰，「賁」初爻「賁其趾」用柔為表率。

「賁其趾」，修飾自己的行為。掩飾其跡。

「舍」，捨也。

「車」，古音居。至今象棋依然唸居。坐車而行如人居屋舍之中，故車音居。《釋名・釋車》：「車，古者曰車，聲如居，言行所以居人也，今曰車，聲近舍。車，行者所處若居舍也。」

「徒」，赤足徒步。《說文解字》：「徒，步行也。」《廣雅・釋詁》：「徒，袒也。」袒謂袒足。《詩・小雅・黍苗》：「我徒我御」。《禮記・王制》：「君子耆老不徒行」。《韓非子・初見秦篇》：「頓足徒裼」。《戰國策・韓策》：「秦人捐甲徒裎以趨敵。」徒字皆赤足步行之義。

初與四應，初言「車」，四言「馬」，意近。

「舍車而徒」，是安步當車，初九正當「勿用」之時，安於徒步。是一步一腳印，是實實在在。赤足徒步才能將足上的刺紋讓大家看清。有車不乘，謂虛榮而赤足徒步，這是務虛不務實。此或是古人習俗。

「車」，是貴族有身分地位之象。

「舍車而徒」，是貶抑、降級之象。初爻卑下故無車。有車不乘而下車赤足徒步奔走，貶抑了自己的身分，或是身分低下本就不該乘車，而徒步。

「乘」，乘車。《左傳》桓公十八年：「使公子彭生乘公」。杜預注：「上車曰乘」。

「義弗乘」，言志行高潔，不肯苟乘。在浮華繁飾之時，初九僅守本分，不急功好利。

有車不乘徒步而奔走是勞碌之象，故要動，靜守不吉。捨車不乘而徒步以顯示其紋飾，此不務實而務虛飾也。

䷕ 賁 ䷳ 艮

此爻變為「艮」，懇也。固執實在。「艮」為止，「賁」奔。

艮為少男，是少年仔，「賁」為「噴」，「徒」也可作「縱」，不乘車而縱馬，將馬修飾美華，如飆車少年，是腳踏風火輪的哪吒。

六二：賁，其須。
象曰：賁其須，與上興也。

「賁」，紋飾，雜色也。《呂氏春秋·壹行篇》：「孔子卜得「賁」。孔子曰：『不吉』，子貢曰：『夫賁亦好，何謂不吉乎？』孔子曰：『夫白而白，黑而黑，夫賁又何好乎？』」可知雜色文飾為賁。

「須」，就是鬍鬚，是陽氣盛茂之象。《說文解字》：「須，面毛也。從頁，從彡ㄕㄢ丶。」《釋名·釋形體》：「頤下曰鬚，鬚秀也。物成乃秀，人成而鬚生也，亦取須體幹長而後生也。」三至上為頤，頤為口，故為鬚。本作須，鬚是俗字。

「賁其鬚」，修飾其鬍鬚儀容，是美髯公，盛年之象。或謂美鬚長髯，黑白斑駁。謂身強體健有壽考之徵也。

初爻是少年，二爻是壯年，美髯是強壯氣勝剛猛之象，如唐太宗的鬍髭可以吊弓。

六二陰爻女子怎會有鬚？

「賁其鬚」，就是「賁之以鬚」；是以鬚來裝飾，有裝扮、易容、帶面具之意。

「賁其鬚」，是演員用的「髯口」，是扮演不同角色的演員，是以戲劇來宣導之意。如演戲酬神，辦理婚宴之類。傳統戲曲老生也稱「鬚生」。

「與上興」，是秀髯興盛，神采飛揚。

又「鬚」者，須也；須者，女須也，為賤妾。《藝林彙考》卷八：「須者，賤妾之稱。古人以婢僕為餘須亦作餘胥。」

「與上興」者，即喜上興也。即求婚配之意。

又《漢書·天文志》：「須女四星，賤妾之稱。」演員就是優伶，古人優伶地位比娼妓還低。

「待」與「侍」與「等」皆从「寺」，艮為寺，為童僕；童僕是侍候人的人。

又「須女」，星名。《史記·天官書·索隱》：「《廣雅》、《爾雅》：須女謂之婺女。」《正義》：「須女四星，亦婺女，天少府、南斗、牽牛、須女皆星紀……須女婦職之卑者，主布帛裁製嫁娶。」「須」，婺也，是美女。

又「須」，止也，《爾雅·釋詁》：「須，待也。」有遲緩的意思，孔子弟子樊須，字子遲。

「賁，其須。」是奔跑啊，速度遲緩，何處可以止息！

「與上興」是趕緊跟上不可落後，抱大腿啊。

「須」是「虛」，自己是虛的，所以要依附他人，尋求靠山。

又坎，〈說卦傳〉：「其於人也為加憂」又「為矯輮」。「憂」者，優也。「矯」者，詐也。坎為隱為欺蒙也。皆有裝飾、假裝之意，故為演員優伶。

又「需」〈彖〉曰：「需，須也。」「需」上坎也。是坎為須也。又

「歸妹」六三：「歸妹以須。」亦居坎體。

賁大畜

此爻變為「大畜」，絡腮鬍，美髯公。「大畜」為止而畜，「賁」為奔，為向前奔，不止息。「大畜」為厚實，「賁」為空虛，故要掩飾。

「興」，起也。

「與上興」有巴結之意，因為鬍依附頤而生。

初爻「賁趾」，尚有行，二爻「賁鬚」可是真的賁，因為鬚可有可無，重視鬚的修飾，

是不急之務。須、需都有等待之意。「賁其須」，待天時也。「大畜」為得天時。此爻關乎天文以待天時。離為天文，艮為冬，為終。

九三：賁如，濡如，永貞吉。
象曰：永貞之吉，終莫之陵。

「賁」，修飾。

「濡」，是潤澤、光亮。《詩‧小雅‧皇皇者華》：「六轡如濡」。用水刷洗使之潔亮。

「賁如，濡如」是洗刷裝飾的光顯亮麗。

又「濡」，是沁濕。《詩‧邶風‧匏有苦葉》：「濟盈不濡軌，雉鳴求其牡。」《毛詩注疏》：「濡，漬也。」

「賁如，濡如」，奔跑，汗水沁濕了。或謂大雨沾濕了其毛髮長鬍。《易》常以遇雨為吉兆。「睽」上九云：「往遇雨則吉」。「夬」九三云：「君子夬夬獨行，遇雨若濡，有慍，無咎。」「鼎」九三云：「鼎耳革，其行塞，雉膏不食，方雨虧悔，終吉。」並其例。

《易經》中「某如某如」者，都有猶疑不決、左右難定之意。如「屯」六二「屯如，邅如，乘馬班如」，「晉」初六「晉如摧如」。

九三的文飾更甚六二，六二修鬚已經是不急之務，九三更重視修飾，將鬚修的光亮潤澤，但又擔心太過於修飾，故曰「賁如，濡如。」

「永貞吉」是「要永貞才吉，不貞則不吉。」要固守堅持，不可以超過限度，守住中道，才能吉。

又「賁如，濡如，永貞吉」，是奔跑大汗淋漓，要堅持下去，則吉。

「陵」，凌駕。「終莫之陵」，終不可勝。終不可使文飾超過本質。「終莫之陵」是不能登上高峰，不能登峰造極。

九三為「究」，是老年，鬍鬚依然光亮潤澤，精神奕奕，老而彌堅，老當益壯之象。

☷☶ 賁 ☶☳ 頤

此爻變為「頤」，老人要知「懲忿窒慾」，「大壯」要「利貞」，所以此爻要「永貞」不然「老而不死之謂賊」，不祥。

「終莫之陵」，是終不能勝過歲月，人終要老。

此爻文飾太過，不知節必凶。

爻變「頤」為退修老人，頤養天年，壽考而衣食無缺之象，有清名而望重。

「濡」也是「儒」，學者，文采雖盛，但不能登峰造極，有學問清望，但不能能家立派。

六四：賁如，皤如，白馬翰如，匪寇婚媾。
象曰：六四當位，疑也；匪寇婚媾，終無尤也。

「賁」，奔也。此爻言馬之奔。即飆也，《玉篇》：「飆，暴風也。」意思是馬行疾如風也。

「皤」，音盤，《經典釋文》董遇曰：「馬作足橫行曰皤，……董、黃云：『馬舉頭高仰也』。」宋翔鳳說：「馬作足橫行曰蹯。蹯亦作蟠，盤旋也。」又《說文解字》：「皤，老人白也，從白，番聲。」蓋物白皆可謂皤，故其字從白。

「賁如，皤如」，謂馬色皤然，又奔飆行速快，突遇事，勒馬而馬頭高舉，馬行盤旋不進。

「翰」，高大白色馬。又聞一多：「翰通幹，高也。」《禮記‧檀弓》：「夏后尚黑……戎事乘驪。商人尚白……戎事乘翰。」「皤」也有白的意思，朱駿聲《說文通訓定聲》：「皤，斑白。」《漢書‧敘傳下》：「營平皤皤，立功立論。」顏師古注：「皤皤，白髮貌也。」《說

文解字》：「皤，老人白也。」

句謂乘馬快奔飆行，忽然勒馬盤旋不進，見那高大的白馬，不是賊寇仇敵而是迎親的親戚隊伍。

「皤」，也通「蕃」，美盛貌。

「賁如，皤如。」是裝飾美盛，此就「馬飾」而言。因為後有「白馬翰如」句。《詩・衛風・碩人》：「四牡有驕，朱幩鑣鑣。」《毛傳》：「幩，飾也」。與此同。現在我們迎親也會將座車裝飾的美盛。

「白馬翰如」是慎重其事，騎著美麗盛裝高大的白色馬。

「白馬翰如」是顯衣怒馬狀。

《易經》中所有的「匪寇婚媾」都是先疑後和，轉折之謂。聞一多以為「婚媾」者為親戚，也通。

《易經》言「匪寇婚媾」者凡三，另外二爻是「賁」六四：「賁如皤如，白馬翰如，匪寇婚媾。」「賁」六四與初九相應，二三四爻互為坎，坎為盜。「睽」上九：「先張之弧，後說之弧，匪寇婚媾。」「睽」卦上九與六三相應，三四五互為坎，坎為匪。

「皤」是斑白的頭髮。《博雅》：「白也」《玉篇》：「素也」。

「白馬」是素馬。

「皤」、「白馬」皆素色。

「尤」，《廣韻》：「怨也」。

句謂大量裝飾華美的車乘，各個顯衣怒馬。初看以為是來劫掠搶親的賊寇，細看原來是親戚組成迎親的隊伍。

此爻先苦後甜，先難後易，問婚姻、交易可成。

▤▤賁▤▤離

此爻變為「離」。交運脫運。

此為上古社會俘虜奴婢，掠奪搶婚之俗；陳子展《詩經真解》云：「蓋此一蠻俗最早之見於文字記載者乎？是復尋繹其文之義蘊而串講之：蓋謂、突見道上人眾一行，有少而盛妝者，有老而樸素者，有白馬鮮潔者。其馬用之於之子于歸乎？抑用之於捆載而歸乎？匪寇乎？抑婚媾乎？

而其下文云、『疑也』。已自明其為疑似之辭也。下文又云：『匪寇？婚媾？終無尤也』。無尤，則終慶其為婚媾之勝利矣，而未見其必為匪寇也。」可以參觀。

六五：賁於丘園，束帛戔戔，吝。終吉。
象曰：六五之吉，有喜也。

「賁」，賁，奔也；此爻往山上奔，即跋涉，奔波。

「丘」，是山丘，古人築宅建村興城建邑多於四面高，中間低之盆地。三四五爻互震，震為丘。古字丘、虛、虞相同。〔圖〕丘籀文 〔圖〕丘小篆 〔圖〕虛小篆 〔圖〕隸變

「園」，是屋外的園圃。

「丘園」，謂宅邸村莊園圃之地。

「束」，是綑綁之意。

「帛」，絲帛，《說文解字》：「帛，繒也。」《廣韻》：「帛，幣帛。」古人也以絲製品為貨幣。《禮記‧月令》：「天子布德行惠，命有司發倉廩，賜貧窮，振乏絕，開府庫，出幣帛，周天下。」

「束帛」，是捆為一束的五匹帛。為古代問聘饋贈的禮物，如「束修」。《儀禮‧士冠禮》：「主人酬賓，束帛儷皮。」這是男方給女方的聘禮之物五匹絲帛。五匹絲帛捆為一束，古代作為聘問、饋贈之禮物。《子夏傳》：「五匹為束。三玄二纁，象陰陽。」《周禮‧春官‧大宗伯》：「孤執皮帛。」鄭玄注：「皮帛者，束帛而表以皮為之。」賈公彥疏：「束者十端，每端丈八尺，皆兩端合卷，總為五匹，故云束帛也。」《孔子家語‧致思》：「顧謂子路曰：『取束帛以贈先生。』」

古代婚嫁六禮中的第四禮。男方擇一吉日，送禮物章服到女家的禮節。《儀禮‧士昏禮》：「納徵，玄纁、束帛、儷皮，如納吉禮。」《禮記‧昏義》：「納徵、請期。」孔穎達《正義》：「納徵者，納聘財也。徵，成也，先納聘財而后昏成。」亦稱為「納幣」。按《公羊傳》隱公元年：「乘馬束帛」。注：「束帛謂玄三纁二。玄三法天，纁二法地。」《儀禮‧士昏禮》所記載的男方娶女納采、納吉、納征皆為束帛。

「賁於丘園，束帛戔戔」，於男方來女家納徵下聘之日，張燈結綵，裝飾家園。

「戔」，殘碎而多也。《說文解字》：「戔，賊也。从二戈。《周書》曰：『戔戔巧言』」。《說文解字注》：「此與殘音義皆同。故殘用以會意。今則殘行而戔廢矣。」朱駿聲曰：「戔，即殘字之古文。《廣雅・釋詁・四》：『戔，傷也』。」《子夏傳》作「殘殘」。

「戔戔」，截截也，整齊也。《詩・商頌・長發》：「相土烈烈，海外有截。」《箋》云：「截，整齊也。相土居夏后之世，承契之業，入為王官之伯，出長諸侯，其威武之盛烈烈然，四海之外率服截爾整齊。」

「束帛戔戔」，字面上的意思是殘破的布匹，引申為騎馬奔馳中的旗幟如帛匹撕成一條條飄搖的飛揚。

「戔戔」，多而茂盛也。以少積多，六五有坤之德性，坤為積小為多。

「束帛」，謂做為禮品的束帛，整理得整整齊齊。誠心敬意，合於禮數。

「束帛戔戔」，謂禮品豐盛。

「吝」，即遴、累、難行。

「賁於丘園，束帛戔戔，吝。終吉。」句謂奔馳於田園山丘之中，旗彩飄揚，雖有小災難行，終能克服而吉。或說禮數周到，禮品整齊而豐盛，雖有小挫折，終究得以成婚而吉。

「賁」卦有嫁娶之義，上艮為東北，〈說卦傳〉：「艮，東北之卦也；萬物之所成終始也。」是一個階段的結束，另一個階段的開始，故為女家之所在。

「賁於丘園」，是已經答應出嫁的女家張燈結綵裝飾得喜氣洋洋。

「束帛戔戔」，禮物受到損傷。

「吝」，遴也；《說文解字》：「遴，行難也。」《孟子・題辭》：「然於困吝之中」焦循注：「吝之義為難行」。《廣雅・釋詁》：「遴，難。」謂難行不進，或是遭遇到困難而事難成。又如今言「累」。可能是因為聘禮的多寡與整齊與否使迎親出了問題遇到困難。

「賁」本有好大喜功之象，聘禮多寡問題至今仍存在。艮為面，是好面子，講排場。

「終吉」，終成良緣。故〈小象〉曰「有喜」是得財。

六五陰承上九陽，故「有喜」。沒辦法不同意因為以有孕。

「束帛戔戔」，以禮尊賢。

「束帛」，是古代送給隱士高人的禮物，如喇嘛教的「哈達」。

此爻亦有隱居之象。《通典‧雜議論下》：「藝能超絕及懷才未達，隱德丘園。」

䷕賁䷤家人

此爻變為「家人」。

終成一家人。「丘園」是終老之地，洗盡鉛華，退隱山林。

上九：白賁，無咎。
象曰：白賁無咎，上得志也。

「白賁」，飛奔也。「白」通「飛」。

「白賁，無咎」，飛奔向前，無須畏懼。

上九居「賁」最上，至飾等於無飾，反樸歸真，回歸原始，故曰「白飾」。

「白」，沒有添加任何東西的，本來面目。如白開水。

「白賁」就是白璧。石美而無飾。

「白賁」是本來面目，是樸質之象全無修飾。

這爻就是〈雜傳〉說的「賁，無色也」盡飾不如無飾。

上九是修飾的最後階段，塗上一層透明保護色。

上九歷經繁華修練終成正果。

上九下乘重陰，故曰「得志」。陽得陰而通故「得志」。

此爻由入世而出世。

「大畜」上九曰：「道大行也」。「損」上九曰：「大得志」。「頤」上九曰：「大有慶」。與此義同。

又「白」，為明，如明白。《荀子・解蔽》：「知賢之謂明。」艮為賢，一陽在上故為明。

艮為成，為終，為祖，為鬼，人死為鬼。《說文解字》：「人所歸為鬼」。上爻又唯一卦之終。明者，明器也。賁為墳，人死埋之於墳，陪葬的器物為明器。《禮記・檀弓上》：「夫以明器、鬼器也；祭器、人器也。」

賁 明夷

此爻變為「明夷」，日落天黑，「賁」上九是日落前的美麗晚霞。「明夷」有飛鳥之義，故「白賁」，飛奔也。「賁」上九也是紋飾之終，故為陪葬之物，盡人終之禮。

剝　：不利有攸往。

彖曰：剝，剝也，柔變剛也。不利有攸往，小人長也。順而止之，觀象
　　　也。君子尚消息盈虛，天行也。

象曰：山附於地，剝。上以厚下安宅。

序傳：賁者飾也。致飾然後亨則盡矣，故受之以剝。剝者剝也。物不可
　　　以終盡，剝窮上反下，故受之以復。

雜傳：剝爛也，復反也。

𣂴小篆 㓡小篆

「剝」本意是割裂，从刀，从彔；也作「剝」。《說文解字》：
「剝，裂也。从刀从彔。彔，刻割也。彔亦聲。剝，剝或从卜。」「剝」
也是摘取，《詩·小雅·信南山》：「中田有廬，疆埸有瓜，是剝是菹，
獻之皇祖。」《莊子·人間世》：「夫柤梨橘柚果蓏之屬，實熟則剝，剝
則辱。」但是從卦象一陽在五陰之上，艮為外衣，為皮；又為終，為成；
又為手，為擊；坤為虛。卦象是一個長到了最後熟爛可以食用的果實，不
是自熟剝落，就是遭採摘，甚至撲打果實剝落以便採集，然後剝皮食用。
〈雜傳〉直接就說：「剝，爛也。」即是此意。所以，「剝」有「扒」的
意思，扒與撥同義。《廣韻》：「扒，撥也。」用手曰扒，曰撥。用刀曰
剝。《詩·小雅·楚茨》：「絜爾牛羊，以往烝嘗，或剝或亨（烹），或
肆或將。」朱熹注：「剝，解剝其皮也。」

「剝」卦，果實成熟，撥擊採取，《詩·豳風·七月》云：「八月
剝棗」。《毛傳》云：「剝，擊也。」蓋讀「剝」為「撲」也，即「攴
夂乂」字。《集韻》：「攴，或作撲扑。」《說文解字》：「攴，小擊
也。」

攴，小篆作𣁶，像右手持杖作打擊狀。《說文解字注》：「擊、攴
也。此云小擊也。同義而微有別。按此字从又卜聲。又者手也。」《莊

子・人間世》：「夫柤、梨、橘、柚、果、蓏之屬，實熟則剝，剝則辱，大枝折，小枝泄。」孔穎達：「剝，剝落也。剝，扐也，分也，分解曰剝。」果熟以杖擊果，使之墜落易於採集，果實剝落則扐皮以食果肉。故剝有擊，有扐皮分解，有熟爛，有落之義。

「剝」有剝離的意思。《廣雅・釋詁》：「剝，離也。」這與上艮下離的「賁」卦相似，毛皮美麗者身之害也，《文子・符言》：「其文（紋）好者皮必剝，其角美者身必殺，甘泉必竭，直木必伐，華榮之言後為悠，石有玉傷其山，黔首之患固在言。」剝者，剝離也。

「剝」艮山在坤地之上，如高山附長於大地；高山受風侵雨蝕等自然現象風化，只見坍蹋崩落，不見生長。有剝落之象。「剝」是剝落，剝蝕。上艮下坤，山出於地，山高於地故被剝蝕削損。《黃帝四經・十大經・正亂》：「累而高之，踣而弗救。」即此意。居高當思危。

相反的 ䷎「謙」卦，上坤下艮，山入於地，自我減損謙抑。《老子》：「其善下之，故能為百谷王。」故「謙」卦「亨」而能「有終。」「剝」卦也是終。陽被陰所浸逼至最後，只能返下為 ䷗「復」卦，一陽入土地之中潛藏待機而出。〈說卦傳〉云：「乾為木果」，就是說植物的果實將陽氣儲存其中，剝落入土，陽氣待時機（就是春季）成熟而發萌。

「剝」既然一陽在上，無可再上，到此為止，故卦辭曰：「不利有攸往。」上艮為止，為限，為涯，為關卡，為邊界故不離於前行而往。《黃帝四經》：「高而倚者崩」。故「剝」卦「不利有攸往」。

「剝」本是果木凋謝之義。引申為殘剝日窮、事物衰落、凋謝都可以叫「剝」。一陽在上是碩果僅存也。為保留生機，宜靜不宜動。

《歸藏》作《仆》，《說文解字》：「仆，頓也。」《爾雅・釋言》：「前覆曰踣」。至高下爛，由上仆倒而下。又「仆」作「僕」，「僕」，奴隸小臣也，古之服賤役者為僕。艮為臣，坤亦為臣。《左傳》昭公七年：「王臣，公臣大夫，大夫臣士，士臣皁，皁臣輿，輿臣隸，隸臣僚，僚臣僕，僕臣臺。」《禮記・禮運》：「仕於公曰臣，仕於家曰僕。」剝、僕古音同。《說文解字》：「臣，牽也，事君也，象屈服之形。」《廣韻》：「伏也，仕於公曰臣，任於家曰僕。」艮為小臣，為僕。

〈彖傳〉曰：「剝，剝也，柔變剛也。不利有攸往，小人長也。」說的是陰爻由初爻息長至五爻。陰為柔，陰長陽消故曰「柔變剛」。陰為小人，陰長陽消，故曰「小人長也」。小人得勢之時僅存的一陽要保留生機，故「利有攸往」。「小人長」，有後宮淫亂之象。〈雜傳〉：「剝，爛也。」《後漢書・董卓傳》注云：「剝，亂也。」上卦艮為止，下卦坤，及互卦也為坤。艮為臣，為豎；坤為庶眾，皆為小人。又艮覆碗為居宅，為宮殿；坤為後。此卦之象如後宮婦人為亂。「觀」卦二陽在上，還壓得住重陰，故有魚貫之寵。「剝」卦一陽壓不住眾陰，只能自保。

「小人」，陰人也。陽為君子，陰為小人。男子為君子，婦人為小人。在位的是君子，無位的為小人。又在宗法制的古代嫡子為君子，庶子為小人。貴族為君子，庶民為小人。主人為君子，部屬為小人。君子、小人是相對的，尤其是在《易經》成書的年代是宗法制度盛行的時代，是其標準。

〈彖傳〉曰：「順而止之，觀象也。君子尚消息盈虛，天行也。」說的是十二消息卦，陰長陽消，柔就是陰，是小人，剛是陽是君子。是柔爻變剛爻，是柔爻取代剛爻。是柔一步一步取代剛，由初二三四五，把剛給剝掉。原本六爻皆剛為「乾」，一變為天風「姤」，二變天山「遯」，三變天地「否」，四變風天「觀」，五變山地「剝」，至此一陽尚存，剛幾乎被柔剝盡。陰柔變陽剛，柔長而剛剝，故名「剝」。又上卦艮為眼，為觀；「觀」卦就是大艮。下卦坤為地。天時之運轉與地之節氣相應，地生萬物，紛然為紋，君子觀天地，知節氣消息盈虛。〈序卦傳〉也說：「致飾然後亨則盡矣，故受之以剝。剝者剝也。物不可以終盡，剝窮上反下，故受之以復。」果熟剝落於地，在復生萌長。陰長陽消，反之陽長陰消。

「剝」是治獸皮，就是扒皮。《周禮・天官》鄭康成曰：「八材，珠曰切，象曰比，玉曰琢，石曰磨，木曰刻，金曰鏤，革曰剝，羽曰析。」「剝」一陽在上為艮，艮為表面，故為剝治獸皮。

「剝」錯為「夬」，一陰在上，為毀決，內乾陽為金玉，為琢，為鏤。「夬」為決，為分，「剝」卦扒、攴爻之分離。

「夬」卦一陰在上五陽在下，〈彖傳〉曰：「剛決柔」，所以稱「決」不稱「變」，是因為君子要去小人要愈快愈好，故曰「剛決柔」。陽剛健行故快。小人剝君子則是慢慢侵蝕，所以說「柔變剛」也。「變」

之義較慢也。

「剝」是以柔剋剛，以柔變剛。

剝陽叫作「剝」。上艮為止，孤陽在外停止無法再進，只能往下剝落。艮止在外，上九之陽，無所遁逃，只能眼睜睜著被陰氣所侵蝕，運氣已窮之象。山由高往下剝，是在上位者危。

「剝」五陰爻在下，一孤陽爻在上；此陰長陽消之象，陽勢將盡，是小人道長，君子道消，社會亂象。

「剝」有亂之意，《左傳》昭公十九年：「抑天實剝亂是，吾何知焉？」楊伯峻：「剝亂，同義詞連用。」

陽氣至上無路可退故剝落至初成「復」卦，故曰「剝極而復」，如〈序卦傳〉。

君子之道消退至上，像一君子為小人所逼至窮極之地，上艮為賢士，艮亦為光明，此君子知在剝之時不能與陰道小人抗橫，小人無情，手段必烈，陽氣僅一息尚存不能硬拼，需保留實力待時機再起，是君子知曉此狀況，是識時務者為俊傑。要退隱山林，以待復起之機。艮坤皆為土，山剝落往地，是山復於地。是剝而不削減，是剝落復歸於大地，不是損失。是山變為地，是山之剛陽便成地之陰柔。是乾陽之消也。所以「剝」而「復」，隱藏於初如「乾」初九之『潛龍勿用』待畜積實力後與時運改變時與陰再戰。是不強與陰鬥，保存實力再圖復興。是時運不濟要知潛藏退隱，要下野。

「剝」上艮下坤，艮一陽在上如樹木之花果生於枝端，今如艮陽之花果在坤陰之上，是花果已成熟將落於地而歸於根，如「復」卦陽氣入土潛藏待時而升也。

「剝」卦為秋，萬物成熟之時，落葉歸根之時。

「剝」是變，一爻在上至窮盡之地，非變不可，窮則變，變則通；所以「剝」「夬」都是推車撞壁的節骨眼，不變不行。要不被剝，要不被去。

〈雜卦傳〉說：「剝，爛也」。

艮為星，為火光，陽居上，是星光燦爛，位高而尊。

內互坤，為虛，為爛，艮為面，是表面好看，但內部已爛，表面風光

的虛好看。《淮南子·俶真訓》：「神盡而形有餘，故罷馬之死也，剝之若槁。」

「剝」錯「夬」，決也。《史記·秦始皇本紀》：「河決不可復壅，魚爛不可復全」義近。

艮為果實，為終，為成，是果實成熟而爛；事物已終，已成。

艮為賢士，為山林，為退，最好急流勇退，退隱山林。

「剝」卦是「爛」，是只知進不知退，是過火之象，所以，「不利有攸往」。「爛」是煮的過火，失烹之象。

〈彖傳〉曰「順而止」是要順應潮流而靜止，「豫」卦〈彖傳〉曰：「順以動」是順勢而為。順勢而止，故「不利有攸往」。

「往」謂前往，謂進。事已成，已終，已熟，已爛，故「不利有攸往」，不可再前進。

是冬季最後一天，也是一年最後一日，就是立春。

「剝」如「乾」上九「亢龍有悔」，故「不利有攸往」，以免有悔。亢龍才會悔，不往就不會悔，就是要退，要潛，要伏，要隱才能無悔。不然必凶。

相錯為「夬」卦，是一陰在上五陽在下，是君子到長小人道消之時，小人被逼至上之位，是一小人居上之陰位，是才智弱又處陰暗之位，是冥頑不靈之象，是一頑劣分子，不能知曉自己所處之情況，也不知自己能力不夠而強與陽鬥，強與決裂，故被陽很「快」打倒處「決」，無有復興之機，是「剝」有復之機，「夬」無復之機。一陽在上稱做剝，一陰在上稱做「夬」。

〈序卦傳〉：「賁者，飾也。致飾然後亨則盡矣，故受之以剝。」「賁」所言為文飾，事物發展至文飾，則是人類社會發展至文明的極盛，也是亨通的極盛，就要反向轉化了，所以，「賁」以後為「剝」。如裝飾之物必不能久，久必剝落。如掩飾則一定會穿幫，粉飾太平久了，一定被人視破。「賁」也是騙。

五陰在下一陽在上，陽氣勢力單薄必定被削，是陰氣大盛，陽氣退消之時。是君子道消小人道長之時。就卦象看是陽居艮止，無路可退，只能剝下而復。上艮土，下坤土，土剝歸於土，是剝而順也，是順勢而剝，是

剝而安也。

「剝」由「觀」卦而來，是「觀」而後「剝」。「觀」，觀察也，觀天時，觀環境，要識得利害。艮為視，為觀，下坤為虛，上九一陽在上「亢龍有悔」就是瞻前不顧後，猛鑽牛角尖；當然有悔而「不利有攸往」。

「剝」是人道長君子道消之時，君子應自匿避禍，以存復興之機，怎可以前進自取滅亡，故「不利有攸往」。

「剝」以月候來論，是秋日樹葉盡落之時也，是霜降、立秋之候，是十月之卦。

「剝」後能「復」，是陽氣之息，「姤」為陽氣之消，「乾」為陽之盈，「坤」為陽之虛。

這四卦有如天道中的消息盈虛。

「剝」所說是陰長陽消，君子處世以避凶為要，雖眼前不利，但將要轉好，只是時間較慢。

「剝」錯為「夬」，「夬」為子逝弒父，臣弒君，故「不利有攸往」。

「剝」互為「坤」，坤為陽之虛，上卦為艮，艮為止，故「不利有攸往」。

整個卦大象如艮止，故「不利有攸往」。

「剝」而後「復」，《復·象》曰：「利有攸往」言「剛長」是積極進取之意，是君子之道將長之意。故《剝·象傳》言「不利有攸往」是不可進取也。

「剝」是下爛，是根基盡失，君子務本要從頭來過，要重視基層。

在上位者觀剝之象，在施政上應厚下，厚待下屬百姓則「宅」才能「安」，是「民為邦本，本故邦寧」也。

艮為門為闕為寺，有宅之象；坤為安，為土，為厚，故曰「厚下安宅」。

「剝」之時，不宜進宜退，進則不利，退則有利；退而自損，「厚下安宅」，可轉而亨通。

山之剝覆與在上位者自高自大相關聯，故〈象傳〉戒之以「厚下安宅」。

「剝」卦要「安宅厚下」「安宅」就家要安，家是一個人的根本，修身、齊家才能治國、平天下。家要安則妻要賢，妻賢，則子孝，夫則無大過。「厚下」是厚待部屬，厚植根基，是基層服務要落實。

綜觀「剝」卦，一陽在上，居艮為艱苦之象，孤苦無依，坤虛下爛是根基盡失，居上者被下位陰柔小人所侵蝕之象。

初爻變，則成「頤」卦，根基厚實就能轉危為安，所以，〈大象〉曰：「上以厚下安宅」三爻變，則成「艮」卦。艮止不利進，「艮」〈象〉曰：「時止則止，時行則行。動靜不失其時，其道光明。」

艮就是「觀」，艮為眼，為觀。「觀」是大艮，故曰「大觀」。待觀而後謀，謀而後定。剝之時不利征往，故止。所以〈象傳〉曰：「順而止之觀象也」不可急躁妄為。

四爻變，則成「晉」卦。「剝」卦在上者為在下者侵逼，將被剝落，居高而危。在下者，尤其是位居宰輔近臣的六四，不再「括囊」而變為「或躍在淵」故成「晉」卦。所以「剝」有以下犯上之象。

五爻變，則為「觀」卦。大象艮止，止而觀也合「剝」義。又「臨」卦說「八月有凶」也是指「觀」卦，可見「觀」不是很好。「觀」是君王察巡地方，如隋煬帝遊江南，天下已大亂而不自省。終被剝去。

二爻變，則成「蒙」卦，二與五應，二變為坎，自己身陷險中欲救五而不能。又君王出遊巡狩來到地方，反成「蒙」卦，是蒙塵，也是自知大勢已去而欺蒙自己。

上爻變，則成「坤」卦。至此，小人剝君子已完成。坤為荒，為亂，為虛，為死，天下大亂重回蠻荒。

「剝」〈象〉曰：「順而止」，「剝」卦主爻在上，居艮體，艮為星，為光，處高位如星光燦爛，爛而目眩，眼視不明，容易趾高氣昂，雖根基已失而不覺。但高處不甚寒，居高思危，不利在往前發展，艮為賢，為退，為視，所以賢者處此極端艱危之情況，勿須慌張，要仔細觀察所處環境整體的變化，謀求化解之道，要「順而止」，「而」就是「能」，順而能止，逆不能止，孤陽在上不可與在下五陰正面衝突，而要能釜底抽

薪，找到對方弱點，因事利導，所以初六變為初九，卦成「頤」，為安，轉危為安，釜底抽薪有成效。

六二變卦成「蒙」，「蒙」而不明效果不大。六三變卦為「艮」，事態艱難。六四變卦成「晉」，由「括囊」變成「躍淵」，是「括囊」之功，處近臣者，當思此妙。六五變卦成「觀」，又互「剝」，再回原點。上九變卦成「坤」，陽氣盡失，世界也毀滅，歸於太極。

初六：剝牀以足，蔑貞凶。
象曰：剝牀以足，以滅下也。

「剝」，扒也。《廣韻》：「扒，撥也。」孔穎達注：「剝，剝落也。剝，扒也，分也，分解曰剝。」

「牀」，帛本作「臧」，臟也，就是動物的內臟。《康熙字典》臧與臟，《漢書·王吉傳》：「吸新吐故，以練五臧」顏師古注：「五臧，五臟六體」《史記補注》：「《漢書·藝文志》有《五臟六腑痺十二病方》三十卷。

「臧」，與戕，古字相同，詳「大壯」卦。（《楚文字論集》）。戕害殺戮也。《左傳》宣公十八年：「邾人戕鄫子于鄫」。杜預注：「戕者，卒暴之名。」

「剝牀」，扒臟也，即剝取、分解動物的內臟。

「以」，之也。

「足」，足夠。可讀為「止」。《易經》初爻常常以「趾」、「足」為喻。「夬」初九：「壯於前趾」。「大壯」初九：「壯於趾」。「艮」初九：「艮其趾」。中國字常有一字正反兩義，「止」是停止，也是步伐向前進。

 止　步

「止」是一個腳印，「步」是左腳在前，右腳在後，一前一後兩個腳印。此爻的「足」當為停止的「止」。

「剝牀以足」，句謂剝戕奪取他人的資源以自足。

「蔑」，莫也、不也。《小爾雅》：「蔑，無也，末也。」

「貞」，占卜。

「蔑貞凶」，是不用占卜，凶。

「貞」，也可解釋為「征」。「剝床以足，蔑貞凶」謂剝戕奪取他人以自足，是損人利己。不用占卜，必凶。

「貞」，固執。

「牀」，古人席地而臥，病人則臥牀。《左傳》襄公二十一年：「楚子使薳子馮為令尹訪於申叔豫，叔豫曰：『國多寵而王弱，國不可為也。』遂以疾辭。方署，闕地，下冰而牀焉。重繭衣裘，鮮食而寢。楚子使醫視之。」

「爿」像「几」，牀之古文作 𤲹 或 𠂶 小篆加上了木旁 牀，疾病類字多從 𤕻，病 病 痛 痛小篆 疾 疾籀文，《說文解字注》：「（牀）安身之几坐也。……牀之制略同几而庫於几。可坐。故曰安身之几坐。牀制同几。」

又「剝牀以足」，牀乃病者安身之所，牀足被剝，憂患叢生。雖有小狀況，但基少成多，若固執不處理，至四爻則大凶。此言剝蝕牀腿，狀況小但凶險大。

陰在下如「坤」初六「履霜堅冰至」，凶象初萌但不易察覺。

「蔑」，輕蔑，小看。《說文解字》：「勞目無精也；人勞則蔑然。」《詩・大雅・桑柔》：「國步蔑資，天不我將。」《箋》云：「蔑，猶輕也。」意謂輕蔑不重視，又固執不知變故凶。

又蔑或作夢，《穀梁傳》昭公二十年經：「夏，曹公孫會自夢出奔宋。」《經典釋文》：「夢本作蔑」。

「剝床以足，蔑貞凶。」是牀足被剝，凶象以顯露，若輕蔑不重視，固執以往則凶險。或是病人在牀神智不清而作夢，占問此夢得凶兆。

「蔑」，也可以解釋為「無」，《小爾雅・廣詁》：「蔑，無也。」

「蔑貞凶」，謂病厄之人又不得安身之地，不必占問，凶。

䷖剝䷚頤

此爻變為「頤」，頤安之象失，不吉。但知變化，可以轉凶為

「頤」，則安。

古人席地而坐，而臥，病人安身才臥於床上，「頤」是退休老人；得病老人所臥之床足被剝，是凶兆。床足被剝只剩床板，用以停屍，是病危之兆。

足是基礎，安身養病的牀，基礎被剝是凶象。

六二：剝牀以辨，蔑貞凶。
象曰：剝牀以辨，未有與也。

「辨」，遍也。唐蘭先生謂金文中「辨」又多假借為「遍」，謂遍及。《作冊魆厂乂卣》銘文：「公大史咸見服于辟王，辨（遍）于多正。」意謂公大史完成了對君主的朝覲，遍及各執政官員。

「剝牀以辨，蔑貞凶」，謂剝戕奪取一切，不必占卜，凶。

初六只奪取內臟，六二更甚初六奪取全體，吃乾抹淨，全部都要。不僅是損人利己，自足而已，更是貪得無厭了。

如此則「未有與也」，無人參與、追隨。

又「辨」，也是榫頭。《易疏·剝》：「牀足之上，牀身之下，分辨處也。」《程傳》：「牀之幹也」。又《韻會》：「牀胜足笫間也」。胜，同髀，大腿也。意思是說在床腿與床上席笫之間稱為「辨」。甚是。

《經典釋文》：「辯，薛、虞云：『膝下也』。」王引之曰：「辨當讀為蹁。《釋名·釋形體》曰：『膝頭曰膊。膊，團也，因形團圜而名之也。或曰蹁，蹁，扁也，亦因形而名之也』蹁蓋髕之轉聲，《說文》：『髕，郄耑也』髕之為蹁，猶獑獺之為猵獺也。膝頭在足之上，故初爻言足，二爻言蹁。古聲辨與蹁通，猶周徧之徧通作辨也。古字多假借，後人失其讀耳。」意思相似。

「剝牀以辨」，榫頭被剝，比「剝牀以足」更接近牀面，凶象更明顯。災難比剝足更近於床上之人。

「未有與」，言與五無應，無應是無有援手。

「未有與」是不可參與，不可理會，要離著遠遠的。

六二以陰居陰，陰為暗，看不到凶象。所以也是「蔑貞凶」。

剝 ䷖ 蒙 ䷃

此爻變為「蒙」卦，遮蔽不明，或是受騙。看來是受到蒙蔽不知凶災之將至。

凡至二爻就有大之意，如陽息至二為「臨」，為大。

「辨」，是分辨，此爻是小凶與大凶的分界。狀況小，但積小以大，將有大凶，惡運在前。

此爻趕緊處理凶象尚可解救，若固執不知有所變通，凶象已大，再不解決就遲了。

「蔑」也是說床第之事，陽氣剝失故人勞眼無神。《說文》：「勞目無精也；人勞則蔑然。」

「蒙」是孤兒，不知有父，是三男從一母，是上古只知母，不知父之時，母係社會。是風流之事。

初、二兩爻皆以床毀而警示不祥之事。床也是比喻床第之事，勞於床事必凶。

六三：剝之，無咎。
象曰：剝之無咎，失上下也。

「之」，它也。

「剝之，無咎」謂繼續剝戕殘傷它，不須畏懼，沒有災害。

「無咎」是因為有貴人相助。是因為六三有上九相應，有奧援。

「剝」大象為艮，為山，為靠山。

「剝」卦是剝落仆倒，靠山仆倒故「不利有攸往」，今得貴人相助靠山安在，故「無咎。」

六三在眾陰之間，唯一有應，與「復」六四「中行獨復」一樣，與其他陰爻不群黨，故曰「失上下」。

「失上下」是脫離小人，倒向君子，所以「無咎」。

初、二被剝而六三有靠山奧援不受損害故「無咎」。

剝 ䷖ 艮 ䷳

此爻變為「艮」。

不動如山，得道多助，老天保祐。

六三處五陰之中，與上應，是能從善不與上下二陰結黨，故曰「失上下」。

在「剝」之時得吉不易，「無咎」就算吉了。

此爻在坤陰之中，如在花叢之中，要防迷亂。

此爻雖得人助，卻非同類之助。要從善如流，全心投入。

變為「艮」，艮為山，坤為荒，為大川，為洪水，六三因為登高故無咎。

「艮」為譽，有好名聲。

六四：剝牀以膚，凶。

象曰：剝牀以膚，切近災也。

「膚」，肥也，肉也。《儀禮·士虞禮》：「用專膚為折俎，取諸脰膉。」又《禮記·內則》：「麋膚」。鄭玄注：「膚，切肉也。膚或為胖。」

「剝牀以膚，凶」，句謂剝戕奪取他人以自肥，凶。

「剝牀以膚」，猶言剝戕奪取之災近於膚體，切身之害也。四爻奪取近身他人之物，俗語說：「好兔不吃窩邊草」。他人必定報復，故凶。

此爻變為「晉」。「晉」為進，災進了門，不會停了。

此爻與五爻天子比鄰，伴君伴虎，「切近災」，故有犯上之舉。

六五：貫魚以，宮人寵，無不利。

象曰：以宮人寵，終無尤也。

六五無應，但也只有六五承上九一陽。所以不言「剝」，「以陰承陽」就是「寵」。

「貫」，串也，穿也。本義為以繩索貫串錢貝，引申為以繩穿物；《說文解字》：「貫，錢貝之貫。从毌、貝。」《說文解字注》：「串卽毌之隸變」。又《荀子今註今譯》：「貫之大體未嘗亡也」。注：「貫，串也。」又《廣雅》：「串，穿也。」《正字通》：「物相連貫也」。

「魚」是陰物，指的是眾陰爻。《說文解字》：「魚，水蟲也。」六五陰爻，柔而知變，在「剝」之時眼見將被剝落順勢承陽得上九靠山，「承陽」既有巴結之意，是抱大腿，送火腿。

「貫魚」，以繩穿魚成串，依次相續成串，前後不得相踰越；即狎而戲魚，《爾雅・釋詁》：「閑，狎、串、習也。」

「以」，邀也。

「貫魚」即「魚貫」，是魚依次相續成串游戲於水中。「貫魚」，聞一多以為性交隱語。《周易正義》曰：「貫魚，謂比眾陰也，駢頭相次，似若貫穿之魚。」比者，配也。《周易集解》引何晏：「魚為陰物，以吁眾陰也。」李煜〈木蘭花〉詞：「晚妝初了明肌雪，春殿嬪娥魚貫列。」《左傳》襄公十七年注：「其謠曰：『如魚窺尾，衡流而方羊』。」疏引鄭注：「魚勞則尾赤，方羊，遊戲。吁衛侯好淫。」以魚戲吁淫縱，則魚為男性生殖器之隱語也。

「宮」，帛書作「食宮」，即食鈎、上鈎。

「人」，當作「入」。

「寵」亦作「籠」，裝魚的竹器，魚簍也。

「貫魚，以宮，人寵，無不利」，謂眾魚游入竹籠捕魚器中，或眾魚上鈎裝入魚簍中，故曰「魚貫」。這是收穫之象，故「無不利」。

「寵」，是光燿也；《讀書齋叢書》：「《釋文》引鄭云：『寵，光燿也』。」

「宮」，室也。

「宮人」，宮中妃妾之屬也。

「貫魚以宮人寵」，猶言「魚貫矣，室人有光明。」魚貫而入，率眾陰一起巴結上九，求上九庇護、寵信。宮人輪流當夕，則宮人無怨言，雖寵之亦無不利。李後主〈木蘭花〉詞：「晚妝初了明肌雪，春殿嬪娥魚貫列。」得庇陰、保護、恩寵故「無不利」。《焦氏易林・剝之觀》：「居之寵光，君子有福。」室中有光燿，即是吉兆，故「無不利」。

《易經》上卦艮之卦，六五承上九多吉。

艮為竹，為手，為覆碗；象竹筒，竹籠之形。艮為止，為居，為室，

為宮。坤為川，為魚，為眾。

「無不利」，無所不利。此是說群魚依次相續而進入宮人捕於的竹籠中，此為「無所不利」。

剝蝕到四已剝盡，故四爻凶；剝至五則剝消之勢已衰，五為至尊與上九陽剛比鄰，陰承陽得陽之助，故吉。六五也得有靠山。

「魚」，古人以得魚為吉祥太平、百事如意之兆。如「魚與熊掌不可兼得」，孔子得子，魯公送鯉，故取名「鯉」，字「伯魚」。又《敦煌遺書·周公解夢書》：「夢見得魚，百事如意。」

「以宮人寵」是小人受寵，不是上九陽剛君子受寵，在「剝」之時小人也有求生的權利，故「終無尤」。

「尤」，過失。

此爻率眾從善如流得大利，男人得陰之助，家和福生。

▤▤ 剝▤▤ 觀

此爻變為「觀」，「觀」是宮門前的雙闕，是大門，也是宮殿，是官邸。

這爻主要說的是陰要順陽，陰順陽則順勢而為可以轉危為安，故「無不利」。

但對朝庭政府不利，如清末的慈禧專權。

上九：碩果不食，君子得輿，小人剝廬。
象曰：君子得輿，民所載也；小人剝廬，終不可用也。

「碩」，美大也。《詩·邶風·簡兮》：「碩人俁俁，公庭萬舞。」《正義》：「碩者，美大之稱。」

「果」，艮為果。《說文解字》：「蓏，在木曰果，在地曰蓏。」《前漢·食貨志註》應劭曰：「木實曰果，草實曰蓏。」〈說卦傳〉：「艮為果蓏」、「成言乎艮」。

陽為大。上九孤陽在上，身居艮體，艮為東北，為終，為成，故曰「碩果」。

「碩果」，就是一顆碩大成熟堅硬的果實。比喻貨物財利等利益。

〈雜傳〉說「剝者，爛也。」上九為「碩果」是已成熟的果實，又大又熟。爻至五事態即成熟，至上爻則熟透而爛。「碩果」農人常以為留做春耕播種之種籽用故「不食」。震為食，覆震為艮故「不食」。

卦只剩一陽在上未被陰剝蝕，故曰「碩果不食」，碩果僅存，是吉詞。

言「不食」而不言「未食」，是說上九不會被剝，也不可被剝，不能被剝。

「碩果不食」是不動如山，財貨利益在前而不取也。雖在「剝」時而不懼剝，也不會剝，是老神在在。艮為山，不動如山，故「不食」。上九在天，得天獨厚。

「輿」，本義為車。亦可解釋為與也，助也。

「君子得輿」，陽為君子，君子得車或得賞賜，亦是得到資助。上九乘眾陰，得眾陰之助。下卦坤為輿，為載，為小人。

「廬」，房屋，家室也。《玉篇》：「屋舍也」。《集韻》：「粗屋總名」艮覆碗，一陽在外如屋頂，二陰空虛若室內空間，故艮為居，為室，故曰「廬」。

「剝」有扒之使分離之意，「剝廬」者，拆去家室居宅也。

「小人剝廬」謂小人無有居所。

「君子得輿，小人剝廬。」謂君子相互幫助，而小人則無立足之地。「剝廬」也可說為避路，是則君子相互幫助，小人則各走各的路，避之不及，不團結。

上九一陽在上，無路再進，於理順勢而為復歸於下，如果熟蒂落復歸於地而再生，君子知此順勢而為，能擔此重生的重任，小人則亢陽逆勢而為終被剝落，無安身之地。

這爻順勢而為得「輿」，載往遠方重新建立家園，另起爐灶。逆勢必被「剝」連安身立命之地都無有。

上陽窮途而知返為「復」卦，安息不動，故不言吉凶悔吝。由亂反治之始。

上九為修練得果，身居於化外之象。

上九如「乾」上九：「亢龍有悔」，至窮近之地不能再進，故有悔；而此爻卻是吉象，何也？因為居艮體，艮為終，為成，為止，所以止而不進不會像「乾」上九亢；又終，又成，故得正果。

君子居處在被剝扒分裂的情況下可以安穩不動的心情相互團結，故〈小象〉說「民所載也」。

小人居處在被剝食的情況下各奔東西，故〈小象〉說「終不可用」。換言之，君子識得天機，知碩果不可食，以免將來無續命之機。故相互幫助過過難關。小人不識長遠，只顧眼前，各行其是，分道揚鑣，不團結面對困難，終就連寒冬中庇護存身之地也被剝蝕而去。故無立足之地，也喪失了續命生機。

䷖剝 ䷁坤

此爻變為「坤」為大地，為荒，為亂，為死，重歸虛無。故不可變，變，則為死荒虛無。

此爻又「剝」，又「復」，又「坤」，死相相臨，不利少年，有孤子續香火之象。

復 ：復，亨。出入無疾。朋來無咎。反復其道，七日來復。利有攸
　　往。

彖曰：復亨，剛反。動而以順行，是以出入無疾，朋來無咎。反復其
　　道，七日來復，天行也。利有攸往，剛長也。復其見天地之心
　　乎。

象曰：雷在地中，復。先王以至日閉關，商旅不行，后不省方。

序傳：剝者剝也。物不可以終盡，剝窮上反下，故受之以復，復則不妄
　　矣，故受之以妄。

雜傳：剝爛也，復反也。

繫辭：復，德之本也。

甲骨文复 金文复 復籀文 復小篆說文 復小篆 復虞世南

甲骨文的「復」字據許進雄先生說是象腳上下踏橐往復鼓風之義。
「復」字本作「复」。有謂「复」字為足趾從穴居之處進出之意，本義是
進出往來之意。又有謂「复」字像城邑兩頭各有出口，加上倒寫的「止」
（步伐，行走）本義是進出往來、回來，後加從「彳亍」（行之省，
行字本意是十字路口，是大道馬路）或「辵」以表行走之意。引申為反
復、再、又。所以「復」字有往復、恢復、反復之義。《說文解字》說：
「復，往來也。」〈雜傳〉則說：「復，反也」，「反」者，返也。《說
文解字》小篆「復」字從「且」，「且」是祭祀時的神主牌位。會為死去
的先人招魂之意。

張岱年《中國哲學大綱》：「中國古代哲學中，所謂『復』有兩層意
義，一為終則有始，更新再始；二為復返於初，回到原始。」此即「復」
卦之義也。

「復」卦之前為「剝」卦，一陽在上的「剝」卦，剝落而復歸於地，
故「復」卦是落葉歸根，落果歸地，是一元復始，萬象更新也。一陽生於
五陰之下，陽氣潛藏，雖無表現，卻生機已萌，待機而動，後勢看好。十
足的「潛龍勿用」。只一陽在眾陰之下，雖已萌發，但根基不實，妄動會

折損生機。

「剝」卦一陽在五陰之上，陽居至高之位，不能再上，被在下的五陰所剝落而回復落下。「剝」五陰在下，是根基盡失而爛；一陽在上是危如累卵，碩果僅存，將要瓜熟落地。上九如「乾」卦上九「亢龍有悔」，陽無處可上只得落下。

「復」初九如「乾」卦初九「潛龍勿用」雖然生機初現，但陽氣尚弱，要修養生息，不可妄動而揠苗助長殘害了微弱生機。所以〈序卦傳〉說：「物不可以終盡，剝窮上反下，故受之以復。」「剝」而能「復」，陽氣生機不滅，但是需要潛藏復息培養實力。

「復」卦上坤下震，〈說卦傳〉：「震，其於象也為反生。」陽氣動則萬物復蘇，草木萌發，返生於土內，故卦名曰「復」。

「剝」卦是陰向上消陽，是陰長陽消，但不論陰、陽都不能盡剝。剝至極上陽就要復生於下了。其間不會有一忽間的中斷，故「剝」卦之後為「復」卦。「剝」之前為「賁」，「賁」是文飾，如牆壁上的漆，久了必剝落；有如只重表面功夫，粉飾太平，日久必會剝落被拆穿。但只要陽氣未全喪失，守住這一絲陽氣必能剝極而復，一元復始，萬象更新，春回大地，又充滿無限生機。再來是「无妄」卦，初露生機，既微且弱，不可妄動，妄動會折殺了生機，要修養生息，隨著天時而運作，如春夏秋冬，各應其時，故「无妄」卦辭說「元亨利貞，其匪正，有眚，不利有攸往。」宜靜不宜動也。「无妄」者，不當時也。

「復」是雷藏於安順的地中，是安靜，是休息，是調養元氣，是畜勢待發，故不宜行事，宜靜養待時。

「復」卦也是「冬至」，當日太陽直射南回歸線，華北中原此時黑夜最長，白日最短。再往後，白日漸漸長，黑夜慢慢短。所以有「過了冬至夜，一日長一線」的諺語。「復」卦為冬至，是農曆十一月份，雖是寒冬漫漫，但「冬至一陽生」，陽氣已經潛生於地下，春臨大地也不遠了。所以「冬至大如年」古人在這天是要慶祝的。古人最早，也最重要的節日就是「兩至」，冬至、夏至。〈大象〉說：「先王以至日閉關，商旅不行，后不省方。」說的就是冬至、夏至時舉國休息以順應天時，故關隘關閉，商旅也不活動，君主也不巡狩地方。「復」是冬至，相錯的「姤」卦就是

夏至。〈大象〉說的「至日」指的是冬、夏二至。「復」也是休息，公休。

「復」是震雷潛藏於地之下，有萬物死而復生之義。陽氣始動於凝陰之中，陰盛將盡而陽將生。正是「一元復始萬象更新」。所以周朝以冬至所在的月份為一年的開始。「復」卦是農曆十一月，是子月。陽曆十二月二十一、二日為冬至。

《左傳》昭公二十一年：「二至二分」「至」是冬至、夏至，故曰二至；「二分」是春分、秋分。

「復」是冬至；「姤」是夏至。「震」是春分；「兌」是秋分。

卦象	復	臨	泰	大壯	夬	乾	姤	遯	否	觀	剝	坤	
夏(農曆)	11	12	01	02	03	04	05	06	07	08	09	10	月
	子	丑	寅	卯	辰	巳	午	未	申	酉	戌	亥	
周	1	2	3	4	5	6	7	8	9	10	11	12	

「復」卦如龍，下卦震為龍；「姤」卦如風，下卦巽為風，風就是鳳的古字。一龍一鳳，相互匹配。

「復」與「姤」相錯，一個「潛龍勿用」；一個「女壯，勿用取女。」

「復」卦是白手起家，重新創業。不可以積極擴充，要穩紮穩打。

《易》例陰陽相吸，陽遇陰、陰遇陽則通，陽遇陽、陰遇陰則窒。一陽受五陰吸引必定亨通，但陽氣弱，潛龍之資不可大動，要培養實力，積畜能量，以待大顯身手。「復」一陽在下，前臨重陰，重陰為坤，坤為亂，為荒，為大川，若意志堅定，萬事可期待，若妄動或猶疑不決，則困難重重。

䷂「屯」卦震在坎險之下，是萬事起頭難，創業惟艱，而且一動就遇險。

䷗「復」卦震在坤順之下，雖是白手起家，但動而能順，穩紮穩打，必能亨通。

「復」是復興。一陽在下，下卦為震，震為嫡長子，是家道中衰，長

子繼承家業，繼而復興，有中興之象。「復」是潛邸，是接班人。一陽在下，震為帝，為嫡長子，為接班人，陽在下為潛，故為「潛邸」。雍正將其為親王的官邸，即「潛邸」，捐為雍和宮。

「復」是復元，但要沉的住氣。一陽在下，初陽得位，潛而未發，有復原的機會，但宜靜養勿妄動。一陽在下，再生為「臨」卦說「元亨，利貞」，才可以大張旗鼓，積極擴充。所以「復」是反復。震為耕，為春，為動，卦辭說「反復其道」，是週而復始，努力不懈，辛勤耕作，積極主動。「復」是「野火燒不盡，春風吹又生。」是要反歸根本，以治根本才能免於盡滅。

「復」是中興復國。如夏的少康中興，唐朝安史之亂後的郭子儀中興，清朝弭定太平天國的曾國藩、左宗棠、胡林翼、李鴻章等中興之臣。

「復」卦站定根基，「出入無疾」是進出不疾，出入從容。

「朋」，風也。《說文解字》：「朋，古文鳳，象形。鳳飛，羣鳥從以萬數，故以為朋黨字。」風、鳳古同字。

「朋來無咎」，謂大風急遽吹之而來，但無有災害。「復」卦錯「姤」卦，「姤」卦下巽為風，「姤」伏不現，故曰「朋來無咎」。此謂冬季之大風、寒風對潛藏在大地之下的生機，沒有傷害。「復」在十二消息卦之中是子月，即夏曆十一月，正是入冬北方寒風吹入中原之時。

「無疾」，即無疾病，亦順暢之義。

「朋」，聞一多先生讀為「蹦」，「朋來無咎」，跳躍急走奔跑而去，沒有災害。

「出入無疾，朋來無咎」，進出順暢，放開腳步急忙的跳躍奔跑而來，無有災害也。初九前臨重陰，一路暢通也。

「復」卦是由「剝」卦而來。陽於初為「復」䷗，於二為「師」䷆，於三為「謙」䷎，於四為「豫」䷏，於五為「比」䷇，於上為「剝」䷖，再回到初之「復」；如此由初再至初，歷經七日，故曰「七日來復」。有如一週有七天，如此周而復始的循環。《易經》常以「七」為一個週期，王國維《生霸死霸考》：「我國出土的青銅銘文中，保留有一種現存文獻失載的周紀日說，即按月亮盈虧規律，分每月為四期，每期七日，從月初至月末取名為初吉、既生魄、既望、既死霸。」如此則七日

為月行之週期。所以潮水每月有四個大潮。

「七」也是一個定數。又「復」是人死後的頭七，故曰「七日來復」。「七日來復」，泛指陽氣回復有一定規律，過不了多久就會復返，故「利有攸往」。

清代的王引之曰：「「震」之六二曰：『震來厲，億喪貝，躋于九陵，勿逐，七日得』「既濟」之六二曰：『婦喪其茀，勿逐，七日得』喪而後得，皆七日為期，蓋日之數十，五日而得其半，不及半則稱三日，過半則稱七日，欲明失而復得，多不至十日，則云七日得，此卦之七日來復，亦猶是也。占者得此，則凡已去者可以來復，至多不過七日，故云七日來復。七日者，人事之遲速也。」可以參觀。可知震為七日，「震」上下兩震，「復」大象為震，「既濟」六二半震。

「復」卦是古代招魂之禮，《禮記‧檀弓》：「復，盡愛之道也。」註：「復謂招魂，庶幾其精氣之反。」「履」从尸、从復，所說的就是人死後做七的祭禮。

「復」為「剝」之「綜」，也就是「覆」。是一陽在初，根基初立；如「屯」卦也是震居下，一陽在初，而〈雜傳〉曰：「見而不失其居」，初陽得位故不失其居，「復」卦根基已立，是「君子務本，本立而道生」，一陽在下是「野火燒不盡，春風吹又生。」是要反歸根本，以治根本才能免於盡滅。故曰「利有攸往」。「復」是短空長多也。

〈繫辭下〉說：「復，德之本也。」一陽在下就是存誠務實，此為一切德行之本。《大學》說：「物有本末，事有終始，知所先後，則進道矣。」初爻為本，上爻為末，「夬」▤是末弱，「姤」▤是本爛，「大過」▤則本末皆弱，焉能不死、不亂！

「復」綜為「剝」，「復」為一元復始，「剝」是果熟將落。「復」錯為「姤」，「姤」為后「復」是帝。所以〈大象〉曰：「先王以至日閉關，商旅不行，后不省方。」一為冬至，一為夏至，一潛，一伏，故古時這兩天皆公休，至宋猶然。《焦氏易林‧復之履》：「先王日至，不利出域。」

「復」一陽在下，震為大道，坤為閉，則窒礙不行，坤為虛則利有攸往。行與不行視初陽之震。震為行，為嫡長子，為初萌，故積勢而行必利

往。

「復」一陽在下，五陰為鬼。艮為身，震覆艮亦有身之象。是「復」亦為五鬼纏身，陽遇陰則通，如果反復其道，週而復始，努力不懈，則五鬼運財，大發利市。

一陽在下，不得妄動，動則變，卦成「坤」，又回到蠻荒死寂之狀。一陽在下，妄動陽升為二，卦成「師」卦，〈雜傳〉說：「比樂師憂」。陽氣身陷險難，自然憂心不已。再上升三為「謙」，是「有而不居」，是讒言；打恭作揖，受盡讒言，委曲不已，亦在危難之中。再上升上四為「豫」卦，的強調預防，憂患意識，又暴客在外，每天戒慎恐懼，生活於緊張之中。陽升五為「比」，竟結交小人，受小人包圍而不自知，真是「比之所在亦險之所在」。升上為「剝」，至高將下，根基不穩，必定崩盤。故不宜妄動。

「復」卦之後為「无妄」☷☳ 卦，不可輕舉妄動，再來是「大畜」☶☰，是積蓄飽實，再來是「頤」☶☳，是安養，是生，是頤養天年，圓滿結果。這一切都是因為不妄動的結果。「復」卦有如「潛龍勿用」是君子藏器待時，是時候未到。是因為陽氣僅存一線，要固本培元，積聚實力，則卦成「臨」☷☱，再成「泰」☷☰，再成「大壯」☳☰，再成「夬」☱☰，再成「乾」☰☰。故「利有攸往」。

「潛龍勿用」亦是萬物蟄伏冬眠之時，是農曆十一月，正是隆冬之時。從爻變來看，初爻變為「坤」，揠苗助長，妄動的結果，可會斷絕生機。二爻變為「臨」，則根機厚實，可以大用，是「見龍在田」了。〈序傳〉曰：「臨者，大也。」一位之差由小變大，妙哉！三爻變為「明夷」☷☲，稍有長進就就求功太切，又斷送了生機。四爻變為「震」☳☳，要進不進，要退不退，卡在那裡，提心吊膽，所以，「震」卦辭說「震來虩虩」，〈大象〉曰：「君子以恐懼修省」五變為「屯」☵☳，身處外卦遙遠的艱難之中，初爻根基「遠水救不了近火」。上變為「頤」☶☳，艮山止住震的躁動，安靜修息，自然能養。

宋邵康節說：「乾坤大父母，復姤小父母」。陽氣復甦之始也。

初九：不遠復，無祗悔，元吉。
象曰：不遠之復，以修身也。

「祇业」，大也。〈繫辭下〉引此句韓注：「祇，大也。」《集解》引侯果曰：「祇，大也。」

「無祇悔」，不致於有大悔。

「元」，大。「元者善之長」，初陽元氣再生，故吉。

「不遠復」，出行未遠而折返於原處。

初九離家不遠就折回歸返，不致於有大悔，並有大吉。若是離家過遠，超過回復之期則有凶。

「不遠復」，出行未遠而折返，就是最早的復。「復」是去而復返，失而復得，既是失而復得，就要愈早愈好才不至於悔，若是晚了就會有悔。初六復返的最早故不至於有悔而能大吉。

陽爻在上「亢龍」故易生悔，「復」初九由「剝」上九而來。重新來過，已有經驗，故無悔。

又有作「祇」，「祇」者，病也。《詩·小雅·何人斯》：「壹者之來，俾我祇也。」《毛傳》：「祇，病也。」

「復」：「出入無疾」，從容以對，故「不遠復，無祇悔」，是「復元」。

初陽乾元亨通，故「元吉」。

死而復生故「元吉」，雖死陽氣未盡，走的不遠而能復生，故「元吉」是復甦也。

初爻知過能速改。〈小象〉：「修身」陽微故宜修養以待，不宜遠行躁動。

陽遇陰則通，但「復」之陽尚弱不可大張旗鼓的動，宜修息以待壯大。

此爻再生，利創業，白手起家。震為長男，長子創業或繼承家業或代行父權，家道興望。

此爻如「潛龍勿用」修養生息，不可大作，則吉；非則凶。

「元吉」，是源頭，如嬰孩般。

「悔」，困厄也。

于省吾讀「祇」為「祇」，祇藇古通。引《荀子·修身》：「藇然必

以自惡也」。注：「蕾讀為災」。「無祇悔」或讀作「無災悔」，無有災禍故「大吉」。但言「災」，其所遇之困厄必大，而不應該稱「悔」，或應該解釋為「大」，謂無大困厄，大麻煩。「無祇悔」，謂無有大困厄麻煩。

☶ 復 ☷ 坤

此爻變為「坤」，純陰無陽無法調劑則凶。故初九宜靜不宜動。使盡全力不要動，不然一動變成「坤」就死無葬生之地。

初爻亂動折了陽氣，死灰一片故凶。這是佛家所說的歸寂，圓寂，歸源之寂。

六二：休復，吉。
象曰：休復之吉，以下仁也。

休 小篆

「休」，止也，息也。金文「休」字從人、從木，象人倚靠著樹木休息。

六二比鄰初九，猶如六二陰靠陽「倚木」。

「休」，美也，喜悅、快樂、欣悅。《爾雅‧釋言》：「休，慶也。」《爾雅‧釋言》：「休，喜也。」《詩‧小雅‧菁菁》：「既見君子，我心則休。」《毛箋》：「休休，猶欣欣，亦語之轉也。」《經義述聞》卷六：「《詩》『我心則喜』，又作『我心則休』。」

初九「不遠復」，六二依於初九也行的不遠。六二比初九反而歸復的晚一點，雖遲但也不至於生悔錯故曰「休吉」。

「休復」，心中欣悅的歸復，心甘情願地歸復，即喜而歸也。所以也是吉占。

「休復」，這是說初陽即將息長至二，靜待則吉。如陽息至二為「臨」、為大，「元亨，利貞。」故吉。初「修」，二「休」都是「休」。休息靜守不妄動皆吉。回復歸返則吉，往前衝則凶。

「休復」，這是說初元之純陽之氣與六二純陰之氣相提攜相濟助而成長。

六二中正本來行事作為就不會過分，又乘初九之剛受初九的影響很大，初九震體，震為仁，有再生、好生之德，受到好的影響故吉。

復䷒臨

此爻變為「臨」。陽息長至二，陽氣厚實，不會再復故「吉」而不「元」。

初九之「元吉」有再歸於「元」的意思，六二之「吉」是已成長不復於「元」。

此爻休養生息，不勞而可獲。如藉本生息，利上滾利。

此爻亦富祿之象。

「仁」為長壽之象，問疾得癒，生意獲利，但不宜求官。

六三：頻復，厲無咎。
象曰：頻復之厲，義無咎也。

「頻」，即顰，蹙也，悲也，憂蹙的樣子。《經典釋文》：「頻，憂也。」《集解》引虞翻曰：「頻，蹙也。」《玉篇》：「顰蹙，憂愁不樂之狀也。」

「頻」，亦是頻率，是動的太快太多，心躁急動之象。《玉篇》：「頻，急也。」

《說文解字》沒有收入「頻」而作「顰」（𩔞 小篆）即今之「瀕」（隸書）字，「水厓，人所賓附，頻蹙不前而止。從頁，從涉。」隸變作瀕，或省作頻，又別作濱。意思是人至水厓邊，遇到水阻，所以蹙眉而涉水，故瀕為水厓之義，又為蹙眉之義。此爻用蹙眉之義。即面容愁苦之狀。

「復」，是重複，古文復、複同字。

「頻復」，前行遇阻礙困難，蹙眉愁苦而返，是迫於眼前的危險，知難而返。

「厲」，嚴厲，危難。《玉篇》：「厲，危也。」《廣雅·釋詁》：「厲，危也。」

「頻復，厲無咎」，前行遇阻，蹙眉愁苦而返，是迫於眼前的危險，

知難而返，雖有危險，但無須畏懼，無有咎災。

六二居中「休」故不急。六三失位多凶，居震之極，急躁之極，故「頻復」。

六三失位，承乘皆陰，又無應與，無朋無友，無依無靠，故「頻復」而有「厲」。

「咎」，或讀恚ㄏㄨㄟˋ。《說文解字》：「恚，悔意。」「無咎」與「無悔」同義。

但知其危厲而復歸息養，則可「無咎」。小過不斷，大過不犯，總比死不改錯好。所以〈小象〉說「義無咎」。就道義上來說上有可取。

▤▤ 復 ▤▤ 明夷

此爻變為「明夷」，由黑暗時代轉為「復」的震旦日出故雖「厲」而「無咎」。反之，雖厲而不復，必「明夷」而凶。

此爻屢錯屢改，由「明夷」變「復」是敗部復活之象，但厲而不能無咎，就會被誅，改的次數多了就會失信於人，終被滅。

此人首鼠兩端，乍進乍退，或是或非，反反復復，投機份子。

六四：中行獨復。
象曰：中行獨復，以從道也。

「中行」，中道也，中間半道也。《爾雅·釋宮》：「行，道也。」《通義》：「中行，中途。」《纂言》：「行者，路也。」震為道。「道」，謂初爻，震為出，為動，為道。

〈文言〉「乾」九四：「中不在人」此「中」者謂三、四，居一卦之中也。又〈繫辭下〉：「其初難知，其上易知，若夫雜物撰德，非其中爻不備」。此中爻謂四爻。

六四居眾陰爻之中，獨與初應，故曰「中行獨復」是出行至半道而返復。

「獨」，單獨。自己特立獨行，孤孤獨獨，孑然一身，獨往獨來。坤陰為眾，獨六四與初九有應，資質條件好。

「中行獨復」，與眾人同行，行至中途半道自己獨自回返也。獨而復

返者，不同流合汙也。

六四在眾陰之中尚能知道返復，可見六四主觀上是好的，但從客觀上來看應的初爻陽弱給與的支援不夠，無法成大器，故不言「吉凶悔吝」，其實能知復就吉。

〈小象〉說：「從道」即與初相應也。

六四得位安居不亂為，從於初爻「不遠復」，守正道，合於道。此爻不與他人同流合汙。

「從道」是求學、求道，不是謀利。

此爻變為「震」。震為出，為道。

此爻特立獨行，不肯苟合眾意，不譁眾取寵，為道是從，想法異於常人，不隨俗。身雖孤獨，道卻不孤獨故曰「從」。

此爻在坤中不從坤而從陽，是初污泥而不染，是隨俗而不附和，居亂而不為所污。

半道而歸，不返則「震於泥」入於坎中。

從道遠應，貴人在遠方。

六五：敦復，無悔。
象曰：敦復無悔，中以自考也。

「敦」，速也、急促、急迫也。馬融：「敦，速也。」《通義》：「敦，迫促也。」《詩·邶風·北門》：「王事敦我，政事一埤遺我。」釋文引《韓詩》云：「敦，迫也。」《晉書·隱逸傳·戴逵》：「孝武帝時，以散騎常侍、國子博士累征，辭父疾不就。郡縣敦逼不已，乃逃於吳。」《孟子·公孫丑下》：「前日不知虞之不肖，使虞敦匠，事嚴，虞不敢請。」「敦逼」，敦促逼迫。

「敦復」，受人之督責催促壓迫而速歸也，敦促逼迫，歸心似箭也。六五離初九元陽已經很遠，一卦到了五爻幾乎就是最後了，所以六五不再速歸復就回不來了，故速歸而能「無悔」。反之，不速歸則有悔恨。不凶而能速歸者因為居中也。

「敦」，也是質樸敦厚貌。是積厚之象，是從下積上來而成厚。《老子》十五章：「敦兮其若樸」。注：「敦者，質厚。」

此爻雖是受迫被動地歸復，但心地樸質，沒有悔恨困厄。

六五「無悔」與初九「無祗悔」不同，初九是棄惡揚善改過之初故不至於有悔，六五是歷經多次的悔改，修道以成故已「無悔」，無有困厄麻煩。

「臨」卦上六曰「敦臨」，「艮」上九曰「敦艮」，都是取其厚實之義，但「復」至五就言「敦」是因為上六「迷」而「不復」，所以五爻已是「復」之極，所以說是「復於樸」了。

又「敦」也是「止」。變為「屯」就是止。

「考」，察也。六五能速歸，是自我察覺身在坤中，坤為荒，為亂。

五中位，應在二，亦中位。陽息至二，與五有應，故「無悔」。

「中以自考」，就是解釋敦之故。是六五居中有自我反省改過歸復的能力。

《易》之道貴將來，此爻言「敦止」以待二之陽息。

「自考」，自己反省。與「臨」上之「志在內」同。

復 屯

此爻變為「屯」，返回至渾沌為開之際，就是「反璞歸真」。

六五是歷經試煉的老經驗，成熟溫順圓潤不滑。又六五是天子，「復」是復元、復興。看來是句踐復國前的「十年生聚，十年教訓。」「屯」是生，是墾，是聚。正是「十年生聚，十年教訓。」

上六：迷復，凶。有災眚，用行師，終有大敗，以其國君凶，至于十年不克征。
象曰：迷復之凶，反君道也。

「迷」，是迷途失道。坤為慌亂，是鬼迷心竅，迷了路，誤入歧途。「坤」〈象〉曰：「先迷失道」以失道解迷字，《廣雅·釋詁》：「迷，誤也。」《韓非子·解老篇》：「凡失其欲往之路而妄行者之謂迷」。

「迷復」，是前行迷路失道，而且歸路也迷路，所以誤入歧途，終不

得歸返，而將有大禍，故凶。

上爻已至化外之地，初九在下離之遙遠歸而迷途。又坤之德性為「先迷後得」上爻居一卦之「先」故「迷」。凡上六多不吉。居上，所以有窮之象。途窮又「迷」，故凶。

《左傳》襄公二十八年：「子大叔歸復命，告子展曰，楚子將死矣，不脩其政德，而貪昧於諸侯，以逞其願，欲久得乎，《周易》有之，在《焦氏易林‧復之頤》曰：「迷復凶，其楚子之謂乎，欲復其願，而棄其本，復歸無所，是謂迷復，能無凶乎。」「復之頤」就是「復」上爻，古人以此記爻，上坤下震「復」上爻變為「頤」故曰「復之頤」，因為坤之德性不可居先，居先則迷。「坤」：「先迷後得主」，「復」上爻居坤體，又在一卦之上，上就是先，所以犯了大忌，爻辭曰：「迷復，凶。」子大叔為游氏，名吉，是鄭國的正卿，執掌國政。是鄭穆公的曾孫，公子偃的孫子，公孫蠆的兒子。依照當時的習慣曾孫就不能再以公孫稱之，而以祖父，就是公子偃的字子游，為氏，故稱游吉，字子大叔。

這爻鬼迷了心竅，不知返，故凶。

高亨《左傳國語的周易說通解》云：「迷復是迷了路而才想回來，希望回到自己所喜愛的地方，然忘掉原來的路徑，結果無處可歸。」

「剝」上九陽剛，為君子；所以知道順勢而為，「碩果僅存」而不喪盡生機，故「得輿」（得天之助）而不言吉凶。

「復」上六，以陰居陰又是窮亢之地，逆勢妄為，自作孽不可活，故凶。

上六「迷不之復」是迷妄為之極。

「復」之後為「无妄」。

坤為荒，為亂，故為「災眚」。《子夏傳》：「傷害曰災，妖祥曰眚。」

「災」，是外來之禍，是天災。

「眚」，是內生之禍，是自作孽。

「災眚」，是內憂外患皆至，是自找麻煩，動輒得咎。

「復」上六與「泰」上六「城復于隍，勿用師」，「謙」上六「鳴

謙，利用行師，征邑國」皆有「行師爭戰」之象，「明夷」上六「失則也」皆如「坤」上六「龍戰於野，其血玄黃。」「比」上六「後夫凶」，「師」上六「小人勿用」，皆因為上六不承陽。

陰爻「先迷後得」，上六居卦之先不能承陽在後故「迷而凶」。

「復」本「勿用」之卦，根基淺，實力薄，如何能征戰？

「復」本休息之卦，陽息至上還早呢？所以「用行師，終有大敗。」坤為眾，故為師。坤為死喪，故「行師終有大敗」。

坤為國，震為王為君，故曰「國君」。

「以其國君凶」，是國君有難。君者國之本，國君受脅，根本動搖。

「不克征」者，是說不能戰勝，不能興起。

它爻皆可承陽，獨上六不能，不承五陽，則叛君命，而殃及國君，故曰「以其國君凶」。

「十年」，謂時間長久。

「至于十年不克征」，是長久不興，陷入泥淖。

「十」，是終數，是說只要「迷」的狀況不改變，「災眚」也不會改變。

「反君道」，是為反了為君之道，是叛逆；也是不何道義，是逆不是順。

「反君道」，即上六不承陽，強與陽爭。

上六鬼迷心竅，誤入歧途，歸而迷途，想回頭都找不著道路，凶。有災害，又妄為行師用兵，必嚐敗績，擒其國君，大敗而凶，以致十年也無法恢復元氣。

這「迷復」的「復」，也可解釋為「覆敗」的「覆」。

☷ 復 ☷ 頤

此爻變為「頤」，退休老人復出的後果，失去頤養。也違反正道，老人叛逆不凶何待。

初爻到五爻都知返復，為上六執迷不悟。

无妄卦　又名天雷无妄

妄 ：元亨，利貞。其匪正，有眚，不利有攸往。

彖曰：妄，剛自外來而為主於內；動而健，剛中而應；大亨以正，天之
　　　命也。其非正有眚，不利有攸往，妄之往，何之矣。天命不佑，
　　　行矣哉？

象曰：天下雷行，物與妄。先王以茂對時育萬物。

序傳：復則不妄矣，故受之以妄。有妄然後可畜，故受之以大畜。物畜
　　　然後可以養，故受之以頤。

雜傳：大畜時也，妄災也。

　金文　　小篆

　　「无妄」卦光從字面上來看很難深入了解到底是啥意思？但先了解字
的涵義還是入門的方法之一，一層層來看吧！

　　「妄」字金文從「女」從「亡」，「亡」古文中多有「無」義。
「妄」的本義是虛妄，沒有事實的根據。古人造字從「女」的字多有貶
義。焦循《易章句》：「妄者，虛而不實也。」《廣韻・漾韻》：「妄，
虛妄。」《法言・問神》：「無驗而言之謂妄」無知也是「妄」。搞不
清楚情況而輕舉妄動也是「妄」。《孟子・離婁下》：「此亦妄人也已
矣」。趙岐注：「妄，妄作之人，無知者。」徐灝《說文解字注箋》：
「戴氏侗曰：『妄者，行不正也』。」所以「妄」又有胡亂、狂亂之意。
《說文解字》：「妄，亂也。從女，亡聲。」說話不分輕重，隨便亂說稱
為「妄言」。《管子・至山數》：「不通於輕重謂之妄言」不假思索、不
顧後果的行為稱為「妄舉」。《管子・版法解》：「為而不知所成，成而
不知所用，用而不知所利害，謂之妄舉。」《韓非子・二柄》：「妄舉，
則事沮不勝。」焦循《易章句》：「妄者，虛而不實也。」又「妄」，荒
誕也；《增韻》：「誕也，罔也。」《老子》：「不知常，妄作凶。」
《論衡・命義》：「心妄慮邪」。金文「妄」讀為「荒」，荒廢，災荒。
毛公鼎：「女（汝）毋敢妄（荒）寧」，「荒寧」即耽於逸樂。《詩・唐
風・蟋蟀》：「好樂無荒」。鄭玄箋：「荒，廢亂也。」可見「妄」不是

一個好字眼。

「无」，亡也，無也；一說為「無」的異體字；《玉篇》：「无，不有也。」《說文解字》：「无，𣞣，亡也。奇字，无通𣞣。」《康熙字典》引《藝苑雄黃》所作的解釋：「无亦作亡。古皆用亡无，秦時始以蕃𣞣之𣞣爲有無之無。詩、書、春秋、禮記、論語本用无字，變篆者變爲無，惟易、周禮盡用无。然論語亡而爲有，我獨亡，諸無字，蓋變隸時誤讀爲存亡之亡，故不改也。」「无」和「妄」都源於「亡」；亡是逃亡，也是死亡；《說文解字》：「亡，逃也。」《列子·天瑞》：「人自生至終，大化有四：嬰孩也，少壯也，老耄也，死亡也。」反正不是好字眼，不是吉辭。

我們從古文的記載上看看古人如何解釋「无妄」：

一、《史記·春申君列傳》作「毋望」，將「无妄」解釋為「無可期望」，就是不期而至之望，未經計劃，出乎意料之外的。「春申君相二十五年，楚考烈王病。朱英謂春申君曰：『世有毋望之福，又有毋望之禍。今君處毋望之世，事毋望之主，安可以無毋望之人乎？』春申君曰：『何謂毋望之福？』曰：『君相楚二十餘年矣，雖名相國，實楚王也。今楚王病，旦暮且卒，而君相少主，因而代立當國，如伊尹、周公，王長而反政，不即遂南面稱孤而有楚國？此所謂毋望之福也。』春申君曰：『何謂毋望之禍？』曰：『李園不治國而君之仇也，不爲兵而養死士之日久矣，楚王卒，李園必先入據權而殺君以滅口。此所謂毋望之禍也』春申君曰：『何謂毋望之人？』對曰：『君置臣郎中，楚王卒，李園必先入，臣爲君殺李園。此所謂毋望之人也』春申君曰：『足下置之，李園，弱人也，仆又善之，且又何至此！』朱英知言不用，恐禍及身，乃亡去。後十七日，楚考烈王卒，李園果先入，伏死士於棘門之內。春申君入棘門，園死士俠刺春申君，斬其頭，投之棘門外。於是遂使吏盡滅春申君之家。」《正義》曰：「無望謂不望而忽至也」。這在《詩·陳風·宛丘》也可見：「洵有情兮，而无望兮。」「无望」是《詩經》時代的成語。无望者，出乎意想之外也。

二、「无妄」是「無所希望」是「天災」，是不得天時之災。唐陸德明《經典釋文》引馬融之注云：「妄猶望，謂无所希望也。」《朱子語類·無妄》：「無妄本是『無望』」。《漢書·谷永傳》：「遭无妄之

卦運」應劭曰：「无妄者，无所望也。萬物無所望於天，災異之最大者也。」這句話一語道破〈雜傳〉所云：「无妄災也」，〈象傳〉所云：「天命不佑」，就是不得天時，老天爺不保佑，而遭災難。

三、「无妄」是不期而至的「禍難」。《文選·袁宏〈三國名臣序贊〉》：「綢繆哲后，無妄惟時。」劉良《注》：「無妄惟時，當窮災之時也。」《晉書·慕容垂載記》：「大王以命世之姿，遭無妄之運，迍邅棲伏，艱亦至矣。」也很清楚地說出「无妄」是不得天時，災荒頻生。

四、《論衡·寒溫篇》：「《易》京氏布六十四卦於一歲中，六日七分，一卦用事。……《易》無妄之應，水旱之至，自有期節，百災萬變，殆同一曲。」也是以「无妄」為「天災」。又《論衡·明雩篇》：「問：『政治之災，無妄之變，何以別之？』曰：『德酆政得，災猶至者，無妄也；德衰政失，變應來者，政治也』。」也是以「无妄」為「天災」。

五、曹植〈漢二祖優劣論〉云：「世祖……值陽九無妄之世，遭炎光厄會之運。」也是以「无妄」為「天災」。又《申鑒·時事》：「『《無妄》之災，「大過」，凶其象矣』。」以「无妄」與「大過」都釋為災難，甚是。

六、劉逵注《文選·吳都賦》云：「《易·無妄》曰：「災氣有九，陽阨陰阨，四合為九。一元之中，四千六百一十七歲，各以數至。」也是以「无妄」為「天災」。《焦氏易林·復之无妄》說：「年歲無有」、《未濟之无妄》說：「秋饑無年」也是以「无妄」為天災。

七、出土的帛書本作「无孟」鄧球柏先生《帛書周易校釋》曰：「无孟，意思是不努力黽勉從事。「孟」，努力。《爾雅·釋詁》：「孟，勉也。」「无孟」即「不努力從事」之意。又何新先生將「无孟」，解釋為「无明」，就是糊里糊塗。並引《大戴禮記·誥志》：「明，孟也。」《史記·曆書》云：「明者，孟也。」並說「知、亡、孟、明等字古音通，孟可通妄、通明。」「孟」與「夢」通，並引《詩·小雅·正月》：「召彼故老，訊之占夢。」阮元《揅一ㄢˊ經室集》：「孟與夢同音義」又將「无孟」解釋為惡夢。

八、〈序卦傳〉所謂：「復則不妄矣，故受之以「无妄」。」即是對「无妄」之「无」作「不」解。就是不亂動，不妄為；也就是不作虛妄之

事。

九、《焦氏易林‧復之无妄》：「跨牛傷暑，不能成畝。草萊不關，年歲無有。」《焦氏易林‧未濟之无妄》：「獨立山巔，求鹿耕田，草木不避，秋飢無年。」也是以「无妄」為「天災」，為「無有希望」。无妄，則與「荒蕪」相通。

十、出土帛書《易之傳》：「无望之卦，有罪不死，无功而賞，所以嗇（貪），故『災』。」大義是「貪求、奢望」。《方言》：「嗇，貪也。」《左傳》襄公二十六：「夫小人之性，釁於勇，嗇於禍，以足其性，而求名焉者，非國家之利也。」杜預注：「嗇，貪也。」意謂無功而求賞，不切實際的奢望，就是所謂「貪婪」。貪婪而招禍。

十一、于省吾先生認為妄、忘古通；《易經新證》：「母忘即毋忘，然則无妄即无忘，乃古人恆言。」並引《左傳》哀公二十七：「季康子卒，公弔焉，降禮。」杜預注：「禮不備也，言公之多忘。」又引《釋文》：「忘本作妄」即无忘也。

綜合上述「无妄」之大義為「無可期望」，就是不期而至之望，未經計劃，出乎意料之外。糊里糊塗，惡運連連。又為天災，人面對不得天時，大環境中逆境之災，只能無冀希望，不可妄動，不作虛妄之事，因為天大、地大，人居其中無以為濟。〈雜卦傳〉：「大畜時也，无妄災也。」「大畜」是得天時之利，〈象傳〉說：「利涉大川，應呼天也。」「无妄」則是不得天時，天威難測，〈象傳〉說：「不利有攸往，无妄之往，何之矣。天命不佑，行矣哉。」「大畜」得天時與天相應，「无妄」不得天時，天命不佑。所以「无妄」是災禍。《左傳》晉侯病重而求醫於秦，秦伯命醫和視之說：「良臣將死，天命不佑。」後晉侯亡。《焦氏易林‧豫之晉》：「鵲巢柳樹，鳩集其處；任力薄德，天命不佑。」可見「天命不佑」是凶詞。

《戰國策‧楚策四》：「世有無妄之福，又有無妄之禍。」就是有意外不可預期之福，也有意外不可預期之禍。《聞一多全集》說：「无妄」猶無福也。又說中國上古傳說中有「以雷神為代表惡勢力的魔王」。

〈雜傳〉說的清楚「无妄」就是災。災者，外來之禍。由己而生則為眚。

「无妄」上乾天，下震雷，是只打雷不下雨，是大旱，是萬物無雨水滋潤而無希望也。

《歸藏》易作《亡》，「亡」同「妄」，死亡之卦。

「妄」是虛妄矯詐也。「无妄」是無有虛偽矯詐。無有希望只能真誠以對。

〈序卦傳〉說：「復則不妄矣，故受之以無妄。」這裡所說的「无妄」為不要虛妄，不亂動，不妄為，就是實在的意思。《逸周書·武紀解》：「恃名不久，恃功不立，虛願不至，妄為不祥。」

「无妄」卦上乾下震，是晴天霹靂，是震雷在乾天之下，以及人身；是被雷擊中，是無妄之災。晴天霹靂即是意料之外的「無妄之災」。

在《易經》中陽為實陰為虛，「復」卦是陽長故為實，所以「復」卦以後就是「无妄」。「復」是修養生息，不宜妄動折損了初生的陽氣，任其自然發產，不要干擾他，適時就可以畜養，所以「无妄」就是不要妄為，妄為就是揠苗助長。震在下卦皆不宜妄動。要客觀唯誠，一切要順其自然，宜守不宜攻，以不變應萬變；攻必有損，遭無妄之災。

「无妄」是外在環境無法影響是自安性命，不受外物干擾得以生息而茂盛而旺。

「无妄」就是無為，就是順應天，順應自然，就是各得其性各自生。這與「大畜」兩卦正是《老子》所云：「禍兮福之所倚，福兮禍之所伏。」

「无妄」之為災，是自找麻煩。因為外在的環境無法掌握，無法自主，是天災，是意外之災也。雷震於乾天之下，其勢急且強，來勢凶凶；但去的也快，蘊釀很久而發的快。

凡震在下卦的有上乾下震之「无妄」卦，上坎下震之「屯」卦，上艮下震之「頤」卦，上下皆震之「震」卦，上巽下震之「益」卦，上離下震之「噬嗑」卦，上坤下震之「復」卦，上兌下震之「隨」卦等卦，震雷在下，除「復」卦雷藏於地中有眾陰壓抑；「頤」卦以口取象，且雷擊於山上，不傷人；「隨」卦震雷藏於兌澤之中，其餘雷在下皆傷人有災。

「无妄」即勿起妄念，不生妄想，勿輕舉妄動。也就是正心誠意，謹言慎行，真實不欺妄，才能寬廣宏量積畜以大，則易往前開拓。

「无妄」是無為之治，無為之治才可「大畜」，以天地自然之行順其發產是積畜的最好方法，所積畜的才會大。以人為施作以求積畜，所畜者不大，妄施亂為以為人能勝天，更會帶來大災。上乾天下震動，是遵循天道而動可以無有虛妄，可以無災。

這「天」也可以說是趨勢，是外在的大環境。若所動不以天道，那就有妄了，就會有災。

「无妄」就是無邪，天真也，動之自然，以順自然也，所以不要輕舉妄動。

「元亨利貞」是「乾」卦，就是順應天時自然而為，是無為而無不為。

「无妄」就是真實不欺。「元亨利貞」是天道真實絕不虛妄。是天道之無妄。

「元亨」者，大亨也；「利貞」者，守正也；合於正道就能大亨，天道就是正道。順應天道就「元亨利貞」。拂逆天道妄為則「其匪正，有眚，不利有攸往。」

「匪」者，非也。「其匪正」是說若是不正，不正必「有眚」。「眚」，《說文解字》：「眚，目病生翳也。」《釋文》：「子夏傳云：傷害曰災，妖祥曰眚。」鄭玄云：「異自內生曰眚，自外曰祥，害物曰災。」原本是眼睛長了遮蔽視線的病。引申為災異，疾苦，過失。

「有眚」是自己看不清楚情勢，妄動遭致災，自己惹得災禍。所以「不利有攸往」，不利出行、遠行。

「眚」，是人禍，原本之意為眼睛上長的翳，比喻人的欲望欺蒙了心志、天理，看不清事實真相，妄為妄行，所以招禍。所謂「天作孽猶可違，自做孽不可活。」

心思不正必有禍災也。不順天妄為如人心受物遮蔽是喪心病狂而妄為必災。這是說如果不正、不順天，不守正道，不因天而動，因人而動，是不合自然規律，則有眚，則「不利有攸往」。卦辭謂「无妄」要大祭享，利於貞定固守，行事不正，有災殃。不利遠行。

〈象傳〉言「剛中而應」的有「師」、「臨」、「萃」、「升」、「无妄」五卦；講「大亨以正」的有「萃」、「臨」、「无妄」三卦；講

「天之命」的僅有「无妄」卦；可見此卦順天之重要。

〈彖傳〉兩言「天」；「天之命也」、「天命不佑」可見此卦重「天命」。何謂「天命」？天地萬物自然的法則也，《論語・為政》：「五十而知天命」就是人為不能改變的大環境。所以只能順天不能逆天。

「無妄之往，何之矣；天命不佑。」正是解釋「无妄」不得天時，老天爺不福佑之義。「天」字據美國漢學家顧立雅先生之說在殷商之際的意思是「在天之神」，「天」字比「大」字多一畫。「大」字是人正面站立之形，當是王者或有地位之人，而「天」是對「大」之人死後的稱呼，比「大」人更具權威，而引申為「在天之神」。

〈大象〉曰：「天下雷行，物與無妄。先王以茂對時育萬物。」古人行政施命不違天時，如此可以茂育萬物。天下之雷，是春天打雷之象，生機澎勃之象，所以〈大象〉曰：「天下雷行，物與無妄；先王以茂對時育萬物。」

「无妄」之前為「復」卦，一陽潛伏於下，陽氣初生，氣微力弱，不宜輕舉妄動，折殺了初生之機。「復」之不宜妄動，就是要休息，修才能息，息才能長，重點在一個「休」字。既是「休」自然不宜動，不動則靜，靜則不可受外界的干擾。心無妄念則外在干擾不侵，誠則心中不生妄念。所謂「至誠無物」心中無物則至靜，靜則氣息得以調養。

「復」一陽生機初現，若妄動升二則卦成「師」、「謙」、「豫」、「比」，一陽在眾陰之中，大象為險坎，可謂步步皆險，初出現之生機很容易被扼殺。若陽氣息長積畜已大在往上升，則卦成「臨」、「泰」、「大壯」、「夬」、「乾」，則根基穩故，步步實在，則可成頤養之局，養心、養氣、養民、養父母，天下皆為所養，格局恢宏。

「復」、「无妄」、以至「大畜」，多是要達到頤養的先前作業。皆有止息之意，「復」要休息，「无妄」不可輕舉妄動，儲畜之時也不可濫動。所以〈雜傳〉說「大畜時也」。時，就是待、等就是時後未到，要忍的住，「大畜」下卦乾陽健行躍躍欲試，上卦艮止阻之前，若沉不住氣，陽壯向前成「大壯」卦，壯者戕也，必受傷害。

所以「大壯」卦辭僅「利貞」二字，戒之在動。若按步就班則大畜變成「大有」，如此可以養天下，天下也盡為其所有。

「无妄」也是無望，災難已至，無所希望，只能承受。

「剝」卦爛，天荒只有只存碩果一線生機，故「不利有攸往」。「復」靜待修復培養，也不宜躁動。「无妄」是不得天時而有災異，也是「不利有攸往」。相綜的「大畜」是得時而蘊釀積廣，而後才是「頤」卦，頤養天年。這經過一連串的宜靜不宜動之後才有大富天下。滅秦之後又經過楚漢相爭，劉邦征大漠差點要了命，至此閉關和親匈奴，歷經呂后而有文、景二的的無為靜養，才有武帝的出塞申顯大和天威。

「无妄」是無望，無所期望，是意料之外，皆事出意外，非所期望之事。既是意外之禍，也有意外之福。皆不可預期，不可期望。

「无妄」是蟄伏潛修，不可妄動。「无妄」錯為「升」是得道升天。修練之時要妄我，要不生妄念，不可輕舉妄動，要順天應時。妄動則走火入魔，災禍至。

「无妄」錯「升」，「升」是五穀成熟，是豐收。「无妄」是災，是荒年。《韓詩‧外傳》：「四穀不升謂之荒。」

初九：无妄，往吉。
象曰：无妄之往，得志也。

「往」，亡去也。《管子‧權修》：「無以畜之，則往而不可止也；無以牧之，則處而不可使也。」尹知章：「往謂亡去也」。

「往吉」，亡去為吉。

「往」，前往也。謂形勢往前發展。初九往上遇六二，陽遇陰則通，故「往吉」。但與九四相敵，故不宜妄動，捨六二而亡去則吉。但在「无妄」無可期望，無有希望，無法預期，對於天災在前，大環境中不得天時，未來迷惘之時，未來發展誰也不知，只能硬著頭皮任其發展。六二反倒是變成一線希望。

「往吉」，前往為吉。此爻為無望中之意外不期之福，前往的發展是吉利的。

「无妄」不得天時，在此之時不可妄動，但初九居震體上又遇陰故「往」，意思是雖在無望、絕望之時，要勇於進取，爭取生機，要有目標，發展下去才能獲吉，不然妄動必凶。

初爻「无妄」是心中無有期許，只是順勢而為，在不得天時之時，這是小確幸。

「无妄，往吉」，無妄之災在前，順時順勢則有無望之吉。

卦詞：「元亨，利貞。」〈彖傳〉：「大亨以正，天之命也。」就是此爻。

「无妄」之時不可妄動，故卦辭「匪正有眚」，初爻得正故「往吉」；六二中正故「利有攸往」；六三失位不正妄動而有「無妄之災」；九四離開下卦往上卦，離震之動而居乾之天，雖失位而「無咎」；九五中正而「勿藥有喜」；上九失位亢極而窮故「行有眚，無攸利。」

初九得位，居震為動，是動的得宜，故吉。

「得志」謂初九往遇六二、六三，陽遇陰也。「大畜」九三：「上合志」，「渙」九二：「得願」，都是與四無應，而前遇二陰。

此爻默默耕耘，心無雜念，不存奢望，是不妄想，不妄為，無有期望之中意外得福，吉利也。可以解一時之渴，但不能除旱。

《史記正義·春申君列傳》：「無望謂不望而忽至也」此爻便是無有期望，但希望卻喜出望外而忽至。故〈小象〉曰：「往，得志也。」

☷☶无妄☰☰否

此爻變為「否」。「否」之不吉變而為吉。可見初九是无妄之中力求希望而能得願。

六二：不耕穫，不菑畬，則利有攸往。
象曰：不耕穫，未富也。

「穫」，收割，收穫，獲得。《說文解字》：「穫，刈穀也。」

「菑ㄗ」，《爾雅·釋地》：「田一歲曰菑」。《註》：「今江東呼初耕地反草為菑」在此當作「植」解，就是耕作，種莊稼。本義是鋤草開墾荒地為新耕之田。《說文解字注》：「凡入之深而植立者皆曰菑」。《詩·小雅·彤弓之什·采芑》：「薄言采芑，于彼新田，于此菑畝。」疏：「菑，災也。始災殺其草木也。」即如燒荒、火耕之意，故《說文解字》：「菑，才耕田也。」聞一多說今本《易經》作「不耕田」錯將「才」當「不」。才耕之田，就是開荒墾地的新田。黃以周《釋菑》說得

清楚：「凡治田之法，先殺草而後耕，既耕而後耘。」《爾雅》：「田一歲曰菑」一歲田只殺除艸培養地力尚未耕治，所以「菑」為只殺除雜草但尚未耕種的田。

「畬」字从「余」从「田」；「余」本是沒有耕犁之前用刀耕的工具；聞一多先生《釋余》謂「古未有犁時以刀耕，其刀即余也。以余耕田謂之畬。」故「畬」之本義亦為耕田。

又「畬」是已開墾三年的熟田，是長年耕種的田，是生產力較高的可耕田。《說文解字》：「畬，三歲治田也。」《詩·周頌·臣工》：「如何新畬」。《毛詩注疏》：「田二歲曰新，三歲曰畬。」傳：「一歲曰菑，二歲曰田，三歲曰畬。」第一年是菑田，第二年便為新田，然尚未柔和，第三年為畬田為熟田。《法苑珠林》卷七九：「百草俱滋茂，五穀皆熟田。」

「不菑畬」，《說文解字解》引《周禮》注作「不菑而畬」，語意較明。

「不耕穫，不菑畬」，就是「不耕而穫，不菑而畬」，不耕而有收穫，不菑而有其畬，即不耕植而得收穫，不開墾荒地就有熟田可以耕作，是無所期望而有所獲得。或是才耕之新田即有熟田之穫。順其自然不計其功而意外有所得，則「利有攸往」，利於繼續發展。

「不耕而穫，不菑而畬」，就是不切實際，貪婪，奢望。

「无妄」之綜為「大畜」，「畜」是「玄」「田」，「玄」是黑，「畜」就是黑土地，《說文解字》：「畜，田畜也。《淮南子》曰：『玄田為畜』。」是肥沃的土壤，中國東北、烏克蘭、美國密西西比河流域為世界三大黑土區。土地雖肥沃，但期望「不耕而穫，不菑而畬」是貪婪的意思。

「往」，亡去。同初九。

「利有攸往」，即在災荒無有希望之時，當亡去另求他途。不事農耕者，可為宦，為商賈。

「富」，備也。《說文解字》：「富，備也。」《尚書·說命》：「有備無患」，意思是要預先準備，預先計劃。

「未富」，即未預先計劃準備，意思是無有預期，無有期望。是無所

期望反而有所得。

䷘无妄 ䷉履

此爻變為《履》，是腳踏實地，變為《無妄》是清淨不要妄想，不要去希望。

「无妄」之時不可妄動，卦辭「匪正有眚」，不正必有災眚。故初爻正「往吉」、六二中正「利有攸往」，六三失位故「無妄之災」，九四失位僅「無咎」。九五中正「有喜」上九失位「行有眚，無攸利」。

「无妄」綜卦「大畜」，「大畜」，九三：「良馬逐，利艱貞。日閑輿衛，利有攸往。」六四：「童牛之牿，元吉。」六五：「豶豕之牙，吉。」可見「大畜」是有步驟，有方法，有準備的畜養牲口以為畜。而「无妄」六二則无有準備而有收穫，兩卦象相反，義也相反。

六三：无妄之災，或繫之牛，行人得之，邑人之災。
象曰：行人得牛，邑人災也。

此爻是說在地的邑人，繫牛在路旁，但家宅被焚，而牛驚逃，被路過行人牽之而去，在地的邑人反有盜竊之嫌，遭詰捕之禍。六三之「无妄」為「無妄之災」與「無望之福」。即意外之災，意外之福，皆無法預期。

㷭災宬 小篆 災 隸書

甲骨文有三種字形代表不同的災害，分別是「災」是水災；「灾」是火災，和「𢦏」是兵災。「灾」從「宀」從「火」，表示火災。或有「火」形在「宀」形之上者，疑亦為「灾」。此爻當為屋宅遭回祿之禍，祝融之災。

「无妄之災」，所遇之災不可忘也。警戒之詞。

「牛」是財富象徵，牛失就是財失，破財之災。《說文解字》：「牛，大牲也。」《大戴禮記・曾子天圓》：「牛曰太牢」。《賈子・胎教》：「牛者，中央之牲也。」牛有吉祥、財富之意。

「行人得之」，這是意外之福。過路的人將牛前走得到牛。

「邑人之災」，這是意外之災。在地的人本來繫住的牛卻走失，被人牽走，而損失牛隻。

「行人」，是外地人，是路過之客。

「邑人」，是在地人，是坐客。也只占卦之人。

☲☳无妄 ☰☲同人

此爻變為「同人」，恐是不合群的結果。受親戚友人的連累，連作法，株連。

此爻無妄之災，當心官司纏身。

九四：可貞，無咎。

象曰：可貞無咎，固有之也。

陽遇陽則窒，九四上遇眾陽無法前進，下又與初無應，不適合動，故曰「可貞」。

「貞」，順時而動。「坤」六三：「含章可貞」。〈小象〉：「含章可貞，以時發也。」「无妄」不得天時，故不宜動。

「可貞」，貞定不可妄動、妄想，要認清時勢待時而發動。

〈繫辭〉曰：「吉凶悔吝者生乎動者也。」九四失位無應不妄動故「無咎」，無有災害。

「固」，堅定其不動之志也。《論語·學而》：「學則不固」。

此爻得知其不得天時，要順其時而不動，待時而動，故「無咎」。

☲☳无妄 ☴☳益

此爻變為「益」，「益」上巽下震，「益」卦〈大象〉曰：「見善則遷，有過則改。」這是生意人，要知權變，權宜，把握機會。如今變為「无妄」貞守不妄動，不動無吉凶悔吝，故「無咎」。〈繫辭上〉：「無咎者，善補過也。」可見雖貞守不動尚有小過。

現在無咎，長久則「益」。因為久必變。故「貞」知不動固守變為「征」，「征」而有益。所以久了還是要動，等待時機成熟就有益。時機到臨之時要權變，立刻行動。

九五：无妄之疾，勿藥有喜。

象曰：无妄之藥，不可試也。

「无妄之疾」，是無望之疾，不期而得之疾，病入膏肓之疾，非一般藥石可醫治，就是絕症，所以「勿藥」。

「无妄之藥」，是說無望之藥，沒有用的藥。有疾病不可忘。

「藥」，療也，醫也。《詩・大雅・板》：「不可救藥」。《韓詩外傳》作「不可救療」。

「喜」，當作「譆」，《說文解字》：「譆，痛也。」《玉篇》：「譆，懼聲也；悲恨之聲也。」

「勿藥有喜」，則作「勿要有譆」，也就是有勿藥之痛、有勿藥之恨。有病不可忘，忘了不吃，不加以醫治則有悲痛恨懼聲號。

「試」，用也；《經典釋文》：「試，驗也。」《爾雅・釋言》：「可試，試，驗。一云用也。」

此「无妄」為無有希望、不可奢望，此爻無望之疾，而為絕症，又無藥可治，故恨惜。

又「疾」，急也；《釋名・釋言語》：「急，及也，操切之使相逮及也。」

「无妄之疾」，是无妄之時又操之過急，這只會僨事。

帛書「勿藥有喜」作「勿樂有喜」，震為驚懼。為勿樂。「震」卦〈大象〉：「君子以恐懼修省」，「勿樂」就是「恐懼修省」。意謂於此无妄之時不可操之過急，當反身修省，除去心機，不可偷機取巧。

☳☰ 无妄 ☲☳ 噬嗑

爻變為「噬嗑」，食也；此爻不能食，即無藥可食。

蓋五爻雖當位有應，然上承下乘皆陽，並未全吉。

「不可試」，言此為事之偶然，非所期望，意外之絕症，不可嘗試。

「无妄之疾」，無藥可醫治，所以不可再試。

此爻變為「噬嗑」，吃力之事豈可再次嘗試。

上九：无妄，行有眚，無攸利。
象曰：无妄之行，窮之災也。

此爻與卦辭義同。

「无妄」，無所期望，無有希望，不可以忘記。

「眚」，災也。《說文解字》：「眚，目病生翳也。」《經典釋文》：「子夏傳云：傷害曰災，妖祥曰眚。」鄭玄云：「異自內生曰眚，自外曰祥，害物曰災。」原本是眼睛長了遮蔽視線的病。引申為災異，疾苦，過失。這裡的「行有眚」是自我妄為、妄行，所以招惹災禍，所謂「天作孽猶可違，自作孽不可活。」

「无妄」，有清虛勿妄動之義，上九窮極之位，靜極思動，故曰「行」。

「无妄，行有眚」，謂事已經無望，妄動必有災眚。不可忘記，忘記過去的痛，必有災害。

上九亢龍之性，无妄之時，居窮極勢衰之位，「无妄，行有眚」是行而「有眚」，看不清楚，鬼迷心竅，故妄動而有災，故「無攸往」。

「无妄」是無有期望，是災，故不可妄動，九四「可貞」故「無咎」。上九居亢窮之地，身在乾卦，陽剛健行，上無所往之地，下又乘陽遇敵，又是不該妄動之時，失位不安而動，故「行有眚，無攸利。」

上九亢陽窮途末路，「無攸利」是無路可走，事無希望，宜早回頭，進必有災。故曰「窮之災」。

无妄 隨

此爻變為「隨」，隨遇而安則無災。「隨」是無為而治，上九生於太平之事，故無事可忙。

「隨」是隨從，是馬徒，在主人之後，今居上爻而在先，是无妄衝動而有眚敗。

「窮之災」，破財之象。無錢萬萬不行。

大畜：利貞。不家食，吉，利涉大川。

彖曰：大畜，剛健篤實輝光，日新其德。剛上而尚賢，能止健，大正也。不家食，養賢也。利涉大川，應乎天也。

象曰：天在山中，大畜，君子多識前言往行，以畜其德。

序傳：復則不妄矣，故受之以妄。有妄然後可畜，故受之以大畜。物畜然後可以養，故受之以頤。頤者養也。不養則不可動，故受之以大過。

雜傳：大畜時也，妄災也。

畜 小篆

「畜」字金文像帶有腸子的胃，可以用來蓄藏食物。也有說下半部是「田」，上面是一串串田中生長的作物，大抵就是禾、粟等作物。又小篆「畜」字從「幺」從「田」或「囿」，「幺」像絲繩，「囿」是古代豢養禽獸之所。表示田獵獲得的野獸，用繩索圈繫，豢養於囿囿之中，作為家畜。故本義是畜養，也為禽畜。各說不一。

「大」就是陽，上卦上九一陽，「大畜」是以上卦的艮，一陽畜三陽，「小畜」是以六四一陰畜陽。

「大畜」與「小畜」是相對的，《易經》中陽大陰小，「大畜」上艮下乾，「小畜」上巽下乾。艮為陽故曰「大」，巽為陰故曰「小」。

又「小畜」一陰居四，「大畜」六四宰輔、六五天子，二陰容畜更大故為「大畜」。

「畜」是「畜養起於微也」，是以小積大，慢慢培養，大大的畜養。《說文解字》說：「畜，玄田。」玄，黑也。玄田為黑色土壤的田，肥沃異於常田。東北、烏克蘭、密西西比流域是世界上三大肥沃黑土區。

「大畜」是「所畜者大」，是要慢慢培養積聚以為大，所需要得時間很長，是大器晚成。

上艮下乾，上山下天，是天藏於山中。此天不是蒼芎，是說自然的

變化蘊藏於山中，此天乃是自然、天然。是大自然的積蓄，如山中礦藏，「畜」是容，「大畜」是大容，是無所不容。

　　「大畜」外艮，慎而不躁（艮在上卦上九則不亢，因為艮為止）；內乾，心中充實，是雍容大度，氣度恢弘之象。

　　「大畜」是無為而治，四爻為宰輔，五爻為天子，兩皆陰柔虛待，居艮體靜止而無所作為，而下卦所代表的基層、地方、庶民卻是乾陽健行，積極活躍、基層厚實。「大畜」是「無所為而能無所不為」是無為而治，《史記·秦本紀》：「由余曰：『一國之政猶一身之治，不知所以治，此真聖人之治也』。」

　　「小畜」謹六四一陰欲畜，九五乾陽好動，雖欲畜乾陽但僅得小，「大畜」以六五、六四二陰畜乾陽則為大格局的「大畜」。

　　「小畜」僅以四臣之位畜故所畜不大，以五爻一陰畜只能「有」但不能「畜」。五四兩爻來畜才能大。

　　帛書此卦作「泰蓄」，而「小畜」作「少埶」；埶是種植，「小畜」當是以農耕種植而積蓄的財富少。「泰蓄」者大畜也，則是畜牧養殖，所積畜的財富大，故名「大畜」。《禮記·王制》：「問周君之畜，數畜以對。」《淮南子·本經訓》曰：「拘獸以為畜」。《漢書·西域傳》：「發畜迎漢軍」。顏師古注：「畜謂馬牛羊等」。《逸周書·大聚》：「六畜有群」。孔晁注：「六畜，牛馬豬羊犬雞。」畜牧社會，以有獸畜為儲藏，以備非常。畜的多為富，畜的少為貧。

　　古時政府的財務即公庫與君王的花用私庫是分開的，「大畜」所言為國家的收入歸「大府」管轄，「小畜」是君王私人花用歸「少府」管理。《孝經援神契》：「畜者，含蓄為義。小畜即少府。帝王私藏也。」大畜、小畜也是上古的官府、官職。《周禮·天官冢宰》：「大府：掌九貢、九賦、九功之貳，以受其貨賄之入，頒其貨于受藏之府，頒其賄于受用之府。」鄭玄注曰：「大府為王治藏之長，若今司農矣。」《論語注疏·先進》：「《周禮·天官》有大府為王治藏之長，玉府掌王之金玉玩好，內府主良貨賄藏在內者，外府主泉藏在外者，是藏財貨曰府。」可知大府就是如今國庫管理田賦等稅收。《鹽鐵論·復古》：「山海之利，廣澤之畜，天地之藏也，皆宜屬少府。」少府則管收山澤之利，歸君王私

用。至秦漢後，「大畜」稱之為大倉、大府，「掌財貨」小畜即少府，「掌山海地澤之稅，以給供養。」應劭曰：「少府所管，以給私養，少者小也。」顏師古說：「大司農供軍國之用，少府以養天子也。」「大畜」為國家公藏，「小畜」為天子私藏，就是天子的私人花用。

「畜」有止的意思，「利貞」，利於貞定固守，固守不移，即「止」，所以「大畜」。「大畜」是老天之畜，要知貞守才能維持「大畜」。上艮下乾都是老，就一人而言，震為幼年，坎為中年，艮為老年；艮為止，人老不勤所以止，上艮下震「頤」卦是老，正覆相綜都是艮，故為老。乾為父，故為老。「大畜」是積蓄到老才大。「利貞」就是要懂得維持長久的積微以大，積腋成裘。

「大畜」是以小積大，要有耐心漸漸、靜靜的慢慢培養，所謂「火到豬頭爛」急不得，故要「利貞」。

上卦艮，在上位者不動如山，在下位個個積極勤奮，此「大畜」之局。故卦辭開頭就說「利貞」要守的住。宜止，不宜動。

「利貞」也是「利於征」。積蓄已成則利於出行，往外發展。漢武帝經過文景之治國庫充盈之後即出塞外伐匈奴。

「大畜」反之相錯，九五、九四兩者皆陽剛健行，則為上兌下坤「萃」卦，是精英會集，「吉，利有攸往。」

就個人而言，內在剛健，外在艮止，是內心的學問才智，生命力已準備就續充沛待發，急欲往外施展。但外在行為舉止，卻謹慎小心，不敢冒進，從容之象也。「江湖走老，膽子走小。」老沉持重，不妄為，所以長久。外在的艮也可視為環境不允許，也可視為外在環境艱難。如上坎下乾「需」卦為待，為戒急用忍；〈雜傳〉曰：「不進」。

〈雜傳〉曰：「大畜，時也。」時者，得天時也；小人耐不住等不易得天時，大人君子，則雍容而待，《孟子·公孫丑上》：「雖有智能，不如乘勢；雖有鎡基，不如待時。」時者，天時也，要能「大畜」必得天時，大富由天，小富由儉。有「大畜」之富為後盾則利於出征，往外發展，所謂有錢就是膽，當往外發展，故曰「利貞（征），不家食，吉，利涉大川。」

「畜養起於微也」是要耐的住性子，也需要「天時」的配合，所以

「大畜」是得天時之利才能大大積蓄厚實。

以艮止於乾陽，就是「止於至善」。艮為止，乾為善。

「大畜」上為艮止，下為乾健是有才得顯。民間的賢陽之才大動，有才得顯，故曰「不家食」。「不家食」，「大畜」是大得天時，天下積蓄厚實，所以不貪為己有，分享於受祿之人。所以〈象傳〉解釋「不家食，養賢也」，賢者入仕可以得到豐厚的利祿，如新加坡。艮為賢。三四五上互「頤」為養。

「不家食」，是不自私自食，而以俸祿用養賢人，所以天子無為而天下治。故「剛健篤實輝光，日新其德」天下大治而「大正」。

又「不家食」是「不稼食」，不須耕種莊稼而能食。接受祿養之意。

「食」，事也。《三國志·華佗傳》：「佗恃能，厭食。」注：「食，事。」「不家食」是食朝廷俸祿，是養賢，是出仕，是不食於家，食於俸祿。又如戰國四公子，食客三千人，蓋積蓄多而厚實，當養賢士能徒，不貪天之功，自家獨享。

「大」者，政府也，在上位者也，「大畜」者，政府得天時而積蓄大厚，頤養天下。社會福利當由政府養之。所謂「用人用其長」，會用者用人，不會者，用自己。所以〈象傳〉曰：「不家食，養賢也。」

〈象傳〉曰：「大畜，剛健篤實輝光。」重點在「篤實」，即厚實；《廣韻》：「篤，厚也。」「大畜」就厚實；〈大象〉曰：「以畜其德」就是「以篤其德」。就是以「篤」解「大畜」。又〈象傳〉：「剛上而尚賢，能止健，大正也。」「大畜」是得天時之利，積蓄大成，養賢以培養人才，為社會福利，為國大養之道故曰「大正」之事，是意義重大之事，是正大光明之事。

又〈象傳〉：「利涉大川，應乎天也。」說明了「大畜」是「應乎天」就是大得天時，才能成「大畜」之功，才能「利涉大川」。

〈序卦傳〉：「剝者剝也。物不可以終盡，剝窮上反下，故受之以復。復則不妄矣，故受之以无妄。有无妄然後可畜，故受之以大畜。物畜然後可養，故受之以頤；頤者養也。」朱熹〈序卦歌〉：「剝復无妄大畜頤」，歷經「剝」落、「復」休養生息、「无妄」不可妄動、「大畜」得天時而厚畜篤實，才能得「頤」之頤養天年。換句話說，沒有經過長時間

的積蓄厚實是無法頤養天年的。

〈雜卦傳〉多以相綜的兩卦為偶，「大畜」☰☶綜為「无妄」☳☰，〈雜卦傳〉：「大畜時也，无妄災也。」兩卦既相綜卦義亦相反，「无妄」是無所希望、無有希望，是絕望，故為「災」；「大畜」是老天保佑，大得天時，所以得以風調雨順，連年風調雨順，積蓄厚實，故曰「時」。「時」也是待、等、終得天時而能積畜篤厚。積蓄的大大的是需要時間的。

「小畜」以一陰爻居四是巽也是兌，夾於上下陽之間，往上要承九五陽剛之君，居巽卦是以卑遜與九五建立共識。下乘乾剛三陽爻，是以遜之巧力以小博大，是以槓桿原理來平衡全局。做的好「刀切豆腐兩面光」，做不好「豬八戒照鏡子，裡外不是人」，所以僅得個「密雲不雨」、「施未下」的結果。與「大畜」：「不家食吉」，兩者相差甚多。

「小畜」借力使力，用的是一個巧勁，「大畜」以艮止健，篤實沉厚，穩重如山，不偷機取巧。

「小畜」：「以懿文德」注重外表，注重個人魅力，「大畜」：「以畜其德」是注重品德內在的生命力。「小畜」之前為「比」卦，「比」是結交朋友，是說得他人之助只能「小畜」。「大畜」之前為「剝」、「復」、「无妄」，是不可輕舉妄動，無要妄想得人之助，要靠自己充實自我實力，要得天時才能獲此「大畜」之功。

有才之人難免恃才傲物，故乾上有艮，艮為篤實，篤實又能健行才能不妄，故「利貞」。剛健以行，篤實之財，以守故可「利涉大川」。

「頤」〈象〉曰：「聖人養賢及萬民」，《大畜‧象傳》曰：「不家食，養賢也。」「大畜」、「頤」皆為「養」，養賢，養老，養萬民。「頤」是「自求口實」，「大畜」是「不家食」，一是回家吃自己，一是出仕得祿，受人聘請之象。

艮為面，為止，為須，「大畜」是畜鬚，是一臉絡鰓鬍，是虯髯客。

「小畜」者「寡也」，所畜者小，「大畜」「時也」，所畜者大，故要待時。「小畜」僅「富以其鄰」，「大畜」則「富可敵國」。「小畜」是小富由儉，「大畜」是大富由天。

「小畜」施行巽、兌僅可小，巽為伏，無孔不入，無是細心就是刺

探；兌為悅，不是奉承，就是走後門巴結，是巧妙的不登大雅之堂的。「大畜」是畜德，是修身養性，是閉門不出。互震是正大光明，艮是誠懇，是墾，是一步一腳印。所以〈大象〉曰：「君子多識前言往行，以畜其德。」

「大畜」是大才，內互「歸妹」，人際關係好，錢多手發燙，有外遇之象。

「大畜」：「利貞」，「歸妹」：「征凶」，可見內心還是有躁動，切記不可大張旗鼓。

「大畜」以陽畜陽，上艮雖陽而以二陰柔之爻來面對三乾爻，且艮為靜止，是用柔止乾陽，是以艮靜之不變來應乾陽之健行好動。有以不變應萬變之意。以不變應萬變，是因為時候未到。時候到了，積畜成了，就是大顯神通之時，則無物可以抵擋。所以，「不家食」「利涉大川」。

「大畜」：「時也」，畜勢不是不發，是待得天時而發，發則「利涉大川」，就是前有困難險阻，可以渡過。「大畜」的困難就是要守的住，不該發作時不可以發作，要懂等待天時。乾陽在下是培養施為，是尚在學習磨鍊的階段，故姑且止之，以待大用。

初九：有厲，利已。
象曰：有厲利已，不犯災也。

「厲」，危厲。「厲」，即「礪」，粗的磨刀石，《說文解字》：「礪，經典通用厲。」《書・費誓》：「礪乃鋒刃」。〈傳〉：「磨石也」。《正義》：「厲以粗糲為稱，故砥細於礪。」環境若粗的磨刀石般艱難。

「已」，止也。

出土的馬王堆漢墓帛書《周易》作「初九，有厲利巳。」但是應該作「已」。古文抄寫常「已」、「巳」混淆。但都說得通。

「有厲，利已」，句謂處於「大畜」大得天時積蓄豐厚之時，前進依然有危厲，停止不進則利。利於止息，不利前往，也就是宜止不宜進，宜靜不宜動。初九如「潛龍勿用」，力弱沉潛不宜動。

又「巳」，祭祀。與「損」初九：「已事遄往」同。

「有厲，利巳」，前行有危險，利於祭祀。

初九與六四有應，似乎利於前往，但是二、三爻皆陽，陽遇陽不通，是遇敵而窒，故曰「厲」。而且初九如「乾」卦初九：「潛龍勿用」，又遇陽敵，故利於止息，不可前往。

「有厲，利巳」，就是初九往前應四則有災厲。

「災」即「厲」，指九二、九三。往前應四就犯災，畜止不前，故曰「不犯災」。

「大畜」本當畜止不可動，而且要積蓄豐厚時間必久，所以一開始就不宜動，動則卦變為「蠱」，則亂，則淫。

「犯」，干犯，是冒險犯難，是主動前往，下卦乾健行，故曰「犯」。《說文解字》：「犯，侵也。從犬，巳聲。」本意是以犬犯人，後來引申為干陵違逆。《左傳》哀公二十五年：「眾怒難犯」。《論語·學而》：「其為人也孝弟，而好犯上者，鮮矣。」

「不犯災」，是止息則不必犯災，進犯必災。「不犯災」是解釋「利巳」之故。不要沒事找事。

此爻變為「蠱」。下卦為巽伏，往上遇陽則窒，往下則伏而蟄，故不宜動而利巳止。

「不犯災」，是不要消耗自己的實力、財力、能源。

「大畜」之初，資源缺乏，是泥菩薩過江自身難保，先顧自己，不可以冒險犯難。

▤▤大畜 ▤▤蠱

此爻變為「蠱」，還是繭中幼蟲，羽翼未豐，蟄伏不動，修養生息，等待蛻變。

「蠱」之亂非一己之力可成。此爻安守則「大畜」，躁進犯難必「蠱」亂迷惑受欺騙。

九二：輿說輹。

象曰：輿說輹，中無尤也。

「小畜」九三也云：「輿說輻」。皆是止之義。

「輿」，大車，可以負載，乘擔重任。《老子》：「雖有舟輿，無所乘之。」《文子・上仁》：「夫乘輿馬者，不勞而致千里。」《周禮・冬官考工記》：「輿人爲車」。《註》：「輿人專作輿，而言爲車者，車以輿爲主也。」

「說」，脫也。古文悅、脫、說都是同一個字。

「輹」，車軸縛也。是車輛行駛的必要部件。《說文解字》：「輹，車軸縛也。」《釋名・釋車》：「又曰輹，輹，伏也，伏於軸上也。」

「輿說輹」，即「輿說輻」，皆謂大車不能行，此乃乖離之象；或是乘載過重無以負荷之故。《左傳》僖公十五年：「車說其輹，火焚其旗。」孔穎達《正義》：「輹，車下伏兔也。今人謂之車屐，形如伏兔，以繩縛於軸，因名縛也。」初九：「利已」不宜前往，九二：「輿說輹」都不宜前往，一個是主動不犯災，一個是想前往而無有工具，一是主動，一個被動。

陽至九二「見龍在田」本當大顯身手，但前遇陽而窒，又在畜止之時故有不得行之象。九二剛剛離潛而現，初生之犢不畏虎，躁動而前，受點損傷，得些教訓，不經一事，不長一智。但未傷其根本。又初九受是主動不前行，九二居中行本不過分，是自知之明。

二爻是地方首領士紳，為民意領袖。「輿說輹」是不能進入中央。

九二居中不妄為，故「無吉凶，無咎悔。」

「尤」，過錯。

「中無尤」，九二居中行為不會過分，當止則止，所以能「無尤」，雖不能行心中也無怨尤，是自發的，不是被迫的。

≡≡大畜≡≡賁

此爻變為「賁」，「賁」是裝飾，是虛好看，中看不中用。又「賁」是奔，實力不厚，跑得太快，所以有「輿說輹」之尤。反之「賁」變為「大畜」，老實嚴謹。

「輿說輹」是說行事謹慎，說話含蓄，用錢節省，可以遠離災禍。

九三：良馬逐，利艱貞。日閑輿衛，利有攸往。
象曰：利有攸往，志上合也。

「良馬」，善行良馬，九三以陽居陽又居乾卦，〈說卦傳〉：「乾為良馬」。

「逐」，追逐；《說文解字》：「逐，追也。」乾卦健行，故曰「逐」。《釋文》：「逐，鄭本作逐逐，云：『兩馬走也』姚云：『逐逐，疾並驅之貌』。」《顏氏家訓‧書證篇》引亦作逐逐。

金文

「馬」，是武獸，是古代武力、國力的象徵，《說文解字》：「馬，怒也，武也。象馬頭髦尾四足之形。」《玉篇》：「黃帝臣相乘馬。馬，武獸也，怒也。」

九三居乾卦，乾為良馬；三四五爻互震，震為馬；又九三前遇六四、六五二陰，利於上行，故曰「良馬逐」。

「良馬逐」，謂使用武力。古人兵車為四馬駕一車，直到戰國趙武靈王「胡服騎射」才有了騎兵。

「利艱貞」，出土的楚簡作「利堇貞」，帛書作「利根貞」；堇，根也。又艱本有限阻之意；《爾雅‧釋詁》：「阻艱，難也。」故當作為「限」字解，「利艱貞」就是利於受限止而不動。「利艱貞」在《易經》出現五次，「明夷」卦辭：「利艱貞」、「大畜」九三：「良馬逐，利艱貞。」「噬嗑」九四：「噬乾胏，得金矢，利艱貞，吉。」「大壯」上六：「艱則吉」。「大有」初九：「艱則無咎。」「泰」九三：「艱貞，無咎」都當作「限」。

「良馬逐，利艱貞」，駕良馬有所追逐也。良馬奔馳其行快速，雖然路途艱難，亦無害良馬之競逐，利於限止貞定不動。

「閑」當作「闌」，就是門，《說文解字》：「閑，闌也。从門中有木。」兌上缺，為口，為門戶進出的通道。九三居互兌。艮為門扇，兌為通道。《老子》：「塞其兌，閉其門。」河上公注：「門，口也。」《詩‧大雅‧綿》：「行道兌矣」。《毛傳》：「兌，成蹊也。」《註》：「兌，通也。」

「日閑輿衛」當作「曰闌輿衛」。「日」無義，「闌輿衛」即「闌輿之衛」。

　　或謂「日」為「四」，即駟，《說文解字》：「駟，馬一乘也。」《詩・鄭豐・清人》：「清人在彭，駟介旁旁。」《禮記・三年問》：「若駟之過隙」。《論語・顏淵篇》：「駟不及舌」。《左傳》僖公二十八年：「獻楚俘于王，駟介百乘，徒兵千。」皆用一駟字作駟馬之義。《詩・小雅・駟牡》：「四牡騑騑」以四借為駟，四駟古文相通用。

　　「闌」者，阻隔、遏止，閒置；《說文解字》：「闌，門遮也。」馬王堆漢墓帛書《戰國縱橫家書・朱己謂魏王章》：「晉國去梁千里，有河山以闌之。」

　　又「闌輿」，將車輿置於闌門之內，就是閒置不用，引申為「偃兵息武」的意思。

　　出土的馬王堆漢墓帛書《周易經傳・昭力》問「闌輿」之義：「子曰：『上正率國以德，次正率國以力，下正率國以兵。率國以德者，必和其君臣之節，不以耳之所聞，敗目之所見。故權臣不作，同父子之欲，以固其親，賞百姓之勸，以禁譖教，察人所疾，不作苛心。是故大國屬力焉，而小國歸德焉。城郭弗修，五兵弗實，而天下皆服焉。《易》曰：『闌輿之衛，利有攸往』若輿且可以闌然衛之，況以德乎？可不共之有？』」則「日閑輿衛」的本義是「闌輿之衛」，也就是指以「偃武修文」的辦法來「保衛國家」則「利有攸往」。

　　「大畜」本意為以陽止陽，也是畜牧。〈彖傳〉：「剛上而尚賢，能止健，大正也。」故止之剛健而不用武力。

　　九三謂以武力服人則「利艱貞」，以德服人則「利有攸往」。「大畜」大得天時，積蓄豐厚，可以用武也可以用德，用武必有所傷，用德則「利有攸往」。

　　又「逐」，獸交配。《集韻・宵部》：「逐，牝牡合也。」「良馬逐」，謂公馬追逐母馬求配。是選擇良馬接種交配，也是畜養繁殖。「大畜」中互「歸妹」。「歸妹」〈象〉曰：「歸妹，天地之大義也。天地不交，而萬物不興。」這是反著說，就是天地陰陽要交合。

　　九三再息長即如「大壯」故「利貞」，三多凶，故「利艱貞」。

　　「利艱貞」也是「明夷」的卦辭，可見三爻的處境危難，不適合動武。

「闌輿」，即「閑闌」，《前漢・百官公卿表》：「龍馬閑駒」。《註》：「閑闌，養馬之所也。故曰閑駒。」

「良馬逐，利艱貞。日閑輿衛」，謂擇良馬以交配繁殖幼駒，雖然艱難，但長久是有利的。

「閑」，習也；《釋文》：「閑，馬、鄭云：『習也』。」《爾雅・釋詁》：「閑，習也。」《詩・秦風・駟驖》：「四馬既閑」。《詩・大雅・卷阿》：「君子之馬，既閑且馳」都以「閑」為馬駕車之「閑習」。今謂之嫻熟也。

「輿」，大車，這裡作「駕車」解。駕車由人，是古代之車士。古人駕車的御者，是專業的人士；《孔子家語・辯物》：「叔孫氏之車士，曰子鉏商，採薪於大野，獲麟焉。」王肅《注》：「車士，持車者。」《太平御覽・野》：「《家語》曰：『叔孫氏之車士曰鉏商』，車士，將車者，商子姓也。」

「衛」，防衛。這是步卒，徒步武士。

「衛」，也是利箭，意為善射；《爾雅・釋詁》：「衛，嘉也。嘉，善也。」《淮南子・原道篇》：「彎綦衛之箭」。高注：「衛，利也。」箭利亦箭善也。

此爻弓馬嫻熟。古人一輛戰車配有御者，即駕駛居中。車左，是一車之長，持弓箭；車右持干戈，多選力大勇士。《禮記・曲禮上》：「君撫仆之手而顧命車右就車」。鄭玄《注》：「車右，勇力之士，備制非常者。君行則陪乘，君式則下步行。」《穀梁傳》成公五年：「輦者不辟，使車右下而鞭之。」范甯《注》：「凡車將在左，御在中，有力之人在右，所以備非常。」

「閑」為習，也可引伸為「簡」，校閱也。校閱也是習。《論衡・亂龍》：「上古之人，有神荼鬱壘者，昆弟二人，性能執鬼，居東海度朔山上，立桃樹下，簡閱百鬼。」校閱就是演習，即習練兵事。《公羊傳》桓公六年：「大閱者何，簡車徒也」，《穀梁傳》曰：「大閱者何？閱兵車也。」

九三一面乘馬馳騁以遂其志，以逐其利。一方面又要日日習駕車之戰術以備不時之需。一如「乾」九三：「終日乾乾，夕惕若。」這是蓄積實

力。九三前臨重陰故「利有攸往」。

九三在乾之上，基礎厚實，剛陽健行，雖艱而能往而有利。

「日閑輿衛」，是平日有充分的準備，雖「利艱貞」終能「利有攸往」。

三遇重陰，陽遇陰則通，故曰「上合志也」。「上」謂四、五二陰。

「上」也是上九，居天位，「上合志也」是老天庇祐。蓋上九居艮止之終，不再往外而往內進。

此爻除了所處的位置與平日的鍛鍊還得老天之助，故「利有攸往」。

此與「升」初六之「上合志同」同，「升」初六之上謂二、三，陰遇陽則通，與陽遇陰相同。

■■■大畜■■損

此爻變為「損」，燥動必損，基礎不夠穩，前又遇艮，互「歸妹」又「征凶」故損。九三基礎夠厚，雖也互「歸妹」故知「艱（限）」而不凶。與上合但不與上應，雖「利有攸往」但不可輕舉妄動。要勤於練習。

「大畜」中互離，有艮，又「歸妹」「征凶」災難多，不可不慎。但是畜止則可化險為夷。

「大畜」之時要知時候未到不可輕舉妄動，要壓制內心的衝動。

此爻陽剛之體與上合志，又得天庇祐。

「大畜」有財力可以花錢、和親買和平故「損」，是值得的投資。

初、二是成長階段，是始、壯、究的「始」；所以不宜動宜貞守。「臨」卦「于八月有凶」就是局勢未定的不成熟之象。三爻則進入壯年，成熟要蛻變了，要由下卦進入上卦，正是女大十八變的時後，三爻又居兌卦，所以格外艱辛，好在是乾卦上爻，有好的基礎，可以蛻變成功。

此爻因為平日練習而能化險為夷。

「大畜」下卦三爻居乾卦，初九自知力弱不躁進安於畜止，所以「利已」。九二雖「見龍在田」可以大展身手也因為在「大畜」而居中，不會過動，故「輿說輹」不行而止。九三在乾卦之上，是「終日乾乾」的拼命三郎，過中而健行，要止住不容易，所以用「良馬逐」為喻，但利於止限

才合「大畜」故利於限止，而「利限貞」，良馬利止則車輿也置於闌圍之中，「大畜」厚積才能繼續，故「利有攸往」。「大畜」是牧養，九三牧養馬匹，以便將來為征戰是用。

六四：童牛之牿，元吉。
象曰：六四元吉，有喜也。

「童牛」，即牛犢，小牛無角也。《釋文》：「童牛，無角牛也。」《太平御覽》卷八四引《周書》：「童牛不服，童馬不馳。」謂小牛不宜駕車，小馬不宜馳騁。《後漢書·西南夷傳·冉駹夷》：「（冉駹夷）有旄牛，無角，一名童牛。」牛犢力大個性又衝動，《爾雅·釋畜》：「其子犢，體長牬，絕有力欣犌。」所謂初生之犢不畏虎也。

又「童」，撞也，衝撞也。「蒙」六五：「童蒙」。「童牛」，性躁衝撞之牛。亦通。

《說文解字》：「告，牛觸人，角箸橫木，所以告人也。從口從牛。《易》曰：僮牛之告。」

「牿《ㄨˋ》」，是古代套於牛頭戴有兩個小木板的拴牛之具，河南湯陽等地尚可見。（山東大學邱崇釋「釋童牛之牿」）牿就是梏也。施於牛角謂之牿，施於人手謂之梏。

「蒙」初六：「用說桎梏」。《說文解字》：「梏，手械。」「牿」亦當是牛之械。又《潛夫論·思賢》：「年雖童妙，未脫桎梏。」以「童」相對於「桎梏」，此以「童牛」相應而曰「牿」。

「牿」，即福也。加在牛角上的橫木。用以控制牛以防觸人。一說福設于角，衡設于鼻。《詩·魯頌·閟宮》：「秋而載嘗，夏而楅衡。」朱熹《集傳》：「嘗，秋祭名。楅衡，施於牛角，所以止觸也。」《周禮·地官·封人》：「凡祭祀，飾其牛牲，設其楅衡。」鄭玄《注》：「楅設於角，衡設於鼻。」蘇洵《衡論·御將》：「蹄者可馭以羈紲，觸者可拘以楅衡。」

「童牛之牿」，就是將燥猛好動的小牛，其牛角未堅，性躁又喜好以角衝撞，既易傷人又傷己，於是絪綁於牛栓，或套上籠口防止造成傷害，以利成長。牛長大了才穿鼻以利牽服，小牛就只用繩套套住牛脖與嘴以便馴服。《呂氏春秋·重己》：「使五尺豎子引其棬，而牛恣所以之，順

也」也是以「棬」釋「牿」。

「童牛之牿」或作「僮牛之梏」，僮，撞也。為防止牛隻衝撞的橫木。亦通。

六四居兌體，兌為羊，為角。又居艮體，艮為止，故曰「牿」。

六四應初九，初九為童牛，六四艮体故為「牿」。小牛易畜止。

此爻小牛身健強壯長出了角，要用牿套在角上以免傷人畜。吉祥也。合於〈象傳〉：「能止健」之義。

這是說先止於初萌幼稚的階段，在尚未露頭角的時後就畜止最有效。「大畜」是大器晚成，止於初以待時故「元吉」。換句話說基礎要打好，處理要及早。

「元吉」，是一開始就吉，是再好不過。「元」本是初。

四爻是上卦的始所以曰「元」。

六四得位當止則止，故吉。「大畜」是大器晚成，六四該畜止而能止，將來必成大器得重用。

▤▤ 大畜 ▤▤ 大有

此爻變為「大有」：「元亨」。「元亨」者，大祭享，大祭祀也。要用牛作犧牲。有了「元亨」還差「利貞」就是要堅持貞守，才能成大器。

四爻為壯，止畜之後必變，變為「大有」也是畜成大材、大富之象。

「有喜」，也是有孕。「喜」也與財利有關。「喜」僅吉於個人，六五的「慶」就吉於大眾，普天同慶是也。

畜養蕃殖故有財。

六四居震体，在上卦是已成熟而蠢蠢欲動，又兌卦為決，是動則決傷人又傷己；艮卦為止，大局也是止，故以梏止之，能止故吉。

此爻要及早準備。三爻牧養馬匹。四爻則是養牛隻。五爻養豬隻。

六五：豶豕之牙，吉。
象曰：六五之吉，有慶也。

「豶豕之牙」與「童牛之牿」相呼應。

「豕」就是野豬，凶猛剛武邪惡之物。《說文解字》：「豕，彘也。

竭其尾故謂之豕。」又段玉裁注：「竭，負舉也。……豕怒而豎其尾則謂之豕。」商周之時野豬初受人畜養，但其野性尚未完全馴服。《禮記·曲禮》：「凡祭宗廟之禮，牛曰一元大武，豕曰剛鬣。」孔穎達疏：「豕肥則毛鬣剛大也」。

　　古人以豕為凶猛剛武之象徵，見《史記·項羽本紀》鴻門宴中樊噲為救劉邦闖入帳中，「項王曰：『壯士，賜之卮酒』則與斗卮酒。噲拜謝，起，立而飲之。項王曰：『賜之彘肩』則與一生彘肩。樊噲覆其盾於地，加彘肩上，拔劍切而啗之。」彘就是豕，見《說文解字》：「彘，豕也。」野豕皮厚毛濃堅韌異常，樊噲生啖之時之益顯其勇。

　　可見豕與童牛一樣容易傷己傷人。

　　「豶」的解釋有謂去勢之豬，《說文解字》：「豶，羠豕也。」段玉裁注：「羠，騬羊也；騬，犗馬也；犗，騬牛也。皆去勢之謂也。」但與六四「童牛之牿」不諧。「豶豕之牙」與「童牛之牿」應該相對。所以解釋為去勢之豬有點不相稱。但艮為小臣，為宦官，也可以解釋為去勢之豬，參考之。

　　「豶」字從「賁」，是古文「斑」。《易·賁卦·釋文》傅氏云：「賁，古斑字。文章貌。」意思是身上有花紋的豕。又〈序卦傳〉將「賁」卦解釋為「飾」，《釋文》：「鄭云：『變也。文飾之貌』王肅云：『有文飾，黃白色』。」又「賁」有勇猛、奮起、奔跑的意思，《書·立政》：「綴衣虎賁」。〈傳〉：「虎賁以勇力事王」。《周禮·夏官·虎賁氏》：「掌先後王，而趨以卒伍。」《禮記·樂記》：「粗厲、猛起、奮末、廣賁，之音作，而民剛毅。」《註》：「賁，讀爲憤。憤，怒氣充實也。」總之，幼小野豬崽身上有花紋以為保護色，好動亂奔，所以要制止其野性，一如六四之「童牛」。

　　「牙」，並不是牙齒，而是長出大牙齒。《說文解字》說：「牙，牡齒」，段玉裁注說就是壯齒、大齒。但先秦古文中，表示牙齒的都是用「齒 」而非「牙」，「牙」是後起字，楚簡本作「芬豕之 （䶥）」這當是後起「牙」字的初形。

　　那「牙 」的本意是啥？最初是表示「互」，牙齒上下交互的意

思。是像牙椿一樣的短木，用來套在小野豬防止牠衝來撞去。陸游的祖父陸佃《坤雅卷五 · 釋獸 · 豕》云：「『牙』者，所以畜豶豕之杙也。今東齊海岱之間以杙系豕，謂之『牙』，……畜賢之道，如牿之駐童牛、牙之系豶豕，於是為至，故孔子於四曰『有喜』，五曰『有慶』也。」「杙一`」，栓繫用的小木椿。《左傳》襄公十七年：「（臧堅）以杙抉其傷而死」。《說文解字注》：「檆謂之杙。可以繫牛。」水上建屋，要將木椿打在河床上稱為杙屋。惠棟《周易述》：「豶豕猶童牛也。牙者，畜豕之杙也，故云牙杙也。東齊海岱之間，以杙系豕，防其唐突，與童牛之告同義也。」李鏡池《周易通義》解「豶」為「奔」；解「牙」同「互」，指木架。《尚書大傳》卷四：「椓杙者有數」。鄭玄注：「杙者，系牲者也」可證。又古人養豬有圈養，也有放養，今日內蒙尚留此俗，用兩根彎曲的小木繫在小豬耳後頸項之間，將之係綁于木栓之上，當地牧民說這樣比野牧要長得快些。「牙」當作「互」為「杙」也，為約束小豬崽的木椿（或稱為牙互）。《焦氏易林 · 頤之遯》：「豶豕童牛，害傷不來」可證。

又說「互」即「枑」，《韻會》：「枑者，交互其木，以為遮闌也。漢魏三公門視行馬，又名杈子。」就是今日之拒馬攔柵。小豬仔亂竄，設欄杆以防之；或謂被騸之豬，傷口將要癒合時奇癢難耐，常以受創之處觸物磨蹭以止癢，而使傷口迸裂而死，所以設攔制止之。

〈說卦傳〉：「坎為豕」，是說豕豬喜水，豬在水窪泥地中打滾之象；此處言豕，則是指野豕的剛鬣之性，故不取象於坎而取象於上卦艮，〈說卦傳〉：「艮為黔喙之屬」亦即「鈐喙之屬」。《廣韻》：「鈐，兵鈐以閉房，神府以備非常。」鈐即鎖，《爾雅序》：「六藝之鈐鍵」。《疏》：「鈐，鑷也。」有制止關閉之意。六五居三四五互震卦，震為決燥，故六五急躁當以艮止之，故六五「豶豕」先去其勢，義在除豕之決燥之性；再繫之於木椿，以遏止其受傷。又豬隻繁殖力強，約三、五個月大的豬崽就會發情，此後每隔三十日就會發情一次，去勢後的豬崽，性情溫順，易肥，肉無臊味。豬豕也是貪淫之象徵，這在「姤」初六有之。

「豶豕之牙」與「童牛之牿」相對文，一是畜止犢牛，一是畜止豬崽。一元吉有喜，一吉有慶。一是小牛長角，一是小豬崽長牙；都是由幼小而長大的象徵。故皆吉。

「喜」及於個人，「慶」則是普天同慶，及於眾人。《說文解字》：「慶，行賀人也。」

《周禮·天官·獸醫》疏：「在野曰獸，在家曰畜。」六四、六五畜養有方，及早畜止，為六畜興旺之卦，牛、豬興旺也是財旺、財聚之象。

艮為止，畜而不動，有如以欄舍圈住奸佞小人則九二賢人可進用，故曰「吉」而「有慶」。

≣大畜 ≣小畜

此爻變為「小畜」卦，「大畜」是由小畜開始累積。「大畜」卦由初經歷到五的努力終為「小畜」之局，就差上爻一步為「大畜」；換句話說，怎麼努力也只能得「小畜」，要為「大畜」必要老天支持。所以〈象傳〉云：「利涉大川，應乎天。」

「小畜」卦是以小博大，小損失求大利益。有慶所以殺豬慶祝。

六四、六五皆先止而不動，四爻為宰輔，五爻為天子，中央主要官員不動，讓天下自然安養，即無為而治也。

上九：何天之衢，亨。

象曰：何天衢，道大行也。

「衢」，道路，四通八達的的大馬路。《左傳》昭公二年：「尸諸周氏之衢」。注：「衢，道也。」《爾雅》云：「四達謂之衢」。

「何」，「可」也。認可，遵行。

「天」，大也。上九居天外天之位故曰「天」。上爻也是化外蠻荒之地，可見上九可以通天，也可以通達荒遠之地。

「何天之衢」，通天之路，天道大行，通達無礙，大得天時。上九陽剛在天之位，艮為徑，為道。

「大畜」至此積畜已成，已成大器，所以時機成熟，可以大行其道。

艮為徑、震為道，皆為道，在天故為「衢」，為四通八達的大道，通行無阻。艮在上卦則上九多吉。

此爻大得天時，得天庇佑，大行其道，是富貴壽考善終之象。

「大畜」是大得天時，所以風調雨順，物資豐沛，兵戈不起，天下安

康，此爻即是大得天時，通行無阻，四通八達。

高亨先生讀此爻為「何天之休」，如《詩經》所言「何天之寵」「受天之祐」。《儀禮・士冠禮》所云：「承天之休」「承天之祜」「承天之慶」，意謂受上天之庇蔭。甚通。

☶☰ 大畜 **☷☰** 泰

此爻變為「泰」，通達之至，取之不盡，用之不竭。天地交泰，雨澤下潤。

此爻是大器已成，大才得用。

九三良馬兵車置於圍欄，六四童牛馴服蓄養，六五豬隻圈養都是牲畜繁殖生長，六畜興旺，財旺人安富庶之象。上九有強力厚實的財力基礎又得天時之利能施展故曰「道大行」。

> 頤　：貞吉。觀頤，自求口實。
>
> 彖曰：頤，貞吉，養正則吉也。觀頤，觀其所養。自求口實，觀其自養也。天地養萬物，聖人養賢及萬民，頤之時大矣哉！
>
> 象曰：山下有雷，頤；君子以慎言語，節飲食。
>
> 序傳：復則不妄矣，故受之以無妄。有無妄然後可畜，故受之以大畜。物畜然後可以養，故受之以頤。頤者養也。不養則不可動，故受之以大過。
>
> 雜傳：頤養正也。

頤 小篆 **𤠔** 小篆

　　「頤」是頷，就是口腔。《方言‧第十》：「頷、頤，頷也。」鄭玄說：「頤，口輔車之名也。上止下動，故謂之頤。」上下兩陽爻為唇，中間眾陰爻為牙齒，形如口腔。上艮下震，上止就是上卦艮止，下動就是下卦震動。上艮為止，靜而不動像是上顎，下震而常動是下顎；吃食口的動作就是上顎不動下顎動，一動一止，一開一合，如人之口。所以卦名為「頤」。

　　聞一多說：「頤字為齒也」甚是。《釋名‧釋形體》：「頤，養也。動於下，止於上，上下咀物以養人也。」又「輔車，其骨強所以輔持口也。或曰牙車，牙所載也。或曰頷；頷，含也，口含物之車也。或曰頰車，亦所以載物也。或曰鼸車，鼸鼠之食積於頰，人食似之，故取名也。凡系於車，皆取在下載上物也。」

　　「頤」從卦象看就是口齒 ䷚，嚼食以養人用的是齒，金文齒字 **𤠔**，主要是下半部的「臼」**㘮**，其實就是牙床上長著牙齒，甲骨文齒字 **㘕** 就是口中的上下門牙。古人「牙」與「齒」有別。齒指的是門牙，主要是切斷食物，所以從止。牙則是長在後面咀嚼食物的臼齒，是大的牙。一動一止，一開一合，如人之口。臼齒磨碎食物一如「臼」用以磨

輾，所以金文齒字从「臼」，今稱臼齒。《說文解字》說：「牙，牡齒也。」《說文解字注》說：「牙，壯齒也。壯齒者、齒之大者也。統言之皆偁齒、偁牙。析言之則前當脣者偁齒。後在輔車者偁牙。牙較大於齒。」這是正確的。

聞一多以為卦象是口腔側面的樣子，《古典新義》說：「戴齒之骨謂之頤。今曰顎骨。齒亦謂之頤。《易》頤字謂齒也。卦畫作側視之，正象口齒形。《說文》古文臼，并與卦畫同意。」其實無論正視、側視都像。這是多慮了，牙與齒，粗分之無別，細分之大謂牙，小謂齒。「頤」卦就是一個口腔長著牙齒，象徵著吃養嚼食。

頤 小篆

其實細看篆文頤字，左旁是頁，頁就是頭，右旁像是張大口中有大塊食物，好像腮幫子鼓起來。常說大快朵頤，從字形上看是「大塊朵頤」。我們橫過來看就比較容易明白是口中有物的樣子，其實豎著看只是寫法的不同。「頤」字从臣，《說文解字》：「臣，顄也。象形。頤，篆文臣。」臣字象人下巴、腮幫子。

「頤」卦頤養也，有尊老，養老，尚老的意思。〈雜傳〉說：「頤，養也」，〈象傳〉說：「養正則吉」。所以「頤」卦是百歲老人得安養，是頤養天年。《禮・曲禮》說：「人生十年曰幼，學；二十曰弱冠；三十曰壯，有室；四十曰強，而仕；五十曰艾，服官政；六十曰耆，指使；七十曰老，而傳；八十、九十曰耄，七年曰悼。悼與耄，雖有罪，不加刑焉。百年曰期，頤。」《註》：「飲食居處皆待于養也」。《爾雅・釋詁》：「頤，艾，育，養也。」《禮記・祭義》：「有虞氏貴得而尚齒，夏后氏貴爵而尚齒。殷人貴富而尚齒。周人貴親而尚齒。」「尚齒」，尚老也，尊老也。蓋古人常以牙齒的情況判別年紀。故年齡的「齡」从齒。《左傳》隱公十一年：「寡人若朝於薛，不敢與諸任齒。」《疏》：「禮記文王世子曰：古者謂年齡，齒亦齡也。然則齒是年之別名。」

「頤」卦相錯的「大過」卦也說的是老，「大過」九二：「枯楊生稊，老夫得其女妻，無不利」九五：「枯楊生華，老婦得其士夫，無咎無譽。」

〈序卦傳〉說：「物畜然後可養，故受之以頤。」「畜」是止而聚以

557

頤

「養」，其目的就是在「養」，故「頤」在「大畜」之後。養老之前要大畜其財，養老、頤養要靠大畜，「大畜」是國家之畜，社會福利，老有所養，要由國家的資源來供養。

「口實」，口中之食物。食物在口中嚼食，腮幫子鼓起也。

「觀頤，自求口實」，觀看人之口中嚼食，是不能填飽肚子的，必須自己去求食。意思是不要羨慕他人，要自己努力，反求諸己。

「頤」是「自求口實」是口中有食以自養；蓋互坤，坤為萬物，為食。此有食可以自養；自謀口糧，就是出仕得職差，食人俸祿，受人重用。「養而安」是公務人員。沒有「大畜」的支持是不容易頤養的。「大畜」是大大的積蓄，也可以說是積蓄大者，例如政府、機關、團體。《說苑·談叢》：「口者，關也。」上下正反艮，艮為限，為關。關口也。又坤為「闔戶」亦為關。〈繫辭上〉：「闔戶謂之坤」。

「大畜」〈象〉曰：「養賢」就是禮賢下仕。上艮為賢，為臣；是養賢，頤養家臣，此古時養士之風；下震為侯，諸侯大君養士。如戰國四公子，楚之春申君，魏之信陵君，趙之平原君，齊之孟嘗君，秦之呂不韋，皆養士千多人。

「頤」卦互卦為「坤」，為安，頤養天年也；所以問題不大，可轉為安。

「頤」為養，祭祀也是養，是養神，是烹煮犧牲供養神祇；故有「亨」之義。

「頤」是老者得安養，故嫡子接班。又艮為成，為終；震為春，為始。終而復始也，接續的很好。

「頤」是返老還童；互「剝」為熟爛，互「復」為更生，是老之極而復生，故是返老還童。

「頤」是返老還童，是老而不死謂之賊。

「頤」是「無為而治」，上位者居艮，靜慎不動；下位者為震，積極努力，生機無限。

〈象〉曰：「天地養萬物，聖人養賢及萬民。」上靜不動，下才能任意滋生，天地間生養萬物絕不干與萬物之生長，如是，萬物各自蓬勃，聖人養萬民亦復如此。這與「大畜」是相同的。初陽為地，上陽為天，坤為

萬物，為母，為養，為萬民。艮為賢臣。

「頤」上艮止，靜也；下震動也，是上靜止，下動也；是以靜制動。

「貞」，固守貞靜。外為陽而不動，是相濟。內為陰好動，也是相濟，是以靜制動也，故「貞吉」。年老不宜妄動，故「貞吉」。

「頤」是以不變應萬變；靜動得宜；當靜則靜，當動則動；為何得宜，當止則止，當動則動，動靜得宜故吉。下卦初九當位則動，上卦上九不當位故止，動靜得宜故吉。

上艮下震，一動就遭艮止，是「不動為妙」，如「屯」一動遇險，故不動。不動為妙故「貞而能吉」。〈大象〉曰：「慎言語，節飲食」，也是以清靜無為不宜動為主。震為驚，為慎；艮為止，為節。震為聲，為言；坤為萬物，為飲食。

「頤」大象為離，離是甲冑，為龜；是節制慾望的龜息大法，「屯」是萌芽，是有孕懷胎，是胎息大法，兩皆道家養身長壽之法。

「貞」，正也。養之義有養身、養德、養民、求養。養身、養德、養民皆要正，而求「大畜」的重點在於「不家食」是出仕。

「貞吉」，謂占卜吉凶。

「觀」，觀察，審視，探究也。

「觀頤」，是觀察之牙齒。牙齒的好壞可以看出一個人的身體是否健康，以及年齡。

「貞吉，觀頤」，謂欲知吉凶，觀察其牙齒可知。

「自求口實」，謂以口進食。就是吃進口中的食物。

「觀頤」，是觀養人之道，是觀其所養之人是否正，觀其所養之道是否正。

此謂觀察一個人的牙口，看他吃飯嚼食的情形，可以判斷年齡是否長壽之吉凶。

「頤」卦與「蒙」卦有關，「蒙」〈象〉曰：「蒙以養正，聖功也。」養身者，口欲之養也。養德者，聖人養賢也。養民者，觀其所養也。為人所養，即啟蒙之養，教養小孩也。

「觀頤」是只要遠觀就好，不可干預。老人安養天年要知節止故宜觀

不宜動。所以「頤」卦強調「貞」，「慎」，「節」。

　　「頤」卦錯為「大過」卦，是禍從口出。「頤」上下兩正反震，震為言，相對即相背，故有爭執、爭吵之象；小心得罪人而不自知。〈大象〉曰：「慎言語，節飲食」；這與「損」〈大象〉曰：「懲忿窒欲」之意相同。蓋「損」二爻至上爻亦互「頤」卦。

　　「頤」卦象正、反兩震，震為言，為怒，有相爭訟之象。又正、反兩艮，艮為止。故曰「懲忿」。就是戒慎言語，不要發脾氣。又正、反正覆艮，有相爭食之象，故曰「窒欲」，「窒欲」就是「節飲食」。艮為節，震為欲。

　　「頤」卦像口，話從口出，講的得宜可養，靠嘴吃飯之人。食的得宜可以養身，食不得宜，病從口入，又講不得宜必有禍，因為錯為「大過」。「大過」之禍隱伏於「頤」卦之背後。《老子》：「禍兮福之所倚，福兮禍之所伏。」盧諶〈贈劉琨〉詩：「福為禍始，禍作福階。」皆此義。故「慎言語」先於「節飲食」，言語不慎過禍大於飲食不節，唐代羅隱《言》：「須信禍胎生利口」。又晉代常璩《華陽國志》載顏遵《座右銘》：「口舌者，禍福之門，滅身之斧。……嗜慾者，潰腹之矛。」

　　「頤」卦養老要知節，「頤」大象就如一個「竹節」。「慎言語，節飲食」就是知「節」。「頤」為養，是養生之道，也是修養，不論口腹之欲，行為節度，都要節。不知節則便成「賊」；老而不死之謂賊。年紀大了要吃的少，七分飽就好。

　　「頤」為生，為養，錯「大過」為死，為葬。「頤」為安養，「大過」為動盪。「頤」是天下太平，「大過」是天下大亂，天下倒懸。「頤」是節制欲望，「大過」是不知節制，放任不羈，瘋瘋癲癲。「頤」是返老還童，「大過」是救亡圖存。「頤」是養眾生，「大過」是獨木支撐，中流砥柱。

　　〈大象〉曰：「君子以慎言語，節飲食。」以言語、飲食相提並稱，正是「頤」之本義；而《焦氏易林・否之巽》：「杜口結舌，言為禍母。」劉禹錫〈口兵誡〉：「我誠於口，惟心之門，毋為我兵，當為我藩。以慎為鍵，以忍為闇。可以多食，勿以多言。」《管錐編》論：「諸如此類，皆斤斤嚴口舌之戒而弛口腹之防，亦見之人懼禍過於畏病，而處

世難於攝生。」「好話一句寒冬暖，惡言一句六月寒。」言語焉能不慎！

〈全漢三國魏晉南北朝詩〉中應璩的〈三叟〉詩：

古有行人道，陌上見三叟。年個百餘歲，相與鋤禾莠。

住車問三叟，何以得此壽？上叟前致辭，內中嫗貌醜。

中叟前致辭，量腹節所受。下叟前致辭，夜臥不覆首。要哉三叟言，所以能長久。

就是要節制欲望，所謂睜一隻眼，閉一隻眼，不聾不瞎不做阿家翁。

彭祖〈養壽〉：「服藥百過，不如獨臥。」所說的也是節欲。

所謂禍從口出，病從口入也，要忌口，要知口德，不要造口孽，不可出口傷人。「慎言語，節飲食」就是如何經營管理老年的生活。

「頤」初陽上承四陰，陽遇陰則通，但易例以一陽上承二陰、三陰、多陰則為利往。上承一陰則多不利。「頤」利往，往前有功，行運無阻。但是「噬嗑」上下二陰中多了個九四這個梗。又位居要津，阻隔了上下間的暢通。有如魚鯁在喉，必去之而後快。

「噬」是咬，「嗑」是合。是要用力咬斷九四以合。是要以強力的手段以剷除障礙。以達暢通的目的。卦辭說「亨，利用獄。」〈大象〉說「明罰飭法」都是說要用強硬手段以貫徹意志，如此卦又成「頤」，全部情勢改為安。

「噬嗑」互為「蹇」卦，「蹇」是跛腳，九四陽剛，居坎體，坎為堅韌，為隱，為智，是一個位居要津的硬腳色，用強噬嗑必遭其反噬，所以，硬幹必兩敗俱傷，自己也跛了腳。

「大過」與「頤」相錯，全局失養，民生頓失，禮儀崩潰，社會瓦解。「大過」大象為坎，坎為水為平，是大大超過平常，是非常，必要有大過之才才能濟大過此非常之時，建非常之業，成非常之局，坎為險陷，大過與險惡一線之隔。生死一線，英雄豪傑本此立非常之功。好似上海灘，是天下大亂，卦辭曰「棟橈」是大廈將傾前分崩離析，社會混亂，是改朝換代的大混亂。

「噬嗑」之後是「賁」卦，「賁」為文飾。兩卦互綜，「噬嗑」是以武力解決的強硬手段，

「賁」是以文柔的迂迴方式。一文一武，兩面手法，文攻武嚇，以達目的。「噬嗑」是人吃人，「賁」是人騙人。一吃人，一騙人。騙死人不償命。「頤」卦以口中牙齒為象形，說的是老年人的身體狀況，以及飲食對養身，言語修身的重要性。這也是上古文明進化對卦義作不同詮釋的進化。

初九：舍爾靈龜，觀我朵頤，凶。
象曰：觀我朵頤，亦不足貴也。

「舍」，同「捨」，棄也。

「爾」，汝也，你也。指初九，就是占問者自己。《詩·衛風·氓》：「爾卜爾筮，體無咎言。」鄭玄《箋》：「爾」古音讀「你」。即閩南語的「李」。

「龜」，不食穀而食氣，故曰「神龜」，我母親說老人家常說龜「喝風噘沫」不吃不喝也可以「神活」。又龜用來卜，觀其裂紋以卜吉凶，故曰龜裂。「卜」，就是裂紋的象形字。「兆」字也是。

「靈龜」，寶龜，這裡當為龜卜之後的徵兆卜示。《史記·龜策列傳》：「靈龜卜祝曰：『假之靈龜，五巫五靈，不如神龜之靈，知人死，知人生。某身良貞，某欲求某物。即得也，頭見足發，內外相應；即不得也，頭仰足肣，內外自垂。可得占』。」又「龜甲必尺二寸」孔安國曰：「尺二寸曰大龜，出於九江水中。龜不常用，賜命而納之。」《淮南子·說山訓》：「殺戎馬而求狐狸，援兩鱉而失靈龜，斷右臂而爭一毛，折鏌邪而爭錐刀。用智如此，豈足高乎？」《爾雅·釋魚》：「二曰靈龜」郭璞注：「涪陵郡出大龜，甲可以卜，緣中文似玳瑁，俗呼為靈龜。即今蟕蠵龜，一名靈蠵，能鳴。」孔穎達《疏》此爻謂：「靈龜，謂神靈明鑒之龜兆。」《左傳》文公十八年：「惠伯令龜」可以參看。「頤」卦大象如離，上下正反艮，離、艮皆是陽在外，陽為實，故為龜。〈說卦傳〉：「離為龜」。

「我」，是筮者，在此泛指他人、別人。

「朵」，口頰隆起嚼動的樣子。《說文解字》：「此口頰上下張合之狀」。《經典釋文》：「朵，動也。」孔穎達《疏》：「朵頤謂朵動之頤以嚼物，喻貪惏以求食也。……觀我朵頤而躁求，是損己廉靜之德行，其

貪竊之情所以凶也，不足可貴。」「朵是動義，如手之捉物謂之朵也。今動其頤，故知嚼也」引申為言語。

「舍爾靈龜，觀我朵頤，凶」，《周易姚氏學》說：「靈龜猶神龜。捨爾靈龜，謂捨爾靈龜不卜。朵，動也。觀我朵頤，謂觀我動頰而談。人遇有疑事，不用龜卜，而聽人之口談，是凶矣。」不聽從靈龜卜筮的結果，而聽從他人口中言語，則凶。此謂求人不求己，故凶。自己要有主見，不然就凶。

此爻之「朵頤」，言語也。「朵頤」之本義是口含食物腮幫子鼓脹之狀。

古人嘗吃龜肉，《周禮‧鱉人》：「掌取互物，以時籍於鼈龜蜃凡狸物。春獻鼈蜃。秋獻龜魚。」可見靈龜之甲殼用以占卜，其肉則可食。

此爻捨去自己的龜肉不食而羨慕別人口中的嚼食，捨碗內更看碗外，太過貪心不知節制其結果不是坐以待斃就是挺而走險，必是凶險的。垂涎欲滴，貪相難看，醜態並出。

初九當位本當「潛龍勿用」，上遇群陰利於前往，但「頤」卦宜貞靜自養「慎言語，節飲食。」知安知足，但初九舍其自有之靈寶，而闖觀他人之寵祿，不合「自求口實」、「慎節」之義。如此則躁進失機貽人笑柄，殃咎必至。

初九當位有應，前臨重陰，陽遇陰則通，本無凶理。「隨」初：「出門有功」。「益」初：「利用為大作」，是其證。此則凶者，以艮震相反覆，內動外止，故宜靜不宜動。「屯」初：「利居貞」是其義也。

「屯」初至五亦互「頤」，由此可知「隨」初九：「有功者」，以兌在外，兌為悅，震為喜。「益」初「利用為大作」者，以外巽，同聲相應，故皆動而吉。唯獨「屯」初九：「利居貞」因為外坎，坎為險難，故宜定貞，其故全在外卦。「頤」外艮，艮止故不宜動。

「亦不足貴」言初本來可貴，反因妄動而不足貴。是貪求妄動，輕浮躁動之象。

䷚頤䷖剝

此爻變為「剝」：「不利有攸往」，故不宜動。

六二：顛頤，拂經于丘頤，征凶。

象曰：六二征凶，行失類也。

「頤」，牙齒也。

聞一多說「顛頤」即是「顛齒」，壯齒也。顛，古字作䪴。聞一多《古典新義》：「《儀禮・既夕記》：『實貝，柱右䪴左䪴』疏曰：『右䪴左䪴，牙兩畔最長者』『顛頤』即䪴齒，䪴牙也。或省作『真』。《素問・上古天真論》：『故真牙生而長極』，王注曰：『真牙，牙之最後生者』。」聞一多又以為「顛」音進轉作「丁」，故壯年稱為「成丁」、壯丁、丁男、丁女。蓋「丁」、「䪴」音近，▼（丁字籀文）丁即䪴牙本字。丁牙即壯齒。「夫古人以齒判年壽，故稱曰齒曰齡。」「丁」字本有壯之義，《說文解字》：「丁，夏時萬物皆丁實。」《史記・律書》：「丁者，言萬物之丁壯也，故曰丁。」

「顛頤」，長出壯牙，壯年之象徵也。「頤」為齒牙，古人以齒牙判斷年紀以及健康狀況。

又「顛」為「填」，「填頤」，《釋文》：「填，塞也。」以食物填於口中，使腮幫子隆起。猶言餬口，填飽肚子。

「拂」通「弗」，不也。《韻會》：「不可也，不然也。」

「經」，經營，謂重視頤養，努力經營；《楚辭・天問》：「何往營班祿」。《注》：「營，經營。」又「經」，是順理而為；《周禮・考工記》：「經而無絕」。鄭玄注：「經，亦謂順理也。」《釋名》：「經，徑也。如徑路無所不通，可常用也。」

「拂經」讀為「弗經」，謂壯年時不去慎重經營頤養自己餬口，不依常理顛倒而為，如此必不能長久也，故「征凶」。

「顛頤，拂經」，雖是壯年，但要餬口填飽肚子是要自己去經營，要重視頤養，若不好好經營，不依常理顛倒而為，養老生活則必無以為繼而不長久。

「于」，往也。

金文「丘」字，若「北」字。

虛小篆　虛虛　隸變

「丘」,帛本、楚簡本作「北」形;即「丘」字。丘即虛。

「丘」,空也。《廣雅》:「丘,空也。」《說文解字》:「一曰四方高,中央下爲丘。」《史記·孔子世家》說:「紇與顏氏女野合而生孔子,禱於尼丘得孔子。魯襄公二十二年而孔子生。生而首上圩頂,故因名曰丘。字仲尼,姓孔氏。」《索隱》解釋說:「圩頂言頂上窳也,故孔子頂如反宇。反宇者,若屋宇之反,中低而四傍高也。」丘字本義為四周圍丘陵環繞的盆地。

「丘頤」為「齨」,《說文解字》:「齨,老人齒如臼也。」(牙老磨損為臼)「丘頤」者,老人齒圩下中空,故呼百年曰「丘頤」,即老壽之意。牙老中空,或謂蛀牙,健康不佳,不是頤養天年的好兆頭,就是雖壯年但無法至壽老,故征凶。

六二只及於壯年,不能到老年,是凶兆。

「顛頤」相對於「丘頤」,一壯牙,一老牙。「丘頤顛頤,拂經于丘頤,征凶。」謂年壯之實不好好經營頤養身體則到不了老年,故往而凶。

另解「丘頤」作「背頤」;「頤」的大義如〈大象〉所說要知「節」知「慎」,「背頤」是不知節、慎;違背、違反了頤養之道而「征凶」,就是壯年時大張旗鼓不知節慎而何以至老年,故凶了。

然二、五不應,六五亦不是經營者,故前往有凶。六二想要糊口卻不自己好好經營而違背頤養當守的慎重、節制之道,故凶。三、四、五皆陰,故曰「寶頤」。陰遇陰則窒,故「寶頤」。二無應,前遇重陰,陰遇陰則窒,故曰「征凶」。

「類」,即陰陽相交,陽以陰為類,陰與陽為類。今六二往上遇陰,不遇陽,故曰「失類」。「失類」,即無類,乖戾也,不依常法也。《荀子·性惡》:「齊給便敏而無類」。楊倞注:「無類,首尾乖戾。」不與其類同故失之於同類。

䷚ 頤 ䷨ 損

此爻變為「損」卦,「損」是慈善家,養眾人;與六二於求人養迥異。不好好經營頤養必損傷折壽。

震仰盂,故六二,既以壯來形容,也以虛空來喻往後。

565

六三：拂頤，貞凶，十年勿用，無攸利。

象曰：十年勿用，道大悖也。

「拂」，擊打。《說文解字》：「拂，過擊也。」

「頤」，臉頰。

「拂頤」，打擊臉頰。打臉甩巴掌。此奇恥大辱之象，故凶。

又「拂」讀為「弗」。「弗」，不也；《春秋》僖公二十六年：「公追齊師至巂，弗及。」

「頤」，頤養。

「弗頤」，不去慎重經營頤養。

又「頤」，牙齒也。

「弗頤」，是說不長牙齒，謂年老牙落，無牙不能頤養進食，身體自然不健康。也是凶的徵兆。

又「拂頤」，謂違背頤養的正道，不以正道養生。

「貞」，筮問。金文中 「貞」「鼎」都是「鼎」的樣子。「貞」字下半部的「貝」其實就是一個「鼎」。

「貞凶」，筮問得凶。

「十」，終之數，也是足之數，也是最多之數。二三四爻互坤，坤爻斷筆劃最多，故為十。

「十年勿用」，多年也，很長的時間，謂終究不能用。

「勿用」，不能有所作為。如「乾」初九：「潛龍勿用」。

「無攸利」，發展下去很不利。

此爻不好好頤養，固執不變，會有凶惡，多年也做不成事，發展無有利。

初陽本該自己養自己，二乘剛近於陽也該自己養自己，但都不能自己養自己。三則根本不能自養，這是缺乏謀生能力，必無法生存，故占問「凶」。

六三不當位，承乘皆陰，雖與上九相應，但緩不濟急，因為「頤」是節、是止，故「十年不用，無攸利」也。

按三有應，陰得陽應多吉。此獨不吉者，以四五得敵，應上甚難，故曰「無攸利」。

六三背離大道，一定有拂逆行為。

「挬」，拔也，惑也，拔除而迷惑也。《廣韻‧勃》：「挬，拔也。」《呂氏春秋‧知接》：「今不接而自以為智挬」。高誘注：「悖，惑也。」

「道大挬也」，即迷惑而不合於常道。

無牙可以頤養，身體必不強健，十年都不見好轉，此人不能勝任而不能用。

此爻要好好的頤養自生，不好好的盡力於頤養，固執不變，長此以往必凶。

☷頤☳賁

此爻變為「賁」，為飾，虛好看，欺矇。

「頤」卦是要知節則安，此爻有逞口舌之能，不節之象。

「頤」卦，是要知節止，下三爻皆居震體，震為動，皆不吉。

六四：顛頤，吉。虎視眈眈，其欲逐逐，無咎。
象曰：顛頤吉，上施光也。

此「顛頤」如六二「顛頤」，即是「顛齒」，壯齒也。

六二「顛頤」而「征凶」，六四「顛頤」而「吉」；蓋六二壯齒未至於老而齒空，徵兆顯示身體不健康而無法至於老壽，故凶。六四之吉則是齒壯顯示身體健康而老壽能頤養之故。

「虎視眈眈，其欲逐逐。」是解釋「吉」的原因。

「眈」作「耽」，《廣韻》：「虎視」。《廣雅‧釋訓》：「眈眈，視也。」謂目不轉睛的注視。《說文解字》：「眈，視近而志遠。」《說文解字注》：「謂其意深沉也」。亦作「盯盯」，目光注視如釘。就是關注、盯住。

「逐逐」，灼灼也，目灼如火也。又遠也；《經典釋文》：「逐逐，子夏傳作攸攸，荀作悠悠。劉作䞃ㄕㄨˊ，云：『遠也』。」

「虎」是嚴厲之象，虎是山君，言其威猛懾人；「虎」為西方，為秋天，為肅殺；鼎紋中有「饕餮」相貌猙獰，張口欲食，《呂氏春秋·先識覽·先識》云：「周鼎著饕餮，有首無身，食人未咽，害及其身。」

「欲」，貪也。

虎凶殘其威懾人，雖飽亦傷人畜，是貪欲之象。四爻居艮，震動為欲，艮止也，寡欲也；雖如虎之貪欲而能止欲，以此欲轉而應初，是以虎貪之欲轉而求頤養正道，故「吉」。

「視」，監視，《釋名·釋姿容》云：「視，是也，察其是非也。」

「虎視眈眈，其欲逐逐」謂專注，全心全力的，集中注意力的，如虎之專注於獵物。以虎之凶猛自能得其目標，獵物雖遠必能得其所欲獵食之物。

六四齒牙盛壯，又能專注頤養，重視養生、頤養如虎欲的專注，故能「吉」而「無咎」，無須畏懼。

上艮為手，為虎，為視；三四五互為坤，為泉布，為事業，故此爻大得資財。

初陽應四，故曰「上施光」。

三有應不當位故凶。四當位有應故吉。

然四雖有應，為二三所隔，難以下施，故須初上施而吉也。

䷚頤 ䷔噬嗑

此爻變為「噬嗑」，〈雜卦傳〉解釋為「食」，是相爭食，競爭激烈，辛苦努力。

六三變為「賁」，〈雜傳〉解釋為「飾」，是作假虛好看，是色，以色伺人終拆穿。

六五：拂頤，居貞吉，不可涉大川。
象曰：居貞之吉，順以從上也。

「拂頤」同六三，是不長牙齒，謂年老牙落，無牙不方便頤養嚼食，是垂垂老耄。

「居」，安也，止也，節也。即「節飲食，慎言語」，節欲也。耄

頤

耆年老，宜靜不宜動。《老子》：「無狎其所居，無厭其所生。」王弼《注》：「清靜無為之謂居」。《莊子·天地》云：「欲同乎德而心居矣」。郭象注：「居者，不逐於外也。」《呂氏春秋·圜道》云：「人之竅九，一有所居則八虛，八虛甚久則身斃。」高誘注：「居，猶壅閉也。」皆為艮之德。

「貞」，筮問。

「居貞吉」，居守節欲，清靜無為之正道，則可以頤養得吉。

六五失位，有「拂頤」之失，但居中，可以調整而失不大，故安居五位，順上承陽，故「貞吉」。

「貞」為堅定，所以六五要變，要調整是需要奮力經營的。但上承上九，得天時，有靠山，有老師，有人教導，故「順以從上」而能得吉。六五與六二敵應，往下又遇重陰，只能往上承陽。

「居」、「貞」都是堅定不動，「吉，不可涉大川。」語意由吉轉折為「不可涉大川」是先讚揚後貶抑。但重心在「不可涉大川」上。這是說要努力經營；清靜無為，止息不動，雖然得吉利，但不能涉險做大事。〈小象〉說：「居貞之吉，順以從上也。」努力經營，止息不動而能得「吉」，是順從尊上，也就是說為尊上庇蔭所致。若下涉坤水，陰遇陰則窒，故「不可涉大川」。老邁居止可以頤養，但力不足以渡涉大河。

上九陽，故六五當順從上九。上九是退休的長者，是家有一老，如有一寶。經驗豐富的老先覺，在「頤」卦就是人瑞。

此爻安分守己，吃老本，順強不爭必吉。但不可欲求太多而涉大川冒險必凶。

☷頤☶ 益

爻變為「益」。權衡知變，彎的下腰，低的下頭。知節善順吉。

「益」：「利涉大川」，變故「不利涉大川」。

上九：由頤，厲吉，利涉大川。

象曰：由頤厲吉，大有慶也。

「由」，何新說作「游也，搖也。」

頤

「由頤」，齒牙動搖，也是老邁壽高之象；謂年老經驗足，閱歷深。艮為成，為終，為老。

「由」，自由，上九居高，下有重陰承迎，被捧得高高的，所以從心所欲，擔心自我放縱，但居艮止，故「厲」，要砥礪、振奮以厲，才能吉。

「厲」，危險。《玉篇》：「厲，危也。」《廣雅‧釋詁》：「厲，危也。」

「厲吉」，有危險艱難，但終究是吉的。蓋上九雖年邁而經驗豐富，故雖「厲」而「吉」而能「利涉大川」渡過艱難。薑是老的辣。

上九居亢龍之位但身居艮止而不亢，故「厲吉」。

「吉」、「喜」及於個人，「慶」則是普天同慶，及於天下眾民。

「大有慶」，謂上九下據重陰。

此與「大畜」九三「上合志」義通。「大畜」九三前臨二陰故曰「利往」，故大行其道。九三居震體，蓋陽遇陰則通也。

又「臨」六三前臨三陰故「征凶」，陰遇陰則窒也。

又「臨」六五下乘二陰，不宜往下涉坤水，蓋陰遇陰則窒也，故象只戒其「順上」，「順上」則陰遇陽則通。

這與「頤」六五同，六五下乘三陰，陰遇陰則窒，故「不利涉大川」。

至於「頤」上九下乘四陰故曰「利涉大川」。

上九居艮，艮為止為退，上前無路，故往後退。

上卦為艮上九多吉，「剝」上九：「碩果不食」、「大畜」上九：「何天之衢」、「損」上九：「貞吉，利有攸往。」因為上九如「乾」上九：「亢龍有悔」，但居艮知止而不「亢」故詞多吉。

此爻齒牙動搖，年邁老耄，還能經得起振厲而吉，因為「大畜」積蓄豐厚，經得起波浪考驗而「利涉大川」。

高亨先生讀為「舀頤」，謂飽食之後以手剔牙，吃飽了可以捍衛艱難之事。雖危厲而能吉，利於涉大川。錄之參觀。

䷐頤䷗復

此爻變為「復」，返老還童，修成正果，剝而能復。老年生新牙。震為生，為芽、為牙。

> 大過：棟橈，利有攸往，亨。
> 彖曰：大過，大者過也。棟橈，本末弱也。剛過而中，巽而說行，利有
> 　　　攸往，乃亨。大過之時大矣哉。
> 象曰：澤滅木，大過。君子以獨立不懼，遯世無悶。
> 序傳：物畜然後可以養，故受之以頤。頤者養也。不養則不可動，故
> 　　　受之以大過。物不可以終過，故受之以坎。坎者也陷也。必有所
> 　　　麗，故受之以離。離者麗也。
> 雜傳：大過顛也。姤遇也，柔遇剛也。
> 繫辭：古之葬者，厚衣之以薪，葬之中野，不封不樹，喪期無數。後世
> 　　　聖人易之以棺槨，蓋取諸大過。

　　過　禍禍小篆　　冎甲骨文　　小篆　咼丂乂历小篆

䷛大過 ䷜ 大坎

　　過字，從辵，從咼。過字晚出，本義為渡過。《說文解字》：「過，
度也。從辵，咼聲。」《尚書・禹貢》：「北過降水，至于大陸，北播為
九河，同為逆河，入于海。」

　　先探究「咼巛乂乙」，《集韻》：「咼，亦作剮。」本義是骨去肉，
就是剮去人肉的殘骨，人死亡之象。《說文解字》：「咼，剔人肉置其骨
也。象形。頭隆骨也。」《說文解字注》：「列子曰。炎人之國。其親戚
死。咼其肉而棄之。刀部無剔字。咼俗作剮。……隆豐大也。說此字爲象
形者、謂上大下小象骨之隆起也。」《墨子・節葬下》：「楚之南有炎人
國者，其親戚死朽其肉而棄之，然後埋其骨，乃成為孝子。」這炎國人的
喪葬風俗看起來就像今日西藏的天葬。

　　「咼」字的甲骨文象「口」中有一個「卜」字，像是供占卜用的牛的
肩胛骨。《說文解字》：「禍，害也，神不福也。從示咼聲。」可見占卜
的結果是凶兆。卜辭中有「癸亥卜，貞：王旬亡禍。」又「癸亥卜，貞：
今月亡禍。」又「貞：……亡禍。」這是禍字的祖源。加了口的「咼」

《說文解字》解釋為：「咼，口戾不正也。」意思是嘴歪斜不正。應該是看到了死人體殘骨大骸而驚呼的嘴歪斜。「冎」字本就是骨，下加肉成「骨」這是後起字。

「過」字是渡過，从「咼」字是聲符，但也參與字義，因為渡過的是滔滔大水，涉險而過，生死一線之間，驚呼連連！再者，「渦」字也是晚出的字《說文解字》並未收入。渦字與過字相同，《爾雅·釋水》說：「渦辨回川」。《註》：「旋流也」就是大水急流中的漩渦。到底能不能渡過這驚呼連連、漩渦不斷的急流大川？這要看天命，渡不過則葬生魚腹，渡過則喜出望外。可見「過」字是福，是禍在一線之間；過者為福，不過是禍，如剮肉去骨一般死無葬身之地。

今本作「大過」，帛書作為《泰過》。泰、太、大古通。《廣雅·釋詁一》：「太，大也。」《白虎通·五行》：「太亦大也」泰山就是大大的一座山。

「大」是陽，陽為大，陰為小。「大」所指的就是中間四陽爻，就是乾陽。二三四五爻互為「乾」卦。

「過」是超過，「大過」是「陽過多於陰」，所以卦名叫「大過」，是陽氣過盛，是大大的超過。大象如坎，坎為水，為準，為平。「大過」陽多，超過水準許多。失去平衡所以〈雜卦傳〉說「大過顛也」，上下顛倒，天下倒懸，為大大的禍，動的太過，上下顛倒。「顛」者頂也，《說文解字》：「顛，頂也。」「大過」是超越頂峰，登上顛峰就要下落了！

「大過」的「過」不是「過猶不及」的「過」，「過猶不及」是做事要中，要不使之不及，也不使之不過，不及或太過都是不中，而「大過」是強調大小強弱的大，是大大的超過。太好是大過，太壞也是大過。所以「大過」是極端，不是大大超過，就是過不了而墜入萬劫不復之陷阱深坑。不是大好，就是大壞。

「大過」中互為「乾」，為老父；上兌少女，下巽長女；為太老、太少之配。

「過」是「動」，「大過」是大動，互「乾」，乾剛健行，故為「大過」，是動的厲害，動得驚天動地，轟轟動動，天翻地覆。是「板蕩識忠臣」的社會倒懸的時代。壓力太大無法負荷，以至於棟樑橈折而毀。

「大過」是「大禍」、是過失、罪愆、是害。過、禍字通。《禮記・大學》：「見不善而不能退，退而不能遠，過也。」鄭玄注：「過，禍也。」朱駿聲《說文通訓定聲》：「過假借為禍」。《說文解字》：「禍，害也，神不福也。」《釋名》：「禍也，言毀滅也。」《增韻》：「禍，殃也，災也。」神都保佑不了可見這禍可大了。

中間四陽埋陷於上下二陰之中不能出，就是一個大的坎中滿，故名「大過」。

「大過」是大禍，是超級大地震。卦辭「棟橈」是大地震震的棟梁都彎橈了。〈雜卦傳〉說「大過顛也」，是震的天翻地覆，上下顛倒。上兌缺，下巽斷，〈彖傳〉說：「棟橈，本末弱也。」上缺是頭頂生瘡，下斷是腳底流膿，是爛透了，是枯朽，所以，大地之震其威勢有如摧枯拉朽一般，屋脊棟梁都彎折了。中間互乾，乾為龍，為圜，上下二陰為坤，為地，卦象如地龍翻身，顛倒大動，翻天覆地。「大過」大象坎，坎為脊，如屋宅之棟梁，故曰「棟橈」。

「過」是「渦」，「大過」是大漩渦，上缺下斷，正反兩巽風，又互乾為圜，如漩渦。坎為陷坑，為水，故為漩渦。「大過」是大坎，故為大漩渦。陷入其中必有滅頂之災。有風，有水，有漩渦，互乾為雲氣，是大颱風、颶風、龍捲風。龍在坎水之中大大的動，弄得翻江倒海，洪水滔天，故「澤滅木」。

「大過」上兌澤，下巽木。兌澤之水本應在下滋養樹木，今竟澤水滅過木，亦是太過之象。是洪水漫過了樹頭，是大水氾濫為災。

「大過」是死亡。上下二陰是坤土，中四陽爻為乾，乾陽上下皆陰，沒入土中之象，是死亡之象，如天崩地拆，故為君、父之死。

「大過」中互為「乾」，乾為君主，大也是陽，「大過」就是君、父、夫之過，是君、父、夫之禍。

「大過」正反兩兌，兌為金，為秋，為毀決，兩重金，肅殺之氣太重。

〈繫辭〉以「大過」為「葬」為「棺槨」，漢朝人以「大過」為「死卦」。《焦氏易林・明夷之大過》云：「言笑未畢，憂來暴卒。」是亦以「大過」為死亡之卦。

〈繫辭下〉說：「古之葬者，厚衣之以薪，葬之中野，不封不樹，喪期無數。後世聖人易之以棺槨，蓋取諸大過。」上古時代人死之葬僅僅在屍體上下加以柴薪，既不以土封埋，也不樹立標誌，後來才有用棺槨封埋並樹立標誌。「喪期無數」謂人死葬於野外，蓋覆薪柴，引來野獸貪食，故為人子者必守於附近以箭矢驅趕野獸待死者化為白骨，然後埋其白骨。這是後來在墓葬邊守喪三年的由來。撿骨習俗台灣至今猶存。武樹臣先生認為，弔喪的「弔」字，是從弓矢而來，並引《說文解字》：「弔，問終也。古之葬者，厚衣之以薪，从人持弓，會敺禽。」「弔」的對象是「葬者」。「葬者」的位置是「中野」。「弔」的目的是「問終」。「問終」的附帶行為是「會敺禽」。又引《禮記·檀弓上》說：「葬也者，藏之。藏也者，欲人之弗得見也。」《列子·湯問》：「楚之南有炎人之國，其親戚死，朽其肉而棄，然後埋其骨，乃成孝子。」《急就篇》：「喪弔悲哀面目腫」，顏師古注：「弔，謂問終者也，於字人持弓為弔，上古葬者衣之以薪，無有棺槨，常若禽鳥為害，故弔問者持弓會之，以助彈射也。」《吳越春秋》卷九：「古者人民樸質，饑食鳥獸，渴飲霧露，死則裹以白茅投之中野。孝子不忍見父母為禽獸所食，故作彈以守之，絕鳥獸之害，故歌曰：斷竹續竹，飛土逐肉。」可見「厚衣之以薪，葬之中野，不封不樹，喪期無數。」是緬懷先人，期盼復活，守於葬地直待化為白骨之後才以為死亡。葬、死在古人是不同的概念。巽為木，為草薪，兌巽正反兩巽，即正覆兩木。二三四五互乾，為君父，兩木上下夾君父於其中，故為棺槨之象。

「大過」錯為「頤」，「頤」為養，為生，為安。「大過」為死，為危。但「大過」也是顛，是反其道則生。此卦不宜問生死。

「過」是「過節」，「大過」是結怨很深，過節太大之象。

「過」是「經過」，「大過」是旅客不停留，是過客，是痴心女子負心漢。

「大過」是困，上兌下坎「困」，陽困於陰中，故困。

「大過」是苦節，陽過是夫死，婦守節。

〈雜卦傳〉：「大過顛也」；「顛」，是頭頂下顛。《說文解字》：「顛，頂也。」《爾雅·釋言》：「顛，頂也。」疏：「謂頭上也」是要

顛倒傳統，顛覆平常，像孫悟空大鬧天宮。像氣候變遷酷寒極熱，極端異常，頭頂殞落。

「大過」大象為坎，坎為水平，「小過」是超乎平常，「大過」是失於常度，顛覆常度，不可以平常心來看問題、來思考問題。「大過」用的方式總是不平常。《陰符經》：「大知似狂，不痴不狂，其名不彰。」「大過」是出乎常理，意料之外。

「大過」為「顛」，顛為「倒」，「大過」卦顛倒看還是「大過」卦。

「大過」為整個局勢顛倒。

頁篆文　 首篆文　 天籀文

《說文解字》：「天，顛也。」《參證》：「顛頂，即頭頂，是天的本義。」所以是至高無上之義。顛、頂、頭都從頁，頁字在甲骨文、金文中就是頭首的意思。

「大過」為天大的顛，天下大亂，社會倒懸之禍。巽下斷是根基、基層、基礎缺蝕；兌上缺是老天爺也破了一個洞，上會基層缺是又遇天然大災，是女媧娘娘洪水煉石補天的大大天災。

「大過」為顛，顛為「隕」，為殞，故為死。

「大過」為顛，顛為「頂」，為滅，頂滅之災，故死，溺死也。

「大過」為顛，顛為「癲」，是瘋瘋癲癲，不可以平常心視之。

「大過」是大過之才之人，所行為為常不合於常理。如濟公也叫「濟癲」。如川普、杜特蒂。

「大過」為顛，癲為「專一」，專心若癲，是專心之極若痴若癲，必有過人之處，濟顛如此，達摩面壁亦如此。

「大過」是「大過之才」，是奇才，互乾，大象坎為智，是「大智若愚」也。

「大過」為顛，為老，是老番癲。

「棟」，屋脊；《說文解字》：「棟，極也。《周禮正義·疏》：「棟在室之正中，故引申之，中，並謂之極。」極，就是北極星之極，

意思是在正中間的意思。《釋名》:「棟,中也。居屋之中也。」《爾雅·釋宮》:「棟謂之桴」。《郭註》:「屋檼曰棟,卽屋脊也。」《廣韻》:「檼,屋脊也。」「大過」說「棟橈」,是大象坎,坎為中,為極,為屋脊,就是大樑故曰「棟」。《左傳》襄公三十一:「子於鄭國,棟也,棟折榱崩。」這是春秋時鄭國的子產稱讚子罕為鄭國執政上卿之語。

初、上兩陰,〈象傳〉:「本末弱也」本末弱故大樑承重負荷過重為彎曲狀,故曰「棟橈」。

「橈」,木彎曲也;《說文解字》:「橈,曲木也。」

「棟橈」是承擔負荷太重所以彎曲以致屋舍坍毀。《管子·形勢解》:「棟生橈,不勝任則屋覆。」

「棟橈」是大廈將傾,獨木支撐大局。

「棟橈」者大廈的棟樑都彎曲了,是大廈將傾覆之象,故為危,危如壘卵。

「棟橈」是大廈將傾,社會瓦解,分崩離析,天下大亂。坎為隱,為闇昧,大坎是大黑暗時代。

〈大象〉曰:「澤滅木,大過。君子以獨立不懼,遯世無悶。」此非世俗之常人也;屋脊棟樑彎曲是承受了極大的負荷壓力以至於彎曲有斷折之憂,唯有棟樑之材才能撐頂住龐大壓力,故曰「獨立不懼,遁世無悶。」不以外人、常人的眼光為意。

〈大象〉說「獨立」,「大過」正反兩巽,巽為寡,故曰「獨」。乾為少,亦為獨。

「獨立」,就是中流砥柱,是一柱擎天,是獨木支撐,只憑一己之意,無有他人置喙之處。砥柱是黃河中的一個石柱,《史記·夏本紀·正義》引《括地志》云:「底柱山,俗名三門山,在陝州硤石縣東北五十里黃河之中。孔安國云『底柱,山名。河水分流,包山而過,山見水中,若柱然也』。」在黃河大水的沖刷中依然矗立。《晏子春秋·內篇諫下》:「吾嘗從君濟于河,黿銜左驂,以入砥柱之中流。」

「大過」言「棟」,是頂尖的過人之才,是棟樑之材。「棟橈」,是爛透了,是枯朽,是板盪,是中流砥柱,是獨木支撐危樓,是救亡圖存,

577

是一柱擎天於危難之中，如文天祥。

「大過」為顛，也是「巔」，不正是高處不甚寒的孤獨之象嗎！既是板盪中的擎天一柱，過人大才，所以也是獨裁，獨夫。

「大過」之才，又是癲，是如瘋癲癡狂異於常人之才，是鬧的天翻地覆，顛覆傳統，是振動宇內。但已達顛峰，將崩落。

「大過」為乾之過，乾為天，天之過，天之禍，為天災。大地震、颱風、龍捲風、大洪水都是「大過」。互「乾」在上下二陰之中，一如龍在土中蟄伏，出則地龍翻身，翻天覆地，就是大地震。

「大過」為天崩地裂。顛為天，《說文》：「天，顛也。至高在上也。」互乾為天。天顛，是天崩之象。〈大象〉曰：「澤滅木」，就是災，是大洪水氾濫成災。「大過」上缺下斷，上爻為天，下爻為地就是天崩地裂。

「過」為「媧」，「大過」是女媧。

錄一段夏曾佑著之《中國古代史》（臺灣商務印書館發行）：

女媧氏，亦是風姓，承包犧之制，蛇身人首，為一女主。搏黃土作人，有共工氏，任智行以強伯，以水為紀，為水師而水名，康回憑怒，地傾東南，四極廢，九州裂，天不兼覆，地不周載，火燄炎而不滅，水浩洋而不息，猛獸食顓民鷙鳥攫老弱，於是女媧氏煉五色石以補天，斷鼇足以立四極，殺黑龍以濟冀州，積蘆灰以止淫水，蒼天補，四極正，淫水固，冀州平，蛟虫死，女媧氏沒。

上文所述不正是上古天崩地裂，洪水滔天「澤滅木」的「大過」天災之象！

「大過」錯為「頤」，「大過」是大大的動，大動的災禍，「頤」為以靜制動，是安，是不宜動。〈序卦傳〉：「頤者，養也。不養則不動，故受之以過。」世間萬物皆因養而後成，成而後能動，動了就會產生問題。所以「頤」卦之後就是「大過」卦。

「頤」上艮為終為成，下震為出為生，是反老還童之象。「大過」是老而不死之謂賊。

「大過」是大廈將傾，社會瓦解，分崩離析，天下大亂，黑暗時代，是救亡圖存的時代，是板蕩。是快要完蛋了，非大過之才不能支撐全局。

「顛」為「逆」也，顛覆的局面要用顛覆之才，要用顛覆之法，要逆勢操作。是不按牌理出牌。

「過」是渡過，超過，是「濟」；「大過」是能大大過濟，「小過」則是低空掠過。

「大過」「棟橈」而卦辭說「利有攸往，亨」，是在大廈將傾，危如壘卵，天下將亡的時候，必須有大過之材，才能「濟」天下之將亡，扶大廈之將傾，方可轉危為安，故曰「利有攸往」。

大廈將傾，天下倒懸，各路英雄好漢出頭的好機會，故「利有攸往」大過濟顛之材由「遯世無悶」而出「獨立不懼」一如「乾」卦初九〈文言〉：「龍德而隱者也。不易乎世，不成乎名，遯世無悶，不見是而無悶，樂則行之，憂則違之，確乎其不可拔，潛龍也。」所以「大過」本是潛龍，時機未到時，甘於隱遁潛藏，人不知而不慍，如「潛龍勿用」。但時機到來，一個翻身，騰空一躍，震天動地，翻江倒海。天下大亂，機會大好。人稱韓愈「文啟八代之衰，道濟天下之溺」，「獨立不懼」「棟隆吉」就是「濟天下之溺」。

「獨立不懼」是濟天下大過之大材，「大過」大象是坎，是大坎，坎為棟，擎天一柱，獨立不懼。但失之於不能包容而剛愎自用。

「大過」四陽居中，二陰包於外，上缺下斷，本末皆弱，陽氣大壯，過於集中，陰柔的勢力被分隔兩端，無可聯絡呼應，脆弱而分散，陰陽極不平衡，又上缺下斷，整個局勢的結構有隨時崩塌瓦解的危險。整個卦中間承四陽之重，兩頭陰柔難以承受，卦辭曰「棟橈」而不言折毀，是尚有機會，四陽雖集中但就二、九五居上下卦之中，是行不過，故尚能支撐大局，不過於激烈，但不速尋解救之道，一旦超過負荷，失去支撐平衡之勢必毀決，則全局盡沒。

上兌下巽，兌卑、巽順，能以背順之柔濟四陽之剛，順而悅，故能「濟」。能過故能濟，能濟故曰「利有攸往，亨。」潛龍不出世何能「利有攸往，亨」？！

「大過」雖是危難倒懸之局，但依然有轉折之機。從危如壘卵之勢到「利有攸往」而能「濟難」非要有「大過之才」才可「扭轉乾坤」，「反敗為勝」成此「大過之功」。

大過

「大過」為大坎，坎為險陷，又坎為塞，為隱，正常之法不能濟，非要以大智慧顛覆一般的思維、手段才能尋出活路。但互「乾」過剛，擔心「剛愎自用」，由至高而顛下，爬的高，摔得重。

「大過」云：「利有攸往，亨。」就是大難不死，必有後福。

「大過」是潛龍，「澤滅木」，就是潛。互「乾」就是龍，〈大象〉曰：「君子以獨立不懼，遯世無悶。」顛覆思考，行大過之法，常人無法知曉，故曰「獨」。但要能「不懼」不要理會他人之議論，行自己之法。要能「遯世無悶」才能等到這種天翻地覆的出頭時機。所以是被大振動搖醒的潛龍。

卦辭云：「利有攸往」卦中雖有大險之象，但終可解脫之機，故卦辭「亨」。「亨」者，行也。

一般多言「震」卦為地震之象，不錯，但「震」卦之地震僅於突然而來的驚嚇未釀成災害，「大過」卦才是釀災的大動之禍。

雖然「大過」有大動之材可以支撐，眼下可以度過難關，但是「大過」之後為「坎」卦，終極想要天下太平是不容易的。

初六：藉用白茅，無咎。
象曰：藉用白茅，柔在下也。

「藉」，薦也，墊也；凡以物襯墊曰藉，如席墊、軟墊。《說文解字》：「藉，祭藉也。」古人祭祀時墊在祭品下的鋪墊或是茅席，這是為了慎重，也是先秦古代的習俗。《詩·召南·野有死麕》：「白茅包之」。《毛傳》：「白茅，取絜清也」；也稱為「苴」，《說文解字》：「苴，茅藉也。……《禮》曰：『封諸侯以土，苴以白茅。』」《周禮·地官司徒》：「大祭祀，羞牛牲，共茅苴。」《儀禮·士虞禮》：「苴刌茅，長五寸，束之。」鄭玄《注》：「苴，猶藉也。」胡培翬《儀禮正義》卷三十二：「苴刌茅者，謂斷茅以為苴，而置黍稷之祭於其上，有藉義焉，故謂苴為藉。必用茅者，取其潔也。」一般先將白茅段成五寸，然後束綁在一起用來藉物，墊在貴重物件之下。

「白」，以示尊貴，古人以白色為珍貴、潔白之意，例如白子的白虎、白蛇等。又《禮記·檀弓上》：「殷人尚白」殷商人以白為貴。

「茅」，是茅草。

「白茅」，是白色的茅，既尊貴柔軟，也表示慎重敬意。《毛詩訓詁傳》：「白茅，取潔清也。」

「茅」是古人祭祀中不可缺少的用品，除了編織作為茅席鋪墊藉放祭品，祭祀時用的酒也要用茅草來過濾酒渣或以象徵神的飲用；茅草也用來占卜，也還有招喚神靈來享用祭祀的功能；諸侯分封的典禮也用到茅草，將土以茅草包束授予諸侯，稱為「茅土」，「列土分茅」的成語就是來自於此風俗；蔡邕《獨斷》曰：「天子太社，封諸侯者取其土，苞以白茅授之，以立社其國，故謂之受茅土。」《初學記》卷十三引《漢舊事》云：「封諸侯者，取其方面土，苴（藉）以白茅，授之，各以其方色，以立社于其國，故謂之授茅土。」是古禮封諸侯，藉用白茅。所謂裂土分茅。茅草也象徵愛情，將送人的獵物用茅草包裹起來，也是慎重誠敬的意思。可見茅的功用甚多且重要，但多產於南方楚國，《左傳》僖公四年齊桓公征伐蔡國之後入侵楚國，管仲就用楚國不進貢「包茅」責讓楚國作為伐楚的理由，曰：「爾貢包茅不入，王祭不共，無以縮酒，寡人是征。」杜注云：「包，裹束也，束茅而灌之以酒為縮酒。」孔疏曰：「《郊特牲》云：『縮酌用茅』，鄭玄云：『沛之以茅，縮去滓也』《周禮‧甸師》『祭共蕭茅』，鄭興云：『蕭字或為，讀為縮。束茅立之祭前，沃酒其上，酒滲亦去，若神飲之，故謂之縮。縮，滲也』。」縮酒，就是利用茅草過濾酒渣使之潔淨。

「藉用白茅」，是將祭品放在用潔白蓬鬆的白茅編織的席墊上，以示慎重尊貴與誠心敬意。《莊子‧達生》：「十日戒，三日齋，藉白茅。」《莊子‧在宥》：「築特室，席白席。」

可見初六「藉用白茅」是祭祀典禮的意思。「大過」是大禍，是天下顛倒，是天下大亂之災禍，初爻在此之前，先舉行祭祀以祈福攘災。可以「無咎」。〈繫辭上〉：「無咎者，善補過也。」是已有大禍的徵兆，趕緊祭祀祈福攘災而能補過得以「無咎」。

初六居巽，巽為伏，初六失位在下，故曰「藉」。巽為白茅，茅為柔軟之物，坤陰為虛亦柔軟，又巽為權，權變者必柔軟，故曰「藉用白茅」謂誠意十足，敬慎小心。

「茅」，是古人祭祀時不可或缺之物，俱有招神的功用；《周禮‧春官》：「男巫，掌望祀、望衍授號，旁招以茅。」「旁招以茅」的意思就

是男巫在祭祀時用茅草向四方呼喚所祭之神。

初六上應九四，九四「棟橈」而祭祀，墊埋潔淨白茅柔軟之祭物於棟之下，是一種祭祀屋棟建立之禮，今日營造建築重視上樑儀式就是這種祭祀的遺俗。

「大過」是承受巨大的負荷壓力「藉用白茅」是用柔軟蓬鬆的茅草絮襯墊在最下以保持彈性，一如彈簧可以吸收壓力，故能「無咎」。這是說屋頂棟樑受到過大的壓力將坍覆，因為其下有彈性可以吸收負載而無咎，可以免災害。

初六陰柔失位在最下，力弱不足拯救危亡，但要保持柔軟彈性才能避免牽連受害。

在大動盪的時代，初六失位力弱位卑影響小，躲伏於下保持彈性，謹慎故「無咎」。

初與四應，例如「鼎」初爻為趾，四爻為足。舉象相類。故「大過」初爻用白茅保持彈性，四爻「棟隆，吉。」棟樑隆起亦是有彈性。

此爻用柔才能克剛。

▅▅ 大過 ▅▅ 夬

此爻變為「夬」。沒有了彈性過重的負荷就會潰決。以剛強之體對付「大過」之災禍必決裂而凶。要保持彈性不可硬碰硬。

九二：枯楊生稊，老夫得其女妻，無不利。
象曰：老夫女妻，過以相與也。

「稊」，出土帛書作「黃」，《經典釋文》：「稊，楊之秀也。鄭作莛，莛木更生。」《集解》引虞翻曰：「稊，稚也，楊葉未舒稱稊。」是古時稊與莛通用。意思是茅之始生，茅即白茅，冬天萎，春天生，先抽花莖，吐出白色穗狀花序稱之為「黃」。《大戴禮‧夏小正》：「正月柳稊」。傳：「稊也者，發孚也。」義與此同。《詩‧邶風‧靜女》：「自牧歸荑，洵美且異。匪女之為美，美人之貽。」《毛詩注疏》：「荑，茅之始生也。」《箋》：「茅，潔白之物也。」意謂生命之初生。

初爻用白茅、二爻用荑。

又「稊」，楊樹新生之芽葉、新枝條。《鄭註》：「作莛，木更生

也。」《廣韻》：「稊，《易》曰枯楊生稊，稊，楊之秀也。」宋翔鳳說：「稊，楊之秀也。鄭玄作荑。荑，梗生。」「荑」該是「芽」之音轉。

「枯楊生稊」，謂枯木逢春，楊樹新生出了芽葉與新枝。「大過」大象為坎，坎為冬，九二寒冬之際如枯木春季發新芽。就氣候而言這是「冬行春令」，氣候異常溫暖。此亦顛之象也。《禮記・月令》：「（季冬）行春令，則胎夭多傷，國多固疾，命之曰逆。」

「老夫」，「大過」、「頤」都是年老，九二以陽居陰，故曰「老夫」。「大過」是老，錯為「頤」，大象為離，離為枯槁，故為老，所以，九二爻、九五爻皆言老。

「得」，買賣所得也，《康熙字典》：「賦受亦曰得」。《禮・曲禮》：「臨財毋苟得」。

「女妻」，謂年少的妻子。巽為少婦，兌為老婦。就一人而言巽為初生故為少婦，但至兌時已為老婦。就二人而言巽先生為長女，兌後生為次，為幼女，少女。六五居兌卦故曰「老婦」。

「枯楊生稊，老夫得其女妻」，枯木逢春，生機重現，如楊樹新生之葉芽枝條將茂盛，是積極努力，生命力強，非一般情況的老少配，亦是大大超過之配。蓋楊之新葉初發將要茂盛，猶女妻之年紀方少，生命力強而後繼有力。

這是說於「大過」動盪危難之時，出現一線生機，能抖擻精神，因而局勢轉好而有續命希望，故「無不利」，真是死棋局裏出神仙！「鼎」初六：「得妾以其子」義同。

「枯楊生稊，老夫得其女妻」是「柳暗花明又一春」，是第二春，是返老還童，是威爾剛。「得」字籀文是一手持貝，是古時的買賣婚姻。

「枯楊生稊，老夫得其妻女，無不利」，這要與「錯」卦同參；「大過」錯為「頤」，大象為離，離為「科上槁」，為枯槁。故曰「枯」。乾為生，巽為木，為柔，為楊。故曰「枯楊生稊」。

老夫亦是指「大過」錯為「頤」為退休老人，下卦震，震為夫。

「頤」互坤，坤為逆，故「自上往下視之」，在上者為少，在下者為老，故曰「老夫」。

「大過」下巽為「女妻」。「女妻」者少妻也，年輕而生命力強。「大過」互「乾」，乾為順，在下者少，故曰「女妻」。巽震合體，有婚姻之象。故曰「老夫得其女妻」。

「大過」是大坎，是冬季，又是大大超過，是大禍，不是正常的情況，所以是氣候異常，樹木於冬季遇緩也會異常的開花新生枝枒。

九二曰：「老夫得其女妻」相對九五曰：「老婦得其士夫」。

「士」者，清俞正爕。《癸巳類稿・釋士補禮儀篇名義》謂「士者，古人年少未冠而娶之通名。」《詩・國風・召南・野有死麕》：「野有死麕，白茅包之；有女懷春，吉士誘之。」又《儀禮》云「士冠禮」、「士昏禮」，謂於此始冠而可婚也。

「士」與「夫」不同，「女」與「婦」也不同。在古人士分得很清楚的，《公羊傳》隱公二年云：「在其國稱女，在塗（途）稱婦，入國稱夫人。」實則在父母家曰「女」，迎親時亦稱「女」，在婿家未祭拜家廟祖先之前亦稱「女」，既祭拜家廟祖先之後始稱作「婦」。《說文解字》云：「婦，服也。從女執帚灑掃也。」又《康熙字典》：「婿；《集韻》同壻。」字從「士」。古人愛之則曰「士」，惡之則曰「夫」。女也，美之則曰「處女」，譏之則曰「婦人」。《荀子・非相篇》云，「婦人莫不願得以為夫，處女莫不願得以為士。」基本上古之女性未婚稱女，已婚稱婦，生子曰母。男性未婚稱子，壯者稱士，已婚稱男，有子稱父（伯、甫）。貴族稱君子，平民稱小人。

〈小象〉說：「過以相與」，是說相配的不當，是太過之配。

■■大過■■咸

此爻變「咸」，「咸」為速，為衝動，臨老入花叢，新芽出發長的快也當心夭折。

這爻卜病不死，生機重現，戰鬥力強能勝敵，獲罪之人不死僅放逐而已。冬行春令，氣候異變。

再者，初六：「藉用白茅」說的是祭祀，九二：「枯楊生稊，老夫得其女妻，無不利。」合起來參看是初六祭祀用白茅求婚媾而終於得女妻，九二以茅初生的薿相對，是初六上合九二，陰陽相比鄰而合故「無不

利」。

再說說茅的其中一個功用「包茅」供參觀，《詩·國風·召南·野有死麕》云：「野有死麕，白茅包之。有女懷春，吉士誘之。林有樸樕，野有死鹿，白茅純束。有女如玉。舒而脫脫兮，無感我帨兮，無使尨也吠。」說的是男女相戀歡愛的故事，《詩經通論》認為：「此篇是山野之民相與及時為昏姻之詩……白茅，潔白之物，以當束帛。」《詩總聞》認為：「當是在野而又貧者，無羔雁幣帛以將意，取獸于野，包物以茅，護門有犬，皆鄉落氣象也……雖定禮有成式，亦當隨家豐儉。」麕，有的說是獐，當是鹿一類的動物，伏犧在制定婚禮制度的時候就是以鹿皮為聘禮；所以麕、鹿、白茅都是求偶戀慕的表示；三國時蜀的譙周作《古史考》中說：「伏羲制嫁娶，以儷皮為禮。」唐代司馬貞補《史記·三皇本紀》也說：「（伏羲）於是始制嫁娶，以儷皮為禮。」儷皮就是兩張鹿皮。

再說孔子的誕生，《史記·孔子世家》說孔子的父親與母親的結合是「野合」：「紇與顏氏女野合而生孔子，禱於尼丘得孔子。」《索隱》引《孔子家語》云：「梁紇娶魯之施氏，生九女。其妾生孟皮，孟皮病足，乃求婚於顏氏徵在，從父命爲婚。」其文甚明。今此云『野合』者，蓋謂梁紇老而徵在少，非當壯室初笄之禮，故云野合，謂不合禮儀』。」這與九二是一樣的老夫配少妻。《正義》：「男八月生齒，八歲毀齒，二八十六陽道通，八八六十四陽道絕。女七月生齒，七歲毀齒，二七十四陰道通，七七四十九陰道絕。婚姻過此者，皆爲野合。故《家語》云：『梁紇娶魯施氏女，生九女，乃求婚於顏氏，顏氏有三女，小女徵在。』據此，婚過六十四矣。」可見孔子父親叔梁紇與母親顏徵在結婚時已過六十四歲；一說過孔子父親七十二歲與母顏徵在十八歲時結合；徵在當還是少女，故兩者相差甚多也是「老夫得其女妻」。「野合」也是當時的婚姻制度的一種模式，《易經》說到正式的婚禮是「漸」卦，就算當時一夫多妻的陪嫁娣媵制度也有「歸妹」卦，「蒙」九二言：「納婦吉」，納有獻的意思，也是娶；「姤」言「勿用取女」，但「姤」是一陰合五陽因為不合於禮所以，「勿用取女」。而「大過」是「顛」，是「獨立不懼」也是不合於常理，又初爻到五爻互為「姤」上古的婚姻方式就是野合。又「大過」九二曰：「老夫得妻女」「得」，是買賣婚，《禮·曲禮》：

「臨財毋苟得」「得」字金文字形，右邊是「貝」加「手」，手拿著貝既是買賣所得。今之婚禮中上遺留著聘金就是買賣婚的遺留。

其實這在自然界中常見，屏東的黑珍珠蓮霧就是這樣生產出來的。種在靠海邊的蓮霧樹因為一次颱風，海水倒灌，蓮霧樹知道自己將因為海水有鹽而亡，所以激發出生命力，立刻開花，迅速結果，果實異常香甜，為的是希望採食之後可以將種子帶離於他處以利繁殖。這與「大過」是大災禍，相同，激發出繁殖的生命力。

二○○五年諾貝爾物理獎得主楊振寧八十二歲，娶二十八歲的翁帆為妻。可以參觀。

又楊伯峻《國語・越語上》：「令壯者無取老婦，令老者無取壯妻。」可見古人有此俗。

九三：棟橈，凶。

象曰：棟橈之凶，不可以有輔也。

九三、九四在全卦六爻之中，如坎中滿的陽，坎為脊，故為屋脊，大坎故為棟。

「棟」，棟樑也。《釋名》：「棟，中也。居屋之中也。」《爾雅・釋宮》：「棟謂之桴」。《郭註》：「屋檼曰棟，即屋脊也。」引申為國之棟樑。《左傳》襄公三十一：「子於鄭國，棟也，棟折榱崩。」

「橈」，敗也，毀也，折也。《左傳》成公二年：「師徒橈敗」。楊伯峻《春秋左傳注》：「橈敗為一詞」是橈即敗也。《說文解字》：「敗，毀也。」《爾雅・釋言》：「敗，覆也。」《爾名》：「敗，潰也。」

「棟橈」，謂負荷過重，棟樑彎曲潰折，屋頂塌陷，大廈傾毀，險象盡露，凶之至極。

「輔」，佐助也。橈之太過無可輔也。雖與上六相應，然四、五皆陽，遇敵，九三不能應上，故曰「不可以有輔」。

「輔」是親友幫眾，〈象傳〉：「比者，輔也。」

「不可以有輔」是「夫妻本是同林鳥，大難到來各自飛。」「大過」是天翻地覆，危險之極，不可井底救人，以免被連累波及。不可與此人結

交。

「不可以有輔」，是孤立無援。

九三以陽居陽，剛愎而用，壓力過大超過九三所能負荷，故大廈將傾，躲都來不及如何輔佐支撐？再來居巽卦之上，巽下斷的上爻都不好因為根基已腐蝕，九三這棟樑根基已經缺斷腐蝕故折。又上乾下巽「姤」九三：「臀無膚，其行且次，厲，無大咎。」上巽下巽「巽」九三：「頻巽，吝。」上坤下巽「升」九三：「升虛邑。」皆不言吉。

大過困

此爻變為「困」，身入困境，資源缺乏，龍游淺灘。木困於口中。

卦辭云：「棟橈，利有攸往。」此爻云：「棟橈凶」象同而義殊，此《周易》之通例也。如《履》卦辭：「履虎尾，不咥人。」六三：「履虎尾，咥人凶。」

九四：棟隆，吉。有它吝。
象曰：棟隆之吉，不橈乎下也。

「隆」，向上拱起，隆起。《玉篇》：「隆，中央高也。」《爾雅·釋山》：「宛中隆」。《疏》：「山形中央蘊聚而高者名隆」。《孔叢子·廣詁》：「隆、巢、岸、峻，高也。」《史記·高祖本紀》：「高祖為人，隆準而龍顏，美須髯。」以巽為高，為隆。

「棟隆」，為抵抗壓力負荷向上隆起的棟樑，謂有才能承擔超重的壓力負荷。與九三「棟橈」相反。九四以陽居陰，剛中有柔，向下應初六，堅韌彈性，故能承擔隆起。

「棟隆」，也是棟高，棟高則屋大，屋大則為巨室之家。這是吉象。

「它」，蛇也，引申為意外之患。《說文解字》：「虫也。本作它，從虫而長。上古艸居，慮它，故相問無它乎。」謂上古先民龍蛇雜處，不意為蛇所噬，故見面相問有無意外遭蛇吻。

甲骨文它字像一腳踩在蛇上小篆則像一隻眼鏡蛇

屋大巨室是吉象，但遭人忌，《昭明文選》揚雄〈解嘲〉：「高明之家，鬼瞰其室。」李善注引李奇曰：「鬼神害盈而福謙」。劉良註：「是

知高明富貴之家，鬼神窺望其室，將害其滿盈之志矣。」這就是意外之患。

「吝」，小毛病，無傷大雅的瑕疵。〈繫辭上〉：「悔吝者，言乎其小疵也。」

六三棟樑塌陷，九四能拱撐將塌陷的棟樑，則有由凶轉吉之望故「吉」。所以〈小象〉說「棟隆之吉，不橈乎下也。」

三、四兩爻相近，福禍相倚不可測，處「大過」之時，大勢如此，若無知其不可為而為之志，則災患艱難仍無避免，所謂聽天命盡人事。

「有它吝」是「有它」則「吝」，若意外發生則艱難有小毛病。「吝」，遴也；《說文解字》：「遴，行難也。」《孟子題辭》：「然於困吝之中」。焦循注：「吝之義為難行」是遭遇到困難而事遇麻煩，猶如今言「累」。

「大過」是艱難動盪之時，這時候寬容裕度與彈性都降低，無法承擔太多的變動，故有意外發生則救濟將要塌陷的棟樑可能不會成功。

「棟」是極，於屋是棟樑，於人是背脊，「棟隆」就是背脊拱起，也是彎腰，有低聲下氣哈腰低頭之象。

四與初應，是九四向初九陰柔小人低頭折腰。

「不橈乎下」，不可與初應。初六是陰柔小人，是「大過」的罪魁禍首，九四救濟板盪不可與小人同流。有初六柔軟有彈性故九四棟隆而不毀折。

「它」是意外之患，「棟橈」又有「它」，真是「屋漏偏逢連夜雨，行船又遇頂頭風」。

「大過」是艱難動盪之時，要用大過之材，行大過之法，大丈夫能伸能屈，不居小節。

䷛大過 ䷯井

此爻變為「井」卦，往下探求，「井」象失而為「大過」是打通深井。是從陷阱中脫困。是社會動盪不安中的一口活命泉井。

《焦氏易林．屯．既濟》：「棟隆輔強，寵貴日光，福善並作，樂以高明。」九三「棟橈，凶。」「不可以有輔」上應上六，「過涉滅頂」自

身難保；九四「棟隆吉」則是受初六「藉用白茅」之輔。柔軟的白茅吸收了大量的負荷，協助九四承擔了大過之災。九三相應上六，大量的滅頂洪水導致九三的棟橈。

九五：枯楊生華，老婦得其士夫，無咎無譽。
象曰：枯楊生華何可久也，老婦士夫，亦可醜也。

九五是「老婦與少男之配」，也是配之太過，但與九二相比屬於逆行，故不言利。

「華」，花也；花無百日好，曇花一現，迴光返照，榮景不長，沒有結果。故「枯楊生華」不如「枯楊生稊」有持續的生命力。但「枯楊」能「生華」基礎上是吉利的。

「枯楊生華」是迴光反照，也是返老還童，但延續力不強。所以〈小象〉曰：「枯楊生華何可久也」。

古人未婚男子稱為「士」，《詩‧國風‧鄭風‧褰裳》：「子惠思我，褰裳涉洧。子不我思，豈無他士？狂童之狂也且！」聞一多謂：「未娶的男子曰士」。清俞正燮《癸巳類篇》也謂「士者，年少未冠而娶之通名。」並引《詩‧國風‧昭南‧摽有梅》：「求我庶士」，《詩‧國風‧昭南‧野有死麕》：「野有死麕，白茅包之；有女懷春，吉士誘之。」《詩經‧國風‧邶風‧匏有苦葉》：「士如歸妻，迨冰未泮。」《詩‧小雅‧甫田》：「以祈甘雨，以介我稷黍，以穀我士女。」《荀子‧非相篇》：「處女莫不願得以為士。」楊注：「士者，未娶妻之稱」甚是。

士與女相對言，說明「士」為尚未行冠禮論婚娶的少年家。又言「《左傳》言女而不婦。《國語》孔子言女智莫若婦。女與婦異，故士與夫異。」古人「女」、「婦」稱呼是有差別的，《公羊傳》隱公二年云：「在其國稱女，在塗稱婦，入國稱夫人。」意思是在父母家曰「女」，迎親時亦稱「女」，歸在婿家尚未入祖廟祭拜時亦稱「女」，既已入廟祭拜禮成後始稱「婦」。《說文解字》云：「婦，服也。從女執帚灑掃也。」《說文解字》中「壻」字從士，亦從女為「婿」。對士、夫、女、婦的稱呼也有差別，「人愛之則曰士，惡之則曰夫。女也，美之則曰如處女，譏之則曰婦人。」《荀子‧非相篇》云：「婦人莫不願得以為夫，處女莫不願得以為士。」又《千百年眼》引唐郭享校本，謂「士」乃「少」字之

訛。可以參看。

「枯楊生華」與九二「枯楊生稊」都是反枯為榮，枯而復生之象，但花雖榮卻易凋零，榮景不長。好像老婦年紀過大而老而色衰。

「譽」，好字眼，稱譽。亦通「豫」，歡喜也。《詩經・小雅・蓼蕭》：「燕笑語兮，是以有譽處兮。」〈傳〉：「譽，善聲也。處，安樂也。蘇氏曰：譽、豫通。凡詩之譽，皆言樂也。」

「無譽」，無有稱譽，不值稱譽，也不盡歡喜。

這爻「老婦得其士夫」老婦得嫁少男。雖無災，亦無榮耀。也是第二春，「大過」是夫死，九五是剋夫。

「醜」是無喜之言，見不得人。匹配失宜，故「可醜」。是配之太過。

九五居中得正，但「大過」是「顛」，正也變得不正了。

 大過　　　　恆

九五變為「恆」，「恆」象失是「不恆」，「恆」是天常地久，老夫老妻。「大過」故失恆不常。「大過」皆非常態，非常理。

「大過」綜亦為「大過」，原九二變為九五。由「老夫得其女妻，變為老婦得其士夫。」艮為果實，兌為花。九五兌體故曰「生華」。巽為「少妻」，故兌為「老婦」。就個人而言陰在下為幼，在上為老。

此用本象，互「乾」為順，在下者為少，在上者為老。

「老婦得其士夫」者，「大過」相錯「頤」，上卦為艮，艮為少男，故曰「士夫」。

從「大過」九二、九五可知，凡《易》象有正覆相對者，《易》辭亦必相對，如「蒙」二至上正覆艮。故曰「非我求童蒙，童蒙求我。」「泰」「小往大來」，「否」「大往小來」。「隨」初至四正反兩艮震，故六二曰「係小子，失丈夫。」六三曰「係丈夫，失小子。」「大過」正反兩兌巽故皆曰「楊」。九二在下則「生稊」。九五在上則「生華」。「大過」錯「頤」，「頤」內坤體，坤性逆，故下震為「老夫」，上艮為「士夫」。「大過」互「乾」，乾性順，故在下為「妻女」，在上為「老婦」。

兌為反巽，故仍曰「枯楊」。兌為華，故曰「枯楊生華」。伏艮為士夫，故曰「老婦得其士夫」。

五比陰，孚於陰，志行也，故無咎。下無應，故「無譽」。巽為譽，兌反巽故「無譽」。

蓋易有伏象，伏即旁通，即對象。〈文言〉：「旁通情也」。情者，感也。言陰陽不能相離也。「大過」老夫、士夫皆伏象。

上六：過涉滅頂，凶。無咎。

象曰：過涉之凶，不可咎也。

「過涉滅頂」，為大水淹沒，涉不得過。

「大過」是過，也是禍、渦，上六處於「大過」之極，故曰「頂」，《說文解字》：「顛，頂也。」終不得過而有禍，滅頂之災故凶。

九五為君，一國之首，上六成九五之剛，叛逆也。焉能不凶。

「過」也是「渦」，陷入漩渦之中不得出而滅頂。

「過」也是錯，也是誤；《廣雅・釋詁》：「過，誤也。」

「過涉滅頂」，誤涉大水而遭滅頂之災。

「無咎」就是「不可咎」。「不可咎」，謂致命遂義，殺身成仁，不可咎責；天命如此。災大非人力可為也。

「無咎」與「凶」相矛盾。既然滅頂，這是大凶之象，又如何能「無咎」？或許這是古人抄寫時的衍文。高亨先生就持這種說法。

先秦商周朝時代涉水渡河有用舟楫或木排，《詩・邶風・谷風》：「就其深矣，方之舟之；就其淺矣，泳之游之。」「方」是木筏也是併舟為浮橋，蓋木筏多為方形。但是一般人民渡河是徒步涉水而過，甚至大川都是涉水而渡的。「泰」九二「包荒，用馮河。」是抱著葫蘆涉水過河，俗稱「腰舟」。「大過」上六：「過涉滅頂，凶。無咎。」〈象〉曰：「過涉之凶，不可咎也。」為什麼徒步涉水、滅頂而死，雖是凶兆，卻不認為是涉者的「咎」，因為不是涉者的過失，「大過」是「澤滅木」的大洪水，徒步而涉者限於環境和設備的條件，無法渡過洪水而滅頂。

此亦可證「大過」大象為坎。上六居卦之上，故曰「過涉」。乾為首，故曰「頂」。乾為陰所包覆，乾象不見故曰「滅頂」。坎為陷，不可

涉也。涉而陷其中故滅頂。此亦可證，除「需」卦外，坎非大川。

大過姤

此爻變為「姤」，是「女壯，勿用取女」亦非常也。一陰在下，表面無事，實際深下之中有危機。又巽為入，為往下深探，「大過」之後為「坎」，上六已入「坎」險。

大過

第29籤 ䷜ 習坎卦　坎爲水

習坎：有孚，維心，亨。行有尚。

象曰：習坎，重險也。水流而不盈，行險而不失其信。維心亨，乃以
　　　剛中也。行有尚，往有功也。天險，不可升也。地險，山川丘陵
　　　也。王公設險以守其國，險之時用大矣哉。

象曰：水洊ㄐㄧㄢˋ至，習坎；君子以常德行，習教事。

序傳：物不可以終過，故受之以坎。坎者，也陷也。陷必有所麗，故受
　　　之以離。離者麗也。

雜傳：離上而坎下也。

坎 小篆 窞

「坎」字是後起字，《說文解字》：「坎，陷也。从土，欠聲。」从
土，从欠，以欠為聲符，這是小篆的寫法。先從古人的用法來探究其由。

　　一是與「壙」同義，指墓穴；《禮記·檀弓下》：「其坎深不至於
泉，其斂以時服。」句謂決土穿地深不及泉水；《前漢紀·孝成皇帝紀
三》：「穿斂以時服，封墳掩坎。」《孔子家語·曲禮》：「其斂以時服
而已，其壙掩坎，深不至於泉，其葬無明器之贈。」都是指的墓穴。二是
指井，或阱；《荀子·正論》：「語曰：『淺不足與測深，愚不足與謀
智，坎井之蛙，不可與語東海之樂』。」《鹽鐵論·復古》：「宇棟之
內，鷰雀不知天地之高；坎井之蛙，不知江海之大。」三是土坑凹地；
《漢書·王莽傳下》：「收忠宗族，以醇醯毒藥、尺白刃叢棘并一坎而埋
之。」既然以毒殺之，鑿一坑草草掩埋了事。潘嶽〈西征賦〉：「夭赤子
於新安，坎路側而瘞之。」幼子夭折，刨一坑於路邊掩埋之。《新唐書·
吳少城傳》：「愬然之，以精騎夜襲蔡，坎垣入之，戍者不知也。」將城
牆決一地道攻入城內。四是窪地水池；《孔叢子·廣名》：「殔、坎，謂
之池。」《國語·晉語四》：「坎，水也。」這是指河水沖刷出的凹地河
道。五是祭祀之後挖一坑將祭品掩埋，是祭祀中的儀式。《東觀漢記·隗
囂》：「祝畢，有司穿坎於庭，割牲而盟。」被割殺的犧牲儀式過後埋
入坎坑之中。六是恨而憤恨嘆息；劉向《九嘆·離世》：「哀仆夫之坎

毒兮，屢離憂而逢患。」《太玄經·內》：「次三，爾儀而悲，坎我西階。」七是解坎為敲擊的聲音，也作欿，或欿欿；《詩·魏風·伐檀》：「坎坎伐檀兮」。《注》：「坎坎，伐檀聲。」《詩經·陳風·宛丘》：「坎其擊缶，宛丘之道。」《風俗通義·空侯》：謹按：「《漢書》『孝武皇帝賽南越，禱祠太乙、后土，始用樂人侯調，依琴作坎坎之樂，言其坎坎應節奏也』。」

除了借為發聲詞之外，其餘多為深坑窪凹之地。而《說文解字》云：「坎，陷也。从土欠聲。」《說文解字注》：「（坎）陷也。陷者、高下也。高下者、高而入於下也。因謂阱謂坎。井部曰。阱者、大陷也。穴部曰。窞、坎中更有坎也。易曰。坎、陷也。習坎、重險也。毛詩傳曰。坎坎、擊　聲。按此謂坎坎爲欿欿之叚借字也。从土。欠聲。」

坎是一個後起字，小篆从土从欠，「坎，陷也」說的沒錯，但要認識「陷」字與坎的關聯；《說文解字》收有一字「凵」音唸為坎。但許慎老夫子解釋為：「張口也。象形」不確。「凵」是坎的古字，是坎字的初形。「凵」象地面凹了下去，楊樹達《積微居小學述林》：「凵，象坎陷之形，乃坎之初文。」朱駿聲《說文通訓定聲》：「凵，一說坎也，塹也。象地穿。凶字從此。」于省吾先生在《甲骨文字釋林》中認為甲骨文凵是用作祭祀埋犧牲的大坑，凵字內的牛、羊、馬、豕、人諸形字都是貢品犧牲，凵就是臽、陷的初文。今文「凵」形只是為了書寫方便而已。又引章炳麟先生「章炳麟文始謂「凵又孳乳為臽」「在本部則變易為臽」「為陷」。按古代典籍坎字也通作欿或埳，《經典釋文》謂：「坎，京、劉本作欿。」《爾雅·釋言》、《經典釋文》謂「坎本作埳」。《一切經音義》三謂「埳亦坑也」。古代典籍以坎代凵，凵、坎和陷、欿、埳等字又由於音近而通用。」《左傳》襄公二十六年：「欿用牲，加書徵之。」可徵。

甲骨文有許多从凵的字，作凵中有一獸，牛、羊、馬、豕形皆有，也有人形。甲骨文字作 ，金文寫作 ，小篆寫作 ，這是「臽」字。《說文解字》：「臽，小阱也，从人在臼上。」象一人陷入凵中，兩旁還有掉落的土石，《說文解字注》：「古者掘地為臼，故从人臼，會意。臼，猶坑也。」是的。但「臼」字，也用在舂穀的石臼。而石臼中的

坎

點狀物應該是蹦跳起的穀粒而非土石。陷字更為後起，《說文解字》：「陷，高下也，從阜、臽聲。一日，陊也。」感覺意猶未盡，段玉裁《說文解字注》：「高下者，高與下有懸絕之勢也。高下之形曰陷，故自高入於下亦曰陷，義之引申也。凡深沒其中曰陷。大徐本作『從阜從臽，臽亦聲』。」小篆陷字作 。既然是深沒其中，有就有了「餡」字。還有從金的「錎」字，《字林》：「與陷同」。《莊子・外物篇》：「錎沒而下」。古文同聲而通假的情形很多。人陷入凵中發展出了臽、陷等字。而凵中有牛、羊、馬、豕諸字也就被「臽」字給取代了。

到底是挖了一坑讓人或獸掉入陷阱之中以利捕抓的陷阱，還是祭祀時挖一坑將祭品犧牲埋入其中，作為祭祀的禮儀呢？從文字上無法區別，要細究。竊以認為兩這皆可，牛馬羊豕諸獸陷入陷阱之中，或是不意掉入深坑之中皆會奮力攀緣求上，難免坑壁土石崩落飛揚，故甲骨文字從數點以會意。「凶」字從乂，即被刈殺之禍。在祭祀坑中作為犧牲的諸獸於人牲，不也是被刈殺之凶象嗎！

古文中坎與、臽、陷、埳、欿、窞相通，從臽的字多有坎義。《經典釋文》：「坎，本亦作埳，京劉作欿，險也陷也。」《博雅》：「欿，坑也，同坎。」《玉篇》：「欿，同坎。」〈說卦傳〉：「坎，陷也。」〈序卦〉：「物不可以終過，故受之以坎，坎者陷也。」《說文解字・井部》：「阱者，大陷也。」《說文解字・穴部》：「窞，坎中更有坎也。《易》曰：坎，陷也。習坎，重險也。」

甲骨文凵字是坎的初文，臽是將人牲丟進凵中，後又孳生陷字。人在凵中自然是凶險之象，《易・彖》多將坎解釋為險，上坎下震「屯」〈彖〉：「動乎險中」。上坎下乾《需・彖》：「險在前也，剛健而不陷。」上坎下艮《蹇・彖》：「險在前也，見險而能止，知以哉。」上坎下坎「坎」〈彖〉：「重險也」。上坤下坎「師」〈彖〉：「行險而順」。上艮下坎「蒙」〈彖〉：「山下有險，險而止。」上乾下坎「訟」〈彖〉：「上剛下險，險而健，訟。」上震下坎「解」〈彖〉：「動以險，動而免乎險。」

《歸藏》「坎」卦作「犖」。〈說卦傳〉：「坎者、水也，正北方之卦也，勞卦也，萬物之所歸也，故曰：勞乎坎。」「犖」、「勞」當讀為

「牢」。《說文解字》：「牢，閑，養牛馬圈也。从牛，冬省。取其四周帀也。」許慎老夫子將「牢」解釋為牛馬圈，《說文解字注》：「閑也。也字今補。養牛馬圈也。充人注曰。牢、閑也。必有閑者。防禽獸觸齧。牲繫於牢。故牲謂之牢。如柴誓呼牛馬為牿。禮呼牲為牽也。从牛。冬省。取其四周帀。从古文冬省也。冬取完固之意。亦取四周象形。引伸之為牢不可破。」段玉裁加以解釋為這些牛馬圈有欄杆，防止牛馬羊等獸類相互觸咬奔踢而受傷，而且四周圈圍牢固，所以引申為牢固的意思。只對了一半。

籀文牢 冬小篆 牢小篆 牢字从冬省

宀

坎居正北方，時節為冬至，天寒地凍，萬物歸藏，如熊、蛙之類者蟄藏於穴中冬眠以待春暖。牢字从宀从牛，但甲骨文牢 字从 ，象洞穴而非圈養的柵欄， 字內或从牛，从羊，从馬養的動物不同。但細看 這不是圈養的柵欄圍籬，而是畜養的洞穴，這才有段玉裁說的牢固之義。何以養之於洞穴之中？因為這不是一般的牲口，《禮・郊特牲註》：「郊者，祭天之名。用一牛，故曰特牲。」祭天用太牢之禮，其牛牲專有一名稱「特」，孔老夫子著《春秋》實則稱「郊牛」。段玉裁注解云：「牢、閑也。必有閑者。防禽獸觸齧。牲繫於牢。故牲謂之牢。」《周禮・地官》：「充人掌繫祭祀之牲牷，祀五帝，則繫於牢。」《註》：「牢，閑也。必有閑者，防禽獸觸齧。」既是要用做祭祀的犧牲，所以特別照顧以免受傷對神祇不敬。《春秋左傳》宣公三年記載：「正月，郊牛之口傷，改卜牛。」成公七年：「正月，鼷鼠食郊牛角，改卜牛。」這作為犧牲的牛必須通體完備精挑細選，更不得有傷；《墨子・明鬼下》：「必擇六畜之腯肥粹毛，以為犧牲。」《淮南子・齊俗訓》：「犧牛粹毛，宜于廟牲。」連毛色都必須純正，通體也不得有傷痕。《說文解字》：「牷：牛完全。从牛生聲。」所以雖是「口傷」「食角」小瑕疵也不得用做犧牲而必須另外擇牛並卜筮是否適用。

籀文 還保有本義。或隨時代變遷，或在圈養之處加上棚頂，才

有了「牢」字，从宀就是屋頂，上面一點是屋脊。小篆牢字 像洞穴出口有一橫木，這橫木就是「閑」，又多了最上的一點，是宀字，但依然有洞穴之形，出入之處還有一橫欄木，標顯保護照顧之義。

再看冬 字小篆，上部 與小篆牢字相同，隸書牢字有作「窂」，从穴，从牛；可證古時有養牛於穴中，反映古代先民穴居或半穴居的生或方式，進而有柵欄圈養，再又加頂棚以為保護。天寒地凍時復圈養於設備較好的欄棚之中。是深冬天寒萬物歸而閉藏於洞穴之中，故曰「牢乎坎」。若不是洞穴四壁周匝堅固焉有牢固之義。段玉裁注解「冬取完固之意。亦取四周象形」是對的。至今中國西北上有以窯洞豢養牛羊的，因為便於照料。

甲骨文坎字作口朝上的凵，若是祭禮用作犧牲的坑，如是則不該有牲畜奮力攀緣求上，坑壁土石崩落飛揚的數點，因為犧牲已死；《莊子·讓王》：「與盟曰：血牲而埋之。」陸德明《經典釋文》：「血牲，一本作『殺牲』，司馬本作『血之以牲』。」反之，口朝下的宀字是洞穴可知，或有人謂甲骨文凵中數點是填土，意謂凵中之犧牲被填埋，亦有藏之義。故「牢乎坎」之義乃天寒地凍之時歸藏於洞穴之中也。到了漢朝的隸書與北魏的楷書還有將牢字寫成从穴的，即是最好的證明。隸變 北魏。

認識了「坎」字的緣由，再來看上坎下坎的「坎」卦，這是一坎之內還有一坎，一險之內又有一險，陷入重重險陷之中的極凶之卦。

〈象傳〉曰：「習坎，重險也。」「習」，重覆《說文解字》：「習，數飛也。」《釋文》：「習，重也。」意思是幼鳥重複練習飛翔；「坎」卦兩坎相重，故名「習坎」。帛書作《習贛》。「贛」有陷的意思。《尚書·顧命》：「思夫人自亂于威儀，爾無以釗冒貢於非幾茲！」「貢」作「贛」，馬融注：「贛，陷也。」曾運乾《尚書正讀》：「思凡人尚自治于威儀，爾其勿以嗣王觸陷於非理。」亦是以為陷也。故此卦以險陷為義。

聞一多《周易義證類纂》讀「習」為「襲」，襲者，入也。《淮南

子・覽冥訓〉：「虎豹襲穴而不敢咆」。高誘注：「襲，入也。」《公羊傳》僖公十四年：「襲邑也。沙鹿崩，何以書？記異也。」何休注：「襲者，嘿陷入於地中。」「襲穴」即習穴。習、陷一音之轉。襲坎，即入於坎險之中。徐彥《疏》：「謂嘿然而陷矣」「嘿然」：默然，不作聲。《荀子・不苟》：「君子至德，嘿然而喻。」王先謙《集解》：「君子有至德，所以默然不言而人自喻其意也。」梁啟雄釋：「嘿同默」。陷入伸坎之中叫都來不急吭一聲！情況至危！

〈說卦傳〉曰：「坎，陷也。」「坎」卦上下都是坎，一重險中又一重，深陷其中要脫險可難了；又《說文解字》：「坎，陷也，險也，又穴也。」一穴中又有一穴，深陷洞穴之中，難以自拔。陷為陷阱，陷阱中尚有一陷阱，凶卦也。

坎的本義是古代狩獵的陷阱，或是水沖刷出的水坑，「凶」字就是陷入穴洞無法出穴貌。凶字，從凵，從乂，《說文解字》：「凵ㄎㄢˇ，張口也。」意思是凵像是張口的樣子；朱駿聲先生解釋的就很清楚，他說：「一說坎也，塹也。象地穿。凶字從此。」可見凵字的本義為能陷下人的坑坎。凵，為甲骨文坎，是坎字的先文。又「凶」字《說文解字》解釋說：「象地穿交陷其中。徐曰：「：『惡不可居。象地之塹也，惡可陷人也』。」又《玉篇》說得更直接：「短折也」。所以本卦當是人為挖的陷阱坑洞為主要的意思。〈象傳〉則以大自然的河川溝洫為守衛國土的天險，如長江天塹。

「臽」字，《說文解字》解釋為：「小阱也。从人在臼上，春地坎可臽人。」坑中有一人陷入其中，旁還有一根一根的尖刺木樁。坎也作「欿」，《左傳》襄公二十六年：「至，則欿，用牲，加書徵之。」欿即坑穴，《廣雅疏證・卷九下・釋水》：「欿，坑也。」衍生的有「埳」，《廣韻》：「埳，埳陷。」《玉篇》云：「同坎」。《莊子・秋水篇》：「埳井之蛙」這些都是陷阱、坑穴的意思。古人捕獲獵物的方法之一。《尚書・胖誓》：「杜乃擭敜ㄋㄧㄝˋ，乃穽，無敢傷牿。」臽、欿、陷、埳、窞大至的意思接相近，前已例證。

坎，是坑陷，路不平順有坎坷，人不不利也稱坎坷。坎為法，為隱伏，為地窖，為牢獄，「習坎」者，入獄服刑也。

〈象傳〉曰：「習坎，重險也。」「習坎」就是一重重的坎，坎險一

個接著一個來，一波未平一波又起。「重險」是上險下也險，是天險地也險，是內外皆險也，凶險重重。

六十四卦中僅「坎」卦加「習」字，因為「坎」卦險難，要「習」，要練習，要學而時習之。「習」字從羽，從日，是小鳥習飛之意，要反復練習。正是《孟子》所謂：「所以動心忍行，增益其所不能也。」加上一個「習」字是說「坎」卦是必須要習的，是必修的學分。「習坎」是以坎險為學習的道場。身在坎中要練習、要習慣、要適應、要面對坎。坎一陽在中，剛韌其中，堅韌其心，自信堅忍。

卦名、〈彖傳〉、〈象傳〉稱「習坎」，也可解為入於坎險之中；〈序卦傳〉、〈雜卦傳〉則稱此卦為「坎」。

坎為水，為川，為險，為陷，「坎」上坎是現，指的是江湖險惡，下坎是藏，說的是人心險惡，是人在江湖身不由己。是前途充滿險惡，坎苛難行。「坎」卦為隱伏不明，是不可測的風險。

「坎」卦上險未必凶險，但下卦隱伏不可測，恐怖而不明，故險。「坎」卦是身陷危險不能自拔，被套牢了。坎為險陷，「坎」卦為重坎，是陷之又陷，險之又險，有如漩渦、黑洞。

「坎」為陷，為坑，重坎是深陷坑中，故為新北市的「深坑」。「萃」是聚，是「集集」，在南投縣。坎為牢獄，「坎」有牢獄之災。坎陽陷陰中有牢獄之象。

「坎」互「頤」，有口舌之災。又「頤」為頤養天年，是歷經坎險終出重圍，能度晚年。

「坎」卦是不明外在環境，陷入陰闇之中。蓋坎為陷，為隱，為闇，陷於內故外不明。

九二陷於初六、六三二陰之中，九五陷於上六、六四二陰之間，是兩中爻皆陷於陰中，是雖有陽剛陽之德，但為陰所敝。「坎」卦是前途坎坷。「坎」卦一陽陷於二陰之中是內明外暗；是內具剛陽之質，而外顯陰柔之用。雖是陽剛但不可測，有坎坷不平之象。坎為穴，重坎是穴中之穴，如身陷井中，俗說「井底救人」要掂一掂自己的分量，不然，自己救人不成，反受拖累。

坎為水，為災，為洪水滔天。「坎」卦次於「大過」之後，「大過」

上兌下巽，是澤水滅木，洪水氾濫之象，到「坎」則更盛為洪水茫茫，白浪濤天之象。上水下水，是天水茫茫，一汪洋一片，水災也。

「坎」卦是歷嘗艱辛，備極辛勞。《歸藏》此卦曰《犖》。「犖」者，勞也。〈說卦傳〉：「勞乎坎」水流不舍晝夜，所以為勞卦，表示辛勤勞倦。又物勞莫於牛，故「犖」字從

牛。坎為勞，辛苦勤勞，勞碌命。

又「犖」即牢，關牛於牛欄之中，即牛欄金文作　。羊圈則字中為「羊」，是象形字。古人有挖掘地坑用以拘係牲畜之習俗，當然也可用以拘係罪犯，至今還有地牢一詞。這拘係牲畜、罪犯的坑，就是地窖。《說文解字》：「窖，地藏也。从穴告聲」，與梏都从告，音近義亦近。《漢書·李廣蘇武傳》：「迺幽（蘇）武置大窖中，絕不飲食。」《三國志·賈逵傳》：「乃囚於壺關，閉著土窖中，以車輪蓋上，使人固守。」可證。

所以「坎」也是監牢。〈說卦傳〉：「其為木也為堅多心」就是說坎為荊棘，古人於監獄之外種植荊棘，一如今日的鐵絲網。所以上爻居一卦之上就不言地窖之監牢，但說重重荊棘重圍著監牢。《左傳》哀公八年：「邾子又無道，吳子使大宰子餘討之，囚諸樓臺，栫之以棘。」《禮記·王制》：「正以獄成告于大司寇，大司寇聽之棘木之下。」

「坎」為癆疾。坎為勞，為疾，為癆病。《廣韻》：「癆瘌惡人」。古代輕的病叫疾，重的叫病。「坎」卦互「頤」，要安靜修養。

「坎」為盜匪，占此卦小心遇匪遭搶。財去人安樂，捨財可以平安。切不可硬碰硬。坎為智，上智下智，智多也；但百密一疏，恐有聰明反被聰明誤也。智多不易明，反而僨事。

坎為水，為坎，為心；是江湖凶險，人心更險；武王〈盥盤銘〉：「溺於淵，猶可援也；溺於人，不可救也。」此人多詐，保持距離以測安全。

《易》例坎險在外卦均不是壞卦，在內才是真凶險。在外卦「險」而易見，才容易避險，故《孫子兵法》：「兵士陷則不懼」，置之死地而後生。項羽的破釜沉舟，韓信的背水一戰，三十八年的古寧頭大捷，均是如

此。互「頤」是安，化險為夷。

「坎」卦重險，外卦是所遇之險，內卦是指心中不安的險。若是我們知道我們所作所為，並遵循義理，心中自有主張；外在之險不能影響心中主張，也就是利害關係不為所動，而心中自然亨通。所為也就能亨通。若外險內剛，則事尚可亨。外險內險則事不可成。外剛內險，事不濟也。外剛內剛，易憤事。

「坎」之險難與「艮」之阻難不同，坎多險，艮多阻。坎是被卡住，艮是受阻而禁止，要回頭。中爻二三四五互「頤」象，「頤」為養，是衣食無缺之意。「坎」有口舌之災，互「頤」卦，「頤」〈大象〉曰：「山下有雷，頤；君子以懲忿窒欲。」要知「節」能「窒」才可以脫險。

「坎」有口吃之意，〈說卦傳〉：「坎為亟」。《集韻》：「亟，頻數也。」

「習坎」，即入於坎陷危難之中。深入坎穴之中。

「有孚」，帛書作「有復」，復同覆；古人半穴居，往下挖坑，上覆於草木為屋頂。陷阱外也要覆蓋以免被識破。

「習坎，有孚。」謂深陷於坎陷之中，被覆蓋於陷阱之中，為人所獲。

「維」，繫也，約束，用繩綁著；《博雅》：「維，係也。」《詩·小雅·白駒》：「縶之維之」。〈傳〉：「維，繫也。」

又「維」，念也。《詩·周頌·維天之命》：「維天之命，於穆不已。」《韓詩》云：「維，念也。」

又「維」，思也，度也。

「維心」，思度謀劃。《史記·秦楚之際月表》：「鉏豪桀，維萬世之安。」《史記·索隱》：「維訓度，謂計度令萬代安也。」坎為隱，為心，故為思謀。「訟」〈大象〉：「作事謀始」。

習坎身陷於陷阱坎坷之中，若繫於繩，可以脫身。又用心思考計度小心翼翼也有出險之希望。

「孚」，俘也；凡征戰所得無論俘虜或財貨皆可謂俘。《說文解字》：「俘，軍所獲也。從人，孚聲。《春秋傳》曰：以爲俘馘。」

「有孚維心亨」，堅定信心，心存自信；身處坎險必堅定信心，心存自信方能出險。

「維」，也是「唯」。

「維心」是「順心」。《詩・齊風・敝笱》：「其魚唯唯」。《箋》：「唯唯，行相順隨貌。」

「有孚唯心」與「益」九五：「有孚惠心」同。謂所得卦兆順隨人，心順勢而為不可強求。在險中順勢而為。

「尚」，王引之說：「佑也，助也。」

「行有尚」，陷入坎險之中，要動腦筋，度心思，積極的行動，自助天助，若有人協助，向上仰攀而得到加賞助益才能出險。

「尚」，崇尚也，仰慕，由下往上也。《廣韻》：「尚，加也，佐也，《韻略》云：凡主天子之物皆曰尚，尚醫、尚食等是也。」古代貴族子弟娶皇家公主曰「尚」，《史記・李斯傳》：「諸男皆尚秦公主，女悉嫁秦諸公子。」

「尚」，賞也，賞賜。

「行有尚」，是接著「有孚，維心亨」之義，句謂此時行險要積極仰攀可以有功，或可得佑助。或謂深入坎險能有謀斷，身繫繩索可脫險，而陷阱中有所俘獲，可以得到嘉賞。

在坎險之中尚能有所行動則有嘉賞。但從上坎下乾「需」、上坎下震「屯」、上坎下巽「井」、上坎下艮「蹇」來看坎險在前要安順強求，要順勢而為。

「尚」是高攀，「行有尚」是要知向上巴結，委曲求全。

「尚」是娶公主，「行有尚」是入贅女家，求岳家之助。

身陷危難，向上攀附，乃人之常情。不論如何要先自助才能人助，要先「行」而後「有尚」。

〈象傳〉曰：「水流而不盈」謂河水滔滔但不盈滿淹沒堤岸，是受堤岸節制約束而不盈。是坎水往下流動不越堤岸，而勇於往前，故曰「水流而不盈，行險而不失其信」，坎中滿，陽剛居中，堅韌之象，故雖險而不失其信。故「往有功」九二「求小得」九五「無咎」這在重險之中都是積

極任事的「有功」之象。

「乃」，是因為行險不容易，故曰「乃」。

「剛中」謂意識堅強，不妥協。

「往有功」可以脫險甚至建立非常功業。是起於危難之中，是雖險而能成非常之功。二至五爻互「頤」為安，故可以化險為夷。

〈彖傳〉曰：「天險，不可升也」「升」，登也，進也。由下而上謂之升。「天險」是不可超越的。「天險」，是自然界的險難。是天空宇宙之險，愈往上升愈險。月球的登陸，火星的探測是已越過天險，是天險可登了。但往外更深更險，無法超越。「不可升」是保持天險的尊嚴，就是天地人中，人要敬重天，尊重大自然。

「地險，山川丘陵也。」高山大川深澤皆為地上之險，如長江號為「天塹」，拿破崙、希特勒也無法渡過英吉利海峽。《水經注・河水注》：「邃岸天高，空谷幽深，澗道之峽，車不方軌，號曰天險。」又《魏書・邢巒傳》：「劍閣天險，古來所稱。」此謂「天險」皆「地險」。大地上的險阻。山川丘陵都是地上之險。互艮為山，互震為丘陵，坎為險。

「王公設險以守其國」，王謂天子，公謂諸侯。地險雖然阻礙難行，但也可以依險設險，運用險來防守保護國土，如俄國以廣大的國土打敗了拿破崙與希特勒，如表裡山河的山西、四川、關中等地。《宋書・禮志三》：「地險俗殊，民望絕塞，以為分外，其日久矣。」《周禮注疏》：「固，國所依阻者也。國曰固，野曰險。」「固」為人工之城牆之類，「險」為自然天險，統言之都可以稱作「險」。因為地險可以守國也阻絕的交通而異俗。不用，天地之險為自然之一部分，該用之時，天地之險可以守國保民，其用可大矣，故「險之時用大矣哉！」故不同之時險可以是危機也是轉機！

〈彖傳〉出現十二「大矣哉」來讚歎卦義，如「時大矣哉」者，有「頤」、「大過」、「解」、「革」四卦，言「時義大矣哉」者，有「豫」、「隨」、「遯」、「姤」、「旅」五卦，言「時用大矣哉」者，有「坎」、「睽」、「蹇」三卦，可見〈彖傳〉對於「時」之重要。好好的瞭解運用「時」可以轉危為安。

「設」是人為的設計。「造」是天然的創造。「屯」〈象〉：「天造草昧」。

「設險」是險不一定為險，運用險來求安，險中求勝。如阿富汗對蘇聯，越南對美國。

所謂不入虎穴焉得虎子，破釜沉舟，背水一戰。「坎」要臨危不亂，才能出險。雖身陷重重險難之中，但九二、九五兩爻以剛中居險，有臨危不亂，堅守應變之象。卦辭「行有尚」是說雖身陷，但是尚有出險的方法。所以〈象傳〉在解釋時說「行有尚，往有功也。」「有孚」是說九二、九五剛中。

「有孚」是說雖身陷洪水滔天之中上能「浮」，能浮又「行有尚，往有功」就是「利涉大川」。

又互震為舟，坤為大川，就是「利涉大川」。水能載舟也能覆舟，坎卦身陷危險之中覆舟的可能極大，故卦辭皆不言其危險，因為本就危險。但在重重危險中要能脫險，要能「往有功」，是有條件的。「坎」卦與「中孚」卦僅初、上兩爻不同，「中孚」之能浮是因為二、五陽剛，且中虛為「頤」，故能「浮」。「坎」卦亦同，然，「中孚」初、上皆陽，外在堅實；而「坎」卦皆陰，外在不如「中孚」，也是外在環境不如意，要「浮」就僅能靠自己。

「維心亨」就是說靠自己，言「維」是因為陽剛不足，「維」是繩網中的大繩，蓋坎為矯輮，是堅韌如繩維。

坎外陰內陽，是柔中之剛，是要內心堅韌但外在柔順，是內心自信，方法要有彈性。坎為心，為智，要多用心思，不可硬碰硬。要先建立信心，互震為起，為行；要起而行，如此，天助自助者，「行」才能「有尚」。

「維心亨」，是要堅定心志，才能亨通出險。是多用心思可以想出出險亨通的方法。是說坎不是死卦。是說功心為上。

「維」是網羅之大繩。只要心如網之羅般堅強堅定，才能亨通。

離中虛為網羅，「坎」卦互「頤」，為大離，故九二、九五如網之羅。

坎中滿為「下首」，就是頓首，就是低頭示弱，在坎之時要能放下

身段，才能出險。互「頤」〈大象〉曰：「君子以懲忿窒欲」要能克制自己，低頭示弱。雖然身陷危險之中但「心志」是可以自主的，剛中就是自信，信心，內心充實雖外在環境不明，受道隱蔽，但不受外物影響，不僥倖，不苟安，則可亨通出險。

「坎」卦所表明的就是險與出險。

坎為勞，身陷危難中，要巴結攀附，委曲求全，跑斷腿的勞苦是不可免的。「坎」卦為堅守信用，建立信用前是辛勤勞苦的，一但建立後，實惠，功業跟著也來；互「頤」，信用建立時的勞苦要甘之若頤，建立後就能大快朵頤。

〈象傳〉：「水流而不盈，行險而不失其信。」所言就是建立信用時辛勞若處坎險之中。坎為陷，為勞，為信，蓋水下流朝宗於海，雖辛勞定不失其信。今水流是險要之地，雖受阻，繞勿是繞道而去就是注滿溢流繼續向大海流去，定不失其信。

以人而言，水流不盈就是勤勞，俗說「滾石不生苔」，水性流而不停，遇凹陷深穴之地，必注滿而溢，溢而後流出，故不盈。人之修為不能停，也不可自滿，滿則盈驕後必有損。流而不盈才能竟其功。

「坎」卦有樂有憂；憂者，身陷重危，樂者，恃險、待險，因險設防，所以一夫當關，萬夫莫敵。〈象傳〉：「天險，不可升也。地險，山川丘陵也。王公設險以守其國。」

〈序傳〉云：「物不可以終過，故受之以坎。坎者也陷也。陷必有所麗，故受之以離。離者麗也。」「坎」之前為「大過」，「大過」是危如累卵，二陰包眾陽，陰陽失調，負荷過重，有崩塌之危。是非常時期，要有非常之人來建非常之功業。但不可以非常為常，常常非常或視非常為平常，易掉以輕心，則陷入危難之中。人身處於危難險惡之中，必尋求援助，以共濟患難，如陷於洪流中必攀附求生，故皆下來是「離」卦，離者，附麗，依附也。

「坎」錯為「離」，《易經》極重水、火，上經以「坎」「離」為終；「坎」「離」之前為大離的「頤」，大坎的「大過」。下經則以大離的「中孚」，大坎的「小過」以及「既濟」、「未濟」為終。

〈序傳〉：「物不可以終過，故受之以坎。」「坎」在「大過」之

後，「大過」為天崩地裂，為天翻地覆，為天下大亂，為洪水漫天，所以不能渡過就要入坎陷於險難之中了。可見「大過」是可以過的，要大過之才方能渡過，才能救亡圖存。

「洊」，再、屢次；一直不停的來。《廣韻》：「洊，水荒曰洊亦再也，易曰洊雷震。」

「常」，平常。水流下，積滴為溪，眾溪為河川，河川朝宗於海，而不間斷，此水之常也。

「行」，實踐。

「習」，練習，學習，鍛鍊。

「教」，教習。

〈大象〉：「水洊至，習坎。君子以常德行，習教事。」是說坎險一波接著一波而來，君子堅定信心以平常心面對坎險以鍛鍊自己。

〈雜傳〉：「離上而坎下也」水性向下，火性炎上，兩卦相錯卻各有性情，水火相合則濟，不合則分道揚鑣，各走各的。離是光明，後天屬南，〈說卦傳〉云：「離者，明也。萬物皆相見，南方之卦也，聖人南面而聽天下，嚮明而治，蓋取諸此也。」所以古之帝君皆南面稱王。〈說卦傳〉云：「坎者，水也。正北方之卦也，勞卦也，萬物之所歸，故曰勞乎坎。」坎是隱闇，與離相對，離南面稱王，坎北面臣服。君子以智治國，臣下勞碌奔走，合於事理。離向上昇，坎向下流。水流下，要懂得「下」，一切往上提升的皆為離，一切往下沉淪的皆為坎。

初六：習坎之入于坎窞，凶。

象曰：習坎入坎，失道凶也。

「習」，同襲，入也。《一切經音義》：「襲，入也。」《國語‧晉語二‧虢將亡舟之僑以其族適晉》：「大國道，小國襲焉曰服，小國敖，大國襲焉曰誅。」注：「襲，入也。」

「習坎」，入於坎阱之中，入於監獄之中。

「窞ㄉㄢˋ」，穴中之穴、陷阱中的陷阱、深中之深的坑，深洞的最底。《說文解字》：「窞，坎中小坎也。從穴從臽。」《說文解字注》：「窞，坎中小坎也。從穴從臽。……虞翻曰：『坎中小穴稱窞。釋文引說

文。坎中更有坎也』。」《廣韻》：「窞，坎傍入也，易曰入于坎窞。」

「窞」字，從穴，從陷，是陷於穴中之穴，是大穴中又有小穴，是險中之險，是陷入險坎之最底層。初六居「坎」之最下，又是地之下，故有入于坎底之象。不是地下室就是地窖深牢之中。

古人拘留罪人與牲畜於一處，所以係圈牲畜叫「牢」或「圈」，係人入獄也叫「牢」。「窞」，打入深牢也。坎為繫，為約束，為牢。〈說卦傳〉：「坎為勞卦」。「勞」假借為「牢」，為監牢的意思，坎窞則是窖牢。牢本是古代圈養牲畜之所，後引申為監牢。

「習坎之入于坎窞」，是一坎又一坎，深陷最深之險中。深入牢獄地窖之中，故凶。

初爻為庶民，是一般老百姓，身陷坎險中的最底層，永生不能出坎，反而愈陷愈深，故「凶」。

聞一多先生以為「窞」就是地窖，古人以地窖拘係牲畜，也拘係囚犯。並引《漢書‧李廣蘇武傳》：「迺幽武置大窖中」。

初六上承九二陽剛堅實，陰承陽可受陽助，但九二自己身居坎險，是「泥菩薩過江自身難保」，所以也無法「井裡救人」。

又初六陰柔力弱失位，身陷重重險難最底層之中，雖承九二，九二也失位無法救初六，所以〈小象〉說「失道」，在險中之險又失道作錯，不僅是外在環境危險，更是「自作自受」，「自作孽不可活」。「坤」〈象〉：「先迷失道」。

初六無應，也得不到他人的援助。愈陷愈深，無法自拔。初六行為有失，怪不得別人。

初六自己失位，也失去出險之道。小人遇險，不按正道辦事，只希望僥倖擺脫，結果是越陷越深。

此爻深陷監獄地牢之中凶險無比；也是層層的地下室底層；大水掩來無處可逃。一如急流中之壺穴漩渦中。極凶。

䷜ 坎 ䷻ 節

此爻變為「節」卦，坎陷中又有坎陷，險中有險，凶險無比，要知節度，要能節制，才能無失。可見初六不知節制險而身陷險境以至凶。

此爻接著「大過」上爻而來，「大過」上六「過涉滅頂，凶。」此則深陷不可自拔的陷阱中的陷阱，地獄中的地獄，坑中之坑。

九二：坎有險，求小得。
象曰：求小得，未出中也。

「坎有險」，九二居中，坎中滿的陽，有若水中沙洲，急流中的礁石。九二身陷於坎險之中，陷阱險惡，努力尋求脫險可略有收效。

「求」，索也。《孔叢子・廣言》：「索、略，求也。」《康熙字典》：「《說文》求，索也。」《小爾雅》：「大者謂之索，小者謂之繩。」求、索二字古文常連用，為同義字連詞。《左傳》昭公二十七年：「不索，何獲？」與此同意。坎坑之中有繩索可攀求而出，而得救。有貴人相助攀繩而出。又「索」，占也。《書序》：「八卦之說，謂之八索。」險中求占，卦兆顯示雖深陷而得脫，但不死也得脫層皮，故「小得」。

九二坎中之陽，居中，又居震體，能振奮，力可以脫險故曰「得」，但與九五敵應，未真正出險陷，故僅「小得」。意謂要斷尾求生。

他卦敵應不好，而坎時，陽剛敵應尚能「小得」。

「得」，聞一多讀「直」，曲直也。「求小得」，謂身入監牢之中，大冤屈未能解只得小直，小勝也。聊勝於無而已。「直」義見上六。

「小」，自己，如「小我」。初、三陰柔無以為大援，只能靠自己。

「求小得」在險中能求小得，是僅能自保。初九雖「習」也不易自保，九二陽剛居中沉著應險可以自保。

九二「小得」與上六「不得」相對。

「未出中」，言上與五無應，故曰「未出」。有應則上升五而當位，所得大矣。

「未出中」，就是未出險。

坎為極，九二居坎之中，是無所不用其極，求能小得是因為九二未脫離中道。

此爻入進牢獄，大罪得免，小罪難逃。但能出獄不死也得脫層皮。

出土帛書此爻作「贛有訧」，訧借為枕。《釋名》：「枕，檢也，所

以檢項也。」《周易鄭康成注》：「木在手曰檢」謂枕手用的木頭為檢。手得木枕而可小安，故曰「小得」。

此卦說的是監牢，也是險境，或是套牢，不一而足，解卦不可死抱佛腳。

坎　比

此爻變為「比」卦，比是結交得友，九二陷於坎險之中，故尋求他人協助，故「求小得」。失「比」為「坎」，受親比之友所害而入坎險。當心身邊的人。又不聽他人之勸而入於險。江湖險，人心更險。

六三：來之坎，坎險且枕，入于坎窞，勿用。
象曰：來之坎坎，終無功也。

「來」，由外往內。即進入坎中之坎。

「之」，是也。《經傳釋詞》：「之，是也。故《爾雅》曰：『之子者，是子也』亦常語。」

「來之坎」，由外往內進入坎中；六三居上下坎之間，是進也坎險，退也坎險，居也坎，條件壞透了。三爻多凶，六三陰居陽位柔弱無有實力，又乘九二之剛更凶，正是一波未平一波又起之象。

「枕」，《經典釋文》：「古文作沈」，俞樾解釋為「深」，曰：「枕當為沈。《釋文》謂古文作沈，是也。《莊子・外物篇》：「慰暋沈屯」。《釋文》引司馬注曰：「沈，深也。」

險且沈者，險且深也，六三深陷險中，既險且深。

「入于坎窞」，與初爻同；也是墜入重重陷阱地窖之中，身陷監獄地牢之中。

「勿用」，不可出行妄動，也無路可通。

「來之坎坎，險且枕，入于坎窞，勿用」，句謂陷入深沉危險的地窖，復出無望，故將要入獄者而占得此爻，宜「勿用」。不可前往，難上加難。看來就將入牢籠。

此爻宜靜不宜動，雖居止之亦不安。這時不可以求表現，必定無功，要想辦法縮小被打擊面。

坎

六三之坎坑既險且深，就是陷於坑洞波瀾之中，進退皆是險而深的坑穴，要時時警惕不可妄動。

此爻「勿用」故不言吉凶；〈繫辭下〉：「吉凶悔吝者，生乎動者也。」不動故無吉凶，但只適宜暫且不動，久了還是要動，一動就變成「井」，掉入井中就凶了。但「井」也是通，換句話說是險中求通，坎險與井通在一線之間。

坎 ䷝井

此爻變為「井」，六三不可動，動，也可以說是變，陽變陰為「井」，深入阱中。

是變為「井」，不變為「坎」，皆不吉，故「且枕」「勿用」「無功」。

六四：樽酒簋貳用缶，納約自牖，終無咎。
象曰：尊酒簋貳，剛柔際也。

「樽ㄗㄨㄣ」，酒器。《玉篇》：「樽，酒器也。」〈歸去來辭〉：「攜幼入室，有酒盈樽。」也作尊，《說文解字》：「尊，酒器也。」

「簋ㄍㄨㄟˇ」，圓形的器皿，盛飯黍稷食用，也是祭器。《周禮·地官·舍人》：「凡祭祀，共簠簋，實之陳之。」鄭玄《注》：「方曰簠，圓曰簋，盛黍稷稻粱器。」《說文解字》：「簋，黍稷方器也。」用以盛裝黍、稷之器。《史記·秦始皇本紀》：「飯土簋」。《集解》引徐廣：「飯器謂之簋」樽簋皆容器，震仰盂，故為器皿，為尊簋。

「貳」，副也。《周禮·天官·酒正》：「大祭三貳，中祭再貳，小祭壹貳。」鄭康成注云：「貳，副益之也。」古代貴族禮祭以鼎盛牲肉，為正，奇數。簋盛黍稷，為副，偶數。《公羊傳》桓公二年何休注：「禮祭，天子九鼎，諸侯七，大夫五，元士三也。」則簋為二、四、六、八這樣的偶數。

「用」，祭品。與「萃」卦：「用大牲」義同。

「缶ㄈㄡˇ」，陶盆。《說文解字》：「缶，瓦器，所以盛酒漿。」《漢書·楊惲傳》「抑天拊缶」。注：「缶即今之盆類也」即「樽酒簋貳」都是用陶器而非青銅器。

周易探究·上經

610

坎

「簋貳」，即二簋，即一正一副，兩籃飯食。盛裝之器多少代表隆重與尊貴的級層。天子用九鼎八簋，諸侯用七鼎六簋，卿大夫用五鼎四簋，士用三鼎二簋。此爻祭祀之主或為士而非大夫。《書經・微子傳》：「牛羊豕曰三牲」。「三牲」俱備是隆重的祭祀。《禮記・祭統》曰：「三牲之俎，八簋之實，美物備矣。」有了三牲再配上用「簋」裝盛的黍稷，也就是說，三牲俱全，再加上穀類，則祭祀的美物就備全了。此爻無牲而只有簋是簡約或是身分低的祭祀。孔疏：「《特牲》『士兩敦，少牢四敦』，則諸侯六，故天子八。」二簋當是士這個階層的禮數。我們熟知的八佾舞也是「天子八佾，諸侯六，大夫四，士二。」故「樽酒簋貳」，祭品中以尊為主，配以瓦簋為副。謂主樽用以盛酒，配以二個瓦簋盛黍稷。這於祭祀宴飲都屬菲薄。就是簡約的粗食。

　　「樽酒簋貳用缶」，樽、簋都是用陶器，而非青銅器。王引之曰：「《禮器》曰：『五獻之尊，門外缶，門內壺』是缶可為尊也。又曰：『夫奧者，老婦之祭也，盛於盆，尊於瓶』《正義》曰：『盛食於盆，謂黍盛也。盆謂缶也。《爾雅》：『盎謂之缶』郭注曰：『盆也』盛於盆者，盛黍稷於缶以代簠簋也』。然則用缶者以缶為尊，又以缶為簋也。」意謂簡陋樸實。

　　「納」，取也。聞一多《周易義證類纂》：「約猶取也」。又納，內也。送入內以便於內者索取。

　　「約」，取也，約從勺，酌、杓都有取義；《周禮・考工記・玉人》：「黃金勺」。鄭玄注：「勺故書或作約，謂酒尊中勺也。」《說文解字》：「勺，挹取也。」《詩・小雅・大東》：「維北有斗，不可以挹酒漿。」《詩・小雅・行葦》：「酒醴維醹，酌以大斗。」于省吾：「近年出土之勺時有所見，每存於卣中。」

　　「牖一ㄡˇ」，監獄也。殷之監獄稱牖里，或作羑里。牖通羑。《論衡・命義》：「遭者、遭逢非常之變，若成湯囚夏臺，文王厄牖里矣。」《史記・魯仲連鄒陽列傳》：「文王聞之，喟然而嘆，故拘之牖里之庫百日，欲令之死。」聞一多《周易義證類纂》：「古獄鑿地為窖，故牖在室上，如今之天窗然。」

　　《詩・大雅・板》：「天之牖民」。〈傳〉：「牖，道也。」又《說文解字》：「牖，穿壁也，以木為交窗也。」《尚書・顧命》：「牖間南

向」。疏：「牖謂窗也」。《周易義證類纂》：「古獄鑿地爲窖，故牖在室上，如今之天窗然。以地窖爲獄，則獄全不可見，惟見其牖。書傳稱殷獄『牖里』，或以此與？」就是古人鑿地為窖以為牢獄，僅屋頂有窗牖。從外觀看不見地窖，只能看的見窗牖。又《水經注‧蕩水》引《廣雅》：「牖，獄犴也，夏曰夏臺，殷曰羑里，周曰囹圄，皆圓土。」牖、羑古通。所以牖既是窗也是牢獄中送牢飯、進出的通道。又牖是窗，古人祭祀有在室外、室內之分。孔穎達《疏》云：「納此儉約之物，從牖而薦之，可羞於王公，可薦於宗廟，故云『終無咎』也。」

「龍生九子」傳說中有「狴犴」，《康熙字典》引《韻會》：「狴犴曰牢」。《淵鑑類函》卷四三七引《清確類書》：「龍生九子，不成龍，各有所好……狴犴（音必汗）好訟，形獄門上。」明代楊慎《龍生九子》：「俗傳龍生九子，不成龍，各有所好……四曰狴犴，形似虎，有威力，故立于獄門。」又胡侍《真珠船‧龍九子》：「龍生九子，不成龍，各有所好……狴犴好訟，今獄門上獸吞口，是其遺像。」《水經‧蕩水注》引《廣雅》曰：「牖，獄犴也。」《水經注》卷九：「《史記音義》曰：牖里在蕩陰縣。《廣雅》稱：獄，犴也。夏曰夏臺，殷曰羑里，周曰囹圄。皆圓土。昔殷紂納崇侯虎之言，囚西伯于此。散宜生、南宮括見文王，乃演《易》，用明否、泰始終之義焉。」獄犴，即監牢，監獄。

「納約自牖」，聞一多以為身在獄中而言。因為身在獄中，從土牢地窖中承接食物，故所得飯食菲薄，所用之器粗糙，所取之通道如窗牖。

「約」，結，結好。《漢書‧高帝紀》「約先入關者」。注：「約，要也」。《呂覽淫辭》：「秦趙相要約」。注：「約，盟也。」

此爻或是言周文王為商紂囚於牖里，乃獻「有莘氏美女，驪戎之文馬，有熊九駟，他奇怪物，因殷嬖臣費仲而獻之紂。……乃赦西伯。」之故事。現雖陷牢獄，終能出獄而未被害。

坎為酒，震仰盂，故為樽，故曰「樽酒」。震仰盂，故亦為「簋」。坎為坑，為陷，為荊棘，為牢獄。

六四以陰爻居陰位是得位，上承九五中正之君，對九五忠誠，而無伴君如虎之懼；雖居坎險而能一樽之酒，配以二簋之食，雖用瓦器進納儉約以表誠心故能「無咎」。

此爻所言為六四柔順居正，以樽酒二簋，進獻巴結抱大腿交好九五以自通，終可以擺脫困境而免於咎害。

「納約自牖」，也是說祭祀於室外，以勺向窗孔內挹酒，向窖洞內薦獻祭品。《詩‧召南‧采蘋》「於以奠之，宗室牖下。誰其尸之？有齊季女。」毛傳云：「宗室，大宗之廟也。大夫、士祭於宗廟，奠於牖下。」鄭玄箋云：「牖下，戶牖閑之前。祭不於室中者，凡昏事，於女禮設几筵於戶外，此其義也與？」孔穎達疏：「正祭在室，此所以不于室中者，以其凡昏事皆為於女行禮，設几筵於戶外，取外成之義。今教成之祭，於戶外設奠，此外成之義。」此爻或是婚事，但不和卦意，或是兩方之盟約。故〈小象〉曰：「剛柔際也」。

此爻或是探監自窗牖送入酒食，或是以人牲獻祭所用。

䷜坎䷮困

爻變為「困」，陰性順，陽性動，陽動則為「困」，六四順九五則無咎，妄動則有困。

坎為疾，有人侍疾，「終無咎」故不死。

此爻有落難之象，求生得成。

六四當位，已經熬過了下卦之坎，累積了經驗；上承九五，以九五為援結為盟友，九五也在坎中，是同窗難友。九五如牢中角頭老大，或是牢頭禁子。

四承五陽故曰「剛柔際」。

「際」，《說文解字》：「際，會也。」六四與九五結盟交際，相互鉤搭。

九五：坎不盈，祇既平，無咎。
象曰：坎不盈，中未大也。

「盈」，滿也。《說文解字》：「滿器也」。《博雅》：「滿也，充也。」〈象傳〉「屯」：「雷雨之動，滿盈。」

「不」，何新說讀作「豐」。

「坎不盈」，水流盈滿坎坑之意，或謂坎坑之中有泉水湧出填滿坎

613

坎

坑。「井」九五：「井洌寒泉」同義。〈象傳〉曰：「水流而不盈」謂水流注於坎坑之中，水流滿盈；《孟子·離婁下》：「原（源）泉混混，不舍晝夜，盈科而後進。放乎四海。」趙注：「盈科，盈滿科坎。」又《孟子·盡心上》：「流水之為物也，不盈科不行。」注曰：「盈，滿也；科，坎也；流水滿科乃行。」義同。蓋「坎」、「科」一聲之轉，「盈科」即「盈坎」。《太玄經·從次五》：「從水之科滿」「科滿」即「坎盈」。

「祇𡳾既平」：祇，于省吾釋作「災」。又「祇」者，坻也，水中高地、沙洲、小丘。《詩·秦風·蒹葭》：「溯游從之，宛在水中坻。」《毛詩注疏》正義引《釋水》：「小洲曰渚。小渚曰沚。小沚曰坻。」《爾雅·釋水》：「水中可居者曰洲，小洲曰陼，小陼曰沚，小沚曰坻。」《說文解字》：「坻，小渚也。」

「既」，已也；《玉篇》：「已也。」「小畜」上九：「既雨既處」。

「平」，平安。

「既平」，是水未滿過澗谷故平安，可以預測將要出險境。謂水未滿盈山谷陷坑，受到堤岸約束故平安。案于省吾氏讀「祇」為災，云「災既平」猶言水患既平，是也。

「祇既平」謂可以脫離險境水患而平安，災難已經渡過，故「無咎」。

九五居上坎，中正之位，雖然無應，但剛中可以自救，故水還在流入大山坑谷之中，水流盈滿，故平安可以脫險。

此爻之坎，指的是山谷、坑谷。洪水溢出坑谷，則氾濫為災患，今坑谷不溢而災患已平，故曰「無咎」。

「中未大」，九五中正之君身陷危險，極力脫險以自保，無暇他顧，故「未大」。洪水在坑谷之中未大道淹沒坑谷也。

䷜坎 ䷆師

爻變為「師」，勞師動眾，假全國之力以濟險，以人力救洪災。師者憂也，九五憂象失，故可以「無咎」。

又「祗」作「坻」，小丘，是壅起的高地。坎水中的高地，是沙州或是暗礁。

九五居高地，不懼水侵，坎動既將填平，故能「無咎」。

九五陽陷於陰中，雖得中而未光大。「中未光」是說九五經過多年的煎熬，終於熬出頭，但危險尚未完全渡過，不可以驕傲，施為不可光大、囂張，不然必凶。僅比可自保好一點。

九五是久年媳婦熬成婆。九五也在坎，為極，是無所勿用其極，極力保持平衡，是求最大值，是為持中道。

此爻也可解釋為大水流入地窖土牢中，水並未滿溢，牢中之人踩在地牢中的土丘之上，逃過一劫，所以無咎。

上六：係用徽纆，寘于叢棘，三歲不得，凶。
象曰：上六失道，凶三歲也。

「係」，同「繫」，被綁縛。甲骨文象一人頸項為繩結所繫縛狀，表示俘虜被縛繫。詳見「隨」六二。 小篆從人，從絲繩。在商代「係」這種人，像人的頸項係縛繩索，是囚犯、俘虜之屬。

「徽纆」，繩索。三股為「徽」，兩股為「纆」，都是繩索，用以綁縛罪人。《說文解字》：「徽，三糾繩也。」《玉篇》：「徽，大索也。」《字林》：「纆，三合繩。」《戰國策》：「子纆牽長」。《註》：「索也」。賈誼《文選·鵬鳥賦》：「夫禍之與福兮，何異糾纆。」李善注：「《字林》曰：『糾，兩合繩；纆，三合繩』應劭曰：『禍福相與為表裏，如糾纆索相附會也』。」坎為矯輮，物之能矯輮者，莫過於繩，故坎為繩，為徽纆。

「寘」同「置」；《說文解字》：「寘，置也。」《廣韻》：「寘，止也，置也，廢也。」《左傳》隱公元年：「遂寘姜氏于城潁，而誓之曰：『不及黃泉，無相見也！』。」

「叢棘」，牢獄，古時的牢獄四周圍佈滿荊棘。《周禮·秋官·朝士》：「使公卿議于九棘之下而定罪者」。《康熙字典》：「執囚之處為叢棘」。孔穎達《周易正義·疏》：「謂囚執之處，以棘叢而禁之也。」坎為棘，上坎下坎，故曰「叢棘」。上六在一卦之上故不言地窖而曰叢棘。

「係用徽纆，寘于叢棘」者，以墨繩索綁縛罪人，置于牢獄之中。但已不在地窖之中。

「三歲」，三年，三載，多年也。汪中《述學・釋三九》：「凡一二之所不能盡者，則約之三。以見其多。」

「得」，與「係」、「寘」相對，指脫離綁縛、牢獄，脫離險境。也可以解為得其入獄之情，聽其入獄的原委。

「不得」者，不能遂其願脫離牢獄、險境。得不到其入獄的原委。

又聞一多讀「得」為「直」，是非曲直也。《國語・晉語九》：「士景伯如楚，叔魚為贊理。邢侯與雍子爭田，雍子納其女于叔魚以求直。及斷獄之日，叔魚抑邢侯，邢侯殺叔魚與雍子于朝。韓宣子患之，叔向曰：『三奸同罪，請殺其生者而戮其死者』宣子曰：『若何？』對曰：『鮒也鬻獄，雍子賈之以其子，邢侯非其官也而干之。夫以回鬻國之中，與絕親以買直。與非司寇而擅殺，其罪一也。邢侯聞之，逃。遂施邢侯氏，而尸叔魚與雍子于市』。」

「三歲不得」，言多年不得出牢獄，冤屈漫長，其情不得，故不能得曲直，冤屈無法平反。曲直不得是延誤稽遲，比九二慘。

「寘」，針也，扎也。古之罪人囚於監獄，四周植以荊棘，以為阻嚇也。《左傳》哀公八年：「邾子又無道，吳子使大宰子餘討之，囚諸樓臺，栫之以棘。」《廣韻》：「栫，圍也。」

「寘于叢棘三歲不得」者，是比喻處境艱難如至於于叢棘之牢獄中，杈枒刺塞，約束囚禁，故久不得。

「失道」者，言所作所為不當。不當故「不得」。

上六以陰居卦首，違犯了坤陰「先迷」之誤；又乘九五之剛，犯了九五之禁；在「坎」險陷之極，坎為法，在法之極，是犯了嚴刑峻法，故被囚禁於牢獄。

窮極而返，故囚禁「三歲」，「三歲不得，凶。」謂拘禁多年，可見只是反省以求自新，〈小象〉曰：「上六失道，凶三歲也。」謂失道之凶，拘禁三年以後可以免。

上六物極必反，身陷坎險之中至上爻當出險。但受牽絆不能及時而以。

☵坎☴渙

此爻變為「渙」，不受羈約，就是解脫險難困境。坎為約束，坎象失故不受約束。

此爻要變，不變則有牢獄之災，變為「渙」，遠走高飛，流亡海外，如脫韁野馬，縱虎歸山。

此卦下卦以身陷坎中之坎為喻，故入於坎窞。上卦以身陷牢獄為喻，故「係用徽纆，寘于叢棘。」

坎

離 ：利貞，亨。畜牝牛，吉。

彖曰：離，麗也。日月麗乎天，百穀草木麗乎土，重明以麗乎正，乃化
　　　成天下。柔麗乎中正，故亨。是以畜牝牛吉也。

象曰：明兩作，離。大人以繼明照于四方。

序傳：物不可以終過，故受之以坎。坎者也陷也。陷必有所麗，故受之
　　　以離。離者麗也。

雜傳：離上而坎下也。

繫辭：作結繩而為網罟，以佃以漁，蓋取諸離。

离金文　小篆　《同文總要》　《六書通》

麗古文　小篆　麗隸書　北魏

羅小篆　羅隸變　罹小篆

「離」一字身兼多義，首先為黃鸝鳥。《說文解字》：「離，黃倉庚
也，鳴則蠶生，從隹，离聲。」《爾雅‧釋鳥》：「倉庚，鵹黃也。」郭
璞《注》：「其色鵹黑而黃，因以名云。」又名黃鳥，郭璞《注》：「俗
呼黃離留」。邢昺《疏》：「諸言倉庚，商庚，鵹黃，楚雀，倉庚之文，
與此一也。」又稱為「黃鶯」也稱「黃鸝」。《玉篇》：「離，亦作鸝，
倉庚也。」《廣韻》：「今用鸝為鸝黃」。《詩‧豳風‧七月》：「七
月流火，九月受衣，春日載陽，有鳴倉庚。」《正義》：「倉庚一名離
黃」。

可知「離」是黃鸝鳥，也可知「離」、「麗」音近，二字古代通用。
《荀子‧王霸》：「有侈離之德則必滅」。注：「離讀為麗」。

「離」字從离，從隹，先說「隹」；「隹」甲骨文作　金文作

石鼓文作　籀文作　小篆作　，字形就象是一隻鳥，《說文

離

解字》：「隹，鳥之短尾總名也。象形。」暫擺一邊，我們再看「鳥」字甲骨文作 金文作 小篆作 ，都是鳥形，其實與「隹」一樣都是鳥。流沙河先生以為「中原華夏稱鳥，南蠻稱隹。形成文字時，鳥隹二字雖然都象羽族之形，但是讀音各異，所以一物兩名，並存至今」甚是。〈說卦傳〉云：「離為雉」雉也是鳥禽，但比「巽為雞」之雞，羽色要鮮明美麗的多。

金文 篆刻 离小篆 《同文總要》 《六書通》

再說「离」，古文作离，音唸吃；《說文解字》說：「离，山神，獸也。從禽頭，從厹從屮。歐陽喬說：离，猛獸也。」《說文解字注》：「左傳。螭魅罔兩。杜注。螭、山神。獸形。」离、螭、魖古相通。從流傳下來的古文字「离」字作獸類形，就此推估「離」字當從「禽」而非「离」。「離」卦帛書作《羅》，「離」字本義即以羅網鳥。《方言‧卷七》：「羅謂之離，離謂之羅。」「离」甲骨文作 ，下面是捕鳥的網，上面是一隻小鳥，表示捕鳥，鳥被網羅罩住的意思，與「禽」（籀文）、「畢」（）為同源字。會林中設網捕獵之意，即後起的「擒」字。《史記‧五帝本紀》：「羅日月星辰」。《索隱》：「離即羅也」，「羅」為網罟，「罟」是魚網，《玉篇》：「罟，魚罔也。」《焦氏易林‧坎之大過》：「捕魚河海，罟網多得。」〈繫辭下〉：「作結繩而為網罟，以佃以漁，蓋取諸離。」「離」為漁獵所用網罟，故又可名為《羅》。統言之離即網羅，既可擒捕飛鳥，也用以撈捕魚蝦。

再看罔字，是網的初文。也作网或冈。《說文解字》：「网，庖犧所結繩以漁。從冂，下象網交文。」就是網目相交錯的意思。小篆在「网」中加了一個「亡」，即亡，成了罔 ，或寫作罔 ，古文作 ，籀文作网 。網，從糸，當然就是以結繩為之而為網的意思。罔 ，是小篆的字形。坎以陷阱獲獸，離以網補禽。网字最為象形，即

619

網字的初文。甲骨文作 ，向張網之形。小篆作网，隸書變為四 ，成了網目，與〈說卦傳〉：「離為目」相合，今語網眼。

「離」即為「羅」亦為「罹」；《揚子·方言》：「羅謂之離」。《集韻》：「罹，與羅通。」《書·湯誥》：「罹其凶害」。〈傳〉：「罹，被也。」《經典釋文》：「罹，本又作離。」小篆作 《說文解字》：「古多通用離」。可知離、麗、罹音近義同，在古文中相互通用。

麗字甲骨文作 上部像一雙耕田的工具耒之形，後有雙犬表示成雙成對的意思。金文作又作 以突出的一雙鹿角表示美麗的意思。古文作 ，是「从」字的異體字，到了古文、籀文、隸書麗字變化很大。 小篆麗字「鹿」是保留了，但是「鹿角」訛變了。意思確保留了下來。《小爾雅·廣言》：「麗，兩也。」《玉篇》：「麗，偶也。」《史世紀》：「太昊始制嫁娶麗皮為禮」。《繹史》引《古史考》云：「伏羲制嫁娶，以儷皮為禮。」《通志·太昊》：「制嫁娶以儷皮為禮」。《路史》：「正姓妣，通媒妁，以重萬民之麗。麗皮薦之，以嚴其禮，示合姓之難，拼人情之不瀆。」注：「麗，鹿皮也。古史攷云：伏羲制嫁娶以儷皮為禮。白虎通義作離云：雙皮也。婚聘薦皮為可裘服，不忘古也。禮外傳云：伏羲以儷皮為幣。」《釋義》：「麗，偶數也。」以兩張鹿皮為聘禮，麗為雙，為偶，即伉儷。流沙河先生說：「古代二字讀ㄌㄧˋ，音與麗同。三千餘年前商代甲骨文麗字是兩隻鹿，其後古文簡化近似今『麗』，意為二鹿。古代送禮品兩張珍貴獸皮，謂之『麗皮』。『麗』即二也。」甚是，至今閩南語讀「二」為「麗」音。

「麗」之本義為二，為兩，亦有「並」之義。《說文解字》：「併也。從二立。」《漢書·揚雄傳上》：「麗鉤芒與驂蓐收兮，服玄冥及祝融。」顏師古注：「麗，並駕也。」

漢代許慎《說文解字》收入的「麗」字的古文作丽，則已是「麗」的簡化，或是簡體字。明人楊慎在《丹鉛雜錄》說：「麗之為訓，連也，又雙也。」在先秦、兩漢古籍中，「離」字與「麗」相通假，「二」「兩」「並」之義，其來源於上古時代的農耕生活。《周禮·夏官·司

馬》：「麗馬一圉，六麗一師。」《注》：「麗，耦也。兩相垺，則為麗。」徐中舒先生《耒耜考》：「（商代甲骨文中的『麗』字）象兩耒並耕形，古者耦耕，故麗有耦意。」所以，麗、離接有「並耦」之義。故而有後起字「儷」為伉儷。《康熙字典》：「伉儷，配耦也，敵也。」意謂夫妻相匹敵，平起平坐，地位相當；《莊子·漁父》：「萬乘之主，千乘之君，見夫子未嘗不分庭伉禮，夫子猶有倨敖之容。」即其義。

「離」字有鳥被網所羅而罹於網中被擒之義，網羅外側為較粗之繩謂之綱；《說文解字》：「綱，維紘繩也。從糸岡聲。」《說文解字注》：「紘者，网之大繩。」綱就是剛，☲ 離卦上下二陽爻即是，中間的陰爻是較細之繩，交錯成網目。〈說卦傳〉：「離為目」今語稱為網眼。鳥被網擒一如鳥附著於網羅之中不得掙脫，故離有附著之義。〈象傳〉「離」：「離，麗也。日月麗乎天，百穀草木麗乎土。」又〈序傳〉：「陷必有所麗，故受之以離。離者麗也。」諸離字皆附著之義。

既被網羅，故「離」亦有遭遇之義；《漢書·文帝紀》：「以罹寒暑之數」。顏師古《注》：「罹音離，遭也。」「小過」上六：「弗遇過之，飛鳥離之，凶。是謂災眚。」飛鳥遭遇羅網之災也。

中國字一字常有正反兩義，離既是附著，也是遠離、距離、分離之離。《玉篇》：「離，散也。」《廣韻》：「近曰離，遠曰別。」離中虛者，外二陽為岸邊，中虛為溝洫。又離為火，離中虛為防火巷。皆隔離、分離、脫離之義。

「離」亦為火，《廣韵》：「熿，帷中火。」隔帷視火，其光迷離，故謂之熿，熿與离通。

「離」是富貴之象。〈繫辭〉說：「以佃以漁」田獵捕魚之事，可畜可養。生財之道，所以有富貴之象。離為網羅，為火，為升官受任用之象。上下兩火，火炎向上，是官符如火，連升三級。受人網羅任用。

又二、三、四爻互為巽為木，三、四、五爻互為兌為金；是金剋木，木生火，故旺，利於為官。離為火，是官符如火，有金為富也，是加官晉祿也。

「離」互「大過」，是大過之才，受大用之象；離為明，聰明也，故為幹才。

「離」以六二為主，「坤」六二「直方大，不習無不利。」是坤的正位，坤為牛，離亦為牛，故曰「牝牛」母牛最能任重道遠，所以〈說卦傳〉說「致役乎坤」，大才顯用。互「大過」是獨撐大廈，中流砥柱，要有母牛般的性情與能力，包容兼畜，才能竟其功，成其業。

「離」為麗，攀附。《正韻》：「麗，附也。依附、附著為偶也。」〈彖傳〉曰：「日月麗乎天，百穀草木麗乎土。」離為網羅，是麗者，附著也。「坎」是落入陷阱之中，「離」則依附攀繩以出。「坎」是落入洪水急流，「離」則急於攀附浮木以為援。蓋離中虛有船舟、浮木之象。

「離」在「坎」卦之後，「坎」為大水氾濫，載沉載浮，流離失所之際必攀緣巴附以求生。「離」是攀附，依隨，巴結以求上進，水漲船高，「一人得道，雞犬升天。」

「離」為美色，是以美色求得攀附上進。

「離」是陰柔之卦，是陰附著於陽，陽性向上，光明；所以〈彖傳〉曰：「離，麗也。」《春秋左傳注》昭公元年注：「離與麗古音同，可相通假。麗又通儷。儷，並也，耦也（配偶及伉儷），兩也。《儀禮・士昏禮》鄭注：『儷皮，兩鹿皮也』《禮記・曲禮上》：『離坐離立毋往參焉』、『離立者不出中間』，離立、離坐謂兩人並坐、並立。」又《爾雅》云：「離，附也。」

「離」卦陰柔，以攀附求得尊位，行之不正，所以卦辭先曰：「利貞。」切忌驕奢，不可得了便宜又賣乖。

下卦三爻得位，上卦三爻失位；在下本吉，如魚得水，升得上位，情勢改觀，反而不能施展，名過其實。

「離」錯為「坎」，「坎」為陷險，炎中帶煞，是陷入高層了漩渦，不能自拔。

「失位」是所處地位不當，有名過其實之象。「失位」是虛有其表，魁儡也，無法自主。爬的高跌的重，位愈高愈要小心，因為錯愈大，害愈大。

「利貞」是要之節制，要守正道，要知適可而止，要堅定原則，不然禍大。

〈彖傳〉曰：「柔麗乎中正，故亨。」這句是說六二。「離」以柔攀

附陽，本身是中正「直方大」之才故被進升至上卦中央權力中心。

《易》例以陰遇陽，陽遇陰為通，反之則阻。六二柔之中正，前遇九三、九四二陽，上升無阻，可以升得四之位，四為宰輔、近臣，是高官貴族，受大用之象。上升無阻是連升三級，升遷快速，不次拔擢。

「牝牛」，是母牛，是柔順之極之象。「畜牝牛，吉。」是以羅網捕牛獸畜養之以繁衍，故吉。就人事而言，是說要培養如母牛般任重道遠，性情至為溫和，才吉。要順勢用柔借人之力，才吉。或是祭享時要用特選的母牛，並占問此牛是否吉利，吉，則畜養，準備殺之祀祭享為犧牲。這牛稱為「特」，《禮記·郊特牲》：「郊特牲，而社稷大牢。」《註》：「郊者，祭天之名。用一牛，故曰特牲。」

「離」卦所言是陰柔攀附而得大用，必竟不是主子，所以要如溫順以依，才能獲吉。是戒詞。離為網，為火，受人網羅賞識但性子烈如火，要與主子相處需修身畜養如母牛般之委順謙謹之性才能免咎。

離為火，上下兩火。官符如火，連升三級，難免恃寵而驕，得意忘形，如此必不能常保富貴，故戒之如牝牛，曰「畜」是止之，是要培養，非一日可就。

「畜牝牛，吉。」受人網羅順之而行則吉。又如牝牛般柔順耐操勞則吉。

此卦受人晉用，順之則吉，互「大過」必大用。

「離」為禍不離身，連續之災。離為火，為災。離為附，為偶，為遭。且中互「大過」，死象，故為災。雖然官符如火，受人拔擢，攀附上升，但亦伴隨著險災。

「離」卦是旱災，火災，兵災。〈大象〉曰：「明兩作」一災接一災。

「離」卦不宜問生死。互「大過」，為死，是棺木入土之象，其禍不小。「大過」為坎，身陷其害，要慎防之。

此卦不宜問生，有死之象，生離死別。離陰陽變為坎險，是禍多也。是火中帶險，煞氣重也。其災禍不小。危及生命。

「離」為網羅，錯「坎」為法律，是法網恢恢之象，不宜問法律訴訟之事。

「離」為網羅，為依隨，為攀附，是相互攀、照應附形成網脈。

「離」為美麗佳人，光鮮豔亮麗。離為明，為麗，為中女，是成熟美麗的佳人。離中虛，是美麗僅於外表而已。

「離」為色情。是火神，相傳火神為未出閣的女子。

「離」為分離，隔離，為藩籬，竹籬笆，屏障也。天子分封諸侯於京畿之外，為天子之藩籬、屏障。諸侯則依附天子而天子為藩籬為其守邊。是「離」為諸侯，藩王，為王公。

「離」是離，隔離為防火之法，所謂「防火巷」、「防火牆」。離為火，為巷。「睽」六二「遇主於巷」。就是以離為巷。

「離」是離；保持距離以策安全。

「離」是離母家歸夫家，是先離後合，是出嫁從夫。三四五為兌，上離下兌為「睽」卦，背離之象。二三四為巽，上巽下離「家人」卦。「離」以陰為主，女子離家歸於夫家，從而附於夫家。「離」，附麗也。火附著於木才有火，所以火無常形，附物則明。日月附著於天則光明，草木附著於大地而生也是同意。女子必附歸夫家才能發揮其性，歸於夫家要順於夫如「畜牝牛」般才「吉」。

「離」卦為火，陽燥之性重；內互「大過」，陽剛太過，故要培養其柔性，故以「畜牝牛」。

牛之性柔順，牝牛為母牛，柔中之柔。以柔調和陽燥，故「吉」。

「離」有拋家棄子，攀龍附鳳，負心之象。

三四五為兌，上離下兌為「睽」卦，背離之象。二三四為巽，上巽下離「家人」卦。

「離」為散，散離家人往從附麗也。

〈大象〉曰：「明兩作離」。「作」，是創造，如著作。離為火，為文明，人類利用火以後創造文明。「離」在「坎」之後，坎為隱，為暗。是黑暗結束，離明升起。是「黑暗時代」結束，「文藝復興」開始。「坎」為險陷，是艱難的結束，光明的開始。是再創光明，是第二春。

「明兩作離」：離者倆也。台語至今言二為離。離為明，為儷，為兩。

「離」是「浴火重生」，離為雉，為鳳凰，是「浴火鳳凰」。

古代以家族之長祭祀火，也是家族的祭司，所以說「薪火相傳」，是後繼有人。

「離」為火，為古代司火之官「火正」。專司觀察心宿二「大火（或簡稱火）」以判定時節之天文官。《左傳》襄公九年：「古之火正，或食於心，或食於咮，以出內火，是故咮為鶉火，心為大火。」說的就是「火正」觀察東方蒼龍七宿，而其中以心宿二明亮似火故亦稱「大火」是夏季天象的重要指標，《詩·豳風·七月》「七月流火」即是大火星（心宿二）西行，氣候熱到頂點，西行降下落，陰氣將盛，氣候將寒涼之意。《正義》曰：「昭三年《左傳》張趯曰：『火星中而寒暑退』服虔云：『火，大火心也。季冬十二月平旦正中在南方，大寒退，季夏六月黃昏火星中，大暑退』是火為寒暑之候事也。」可見「大火」運行可以知節氣，故立官專司觀測。（今之火星古稱「熒惑」，見「賁」卦）。

又「離」與「黎」同，「重黎」是古代的「火正」，掌火之官，《史記·楚世家》：「高陽生稱，稱生卷章，卷章生重黎。重黎為帝嚳高辛居火正，甚有功，能光融天下，帝嚳命曰祝融……（帝嚳）誅重黎，而以其弟吳回為重黎後，復居火正，為祝融。」又稱為「祝融」。《通典》：「夏官火正，曰祝融。」以夏官為火正，可知「離」為夏季。

〈序傳〉：「坎者也陷也。陷必有所麗，故受之以離。離者麗也。」「坎」卦為水，為陷險，為陷入險中，一波未平一波又起，陷在波滔洶湧之中，必定伸手亂抓尋求依附，所以繼之以離。「離」者麗也，攀附、依附也。〈說卦傳〉云：「離者，明也。萬物皆相見，南方之卦也，聖人南面而聽天下，嚮明而治，蓋取諸此也。」「離」是光明，如日月，光明亮麗，所以萬物受光也明亮，萬物皆袒誠相見。故「離」為文明，互「大過」為死，文明的發展隱含著毀滅。

離，後天屬南，古天子皆座北朝南，中國傳統建屋也都面南。南就是前，左青龍，右白虎，南朱雀，後玄武，故南為前。「升」卦「南征吉」，「明夷」卦：「于南狩」。

「離」為中女，古人以十五歲為女子成年，行笄禮；「笄」就是「簪」，古人幼年披髮，年長束髮於頂，因為操持家務，不宜披髮，故名

筓禮；男子二十歲成年行冠禮；知女子僅用簪束髮而男子束髮之外更加冠其上。不論男女成年都要取「字」；「名」是出生三月內父母所取，方便家族內呼叫使用，故多俗，如曹操小名阿瞞。「字」，是長大成年後在社會上行走供朋友們稱呼所用，朋友們為敬重父母所取之「名」而不用；取「字」可論婚配；十五歲以前之少女未有字故為「待字閨中」。兌為少女，是十五歲以前，離為中女，是可論婚嫁成熟之女也。《說文解字》曰：「麗，禮麗皮納聘，蓋鹿皮也。」麗是兩隻鹿並排的意思，是鹿角美麗之意。相傳伏犧氏制定以鹿皮為嫁娶的聘禮，以象徵男子有狩獵能力；又鹿性淫，一雄馴眾雌。鹿皮美且柔，可為靴、盔甲之襯裡。鹿茸，補陽氣以壯。臺灣原住民相傳，洪水蠻荒之時，人類只遺兄妹二人，兄妹二人守禮，不能蘊育繁衍人類。兄狩獵獲鹿，剝其皮以遮其身，而得以生孕繁衍，知古以鹿皮為婚嫁之禮。

離為日，為雉，為鳥，為光明。古代有傳說日中有「三足烏」是以鳥為日的象徵，《春秋元命苞》：「日中有三足烏」。《論衡‧說日》記載：「《山海經》言：『日有十。在海外。東方有湯谷，上有扶桑，十日浴沐水中；有大木，九日居下枝，一日居上枝。』《淮南書》又言：『燭十日。堯時十日竝出，萬物焦枯，堯上射十日。』以故不竝一日見也。世俗又名甲乙為日，甲至癸凡十日；日之有十，猶星之有五也。通人談士，歸於難知，不肯辨明，是以文二傳而不定，世兩言而無主。」《山海經‧海外東經》：「下有湯谷。湯谷上有扶桑，十日所浴，在黑齒北。居水中，有大木，九日居下枝，一日居上枝。」「大荒之中，有山名曰孽搖頵羝，上有扶木，柱三百里，其葉如芥，有谷曰溫源谷，湯谷上有扶木，一日方至，一日方出，皆載於烏。」「有女子，名曰羲和，浴日於甘泉，羲和者，帝俊之妻，是生十日。」大概是古人以為日月在天又升又降好像鳥禽一般，所以托日以為鳥喻。不只於此，天本有十日，為羲和所生，本當一日一出，皆由「烏」載著橫越過天，無奈十日並出，天下大旱，《藝文類聚》卷一百引《黃帝占書》：「日中三足烏見者，大旱赤地。」《淮南子‧本經訓》：「逮至堯之時，十日並出，焦禾稼，殺草木，而民無所食。」十日並出，天下大旱，堯射之，或謂后羿射之，《楚辭‧天問》王逸注曰：「羿仰射十日，中其九日，日中九鳥比皆死，隨（墜）其羽翼。」《北堂書鈔‧天部一日》：「堯時，有十日並出，命羿射十日，中

九烏皆死，墮羽翼。」陳久金先生認為離為鳥，鳥為我國古老東夷族人的圖騰，殷商是東夷族的一支，西進以後建立商王國。他們自稱為「殷」，其他族稱其為「商」。《詩‧商頌‧玄鳥》：「天命玄鳥，降而生商，宅殷土茫茫。」《史記‧殷本記》：「殷契母曰簡狄，有戎氏之女，為帝嚳次妃。三人行浴，見玄鳥墜其卵，簡狄取吞之，因孕生契。」

這說明商族的祖先契，其母是吞了玄鳥所遺之卵而受孕所生。《史記‧秦本記》也有類似記載：「秦之先帝，顓頊之苗裔，孫曰女脩，女脩織，玄鳥隕卵，女脩吞之，生子大業。」東夷族所居在東海之濱。夷字從人，從弓。是善射之人。是「搏取鳥獸食其肉而衣其皮。」除服飾、飲食、藝術甚至官名多有鳥的痕跡。《左傳》昭公十七年：「秋，郯子來朝，公與之宴，昭公問焉，曰：『少暤氏鳥名官，何故也？』郯子曰：『我高祖少暤摯之立也，鳳鳥適至，故紀於鳥，為鳥師而鳥名。鳳鳥氏，歷正也；玄鳥氏，司分者也；青鳥氏，司啟者也；丹鳥氏，司閉者也；祝鳩氏，司徒也；……五雉為五工正，利器用，正度量，夷民者也』。」

少暤氏的地望在魯，《左傳》定公四年：「因奄商之民，命以伯禽，而封於少暤之虛。」少暤氏，風姓也。甲骨文風與鳳同字。離為鳥禽，為殷商與夷族的圖騰，至今鳳凰造型尚可見。

「離」為火，二三四五爻互「大過」為死，為災，不祥。「萃」為猝，三四五上互「大過」亦同。「旅」為寡，二三四五爻互「大過」為死，為災，亦不祥。當細看各爻。

初九：履錯然，敬之，無咎。
象曰：履錯敬之，以辟咎也。

聞一多《周易義證類纂》認為此爻「履」字後當有「虎尾」二字，一如「履」九四：「履虎尾，愬愬，終吉。」並舉出「凡初爻多言『尾』，「遯」初九『遯尾』，「既濟」初九、「未濟」初六并云『濡其尾』。」又舉出「《群書治要》引《尸子‧發蒙》篇曰：《易》曰『若履虎尾，敬之，終吉』，疑即出於此卦。」

「履」，踐履，行進。又禮也。初爻為震，震為足，故為履。《履》卦「履虎尾」，就是謹慎小心，如踩虎尾一般小心。〈序卦〉：「有夫婦

然後有父子，有父子然後有君臣，有君臣然後有上下，有上下然後禮義有所錯。」

「錯然」，謹慎不苟，恭敬嚴謹，雖驚不懼的樣子。「錯然」即「措然」，安然也。《楚辭·懷沙》：「各有所錯兮」。王逸注：「錯，安也。」聞一多讀「錯」為「誰」。《說文解字》：「誰，驚貌。」又《集韻》：「誰，敬也，竦也。」初九處離之始，故宜謹慎所踐履之事，才可以避其咎。要如「履虎尾」一般小心謹慎。「錯然」，是突然一驚也。

又「錯」，《說文解字》：「錯，金涂也。從金，昔聲。」金涂，謂以黃金塗於物件之上，這是尊貴之人用的紋飾，是尊貴之象。

「履錯然」，是服飾上有金飾花紋交錯。

「敬之」，警覺。《釋名》：「敬，警也。恆自肅警也。」

「錯然敬之」，突見尊貴之人，或身穿尊貴之服，突然驚之，提高警覺，嚴肅對待，驚而不懼，敬之可也。

初九位在最下，前有網羅，行進宜謹慎警覺，如此，可以免於咎禍。「履虎尾，錯然，敬之。」是一日之計在於晨，慎於初也。

「需」上六：「不速之客來，敬之終吉」，此爻「敬之，無咎。」「無咎」，無須擔心畏懼也。初九以剛居剛，又在日之初出，是初出躍躍欲試之象，很容易躁進。但初九也是「潛龍」也能靜守謹慎，如此，可以無咎。

《履》是禮，「履錯然」是初次行禮的緊張，是行禮錯誤，是失儀之象。但內心誠敬，中得安心，故能無咎。就是〈小象〉說的「履錯敬之，以辟咎也。」因為謹慎恭敬，安於行禮故得避咎災。

「履」是履新、新官上任，「離」二至上互為「鼎」，「鼎」為「佈新」，初爻「履」而前進即遇「鼎」，是履新上任故要「錯然」要「敬之」。

初九是初出茅廬的小伙子。踏出高風險的第一步，錯綜複雜，故要謹慎，心中有千頭萬續，如網羅般，故要細心盤算，才能無咎。

䷝ 離 ䷷ 旅

此爻變為「旅」，寄人籬下，故「錯然」、「敬之」。在人屋簷下怎

能不低頭。

此爻是非多，急如星火，但不可緊張，守住原則依禮行事，則無咎。不然被有咎被遷移調職。遠離以火避災。

六二：黃離，元吉。
象曰：黃離元吉，得中道也。

「元吉」，大吉。二、五居中故言「元吉」。

「元」有原創，再生之意。

「離」，黎明的日光。離為火，為日。又離為網羅，「黃離」者，黃色的黎明日光尚不強烈刺目，如隔著網羅透出的光芒。離為日，在下卦所以有日出之象。「明夷」離在下卦亦同。

聞一多《周易義證類纂》：「『黃離』，《漢書・天文志》曰：『日月無光曰薄』，《史記集解・天官書》引京房《易傳》又曰『日赤黃為薄』，『黃離』蓋即薄。〈天官書〉說歲星曰『星色赤黃而沉，所居野大穰』，說填星曰『五星色……黃圜則吉』，說太白曰『黃圜和角……有年』，說星辰曰『黃為五穀熟』。占星多以黃為吉，疑占日亦然，故曰：『黃離元吉』。」

「日月無光曰薄」出於《漢書・天文志》：「彗孛飛流，日月薄食。」顏師古注：「孟康曰：『日月無光曰薄……或曰不交而食曰薄』韋昭曰：『氣往迫之為薄，虧毀曰食也。』」意思是說在黃道上日月交會之時光芒相互掩蓋若蝕，所以日光不刺眼而現出肉眼可直視的黃色。像是被薄紗所掩蓋的日光。換句話說「黃離」就是日出或日落時，肉眼可以直視太陽時所呈現的黃色。但六二在下卦所以為日出之象。余曾於黃昏之時帶女兒登山於雲霧之間直視太陽並見其中太陽黑子，其時之太陽即呈黃色。「黃離」其日光受到雲霧、羅紗掩蓋所透出之朦朧黃色。《史記・天官書》常言星色黃多吉而為豐收之兆，故「黃離」者，黃色的日光亦吉，故曰「元吉」。「得中道」謂日光照射充足而不熾烈，故豐收之象。

《易》言「黃」多在二、五兩爻，如「遯」六二「執之用黃牛之革」，「坤」六五「黃裳元吉」。

又離為網羅。「黃離，元吉」是設下黃色的大網，大吉。卦辭「畜牝牛吉」上九「王用出征，獲匪其醜。」與此「黃離元吉」相對照。

蓋網羅為多條繩索纖維編結串連而成，一個網目連著一個網目，一繩索接著一繩索，相互附著連接，有如系統、體係，串為一體。初九初入體係故「敬之」，六二身在其中，又行中道，不急不徐，皆柔順之道故吉。

「離」互「大過」，六二如在「大過」之初，「藉用白茅，柔在下也。」故吉。

《左傳》文公七年：「酆舒問于賈季曰：『趙衰、趙盾孰賢？』對曰：『趙衰，冬日之日也。趙盾，夏日之日也』。」杜預注：「冬日可愛，夏日可畏。」可以參看。

高亨先生以為「黃離」為黃色的「离」，《說文解字》：「离，山神獸也，從禽頭，從厹，從屮。歐陽喬說，离，猛獸也。」許云离，山神獸者，謂离乃山中之神獸也。《左傳》宣公三年：「昔夏之方有德也，遠方圖物，貢金九牧，鑄鼎象物，百物而為之備，使民知神、姦。故民入川澤山林，不逢不若。螭魅罔兩，莫能逢之。」服注：「螭，山神獸形。」文公十八年傳：「舜臣堯，賓于四門，流四凶族：渾敦、窮奇、檮杌、饕餮，投諸四裔，以禦螭魅。」賈注：「螭，山神獸形。」可見离者先民視為神獸，鑄於夏鼎。此獸蓋有黃色，即此文知黃离也。雖為凶獸，但黃魑或是吉祥之物，故元吉。參考之。

☲離 ☲大有

此爻變為「大有」，如日中天，故「大吉」。

此爻受大用，如日中天，但無烈日之憂。

此爻遇事不若初九急躁，庸容寬裕自然可以無往不利。

九三：日昃之離，不鼓缶而歌，則大耋之嗟，凶。
象曰：日昃之離，何可長久。

「昃ㄗㄜˋ」，側也。《廣雅·釋言》：「昃，跌也。」《說文解字》：「昃，日在西方時。側也。從日仄聲。《易》曰：『日仄之離』。」昃與仄同。《說文解字》：「仄，側傾也。」日昃即日側。日落是日在天之側，日出也是日在天之側。六二是日出，九三在下卦之終，是日落。

「之」，而也。

「日昃之離」，即是日落西側之時日光朦朧如隔著羅紗所見之光。聞一多《周易義證類纂》引《廣韻》：「燭ㄌㄧˊ，帷中火。隔帷視火，其光迷離，故謂之燭，燭與离通。」離為羅，為日，為火，為目，為明，為隔離。「日昃之離」，若隔著羅紗觀看西偏之日光如朦朧之火光。《左傳》定公十五：「日下昃」。

　　又「昃」也讀為遮，指日蝕。

　　「日昃之離」，聞一多以為是日蝕，廣言之即日光出現災變之兆。

　　「缶ㄈㄡˇ」，陶盆；本是瓦器，也可以當樂器敲擊稱為土鼓。《莊子・至樂》：「莊子妻死，惠子吊之。莊子則方箕踞，鼓盆而歌。」這是擊缶而已。《左傳》莊公二十五年、三十年、文公十五年皆云：「日有食之，鼓用牲於社。」《左傳》莊公二十五年曰：「凡天災，有幣無牲，非日月之眚不鼓。」《左傳》文公十五年傳曰：「日又食之，天子不舉，伐鼓於社，諸侯用幣於社，伐鼓於朝，……古之道也。」昭公十七年：「日有食之，天子不舉，伐鼓於社。諸侯用幣于社，伐鼓於朝。禮也。」則日蝕之時所擊當是土鼓，《史記・廉頗藺相如列傳》：「藺相如前曰：『趙王竊聞秦王善為秦聲，請奏盆瓿秦王，以相娛樂。』」《集解》引《風俗通義》曰：「缶者，瓦器，所以盛酒漿，秦人鼓之以節歌也。」此當是土鼓。又《周禮・春官》：「掌土鼓豳」注：杜子春云：「土鼓，古樂器，以瓦為匡，以革為兩面，可擊也。」《禮記・禮運》：「蕢桴而土鼓」注：「土鼓築土為鼓也」知缶又名為土鼓也。離為大腹，坤亦為腹，為釜，為缶。故離亦為缶。缶、釜皆口歛腹大之物。

　　鼓缶而歌或擊杵為歌，皆古代居喪之禮。《抱樸子・微旨》說「晦歌朔哭，不祥。」又古人有日蝕謂天狗食日之說，擊鼓、盆、缶等發聲器皿以驅趕天狗之俗，余小時家母也曾使余為之。當日光朦朧不明，或是日蝕之時，古人便擊缶而歌以驅不祥，如此則吉而無咎，若非「則大耋之嗟」而有凶。

　　無論是白日將盡，或日蝕朦朧，皆為時不久，故〈小象〉曰「何可長久」。

　　「嗟」，蹉也。《廣韻》：「蹉，跌也。」又「嗟」，是嘆息聲，哀號聲，傷嘆聲。比「號」要小，要輕；是自知反悔，知錯之意。《釋名・

釋言語》：「嗟，佐也，言之不足以盡意，故發此聲以自佐也。」

「昃ㄅㄧㄝˊ」，宋程頤訓為「傾沒」，聞一多以為即「跌」，並引《尚書・無逸》：「自朝至日昃」。《疏》曰：「昃亦名昳，言日蹉昳而下」，《左傳》昭公五年解《明夷之謙》時《注》曰：「日昳為台」。《疏》曰：「日昳，謂蹉跌而下也。」此爻謂日偏向西，陽光昏暗，若不及時擊缶鼓歌呼求救日，將猝然蹉昳而下，一如人顛仆倒下。故凶。

「耋」，老夫。《說文解字》：「年八十曰耋」。《釋文》又曰：「馬云：『七十曰耋』。」《左傳》僖公九年傳：「以伯舅耋老。」杜注：「七十曰耋」。《公羊傳》宣公十二年傳：「使率一二耋老而綏焉。」何注：「六十稱耋」。又《爾雅・釋言》舍人注：「耋，年六十稱也。」可見耋是六十歲以上的通稱。

「不鼓缶而歌，則大耋之嗟，凶」，是不甘日落黃昏而年老退休，怨歎發牢騷，戀棧不去，必凶。

震為鼓，震變離，震象失，故曰「不鼓」。

九三過剛不中，不服老，不服輸，嘴巴碎碎唸。

九三已進入衰退期。

六二如日中天受大用，九三則美人遲暮。

且九三陽剛不能行「畜牝牛」之道故凶。要知「畜」，如「小畜」如「坤」六四「括囊」。

六二在「大過」之下大過之才故吉。九三在「大過」之中故凶，九四亦同，六五出了

「大過」故吉。陽剛凶，陰柔吉。

「何可久也」，好景不長，要把握時間。日月蝕乃不祥之兆，何可長久？

䷝ 離䷔ 噬嗑

此爻變為「噬嗑」，天狗食日月，吃力辛苦。

老年辛苦命不好，勞碌命。有官司口舌之災。

此爻年老火氣大，九三以剛居剛為進爻，剛猛躁進如火最望的時後，

火盛將滅不可久。

九三在「大過」之下，不利問生死，生離死別之象。

九四：突如，其來如，焚如，死如，棄如。
象曰：突如其來如，無所容也。

二三四五互為「大過」，此爻與三皆取覆象，為何？〈雜卦傳〉：「大過，顛也」，要顛倒過來看。

二三四互為巽，為順。三四五互兌，覆巽也，故不順。「突」者，猝然而出。《說文解字》：「突，犬從穴中暫出也。從犬在穴中。」徐鍇《繫傳》：「犬匿於穴中伺人，人不意之，突然而出也。」又《廣雅・釋詁二》：「突，猝也。」「大過」是大動，突然的大動，意思與突義相近。又兌為剛鹵，為決。九四居兌又是「大過」故「突如其來如」。

但《說文解字》認為「突」字當作「𠫓」音ㄊㄨ，「𠫓，不順忽出也。從到子。《易》曰：『突如其來如。』不孝子突出，不容於內也。」重文作「㐬」，《康熙字典》：「㐬，《說文》本作𠫓。亦作突。」《五音集韻》：「𠫓、㐬；《說文》不順忽出也，從到子，引《易》突如其來如，不孝子突出不容於內也。或從到古文子，即《易》突字。」意思是母親難產分娩時嬰兒腳先頭後，故從倒子，即𠫓。「育」「棄」字也是從「𠫓」字，但不是難產。「毓」字是「育」字的先文，育是後起字。毓字是人母生子的意思。小篆作 左旁是母字，右旁上為倒子，下為羊水。會母親生子頭先出順產而育之義。單一「𠫓」字，則為胎兒腳先頭後而出故音ㄊㄨ如突然猝然而出使人驚嚇不已！

「如」，語尾助詞。讀為啊，或呀，或然。

「來」，被逐出流放之子回來反復其家。

「突如其來如」，孔穎達疏：「突然而至，忽然而來。」來的既快又急，全無預警，驚嚇受難，鬼門關前走一遭。

「焚」，本義是火燒林木，烈焰沖天。

王弼論此爻曰：「處於明通始變之際，昏而始曉（黑夜轉破曉之際），沒而始出（太陽始出），故曰突如其來如。其明始進，其炎始盛，故曰焚如。（日出迎日，朝歌）」。

陳立夫先生已為此爻說的是日出之狀，「紅日突然涌現，天際一片彩霞如火光，繁星隱沒，暗夜消失如棄。」

〈小象〉：「突如其來如，無所容也」，謂日頭大出，光耀大地，黑暗無所容。

「突如其來如」就是「大過」之動。日出地平線如跳躍般突然而出。

「離」互「大過」，「突如其來如」就是大禍之災突來。

「棄」，捐棄，《說文解字》：「棄，捐也。」謂無人理會，無人善後，無所容身。

此爻突然而來，猛烈焚燒，頃刻死亡，消失無影。

「突」是猝然而出。音同「去」字，其義亦同；《說文解字》：「去，不順忽出也。从到子。《易》曰：『突如其來如』不孝子突出，不容於內也。」「去」字是「子」字的顛倒，意思是母親分娩的時候嬰兒不是從頭先出生而是由腳先出，這是逆產、難產。《左傳》隱公元年記載鄭莊公就是「寤生」，即逆生，其母姜氏為此受到驚嚇，而厭惡莊公，並取名為「寤生」。楊伯峻《春秋左傳注》：「杜注以為寤寐而生，誤。寤字當屬莊公言，乃牾之借字，寤生猶言逆生，現代謂之足先出。」甚是。《說文解字》因為　是逆生而不順，故解釋為「不孝子」，這是有問題的。帛書「突如」作「出如」。出，就是生。「萬物出乎震」四五爻半震，震為出，為生。高亨先生的《周易古經今注》引《音訓》云：「突，晁氏曰：『京、鄭皆作㚲』。」《說文解字》說：「㚲，或从到古文字，即《易》突字。」胎兒從腳先生出來，這是逆生，是難產，古人以為此乃不孝之子。《左傳》隱公元年傳：「莊公寤生，驚姜氏，故名曰『寤生』，遂惡之。愛共叔段，欲立之。」楊伯峻《春秋左傳注》：「寤生猶言逆生，現代謂之足先出。」此即「去」字本意。

逆生之子始母難產是不孝子，古人有將不孝子流放於外之俗；《帝王世紀》中說：「高宗有賢子孝己，其母早死，高宗惑後妻之言，放之而死，天下哀之。」《初學記》卷二引漢蔡邕《琴操》：「〈履霜操〉，尹吉甫之子伯奇所作也。」伯奇是周宣王的重臣尹吉甫的長子。其母死，繼母欲立其子伯封為太子，乃譖伯奇，尹吉甫怒而流放伯奇於野。伯奇作〈履霜操〉：「朝履霜兮采晨寒，考不明其心兮信讒言。孤恩別離兮摧肺

肝，何辜皇天兮遭斯愆。痛歿不同兮恩有偏，誰能流顧兮知我冤。」表明
心跡，吉甫感悟，遂求伯奇，而射殺後妻。

「焚」、「死」、「棄」皆是施於不孝子的刑罰。《周禮·秋官·掌
戮》：「凡殺其親者焚之」。鄭玄注：「焚，燒也，《易》曰：『焚如，
死如，棄如』。」此爻父子逆倫，父女相爭。無家可歸，要另起爐灶。
「大過」為君父之過。是「突」是違逆，有逆子不順之意。王莽特造「焚
如之刑」。《漢書·匈奴傳下》：「莽作焚如之刑」。顏注：「應劭曰：
『《易》有焚如，死如，棄如之言，莽依此作刑名也』如淳曰：『焚如，
死如，棄如者，謂不孝子也，不畜於父母，不容於朋友，故燒殺棄之，莽
依此作刑名也』。」《三國志·魏書二·文帝紀》：「喪亂以來，漢氏諸
陵無不發掘，至乃燒取玉匣金縷，骸骨并盡，是焚如之刑也，豈不重痛
哉！」可見此爻凶。

「其來如」，謂大概生出來了吧！

「焚如」，帛書作「紛如」；焚、棼、紛古通用。段玉裁《說文解
字注》：「按《左傳》，治絲而棼之。假借為紛亂字」；「紛如」，即紛
亂、雜亂。《廣雅·釋詁》：「紛，亂也。」

「死如」，死貌；好像死了去的樣子。

「突如其來如，焚如，死如，棄如」，句謂婦人生產時難產，嬰兒
倒出，事出突然，一陣混亂，像是死了一般，最後棄之。故〈小象〉說：
「無所容」。離為中女，為大腹。三四爻互半震，為出，為生。二三四五
爻互「大過」為死，為災。見于省吾《易經新解》。

「無所容」是不知容畜，故凶。

九四陽剛居陰失位，其個性暴燥而不稱其職，延續不了前人的基業，
將前人的基業毀於一旦。

此爻象全無生機，死盡死光，如人理會，如所容身，無處可逃。

此爻為天下第一凶爻。有人以為是核彈爆炸之狀。

「離」是文明，此爻是文明的浩劫。

「離」是網路，是遷連，此爻是瞬間而來的浩劫，遷連的廣泛，死傷
極大。

九四也不知「畜牝牛」。

離為大腹,為中女,故有婦人懷孕之象;離中虛,腹中空,有生產之象。離為火,火行速,故急,突之象;為枯槁,有死亡之象。此爻以婦女生產不順為喻。

☲☶ 離 ☶☲ 賁

此爻變為「賁」,如火山暴發,蕈狀雲。「賁」為熒惑,為火星,主兵災,此爻大動干戈。

六五:出涕沱如,戚嗟若,吉。
象曰:六五之吉,離王公也。

目汁出曰「涕」,就是流眼淚。

「沱」,《說文解字》:「水別流」。

「出涕沱如」是涕泗縱橫,眼淚流的到處都是。即「屯」上六:「泣血漣如」。《詩・陳風・澤陂》:「有美一人,傷如之何!寤寐無為,涕泗滂沱。」意思是一樣的。

六五居離體,二至五互大坎,離為目;坎為涕水,為毀決。水出自目,故曰「涕沱」。

「戚」,慽也,憂戚之象。《說文解字》:「慽,憂也。」字亦作感。《廣雅・釋詁》:「感,悲也。」《論語・述而》:「小人長戚戚」。《集解》:「長戚戚,多憂懼貌也。」

兌為口,故曰「嗟」。

「嗟如」,咨嗟也。嘆息的樣子。

「若」,語尾助詞,與「如」通。

「戚嗟若」,戚、悲戚、悲感交集之狀。大坎為憂,故「戚嗟若」。

「出涕沱如,戚嗟若」,乃憂悲泣歎之象。

此爻哭的滿面眼淚,其象不吉。但最終有說吉,是因為「離王公」。

「離」,附麗也,是巴著,攀附著。

「出涕沱如,戚嗟若吉。」就是求援。六五攀附巴結上九王公得奧援故吉。

《易》例，陰爻上承陽爻，多吉。這爻終可轉危為安。

又「離」，離散也。

「離王公」，離開王公，是失權之象，是求援所付出的代價，如唐朝安史之亂求援於吐魯蕃。

「離王公」，是被革。

上經將要結束，下經將要開始，六五體察情勢，揮淚下野。

離 ☲☰ 同人

此爻變為「同人」，變成在野黨。

六五承上九又居中，懂得委順陽如「畜牝牛」故吉。

「同人」者，眾志成城，共創將來。「否」卦之後也是「同人」，「同人」之後為「大有」。

五爻為王公，離為王公。變為「同人」，是下野、去職之象。但能同聚眾人有東山再起的機會。

上九：王用出征，有嘉折首，獲匪其醜，無咎。
象曰：王用出征，以正邦也。

此與「大有」、「鼎」上九義同。離上乾下「大有」上九：「自天佑之，吉無不利。」離上風下「鼎」上九：「大吉」。蓋「大有」、「鼎」中爻皆不利，凡中爻互卦不利者，上九必利。「大畜」中爻為艮所畜，至上爻忽然「亨」，因為上九高出庶物，不為所畜也。「大有」、「鼎」、「離」與「大畜」同理。

「離」有兵戈征伐之象。「明夷」九三曰「南狩，得其大首。」「晉」上九曰「維用伐邑」。皆為離上爻也。

「離」上九一陽突出中爻互卦兌悅之上，而兌為斧鉞，離為王公，為甲兵，故曰「王用出征」。

兌為毀折，乾為首，故「離」有殺之象。坎折坤，離折乾，皆以中爻也，故「離」有殺之象。如「既濟」云「東鄰殺牛」。

「王用出征」者，征伐用兵也。

「嘉」，功也，有功而喜慶宴享。古代謂有喜慶之事為嘉。〈文言〉

曰：「亨者嘉之會」。「亨」，是會而宴享，大肆慶祝。又「嘉」是「加喜」，是賜喜，再大的「喜」是「慶」，是全部的喜，普天同慶。

「有嘉」，有戰功，有績效，得勝。

「折」，斬也。

「折首」，斬其首級，謂殺敵也。《虢季子白盤》銘文：「折首五百，執訊五十。」上爻居依卦之上故曰首，若「大過」上六：「過涉滅頂」，以上爻故曰頂。

「折首」，謂折殺禍首，是首領，不是脅從。

「折首」，謂除去禍首，除去禍源。

擒賊擒王，找出禍源，不可枉殺，枉殺不會解決問題只會再次樹敵，有新的後遺症。

「匪」，彼也。于省吾先生《易經新證》：「匪，彼古音近字通。」

「醜」，讀為酋，首領也。古人稱敵人為醜；醜，眾也。《集解》引虞翻曰：「醜，類也。」

「獲匪其醜」者，謂攻佔得勝，俘獲彼之醜眾。

「征」，正也。堂堂正正之師。

「折首」、「獲醜」，皆正邦的手段。

「有嘉折首，獲匪其醜」，意謂斬敵首級甚多者有嘉賞，擄獲敵眾者亦有加賞。

此爻大王舉兵出征，擄獲敵眾，斬其其首，征戰得勝，無有災害。

此爻是浴火重生的鳳凰。

☲離☵☳豐

此爻變為「豐」，豐功偉業，再創新局，權力如日中天。

「豐」「多故」、「折獄致刑」、「王假之」、「得其所歸者必大，故受之以豐」，皆與此爻相關。

「王假之」，親征之象。此爻行事要抓住重點，抓住要害。不殃及無辜，有仁心之象。

國家圖書館出版品預行編目資料

周易探究, 上經 / 王春元著, -- 初版 -- 臺北市：蘭
臺出版社, 2021.08
　　面；　公分. --（易經研究 6）
　　ISBN：978-986-99507-6-3（平裝）

　　1. 易經 2. 研究考訂

121.17　　　　　　　　　　　110002494

易經研究 6

周 易 探 究（上經）

作　　者：王春元

主　　編：盧瑞容

校　　對：周運中 楊容容

美　　編：凌玉琳

封面設計：凌玉琳

出 版 者：蘭臺出版社

發　　行：蘭臺出版社

地　　址：台北市中正區重慶南路1段121號8樓之14

電　　話：(02)2331-1675或(02)2331-1691

傳　　真：(02)2382-6225

E一MAIL：books5w@gmail.com或books5w@yahoo.com.tw

網路書店：http://bookstv.com.tw/
　　　　　　https://www.pcstore.com.tw/yesbooks/
　　　　　　https://shopee.tw/books5w
　　　　　　博客來網路書店、博客思網路書店
　　　　　　三民書局、金石堂書店

經　　銷：聯合發行股份有限公司

電　　話：(02) 2917-8022 傳 真：(02) 2915-7212

劃撥戶名：蘭臺出版社 帳號：18995335

香港代理：香港聯合零售有限公司

電　　話：(852)2150-2100 傳真：(852)2356-0735

出版日期：2021年 8 月 初版

定　　價：新臺幣1200元整（平裝）

ISBN：978-986-99507-6-3